中国高铁出版工程——运营管理系列

高速铁路
运营管理纵横

编著 / 曲思源

西南交通大学出版社
·成 都·

图书在版编目（CIP）数据

高速铁路运营管理纵横 / 曲思源编著. —成都：西南交通大学出版社，2018.10
（中国高铁出版工程. 运营管理系列）
ISBN 978-7-5643-6461-8

Ⅰ.①高… Ⅱ.①曲… Ⅲ.①高速铁路–运营管理–中国 Ⅳ.①F532.3

中国版本图书馆 CIP 数据核字（2018）第 226572 号

中国高铁出版工程——运营管理系列

高速铁路运营管理纵横

编著 / 曲思源

责 任 编 辑	杨　勇
封 面 设 计	SA 工作室
出 版 发 行	西南交通大学出版社 （四川省成都市二环路北一段 111 号 西南交通大学创新大厦 21 楼）
发行部电话	028-87600564　028-87600533
邮 政 编 码	610031
网　　　址	http://www.xnjdcbs.com
印　　　刷	四川煤田地质制图印刷厂
成 品 尺 寸	170 mm × 230 mm
印　　　张	27.5
字　　　数	491 千
版　　　次	2018 年 10 月第 1 版
印　　　次	2018 年 10 月第 1 次
书　　　号	ISBN 978-7-5643-6461-8
定　　　价	58.00 元

课件咨询电话：028-87600533
图书如有印装质量问题　本社负责退换
版权所有　盗版必究　举报电话：028-87600562

序　言

  高速铁路发端于日本，发展于欧洲，兴盛于中国。作为一种技术密集、高度集中化的现代交通方式和现代工业文明的崭新成果，高速铁路以安全可靠、快捷舒适、运载量大、低碳环保等特征，成为世界交通运输业发展的重要趋势。目前，我国是全世界高速铁路里程最长、在建规模最大的国家，并拥有成套技术和装备标准体系、工程管理和技术运营经验，技术与装备总体上处于国际领先地位。2017年9月，具有完全自主知识产权的中国标准动车组"复兴号"在京沪高速铁路实现350 km/h的商业运营，树立起世界高速铁路运营的新标杆。作为中国"新四大发明"之一，高速铁路已经成为中国最闪亮的名片。

  中国铁路上海局集团有限公司的高级工程师曲思源博士是一位杰出的实践者。他从事铁路运输实践与研究二十多年，在北京交通大学、西南交通大学、同济大学三所著名院校国内一流的交通运输专业求学。从饮水思源到同舟共济，从知行合一到宁静致远，他结合铁路运输岗位的实际工作，特别是在"互联网+"、物联网、大数据、网络化、智能化的时代背景下，不断总结高速铁路运营组织与管理的相关规律，为我国高速铁路运营管理知识的普及提供了一些实用的思路和方法。为了能让专业人士和社会人士了解我国高速铁路独一无二的运营管理特色，本书具有重要的现实意义。对这本高速铁路运营管理科普书的出版表示衷心的祝贺！

  中国铁路经过了几代人坚持不懈的努力，已经从"绿皮火车"走到了"高速铁路动车"，从"运输生产型"走向了"市场导向型"，又从国内走向了海外，取得了举世瞩目的发展成就，让国人为之骄傲！让世人为之惊叹！希望更多社会人士关注我国铁路事业的发展。

同济大学交通运输工程学院

徐行方

2018年4月18日

前　言

　　大道交通，交通先行。高速铁路作为一种具有安全可靠、技术含量高、快捷舒适、运载量大、低碳环保、正点率高等特征的运输方式，已经成为世界交通业发展的重要趋势，引领人类走向新时代。我国高速铁路经过引进、消化、吸收、创新及再创新的过程，经过十多年的励精图治，已实现历史性变革，总体技术水平已进入世界先进行列，部分技术达到世界领先水平。我国成为世界上高速铁路里程最长、运输密度最高、成网运营场景最复杂的国家。高速铁路以其安全、绿色、便捷、舒适等特征已成为我国人民出行的首选方式。我国高速铁路已经成为交通运输行业的骨干，高速铁路客流量已占铁路客运总发送量的 60%以上。随着我国高速铁路高品质网络规模的不断扩充，所带来的强劲冲击波逐步改变了传统的交通格局，改变了中国人的生活和时空观念，这种改变已融入政治、经济、社会、文化等各领域，催生出一个由中国引领的高速铁路新经济时代。

　　高速铁路的特点在于"高"：高速度、高密度、高正点率、高可靠性、高服务质量、高市场占有率及高社会效益。为了实现这些"高"目标，我国高速铁路通过原始创新、集成创新以及引进、消化、吸收再创新的过程，现已系统掌握了 250 km/h 和 350 km/h 及以上速度等级的成套技术，成为以 CRH 为标志的具有自主知识产权和世界先进水平的高速铁路运营的技术体系，我国高速铁路已着力引领产业向中高端迈进。如今，"四纵四横"的高速铁路网络让千里之外的城市之间变得"近在咫尺"，"公交化"运营模式让人们说走就走的旅行梦想变成了现实。一趟趟飞驰的高速列车，不仅改变了人们的出行方式，颠覆了人们原有的时空观念，也彻底改变了人们的生活，亲情、爱情、就业、旅游、消费等皆因四通八达的高速铁路而变得不同。

　　在完成从行业的"追赶者"到"领跑者"华丽转身的同时，面对复杂性、互动性及规模化程度不断增加，特别是在"互联网+"、物联网、大数据、网络化、智能化的时代背景下，"精细化、精准化"已成为高速铁路运营组织与管理的趋势。我国高速铁路在运营组织与管理方面进行了大量的创新和突破，不断有新设备、新技术、新理念、新方法被应用到高速铁路运营管理之中，逐步实现了高速铁路管理不断规范、调度指挥不断科学、资源配置不断优化、运营安全管理能力不断提升的态势，并基本完成了从"以运输生产为中心，运输能力最重要"向"以旅客为中心、以市场为导向、以服务为宗旨"的理念转变，在世界高速铁路发展中独具特色而且独一无二。

十几年来，我将传播高速铁路运营管理知识最为生活的一部分，经常给大学学生、铁路现场的同事授课培训，有很多心得体会，也曾出版过几本高速铁路运营组织的专业书。但目前我国高速铁路的科普书籍还是介绍国外高速铁路技术的多，而且内容更新较慢。而我国高速铁路发展这么快，但知识普及程度在社会上却很慢，处于一种信息不对称的状态，这就需要与时俱进，从我国高速铁路运营管理的创新性着手，让更多的社会人士了解高速铁路的运营管理。同时，国外的高速铁路先进动态的管理方法需要动态跟踪，可为我国高速铁路运营管理提供借鉴和参考。本书将成为您一个了解高速铁路运营管理的窗口，可以让您掌握我国高速铁路运营管理方面先进的管理思路和清晰的科学的管理方法，体会高速铁路运营如何实现"安全可控、生产有序、管理规范、作业标准"的高要求，从而达到提升运营品质的目的。

知行合一，言行一致，交融成艺，高速铁路运营管理的知识最重要的也是知行合一。"长三角"等地区高速铁路运营管理围绕旅客多样化和个性化的出行需求变化，以"安全和温馨服务"为主题，建立起全面、迅速、准确反应的高速铁路运营组织机制，成为我国高速铁路运营管理的排头兵。多年来，"长三角"地区的高速铁路相关运营管理的知识点交织融合在一起推着我进步、促使我成长，我对高速铁路运营管理的认识进一步加深，视野也不断扩展。2015年11月，我创建了"高速铁路书院"公众号，每天虽然只能发一个关于高速铁路的信息，但坚持积累每天学习精选后，高速铁路知识就不断推着我往前走，我的脚步也无法停留。

回想起中国高速铁路问世之前，世人皆知日本新干线。20世纪90年代初期，我在北京交通大学学习高速铁路知识，学的是日本高速铁路技术和运营组织技术，我何尝不希望我们国家也有自己的高速铁路？当初我就觉得我国高速铁路的未来不是梦想。我在北方铁路现场工作十年后，又来到西南交通大学攻读硕士学位，进一步学习高速铁路技术，这时候不仅仅是学日本的技术，还有法国和德国的高速铁路技术。2004年正赶上高速铁路运营发展规划发布，我国要大规模建设高速铁路，我来到上海，华东地区高速铁路率先发展，我看到我国高速铁路的梦想逐步变成现实。2009年，我入学同济大学攻读博士学位，此时期我国高速铁路运营管理正处在初期和过渡阶段，我对高速铁路运营管理的认识也逐步加深。从2012年初我毕业的时候开始，我国高速铁路运营管理的规律在逐步成熟。当中国高速铁路遇见"人工智能",科技感十足的智能高速铁路正加速驶来。2018年5月19日在同济大学运输系成立60周年庆典上,我做了我国智能高速铁路现状及发展前景的报告,我为我国高速铁路的发展而感到无比自豪!

考虑到我国高速铁路在技术与装备总体上处于国际领先地位,我国高速铁路运营管理安全可靠性和运输效率以及运营管理能力方面也居于世界领先地位,相应地,运营管理方面的相关书籍也要领先。高速铁路运营管理是一门科学,应用性极强,又非常亲近且生动,因为要与旅客的行为打交道。但相关的理论和知识点若要用简洁的语言表达,将复杂的技术原理和流程深入浅出地表达清楚,不是一件容易做到的事情。从专业书写作过渡到科普书,这种笔法,对我来说是一种尝试,希望读者阅读本书,仁者见仁、智者见智,会有深刻的体会。

纵横结合是一种立体交叉式的情况综合,纵的认识是指对事物历史与发展的完整了解,横的认识是指对一事物与他事物有机联系的了解。竖和横互相交错、奔放自如、笔意纵横是我写这本书的想法。本书作为带有专业性质的科普书,将趣味性、知识性和创新性融合在一起,我努力打造精品。我希望您在乘坐在高速铁路动车组列车上的时候,若是随手翻着这本书,便可以领略到我国高速铁路的发展,了解和掌握高速铁路运营管理的知识点,还会知道我国高速铁路运营安全和效率高的品质幕后,有我们这一帮子新时代高速铁路人默默无闻地为之付出辛勤汗水,最终让您完成旅程并获得完美体验,让您在旅程中还能体会到我国高速铁路运营管理的人性化和温馨感。

感谢西南交通大学出版社的编辑为本书作出的贡献。母校的高速铁路底蕴雄厚,交大因铁路而生,因铁路而兴,因铁路而强。这本书能在母校出版,我惊喜之余又庆幸,恰是我面对母校,轻轻地讲述我多年来承担的高速铁路运营管理工作的经验积累。但本人学识有限,书中不妥之处在所难免,敬请广大读者批评指正,本人电子邮箱:syqu0453@163.com。

本书也献给我的父母,是他们一直教导我:人活着就一定要有梦想,要有诗和远方。虽然我经常嘲笑自己的梦想,但脚踏实地的梦想我能为之努力靠近。祝愿老人家健康长寿!

我的未来不是梦!也许,我们所做的全部努力,仅是一个开始。

2018年4月4日于上海

目 录

第1章 高速铁路发展 ··· 1
  1.1 高速铁路概述 ··· 1
  1.2 世界高速铁路发展概况 ·· 5
  1.3 我国高速铁路发展与规划 ··· 9
      1.3.1 我国高速铁路发展阶段 ··· 9
      1.3.2 我国高速铁路规划与实践 ··· 23
  1.4 案例分析：我国高速铁路线路命名规则 ·· 38

第2章 高速铁路技术 ·· 45
  2.1 系统构成 ·· 45
  2.2 子系统概要 ··· 50
      2.2.1 工务工程技术 ·· 50
      2.2.2 动车组技术 ··· 55
      2.2.3 牵引供电和接触网技术 ··· 65
      2.2.4 信号与通信技术 ··· 68
      2.2.5 列车运营调度系统 ··· 76
      2.2.6 客运服务系统 ·· 77
      2.2.7 运营维护技术 ·· 77
  2.3 案例分析："复兴号"技术创新 ·· 78

第3章 高速铁路速度试验 ·· 85
  3.1 各类速度含义 ·· 85
  3.2 高速铁路试验速度 ·· 89
      3.2.1 国外高速铁路列车试验情况 ·· 90
      3.2.2 我国试验情况 ·· 93
  3.3 案例分析：我国高速铁路提速相关问题的理性探析 ·································· 99

第4章 高速铁路安全保障 ·· 107

- 4.1 高速铁路运营安全的影响因素 ………………………………… 107
- 4.2 安全保障体系构建理念和总体思路 …………………………… 109
- 4.3 高速铁路运营安全保障体系 …………………………………… 114
  - 4.3.1 人员安全防控体系 ……………………………………… 114
  - 4.3.2 设施设备监测检测体系 ………………………………… 134
  - 4.3.3 环境保障系统 …………………………………………… 149
  - 4.3.4 安全管理保障 …………………………………………… 170
- 4.4 案例分析：京沪高速铁路"复兴号"350 km/h 运行安全保障 … 173
  - 4.4.1 京沪高速铁路的创新 …………………………………… 174
  - 4.4.2 "复兴号"品牌战略的发展 …………………………… 180

第5章 高速铁路运营组织与管理 …………………………………… 184
- 5.1 我国高速铁路运营管理的特色 ………………………………… 184
  - 5.1.1 高速铁路运营管理特征 ………………………………… 184
  - 5.1.2 运营组织与管理的复杂性 ……………………………… 186
  - 5.1.3 运营管理的思路和方法 ………………………………… 190
- 5.2 高速铁路运营组织模式 ………………………………………… 195
  - 5.2.1 影响因素 ………………………………………………… 195
  - 5.2.2 国外高速铁路采取的模式 ……………………………… 200
  - 5.2.3 我国高速铁路模式 ……………………………………… 204
- 5.3 高速铁路客流 …………………………………………………… 207
  - 5.3.1 影响因素 ………………………………………………… 207
  - 5.3.2 客流特征 ………………………………………………… 210
  - 5.3.3 客流分类 ………………………………………………… 217
  - 5.3.4 客流结构 ………………………………………………… 219
  - 5.3.5 需求分析 ………………………………………………… 221
  - 5.3.6 客流调查 ………………………………………………… 225
  - 5.3.7 客流预测 ………………………………………………… 228
- 5.4 高速铁路运营组织计划 ………………………………………… 232
  - 5.4.1 列车开行方案 …………………………………………… 232
  - 5.4.2 列车运行图 ……………………………………………… 247
  - 5.4.3 动车组运用计划 ………………………………………… 259
  - 5.4.4 高速铁路维修计划 ……………………………………… 272
  - 5.4.5 系统优化与协调 ………………………………………… 280

5.5 收益和票额管理 282
    5.5.1 收益管理 282
    5.5.2 客运营销 286
    5.5.3 票额管理及策略 290
5.6 调度指挥与应急处置 292
    5.6.1 运营调度系统 292
    5.6.2 调度所岗位设置 295
    5.6.3 调度指挥运营计划 298
    5.6.4 应急处置 303
5.7 案例分析：我国高速铁路客运产品与日本铁道优等列车路线图 308
    5.7.1 我国高速铁路客运市场与客运产品 308
    5.7.2 案例分析：日本铁道优等列车路线图 318

第6章 高速铁路智能客运服务 324
6.1 高速铁路客运服务特征 324
6.2 高速铁路客运服务系统 327
    6.2.1 票务系统 327
    6.2.2 旅客服务系统 327
    6.2.3 呼叫中心系统 329
    6.2.4 互联网服务系统 330
6.3 客运服务 331
    6.3.1 售票服务 332
    6.3.2 流线服务 342
    6.3.3 检票组织 346
    6.3.4 乘降服务 349
    6.3.5 换乘服务 350
    6.3.6 列车服务 356
    6.3.7 综控服务 359
    6.3.8 其他服务 360
6.4 案例分析：车站站台上的彩色"地标"是什么意思？ 374

第7章 高速铁路物流组织 379
7.1 我国高速铁路物流运营现状 379
7.2 高速铁路物流的发展前景分析 381
    7.2.1 高速铁路物流的发展趋势 381

  7.2.2 高速铁路物流优势分析 ·· 385
  7.2.3 面临的技术难点 ·· 387
 7.3 高速铁路物流运营组织和经营模式 ··· 389
  7.3.1 高速铁路快运物流组织模式分析 ······································ 389
  7.3.2 经营模式创新 ·· 392
 7.4 案例分析："双十一"高速铁路物流组织方案 ······················ 394

第8章 后高速铁路时代 ·· 399
 8.1 智能化高速铁路 ·· 399
 8.2 磁悬浮技术 ·· 404
  8.2.1 轮轨技术的极限 ·· 404
  8.2.2 磁悬浮技术的发展 ·· 405
 8.3 案例分析：超级高速铁路探析 ·· 412

参考文献 ·· 419

附录 千里京沪一日还 ·· 420

第 1 章　高速铁路发展

1.1　高速铁路概述

作为一种安全可靠、快捷舒适、运载量大、低碳环保的运输方式，高速铁路已成为世界交通运输业发展的重要趋势，并在世界上多个国家得到发展。高速铁路集中反映了一个国家铁路线路结构、列车牵引动力、高速运行控制、高速运营组织与管理等方面的技术进步，体现了一个国家的科技和工业水平。高速铁路促进了地区经济的发展，推进了城镇化进程，对经济发达、人口稠密地区的经济效益和社会效益的贡献尤为突出。

高速铁路概念是一个具有国际性的概念，对高速铁路的界定是一个动态的过程，并随着时代的发展而更新。国际铁路联盟（UIC）将高速铁路定义为：新建高速铁路的设计速度达到 250 km/h 及以上，经升级改造的高速铁路设计速度达到 200 km/h。高速铁路的定义并不唯一，因国家不同而不同。高速铁路是一个系统，具有系统复杂性、多样性。随着科学技术的发展和进步，"高速"的水平还会逐步提高。

在高速铁路定义的基础上，目前被广泛接受的世界铁路等级划分标准为：100~120 km/h（常速）、120~160 km/h（中速或准高速）、160~200 km/h（快速）、200~400 km/h（高速）、400 km/h 以上（特高速），如图 1.1 所示。

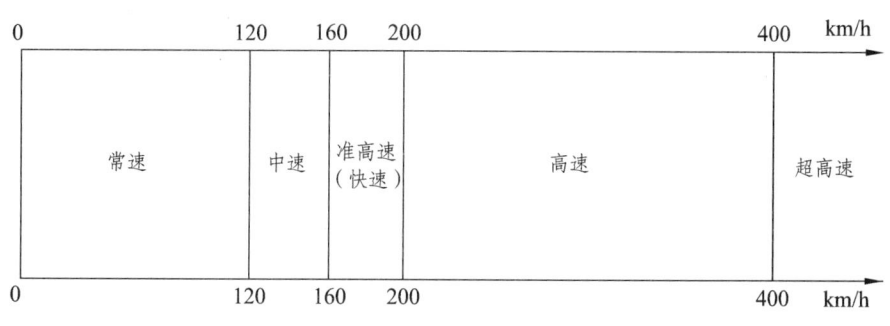

图 1.1　世界铁路速度等级图

我国建设发展高速铁路较晚，20 世纪 90 年代《铁路主要技术政策》第一次将高速铁路定义为："新建设计开行 250 km/h 及以上动车组列车，初期运行速度不小于 200 km/h 的客运专线铁路。"从这个定义看，2003 年投入运营的沈阳—秦皇岛客运专线是我国第一条高速铁路。2014 年 11 月 1 日实施的高速铁路《技术规则》总则说明，第二次将高速铁路定义为："200 km/h 及以上铁路，200 km/h 以下仅运行动车组的铁路，具有 CTCS-2/3 级列控和 CTC 系统，以运行动车组为主兼顾普通客车，采用防灾系统及高速等基本属性。"

高速铁路具有对密集城市带旅客出行强大适应性、能够拉动社会经济发展、改善人们生活质量等技术经济优势，主要表现在：

（1）安全性好。安全始终是人们出行选择交通方式的首要因素。高速铁路是当今世界上最为安全的现代化高速交通运输方式之一。有资料表明，在交通运输方式中，铁路、公路、民航运输的事故率（每百万人千米的伤亡人数）之比大致为 1∶24∶0.8。高速铁路普遍采用线路全封闭，且有完善的安全保障体系，包括固定设施和移动设备的监测和诊断系统、科学的养护维修制度、先进的列车控制系统、自然灾害预警预报系统等，这一系列措施能够有效地防止人为过失、设备故障等引起的各类事故。日本新干线开通运营以来零死亡事故的安全性彰显其技术实力，遇有天气不稳定等环境变化，自动控制系统能随时调整列车限速运行，特别是地震防护，列车防护系统会让附近的列车均自动停车。

（2）运输能力大。输送能力大是高速铁路主要技术优势之一。目前各国高速铁路几乎都能满足最列车间隔 3~4 min 的要求。根据专家分析计算：高速铁路动车组最小行车间隔可达 2~3 min，列车密度可达 20 列/h 以上。若列车开行间隔约为 3 min，每列车载客人数按 800 人计算，扣除线路维修时间（4 h/d），则每天可开行高速列车 400 多列，输送旅客 32 万人次，年均单项输送可达到 1.17 亿人。日本东海道新干线高峰时段发车间隔为 3 min，平均每小时发车达 11 列，每天通过的列车达 394 列，每列车可载客 1 323 人，年均输送旅客达 1.2 亿人次，最高日达 37 万/d。而 4 道高速公路，单向每小时可通过骑车 1 250 辆，每天按 20 h 计算，可通过 25 000 辆。若大轿车占 20%，每车平均乘坐 40 人；小轿车占 80%，每车乘坐 2 人，年均单向输送能力为 8 700 万人。航空运输主要受机场容量限制，若一条专用跑道的年起降能力为 12 万架次，采用大型客机的年单向输送能力只能达到 1 500 万~1 800 万人。

（3）运营速度高。速度是高速铁路技术的核心。动车组列车运行速度可达 300 km/h 及以上，超过小汽车近 2 倍多，可达喷气客机的 1/3 和短途飞机的 1/2，因而使得高速铁路在运距 100~1 000 km 范围内均能显示其节约总旅行时间（包括途中旅行、到离车站或机场、托运和领取行李、上下车或飞机的全过程以及小汽车驶入和驶出高速公路的总时间消费）的效果，而在 1 500~2 000 km 运距内可发挥其利用列车夜间运行的有利条件，并能保证旅客有充足时间睡眠。

（4）列车运行准点。各国都十分重视高速列车的正点率问题。日本的高速列车 50 年平均误点 0.8 min，超过 2 h 退还旅客的加快费；法铁承诺：当列车晚点超过 30 min，按票额 30%以交通券方式进行补偿；西班牙高速列车晚点超过 5 min 退还旅客的全额车票费；我国高速列车准点率已达到 99%。

（5）能源消耗低。能耗高低是评价交通运输方式优劣的重要经济技术指标之一。根据统计资料显示，各种交通运输工具平均每人千米的消耗：飞机 29 998.8 J、小轿车 3 309.6 J、高速公路大轿车 583.8 J、普通铁路 403.2 J、高速铁路 571.2 J。若以普通铁路每人千米的能耗为 1.0，则高速铁路为 1.42，大轿车为 1.45，小轿车为 8.2，飞机为 7.44。可见，高速列车的能耗约为汽车、飞机的 1/5。汽车、飞机均使用不可再生的一次能源——汽油或柴油（现代新型节能汽车正在批量投入使用），而高速铁路使用二次能源——电力。随着水电、太阳能、风能和核电等新型能源的发展，高速铁路在能源消耗方面的优势更加突出。另外，高速铁路车站采用太阳能光伏发电、地缘热泵等新能源技术，这也是在当今石油资源紧张的情况下，世界各国选择发展高速铁路的重要原因之一。

（6）受气候影响小。一般情况下高速铁路运营不受天气变化的影响，可以做到按列车运行图安全行车。即使在大风情况下，高速列车只要减速运行而不需停运。例如，风速达到 25~30 m/s，列车限速在 160 km/h；风速达到 30~35 m/s（类似 11/12 级大风），列车限速在 70 km/h。特别是在浓雾、暴雨和冰雪较为严重的自然灾害条件下，飞机机场和高速公路必须关闭停运，高速铁路不会像公路和航空运输对大雾、暴雨、大雪、雷电、大风等天气那样敏感，可采取高速列车减速方式继续组织运营。我国高速铁路职工还"以雪为令"，不分昼夜坚守在风雪一线，尽全力保障列车安全畅通。

（7）绿色环保。环境保护是当今关系人类生存发展的全球性紧迫问题。交通运输与生态环境问题密切相关节能环保是高速铁路的一大优势。研究发现，若设定普通铁路每人每千米能耗为 1.0，则高速铁路为 1.42，小汽车为 8.5，飞机为 7.44。不仅如此，随着高速铁路节能技术的进步，其节能效果也得到不断改进。UIC 研究表明，在同一条线路上高速列车需消耗的能量比普速列车要小。当前，交通运输对环境的污染主要是废气和噪声。据统计，各种交通运输工具一氧化碳等有害物质的换算排放量，公路为 0.902 kg/人，铁路为 0.109 kg/人，客机为 635 kg/h，有些有害物质在大气中要停留 2 年以上，是当今造成大面积酸雨、植被遭破坏和建筑物受到侵蚀的主要原因。高速铁路电气化和集便器等设施设备，基本消灭了粉尘、油烟和其他废气（物）对铁路沿线环境的污染。高速铁路作为电力驱动的交通工具的确会产生辐射，但是车厢中的辐射值仅仅是相比于家中的那些家用电器大一些而已，符合国际电磁辐射的安全标准，目前没有证据证明对人体健康构成威胁。高速铁路其他电器产生的极低频电磁辐射与女性的不孕率和流产率之间的关联，在研究中也并没有被明确证实。

（8）土地占用少。陆上交通运输由于要修建道路和停车场，需要占用大量土地，而且大部分是耕地。双线高速铁路路基面宽 3.6~14 m，而 4 车道的高速公路路基面宽达 26 m；双线铁路连同两侧排水沟用地在内，用地约 70 亩/km（1 亩 ≈ 666.67 m^2），而采用高架、隧道等工程，占用土地将还要大幅度减少；4 车道的高速公路用地要 105 亩/km。高速铁路大量采用以桥带路方式，与路基相比，桥梁每千米节约土地 3/5。相比大型飞机场，高速铁路虽然建设动车基地需要占用土地，但机场占用面积更大，包括跑道、滑行道、停机坪、候机大楼及设施等。

（9）造价相对低。高速铁路工程造价虽然大大高于普速铁路，但并不比高速公路高。根据法国统计资料，高速铁路基础设施造价要比 4 车道的高速公路节约 17%，高速列车平均每座席的造价仅相当于短途飞机每座席造价的 1/10。

（10）综合舒适度高。随着人们物质文化生活水平的不断提高，出行舒适状况已成为人们选择出行交通方式的重要条件之一。"快、稳、准"等的乘坐需求推动高速铁路技术不断革新发展，保证旅客出行体验到智能化和智慧化。尽管每个国家的铁路网和运营方式差异明显，但乘客体验却始终是铁路服务之首要。例如，高速铁路动车组列车内宽敞明亮，设施先进，装备齐全，乘坐舒适等，旅客在途中占用的活动空间大大高于汽车和飞机。在噪声污染方面，日本曾以航空运输每千人千米产生的噪声为 1，则大轿车为 0.2，高速铁路仅为 0.1。尤其是车厢里面的噪声，我国规定不能超过 68 dB，日本规定不能超过 65 dB，这是对人耳朵舒适性的一个关键。

（11）效益好。交通堵塞、事故频发、环境污染等是当今世界性难题，欧共体国家每年用于处理高速公路堵塞和公路交通事故的费用分别占国民生产总值的 2.9%、2.5%。修建高速铁路直接的经济效益却是非常明显。日本东海道新干线 1964 年投入运营，1966 年就开始盈利，开通后仅 7 年就收回了全部建设资金，自 1985 年以后，每年纯利润达 2 000 亿日元；法国高速铁路东南线 TGV1983 年全线通车，1984 年开始盈利，运营 10 年投资全部收回，目前每年纯利润达 19.44 亿法郎。

1.2 世界高速铁路发展概况

自从 1825 年英国修建了世界上第一条铁路以来，铁路运输以运量大、速度快、可靠性高等优点得到了迅速发展，成为世界各国交通运输的骨干力量，铁路运输对国民经济的发展作出了重要贡献，19 世纪后期至 20 世纪 30 年代形成了铁路发展的"黄金时期"。进入 20 世纪 40 年代以来，随着科技的进步，交通运输现代化、多样化的发展，铁路运输受到了公路、航空等其他运输方式的冲击。与航空相比，铁路不再具有速度优势，长途运输领域受到航空运输的排挤，铁路一度沦落为"夕阳产业"，在竞争中处于被动局面。各国开始重新思考铁路运输新的发展方向，逐渐认识到提高速铁路在客运方面运行速度的重要性，必须通过提高列车运行速度才能把铁路发展推向新阶段。

高速铁路作为现代工业文明的崭新成果，发端于日本，发展于欧洲，兴盛于中国。高速铁路作为一种安全可靠、技术含量高、快捷舒适、运载量大、低碳环保、正点率高等特征的运输方式，已经成为世界交通业发展的重要趋势，引领人类走向新时代。世界高速铁路以中国 CRH（CRH 是 China Railways High-speed 的缩写，意思是中国高速列车）、日本新干线、法国 TGV 和德国 ICE 为世界高速铁路技术、运营管理的代表，建立自主知识产权，成为当今世界上四个最强的高速铁路技术保有国。就全球而言，高速铁路的发展先后经历了四次建设高潮：

（1）第一次高潮：20 世纪 60 年代至 80 年代末期。日本、法国、德国和意大利等发达国家纷纷铺设了各自的高速铁路线路。1964 年 10 月，世界第一条真正意义上的高速铁路日本东海道新干线东京—大阪正式通车，标志着世界高速铁路新纪元的到来。此期间比较有代表性的高速铁路线路还有法国的东南和大西洋线、德国汉诺威—维尔茨堡高速新线以及意大利罗马佛罗伦萨线。世界高速铁路总里程达 3 198 km。日本、法国、德国、意大利等国家共同推动了高速铁路的快速发展。

（2）第二次高潮：20 世纪 80 年代末期至 90 年代中期。由于日本等国高速铁路建设巨大成就的示范效应，世界各国对高速铁路投入了极大关注并付诸实践。1991 年瑞典开通 X2000"摆式列车"，解决了瑞典境内多数轨道曲线半径小于 600 m 的问题，并把列车速度提高到 200 km/h；1992 年西班牙引进法、德两国技术建成 471 km 长的马德里—塞维利亚高速铁路；1994 年英吉利海峡隧道通过高速铁路国际连接线把法国与英国连接在一起；1997 年 11 月，从巴黎开出的"欧洲之星"列车，又将法国、比利时、荷兰和德国相连接。在这一时期，意大利、法国、德国、法国以及日本，对高速铁路发展进行了全面规划。这次高速铁路的建设高潮，不仅是铁路企业提高效益的需要，更反映出各国扩展运输网以及能源、环境的要求。

（3）第三次高潮：20 世纪 90 年代中期至今，波及亚、欧、北美以及大洋洲，可谓世界交通运输业的一场革命。俄、韩、澳、英、荷等国家及我国台湾地区先后开始建设高速铁路。为配合欧洲高速铁路网建设，东欧与中欧的捷克、匈牙利、波兰、奥地利、希腊以及罗马尼亚等国家也对其干线铁路进行全面提速改造。韩国首尔—釜山高速铁路是连接天安、大田、大邱、釜山等城市的一条主要干线，全长 412 km，线路最高运行速度 300 km/h，高峰时最小运行间隔是 3 min。我国台湾地区南北高速铁路规划设计开始于 1998 年，于 2000 年 3 月动工修建，2007 年 1 月正式运营，线路自台北至高雄左营，全长 345 km，轨距为 1 435 m，最小曲线半径为 6 730 m，限制坡度为 25‰，速度目标值为 350 km/h，运营速度为 250~300 km/h。目前，日开行 150 对列车，最小发车间隔时间为 3 min，台北—高雄旅行时间为 1.5 h。此外，美、加、印、土等国也开始对高速铁路给予关注。

（4）第四次高潮（21 世纪初）：从 2004 年开始，中国政府规划建设"四纵四横"客运专线和三个城市群城际铁路，掀起了世界高速铁路发展的第四次高潮。2008 年，世界金融危机席卷全球，为拉动内需、调整结构，中国政府出台了 4 万亿元的投资计划，用于基础设施的投资达 1.5 万亿元，占总投资的 37.5%，其中铁路基础设施投资成为重要组成部分，中国迈入全面建设高速铁路的历史阶段。

目前,全世界已通车运营的 250 km/h 及以上的高速铁路主要分布在日本、法国、德国、西班牙、意大利、韩国、英国、俄罗斯、比利时、荷兰、瑞典、土耳其、中国台湾等国家和地区。日本新干线用了半个世纪的时间实现了 2 300 多千米的高速铁路里程运行，平均运营时速 243 km；法国历时 40 余年建设了 1 900 km 的 TGV 高速路，平均运营时速 277 km；德国历时 20 余年建设了近 1 600 km 的 ICE 高速铁路，平均运营时速 232 km。我国高速铁路的旅行速度也走到世界前列，如京沪高速铁路时速 300 km 的动车组列车跑 288 min，平均运营速度已经达到 272 km/h。京沪高速铁路 350 km/h 提速运行后，350 km/h 运行的列车平均运营速度已突破 280 km/h。

根据 UIC2017 年 4 月发布的 *High Speed Lines In the World* 报告，世界各

国高速铁路远期规划里程将达 5.08 万千米。截至 2017 年 4 月，全球已投入运营和在建高速铁路总里程达 5.32 万千米，欧、亚国家高速铁路里程占比超 98.07%。亚洲、欧洲垄断现有高速铁路市场，亚洲已投入运营和在建高速铁路总里程为 41 253 km，欧洲已投入运营和在建高速铁路总里程为 10 946 km。其余已投运或在建的高速铁路项目集中在美国、摩洛哥等北美洲和非洲地区。其中，法国已投入运营的 TGV 高速铁路里程为 2 142 km，在建线路里程 634 km，规划线路里程为 1 786 km。日本已投入运营的新干线高速铁路里程为 3 041 km，在建新干线高速铁路里程为 402 km，规划建设新干线高速铁路里程为 179 km。

当今世界高速铁路格局，在欧洲，泛欧高速铁路网已见雏形，跨欧洲互操作技术与系统取得重大进展，适应欧洲各类线网的轨道交通技术、装备、系统已成完整体系，建设、运营、服务与安全保障一体化技术架构已大体成型并逐步实施，围绕"欧盟—国家—行业—企业—研究机构"主线已形成完备的技术体系。欧洲高速列车技术在谱系化、标准化、一体化、成熟性等方面总体上居世界前列，技术标准体系占据世界制高点，且其高速铁路技术作为"走廊技术""替代技术"和"世纪技术"地位加强。例如，在北美的加拿大，以庞巴迪公司著称的高速列车，在技术和装备"清洁化""智能化"方面都走在了世界前列，大规模高速铁路建设在北美拔地而起，创新体系、产业支撑体系、市场机制和法律机制。

随着世界各国大力发展高速铁路，高速铁路将成为连接各地区国家的主要地面交通方式，将和空中航线一并开启"地球村"时代，坐着高速铁路周游世界将成为旅游时尚。目前，世界高速铁路线网规划主要由泛亚线、亚欧线和越洋线三条主线组成。其中，泛亚线主要是连通中国、越南、老挝、泰国、马来西亚、新加坡等东南亚地区。1995 年提出的"泛亚铁路"分成东、中和西三线，途经中国与东南亚 7 个国家，如图 1.2 所示。这三条路线的起点都在昆明，终点都在新加坡。其中东线由昆明经越南河内、柬埔寨、泰国、马来西亚而至新加坡，全长 5 450 km。中线由昆明经老挝万象、泰国、马来西亚而至新加坡，全长 3 900 km。西线由昆明至瑞丽进入缅甸经仰光，途经泰国、马来西亚而至新加坡，全长 4 760 km。欧亚线主要连通中国、俄罗斯、英国、法国等亚欧国家。中美越洋线是从中国哈尔滨出发，目的地则是美国旧金山，途经的区域大概是：哈尔滨、黑龙江其他城市、西伯利亚、白令海、阿拉斯加、北卑诗省、温哥华、西雅图、波特兰、旧金山，全程超过 1.3 万千米，若按照 350 km/h 设定，加上中途停靠时间的话，大概需要 2~2.5 d 的时间。

"欧亚高速铁路"项目东起北京，西至德国柏林，中间途经阿斯塔纳、莫

图 1.2　泛亚高速铁路规划图

斯科，总长 9 447 km，其中的 2 366 km 将穿越俄罗斯领土，如图 1.3 所示。俄罗斯铁路项目的技术和财务可行性报告已经出炉，报告得出结论，"这个史上最大的铁路项目"将成为现实。2019 年开建，首先动工的是总长 800 km 的莫斯科—喀山（Kazan）的路段，从莫斯科到喀山乘坐高铁将耗时 3.5 h，目前通行时间为 14 h。2023 年，莫斯科—克拉斯诺耶（Krasnoye，与白俄边境）、车里雅宾斯克（Tscheljabinsk）—金索普卡（Zolotaya Sopka，与哈萨克斯坦边境）两个路段也将建成。中间的喀山—车里雅宾克斯路段目前则在计划当中。一旦通车，俄罗斯境内的欧亚高铁将全线完工。整体来看，北京到柏林的欧亚高铁全线可能在 2026 年竣工。项目的资金来自俄罗斯直接投资基金、金砖国家新开发银行、欧亚开发银行、丝路基金和俄中投资基金等几大机构。此外，来自俄罗斯、中国和欧盟的高速列车制造商、高铁技术供应商也将参与其中，为项目提供各式支持。

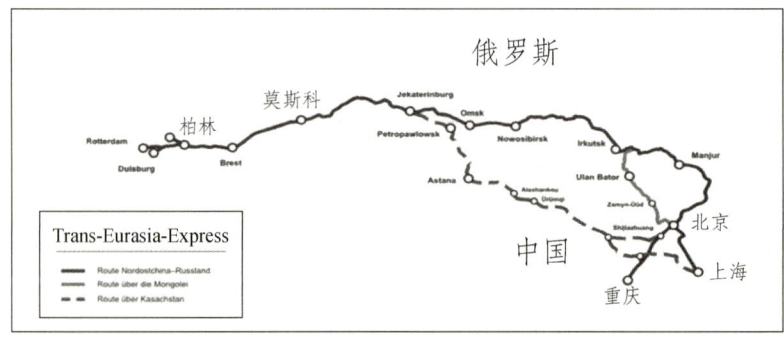

图 1.3　欧亚高速铁路（图中虚线为计划建设线路）

1.3　我国高速铁路发展与规划

我国国土辽阔，人口众多，铁路客货运输繁忙，我国铁路运输紧张的状况一直存在，这也是我国发展高速铁路起步时的初衷。在借鉴国外高速铁路先进技术的基础上结合国情和路情等实际，我国高速铁路技术的发展现已经系统掌握了时速 250、350 km 及以上速度等级的成套技术，构建了具有自主知识产权和世界先进水平的高速铁路技术体系。我国是全世界高速铁路里程最长、在建规模最大的国家。我国高速铁路在核心技术、成套建造、产业制造、运维服务、人才支撑五大方面已拥有较大优势，总体技术水平迈入世界先进行列，为中国"高端智造"注入了含金量。

1.3.1　我国高速铁路发展阶段

回顾中国高速铁路的创新历程，中国高速铁路的发展，从无到有，从"跟随"到"领跑"，大致可划分为三个阶段，其中第二、三阶段在时间上有交叉和融合。

1. 原始积累阶段

2004 年以前，我们国家的轨道交通装备技术，形成了一个相对完备的技术体系。

（1）初期研究阶段（1960—1990 年）。20 世纪 60 年代中期开始，我国开始跟踪国外高速铁路的研究及发展动态，并开展对相关知识与技术的理论研究，1988 年《铁路技术政策》出版。受到了当时运能的限制，我国的研究对列车速度关注不够。

（2）论证与提速阶段（1990—2007 年）。从 20 世纪 80 年代后期开始，我国对修建高速铁路进行了全面的研究和例证并取得了共识，认为修建高速铁路是社会发展的需要，发展高速铁路是实现铁路现代化的必由之路。1995 年建成并投入运营的广深准高速铁路，采用内燃机车 DF11 牵引旅客列车，速度是 160 km/h；线路通过电气化改造后，采用瑞典 X2000 型摆式动车组，将列车运行速度提高到 200 km/h，使之成为我国第一条高速铁路，成为我国铁路高速化的起点。从 1997 年至 2007 年的十年间，我国铁路既有线进行了六次大提速，提速线路延展里程达 16 000 多千米，其中时速 200 km 的线路达 6 003 km，并开行 200 km/h 电力动车组列车，部分区段允许速度甚至达到 250 km/h（如沪宁既有线苏州—安亭间），标志着我国铁路已经进入世界铁路先进行列。

1990年3月，铁道部向国务院提交了《关于"八五"期间开展高速铁路技术攻关》报告，以京沪高速铁路为首位拉开了修建高速铁路的序幕，随后便经历了"急建缓建"与"轮磁"两次争议。对于磁悬浮技术，德国曾做过大量试验并规划了若干工程方案，由于成本过高，加上各利益集团的意见不一，最终未能在该国付诸实施。1998年，德国几家公司及我国几位学者提出京沪高速铁路采用磁悬浮技术的建议。这场技术路线争论十分激烈，京沪高速铁路建设也因此搁浅多年。因为采用磁悬浮技术投资风险大、造价较高，尤其是新建磁悬浮系统不能与既有铁路兼容联网，铁道部经过研究，明确表示不赞成磁悬浮方案。相反，若京沪间修建轮轨高速铁路，不但技术成熟、成本较低，还能在华东地区发挥更为广阔的辐射效应，产生更大效益。1999年9月，中国国际工程咨询公司组织有关专家再次对高速轮轨和磁悬浮列车两个方案进行论证，磁悬浮方案在四大核心问题上存在障碍，包括：磁悬浮与普通铁路的不兼容；磁悬浮造价相当高，德国和日本分别是磁悬浮比轮轨高1.7和2倍，而且磁悬浮列车票价将是飞机票价的1.8~2.4倍，轮轨高速列车票价只有飞机的40%~60%；磁悬浮运力小于轮轨；后车对前车的越行问题等。最终因意见分歧采取了折中方案，即在上海浦东建设30 km的磁悬浮试验线，至今该线运行已近15年，技术上可行，但效益却不如预期。2003年后，轮轨和磁悬浮的技术路线之争结束，"轮轨技术"成为公认的选择。这一场旷日持久的论战，出现了"建设派"和"反建派"，"建设派"中，又有"轮轨派"和"磁悬浮派"的论战，理论越辩越明，我国高速铁路发展思路和方向越来越清晰。

就在两次争议期间，我国高速铁路技术的研究与发展脚步一直没有停下。1999年8月16日，我国第一条客运专线秦沈客运专线全面开工建设，总投资约150亿元人民币，2003年10月12日正式开通运营，秦沈客专是当时中国国内技术最先进的铁路,全线设计达到200 km/h并预留250 km/h的提速条件。这条全长405 km的高速铁路以平均每千米3 984万元的造价，成为我国建设时间最早、建设成本最低、拥有自主知识产权的一条高速铁路，并探索和积累了适合中国国情的高速客运专线的技术标准、施工方法、运营管理及维护等一系列技术和经验，为大规模建设高速铁路积累了建设技术、机车车辆制造技术和设计、施工经验，开创了高速铁路建设的先河，是中国铁路步入高速化的起点。同时，积极研发国产高速动车组，为建设高速铁路提供装备保障，"先锋号"和"中华之星"动力集中式高速动车组，分别创造了292 km和321.5 km的最高试验时速，"中华之星"创造了当时的"中国铁路第一速"。采用中国自主研制的"中华之星"号动车组运行，如图1.4所示。2007年2月1日，秦沈客运专线并入"京哈铁路"，称为京哈线"秦沈段"。

第 1 章 高速铁路发展

图 1.4 运行在秦沈客运专线上的"中华之星"

与现有的多节车厢都有动力源的动力分散型动车组相比，动力集中型动车组的动力集中在车头，和传统的"机车拉着火车跑"的机辆式列车相似，因此车体编组较为灵活。如今，时速 160 km 及以上动力集中电动车组，如图 1.5 所示，已经在中国铁道科学研究院国家铁道试验中心开展试验，有望全面代替 25T 成为下一代普速铁路主力。在部分高寒、高海拔、陡坡地区，时速 250 km "复兴号"更能大展拳脚，例如在动力控制能力升级方面，具备更高级别的爬坡能力，高寒、高海拔、陡坡、急转弯情况下都可从容应对。2018 年 4 月，动力集中动车组在南疆铁路专线顺利完成大风环境下运行安全专项试验，经受了风沙、高温、高海拔、紫外线老化等环境考验，实现了在 11 级大风下安全运行。

图 1.5 时速 200 km 的动力集中式动车组

新一代动力集中型动车组具有更智能、更舒适、更灵活、更经济等特点，动力集中动车组的核心部件实现了简统化设计，不同供应商配件可以实现对等替换。不同厂商生产的动力车、拖车，通信标准、接口相同，可以进行互联互通。新一代动力集中型动车组，外观采用现代造型语言，极具体量感和速度感。同时，引入人工智能设计，实现部件履历电子化，为大数据管理提供基础。实现列车全寿命健康管理，构建完善的神经网络、集成专家系统，提高故障智能诊断能力；通风设备在线健康检测、总风管供风监测系统完善自监测、自学习和自诊断系统；PIS 系统提供音频/视频娱乐和 Wi-Fi 上网。借助人-机-环境虚拟仿真和 VR 技术，在虚拟环境下，进行沉浸式人机系统设计及功效评估，实现全设计过程的虚拟体验。并首创无缝拼接的整体照明形式，为旅客提供照明的同时提升乘坐体验。特别设计多用途入口伸缩踏板，满足不同站台高度，既可在现有线路运行，从而极大地提升普铁乘客的乘坐体验，又可适应客运专线要求。新一代集中式动车组可填补动车在 250~300 km 时速之间的市场空白，为老百姓的出行提供了性价比更高的解决方案，在多个维度上都体现出了中国设计智造的先进水平。新一代集中动车组以一体化协同创新平台为支撑，以关键系统标准化、模块化、系列化为原则，很多设计理念参考了目前时速 350 km 标准动车组，也会纳入中国标准动车组的系列。

  2018 年 9 月速度等级更高、全新的快速动力集中动车组在株洲亮相。该动车组时速可达 300 km，也是其目前研制的时速最高的动车组，车身有"中国龙"造型涂装，以红色为底色，体现动车的速度感。该动车组列车运营时速 280 km，最高试验时速 308 km。列车设置一等座车 2 节，二等座车 5 节，餐车 1 节，带残疾人卫生间的二等座车 1 节，定员 537 人，长度 265 m。该动车组按照欧洲铁路 TSI 标准打造，TSI 是欧洲互联互通的一个技术规范，进入欧洲市场必须满足这个标准。值得注意的是，其驾驶舱和动力系统全集中在车头部分，与现有的多节车厢都有动力源的动力分散型动车组相比，这种设计可使车体编组更为灵活。如图 1.6 所示。

图 1.6 时速 300 km 的动力集中式动车组

2. 引进消化吸收及自主提升阶段

2004 年，我国高速铁路踏上引进消化吸收再创新之路，正式开始"加速跑"，极大地推动了高速铁路基础理论和关键技术研究的全面进步，大幅度提升了高速铁路技术装备水平。

2004 年 4 月，国务院下发《研究铁路机车车辆装备有关问题的会议纪要》，明确了高速动车组引进消化吸收再创新的技术路线，铁道部会同国家发改委决定实施"以全面转让技术为前提，以引进核心和关键技术为重点，以国内企业为主体，以国产化为最终目的"的行动方案，相继引进日本、法国、加拿大和德国先进的高速铁路技术，其中动车组采用动力分散式的制造技术。并根据国务院"引进先进技术、联合设计生产、打造中国品牌"的指导方针，大力推进创新、引进消化吸收再创新和集成创新，攻克了高速转向架等九大核心技术、受电弓等十大配套技术难题，成功研制时速 350 km 和 250 km 两种速度等级的高速动车组。其特点是：满足高速度、高密度、大运量、长距离、高舒适性及多种运输组织形式需求；兼容不同速度等级的列车，配备多种编组形式的动力分散型动车组；采用高平顺性、高稳定性能、高耐久性且少维修的基础设施；建立智能化的调度指挥系统、列车自动控制系统及信息化的运营管理系统；高度重视环境保护，追求高安全性、高可靠性及低运营成本。

2006 年，我国启动了时速 300 km 动车组的设计，也是初步探索自主研发能力的一个阶段，这次的设计不再采用联合设计的方式，而是完全由我国自主进行设计。2006 年的 7 月份，第一列时速 200 km 动车组正式下线。通过引进消化吸收再创新，系统掌握了时速 200~250 km 动车组制造技术，成功搭建了时速 350 km 的动车组技术平台。

3. 全面创新阶段

2008 年 2 月，铁道部会同科技部共同签署《中国高速列车自主创新联合行动计划》，提出建立并完善具有自主知识产权、国际竞争力强的时速 350 km 及以上的中国高速铁路技术体系。两部委联合行动，以政府为主导、企业为主体、市场为导向、项目合作为纽带的方式实现科技创新，推动我国开展高速列车正向设计和自主创新。动车组列车是高新技术的系统化集成，涉及机械、材料、电子计算机、网络通信、工程仿真等领域的最新技术。

2008 年，我国启动了时速 380 km 高速动车组的设计工作，380 km 是它的设计时速，最高试验时速要达到 420 km，此时已经找不到可以借鉴的经验，只能用大量的试验去探索。2010 年具有高度自主知识产权的国产 CRH380 系列高速动车组相继下线，成功实现对头型、轻量化车体、转向架、减振降噪、系统集成等关键技术的突破。

京津城际铁路是满足中国高速铁路定义的中国第一条高速铁路，也是《中长期铁路网规划》中的第一个开通运营的高速铁路，于 2005 年 7 月 4 日正式开工，2008 年 8 月 1 日正式开通运营，线路全长 120 km，其中无砟轨道长度为 113.6 km。2018 年 8 月，津京城际铁路运营已满十周年，已经成为往来京津两地旅客出行首选。党和国家领导人多次考察，对建设和运营成果给予充分肯定。外国政要到访中国，乘坐京津城际、感受中国速度，也是他们重要的考察项目。十年来，先后有来自 65 个国家、300 余名政要，各类国际组织 200 余批次、5 000 多人考察体验。

京津城际以"大运量、高密度、公交化"的运输组织模式，为广大民众提供了快捷、安全、方便、舒适的旅客运输服务，日均旅客发送量由最初不到 2 万增长到高峰时的超 8 万人次，客流也从开通之初的旅游探亲为主逐渐演变为旅游流、探亲流、商务流和学生流等。现在每天有 92 000 多人乘高速铁路往来京津间，其中刷卡通勤族 6 700 多人。2009 年发送旅客 1 456 万人次，2012 年发送旅客 2 278 万人次，2018 年上半年发送旅客 1 486.2 万人次，日均发送旅客 8.2 万人次，远超 2008 年日均发送旅客 4.9 万人次。目前，京津城际每日开行列车数量，从最初的 47 对增至现在的 108.5 对，增幅达 130.9%，十年间累计发送旅客 2.5 亿人次，相当于将北京、天津全部常住人口 3 600 万运送了 6 次 3 个来回。京津城际 30 多分钟的运行时间，深刻改变了两地人民的工作和生活观念，"0.5 h 经济圈"加速了两地人员流动，优化了两地的生产要素和资源配置，同时加快了北京、天津商贸旅游的互通发展。高速铁路成为两地经济发展的"加速器"。北京人周末去天津吃小吃、听相声，天津人周末到北京逛故宫、登香山，逐渐成为一种流行的休闲方式。京津城际铁路还开通延伸线（天津至于家堡）、推出同城优惠卡，通过高速铁路的公交化运行，实现了京津两地间的同城化，为京津冀协同发展提供了交通一体化先行保障。

从最初使用引进国外技术、联合设计生产的和谐号动车组，到如今全部采用具有完全自主知识产权的标准化、系列化、简统化动车组——复兴号，京津城际运营列车的更替见证了十年来我国高速铁路技术从依赖国外的技术和平台，到立足于科技创新、自主研发，实现从设计到研制到运营的完全自主化的历程。2008 年正式运营之前，京津城际铁路在试验时时速达到 372 km 和 394.3 km，分别由 CRH2C 型电力动车组和 CRH3C 型电力动车组创造，连续刷新当时国内轮轨列车的最高速度纪录。在开通运营初期，京津城际铁路同时使用 CRH2C 型及 CRH3C 型两种和谐号动车组运营，每列列车采用 8 节编组，定员约 600 人。CRH2C 是我国首款高速动车组列车。京津城际运营前期最高速度为 350 km，从北京南到天津全程直达运行时间为 30 min；京津城际列车至 2009 年 4 月全部改用 CRH3 型动车组。CRH3 列车的原型为德国铁路的 ICE-3 列车，我国以引进西门子公司技术并吸收的方式，由中国北车唐山轨道客车在国内生产实现国产化。2011 年 8 月，最高时速改为 300 km，全程直达运行时间变为 35 min，复兴号开始在京津城际铁路上线运行，占运行数量的 18%。2018 年 8 月 1 日京津城际铁路全部更换为复兴号中国标准动车组列车，8 月 8 日，复兴号在京津城际铁路实现 350 km/h 运行，给旅客更美好的出行体验。

  复兴号在京津城际铁路按 350 km/h 运行，一是列车运行线路满足条件。2018 年以来，京津城际铁路的技术装备和基础设施得到全面强化，设备运行维护水平持续提升，外部环境整治成效明显。二是列车开行方案更加优化。针对京津城际铁路不同时期客流特点，科学合理调整列车开行方案，安排了高峰日、周一、二至周四、五、六、日等 6 张运行图，努力实现运力投放与客流需求精准匹配，满足日常、周末、小长假、春暑运等不同时期的旅客出行需求。京津城际还首创了高速铁路运营调度、不同速度等级动车组共线运行控制、高速移动语音和数据通信技术，以及通信、信号、信息化技术体系，解决了高速度、高密度运营下的总体设计、接口管理、调度指挥等关键技术难题。在行车规章制度、设备修程修制、线路施工养护、安全技防物防人防体系、高速铁路技术人才培养等各个方面，创造性地摸索和积累了一系列标准化的管理体系，催生了高速铁路"中国标准"。

  十年来，还催生了武清这座"高速铁路拉来的新城"。武清站是京津城际的唯一中途停车站，武清因为京津城际"1 min"的停留，发展成为连接京津的"黄金地带"。从武清到北京需要 25 min，到天津需要 16 min，京津城际对武清最直接的体现是对商业的带动。从武清站向马路对面望去，一座意大利风情建筑群映入眼帘——这就是佛罗伦萨小镇，意式的唯美建筑，休闲的购物体验，使之成为北京、天津两地共同的购物绝佳选择，而商业的繁荣更带来了武清区高端产业的发展。十年来，累计发送旅客 1 218.5 万人次，日均发送旅客由 2008 年的 366 人次，增加至目前的日均 1 万余人次；经停列车也由 8 对增至现在的 23 对，单日最高发送量为 1.6 万人次。该地区 2007 年生产总值 165 亿元，2017 年增加至 1 161 亿元。

  京津城际铁路助力了区域协同发展，串起富裕链，联结文化带。这样的新模式，也随着沪宁高速铁路、宁杭甬高速铁路、大西高速铁路、郑开城际、成渝高速铁路、武黄城际、广珠城际等高速铁路线路的开通运营，陆续推广到各地，形成了以高速铁路为纽带的北京、上海、广州、武汉、西安、成都等城市圈，连接了我国主要的大中城市和经济区。以京津城际铁路为发端，京沪、京广、津秦、津保、石济等高速铁路连网成片，形成 0.5~1 h "高铁经济圈"，为京津冀协同发展提供了运输保障。京津城际铁路以运行安全、速度快、运能大、节能省地、减排高效等优势，推动了交通运输方式的深刻变革。十年来，京津城际铁路累计发送旅客 2.5 亿人次，相当于 6 250 万辆小汽车（4 人 1 车）的运量，即每天减少 17 100 余辆汽车在京津间穿行。以一辆小轿车百千米油耗 10 L 计算，行驶 100 km 排放的二氧化碳量约为 27 kg，十年间减少二氧化碳排放 168.5 万吨。

2011 年 6 月 30 日 15 时，世界上一次建成里程最长、技术标准最高的高速铁路——京沪高速铁路正式开通运营，纵贯北京、天津、上海三大直辖市和冀、鲁、皖、苏四省，连接京津冀城市群和长江三角洲城市群两大城市群，所经区域面积占国土面积的 6.5%，人口占全国的 26.7%。京沪高速铁路建设时间段和本书作者添乘京沪高速铁路列车首发列车如图 1.7、1.8 所示。随后，京广、哈大、沪杭、郑西、宁杭、杭甬等线均按最高速度 300~350 km/h 设计和建造，引领了世界高速铁路速度目标值的最高水平。2015 年 1 月开通三年的京沪高速铁路宣布盈利 12 亿元。

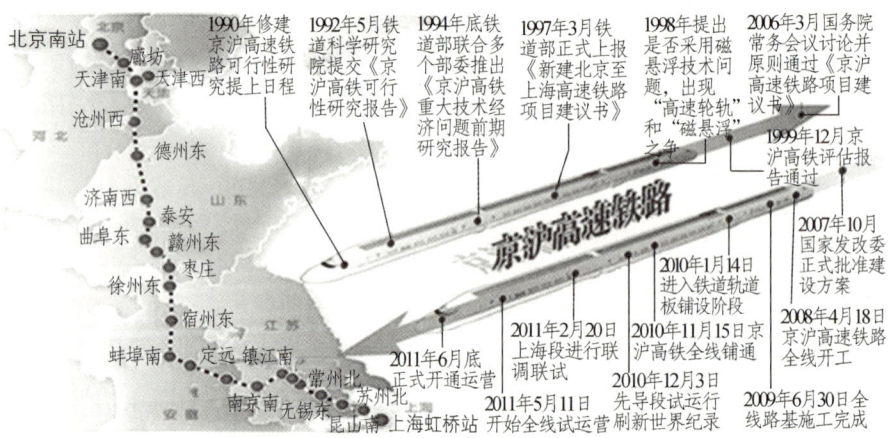

图 1.7　京沪高速铁路建设图

 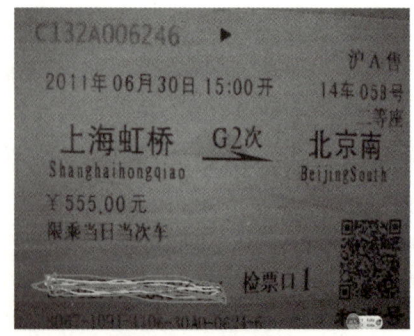

图 1.8　本书作者添乘京沪高速铁路列车首发列车及购买车票

我国广袤的土地、复杂的地形和多变的气候为高速铁路建设带来了困难，却也让中国高速铁路具有了全世界少有的适应性，具有在热带地区建设和运营高速铁路的成功经验。我国从南到北5 000多千米，最北方最寒冷的地区有哈大等高速铁路，南方在海南岛已经建成并运营了一条热带地区环岛高速铁路。2012年12月开通运营的哈大高速铁路严酷环境中安全运行的关键就在土建技术上，它的关键就在冻土，表面上看不出来，但这个冻土其实底下是有水的，它是分层的。冬天，水冻了之后，一结冰就会胀，就会把路基、无砟轨道拱起来，会对平顺度有影响。另外就是隧道，隧道在建设中有很多是有水的。若没有及时排出去，积在隧道顶或者边上，它一冰冻，一结冰，会把隧道、衬砌挤出来。所以，这个技术的突破应该说是当初建哈大高速铁路需要研究、面对的瓶颈问题。海南岛属热带海洋季风气候，热带风暴和台风频繁，空气湿度大，具有含盐分较高，高温、高湿、高盐、高烈度、强台风、降雨、腐蚀等特点。高速铁路六大系统创新与融合集中体现在海南环岛高速铁路建设和运营方面，在路基、桥梁工程、隧道工程、轨道工程都有创新，接触网首次采用了夹板固定方式的支撑绝缘子，安装牢固并采取了新的防雷设计系统。海南环岛高速铁路分为东环段和西环段。东、环段起点站都是海口站，终到站都是三亚站，其中东环段贯穿海南最具经济活力和旅游发展潜力的东部城市和滨海旅游带，西环段北起海口站，东、西环段高速铁路分别于2010年12月、2015年12月通车并形成闭环，成为全球独一无二的环岛高速铁路。在运营管理中首次提出城际铁路兼顾城市轨道交通功能的海口地区运输组织方案，并通过构建铁路、航空港综合交通枢纽，实现城际客流与航空港之间的无缝衔接。

2011年"7·23"甬温线重大伤亡事故发生后，很多人认为出了事故才降速，实际上是降速在前，事故在后。铁道部深入分析之前铁路建设中存在的不科学、不规范、不可持续的问题后，调整了发展思路，即：以保证建设质量为前提，不再急忙抢进度；把握需求与可能，兼顾社会效益和经济效益，安排建设规模；建设标准要与所在地区的发展水平相匹配，充分考虑群众多层次需求和对票价的承受能力；按300~350 km/h建设"四纵四横"主通道高速铁路；按200~250 km/h建设高速铁路延伸线、连接线及高速铁路。同时，加快了技术创新的步伐。从2011年8月底，我国高速铁路普遍降速，300~350 km/h高速铁路的最高运行速度为300 km/h。200~250 km/h高速铁路最高运行速度为200 km/h；既有线提速200~250 km/h的线路最高速度为160 km/h。

从2012年起，按照国家创新驱动发展战略，坚持自主知识产权、安全可靠、标准化、系列化、简统化、经济性、节能环保等原则，我国积极推进具有完全自主知识产权的"中国标准"动车组研制。2013年12月完成总体技术条件制定；2014年9月完成方案设计；2015年7月在铁科院环形试验基地，开展时速160 km及以下型式试验；同年9月至2016年5月，在大西高速铁路原平—太原高速综合试验段，开展型式试验和运用考核，2016年5月在郑徐高速铁路开展运用考核。2015年6月，中国首列标准动车组正式下线，标志着高速铁路创新正式跨入"中国标准"时代。中国动车组技术标准体系在大量采用中国国家标准、行业标准以及专门技术标准的同时，积极融入部分国际标准和国外先进技术标准。

2017年7月开通运营的宝兰高速铁路，东接徐州、西达乌鲁木齐，这条3 300多千米的丝路高速铁路，不仅刷新了世界最长高速铁路的纪录，也超过了世界高速铁路运营里程排名第二的日本新干线的总和。2017年12月6日开通的西成高速铁路，穿越国内最长的秦岭高速铁路隧道群，开辟了一条新蜀道，把西安到成都的最快旅行时间缩短了7 h，目前最快3 h 20 min全程到达。

2018年9月23日广深港高铁香港段正式运营，这标志着内地高铁网将延伸至香港，两地高铁实现互联互通。广深港高铁全长141 km，其中内地段115 km，香港段26 km。内地段广州南至深圳北、福田间分别于2011年年底、2015年年底建成通车；香港段由香港特别行政区全资兴建，于2010年开工建设。广深港高铁香港段开通初期，将根据客流情况按日常图、周末图、高峰图安排动车组列车开行。广深港高铁香港段开通运营后，可通达北京、上海等内地40多个车站。其中，从香港西九龙站出发，至深圳福田站的列车最短运行时间14 min，至广州南站的列车最短运行时间47 min，至上海虹桥站的列车运行时间为8 h 17 min，至北京西站的列车运行时间为8 h 56 min。香港至内地城市高铁票价，按双方运营企业分段计费、各自定价、加总核收的方式确定，以人民币定价，并根据市场实际情况在公布票价范围内进行浮动，在香港以港币标价，在内地以人民币标价。旅客只需在香港西九龙车站采用"一地两检"方式办理出入境，过关时间大大节省。广深港高铁香港段开通初期，根据客流情况按日常图、周末图、高峰图安排动车组列车开行，最高峰日计划每日安排开行动车组列车127对，其中广州、深圳至香港的本线列车114对，跨线长途列车13对。

2018年四季度，电子客票将试点运营；2019年，超长版的17辆编组复兴号将投入京沪高铁运营。2019年，智能京张高铁将建成运营，智能型复兴号动车组将率先在京张高铁投入运用；2020年，智能京雄城际铁路将建成通车。

我国高速铁路将通过持续推进自主创新，高速铁路机车车辆装备制造领域一批核心关键技术实现重大突破：牵引变流技术、微机网络技术、制动技术等核心技术，打破了国外技术和产业垄断；开发研制了以高速铁路为代表的一系列技术先进、安全可靠、具有价格优势的各类高端轨道交通装备产品；形成了较为完善的轨道交通装备的创新平台、产品开发平台和生产制造平台；以中国标准研制成功的动车组，成为突破动车组核心技术。2016 年 7 月 15 日，我国自行设计研制、全面拥有自主知识产权的两列中国标准动车组"金凤凰"和"蓝海豚"以时速超过 420 km 在郑徐高速铁路上交会而过，相对速度超过 840 km，整个交会全程不到 2 s，相当于乘客 1 s "飞"了 117 m，这是世界上首次利用拟运营动车组进行该试验。交会过程中动车组会对旁边的物体产生压力和吸力，当两列车交会的时候，这种气流的变化会对列车的运行带来较大影响，通过交会数据的采集，将会帮助完善和改进列车气动性能的设计。此次试验进一步验证了中国标准动车组整体技术性能，特别是首次实现了动车组牵引、制动、网络控制系统的全面自主化，表明我国具备设计制造满足世界各国不同需求动车组的能力。

在国际社会的一片赞誉之下，越来越多的国家也开始向中国下订单，希望中国给他们修高速铁路。中国高速铁路"走出去"第一单——雅万高速铁路是中国高速铁路首次全系统、全要素、全产业链走出国门，项目全部采用中国高速铁路技术和装备，借鉴中国高速铁路丰富的建设和运营管理经验单。高速铁路建成以后，从雅加达到万隆的旅行时间可以缩短到 40 min 以内，对于带动雅万高速铁路沿线的就业、综合开发和经济发展会有很大促进作用。2015 年 10 月，中国铁路总公司牵头组织的中方企业联合体，与印度尼西亚维卡公司牵头的印尼国企联合体签署协议，成立合资公司，以 B2B 商业合作模式共同建设雅万高速铁路。2016 年 1 月，雅万高速铁路开工仪式在印尼西爪哇省瓦利尼隆重举行。中国铁路设计集团有限公司在印尼设立代表处，长期派驻专业技术人员负责雅万高速铁路项目勘察设计及现场技术支持等工作。2018 年 6 月，雅万高速铁路 22 处控制性工程取得新突破，这标志着雅万高速铁路项目建设进入全面实施推进新阶段。例如，在工程建造中，最复杂的车站是瓦利尼车站。站内桥隧相连，50 m 高的膨胀土路堑边坡，需要特殊地质处理。最难建造的桥是 2 号桥，全长约 36 km，包含 27 联大跨刚构桥梁，与高速公路并行约 32 km，多次跨越高速公路匝道和河流，设计制约因素多。另外，最有挑战性的隧道是 1 号隧道，全长约 1.9 km，穿越雅加达闹市区既有轻轨桥梁、高速公路及其互通桥梁匝道，施工场地狭窄，环境风险极高。它将是我国铁路大直径盾构隧道设计技术首次走出国门，具有示范意义。

2018年9月，随着最高时速可达360 km的麦加至麦地那高速铁路吉达段的电力、电气化和信号、通信等四电系统调试完成，中国企业在海外参建的世界沙漠地带时速最高双线电气化高速铁路——沙特麦加至麦地那高速铁路全面建成。沙特麦加至麦地那高铁途经吉达、拉比格、阿卜杜拉国王经济城，线路全长450.25 km，设计最高时速360 km，是中国企业与沙特等国企业以联合体形式参与建设的世界首条穿越沙漠地带的时速最高的双线电气化高速铁路。线路穿越沙拉伯沙漠，全线共设车站5座，其中，由中国企业独立承建的麦加车站特大桥是全线的重点控制性工程，大桥全长1 556 m，横跨5条公路，桥梁最大宽度72.6 m，相当于20辆中型轿车并排行驶的宽度，属世界高速铁路桥梁宽度之最。沙特地处地震带且年极端温度能够达到55℃，为了保证桥梁质量，施工人员通过技术创新，在梁体中埋设温度传感器和应变计，实时观察梁体的温度变化，及时调整施工工艺，有效地保证了桥梁的地震安全性和震后快速通车的性能要求。麦麦高铁正式通车运营后，麦加到麦地那之间的行车时间，将由目前的4 h缩短到2 h，年客运量将突破1 500万人次，将极大缓解当地的交通压力。

中国的高速列车已经销往102个国家和地区，2016年签署了高达180亿美元的高速铁路协议（约合人民币1 186亿元），比2015年增长了40%。中国和泰国已经同意建立一条经由老挝的高速铁路。此外，俄罗斯莫斯科至喀山高速铁路、马来西亚吉隆坡至新加坡高速铁路等境外项目的合作都已取得突破性进展。

TSI（互联互通技术规范）是根据欧盟法律指令制定和实施的强制性铁路技术要求，确保铁路列车在欧盟范围内跨国运输的相互兼容和安全可靠运行。TSI规范覆盖了铁路机车车辆、基础设施、供电系统和指令与控制系统等各个方面，同时也规定了高速铁路列车运行控制系统须采用的详细技术标准和规范。欧盟TSI技术体系中共包含基线二（Baseline2）和基线三（Baseline3）两个大版本，而基线三又包括B3MR1和B3R2两个小版本，B3R2版本是目前ETCS的最新版本。从B2到B3R2版本的变更内容近500项，涉及安全需求、电磁兼容、功能需求、无线通信方式、版本兼容管理等方面。

2017年5月，由中车株洲公司研制生产的中国首批出口欧洲的动车组——马其顿电动车组项目通过TSI认证，这标志着中国动车组正式获得欧洲铁路产品的EC（欧共体）符合性认证证书，赢得欧洲技术标准认可，相当于获得欧洲市场的通行证。中国标准动车组完成了整车60万千米运用考核，欧洲一般只有40万千米，其性能指标实现较大提升，设计寿命由现在的20年提高到30年。"复兴号"中国标准动车组全面采用自主化设计，九大关键技术和十项配套技术的部件实现了国产化，比动车组技术上的欧标和日标更高级。中国标准动车组攻克了转向架、牵引变流装置、制动系统、网络控制等核心技术，列车动力学、空气动力学、牵引、制动性能、噪声等各项关键技术指标十分优异。2017年6月26日，"复兴号"中国标准动车组从京沪两地双向首发（10年前，中国首列动车组也是从上海站鸣笛启航）。2016年年底，"中国标准动车组"获得国家铁路局认证。中国标准动车组构建了体系完整、结构合理、先进科学的技术标准体系，整体设计以及车体、转向架、牵引、制动、网络等关键技术都是我国自主研发，达到了国际先进水平，并具有完全自主知识产权，在254项重要标准中，中国标准占84%。2017年9月21日，"复兴号"在京沪高速铁路率先实现时速350 km运营，运行持续时间最长、运行距离最远，标志着我国成为世界上高速铁路商业运营速度最高的国家。2018年，"复兴号"家族不断添丁。2018年"4.10"新图实施后，"复兴号"列车实现"加速跑"，上海至北京间通过压缩停站，实现最快4h 18 min可达，较调图前压缩10 min。截至2018年6月26日，"复兴号"动车组上线运营满1周年，累计发送旅客4 130万人次，单日最高客座率达到97.6%，为世界高速铁路商业运营树立新标杆。随着2018年7月1日新列车运行图的实施，全国铁路"复兴号"动车组日开行数量将由现在的114.5对增加到170.5对，可通达23个直辖市、省会城市和自治区首府。

RBC根据车载设备提供的列车位置，联锁提供的车站进路状态，区间轨道占用状态，灾害防护信息，临时限速服务器提供的临时限速命令，生成针对所控列车的行车许可，通过GSM-R网络传输给车载设备。RBC在保证列车前方无其他列车或异物的安全条件下，给列车发送的行车许可最远可达32 km，支持500 km/h的列车最高运行速度，可满足列车3 min追踪间隔。中国通号自主研发的高铁RBC产品获得欧盟ETCS基线三（B3R2）TSI认证证书，标志着中国通号RBC产品继2017年成为国内首个通过TSI认证（基线二）的信号产品后，再次成为国内首个获得欧盟最高版本TSI认证的信号产品。此证书的获得将有利于该产品进一步扩大准入国家范围，且适应性和灵活性更强，为匈塞高铁、莫喀高铁等高铁"走出去"项目奠定了坚实的基础。此前，中国通号RBC产品、列车自动防护设备（ATP）、应答器和地面电子单元（LEU）相继获得欧盟基线二TSI认证证书，获得进入欧盟乃至全球的海外"通行证"，为国家"一带一路"倡议和高铁"走出去"提供核心技术支撑，达到了欧盟市场的准入条件。但根据欧盟ETCS系统的寿命计划，基线二版本将在未来5年内停止部署，而预计基线三版本将在至少未来10年内持续部署，所以部分欧盟国家和部分采用欧盟标准的其他国家，在新项目招标时均强制要求采用 ETCS 新版本。

目前，我国高速铁路装备智能化水平全面得到提升，智能动车组、C3+ATO 列控系统、智能牵引供电、智能调度系统、智能安全保障、智能设备设施检测监测系统、大型养路机械等技术装备的研制和配备实现新突破，动车组保有量达到 3 800 标准组左右，其中"复兴号"动车 900 组以上；铁路工程建造技术继续保持世界领先，复杂环境和特殊地质条件下铁路工程设计建造和 BIM 应用技术水平显著提高；绿色环保节能技术普遍推广；铁路信息化水平大幅提升，高速铁路网和互联网深度融合，数字铁路、智能铁路建设取得系统性成果；建成科学完备的铁路安全防范治理体系和技术标准体系，运输安全可靠性和运输安全指标领先世界。同时，以出口高速动车组为突破口，带动工务工程、牵引供电、通信信号、运营管理等高速铁路成套技术出口，全面打造"中国高速铁路"品牌，实现中国高速铁路"走出去"的战略目标。中国高速铁路产品已出口全球六大洲近百个国家和地区，出口产品实现从中低端到高端的升级，出口市场实现从亚非拉到欧美的飞跃，出口形式实现从产品出口到产品、资本、技术、服务等多种形式的组合出口。

我国高速铁路以最短的时间成为我国技术追赶最为成功的产业之一，其辉煌并非一日之功，主要原因应主要归功于我国长期积累的技术团队、技术能力和技术平台，始于 2004 年的"成套引进"路线，帮助中国高速铁路产业建立起现代化的制造体系，还获得了完整的产品生产与运营经验，以最小的代价、最短的时间推动高速铁路全产业链的大发展，我国原先所积累的技术团队、技术能力、自主创新得到充分调动和释放。例如，在"中华之星"的研发过程中培养了人才，这些人员很多在后来引进技术过程中承担技术骨干。再如，机车车辆并非"中国高速铁路是依赖外国帮助并获得全套技术的结果"。日本、德国、法国技术以及庞巴迪公司技术动车组，外方对诸如转向架、网络控制、变流装置、空气制动等核心硬件和软件技术都拒绝转让。引进中，我国得到的主要是生产图纸、制造工艺、质量控制和检测方法，即制造合格产品所必需的文件、管理知识和有关专利。因此，解释中国高速铁路技术成就的关键变量不仅是"引进消化吸收再创新"，而是该工业在自力更生阶段形成的技术能力基础和使这个基础继续发扬光大的自主创新路线，坚持自主创新是增强自己能力的唯一途径。另外，虽然在引进消化吸收再创新的基础上中国高速铁路产业已经掌握了系统层面的正向设计能力，并掌握了自主知识产权，但在新一代技术标准完善、部分基础软件开发和核心零部件设计制造以及国际市场知识布局等方面，与日本、德国等高速铁路强国仍然存在着差距，我们在差距方面还需要向高速铁路强国学习和借鉴。

目前，中国中车是全球最大的铁路集团，而且中车生产并已经运行的高铁列车可以达到时速 350 km 以上。为超越中国，德法高铁装备巨头合并取得重大进展，西门子-阿尔斯通铁路联营公司（筹）11 名董事会成员任命全部获批。"Velaro Novo"是西门子 5 年来的研发成果，具有突破性优势。新高速列车的投资成本比预算降低 20%，列车按照"空管"原则设计，没有固定室内设计，可根据客户的想法设置。列车配备更多的智能化技术，可对维修、铁路状况、损坏等情况自动发出预警。高铁列车预计将于 2023 年正式投产运行。西门子已经瞄准英国、北美、南美和亚洲市场，即将与西门子铁路部门合并的法国列车制造商阿尔斯通也研制了一种新的超级快速列车，将在 2020 年前投产。"欧洲高铁双雄"的竞争对手是中车。未来，西门子阿尔斯通集团与中车竞争将更加激烈。同时，日立铁路欧洲公司与加拿大庞巴迪运输公司正式宣布重启合作关系，共同修建高速铁路。

2018 年 9 月，法国国铁(SNCF)和日立制作所的铁路子公司安萨尔多(Ansaldo)STS 等宣布，为有助于实现高效运行和避免事故，将在 2023 年以后在法国投入运行几乎无需司机干预的自动驾驶铁路列车。参与研发的还有法国铁路车辆制造商阿尔斯通、德国汽车零部件企业博世、法国军工与电子设备企业泰勒斯等。5 700 万欧元的业务费用由法国国铁与法国政府各承担三成，其他企业承担另外四成。2023 年开始在巴黎郊区的线路上进行 2 级自动驾驶，即有司机乘坐但能够自动加速减速；2025 年在高速铁路"TGV"上开始进行 2 级自动驾驶，并力争在地方线路上实现不需要司机的完全自动驾驶(4 级)。关于实际运行时是否让司机乘坐，将在听取乘客意见的基础上来决定。自动驾驶将通过安装在列车上的摄像头和雷达来识别信号、障碍物，在人工智能(AI)的帮助下调整速度。为防止系统遭到外部劫持，还将开发安全防护系统，需要能瞬间对更远处的信息做出判断的能力。

1.3.2 我国高速铁路规划与实践

1. 网络规划

在修建铁路网规划方面，值得一提的是：中国革命伟大的先行者孙中山就任中华民国临时大总统后立即颁布命令，指出"富强之策，全藉铁路交通，拯宜从速兴筑"。孙中山当年曾回答过："交通为实业之母，铁路为交通之母。"孙中山辞去临时大总统后，接受"筹办全国铁路全权"的铁路督办职务。中华民国铁道协会成立时，孙中山亲自担任会长，并在铁道协会演说时表示"今日之世界，非铁道无以立国"。1919 年秋，他在《实业计划》中提出了在中国修建 16 万余千米铁路的设想。孙中山是我国铁路网规划最早的先驱之一。但是，在当时的年代，受各种条件的限制，完成修建铁路规划图是根本不可能的。尽管因政局、资金等限制，他并没有修建过 1 km 铁路。但他描绘的四通八达、流行无滞的路网宏图，至今仍深刻地影响着中国铁路的发展。

在中国高速铁路问世之前，世人皆知日本新干线。1978 年，邓小平访日，坐上了"光"号列车，他感慨说："速度很快，就像推着我们跑一样，我们需要跑。"多年以后，邓小平的愿望真正得以实现。

2004 年 1 月，我国国务院通过了《中长期铁路网规划》（不包括港、澳、台地区），确定了扩大规模、完善结构、提高质量，快速扩充运输能力，迅速提高装备水平的铁路网发展目标。规划到 2020 年我国将在主要繁忙干线实现客货分线，复线率和电化率均超过 50%，运输能力满足国民经济和社会发展需要。在经济发达的人口稠密地区发展高速轨道快速客运系统，以新建 1.2 万千米的铁路客运专线和高速轨道客运系统、2 万千米提速铁路为基础，形成以"四纵四横"快速客运通道和环渤海地区、长江三角洲地区、珠江三角洲地区三个高速快速客运系统为骨架，覆盖全国 50 万以上人口城市的铁路快速客运系统，全国铁路营业里程将达到 10 万千米，形成功能完善、点线协调的客货运输网络。

2008 年 11 月，《中长期铁路网规划（2008 年调整）》方案经国家批准后颁布实施。在客运专线建设方面，在维持原"四纵四横"基础骨架不变的基础上，建设项目进一步增加，高速客运系统由环渤海、长三角、珠三角地区扩展到其他经济发达和人口稠密地区，我国建成运营客运专线和按客运专线管理的旅客列车时速 200 km 及以上铁路总规模将达到约 29 000 km，其中新建时速 300～350 km 客运专线总里程将超过 10 000 km。

2016 年 7 月修编并颁布新的《中长期铁路网规划》，该规划是我国铁路基础设施的中长期空间布局规划，是推进铁路建设的基本依据，是指导我国铁路发展的纲领性文件，规划期为 2016—2025 年，远期展望为 2030 年。《规划》提出将构建以"八纵八横"主通道为骨架、区域连接线衔接、城际铁路补充的高速铁路网。到 2020 年，我国铁路网规模达 15 万千米，其中高速铁路 3 万千米，覆盖 80%以上的大城市，形成"八纵八横"规模的高速铁路网。八纵通道包括沿海通道、京沪通道、京港（台）通道、京哈—京港澳通道、呼南通道、京昆通道、包（银）海通道、兰（西）广通道；八横通道包括绥满通道、京兰通道、青银通道、陆桥通道、沿江通道、沪昆通道、厦渝通道、广昆通道。到 2025 年，我国铁路网规模达 17.5 万千米左右，其中高速铁路 3.8 万千米左右，比 2015 年年底翻一番。到 2030 年，基本实现内外互联互通、区际多路畅通、省会高速铁路连通、地市快速通达、县域基本覆盖。统筹高速与普速，新建与既有，枢纽与通道；强化主通道，疏通微循环，与公路、民航、水运、城市轨道交通进行有效衔接，以高速铁路为大动脉的中国综合交通运输体系正展示出"交通强国"的英姿。截至 2017 年年底，我国高速铁路开通的线路如表1.1 所示。

表1.1　我国高速铁路开通时间表

序号	高速铁路线路	起讫点	里程/km	设计时速/km	开通时间
1	秦沈客专	秦皇岛—沈阳	404	200	2003-10-12
2	合宁铁路	合肥—南京南	166	250	2008-04-18
3	京津城际铁路	北京南—天津	119	350	2008-08-01
4	胶济客专	青岛—济南	363	250	2008-12-21
5	石太客专	石家庄—太原	225	250	2009-04-01
6	合武高速铁路	合肥—武汉	357	250	2009-04-01
7	达成铁路	达州—成都	367	250	2009-07-07
8	甬台温铁路	宁波—台州—温州	283	250	2009-09-28
9	温福铁路	温州—福州	298	250	2009-09-28
10	武广高速铁路	武汉—广州	1 069	350	2009-12-26
11	郑西高速铁路	郑州—西安	485	350	2009-12-26
12	福厦铁路	福州—厦门	273	250	2010-04-26
13	成灌市域铁路	成都—青城山	65	200	2010-05-01
14	沪宁城际	上海—南京	301	350	2010-07-01
15	昌九城际	九江—南昌西	132	250	2010-09-20
16	沪杭高速铁路	上海—杭州	160	350	2010-10-26
17	宜万铁路	宜昌东—万州	377	250	2010-12-26
18	长吉城际	长春—吉林	96	250	2010-12-30
19	海南东环	海口—三亚	308	250	2010-12-30
20	京沪高速铁路	北京—上海	1 318	350	2011-06-30
21	广深高速铁路	广州南—深圳北	102	200	2011-12-26
22	龙厦铁路	龙岩—厦门	171	200	2012-06-30

续表

序号	高速铁路线路	起讫点	里程/km	设计时速/km	开通时间
23	汉宜铁路	武汉—宜昌	293	350	2012-07-01
24	郑武高速铁路	郑州东—武汉	536	350	2012-09-28
25	合蚌高速铁路	合肥—蚌埠	131	350	2012-10-16
26	哈大高速铁路	哈尔滨—大连	921	350	2012-12-01
27	京石郑高速铁路	北京西—郑州	693	350	2012-12-16
28	广珠城际	广州南—珠海	144	200	2012-12-30
29	宁杭高速铁路	南京—杭州	249	350	2013-07-01
30	杭甬铁路	杭州—宁波	150	350	2013-07-01
31	盘营高速铁路	盘锦—营口	90	350	2013-09-12
32	向蒲铁路	向塘—莆田	632	200	2013-12-01
33	津秦高速铁路	天津—秦皇岛	257	350	2013-12-28
34	厦深高速铁路	厦门—深圳	502	250	2013-12-28
35	西宝高速铁路	西安—宝鸡	138	350	2013-12-28
36	渝利铁路	重庆—利川	264	200	2013-12-28
37	茂湛铁路	茂名—湛江	103	200	2013-12-28
38	柳南客专	柳州—南宁	227	200	2013-12-28
39	衡柳铁路	衡阳—柳州	498	200	2013-12-28
40	广西沿海铁路	南宁—钦州—北海	262	250	2013-12-28
41	武咸城际	武汉—咸宁	90	200	2013-12-28
42	成灌铁路彭州支线	郫县西—彭州	21	200	2014-04-30
43	武黄城际	武汉—大冶北	97	250	2014-06-18
44	武冈城际	葛店南—黄冈东	36	250	2014-06-18
45	大西高速铁路太原南—西安北段	太原南—西安北	570	250	2014-07-01
46	合肥铁路南环线	肥东—长安集	40	200~250	2014-11-12
47	杭长高速铁路	杭州东—长沙南	933	350	2014-12-10
48	成绵乐客专	江油—峨眉山	313	250	2014-12-20

续表

序号	高速铁路线路	起讫点	里程/km	设计时速/km	开通时间
49	兰新铁路第二双线	兰州西—乌鲁木齐	1 776	200~250	2014-12-26
50	贵广高速铁路	贵阳北—广州南	857	250	2014-12-26
51	南广高速铁路	南宁—广州南	577	250	2014-12-26
52	郑开城际	郑州东—宋城路	50	200	2014-12-28
53	青荣城际	青岛—荣成	299	250	2014-12-28
54	兰渝铁路	重庆北—渭沱段	71	200	2015-01-01
55	沪昆高速铁路新晃西—贵阳北段	新晃西—贵阳北	286	300	2015-06-18
56	郑焦城际	郑州—焦作	78	250	2015-06-26
57	合福高速铁路	合肥南—福州	850	350	2015-06-28
58	哈齐高速铁路	哈尔滨—齐齐哈尔南	282	250	2015-08-17
59	沈丹高速铁路	沈阳南—丹东	208	250	2015-09-01
60	吉图珲高速铁路	吉林—图们—珲春	361	250	2015-09-20
61	京津城际延伸线	天津—于家堡	45	350	2015-09-20
62	宁安高速铁路	南京南—安庆	258	250	2015-12-06
63	南昆客专南百段	南宁—白色	223	250	2015-12-11
64	丹大铁路	丹东—大连	292	200	2015-12-17
65	成渝高速铁路	成都东—重庆	308	300~350	2015-12-26
66	金丽温铁路	金华—温州南	188	200	2015-12-26
67	赣瑞龙铁路	赣州—龙岩	273	200	2015-12-26
68	津宝铁路	天津—保定	158	200~250	2015-12-28
69	牡绥铁路扩能改造工程		139	200	2015-12-28
70	海南西环高速铁路	海口—三亚	345	200	2015-12-30
71	郑机城际	郑州东—新郑机场	43	200	2015-12-31
72	娄邵铁路	娄底—邵阳	93	200	2016-01-06
73	佛肇城际	佛山西—肇庆	83	200	2016-03-30
74	莞惠城际	望洪—小金口	100	200	2016-03-30
75	宁启铁路复线	林场—南通	268	200	2016-05-01
76	郑徐高速铁路	郑州东—徐州东	362	350	2016-09-10
77	渝万铁路	重庆北—万州北	247	250	2016-11-28

续表

序号	高速铁路线路	起讫点	里程/km	设计时速/km	开通时间
78	武孝城际	汉口—孝感东	62	200~250	2016-12-01
79	长株潭城际	长沙—湘潭	104	200	2016-12-26
80	兰渝铁路	岷县—广元段	293	200	2016-12-26
81	南昆客专百昆段	百色—昆明南	487	250	2016-12-28
82	沪昆高速铁路云南段	贵阳北—昆明南	529	350	2016-12-28
83	宝兰高速铁路	宝鸡—兰州	401	250	2017-07-09
84	张呼高速铁路（乌呼段）		126	250	2017-08-03
85	武九客专	武汉—九江	224	250	2017-09-21
86	兰渝铁路	兰州—重庆	886	160~250	2017-09-29
87	西成高速铁路	西安北—成都东	658	250	2017-12-06
88	长株潭城际西线	开福寺—长沙西	22	200	2017-12-26
89	淮潇客运联络线	淮北—萧县	27	250	2017-12-28
90	九景衢铁路	九江—衢州	333	200	2017-12-28
91	莞惠城际	常平东—道口段	44	200	2017-12-28
92	石济高速铁路	石家庄东—新济南东	319	250	2017-12-28

截至 2017 年年底，我国高速铁营业里程达 2.5 万千米，居世界首位，占世界高速铁路总运营里程的 66.3%。其中设计时速超过 350 km/h 等级的高速铁路约占 50%。我国高速铁路与其他铁路共同构成的快速客运网已达 4 万千米以上。我国以高速铁路为骨架的客运快速铁路网和以高速铁路为骨架的综合交通运输体系正在形成，并已经制造和运营 2 600 余组动车组，安全运行里程超过 50.5 亿千米。目前，50%以上的铁路旅客发送量已经由动车组列车承担，每天有 400 多万旅客享受高速铁路旅行生活。全国日均开行动车组 4 000 列，发送旅客 460 万人，安全运行里程超过 50.5 亿千米。2016 年全国高速铁路始发正点率 98.8%，终到正点率达 95.5%。自 2008 年京津城际开通运营以来，2011 年 10 月动车组累计旅客发送量突破 10 亿人次，2014 年 10 月突破 30 亿，2016 年 7 月突破 50 亿，2017 年 9 月突破 70 亿。中国高速铁路旅客发送量实现快速增长，极大地满足了人们商务、旅游和探亲等出行需求。高速铁路已经成为我国的一张"亮丽名片"。中国高速铁路运营线路图（截至 2018 年 8 月）、"十三五"高速铁路规划如图 1.8 和图 1.9 所示。

第 1 章 高速铁路发展

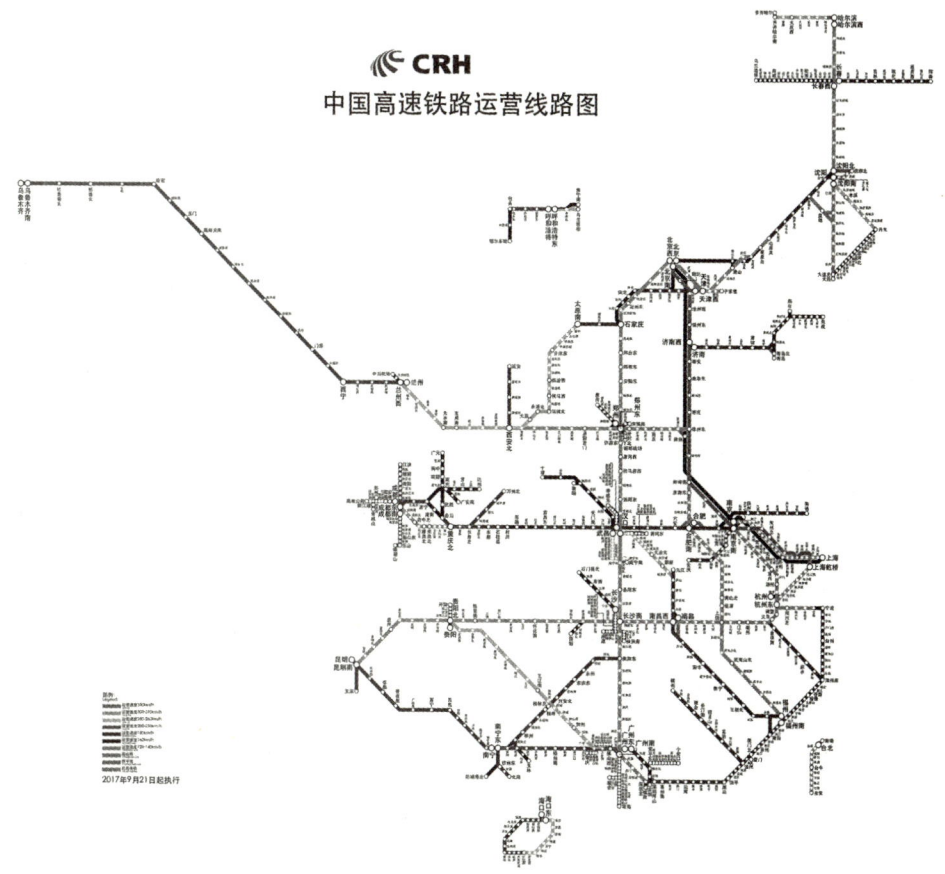

图 1.8　中国高速铁路运营线路图

由于我国特殊的国情和所处的发展阶段，我国高速铁路对经济的拉动作用将超过世界上任何一个国家。中国社科院 2015 年出版的《中国城市竞争力报告》表明，通高速铁路城市与不通高速铁路城市相比，综合经济竞争力要高出 71.15%，可持续竞争力要高出 56.91%。高速铁路成网运营带动了都市圈的快速发展和城市间的互相融合，串起一条条"新型城镇带""黄金旅游带""产业聚集带""经济繁荣带"，无数大中小城市因高速铁路而串联，人、钱、物在城市间、地区间的流向更加便捷和高效，高速铁路网络正以前所未有的速度改变着中国城市的格局。借力高速铁路，一座座城市正在崛起，由此产生的高速铁路经济新业态正成为我国经济发展新引擎，高速铁路正构建经济发展新版图。高速铁路助推经济发展，包括助推城镇化进程、提升城市综合经济竞争力、推进区域经济一体化、改变经济资源配置格局、改变空间经济。随着京广、沪昆、哈大、贵广、兰新、海南环岛等一批高速铁路重点项成通

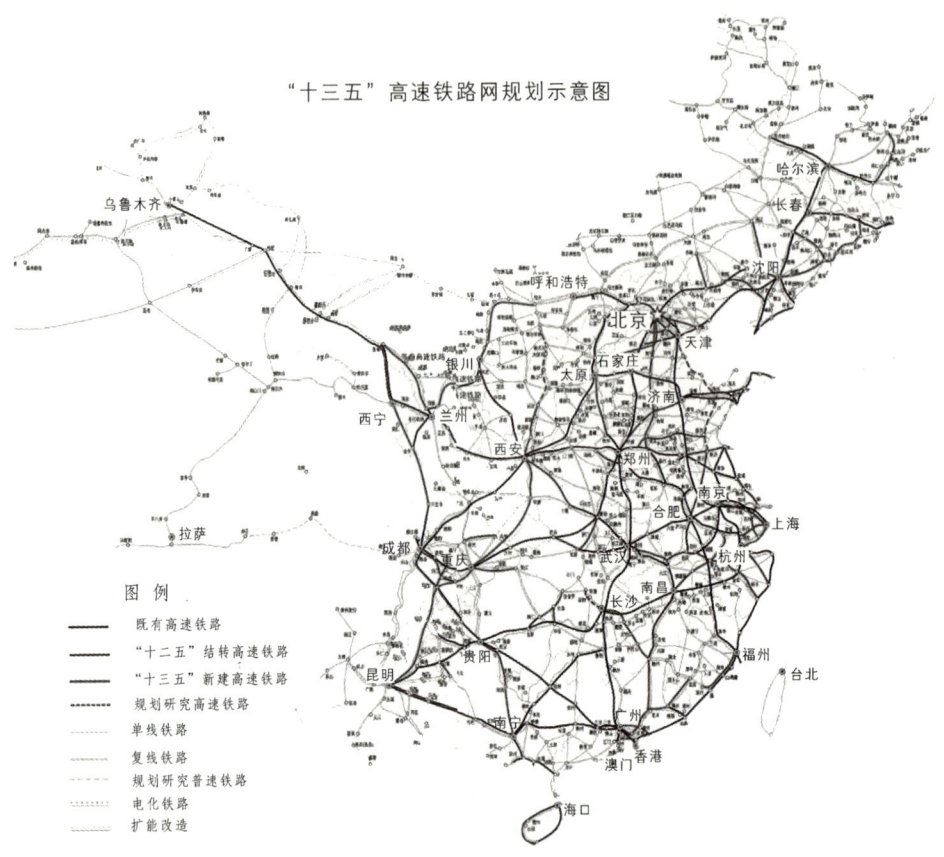

图 1.9 我国"十三五"高速铁路网规划示意图

车,"四纵四横"高速铁路网基本成型,中国高速铁路把北方边陲小城与南方海滨城市串联起来,把西部大漠、中原地带、沿海地区有机连接。东北、华北、华中、长三角、珠三角等地区形成 1 h 交通圈,"同城化"效应不断扩大;北京、天津、上海、广州、深圳、哈尔滨、西安等大城市间实现 1 000 km 内 5 h 到达,2 000 km 内 8 h 到达;特别是在西南山区等原本交通不发达的地区,这种变化尤为明显,2014 年年底开通的贵阳至广州高速铁路,使两地之间的旅行时间由开通前的 21 h 压缩至 4 h。高速铁路开通让中西部地区与东部经济高地接轨,更好地承接东部发达地区的产业转移,形成中国经济由东至西梯次渐进的发展态势。2016 年中、西部地区生产总值比 2015 年分别增长 7.9%、8.2%,快于全国平均增速。我国国家铁路局调研报告显示,与没有高速铁路的城市相比,通高速铁路的城市生产总值增长量高出了72%,可持续发展能力提高了 55%。随着我国高速铁路网络"四纵四横"的发展，沿线区域人流、物流、能流、资金流和信息流实现了快速流动和集散，进而推动资本、技术、人力等生产要素，以及消费群体、消费资料等消费要素的优化配置和集聚发展，带动沿途各节点城市经济社会的蓬勃发展，并对东、中、西部区域内产业结构和经济格局调整产生重要影响。截至 2018 年 5 月，有 28 个省会城市、180 余个地级城市、370 余个县级城市已开通高速铁路线路，将各种类型站点计算在内，全国共有超过 700 余个高速铁路站，基本覆盖主要人口聚集区。高速铁路使城市边界被打破，空间距离被淡化，时间距离成为主要标尺，1 h 交通圈概念得到强化。高速铁路加快人流、物流和资金流在城市间的流动，各类资源在交通节点、交通干线、交通圈内重新分配，且随着高速铁路影响半径的延长，区域内的经济联动更加密切。在可承受的时间成本与资金成本下，都市圈一体化效应增强，工作在大城市，生活在小城市成为可能。

从"四纵四横"到"八纵八横"，从东部走向西部，从国内走向海外，中国高速铁路的大发展开启了人类交通史的新纪元。我国高速铁路网规划呈现出总体规模大、与既有线联系紧密、点多、线长、面广、分期分线快速集中建设、各条线路运营条件下不同等特点，"四纵四横"升级到"八纵八横"将带动不同区域经济的均衡发展。原来的"四纵四横"重点是把北上广一线城市连接起来，而"八纵八横"打造的除以沿海、京沪等"八纵"通道和陆桥、沿江等"八横"通道为主干，还把城际铁路作为补充的高速铁路网，实现相邻大中城市间 1~4 h、城市群内 0.5~2 h 交通圈，给新时期快节奏的生活方式呈献最正点的交通产品需求，意味着东西南北高速铁路联通起来，给落后地区注入了"新血液"、新动力。

2. 枢纽规划

枢纽是事物相互联系的中心环节，枢纽站场直接服务于运营，牵涉面广、可变因素多、关系复杂，每个枢纽都各有特征，不能定型。方案多以及决策难是枢纽总图规划的特点，枢纽——枢是门窗的轴，"户枢不蠹"，铁路枢纽是铁路网的中枢，有路网"心脏"之称。枢纽总图规划是要根据运营需要将枢纽内所有客货设施，做出合理科学的安排和布局。设施之间存在有机的联系，方向线路良好的连接，各种列车的通路顺畅，内外能力协调，使"心脏"能良好地运转。规划的格局、规模能满足近远期运营需要、路网发展的需要。因此，枢纽总图规划是一项战略性的前期工作，应具前瞻性、与时俱进。在总图规划中，关键是要把新理念的精神贯穿于设计思想。用新理念启发思路、分析问题、提高对新理念的"悟性"，成为高速铁路枢纽，在国家高速铁路布局中占据领先位置，是很多国内一流城市竞相争取的目标。

（1）"米字型"高速铁路枢纽

以郑州"米字型"高速铁路枢纽为代表的枢纽型功能地位凸显。郑州位于中国地理中心，是名副其实的"中华腹地"，连接东部沿海开放地区与中西部地区，贯通南北，郑州得以成为全国性的交通枢纽及南北方物流运输节点。按照国家高速铁路规划，郑州将建成全国的"高速铁路心脏"，架构"米字型"高速铁路格局，分别从郑州向中国的四面八方延伸。当前郑州已经开通京广、郑西和郑徐高速铁路，通过京广将中国南北串联，通过郑徐高速铁路将中原地区和长三角地区打通，通过郑西加强与西部联系。如图1.10所示。从另外一个数据看，经过郑州的高速铁路车次539趟，通过高速铁路能通达的城市数超过120个。未来，郑万、郑合、郑太和郑济4条高速铁路线路也将陆续建设开通，"米字型"高速铁路网络的建成将使郑州到合肥、济南、太原、徐州等城市的时间缩短至2h以内，中部地区内部及与东部城市之间联动也更为紧密。可以预见，未来以郑州为中心的高速铁路3h经济圈将覆盖方圆1 000 km城市，近7.9亿人口。到2020年，郑州的"米字型"高速铁路将基本成型，成为中国第一个拥有"米字型"的城市。届时，以郑州为中心，600 km范围内可达北京、武汉、西安、太原、济南、武汉、合肥、南京、徐州等大城市；1 500 km内，可通达国内70%的省会城市，南北东西，中原腹地，数亿人口，得天独厚的地理位置，让郑州在中国高速铁路发展上走在前列。

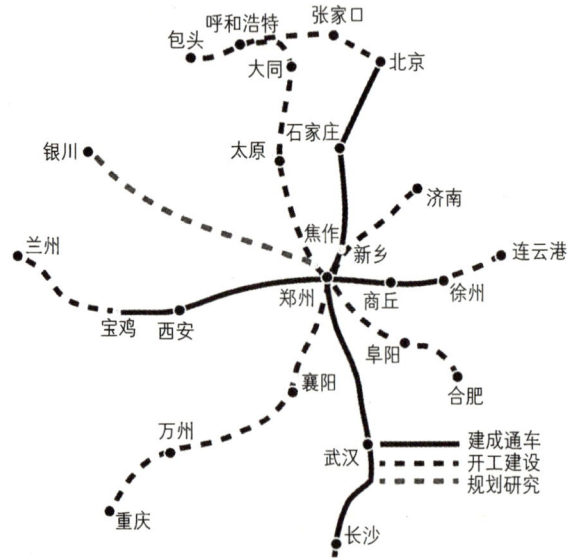

图1.10 郑州"米"字型高速铁路枢纽规划图

目前，其他高速铁路枢纽规划如武汉、西安、合肥、重庆、成都、贵阳、广州、长沙、北京"米字型"高速铁路网等都在建设之中。

（2）高速铁路枢纽客运站

高速铁路客运站是高速铁路服务旅客的窗口，在高速铁路发展的同时，按照点线能力适应与配套的原则，形成适应客流特点、便于客运组织、有利于城市发展的现代化客站体系。新建的高速铁路客运站设计中提出了"功能性、系统性、先进性、文化性、经济性"的新理念，在站区规划、功能布局、建筑造型等方面的设计上，与以往的车站设计有较大不同，集中体现为平面一体化、站点空间集约化、接驳衔接无缝化。新设计除了强调效率和效益外，更注重环境协调和自然通风节能，同时体现地域文化特色，并实现了对旅客由管理型向服务型的转变的现代化综合交通枢纽。截至2017年年底，我国建设了一批现代化综合客运枢纽，目前已建成676座高速铁路客站，年均增长近100座。我国高速铁路部分线运营开通情况如表1.2所示。

表1.2 我国高速铁路部分线运营开通情况表

序号	客运站	始建时间	启用时间	总投资	车站规模	建筑面积与占地面积
1	西安北站	2008年9月	2011年1月	约60亿元	3场18站台34股线	总占地面积53.3万平方米，总建筑面积42.5万平方米，主体建筑面积33.6万平方米，其中主站房面积为17.1万平方米，无柱站台雨棚9.4万平方米
2	郑州东站	2009年6月	2012年9月	94.7亿元	16站台32股线	总建筑面积41.2万平方米，其中站房建筑面积15.0万平方米，站台雨篷面积7.8万平方米，地铁及桥下通道、停车场等共16.4万平方米
3	贵阳北站	2012年10月	2014年12月	67亿	15站台28站台面32股线	总建筑面积70.58万平方米，站房总建筑面积25.5万平方米，无柱雨棚面积8.2万平方米，高架及落客平台面积3.6万平方米

续表

序号	客运站	始建时间	启用时间	总投资	车站规模	建筑面积与占地面积
4	上海虹桥站	2008年7月	2010年7月	超150亿元	16站台30股线	总占地面积超过130万平方米（相当于3个天安门广场），站房总建筑面积约23万平方米，其中铁路站房约10万平方米，雨棚面积约11万平方米
5	昆明南站	2013年10月	2016年12月	32亿元	16站台30台面30股线	总建筑面积33.5万平方m，站房12万平米，无站台柱雨棚7.7万平方米，相关配套面积11.6万平方米
6	杭州东站	2009年12月	2013年7月	约250亿元	15站台30股线，磁悬浮3台4线	站房总建筑面积34万平方米，雨棚面积7.4万平方米
7	南宁东站	2012年7月	2014年12月	61亿(其中站房26亿)	13站台30股线	总建筑面积26.7万平方米，站房建筑面积12万平方米，无站台柱雨棚总面积7.7万平方米
8	南京南站	2008年1月	2011年6月	超140亿元	15站台28股线	总占地面积近70万平方米，总建筑面积约45.8万平方米，其中主站房面积28.15万平方米
9	广州南站	2004年12月	2010年1月	130亿元	15站台28站台面28股道	总建筑面积约61.5万平方米，站房建筑面积48.6万平方米
10	长沙南站	2007年11月	2009年12月	100亿元	13站台28股线	建筑面积44.7万平方米（西站房27.8万平方米、东站房16.9万平方米），站台雨棚3.4万平方米，双广场占地面积5.3万平方米
11	成都东站	2008年12月	2011年5月	38亿元	14站台26股线	总占地面积87万平方米，总建筑面积22万平方米，站房面积10.8万平方米

续表

序号	客运站	始建时间	启用时间	总投资	车站规模	建筑面积与占地面积
12	天津西站	2009年2月	2011年6月	38亿元	13站台24台号26股线	新西站占地面积68万平方米，建筑总面积达18万平方米，其中，站房面积10.4万平方米、雨棚面积7.6万平方米
13	南昌西站	2010年8月	2013年9月	45亿元	12站台26股线	建筑总面积约25.9万平方米、站房面积11.4万平方米
14	北京南站	2007年1月	2008年8月	63亿元	13站台24股线	总占地面积50万平方米，总建筑面积30.9万平方米
15	武汉新火车站	2006年9月	2009年12月	140亿元	11站台20站台面20股线	总建筑面积37万平方米，其中，站房建筑面积11.5万平方米、无站台柱雨棚14.4万平方米、站前高架人行平台1.3万平方米
16	深圳北站	2007年12月	2011年6月	65亿元	11站台20台面20股线	总占地面积240万平方米，建筑总面积18.2万平方米，含房屋建筑面积7.46万平方米、站前平台3.41万平方米、主体屋面南北侧悬挑4 292平方米、无站台柱雨棚6.85万平方米

我国的综合客运枢纽站也是随着经济和铁路的发展而发展起来的，目前我国客运站的建设已进入跨越式发展阶段，以"以人为本"为客运站设计理念、以"为旅客服务"为客运站建设宗旨、以实现"功能性、系统性、先进性、文化性、经济性"为目标的综合客运站的规划思想已经提出并用于指导实践。现以上海枢纽为例加以介绍。

上海是中国商业铁路的发源地。1876年，中国第一条营业铁路吴淞铁路在上海开通。作为城市建设的先导与基础，铁路以速度、运能，将区域有效联系，又带动产品、信息、技术、人员、资金流动，社会活力增强。进入21世纪，上海经济、金融、贸易、航运中心建设渐入佳境，对外交流加深。2002年，上海站全年发送旅客定格为3 118万人次，从2 000万到3 000万人次，跨越15年，然而仅3年后，上海站全年发送旅客便踏上4 000万人次的新台阶。2006年、2010年，上海南站和上海虹桥站相继建成通车。2017年上海铁路旅客发送量站上"亿人次"大关。30年间，上海铁路发送旅客翻了5倍多，占上海客运总量的比例从 1987 年的 35%，增长到 50%以上。2007 年，第一列"和谐号"从上海发车，当年铁路上海站年旅客发送量即达 4 600 万人次。随后，每年以 500 万左右人次的速度增长。上海地处东部沿海，原本是铁路网线一个尽头站。随着"十二五"时期中国高速铁路版图扩张，"四纵四横"的高速铁路骨干网中有 6 条与上海相关，上海铁路发展也由此驶上快车道，完成从尽头站到枢纽站的华丽转身。如今，每天有超过 900 趟高速铁路列车在上海铁路线上穿梭，超过 60 万名旅客从全国各地往来于上海。

长三角虹桥的枢纽已经形成高速铁路和机场结合良好的门户枢纽（虹桥枢纽），上海虹桥站站内实现了与飞机、上海公交、上海长途客车、上海地铁的零换乘。上海虹桥站总占地面积超过 130 万平方米，位于上海虹桥机场西侧，站房总建筑面积约 23 万平方米，其中铁路站房约 10 万平方米，雨棚面积约 11 万平方米，立体共分 5 层。北端引接京沪高速铁路、京沪铁路、沪宁城际；南端与沪昆铁路、沪杭甬客专、沪杭高速接轨。与上海站、上海南站实现明确的功能划分，上海虹桥站全面开行 CRH 动车组列车，上海站则主要为动车、普速列车，上海南站主要为普速列车。上海虹桥站的车场总规模为 16 台 30 线，其中高速铁路场 10 台 19 线，高速普速场 6 台 11 线。在日吞吐量近 40 万人次的上海虹桥站，综控室和行车室控制着全站 400 多趟列车、400 余块电子显示屏和 220 多台进出站闸机的运行，每天负责人只需要 6 名；一排排的售票窗口，已被 167 台自助售（取）票机取代，每天 80%的票务都由旅客自助完成，无线化、无纸化、智能化正日渐成为高速铁路的标志。

虹桥站是一个比较经典的例子，周边已经发展成熟，且与虹桥机场几乎零距离。全国城市中，像虹桥站这样实现高速铁路、机场、地铁零距离换乘的，仅此一例，如图 1.11 所示。在虹桥枢纽同上海东站这两大枢纽之间还将建一条机场联络线，起点在虹桥枢纽，终点位于上海东站，全长约 68 km，计划设 8 座车站，将虹桥、浦东两大机场串联起来。旅客能快速到达浦东机场、迪士尼乐园、中心城区及虹桥枢纽。未来上海东站，还将连接地铁 2 号线、

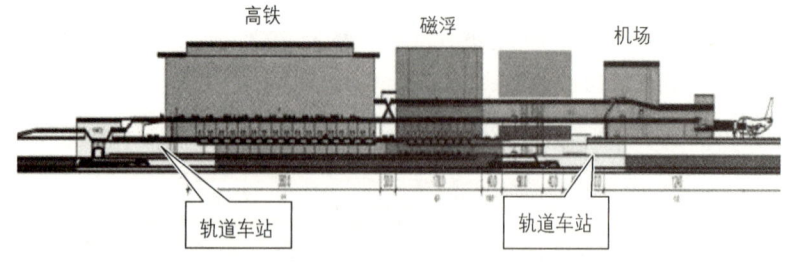

图 1.11　上海虹桥站高速铁路、磁浮、机场剖面图

磁悬浮、地铁 21 号线（高桥—金桥—张江—迪士尼—祝桥）4 条轨道交通线路，并与浦东国际机场实现近距离换乘。2010 年上海虹桥高速铁路站建成，短短 7 年，以上海虹桥站为中心，总占地面积 86.6 km^2，集商务、会展、娱乐、交通于一身的虹桥商务区已成为上海市西部新的经济增长极，整个区内目前已入驻企业已超过 1 000 家，预计到 2020 年，商务区总入驻办公人数将达 30 万人，每天将有 80 万人次旅客通过虹桥枢纽往返世界各地。尤其是 2016 年以来，随着高速铁路新线开通步伐放缓，上海铁路运能增长开始进入平稳期。虹桥客运站将市郊铁路青浦线、地铁淞线、M10 线、1113 线以及机场快线站（磁浮）引入站区，使虹桥站成为集国有铁路、航空、长途客运、地铁、市郊铁路和公交、出租等市政交通设施及私家交通工具为一体的大型综合交通枢纽。在高速铁路和机场愈来愈趋向于合作的趋势体现出来之后，上海虹桥是中国最繁忙的车站，其特点如下：

① 建筑设计方面：虹桥火车站的总体设计将一道水体和大量的公共绿化公园环绕在建筑主体的周围。另外，车站本身也设计了优美的屋顶，成为一道美丽的风景线，在保持良好视线距离的前提下，建筑雕塑性的形象象征着协调性、流动性、速度和能量。这些环境特征融合了上海的基本案例化和历史，使虹桥站成为上海的象征。

② 车站的多层面进出站点为旅客提供了更为便捷的步行流线。针对站台多、站场宽度大的条件，建立东西向的进、出站高架环道，使乘客能够直接在每个进出站点上下车，并使乘客在庞大的车站内能快捷地到达每个站台，从而缩短了乘客的站内步行距离。车站周边都设置有明确的导向系统，保证车站多向进出的条件下，仍具有良好的指向性。在车站的南北方向为出租车以及社会车、私家车的进、出站流线，此方向的客流约占总客流的 40%；东西方向为地铁、公交、机场快线站与航站楼的进出站客流，东西方向的客流约占总客流的 60%。在 9 m 高架层，设计了一条 30 m 宽，贯通东西的人行通廊，并设置了一条快速水平运行轨道，由东向西，依次串联起机场，机场快线站，地铁与公交站，火车站，以及规划中的青浦线车站。

③ 城市公共交通体系的共享。在虹桥枢纽中，铁路和机场负担城市的对外交通，而地铁、公交、机场快线站等城市公共交通体系设在机场与火车站之间，为两者所共享，同时使两者产生强力的联系。虹桥站通过一条高效道路向城市外延，东西换乘空间是一个多层面的广场，地下设地铁换乘节点，地面设置公交站点，9 m 层是联系火车站与机场快线站的步行平台，各层面间可以进行便捷的沟通。由于虹桥站的客流占到枢纽的 80%，地铁换乘节点，公交站点应尽可能地向负荷中心靠近。

目前上海有三大火车站——上海站、上海虹桥站、上海南站，均位于浦西。其中，上海承担高速铁路运输职能的主要是西部的虹桥站与中心区的上海站。前者主要承担京沪方向以及华中方向的高速铁路车次，后者主要承担长三角内部的高速铁路。上海站的发展离不开长三角经济的区域化发展。据统计，上海铁路客流总量中，约有60%的旅客出行半径在300 km左右，也就是长三角经济带，稳定的商务流是中坚力量。沪宁、沪杭、宁安、宁杭等高速铁路线编织成网，将上海和周边苏浙皖等地联系在一起。如上海-苏州每天有超过352趟高速铁路在两地间运行，日均有8万人通过高速铁路来往于两个城市之间。

如今，上海、上海虹桥两大客站，在2010年开通高速铁路初期，由日常开行高速铁路列车166对，每年以9%的增幅递增，现在已达331对，每日运营时间内平均1分多钟就会有一趟高速铁路列车驶离或到达上海，便捷、快速的高速铁路拉近了时空距离：1 h内可到无锡、常州、杭州；2 h内可到镇江、南京、金华、宁波；3 h内可到合肥、蚌埠、徐州、芜湖、温州、丽水；4 h可到黄山、安庆、南昌；5 h可到武汉、福州、北京；7 h可到广州、厦门、西安；9 h可到贵阳、太原；12 h可到重庆、成都、昆明、哈尔滨等城市。上海列车开行一日可达的城市，已覆盖了东北、华北、华中、华东和华南等全国大部分省区。

1.4 案例分析：我国高速铁路线路命名规则

我国高速铁路分类如下：

（1）根据线路所在高速铁路网中的功能分类。我国高速铁路可分为通道型和城际型高速铁路，前者如京沪、沪昆、哈大高速铁路等，后者如京津、沪宁城际铁路等。

（2）根据速度等级分类。我国的高速铁路通常有4种标准：第一种是设计速度300~350 km/h的高速铁路，如京沪、武广高速铁路；第二种是设计速度200~250 km/h的高速铁路，如京哈线秦沈段；第三种是设计速度200~250 km/h的客货混跑铁路，如汉宜、新湘桂铁路；第四种是改造后达200 km/h既有线路，在2011年8月28日全国铁路大降速前，部分既有线运行动车组的有京沪线沪宁段、沪昆线浙赣段等都可以纳入这个范畴。2016年5月，宁启既有线南通—南京间设计开行250 km/h动车组列车，列车运行时间从原来的4 h缩短为2 h以内，属于第四种高速铁路。

（3）根据跨线和本线列车分类。为给旅客提供直达运输条件，新建高速铁路还考虑了跨线列车的运输，存在本线与跨线列车的速度匹配问题，如存在 350、300 km/h，300、200 km/h 的匹配关系。

（4）根据采用基本运输组织模式分类。我国高速铁路分为纯客运专线和客货混运的客运专线。一种是纯客运专线，如武广、京沪、京津等高速铁路；一种是近期采用客货混跑模式的客运专线，如石太、合武、合宁、福厦等客运专线。在这类客运专线中，又可分为两类，一类是有平行的货运通道的客运专线，如石太客运专线；另一类是该地区目前尚未建有铁路线的客运专线，如合武和合宁、福厦高速铁路等。

根据线路功能属性命名的铁路，有一个名词——客运专线，字面的意思就是指铁路线路中专门运输旅客的线路。当客运专线的设计速度在 200 km/h 以上，其性质是属于高速铁路的范畴，而高速铁路若从专门运输旅客的角度讲也可称为客运专线。我国现阶段的客运专线均指以输送旅客为目的的高速铁路。2009 年 12 月铁道部修改并正式以高速铁路定义设计 250 km/h 及以上铁路之前，客运专线与高速铁路定义基本重叠。2009 年 12 月 1 日，铁道部发布《高速铁路设计规范》，全面使用"高速铁路"取代"客运专线"这一称谓。目前，除胶济客专、石太客专还在使用客运专线这一名称外，其余建设线路均以××线、××高速铁路命名。需要指出的是：根据国家《中长期铁路网规划》，许多线路因没有完全修通或者还会与其他同等级线路相连，所以部分线路的名称还可能因为延长或运营属性改变而修改名称。

一般而言，线名排字顺序以线路两端等级高低为序，依次为直辖市、省会所在地、地级市、县级市和县城；等级相同的以首都北京为基点，北京以北按从南向北（如图佳铁路），北京以南按从北向南如（武广高速铁路）、北京以东按从西向东排列（如京沪铁路）、北京以西按照从东向西排列（如太中银铁路）。以两端接轨点重要性为序，自主要干线向一般干线、自干线向支线、自接轨点向尽头端排列；以方向为序，由北向南、由西向东或按下行方向排列。

以西成高速铁路为例，按照上述规则，西安与成都同属省会城市，等级相同，因此，名称的顺序应以首都北京为参照点，由于西安与成都同属北京西侧，因此命名应遵照：北京以西按照从东向西排列。所以，西安在前，成都在后，取名西成高速铁路。

但重庆直辖市的等级在省会城市成都之前，为何成渝高速铁路不叫渝成高速铁路呢？这里就还有另外一套规则了。除了以北京为参照，按照方位以及行政级别来命名外，还可以有以下参照：以接轨点附近城市简称连缀为线名，如与既有线名重复，或不易记忆，顺序取城市名第一字、第二字、第三字；以起讫点所在省、市或自治区简称连缀为线名；以起讫点简称、第一字、第二字或第三字连缀为线名；尽头式支线，以接轨点和终点站名简称、第一字、第二字、第三字连缀或主要车站名称为线名；特殊线路名称加字表示，如××客运专线、××高速铁路、××铁路轮渡、××环线、××支线等。若按以上原则仍与既有线名或地名重复，或有忌讳，特案处理。由于成渝高速铁路是明确了成都为始发站，重庆为终点站，因此命名为成渝高速铁路。

上述铁路线名称的优点在于：在地名上具有很强的指位功能，能够让人们在看到起始站与终止站简称的同时，也认读了行政区域（绝大部分是城市）的简称，又可联想到该行政区域的全称，强化并方便了乘客对铁路的始发站、终点站及其整条线路的记忆。

那么，高速铁路车站命名规律又如何呢？高速铁路站命名规律的分析蕴含着丰富的铁路规划与地理知识。有时候，通过一个高速铁路站的名称，甚至可以对一座城市所处的地貌做出基本判断。高速铁路站的命名好像存在这样一些规律：住在华北的人认为东站西站多，住在东北的认为北站西站多，住在西北的认为南站多，住在华东的认为南站多，住在华南地区的认为北站南站多，这是一种较为普遍的主观感觉，它与事实相符吗？

有人统计了全国所有开通的G/D/C列车的车站，从大数据的角度分析了其中的规律，发现上述事实是成立的。原因并不复杂，高速铁路站的命名跟线路的走向以及当地地理条件密切相关。比如，南北向的高速铁路，肯定是"××东/西站"偏多，但如果西侧有山脉、大湖，则常常选择靠城市带的东侧走，导致"××东站"变多。反之亦然。

高速铁路站中的××东站、××南站、××西站、××北站，到底哪个最多呢？这是一个很有趣的统计结果，从全国范围来看，没有明显的倾向性，东南西北的名称比较均衡，但是不同地区却有明显的倾向性。

统计一下全国所有开通了G/D/C列车的车站，可以发现：××东站（63个），××西站（43个），××南站（60个），××北站（67个）。

1. 华南地区

北站最多，西站最少。统计结果：东8＋西2＋南8＋北11。其中：

东8：海口东站、广州东站、钦州东站、云浮东站、南宁东站、肇庆东站、东安东站、都匀东站、惠东站；西2：钟山西站、英德西站；南8：平南南站、梧州南站、三水南站、全州南站、永福南站、三江南站、广州南站、惠州南站；北11：珠海北站、中山北站、防城港北站、广州北站、深圳北站、兴安北站、鹿寨北站、来宾北站、桂林北站、贵阳北站、龙里北站。

分析：受地形影响，华南铁路以横向居多，就算是倾斜的，也往往南北比东西的比例较低。当铁路横向经过一个城市附近的时候，被命名为"××南""××北"的几率非常之高。华南区域的"××东"的爆发，应该是和选线的时候有关，所有的东站，都在斜线、南北线上。

2. 东北地区

西站、北站最多，东站南站很少。统计结果：东 2 + 西 10 + 北 8 + 南 3。其中：

东 2：四平东站、营口东站；西 10：哈尔滨西站、德惠西站、长春西站、鞍山西站、海城西站、盖州西站、瓦房店西站、昌图西站、开原西站、铁岭西站；北 8：绥中北站、葫芦岛北站、盘锦北站、沈阳北站、抚顺北站、双城北站、扶余北站、大连北站；南 3：锦州南站、九台南站、公主岭南站。

分析：倾向性非常明显！哈大线基本为了避开东侧山地而从城市群西侧走；由于本身沈阳到哈尔滨一线就是北偏东方向，所以东北地区的高速铁路站很多在西侧和北侧。

3. 西北地区

叫南站的最多，叫东站的没有。统计结果：东 0 + 西 4 + 南 10 + 北 6。其中：

西 4：兰州西站、海东西站、张掖西站、大通西站；南 6：杨陵南站、宝鸡南站、民和南站、乐都南站、临泽南站、高台南站、酒泉南站、乌鲁木齐南站、嘉峪关南站、柳园南站；北 9：华山北站、渭南北站、鄯善北站、吐鲁番北站、清水北站、西安北站。

分析：兰新线基本是沿着南侧祁连山脉而从城市群南侧走。而陇海线在关中平原上沿着渭水前进，不受山脉影响。由于本身兰新一线就是北偏西方向，所以西北地区的高速铁路站很多在西侧和南侧。至于北侧的几个站，除关中平原以外，是进入新疆之后沿着吐鲁番盆地北侧行走的结果。兰新线都是山脉。

这一区域有一个另外的影响因素：戈壁滩。由于避开狂风的戈壁滩比避开山脉沿线要重要，所以兰新线大多是沿着山脉走的。

4. 华北地区

东站最多，南站最少。统计结果：东 23 + 西 14 + 南 8 + 北 12。

分析：东西方向，南北方向均有，分布很均匀。我们可以看到，山脉的存在对于"××东西南北"的影响是非常巨大的。到了华北大平原之上，为了闪躲西侧的太行山脉导致京广线的车站基本都靠东修建，这样直接拉高了"××东"的比例。

这里值得更细致分析，南北向的线路基本都"××东/西"偏多（京广京沪一水"××东"，太石一"××西"，胶济一水"××北"）东西向的线则反之。

5. 两湖地区（鄂湘）

东站最多，西站最少。统计结果：东14＋西8＋南12＋北9。

分析：到了两湖地区，山脉的分布就出现了变化，湖南境内"××西"明显多于"××东"；湖北的"××东"明显多于"××西"。这两个省份有必要的话，还是分开看最好。

湖南境内南北向为了躲避东侧的罗霄山脉，尽可能地选线在城市西侧较为平缓的地方。而湖北境内，武汉都市圈铁路影响巨大，武汉西侧湖的密度大于东侧，为了避免频繁跨越大湖，武汉都市圈铁路"××东"偏多。

6. 长三角地区（江浙沪皖）

南站最多，西站最少。统计结果：东5＋西3＋南11＋北9。

分析：没有大山的影响，这区域的南北之差、东西之差偏向性不明显。但是由于长江的作用，本区域经济区基本都是东西向分布，东西向的线路比南北向数量偏多，导致了"××南/北"远多于"××东/西"。

7. 闽赣地区

北站最多，东站西站最少。统计结果：东1＋西1＋南3＋北6。

分析：福建省普通铁路不发达，很多城市只有高速铁路，基本上都是新站，"××东/西/南/北"的数据量比较少。北的增加主要是由于江西境内沪昆线这条东西方向线的作用。由于本区域山脉过于密集，铁路只能在山间钻来钻去。

8. 西南地区（巴蜀）

东站最多，西站最少。统计结果：东7＋西1＋南2＋北5。

分析："××东"的增加主要是由于西成客专造成的，南北向的西成客专为了避免西侧邛崃山脉的影响，选择在四川盆地西侧城市群的东边行走。

总结规律显而易见，有如下几条：

（1）南北向高速铁路"××东/西站"偏多，如果西侧有山脉、大湖，则常常选择靠城市带东走，导致"××东站"变多。反之亦然。

（2）东西向高速铁路"××南/北站"偏多，如果南侧有山脉、大湖，则常常选择靠城市带北走，导致"××北站"变多。反之亦然。

（3）沿海区域各三线城市由于没有普速铁路发展不好，基本只有高速铁路，对数据很难造成影响，大部分没有东西南北。

（4）西北地区由于山脉的一侧往往是戈壁滩，避开狂风狂沙的戈壁滩比避开山脉重要得多，所以选择贴着山脉走，成为上述规律之特例。

所以，线路走向+山脉、河流影响=东、西、南、北的比例变化。住在华北的人认为"××东站"多，住在东北的认为"××西"站多，住在西北的认为"××南"站多，都是正常的现象。地域差异是也，若以此推全国，才是不当的。

另外，从高铁站名改名分析看，一个城市如果有多个火车站，人们往往习惯于用东南西北四个方位来区分。客观上说，随着中国高速铁路大发展和城市边界的不断外延，这种方式有时不再适合。主观上，地方政府往往希望借助高速铁路，为本地的发展"添把火"。为高速铁路站改名大概有几个步骤：地方达成共识，向上级行政单位申请，与地方铁路部门和高速铁路建设方协商，地方铁路部门向铁总提出申请，中国铁路总公司做出最终决定。

地方政府希望改站名的核心主要是想提升地区知名度，继而带动整个地区的发展。但在实际改名操作中，却有两种不同的"路径"。一种是"改大"，例如，玉屏东站改为铜仁南站。在官方作出的改名说明中，一般都会提到，为了提升当地的知名度和形象。2015年南宁铁路部门为了满足"大南宁"发展的需要，申请将以镇命名的坛洛站改为了南宁西站。另外一种路径是"改小"，一般是利用地方文化上的知名度。例如，山东省济南市在建的高铁路新东站，名称与已经存在的济南东站有冲突。2018年6月1日起，济南东站更名为大明湖站，新建车站名称为济南东站。现在的济南东站紧邻著名的大明湖景区，更名后可以起到"地物人文和谐的效果"。再如：为了发挥柘皋千年古镇的影响力，安徽省巢湖市将商合杭高铁"巢湖北站"申请更名为"柘皋站"；长株潭城铁株洲段为了让站名更能彰显株洲地域特色，更改了3个站的站名。确定更名后，就进入实际落实阶段。车站方面，包括站名、站牌、电子显示屏等需要调整更换。当地媒体一般也会报道改名事宜，提醒乘客注意。最重要的，铁路售票系统要就车站更名进行系统升级。

2018年8月20日起，铁路"海安县站"将于正式更名为"海安站"。一字之差，其直接原因系江苏海安今年5月成功"撤县设市"。随着海安升格为市，"海安县站"不再符合海安市实际情况。在撤县设市后，海安市政府第一时间向上海铁路局申请更名。上海铁路局支持配合，并按程序报上级铁路部门批准，最终获铁路总公司批复同意。为什么当时没有"一步到位"直接叫"海安站"，而是叫"海安县站"？根据惯例，新建火车站一般以地名直接命名，并不会刻意强调市或县。由于刚建成时，广东徐闻已经有一座"海安站"，位于江苏的海安火车站不得不叫"海安县站"。"不得重名"是全国各地火车站在命名时必须遵循的铁律。海安市系江苏省南通市代管县级市，位于江苏省中东部。海安县站始建于1998年，位于新长铁路、宁启铁路在此交汇。按照惯例，一地新建火车站，站名一般直接以地名命名，抑或加上"东西南北"等方位以示区分。目前，广东省徐闻县原"海安站"已经更名，所以位于江苏的海安县站此番申请更名为"海安站"。徐闻县海安镇地处中国陆地最南端，和海南省海口市隔海相望。该县海安镇境内火车站系粤海铁路海安南站，位于粤海铁路北港码头附近。同理，即将通车的连云港至盐城铁路已于2018年7月底正式确定沿线站名。其中，响水县火车站正式定名为"响水县站"。由于陕西省宁强县已有"响水站"，因此江苏响水不得不加"县"字以示区分。还有位于山东省青州市的"青州市站"。由于福建早前已有"青州站"位于三明市沙县境内，因此，山东青州火车站在建成使用后不得不加"市"字，以示区分。

然而，在取名时面对重名问题，也有地方不遵循常规做法。今年7月底正式确认站名的连云港至盐城铁路，盐城市滨海县火车站最终被命名为"滨海港站"。由于和天津滨海新区重名，江苏滨海在铁路建设之初就面临命名尴尬。首先，由于天津滨海新区已有滨海站，因此江苏滨海将无法使用"滨海站"这一名称。滨海县政府官网一度使用"滨海北站"进行公开报道。比如在2016年10月底，"连盐铁路滨海北站站房等工程举行开工仪式"，现场背景板上，也赫然印着"打造苏北铁路明珠——滨海北站品牌工程"字样。然而，尴尬的是，由于天津滨海新区也已建成高铁滨海北站，因此"滨海北站"同样无法为江苏滨海所使用。江苏滨海不得不另想办法。2017年11月，滨海县政府官网公开报道中，首次出现"滨海港站"字样。直到此次铁路总公司正式批复，"滨海港站"名称得以一锤定音。滨海港位于滨海县城东侧，东临黄海，被认为是江苏沿海建设10万~15万吨级码头条件最好的深水良港，也是国家一类独立开放口岸。在"滨海站"无法使用的情况下，没有按常规使用"滨海县站"，而是命名为"滨海港站"，确有宣传做大滨海港的意思。

（本案例资料综合来源：网络/城市战争文/Huangxiang Lin、RT轨道交通等）

第 2 章　高速铁路技术

2.1　系统构成

高速铁路是继航天工业之后，世界上最庞大、最复杂的现代系统工程，综合利用当今许多前沿科学技术包括用电子计算机、自动控制、信息传输、机械制造、电力电子元件等多种新材料、新工艺、新产品等高新技术的创新和集成，集中体现在运营组织、接车车辆、牵引供电、工务工程、通信信号等专业的巨大技术进步。高速铁路全面突破普通铁路的理论、概念及控制手段和方式，统筹优化高速铁路系统需要的线路、高速列车、牵引供电、接触网、信号与通信、列车运输组织、旅客服务、运营维护等不同功能，并使系统间相互匹配、协调运转。例如，高速铁路突破了轮轨极限速度理论的设想，通过交—直—交电传动方式的技术突破，解决了大功率牵引电机在有限空间和重量下的技术难题；通过采用新结构和新材料，实现了流线型的高速车体外形、动力性能优良的高速转向架的制造和有效减轻列车重量；通过列车高速运行轮轨黏着、弓网规律探索研究，为研制牵引和制动功率大、运行阻力小、环境噪声低的高速动车组提供了条件；融现代计算机技术、通信技术、信号技术和遥感技术于一体的高速铁路列车运行自动控制系统和调度指挥系统的变革，以及轨道线路、桥隧工程技术的发展和进步等为高速列车的安全、舒适运营创造的前提条件。高速铁路属于技术积累到一定程度重新组合后发生的质变。

世界各国发展高速铁路的国情、路情不同，采用的技术和装备也不同，其运营管理和养护维修方式也不尽相同。例如，日本和德国当初对引进的多个先进技术进行彻底模仿和推敲，不断积累，研发出独自的技术。我国在借鉴国外高速铁路先进技术的基础上，结合我国实际，逐步形成了具有中国特色的高速铁路技术体系。

与普速铁路相比，高速铁路最大的特点是高速度、高安全性、高密度、高舒适性，围绕这些特点，高速铁路运营系统主要由六大核心系统构成，分别是基础设施（工务工程）、牵引供电、通信信号、动车组、智能运输（运营调度与客运服务系统等）、养护维修，各系统之间既自成体系，又相互关联、影响、匹配并协调运转，以我国高速铁路为例，高速铁路巨系统构架和六大核心系统关系如图2.1、2.2所示。

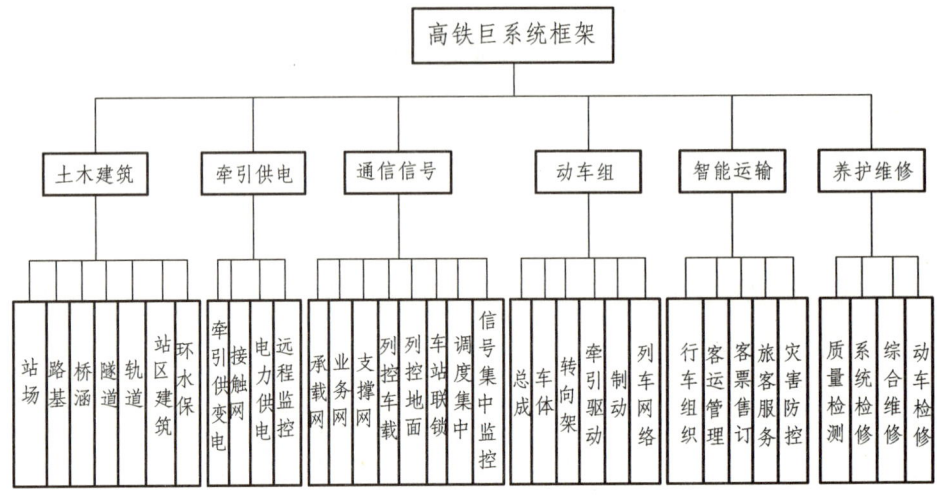

图2.1 高速铁路巨系统构架图

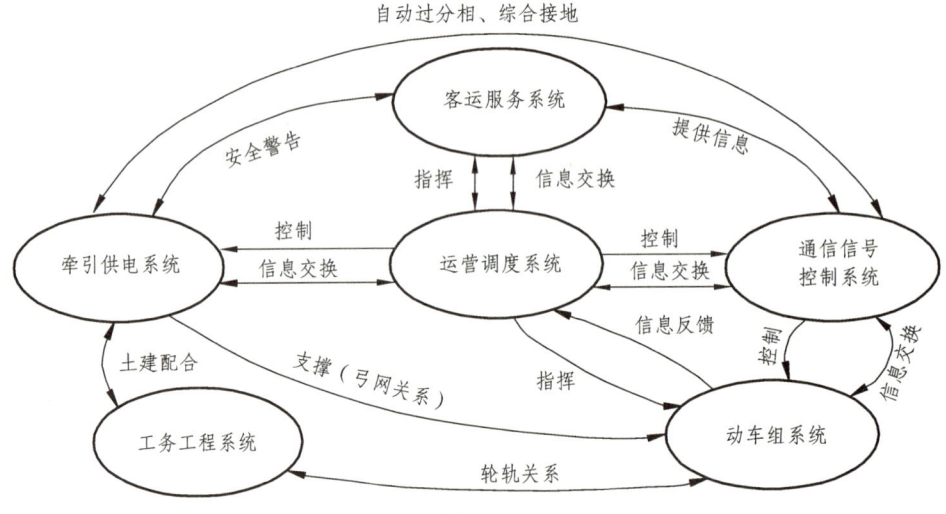

图2.2 高速铁路系统关系图

针对各种设备，各国高速铁路都构建了闭环管理的高速铁路设施设备安全检测监测系统，通过实时采集各种移动设备和固定设施信息，进行分析运用，构建了风、雨、地震等自然灾害及异物侵限监测系统，实时监测高速铁路运行环境安全。高速铁路设备检测系统如图2.3所示。为掌握运营期间轨道结构状态、大跨度桥梁等特殊地段轨道结构的运营状态，我国对高速铁路轨道结构监测技术进行了深入研究，主要采用光纤光栅技术和视觉测量技术相结合的方式开展现场轨道服役状态的监测，该监测系统由自动化监测子系统、安全预警与状态评估子系统、数据存储与管理子系统和用户界面子系统组成，适应了高速度、高密度的运营条件，并为铁路的养护维修提供了实时数据和有关建议；同时，实测数据为轨道结构设计提供指导，为规范和标准中相关参数提供了支撑、验证。随着激光、视觉测量等先进技术和手段的提升，轨道服役状态的监测方法将逐渐从接触式转向非接触式技术。

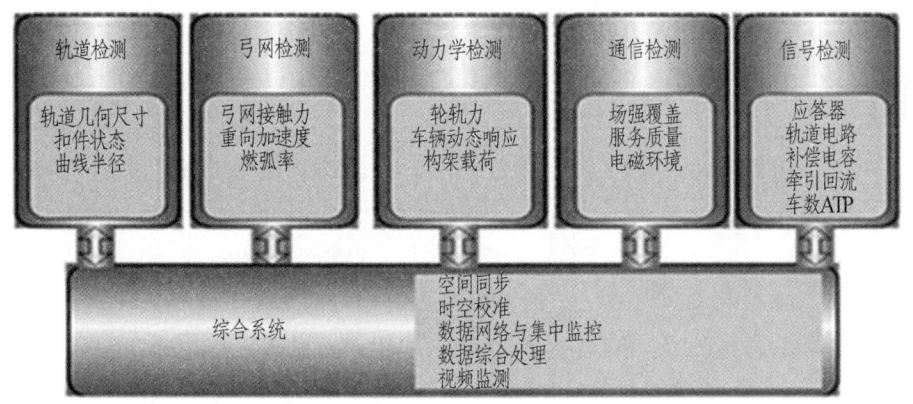

图 2.3　高速铁路设备检测系统图

综上，高速铁路是由土建、轨道、车辆、供电、通信、信号和控制多个子系统构成的复杂系统，是高质量、高稳定性的土建工程、性能优越的高速列车、先进的高速列车，是先进可靠的列车运行控制系统以及高效的运输组织管理体系的集合体。我国高速铁路技术从国外引进，消化吸收再创造时间较短，仍处在快速发展时期以及磨合阶段，各子系统之间的信息传输如图 2.4 所示。我国高速铁路创造的几大世界之最：最惊人的高速铁路运量，仅一条京沪高速铁路就有过亿人次乘坐；拥有世界上一次性建成里程最长（全长 1 776 km）的高速铁路—兰新高速铁路；拥有世界单条运营里程最长（全长 2 298 km）高速铁路—京广高速铁路；拥有世界首条高寒（全年温差达到 80℃）高速铁路—哈大高速铁路；拥有世界等级最高的高速铁路—京沪高速铁路……高速铁路运营组织具有独一无二的特点，其管理水平不断提高。

高速铁路技术始于日本，发展于欧洲，格局大变于中国。中国已经成为世界上高速铁路发展最快、系统技术最全、集成能力最强、运营里程最长、运营速度最高、在建规模最大的国家。我国高速铁路的发展极大地助推了经济的发展，引起世界范围内广泛的关注。此后，美国、泰国、俄罗斯等国家纷纷将高速铁路建设提上日程,世界高速铁路的发展进入新的发展阶段。我国高速铁路后来居上,不仅技术先进、安全可靠,而且兼容性好、性价比高。

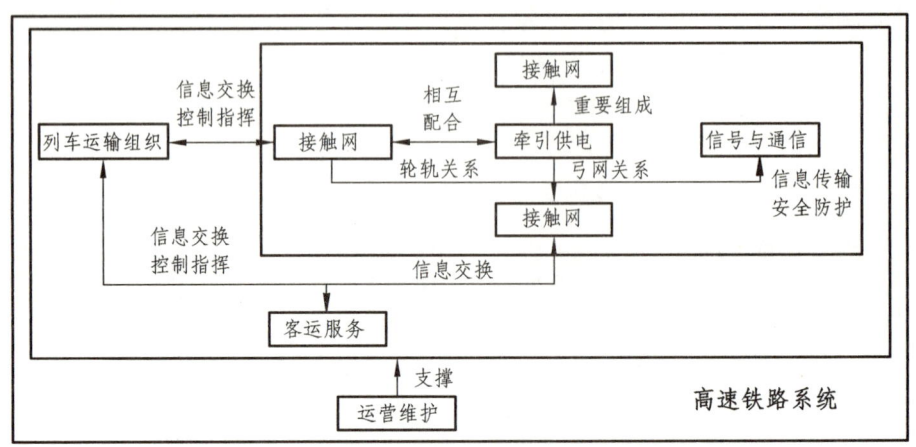

图 2.4　高速铁路子系统技术

（1）技术先进。为适应我国地质及气候条件复杂多样的特点,我国高速铁路在路基、桥梁、隧道、客站等基础设施建设,以及无砟轨道、牵引供电、通信信号等专业领域,攻克了一系列技术难题。在运营管理方面,掌握了复杂路网条件下的高速铁路运营调度技术,建立了适应大客流、高密度的客运服务系统,构建了高速铁路安全风险防控体系,为高速铁路安全运营提供了可靠技术保障。例如,智能巡检已在西（安）成（都）高速铁路投入使用,首个智能巡检机器人"成成"在青林口变电所进行设备巡视,集结合机器人技术、SLAm 导航定位技术、图像识别技术、红外测温等技术为一体,可辅助变电所值班员 24h 不间断巡视,及时发现隐患,全力保障供电设备安全平稳运行,如图 2.5 所示。

图 2.5　西成高速铁路智能机器人"成成"在进行远程供电监控

我国还是世界上少数几个掌握高速铁路永磁牵引系统技术的国家之一。就技术系统的演进而言，从直流传动牵引系统，到交流传动牵引系统，从感应异步传动，转向永磁同步传动，永磁同步牵引系统契合了当前节能减排、绿色环保的技术发展趋势，成为世界大国竞相研究的技术热点。中国研制的永磁同步牵引系统，呈现出高效率、高功率密度优势，显著降低了高速列车的牵引能耗。目前，电机额定效率达到98%以上，电机损耗降至原来的1/3。另外，高速铁路施工时采取路基边坡植物防护、覆土复耕复植等水土保持措施，通过设置声屏障和减振措施，可有效降低高速铁路噪声对环境的影响。西成高铁被誉为绿色高铁，在穿越汉中盆地时为了保护秦岭四宝之一——朱鹮，建立了高约4 m，长度达16 km的鸟类防护网，同时高铁在此地区也以高架桥的形式通过，下方设置宽大的桥洞，可供其他动物通过。该防护网采用特殊的结构，护栏采用蓝色方便朱鹮能够识别；采用细密的金属网能够防止朱鹮受伤；网格的大小也依据朱鹮的体型精心设计，防止其因误撞而卡住。2018年7月，我国深茂铁路江湛段正式开通运营，首次在全球采用全封闭拱形声屏障，该声屏障全长2 036.35 m，其宗旨是防止火车破坏附近"鸟的天堂"中30 000多只鸟类的生存环境。通过建立钢框架结构的拱形声屏障，结合定制面板声音吸收器，能够最大限度地减少列车通过对鸟类产生的声光干扰。铁路线路距离"鸟的天堂"最小距离不足800 m，高速列车通过该区域的速度可达200 km/h。深茂铁路全球首例全封闭声屏障，有效填补了在合理结构形式、列车气动力效应降噪、隔音效果方面的世界空白，形成了一套系统的全封闭声屏障综合设计和建造技术，为高速铁路在城区及邻近环境敏感点的环境保护提供有益经验。

（2）兼容性好。我国高速铁路在工程建设、动车组、列控、牵引供电等主要领域，与世界先进技术具有良好的兼容性，不仅融合UIC、IEC（国际电工委员会、ISO（国际标准化组织）、EN（欧洲）、JIS（日本工业）等国际先进标准，也与德国的西门子（Velaro-E）、日本的川崎重工（E2-1000）、法国阿尔斯通（SM3）、加拿大的庞巴迪（Regina）等完全兼容。兼容性好源于我国高速铁路发展过程中突出的系统集成创新能力。我国不仅全面掌握了高速铁路总体设计、接口管理、联调联试等关键技术，还依托高速铁路运营大数据，针对进一步降低高速铁路运行的全寿命周期成本、提高列车调度的效率、减缓机车零部件老化磨损等前沿问题展开研究，不断优化高速铁路的整体性能。

（3）性价比高。我国高速铁路性价比高，首先体现在建设工期和质量上。通过创新施工组织动态管理模式，以工厂化、机械化等为支撑，实现施工方案、资源配置与控制目标的最佳匹配，大大提高了建设效率，确保了工期和质量。工期短并不是不合理地压缩工期，而是通过科学测算、合理确定工期。其次，根据世界银行 2014 年 7 月的研究报告，我国高速铁路每千米建设成本约为发达国家的 2/3，新研发的列车采用镁合金、碳纤维等先进的轻量化材料，运用有"中国元素"的低阻力设计，采用高效的牵引制动系统，关注最易损耗的每个零部件，从而使整车寿命可达 30 年。中国标准化动车组整体运行阻力降低 12%，人均百千米能耗下降 17%。当以时速 350 km 运行时，高速铁路每小时耗电 9 600 多千瓦时，人均百千米的能耗仅 3.8 千瓦时电；时速 250 km 的高速铁路每小时耗电 4 800 多千瓦时，我国工业用电每千瓦时收费 1 元左右，时速 350 km 的高速铁路每小时消耗电费成本大概不到 1 万元，算上其他开销每小时成本总计大约 2 万元，这与其他国家七八万元的成本有着巨大的差距。我国高速铁路每千米的基础设施单位建设成本是 1 700 万到 2 100 万美元，相比之下日本和欧洲是 2 500 万到 3 800 万美元，美国最高则达到 5 600 万美元。

2.2 子系统概要

2.2.1 工务工程技术

工务工程也称基础设施，是实现列车高速运行的基础，通常由路基、轨道、桥梁、隧道和站场工程构成。高速铁路的基础设施既要为高速列车提供高高平顺性与高稳定性的轨面条件，又要保证线路各组成部分具有一定的坚固性与耐久性，使其在运营条件下保持良好状态。高速铁路平面设计主要涉及外轨超高、最小曲线半径、缓和曲线、夹直线与圆曲线和线间距的选取，纵断面设计主要涉及最大坡度、竖曲线半径和夹坡段长度的选取，线路的纵横断面设计应相互配合，使线路达到较高的技术标准。高速铁路路基技术主要包括沉降控制技术和过渡段的设计，桥梁技术主要包括桥梁结构型式的选择和减振降噪技术，隧道技术主要包括隧道洞口设计和防灾救援设计，轨道技术主要包括无砟轨道结构、高速道岔和无缝线路技术。高速铁路要求线路的空间曲线平滑、平纵断面变化尽可能平缓，要求路基、轨道、桥梁具有高稳定性、高精度和小残余变形。

我国地域辽阔，气候与地质条件非常复杂，国外修建铁路的成套经验仅部分可供参考。我国高速铁路土建技术主要源自于长期经验的积累，是自主开发的结晶。我国高速铁路采用道床和路基强化技术、无砟轨道、无缝道岔、跨区间超长无缝线路等，提高了轨道平顺性、刚度均匀性，也大大减少了维修与维护工作量，既保证了高速行车安全，又满足了旅客舒适度的要求。在无砟轨道领域系统开展设计理论、结构设计、工程材料、制造、施工和养护维修技术研究，我国高速铁路形成了具有自主知识产权的高速铁路 CRTSⅢ型板式无砟轨道技术体系；同时将路基工程由传统的"土石方"理念转变为"结构物"进行设计，形成了地基处理、路基填筑设计施工技术标准，确保高速铁路路基长期稳定和平顺；我国进行了高速铁路桥梁结构设计、结构类型、材料等方面的技术攻关，确保高速列车通过时，桥梁有足够的强度和稳定性。高速铁路桥梁的突破则促进了高速铁路速度、质量、舒适度的提升，促进了高速铁路的发展。例如，武广高速铁路桥梁占比 42%，京沪高速铁路桥梁占比 80%，沪杭高速铁路桥梁占比 92%等。京沪高速铁路全长 1 318 km，是全世界一次建成线路最长、标准最高的高速铁路，全线 244 座桥梁，长度之和达到线路总长的 80%。其中：南京大胜关长江大桥，为世界上首座设计时速 300 km 的 6 线铁路大桥；丹阳至昆山段特大桥，全长 164.85 km，是当之无愧的世界第一长桥。在高速铁路隧道方面，我国采用特殊洞口，增加隧道断面，优化断面形式，有效降低列车进入隧道和在隧道内会车时的压力波，满足旅客舒适度的要求。此外，我国高速铁路还建立了严格的线路状态检测和保障轨道持久高平顺的科学管理系统，研发了无砟轨道成套技术和三网合一的检测网，高速钢轨、扣件、道岔等轨道设备，满足了线路高平顺、高稳定的要求；研究确定了不同速度等级的高速铁路线间距、最小曲线半径、竖曲线半径取值范围、限制坡度、最小隧道断面等关键技术参数，满足了不同速度和不同线路类型的建设运营要求。

  例如，宜万铁路的桥隧占比为世界之最，被称为"桥隧博物馆"。这些年我国的高速铁路技术不断创新，甚至进入国际化舞台接下来为大家介绍的是全世界最难修的铁路——宜万铁路。宜万铁路是我国"八纵八横"铁路网主骨架之一，是沪、汉、蓉快速通道重要组成部分，也是贯通中国东、中、西部的重要交通纽带。宜万铁路，在我国同类铁路建设中，道路造价创下中国之最，平均每千米耗资约 6 000 万元，而堪称"天路"的青藏铁路，平均每千米也只花了 2 900 万元。线路全长 377 km，东起湖北省宜昌市，西至重庆市万州区，途经湖北宜昌市、恩施州和重庆市万州区所辖的十个县市（区），贯穿武陵山区腹地。宜万铁路因穿越喀斯特地貌地区，被誉为我国铁路史上施工难度最大的山区铁路工程。它集"西南山区铁路艰险之大成"，专家们称之为"筑路禁区"。修建难，最难在隧道。地质条件最为恶劣的铁路，地下暗河，地下湖泊密布，隧道多次打通了地下溶洞，地下水冲走过多名工人，百吨重的大型机械可以被地下水冲的无影无踪。

高速铁路列车运行速度可以达到或超过飞机起飞时的速度,路基作为高速铁路列车运行的基础,如果路基不平顺就会引起轨道不平顺,使列车产生剧烈振动和颠簸,影响列车高速、平稳、安全运行。然后,填筑后的路基就像任何建筑一样都会下沉,轨道系统可调的高度有限,所以路基下沉量要控制在 mm 级。再次,铁路轨道分别由桥梁、隧道、路基来支撑,由于它们的结构不同,刚度和沉降规律也不同。为避免出现类似高速公路桥头"跳车"现象,在他们连接处设置了过渡措施,控制铁路的竖向差异沉降,尤其是无砟轨道路基差异沉降控制在 5 mm 内。

实现线路平顺难度最大的路基工程是如何通过那些精妙严谨的设计保障高速铁路线路的平顺?首先,高速铁路的地基必须要保证足够的强度和刚度,所谓"基础不牢,后患无穷"。路基结构采用优质填料分层压实,拥有牢固的基础和通畅的排水,此外还要经受住天寒地冻和雨水冲刷等恶劣气候的考验。如图 2.6 所示。

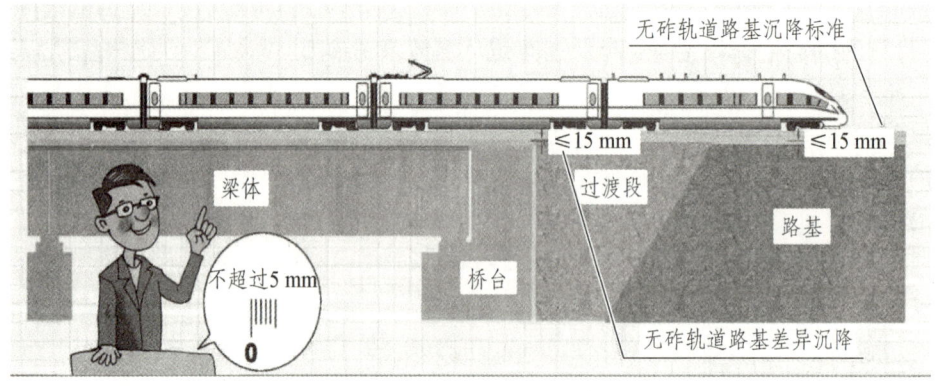

图 2.6　无砟轨道示意图

高速铁路路基是通过填筑或开挖形成的土石结构,路基填筑前或开挖后首先要经过复杂和严密的计算来判断路基沉降和稳定是否满足要求,否则要进行地基处理,包括桩基、换填、强夯等措施。路基分层填筑碾压时,每一层压实密度都要检验合格,再进行下一层施工,以控制路基本身的变形。由于列车高速运行产生的振动对自上而下逐步减小,因此路基不同部位对填料的要求是不一样的,路基表层对填料的要求最高,向下逐层降低。高速铁路路基每层的填筑材料对土石的质量、粒径组成、石子大小、形状、杂质含量等有特殊要求,需要经过严格的检测,所以说并不是所有的土石都可以用来路基填筑。

高速铁路路基为提高抵抗雨水冲刷等恶劣气候的能力,保证路基边坡稳定,路基边坡采用植物防护与工程防护相结合的措施,并辅以系统的排水设施。常见的四四方方格栅或者是拱形的混凝土砌筑都是为了保持路基结构的稳定。利用植物的根系固定住边坡的土壤不仅可以使路基边坡更加牢固,还使铁路线形成一条绿色的走廊,更有利于人与自然和谐发展,满目绿色也成为了车窗外一道独特的风景。

高速铁路路基遇到软土怎么办？大江南北河道纵横、沟塘遍布,很多地段存在淤泥和淤泥质软土,像"嫩豆腐"一样,几乎没有什么承载力,如何让"嫩豆腐"撑得住"硬铁轨"？如何使路基在短时间内下沉量趋于稳定,让列车跑起来？这时就用到了一种独特的地基处理技术——刚性桩。刚性桩在桩顶设置了一层钢筋混凝土板或一张由碎石和土工织物组成的柔性网,就像埋在土里的一条板凳。不仅板凳腿起到支撑作用,板凳面也起作用,只是这"板凳"不止四条腿,有许多腿支撑,一条条板凳拼起来支撑路基。路基填筑完成后在其上堆载预压,让原本需要很长时间才能完成的下沉现象在短时间内发生。通过对下沉量进行观测和评价,下沉趋于收敛后再铺设轨道,既保证了"嫩豆腐"硬起来,后期又不会出现显著下沉。

溶洞上如何修建高速铁路路基？岩溶是一种自然现象,鬼斧神工的溶洞,惟妙惟肖的钟乳石都是很美的自然景观,广泛分布在西南、华东、中南地区。但高速铁路路基下面躲藏了溶洞,会对路基的根基稳定造成影响。在岩溶发育地区,首先还是要通过地质勘察等手段判断溶洞的位置,尽量绕避。但如果线路不得不通过时,就需要特殊的地基处理方法。当溶洞较大或串状时,可采用板凳式桩板结构进行处理,其由下部钢筋混凝土桩基和上部的钢筋混凝土板组成,通过承台板将上部荷载传到桩体,桩体把荷载传递到稳固地层。当溶洞较深,可采用岩溶注浆的加固措施,即向溶洞里注入浆液填充,可避免溶洞顶板塌陷和变形,保证路基根基稳定。

寒冷地区如何修建高速铁路路基？我国东北地区冬季寒冷,水凝结成冰后体积会膨胀,冰融化后体积会收缩,冻融循环后土体强度会降低,因而在寒冷地区修筑高速铁路需要解决路基的冻胀问题。哈大高速铁路路基成功实现在零下40℃穿越高纬度寒冷地区,预防路基冻胀的主要措施有：选择防冻的填筑材料,提高路基本体防冻能力；做好路基表面防水和路基底部排水,避免因水出现冻融现象。

如果说高速铁路是用无缝轨道的话,热胀冷缩的问题是如何解决的？在高速铁路之前,乘坐火车时"哐当哐当哐当……"的声音,是很多人难以忘却的经历和回忆。今天的高速铁路上,你乘坐动车组列车会发现车轮与铁轨间有节奏的"哐当"声响很难再听得到。发生这种变化是因为原来在钢轨衔接的地方是有缝隙的,但现在的铁轨之间都是没有缝隙的,所以也就没有了噪声。在以前的铁路上,靠近钢轨仔细观察,会发现每隔10余米,两截钢轨之间就会留有一点空隙。这样做是为了解决钢轨的热胀冷缩问题。如果没有这个缝隙的话,钢轨受热伸长就会相互挤压、扭曲、上拱,使整条铁路变形。夏天天气炎热时,钢轨长度增大,没有预留缝隙的钢轨只能向上隆起,显然这样对行车安全不利。为避免这种现象的发生,必须在钢轨之间预留缝隙。为了行车安全,轨缝一般不能超过 11 mm,由实验测定:钢轨温度每变化 1 ℃,每 1 m 钢轨就会伸缩 0.011 mm。在中国,南方和北方的铁路线上,冬夏之间的气温通常可相差 80 ℃ 左右,根据固体线膨胀关系计算下来,每一段钢轨的长度以 12.5 m 为宜。

那么,无缝铁轨的热胀冷缩问题怎么解决呢?以前用的是枕木和道钉,压力不够,无法锁定轨道,所以需要留有缝隙来释放压力。无缝轨就是把铁轨因为热胀冷缩导致的温度形变控制在两个轨枕之间。具体做法就是用扣板和螺栓将铁轨死死地摁在轨枕上。因为固定装置是具有弹性的(上下方向),那么当来自钢轨向上提升所产生的升力,由固定装置将力转移吸收到自身,并最终将力通过螺丝传给枕木。而钢轨下面橡胶垫的膨胀系数比钢轨大,所以一直可以保持钢轨底部为非空受力状态(无缝钢轨无缝钢轨的在焊接处是通过紧固件来抑制热账冷缩的,每个紧固件提供 1 t 的力,两端各 100 个紧固件。共计 200 t 的力)。

当然上述描述只是整体上的原理,细节上是很多技术进步的综合,如:在轨道钢材上下功夫,选热胀冷缩形变较小的材料制造钢轨;用优质的轨枕和扣件,压力足够大,将铁轨死死压在轨枕上,在顺着轨道方向上不会位移。所有的形变(应力)被锁定在轨枕之间的一小段铁轨里,不会集中爆发出来;焊接技术的进步,充分考虑铁轨当地温度的变化区间,选择适中的温度焊接无缝轨,压紧扣件,专业上俗称锁定轨温。这样温度正负变化所产生的应力都在可控制范围内;列车设计运行上的技术,当车轮行至两根钢轨接缝时,车轮踏面的一部分压在第一根钢轨上的同时,车轮踏面的另一部分同时压在第二根钢轨上了,使两根钢轨同时受力,使车轮平滑通过两钢轨接缝处,不产生振动。

高速铁路铁轨那么长,无缝钢轨又是怎么生产出来的?无缝钢轨在刚生产出来的时候,也是一节一节的,通过无缝钢轨焊接机,将两根钢轨相邻两端升温至 1 000 ℃ 以上,然后两根轨道挤压到一起。这样焊接出来的轨道,可以达到 500 m 长。经过焊接、打磨、检验一道道工序的钢轨,将被运输到铺设现场，再与其他轨道再次焊接，最终成为几百千米长的无缝轨道。

中国那么大从南到北都有铁路，这么长的里程，这么大的覆盖面积，用的都是这种无缝钢轨技术吗？中国南方的一年四季温差不大，所以它更适合于铺设无缝线路，在中国的北方夏天跟冬天的温差比较大，钢轨定期对它的应力进行释放把扣件全部打开，南方就不用应力释放。最重要的事情是：无缝钢轨是纯正的"国产货"是我国自主研发的技术！

那么问题又来了：钢轨是怎么焊接起来的呢？

高速铁路带来的便捷、快速和舒适，一方面是高速铁路列车的功劳，另一方面也是铁轨的贡献。一根钢轨可以横跨北京与上海的千里路程。普通钢轨经历哪些才能在高速铁路轨道应用呢？

钢轨家族有一个难听的外号——"哐当一族"。原因是以前铺设铁道线，每隔 25 m 就会有一个新"家族成员"加入进来，两根钢轨之间都有一个接缝，列车轧过去的时候，会发出"哐当"的声音。从 1990 年，就开始了"哐当一族"向"悄声一族"的进化。努力做到一条线路一根钢轨，在"合体"变成无缝长钢轨过程中，每个焊接接头都要经过 16 道工序，最高需要经受高达 1 400 多摄氏度高温的锤炼。在"合体"完成后，平直度也有很高的标准和要求。焊接接头表面要平整，不能弯曲，平直度要控制在每米 0.1~0.3 mm 之内，也就相当于 5 根头发丝那么细。落锤试验就是把一个 1 000 kg 的铁锤，吊至 5m 高的空中，自由落体砸向焊头。如果两锤不断说明合格，可按照参数批量焊接，如果实验结果相反，则需推倒重来，绝不含糊。经过了重重考验后，终于"变身"成长为轨条。在出厂前，由"钢轨医生"的探伤接头给我们的钢轨接头做"B 超"检验。钢轨坐着长轨车出厂，随后在施工地点进行"闪光焊"焊接，将所有的成员连接成一整根钢轨。长轨家族开始工作后，经过长时间辗轧会出现"小病痛"，所以还有专门的钢轨打磨车对钢轨进行"治疗"，来保持钢轨的平直度。平直度越高，列车的声音就越小，旅客乘坐列车就越舒适。"哐当、哐当"的声音消失了，钢轨家族也在时光的流逝中，见证了中国铁路的变迁。在这背后，是一代代铁路人勤劳刻苦、反复研拓，用持续奋斗的精神，同心协力在发展的浪潮中创造着属于中国铁路的色彩。

2.2.2 动车组技术

高速动车组列车基本为机车车辆一体化，是高新技术的系统化集成，涉及机械、材料、电子计算机、网络通信、工程仿真等领域的最新技术，采用了诸如大功率牵引、制动控制、列车运行控制、空气动力学工程、减振降噪技术、可靠性与安全性技术等铁路专业领域的最新重大成果，是高速铁路的标志性移动装备。高速动车组系统通常由总成、车体、转向架、牵引系统、制动系统、列车网络系统构成。我国高速列车的关键技术被归纳为九大类：系统集成、车体、转向架、牵引变压器、牵引变流器、牵引电机、牵引控制、制动系统、列车网络控制系统。这些关键技术代表着高速列车总体技术的发展水平，而且随着速度的进一步提升，高速列车的开发必须在这些关键技术上取得创新和突破。我国采用动力分散动车组发展方式，其优点：牵引功率大；轴重小；启动加速性能好；可靠性高；列车利用率高；编组灵活等。

1. 流线型车体结构

随着列车运行速度的提高，周围空气的动力作用对列车和列车运行性能产生影响。同时，列车高速运行引起的气动现象对周围环境也产生影响，这就是高速列车的空气动力学问题。

（1）动车组运行中列车承受表面压力。当动车组在空旷地带直线行驶时，空气绕流列车外表面。从风洞试验结果来看，列车表面压力可以分为三个区域：头车鼻尖部位正对来流方向为正压区；头部附近的高负压区；从鼻尖向上及向两侧，正压逐渐减小变为负压，接近与车身连接处的顶部与侧面处，负压达到最大值，头车车身、拖车和尾车车身为低负压区。因此，在动车（头车）上布置空调装置及冷却系统进风口时，布置在靠近鼻尖的区域内，此处正压较大，进风容易，而排风口则应布置在负压较大的顶部与侧面。在有侧向风作用下，列车表面压力分布发生很大变化，当列车在曲线上运行又遇到强侧风时，还会影响到列车的倾覆安全性。

（2）动车组会车时列车承受表面压力。当一列车与另一列车会车时，将在两列相对运行列车一侧的侧墙上引起压力波（压力脉冲）。这是由于相对运动的列车车头对空气的挤压，将在与之交会的另一列车侧壁上掠过，使列车间侧壁上的空气压力产生很大的波动。随着会车列车速度的大幅度提高，会车压力波的强度将急剧增大。这一压力波动产生的冲击力可造成门窗密封的破坏，车窗玻璃破碎。压力波传入车内会引起乘客耳感不适以及影响周围环境等。

（3）动车组通过隧道时列车承受表面压力。列车在隧道中运行时，将引起隧道内空气压力急剧波动，因此列车表面上各处的压力也呈快速大幅度变动状况，完全不同于在明线上的表面压力分布。压力波幅值的变动与列车速度、列车长度、堵塞系数（列车横截面积与隧道横截面积的比值）、头型系数

（又称长细比，即车头前端鼻形部位长度与车头后部车身断面半径之比）以及列车侧面和隧道侧面的摩擦系数等因素有关，其中以堵塞系数和列车速度为重要的影响参数。

（4）列车风。当列车高速行驶时，在线路附近产生空气运动，这就是列车风。当列车以时速 200 km 行驶时，在轨面以上 0.814 m、距列车 1.75 m 处的空气运动速度将达到 17 m/s，当列车以这样或更高的速度通过车站时，列车风对人和物的危害就不可忽视。高速列车通过隧道时，在隧道中所引起的纵向气流速度约与列车速度成正比。在隧道中列车风将使得道旁的工人失去平衡以及将固定不牢的设备等吹落在隧道中。铁路规定，在列车速度高于 160 km/h 行驶时不允许铁路员工进入隧道。列车速度稍低时，也不允让员工在隧道中行走和工作，必须要在避车洞内等待列车通过。

（5）运动列车受力。列车运行中受到多个力的作用，其中有空气阻力、升力、横向力以及纵向摆动力矩、扭摆力矩和侧滚力矩等。针对上述动车组所受空气动力，必须进行满足空气动力学特性的动车组外型设计。对于高速动车组来说，列车头型设计非常重要，好的头型设计可以有效地减少运行空气阻力、列车交会压力波，可以解决好运行稳定性等问题。

一般来说，动车和拖车的车体长、宽、高需要根据内部布置的要求由设计任务书规定，所以车身的外形设计主要是横断面形状设计。动车组车身横断面形状设计有以下特点：整个车身断面呈鼓形，即车顶为圆弧形，侧墙下部向内倾斜（5°左右）并以圆弧过渡到底架，侧墙上部向内倾斜（3°左右）并以圆弧过渡到车顶。这不仅能减少空气阻力，而且有利于缓解列车交会压力波及横向阻力、侧滚力矩的作用。车辆底部形状对空气阻力的影响很大，为了避免地板下部设备的外露，采用与车身横断面形状相吻合的裙板遮住车下设备，以减少空气阻力，也可防止高速运行带来的沙石击打车下设备。车体表面光滑平整，减少突出物。如侧门采用塞拉门，扶手为内置式，脚蹬做成翻板式，使侧门关闭时可以包住它。两车辆连接处采用橡胶大风挡，与车身保持平齐，避免形成空气涡流。

2. 车体轻量化和密封技术

实现结构轻量化的主要途径有两个：一是采用新材料，二是合理优化结构设计。

（1）车体轻量化材料。目前，高速车辆的车体材料主要有不锈钢、高强度耐候钢和铝合金。铝合金车体：用铝合金制造车体的尝试早在 20 世纪上半期就已经开始，最早用于地铁和市郊列车，后来应用于普通列车上。近年来，特别是进入20世纪90年代，与车体等长的多品种大型中空挤压型材的出现，使铝合金成为生产高速列车的主导材料。铝合金车体的优势主要有：制造工艺简单，节省加工费用；减重效果好；有良好的运行品质；耐腐蚀，可降低维修费。

为了进一步减轻重量，改善隔声性能，以及便于设计、制造，国外已开始试用纤维增强塑料夹层结构代替金属制造车体。纤维增强塑料具有质轻，强度高，疲劳强度高、裂纹扩展速率低，较好的结构阻尼性、隔热和耐蚀性能等优点。其缺点是弹性模量低，抗弯扭刚度比金属差，价格贵。若用碳素纤维制造车体，又将比铝合金车体减重30%，这是下一代高速列车的理想材料。

（2）车体结构的轻量化设计。在保证车体强度和刚度的基础上，充分利用等强度理论和结构的有限元分析程序，对车体结构进行优化设计，减轻车辆自重。车外压力的波动会反应到车厢内，使旅客感到不舒服，轻者压迫耳膜，重则头晕恶心，甚至造成耳膜破裂。为了减少压力波的影响，保证旅客的舒适度，需要采取措施提高车辆的密封性能。

（3）车体的密封技术。列车的密封需要从车体结构和部件上给予考虑。在高速动车组上采用的密封技术主要有：① 车体结构采用连续焊缝以消除焊接气隙；对不能施焊的部位，用密封胶密封；② 采用固定式车窗，车窗的组装工艺要保证密封的可靠性和耐久性；③ 侧门采用密封性能良好的塞拉门；头、尾的端门采用可充压缩空气的橡胶条，通过台风挡采用橡胶大风挡，并处理好渡板处的密封问题；④ 空调环控设备设立压力控制，如在客室进排气风口安装压力保护阀，在排气风道中装设带节气阀的排风机，安装压力保护通风机等，主要目的是既保证正常的通风换气，又保证车内压力变化控制在限值之内；⑤ 厕所、洗脸室的水不采用直排式，而是通过密封装置排到车外；对直通车下的管路和电缆孔采取密封措施。

3. 车内噪声控制技术

为了降低车内噪声，一方面要削弱噪声源发出噪声的强度，另一方面要提高车体的隔声性能。

（1）削弱噪声源发出噪声强度的措施在车轮上安装消音器和开发弹性车轮，有效地降低轮轨噪声；车体外形设计成流线型，车体表面平整、光滑都有利于减小空气与车体的摩擦声；采用橡胶风挡，可减小撞击声；在空调系统上安装消音器，降低牵引电机风扇的噪声、驱动装置等设备的振动噪声。

（2）提高车体隔声性能的措施采用双层墙结构，增加隔声量4~5 dB（A）；

在车体金属（如地板）表面涂刷防振阻尼层，使钢结构的声频振动转化为热能消散，减少声波的辐射和声波振动的传递，从而减少车内噪声；采用双层车窗，减少从侧面传入车内的噪声；车内选用吸声效果好的高分子聚合材料；提高车体气密性的措施，起隔声作用。

中国高速铁路动车组全系谱如图2.7所示。

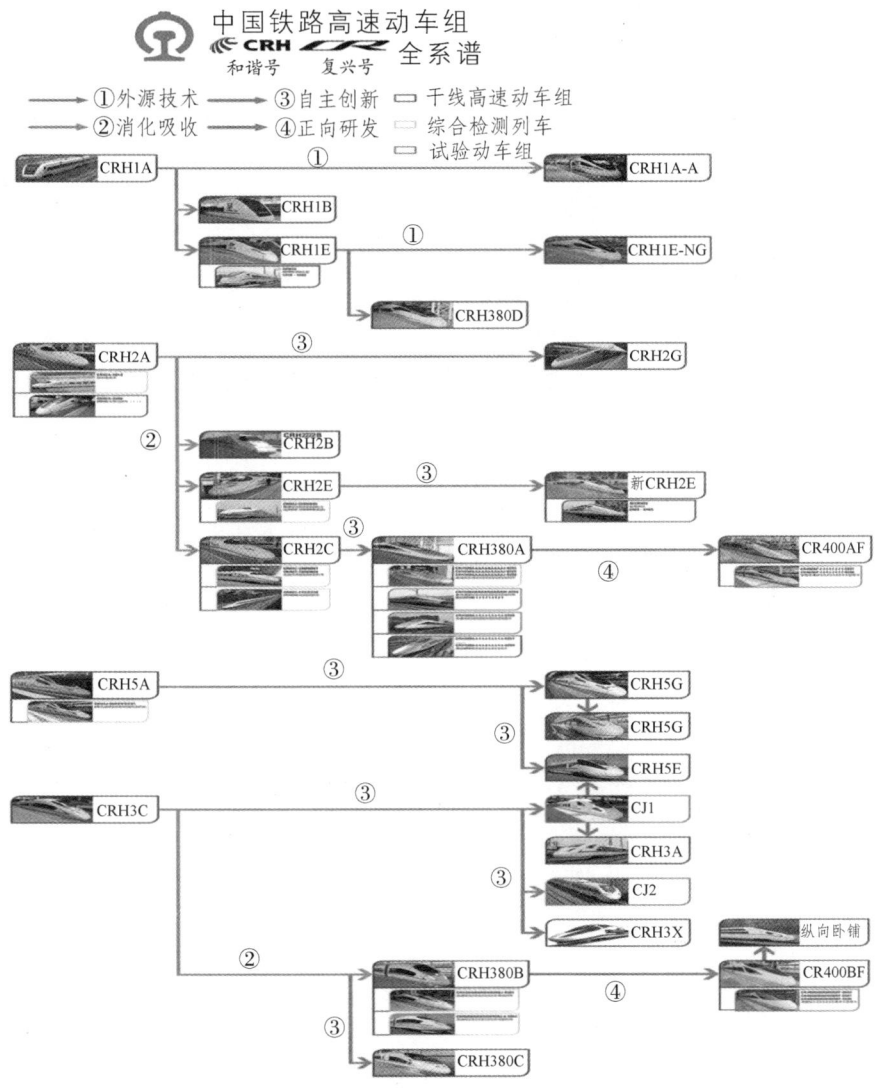

图 2.7　中国高速铁路动车组全系谱

我国高速铁路某动车所基地动车整列待发如图 2.8 所示。

图 2.8 我国高速铁路某动车所基地动车整列待发

4. 牵引传动系统

牵引传动系统在业内被称为"列车之心",其性能在某种程度上决定了列车的动力品质、能耗和控制特性,也影响着列车的经济性、舒适性与可靠性,是轨道交通车辆节能升级的关键。永磁体,顾名思义就是能够长期保持磁性的磁体。看似复杂的永磁牵引系统,其实最朴素的科学原理就是磁石异性相吸。2003 年,中车株洲所组建了一支永磁牵引系统研发团队。历时 11 年,累计 1 000 万次试验,积累 150 G 数据,耗资 1 亿元,2014 年株洲所攻克第三代轨道交通牵引技术,即永磁同步电机牵引系统,掌握完全自主知识产权,成为中国高速铁路制胜市场的一大战略利器。高速铁路永磁同步牵引系统如图 2.9 所示。

在成都和重庆之间往返着一列特殊的高速铁路,你能想象一下它特殊在哪儿吗?一般想来,高速铁路肯定是用来运载旅客的,但这列高速铁路不售票,不载客,却装载着五十几吨的沙袋每天往返。这列高速铁路就是由永磁牵引技术作为驱动动力的测试高速铁路。当这辆测试高速铁路安全无故障地跑完 30 万千米,就意味着由永磁牵引技术作为驱动动力的高速铁路通过了安全技术验证。

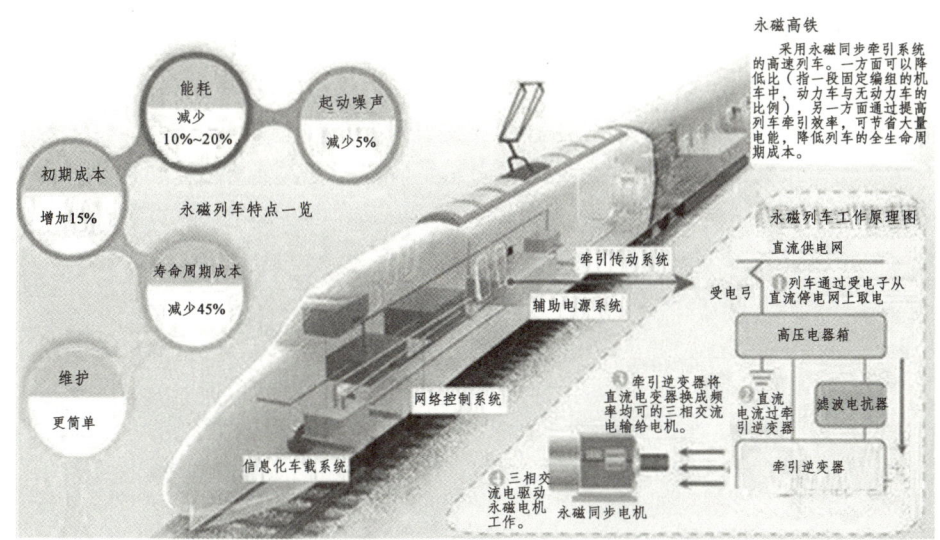

图 2.9 高速铁路永磁同步牵引系统及原理图

5. 牵引变流器

2009年株洲所建成我国首条具有完全自主工艺开发能力的IGBT封装线,该封装线主要生产技术要求等级最高的轨道交通领域用高压IGBT。IGBT被称为"牵引变流器",也就是"复兴号"的心脏。简单地来讲就是发动机的CPU。它由1 152个IGBT芯片组成,这种只有指甲盖大小能让高速铁路平稳运行的 IGBT 芯片。由中国企业研制并成功批量装车应用的首款具有完全自主知识产权的 IGBT 芯片,至此也让中车成为世界上第三家家自主掌握集IGBT芯片研发、模块封装、系统应用于一体的企业。成功打破由曾经的高速铁路强国德国、日本的垄断。株洲这条智能性的生产线,在时间上比原来缩短了 70%。IGBT 示意图如图 2.10 所示。

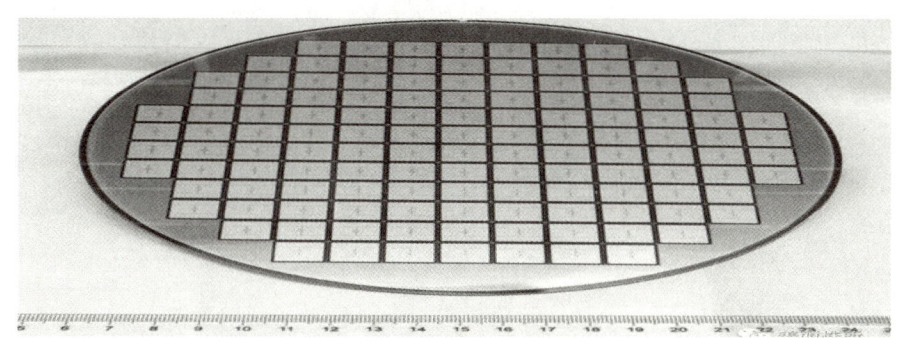

图 2.10 IGBT 示意图

6. 转向架技术

高速动车组，一个 400 多吨的庞然大物，为什么能够以 350 km 的时速，相当于每秒钟 100 m 的速度，平稳地飞驰在两条巴掌宽的钢轨上？这要归功于高速动车组九大关键技术之一的转向架。转向架是高速动车组的走行部，相当于动车组的"腿脚"。它位于车体下方，是跟轨道直接接触的部位。转向架与车体位置关系如图 2.11 所示。

图 2.11　转向架与车体位置关系示意图

图 2.12　转向架示意图

转向架主要由构架、轮对、悬挂装置、牵引装置和制动装置等部件组成。转向架起到承载车体、导向、牵引、制动等作用，同时它还有一项重要的功能

——减振,是保证动车组平稳运行的关键所在。转向架示意图如图2.12所示。

我国高速铁路线路对平顺性的要求非常高,均按照一流标准进行建设。但就线路而言,在工程上很难保证钢轨完全平顺。由此,会引起车轮和钢轨之间产生垂向、横向的振动。尤其是对于高速运行的动车组,这种振动更为剧烈。如果我们站在轨道旁,能够感受到动车组高速通过时轰隆隆的振动。但是,当我们坐在车厢里,却非常平稳,几乎感觉不到振动。这是为什么呢?主要由于转向架上设有悬挂系统。如图2.13所示。

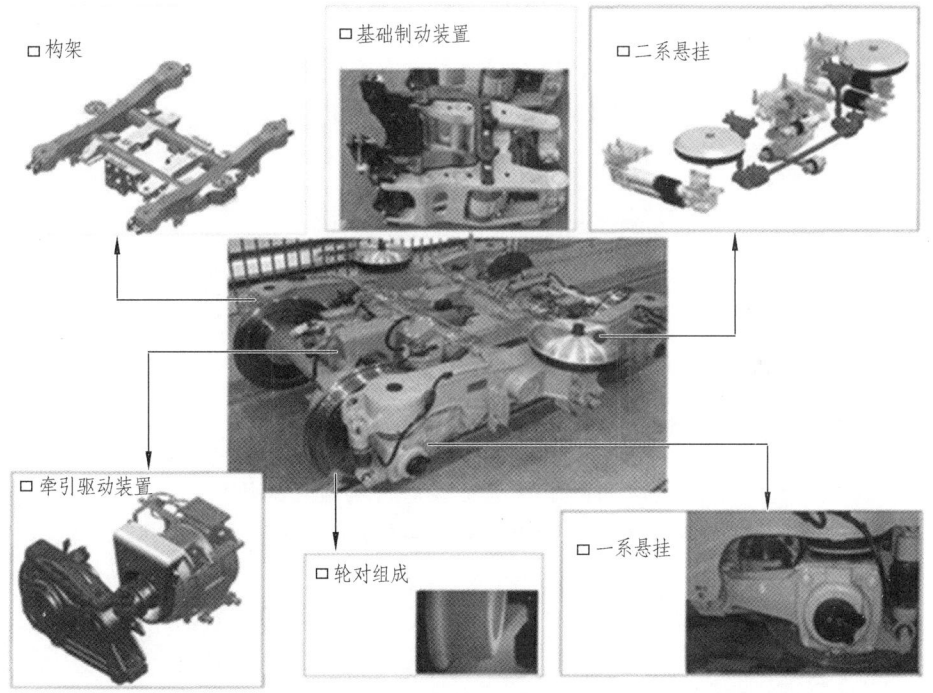

图 2.13 转向架悬挂系统

高速动车组的转向架设置两级悬挂装置,即一系悬挂和二系悬挂。一系悬挂,是转向架构架与轮对之间的悬挂装置;二系悬挂,是转向架构架与车体之间的悬挂装置。这些悬挂装置主要由弹簧、橡胶件、减振器等构成。悬挂系统是保证动车组平稳运行的核心技术。线路不平顺和轮对运动引起的振动,就是通过悬挂系统来隔离和缓和的。速度越高,对悬挂系统的要求也越高。高速动车组与低速列车最大的区别之一即是悬挂系统不同。

高速动车组转向架的一系悬挂和二系悬挂,自下而上逐级隔离来自轮轨的振动。通过弹簧隔离高频振动,通过减振器吸收振动能量。转向架和车体之间的二系悬挂采用的是空气弹簧，其功能类似于汽车的轮胎，更是可以最大程度地隔离传递到车厢的振动。另外，悬挂装置还要保证动车组在外界激扰下不产生持续的上下、左右晃动，安全平稳运行。

悬挂系统的结构和各种参数，直接决定了转向架的平稳性。在高速动车组设计过程中，根据车辆重量和结构特点，对悬挂参数进行合理的匹配与验证，即反复调配弹簧软硬程度、减振器吸收能量能力水平，是确保动车组在各种速度下都能够平稳运行的关键。

在研制"复兴号"时，设计团队对悬挂系统涉及的 20 多项参数进行了复杂的组合匹配，通过建立计算机仿真动力学模型，模拟动车组在 0~385 km/h 及更高不同速度级运行，并采用实际测试的各种轨道谱进行激扰，分析转向架安全性能、减振效果及平稳性能指标。在几十种参数组合方案中进行优选，并对优选方案进行滚振试验对比，才确定了最终的悬挂参数。

7. 整车滚振试验台

我国拥有世界上唯一的高速整车滚振试验台。"复兴号"动车组转向架在这样的试验台上进行过高速滚振试验，各项指标优异。当然，到此并未止步，还要通过严格的线路试验进行验证。在长吉客运专线，"复兴号"动车组通过了时速 250 km 及以下速度级的线路动力学试验；在大西综合试验线，通过时速 385 km 及以下速度级的动力学试验；在郑徐高速铁路，完成了时速 420 km 的列车交会动力学试验，创造了列车交会运行的最高速度纪录。从研发到制造完成，"复兴号"动车组转向架共经过 28 项仿真试验、16 项试制试验和 56 项研究性试验。

据测算，高速动车组车轮处的垂向、横向振动加速度在 300 m/s^2、150 m/s^2 左右，经过转向架悬挂装置衰减后，按照国际标准规定，乘客所处的车厢，其振动加速度需小于 2.5 m/s^2。我国的高速动车组在这方面更是精益求精。在线路试验中，"复兴号"动车组车厢地板的垂向振动加速度最大 1.8 m/s^2，横向最大仅为 0.51 m/s^2，指标远优于国际标准。根据乘客乘坐舒适性体验，我国制定了平稳性指标评价标准，小于 2.5 为优级。我国的高速动车组都要求达到优级。"复兴号"动车组在线路试验中车厢的平稳性指标最大仅为 1.92，优于优等线。

8. 齿轮传动系统

齿轮传动系统是高速铁路能量转换与传递的核心部件，其工作性能的好坏直接影响到高速铁路列车运行的可靠性和安全性，也是高速铁路列车跑出

"世界速度"的关键所在。长期以来,我国高速铁路列车用齿轮传动系统完全被德国和日本公司所垄断。并且,由于缺乏对我国高速铁路列车运行工况的针对性研究,进口齿轮传动系统在运营过程中出现了批量的润滑油乳化发黑、轴承烧损、润滑油渗漏等惯性质量问题。

高速铁路上齿轮制造的相关技术不可谓不难,使用的轴承表面处理要求很高,另外,齿轮处理需要达到微米级精度,相当于头发丝表面的 1/50。反复地试验后,2015 年第一套压制技术的齿轮箱,成功下线,3 年内成品率达到了 100%。10 年内我国攻克了高速铁路的变速箱设计方面的技术难关、列车齿轮全部用上中国……从设计实验到零部件的加工制造,高速铁路的强劲势头,伴随的是中国整体工业制造实力的提升。

2.2.3 牵引供电和接触网技术

高速列车具有电力牵引功率更大、所受阻力更大、受电弓移动速度快、电流易发生波动性等特点。既要保证电压强度可以持续供应,又要避免电压过大带来的设备损伤,因此,牵引供电技术在保证高速列车的正常运行中起着重要的作用。牵引供电系统的主要功能是为高速铁路列车运行提供稳定、高质量的电流,依靠专门的外部装置,从三相电力系统接收电能向单相交流电气化铁道形式的列车输送电能,是列车运行的不竭动力。高速铁路牵引供电系统通常由供电、变电、接触网、电力和远程监控系统构成。其中,牵引变电所主要作用视为电能变换及控制,完成单相牵引网与三相电力系统之间的衔接和电压变换。牵引网负责向行驶的列车供给电能,电能从牵引变电所经上网馈线送出,由馈线、接触线、轨道、回流线构成牵引网向高速铁路供电。在列车高速运行过程中,受电弓在接触网上滑行接触时保持良好的接触状态,才能保证电能的可靠性传输,为高速列车的运行提供牵引动力。列车高速运行时接触网的波动和受电弓的振动加剧,弓网间会发生离线现象,并产生离线电弧,离线电弧的高温烧蚀作用会缩短接触线和受电弓滑板的使用寿命,产生的高频电磁波对沿线的通信系统造成干扰、同时产生电弧噪声污染。接触网技术的意义就在于避免这种问题的产生,保证电能的平稳可靠传输。接触网技术包括接触网系统的组成、主要构成部件及其作用以及高速弓网受流技术。我国研发了 25 kV 以上张力接触网系统和特种接线 AT 牵引变压器和远程控制系统等先进设备,满足动车组可靠受流和实时监控的需要。牵引供电系统示意图如图 2.14 所示。

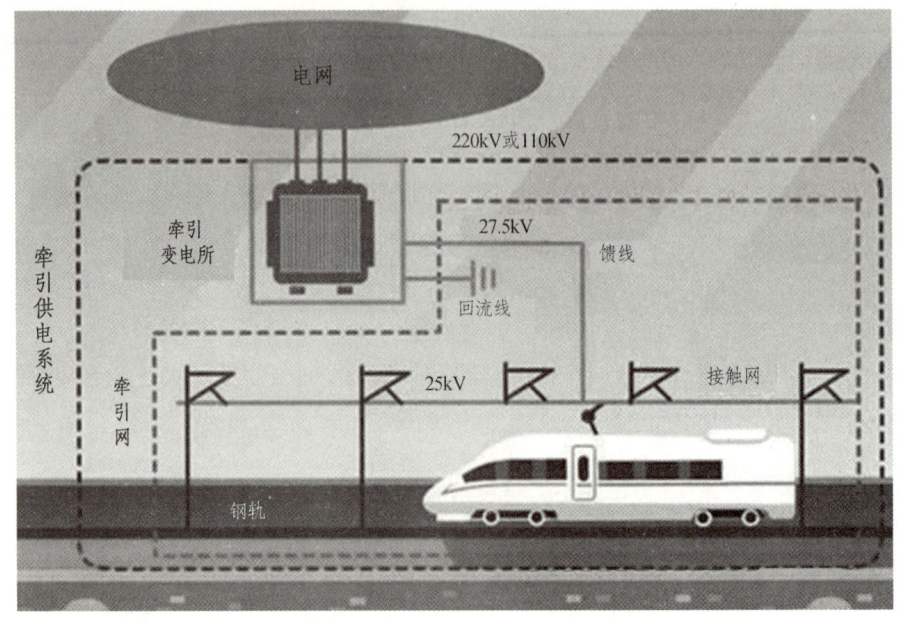

图 2.14　牵引供电系统示意图

电气化铁路由动车组和牵引供电系统两大部分组成，将电能从电力系统传送给动车组的电力装置，主要由牵引变电所和接触网两大部分组成。牵引变电所将电力系统输电线路电压从 110 kV（或 220 kV）降到 27.5 kV，经馈电线将电能送至接触网；沿着高速铁路线路的两旁，架设着一排支柱，上面悬挂着金属线，即为接触网。接触网是向动车组直接输送电能的设备，动车组升弓后便可从其取得电能，用于牵引列车。牵引供电构成的回路是：牵引变电所—馈电线—动车组—钢轨和大地—回流线—牵引变电所。

在高速列车运行过程中，受电弓通过在接触网上的滑行接触完成电能传输，为列车运行提供牵引动力。但是，当列车运行达到一定速度值时，接触网的波动和受电弓的振动，会导致两者之间发生离线现象，并产生离线电弧，对列车的平稳运行产生威胁。接触网技术的意义就在于避免这种问题的产生，保证电能的平稳可靠传输。接触网技术包括接触网系统的组成、主要构成部件及其作用以及高速弓网受流技术。接触网结构示意图如图 2.15 所示。

那么，相信有读者会关心下面这些问题：

（1）高速铁路的电从哪里来？首先，这么多电当然还是从我们大电网里来。高速铁路是供电公司一类特殊的客户；普通居民供电由供电公司进行输电与配电。对于高速铁路而言，电厂发电后通过输电线路送到牵引变电站，再通过接触网将电供给铁路。如图 2.16 所示。

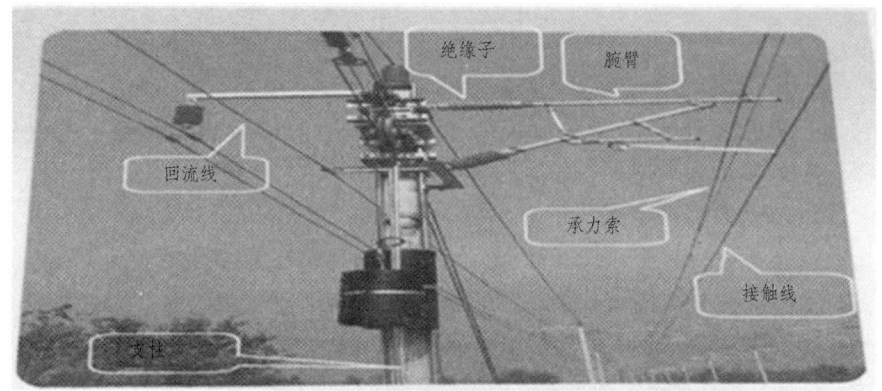

图 2.15 接触网结构示意图

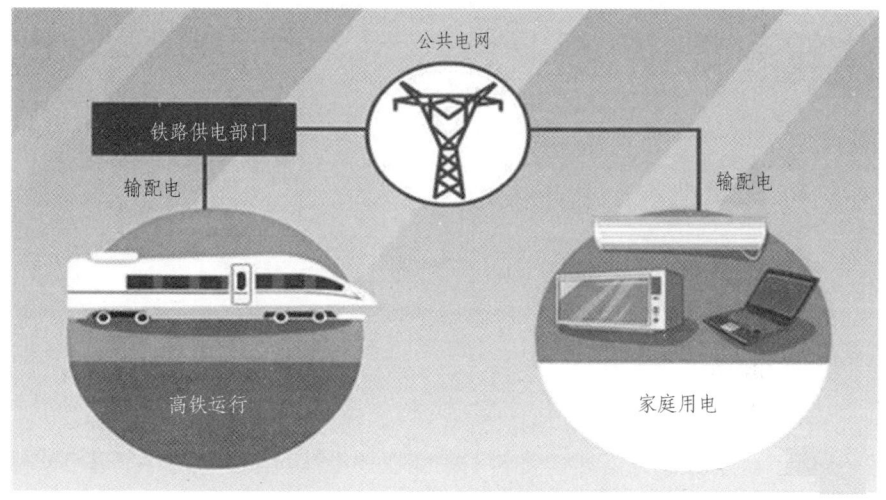

图 2.16 高速图额路供电网示意图

（2）高速铁路用的电有什么不一样呢？首先体现在电压上。高速铁路用的电压是电网供电序列中找不到的。其次，电网里的交流电是三相的，而高速铁路的电是单相的！在我国电气化铁路中，使用的正是工频（50 Hz）25（27.5）kV 单相交流电。这种单相、25（27.5）kV 的交流电是由牵引变电所将电网输的电转变而来。

（3）高速铁路运行中一直有供电吗？高速铁路、动车等在行进过程中，并不是一直都和电网相连，经常会通过一段无电区间（在牵引变电所和供电臂之间，叫作"电分相"），约 100 m。通过这段区域时，列车是没有电的，一般借助惯性滑过这段区间。由于这段区间非常短，所以坐火车时基本没什么感觉。

（4）高速铁路用电会对电网产生影响吗？因为我国采用工频（50 Hz）单

相 25（27.5）kV 电压对动车供电，而公用电网则是工频三相电。那么当电从牵引供电系统到公用电网之后，是不是会干扰正常公共用电呢？基本不会。因为从牵引供电系统最后回流到大电网的电依然是三相平衡的。电网的三相交流电到牵引供电系统变为单相交流电是通过变电站来实现的。

（5）那么在用电设备用完电后，回流到大电网的交流电如何实现三相平衡？由于牵引供电系统采用单相交流电，如果全程只用一相，肯定导致不平衡。解决方式就是通过换相实现三相平衡。也就是说一相用一段，三相循环着用。具体的换相流程如下：在变电所中，三相交流电变为了 A 相、B 相、C 相三相电，将其中的一相接地，另两相分别通往变电所两侧的供电臂（牵引变电所供电臂分别为 A 相、B 相，而 C 相接地了）。一般而言，相邻变电所的相邻供电臂的相位相同。一个供电分区里都是相同相位的电。

（6）高速铁路没电了，你该怎么办？动车组每辆车上也自带蓄电池，为列车启动时受电弓运行等提供电能，还可以作为高速铁路停电时安全和辅助电器系统的紧急备用电源。首先，一定要保持冷静。当停电停车时，车内大部分系统都无法运行。动车组列车的窗户均为密闭性设计，不到万不得已时，车门不会打开；其次，合理饮用饮用水。闷热环境下，人通过汗液排热，水分补充不足时就可能脱水；最后，调整心态，保持秩序，心平气和地应对突发困难，等待恢复供电。

2.2.4 信号与通信技术

通信与信号系统是高速铁路的"大脑和神经"，是集计算机控制与数据传输于一体的综合控制和管理系统，通常称为列车运行自动控制系统 ATCS（Automatic Train Control Systems）或者信号与控制系统，由车载子系统、地面子系统、联锁子系统、调度集中 CTC（Centralized Traffic Control）和通信系统构成，是高速列车安全、高密度运行的基本保证，时刻保持着列车安全、高速运行。列车运行控制就是列车通过获取地面信息和命令，控制列车运行速度，并调整与前行列车之间的距离。高速铁路列车运行控制系统涉及行车安全的信号系统及电路设计，必须符合故障-安全的要求，采用集中管理、分散控制为主的集散式控制方式，分为行车指挥自动化与列车运行自动化两部分，其主要功能是：及时、准确地完成指挥列车运行的各种信息的传输；为旅客提供各种服务的通信；为设备维修及运营管理提供通信条件，满足维修人员沿线作业的需求。我国在参照欧洲铁路列车运行控制系统（ETCS）技术规范的基础上，结合我国高速铁路实际，研发了中国列车控制系统 CTCS，以分级（CTCS0/1/2/3/4）的形式满足不同线路运输需求，在不干扰动车组乘务员正常驾驶的前提下，有效保证列车运行安全。根据信号制式的不同，列车控制系统的车载设备主要有机车信号、列车运行监控装置（LKJ）和列车超速防护设备（ATP）等；地面设备包括轨道电路、应答器、列控中心和无线通信等。

信号与通信技术要时刻保持着列车安全、高速运行。随着先进的通信、控制和计算机技术在铁路通信系统的应用，信号与通信技术从开始时的电报到电话，到数字有线通信、模拟无线通信、数字无线通信，在过去的几十年间发生了翻天覆地的变化，信号与通信技术也不断向更加集成化、智能化的方向发展。

在我国，高速铁路开行了时速 300 km 及以上（G 字头：就是我们平时说的高速铁路）和时速 200 km（D 字头：就是我们平时说的动车）两个速度等级，分别装备中国通号的列车运行控制系统（CTCS-3 和 CTCS-2，这是中国的制式和标准，欧洲叫 ETCS）。

高速铁路速度快，司机根本无法凭肉眼观察路况，所以高速铁路怎么跑、跑多快，什么时候停车都是由列车运行控制系统告诉司机来操作的。实际上，在高速铁路开通之前，中国通号等技术人员已经进行了长达数月的联调联试，考虑了速度、停靠车站、发车间隔等诸多因素，排出了准确的列车时刻表，没有十分特殊的情况，高速铁路是不能等你的哦。

根据 2015 年 9 月铁路总公司发布的《高速铁路列车间隔时间查定办法》，列车追踪间隔时间定义为：在自动闭塞区段，同一方向追踪运行的两列车间的最小间隔时间。高速铁路列车追踪间隔时间是指在自动闭塞区段内，同方向追踪运行的两相邻高速动车组列车之间所必须间隔的最小空间间隔距离范围内列车所运行的时间。不单单包括同类型动车组、相同速度等级列车间的追踪间隔，也包括不同类型列车以及不同速度等级间的列车追踪间隔。

1. 闭塞方式与列控系统

在自动闭塞区段，一个站（所）间区间内同方向可有两列及其以上列车，以闭塞分区间隔运行，称为列车追踪运行。追踪运行的列车之间最小间隔时间，称为追踪列车间隔时间。影响追踪列车间隔时分的因素主要包括列车运行速度、同方向列车间隔距离、列车控制系统，列车的起动性能和制动性能、线路的坡度及曲线、站场咽喉区的布置、车站信联闭设备以及供电分相设置等。在高速铁路中，目前常用的追踪列车间隔时间有：发车追踪列车间隔时间、区间追踪列车。

高速铁路列车运行控制系统采取目标距离控制模式时采用准移动或移动闭塞方式。目前沪杭高速铁路采用的是准移动闭塞方式。

准移动闭塞：如图 2.17 所示，在准移动闭塞方式下，线路被划分为固定位置、某一长度的闭塞分区，一个分区内只能被一列车占用；后行列车的追踪目标点是前行列车所占用闭塞分区的始端，并留有一定安全距离，后行列车从最高速度开始制动的起始点是根据目标点距离、目标点速度及列车本身的性能决定的。目标点是前行列车所占闭塞分区的始端，因此这个目标点是相对固定的，在同一闭塞分区内不随前行列车的走行而变化，而制动的起始点是随列车性能和线路参数的变化而动态变化的，终点则固定在某一分区的边界处。由于要与移动闭塞相区别，所以称为准移动闭塞。

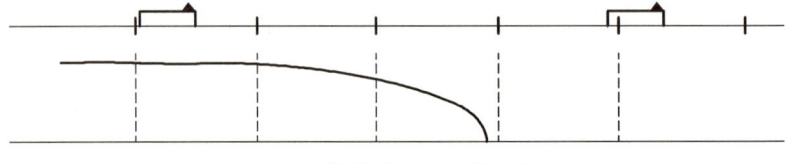

图 2.17　准移动闭塞原理示意图

移动闭塞：在移动闭塞方式下，线路没有预先设置的闭塞分区，通过车-地实时双向通信，以列车的实际运行速度和列车位置，动态计算相邻列车间的安全距离，即移动闭塞的闭塞区间是移动的，随着前后两列列车的运行速度、距离、列车性能和线路条件的改变而不断变化，跟随着列车的运行而移动的，如图 2.18 所示。

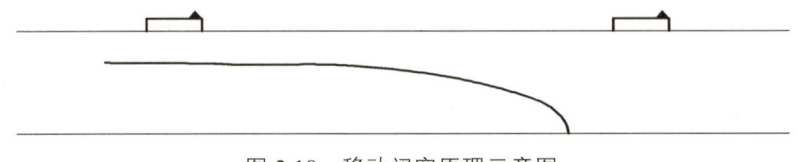

图 2.18　移动闭塞原理示意图

在移动闭塞方式下，后行列车的追踪目标点是前行列车的尾部，并留有一定安全距离，后行列车从最高速度开始制动的起始点是根据目标点距离、目标点速度及列车自身性能决定的。因此不同于准移动闭塞方式，目标点与前行列车的位置和速度有关且随时变化，制动的起始点也随着线路参数和列车性能等不同而变化。

2003 年 10 月，为进一步适应铁路快速、持续性发展战略，原铁路总公司参照欧洲列车运行控制系统（简称 ETCS）标准体系，结合中国铁路实际，制定了《中国列车控制系统（CTCS）技术规范总则（暂行）》和相应 CTCS 技术条件，编制了 CTCS 技术规范。CTCS 系统的主要功能是有效的保证列车安全运行，并以分级形式满足不同线路、不同列车的运营需求，系统符合故障-安全的设计原则，其基本功能包括在任何情况下防止列车无行车许可运行以及防止列车超速运行。根据不同的线路条件和功能、不同的信息传输方式和闭塞技术，可以将 CTCS 系统划分为 5 个等级，依次为 CTCS0～CTCS4 级，以满足不同的等级线路安全运营需求。CTCS 系统基本结构如图 2.19 所示。

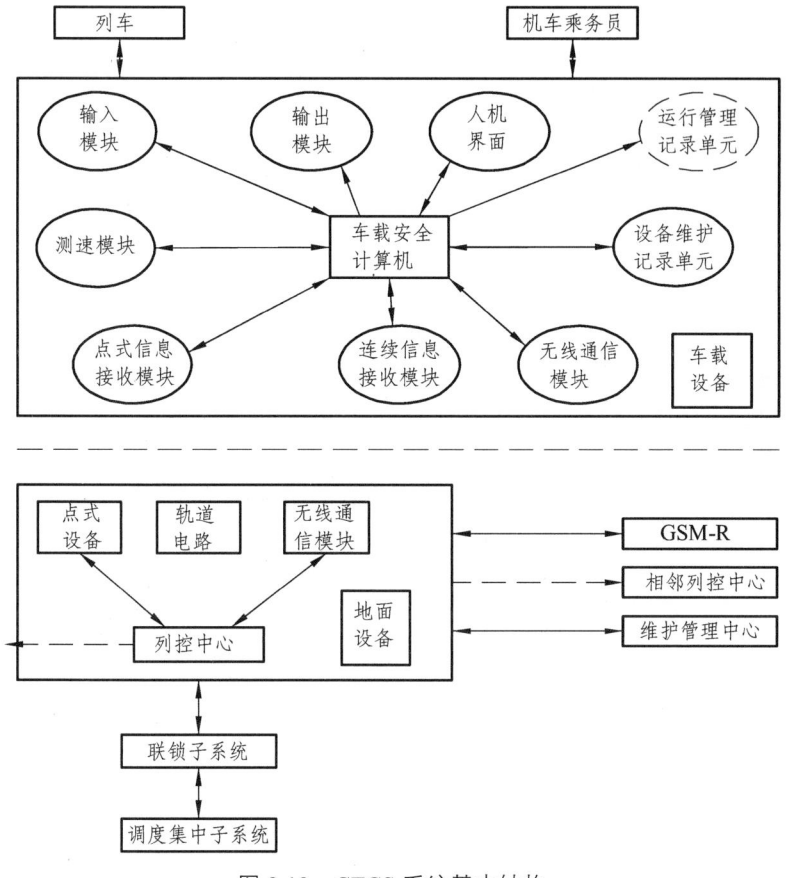

图 2.19 CTCS 系统基本结构

（1）CTCS-0 级为面向既有普速铁路的列控系统（简称 C0 级，其他类同），即由目前使用的通用式机车信号和运行监控记录装置构成。目前我国普速铁路大多数均运用 C0 级列控系统，其主要车载设备型号为一体化机车信号（沈阳、北京、上海通信工厂生产）加 LKJ-2000 型监控记录装置（河南思维、株洲所研制）。

（2）CTCS-1 级是在 CTCS-0 级的基础上，进行安全升级的列车运行控制系统。CTCS-1 级系统面向 160 km/h 及其以下的区段，其设备组成主要包括加强型运行监控记录装置和主体化机车信号。它是在既有设备 C0 的基础上加以改造，达到机车信号主体化的要求，在车站附近增加点式信息设备，传输定位信息,优化车载控制判断逻辑,实现列车运行安全监控功能。目前在全路范围正实施既有显示增设地面点式应答器的试验工作,预计未来 5~10 年内将全面覆盖,以替换既有 C0 系统,提高设备安全性能,优化线路数据的覆盖方式。

(3) CTCS-2 级为一体化的列车运行控制系统,主要面向于提速干线和高速线路,系统采用模块化、标准化、数字化、车地一体化的设计原则,基于轨道电路和点式信息设备传输信息的列车运行控制系统。适用于各种限速区段,机车乘务员完全以车载信号为行车凭证,原则上可以不设地面通过信号机。目前我国大部分时速 250 km 以下的客专均为此等级。全路范围内首条 C2 线路为 2008 年 4 月 18 日正式运行的合宁客专线路 CTCS2 系统节本结构、列车追踪运行示意图如图 2.20、2.21 所示。

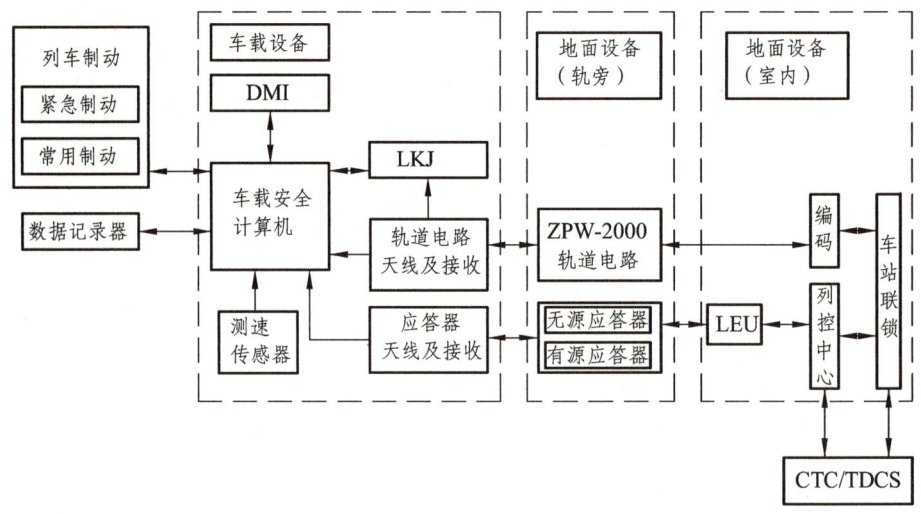

图 2.20 CTCS2 系统基本结构

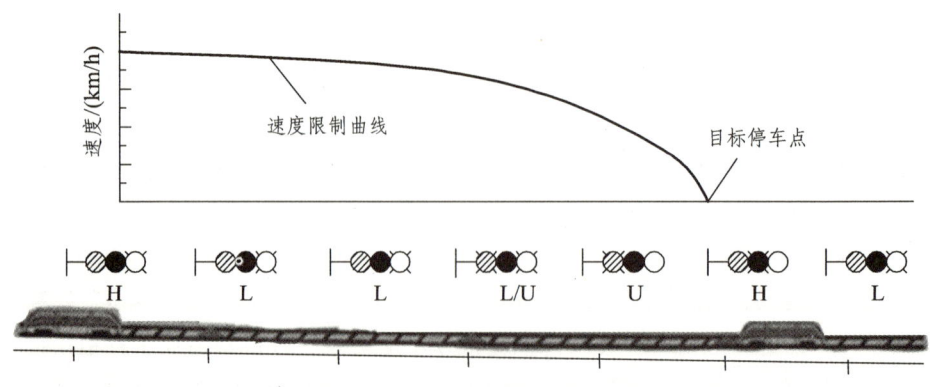

图 2.21 CTCS2 系统列车追踪运行示意图

（4）CTCS-3级是基于无线传输信息并采用轨道电路等方式检查列车占用的列车运行控制系统，主要面向提速干线、高速线路或特殊线路，基于无线通信的自动闭塞方式，无线通信系统实现车-地连续的、双向的信息传输，点式信息设备主要提供列车测距修正以及传送定位基准信息，行车许可由无线闭塞中心发出。近年来，国内多条高速铁路均基于 CTCS-3 级系统运作，如沪宁、沪杭、京沪、宁杭、合福等多条高速铁路，多年来的运用进一步验证了其较高的运输效率和安全性。CTCS3 系统节本结构、列车追踪运行示意图如图 2.22、2.23 所示。

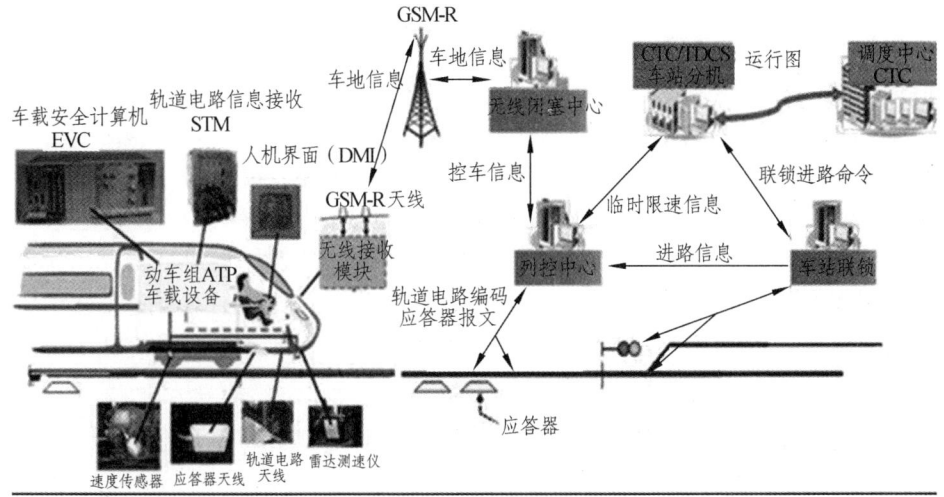

图 2.22　CTCS3 系统基本结构

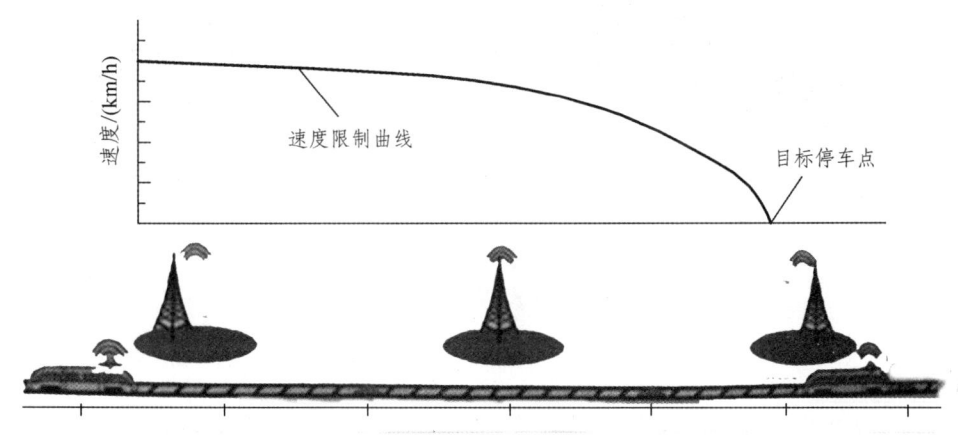

图 2.23　CTCS3 系统列车追踪运行示意图

（5）CTCS-4级是完全基于无线通信的列车运行控制系统。主要面向于高速线路或特殊线路,基于无线通信传输平台,可以实现虚拟闭塞或移动闭塞,地面可取消轨道电路,不设通过信号机,列车定位和完整性检查由地面无线闭塞中心和车载验证系统共同完成。目前 C4 级系统处于技术试验论证阶段,尚未正式运用,青藏铁路部分区段已具有 C4 系统的大部分特性。目前,我国正在研发基于卫星定位的下一代列控系统 CTCS-4。列车追踪运行间隔越小,高速铁路通过努力越大。我国 350 km/h 级高速铁路采用 CTCS-3 级列控,基于 GSM-R 网络实现车-地双向信息传输、应答器列车定位、轨道电路检查列车占用及完整性,最小追踪间隔时间 3 min。随着卫星定位技术特别是北斗卫星商业应用的逐步成熟,研究基于卫星定位的下一代列控系统 CTCS-4,实现移动闭塞控制,对于进一步缩短列车追踪间隔时间、简化地面设备、减少维护工作量具有重要意义。

CTCS-2/3 级列控系统采用"目标距离曲线模式"控制方式,以前方列车所占闭塞分区的入口为追踪目标点,列车追踪距离短,可实现一次制动,运输效率高。其中,列控设备生成的目标距离模式曲线是根据目标距离、目标速度、线路参数、列车本身性能计算而定,其制动的目标点相对固定,为前方占用闭塞分区起点,制动起始点随线路参数和列车性能不同而变化。线路参数通过应答器进行信息传输,目标距离由列车收到的轨道电路信息结合线路参数计算得到。应答器示意图如图 2.24 所示。

图 2.24　应答器示意图

站台中间的这个黄色盒子叫应答器,存储了定位信息,能够跟高速铁路列车进行通信,告诉列车的位置等信息。在车站内,这个黄色的盒子会密集一些,让列车精准停车;当然,在线路上也有。

2. 列车自动防护（ATP）系统

即列车运行超速防护或列车运行速度监督，是保证行车安全、防止列车进入前方列车占用区段和防止超速运行的设备，实现列车运行安全间隔防护和超速防护。通过 ATP 子系统检测列车位置并向列车传送 ATP 信息（目标速度信息或目标距离信息），列车收到 ATP 信息，自动实现速度控制，确保列车在目标距离内不超过目标速度的前提下安全运行。主要功能有：

（1）列车定位。定位的任务就是确定列车在路网中的地理位置。通常，ATP 系统都是利用查询应答器及测速电机和雷达完成列车定位的。安装在线路上某些位置的应答器用于列车物理位置的检测，每个应答器发送一个包括识别编号（ID）的应答器报文，由列车接收。在 ATP 车载计算机单元的线路数据库里存有应答器的位置，这样列车就知道它在线路上的确切位置。由测速电机和雷达执行列车位移测量。列车定位的误差来自应答器检测精度、应答器安装精度和位移测量精度。

（2）速度和距离测量。列车实际运行速度是施行速度控制的依据，速度测量的准确性直接影响到速度控制效果。列车位置直接关系到列车运行的安全，通过确定列车的实际位置，才能保证列车之间的运行间隔，以及能够在抵达障碍物或限制区之前停下或减速。

（3）ATP 监督功能。ATP 监督负责保证列车运行的安全。各监督功能管理列车安全的一个方面，并在它自己的权限内产生紧急制动；所有的监督功能，在信号系统范围内提供了最大可能的列车防护。各种监督功能之间的操作是独立的，且同时进行。ATP 监督包括速度监督、方向监督、车门监督、紧急制动监督、后退监督、报文监督、设备监督等。

（4）超速防护。城市轨道交通中的速度限制分为两种：一种是固定速度限制，如区间最大允许速度、列车最大允许速度；另一种是临时性的速度限制，例如线路在维修时临时设置的速度限制。

固定限速是在设计阶段设置的，ATP 车载设备中都储存着整条线路上的固定限速区信息。

（5）停车点防护。停车点有时就是危险点，危险点在任何情况下都是不能越过的，因为这会导致危险情况。例如站内有车时，车站的起点即是必须停车点，在停车点的前方通常还设置一段防护段，ATP 系统通过计算得出的紧急制动曲线即以该防护区段入口点为基础，保证列车不超越入口点。

有时也可在入口点处设置一个列车滑行速度值（如 5 km/h），一旦需要，列车可在此基础上加速，或者停在危险点前方。

（6）列车间隔控制。列车间隔控制是一种既能保证行车安全（防止两列车发生追尾事故）又能提高运行效率（使两列车的间隔最短）的信号概念。在过去以划分闭塞分区、设立防护信号机为基础的自动闭塞（固定闭塞）概念下，列车的间隔是靠自动闭塞系统来保证的，列车间隔以闭塞分区为单位；当采用准移动闭塞或移动闭塞时，闭塞分区长度与位置均是不固定的，是随前方目标点（前行列车）的位置、后续列车的实际速度以及线路参数（如坡度）而不断改变的。

（7）站台屏蔽门控制。ATP轨旁设备连续监测屏蔽门的状态，只有在屏蔽门"关闭且锁闭"的情况下才允许列车进入站台区域。如果屏蔽门的状态不再为"关闭且锁闭"，则ATP轨旁设备将站台区域作为封锁来处理，在封锁区域的边界处设置防护点。因此，接近列车将从ATP轨旁设备得到仅至该防护点的移动许可。如果此时列车已经进入了站台区域，屏蔽门的状态从"关闭且锁闭"发生了变化，ATP车载设备将触发紧急制动。

（8）紧急停车功能。在特殊紧急情况下，按压设在车站上的紧急停车按钮（平时加铅封），就可通过轨道电路将停车信息传递给区间上的列车，启动紧急制动，使列车停止运行。

（9）给出发车命令。ATP系统检查有关安全条件（如车门是否关闭、司机的操作手柄是否置于零位、ATO系统是否处于正常工作状态）并确认符合安全后，给ATO系统一个信号。在人工驾驶模式下，司机在得到显示后即可进行人工发车；在自动驾驶模式下，ATO系统得到ATP系统的发车确认信息后，却操纵列车自动启动。

（10）列车倒退控制。根据不同的用户协议，可以实现各种列车倒退控制。例如，当列车退行超过一定距离或者越过轨道电路分界点，立即启动紧急制动。

（11）停稳监督。监控列车停稳是在站内打开车门和站台屏蔽门的安全前提。为了证实列车停稳，要考虑来自雷达和测速电机的信息，ATP车载计算机单元将使用这些速度信息。

2.2.5 列车运营调度系统

高速铁路运营调度系统是集计算机、通信、网络等现代化技术的现代化综合系统，对列车运行计划和基础设施维修计划进行审批和管理，指挥列车运行，是完成高速铁路运输组织特别是日常运营的根本保证，通常由计划、列车、动车组、综合维修、供电和客运服务调度构成。其中，CTC（分散自律调度集中系统）是调度中心（调度员）对某一区段内的信号设备进行集中控制、对列车运行直接指挥、管理的技术装备，采用智能化分散自律设计原则，综合计算机技术、网络通信技术和现代控制技术，是以列车运行调整计划控制为核心，兼顾列车运行指挥、接发列车与调车作业的高度自动化调度指挥系统。

还有一个概念是列车运行组织技术。该技术是指通过综合协调运输需求与各类软硬件条件及资源，为旅客提供良好运输服务的各类组织技术和方法，在高速铁路中扮演着为旅客提供安全、快捷、方便、舒适服务的大管家的角色。列车运输组织技术主要包括：客流调查与预测分析技术、列车运输计划编制技术以及日常生产调度指挥技术等三大关键技术。具体见第 5 章高速铁路运营组织与管理。

2.2.6 客运服务系统

客运服务系统是基于高速铁路高速度、高密度、大客流的特点，以旅客为中心，从旅客角度分析其从购票进站到乘车出站全过程所需的信息和资源，有效利用计算机技术、网络技术和移动互联等先进的技术手段，为旅客提供高效、便捷的出行服务的信息系统，主要由旅客服务系统和票务系统两部分构成。客运服务系统的主要功能是处理与旅客服务相关的事件，通常由票务系统、旅客服务系统、市场营销计划和客运组织管理构成，包括发售车票、信息采集、信息发布、日常投诉、紧急救助、旅客疏散、旅客赔付等工作，能够实现铁路客运业务的集中管理、系统融合、信息共享、联合操控和应急联动，并为旅客提供全方位的最及时、最方便的服务。另外，该系统还具有统计分析功能，为管理决策层提供决策参考。京津城际铁路首次应用我国自主研发的高速铁路客运服务系统，该系统包含了自动售票与检票、客运服务信息发布、广播、查询、导向、求助等多种客运服务功能，并采用 GSM-R 数字移动通信系统和 CTC 运输调度指挥系统，实现了移动话音通信和无线数据传输以及对全线运行的列车进行集中调度和控制。具体见第 6 章高速铁路智能客运服务。

2.2.7 运营维护技术

高速铁路设备的养护维修组织越来越受到重视。传统模式下，高速铁路固定设备如线路桥隧、通信信号、牵引供电等，分别由铁路工务、电务和供电部门负责维护管理，而且夜间停止行车，需要安排 4 h 左右的天窗进行设备维护。高速铁路维修作业趋势是向综合维修、各专业协同作业的方向发展，并且设备修转变为状态修，以现代化检修理论为指导，利用先进的检修技术和手段，在固定的时间和里程内，对高速铁路系统进行综合维修。依据运营维护对象的不同，高速铁路系统维护技术包括列车维修、线路维修和客户服务系统维修等关键技术。

日本新干线逐步从分专业维修演变到由综合调度系统统一计划、统一调度指挥的多专业系统作业。法国铁路设置综合维修段，负责桥梁、接触网、通信信号的养护与维修。上海铁路局实施"工电供一体化"维修模式，合并机构、统一计划、共用天窗、专业融合等手段，提升维修天窗作业工作效率。针对夜间运营后对高速铁路设备质量提出的更高要求，以检查为主、修理为辅，通过严密精细的检查监控实时掌握设备状态，对设备状态发生变化需要检修的建立严格的审核制度，一般由站段对检修作业项目进行审核，以车间为单位进行组织，对需要调整轨道线路的作业，一律由铁路局审批。

2.3 案例分析："复兴号"技术创新

"复兴号"是我国具有完全自主知识产权的中国标准动车组，它的成功研制生产，标志着铁路成套技术装备特别是高速动车组已经走在世界先进前列。目前，"复兴号"中国标准动车组有"CR400AF"和"CR400BF"两种型号。按照中国铁路总公司新的动车组编制规则，新型自主化动车组均采用"CR"开头的型号，"CR"是中国铁路总公司英文缩写，也是指覆盖不同速度等级的中国标准动车组系列化产品平台。型号中的"400"为速度等级代码，代表该型动车组试验速度可达 400 km/h 及以上，持续运行速度为 350 km/h。"A"和"B"为企业标识代码，代表生产厂家；"F"为技术类型代码，代表动力分散电动车组。红色的是中车四方的 AF，黄色车头是中车长客的 BF。中国铁路总公司将根据运输市场需求，逐步研发 CR300 和 CR200 系列中国标准动车组。

中国高速铁路是在"引进吸收消化再创新"的道路上诞生的，当初从欧洲、日本引进了四种不同的技术平台，这些车型技术路径不同，用最短的时间"兼收并蓄"，集各家之长。后来，基于这些技术平台造出了自己的高速铁路，但还是有问题没解决——这些车不能"互联互通"。

2013年6月，根据中国高速铁路发展和"走出去"的要求，中国铁路总公司正式启动"中国标准动车组研制项目"。中国铁路总公司组织对中国标准动车组研制中的重要技术问题进行反复论证研究，确定了前期研究讨论时争议较大的、影响动车组技术性能、互联互通、司乘人员操作、检修维护、旅客界面等方面的主要技术指标和关键方案。为了实现互联互通、促进关键部件统型互换、方便司乘人员操作，中国标准动车组统一确定为4动4拖。经过争论和反复比选，2013年12月，中国标准动车组完成了总体技术条件制定。

为打造适合中国国情、路情的高速动车组设计制造平台，实现中国高速铁路动车组自主化、标准化和系列化，中国标准动车组的"中国"，就意味着高速铁路从最早的"洋基因""混血""以我为主"，现在由内而外都是"纯中国"了，特别是软件全部是自主开发。在高速动车组254项重要标准中，中国标准占84%。中国标准动车组整体设计以及车体、转向架、牵引、制动、网络等关键技术都是我国自主研发，具有完全自主知识产权。中国标准动车组的"标准"，意味着今后所有高速铁路列车都能连挂运营，互联互通。作为中国铁路总公司牵头组织研制、具有完全自主知识产权、达到世界先进水平的新一代高速列车，"复兴号"集成了大量现代高新技术，在安全性、经济性、舒适性、节能环保等方面表现出色。

（1）"寿命"长。中国标准动车组在降低全寿命周期成本、进一步提高安全冗余等方面加大了创新力度。为适应中国地域广阔、温度横跨正负40 ℃、长距离、高强度等运行需求，"复兴号"进行了60万千米运用考核，比欧洲标准还多了20万千米。齿轮箱是驱动"复兴号"动车组高速行驶的核心部件，具备30年2 400万千米的超长使用寿命，而这样的距离相当于绕地球行驶600圈，而零件表面精度达到头发丝的1/50。最终，整车性能指标实现较大提升，"复兴号"的设计寿命达到了30年，而"和谐号"是20年。

（2）"身材"好。采用全新低阻力流线型头型和车体平顺化设计，车型看起来线条更优雅，跑起来也更节能。坐过"和谐号"的朋友都会发现，动车组车顶有个"鼓包"，那其实是受电弓和空调系统。咱们"复兴号"把这个"鼓包"下沉到了车顶下的风道系统中，使列车不仅看起来更美，列车阻力比既有CRH380系列降低7.5%~12.3%，列车在350 km/h下运行，人均百千米能耗下降17%左右。

（3）"容量"大。与"和谐号"动车组相比，"复兴号"的外形有了很大改变。CR400AF动车组的车体高度从3.7 m增高到了4.05 m，车体断面积增大了7.3%。虽然断面增加、空间增大的情况下，按时速350 km试验运行，列车运行阻力、人均百千米能耗和车内噪声明显下降，而且有心的乘客还会发现，座位间距更宽敞。

（4）舒适高。"复兴号"空调系统充分考虑减小车外压力波的影响，通过隧道或交会时减小耳部不适感；列车设有多种照明控制模式，可根据旅客需求提供不同的光线环境。当然更值得高兴的是，车厢内实现了 WiFi 网络全覆盖。当然，这个连接效果如何，还有待乘客们上车检验。

（5）安全性。列车网络控制系统，负责完成动车组上的高压、牵引、制动、辅助供电、车门、空调等的控制、监视，以及车上所有控制信息和故障信息的传输、处理、存储和显示功能，是动车组最关键的核心技术之一，也是国外技术封锁的重点。"复兴号"具备失稳检测、烟火报警、轴温检测、受电弓视频检测等安全防护措施，安全防护设计完善，并在确保走行安全的基础上，增加了主动安全与被动安全措施。增设地震预警系统，若接收到地震报警时，列车将自动施加紧急制动；加装列车跟踪预警装置，可获取本车与前车间隔距离，当距离接近时，实施预警提示，同时将本车车次、速度、位置信息实时无线传输给地面预警服务器，以供后车预警；设置脱线安全防护装置，提高动车组被动防护能力，最大程度降低异常灾害下的人员财产损失；还设置碰撞吸能装置等。"复兴号"设置智能化感知系统，建立强大的安全监测系统，全车部署了 2 500 余项监测点，比以往监测点最多的车型还多出约500 个，能够对走行部状态、轴承温度、冷却系统温度、制动系统状态、客室环境进行全方位实时监测。它可以采集各种车辆状态信息 1 500 余项，为全方位、多维度故障诊断、维修提供支持。此外，列车出现异常时，可自动报警或预警，并能根据安全策略自动采取限速或停车措施。在车头部和车厢连接处，还增设碰撞吸能装置，在低速运行中出现意外碰撞使，可通过装置变形，提高动车组被动防护能力。

（6）创新性。统一互联互通（统一车钩机械连接接口，实现物理互联；统一电气接口，实现逻辑互联）、互操作（统一司机操作界面及动车组的工作模式，实现互操作）功能规范，实现不同厂家生产的相同速度等级动车组能够重联运行、不同速度等级的动车组能够相互救援，使运营组织更加灵活，提升动车组的利用效率。同时，通过零部件统型设计，实现零部件通用互换，打破动车组零部件的供应垄断，减少备品备件数量，降低动车组购置及检修运用成本。同时，中国标准动车组采用的重要标准涵盖了动车组基础通用、车体、走行装置、司机室布置及设备、牵引电气、制动及供风、列车网络标准、运用维修全部 13 个大的领域，其中大量采用了中国国家标准、行业标准以及专门为中国标准动车组制定的一批技术标准。与此同时为了与国际接轨，促进中国装备走出去，也积极采用了一些国际标准及国外先进标准。另外，只要车轮在转就能发电，突发情况下车厢用电可自给自足，这是中国标准动车组研发过程中的创新之一。中国标准动车组"复兴号"还增设了碰撞吸能装置、防脱轨装置、防车厢与车架分离装置，确保遇到极端情况可以起到缓冲保护作用。

在高速行驶过程中，"复兴号"的车体需要经受极大的压力以及空气阻力，焊缝里的一点点瑕疵都有导致车身开裂的危险。这种不留痕迹的焊接技术业内称之为"搅拌摩擦焊"，目前是世界上最为先进的一种焊接手段。这项技术多应用于尖端的航空航天制造领域，在世界火车制造史上还是首次出现，这也刷新了又一项"世界纪录"。

（7）智能化。设置智能化感知系统，建立强大的安全监测系统，全车部署了2 500余项监测点，比以往监测点最多的车型还多出约500个，能够对走行部状态、轴承温度、冷却系统温度、制动系统状态、客室环境进行全方位实时监测。建立感知系统的传输通道和智能判识的网络，采用TCN和高速传输以太网的双重冗余设计的网络控制系统，可实现收集各监测点信息，并根据预先设定的判据实时诊断故障。它可以采集各种车辆状态信息1 500余项，为全方位、多维度故障诊断、维修提供支持。此外，列车出现异常时，可自动报警或预警，并能根据安全策略自动采取限速或停车措施。在车头部和车厢连接处，还增设碰撞吸能装置，在低速运行中出现意外碰撞使，可通过装置变形，提高动车组被动防护能力。此外，还采用4G通信技术实现远程数据传输，可在地面实时获知车辆状态，提升地面同步监测，远程维护能力。

（8）人性化。通过优化旅客界面与司乘界面，提供人性化舒适乘坐体验。主要体现在：动车组乘坐空间增大。二等座座椅间距统一加大到1.02 m，一等座椅间距统一加大到1.16 m；设置不间断的旅客用220 V插座；空调系统充分考虑减小车外压力波的影响，减小隧道通过或交会时耳部不适感；设有多种照明控制模式，可根据旅客需求提供不同的光线环境；增设旅客大件行李观测与安全保存措施，增设洗漱设施；设无障碍设施；提供无线WiFi服务；提升全列车供水和排污容量，污物零排放；具备过分相不间断供电和无火回送自发电功能，满足旅客不间断用电和无火回送时设备用电需求。

（9）经济性。列车采用轻量化、低阻力设计，高效的牵引/制动系统，合理的修程修制体系，全寿命周期成本低；优化设计结构，并采用先进的轻量化材料，降低整车自重；采用具有中国元素的全新型低阻力流线型头型，平顺化车体外轮廓设计，降低动车组运行阻力和噪声；采用列车级制动力管理模式、优先采用再生制动，实现制动能量的回馈和再利用；整车寿命30年。零部件等寿命设计理念、合理修程修制、最少易损易耗件和最小维护单元、通用性强的模块化定制技术，以及完善的配套产品供应链，降低了运用检修寿命周期成本。

"复兴号"其他有关技术突破表现在：

（1）车头设计是关键中的关键。车头采用流线型，车顶采用平顺化设计，经过上百次仿真计算、上千次空气动力学试验、上万次线型测试，最终样式从 30 多个设计头型中脱颖而出。其中，有一项气动阻力下降 12%以上，意味着，动车组以时速 350 km 运行时人均能耗下降 17%。在减少动车组阻力方面，车体采用了高强度、轻量化铝合金车体。

（2）"复兴号"突破核心技术封锁。列车网络控制系统，负责完成动车组上的高压、牵引、制动、辅助供电、车门、空调等的控制、监视，以及车上所有控制信息和故障信息的传输、处理、存储和显示功能，是动车组最关键的核心技术之一，也是国外技术封锁的重点。"复兴号"的列车网络控制系统的软件开发，需要有一套仿真测试平台。从方案设计、画图实施到接线测试等，网络芯片和网卡全部自己制作，实现了中国标准动车组列车网络控制系统的硬件和软件全部自主化，使动车组真正有了"中国脑"。仅"复兴号"车头的传输信号线缆就多达 2 万根，这要远多于以往的"和谐号"动车组，电缆密布在车厢的顶部和地板之下，犹如人体的神经束一般，而这些工作必须通过手工完成，并且要做到万无一失。

（3）"复兴号"的转向架也是中国自主设计制造，承载能力提升 10%，满足时速 350 km 及以上持续高速运行，实验室安全稳定试验时速达到 600 km。它具有轮对轴温、齿轮箱轴温、转向架横向运行稳定性等安全系统全面监测功能，确保动车组运行起来又快又稳。

（4）在降噪方面，光对不同材料和结构的隔声对比试验就做了 3 000 多次。后经反复研究发现，一些车载空调、风机等设备的吸气排气造成压差，影响降噪。于是，研发团队更改和规范车载设备的降噪要求和设计，噪声进一步下降 1~5 dB，超越了设计目标。

（5）在牵引动力方面，"复兴号"的牵引动力强劲，从 9 600 kW 提升到 10 000 kW 以上。中国标准动车组拥有"中国心"，牵引传动系统硬件和软件全部实现了自主设计、自主制造。设计中国标准的牵引传动系统，需要使用专业的图形化软件开发平台，将牵引领域专家从程序员的工作中解放出来。研发团队开发中国的图形化牵引系统软件开发平台，代码共计 100 多万行。

（6）为了实现地震时高速动车组及时降速、停车，保障运行安全，中国标准动车组加装了自己研发的地震紧急处置装置，沿线布设联网的监测台站，与牵引变电所和行车系统的信息数据科学组合、共同作用，构成这一套地震预警系统。它将在动车组遭遇地震时做到自动紧急降速、停车,最大限度地减少人员伤亡和财产损失。在"复兴号"的试验过程中,类似发生地震的危险场景现场模拟超过2 000个。

(7)在中国铁路调度指挥中心,控制台屏幕上实时显示着标准动车组运行位置、速度以及牵引电机电压等各种运行参数。同时,屏幕上还显示着标准动车组经过区域的风速、降雨量、是否地震等数据。如果列车出现异常,或风速、降雨,或地震报警,动车组能自动采取限速或停车措施。

2018年3月,中车唐山公司研制生产的编号为CR400BF-A-3024的16辆长编组"复兴号"中国标准动车组已经开始型式试验,宛如金色凤凰拖曳着长长地"凤尾",绵延不绝,气势非凡。列车采用8动8拖配置,总长度超过415 m,设商务座席、一等座席、二等座席等9种车型,总定员1 193人。目的是适应中国高速铁路运营环境和条件,满足更为复杂多样、长距离、长时间、连续高速运行等需求。2018年7月,长编组"复兴号"在京沪高速铁路上正式运行。如图2.25所示。

图2.25 16辆长编组复兴号标准动车组示意图

时速350 km"复兴号"中国标准动车组具有鲜明而全面的中国特征。未来,还将在"复兴号"中国标准动车组平台基础上,围绕安全、经济、舒适、节能、人性化等方面持续开展科技创新,研制不同速度等级、适应不同环境需求的自主化、标准化动车组系列产品。我国铁路将更加注重安全、经济、智能、舒适、绿色,通过研究应用新技术、新材料,提升铁路技术装备安全性、适用性、可靠性;通过研究应用信息新技术,不断提高速铁路的智能化服务水平,使得旅客体验和客户满意度进一步提升;通过研究应用大数据技术，提高高速铁路安全生产防控能力和决策科学化水平，推动铁经营管理和养护维修水平持续提升。中国高速铁路未来之路仍旧任重道远，正在开展智慧列车、洲际列车、磁浮列车等项目研究，中国高速铁路已经实现了由"跟随"到"引领"的华丽转身。

第 3 章　高速铁路速度试验

一声长鸣，高速铁路从远方缓缓驶来。你知道吗，时速 300 km 的动车每秒可跑 83 m，是正常走路速度的 50 倍，是 12 级台风最高风速每秒 37 m 的 2 倍以上。由于高速铁路列车高速运行，0.5 kg 物品撞击会产生 500 kg 以上的冲击力。

众所周知，为高速铁路运营安全、快捷提供支撑的高速铁路技术是当代世界铁路的一项重大技术成就，集中反映了一个国家铁路牵引动力、线路结构、运行控制、运输组织和经营管理等方面的技术进步，对拥有高速铁路技术的国家来说至关重要，它是这些国家的科学技术和工业水平的集中体现。压缩旅客在途时间是铁路旅客运输在世界发达国家中重新崛起和再度辉煌的关键，也是旅客运输面对各种客运交通方式进行竞争的有力手段。早在 1903 年，德国就创造了 210 km/h 的试验速度。1955 年法国以 331 km/h 的试验速度创新纪录。自 1964 年日本建成世界第一条商用高速铁路，即世界拉开全球商用高速铁路的建设序幕以来，高速铁路各国都力争本国的高速铁路速度的先进性，确保高速铁路列车速度的技术则是高速铁路技术的核心。世界高速铁路列车速度随着科学技术的发展不断提高。此后，法国、德国、意大利、英国、西班牙、瑞典、韩国等也竞相发展，美国、加拿大、巴西也都有规划和计划。高速铁路大运量、高速度的固有优势已成为世界各国铁路的发展趋势。

3.1　各类速度含义

火车问世 200 年来，火车速度的记录不断被刷新。1814 年 7 月 25 日，英国人斯蒂芬孙自己动车制作的世界首台蒸汽机车开始运行，取名 "布鲁克号"，拉 8 节矿车，载重 30 t，当时的时速为 6.4 km。1825 年 9 月 27 日，世界第一条正式运营的铁路——斯托克顿至达林顿铁路开通运营，全长 40 km。斯蒂芬孙驾驶改进后的 "旅行者号" 蒸汽机车，牵引 6 节煤车和 20 节挤满乘客的车厢，载重 80 t，最高时速 24 km。1901 年，德国西门子公司研制的电力机车创造了时速 162 km 的世界纪录。1931 年，德国人将飞机、飞艇、火车的特点集于一身，制造出一列名为"铁路齐柏林号"的高速列车，时速超过 200 km，并将这一速度纪录保持了 24 年。直到 1955 年，法国电力机车才创下时速 331 km 的新世界纪录。每一次提速，都是一个新时速，都是一次历史性跨越。

我们常常看到高速铁路的多种速度概念，相信你会感觉模糊，需要提高一下认识，才能算了解和关心高速铁路的发展。例如，日本东海道新干线开通时，列车实际运行最高速度为 210 km/h，而线路设计允许速度为 240 km/h；再如，2008 年 6 月 24 日，线路全长 120 km 线路设计的京津城际铁路最高运营速度为 350 km/h（每秒近 100 m），商业运行速度 330 km/h，平均运行速度 240 km/h（全程直达时间 30 min），而试验最高速度 394.3 km/h。这几种速度概念到底指的是什么？通常来说，高速铁路速度常用的有速度目标值、设计速度、运营速度、最高速度和旅行速度等，它们之间关系紧密，一条高速铁路列车的几种速度可以从不同侧面反映试验和运营组织的情况，也能反映出高速铁路技术和运营组织的先进之处。

（1）线路构造设计速度。线路平直线地段的轨道、桥隧及限界等基础工程的构造设计速度，是列车运行的最高速度限制，是不可逾越的速度。

（2）列车运行最高限制速度。除车辆构造速度控制因素外，列车在正常运行中，因受线路平直段、曲线、道岔、车站站台、坡度等不同条件制约，不得超过的线路限制速度，是列车运行的最高速度限制，也是不可逾越的速度。

（3）车辆设计构造速度。根据车辆设计和制造工艺，为保证车辆整体结构强度和运行安全，规定不允许超过的速度，是信号系统设计必须考虑的关键指标，也是不可逾越的速度。

（4）车辆最高运行速度。车辆设计在规定的定员载荷、平直干燥线路条件下，可保证车辆持续运行的最高速度。此速度与线路条件等无关，是车辆出厂时的保证，在线路条件、信号控制系统均满足的前提下，车辆在平直线路上运行可达到的最高速度。

（5）列车最高运行速度。在正常运营状态下，信号系统控制列车持续运行的最高速度。此速度与信号系统制式、信号系统控制列车运行方式等有关。

（6）临时限制速度。行车组织临时设定的信号 ATP 系统限制速度。是线路施工、线路沉降等临时采取的降级运行防护措施，也是不可逾越的速度限制。

（7）信号系统 ATP 保护列车运行的限制速度。信号 ATP 系统监控列车运行不允许超过的速度，此速度是车载信号 ATP 系统保障列车安全运行不可逾越的最高速度限制。一旦列车运行速度接近该速度值则报警，提示司机减速运行；否则，将由车载信号系统采取紧急制动措施。

（8）信号 ATP 系统紧急制动触发速度。为防止列车运行时超过信号 ATP 系统限制速度而实施紧急制动的速度，是信号 ATP 系统为保障行车安全自动实施的安全防护措施。

（9）信号 ATP 系统最大常用制动触发速度。为防止列车运行时超过信号 ATP 系统限制速度而实施的最大常用制动速度，是信号 ATP 系统自动实施的安全防护措施。

（10）信号 ATP 系统切除牵引触发速度。当列车运行速度接近信号 ATP 系统紧急制动或最大常用制动触发速度时，ATP 系统自动发出切除牵引指令所对应的速度。

（11）信号系统 ATO 自动驾驶列车运行速度。在信号 ATP 系统防护下，列车按照 ATO 自动驾驶运行的速度。

（12）列车运行巡航速度。在信号系统 ATO 自动驾驶下，列车加速运行达到最高运行速度后，保持恒速运行且允许少量波动的速度。

通俗地讲，速度目标值系指某条高速铁路线路多数区段运行的最高速度，也通常指设计允许速度值。高速铁路的速度目标值一般分为 200、250、300、350 km/h，我国采用这个标准进行规划和设计；日本高速铁路建设初期的速度目标值为 210、240、260 km/h，后来提高到 270、300 km/h；德国和法国设计最高速度为 250、280、300、350 km/h。设计运营速度是指能够稳定运行的速度；最高速度指的是瞬时最高速度；旅行速度是指从开车到停车在一个区段内的平均速度。比如，由于列车的速度不能瞬间从 0 变到 350，再加上中间站停站的时间，所以这个速度值要低于最高速度。

对于专业技术人员来说，还有运行速度和技术速度两个概念。前者指列车在区段内运行，平均每小时纯运行时间走行千米数。列车在区段内的纯运行时间不包括列车在中间站的停站时间和起停车附加时间；而后者（简称技速）是指列车在区段内各区间运行（不包括中间站停站时间）平均每小时行驶的千米数。技术速度与列车旅行速度的区别就是列车旅行速度包括在中间站停站时间及起停车附加时间在内的平均速度。世界速度最该的十大高速铁路如图 3.1 所示。

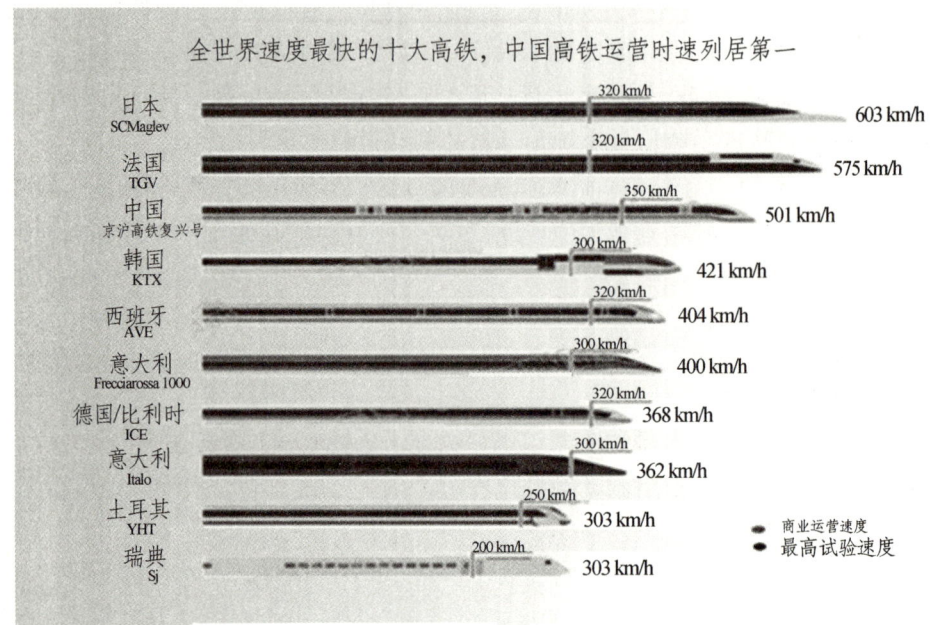

图 3.1　世界速度最该的十大高速铁路

虽然列车最高速度是高速铁路的显著标志,各国早致力于列车最高速度研发的同时,又非常注重运营速度的提高。目前,高速列车最高运营速度达到了 350 km/h。日本山阳新干线的试验速度虽然曾达到 400 km/h,但 1996 年以来,一直维持 300 km/h 的水平。法国、德国、意大利、西班牙等国除法国地中海线最高速度达到 350 km/h 外,其余线路的最高速度均不超过 300 km/h,我国台湾高速铁路台北—高雄设计为 350 km/h,2005 年开通运营之后一直限定在 300 km/h。我国目前最高商业运行速度是 300 km/h,也曾经有过 350 km/h 的纪录。再从我国高速铁路平均运营时速看,不同区域不同高速铁路线路旅行速度不一样,其中,京沪高速铁路旅行速度已经达到 280 km/h,而其他国家没有达到这个数值。

近年来世界高速铁路发展很快,变化也很大,但唯一没变的是中国高速铁路在世界的地位,依然鹤立鸡群,雄踞霸主地位。中国高速铁路除了运营里程让其他国家望尘莫及,线路间的平均营运速度也同样遥遥领先。从世界高速铁路最高运行速度看,据统计,现在世界上最高运行速度是法国的时速 320 km,日本也是时速 320 km,就这两个国家跑时速 320 km。德国的实际可以跑时速 330 km,但是一般还是时速 300 km。我国目前最高运行速度也是时速 300 km。从我国高速铁路平均运营时速看,要针对不同线路分别确定，虽然没有计算分析过，但估计与其他国家高速铁路相比，也会名列前茅。中国石家庄—郑州高速铁路线路的 G66/79 次高速列车的最高运营速度为 305 km/h，低于法国、日本以及西班牙三国高速铁路列车的最高运营速度，但该线的平均营运速度最高，达 283.4 km/h。法国和日本的高速列车最高运营速度均为 320 km/h，目前暂时并列世界第一。其中法国 TGV 9871 次高速列车在香槟—阿登大区至洛林线路的平均营运速度为 271.8 km/h，位居第二，而位列第三的是日本小町号（Komachi）高速列车，在东北新干线大宫—仙台线路上平均营运速度为 267.4 km/h。值得注意的是，意大利 Frecciarossa 高速列车的投入使用，明显提高了意大利在世界高速铁路速度中的排名，目前 Frecciarossa 高速列车的最高运营速度为 300 km/h，在米兰—雷焦艾米利亚线路上的平均营运速度达到 256.4 km/h。2017 年 9 月 21 日，京沪高速铁路提速运营至 350 km/h 的大国重器"复兴号"动车组展翅腾飞之时，相信下一次的调查结果无论在运营里程、最高运营速度、平均营运速度方面，中国都将独领风骚，真可谓"世界高速铁路看中国，中国高速铁路看复兴"。

再从平均运营速度看，例如，京沪高速铁路开通，1 300 km 可以跑 288 min，旅行速度已经达到 272 km/h。所以现在看起来，世界高速铁路最高运行速度现在是时速 300 到 320 km，最高旅行速度时速 280 km 左右，还没超过时速 300 km。根据调查，目前按平均营运速度排名，只有中国、法国、日本、西班牙以及新晋的意大利，拥有在始发终到站间平均营运速度超过 250 km/h 的高速列车。

3.2 高速铁路试验速度

高速铁路速度目标值的设定是关系到高速铁路发展的方向，最高速度是衡量一个国家高速铁路先进技术的首要标志，代表技术的先进性和引领性。各个国家对高速铁路速度的追求，自有高速铁路起就一直没有停止。再从列车速度发展看，速度是人类的永恒追求，速度的进步也推动着人类文明的进步。世界高速铁路的速度随着科学技术的发展不断提高。车辆在线路上运行既涉及车辆本身的车辆设计构造速度、车辆最高运行速度、车辆运行自身限制速度，又涉及线路设计构造速度、线路曲线桥隧等线路运行限制速度，还与信号系统各类控制速度等相关联，经常遇到各类速度的说法，且各专业都有自己的理解，各自理解偏差还较大，给各专业间设计配合以及运营维护带来一定的影响。

3.2.1 国外高速铁路列车试验情况

从 20 世纪初至 50 年代，德国、法国和日本等国家先后开展了大量的有关高速列车理论研究和试验工作。1903 年 10 月德国用电动机车首创试验速度 210 km/h 的历史纪录，1955 年 3 月法国用 2 台电力机车牵引 3 辆客车试验速度达到 331 km/h。1990 年 5 月 18 日，法国 TGV 高速铁路创造 515.3 km/h 的最高速度。1999 年 4 月 14 日，日本低温超导磁悬浮列车 MLX-01 创造 552 km/h 的最高速度。

法国一直是铁路高速列车保持最高水平的国家。法国高速列车简称 TGV，是欧美国家开发最早的高速列车之一。在高速铁路的试验速度方面，法国其初步构想开始于 1960 年，1981 年法国启用巴黎—里昂的高速火车线路，TGV 运行最高纪录为 380 km/h，平均时速为 200 km。德国在 1988 年创造了高速铁路速度的最新纪录，最高速度达到 406.9 km/h。接下来，法国紧追不放，1990 年就将此纪录打破，达到 482.4 km/h。1990 年，法国又创造迄今为止轮轨技术铁路速度最高的世界纪录——515.3 km/h。随后，法国高速铁路连续在实验时速方面大幅提高，2007 年 4 月 3 日 TGV-V150 从巴黎—斯特拉斯堡东线铁路上创下 574.8 km/h 的世界新纪录造的有轨列车最高时速世界纪录。法国在一段经过特殊加固的铁路线上，一列双层 TGV 列车经过 14 min 的连续加速，创造超高瞬时速 574.8 km，列车经过特殊试验改装而成，机车采用并列 4 座的窄车体设计，运行线路也是特意建造的用花岗岩特级道砟，其试验场景如图 3.2 所示。据阿尔斯通总裁说，"为了这个记录曾经做了 43 次 550 km 以上的，全部指标参数全有，这个是最后表演一下，就是向全世界宣告"。但是，这个记录值是法国高速铁路实验性质的最高时速，非运营列车，试验五辆车是双层的，跑得飞快，从纵向方向看，在有砟轨道后面的尘埃卷起 3~5 km。当时法国空军专门雇了一架喷气式战斗机录像。

2012 年 5 月 17 日，韩国展出了最高设计速度为 430 km/h 的高速试验列车。研发 430 km/h 高速试验电动车组（HEMU-430X）的目的是，将韩国主要城市间的列车旅程时间控制在 1.5 h 内，并吸引出口订单。列车研发项目耗资 931 亿韩元，持续 5 年时间，采用了 50 个韩国机构的技术。在此期间，负责研发的韩国铁道科学研究院和 Hyundai Rotem 公司得到了国土、运输和海洋事务部的大力支持。据报道，该型列车预计以 350~350 km/h 以上的速度持续运行，最高时速可达 430 km/h。

图 3.2　法国高速铁路列车试验最高速度

30 年前，超过 11 000 马力的德国高速铁路 ICE 以每小时 406 km 的速度从维尔茨堡飞速驶向福尔达，创下历史纪录。当时，这是全球史上速度最快的列车。但是不久之后，这个纪录就被打破，ICE 不再是速度最快的高速铁路。如今，德国铁路购买的新型 ICE 高速列车，最高运营时速仅 250 km。1988 年 5 月 1 日德国高速铁路创纪录之日距今只有 30 年，但让人感觉好像是发生在另一个时代。当时德国铁路还叫作联邦铁路，尚处于开发阶段的 ICE 高速列车还叫作 Intercity Experimental 而不是今天的 Intercity Express。2 年后法国高速列车 TGV 的试验时速就提高到 515 km，从而打破了德国创造的纪录。高速铁路的速度成为衡量一个国家工业科技水平的象征，很多国家和高速铁路制造商都试图通过创纪录的时速引起国际社会的关注。之后法国高速铁路又被采用了类似德国磁浮列车技术的日本新干线赶超，其时速最高可达 600 km。而中国的高速铁路最高试验时速也曾接近 500 km。

目前，日、法、德等老牌高速铁路大国都在默默发力，主要表现在：

日本 JR 东海正在研制东海道新干线上第六代高速列车——N700S 型的试验列车，预计到 2020 年，N700S 将在东海道新干线上上线运营，届时东海道新干线的最高运行速度将提高到 320 km/h 左右。列车的主要研发目标有：在主变换装置和主变压器、车体倾斜系统、电动空气压缩机、空调装置、转向架等部件上实现轻量化与小型化；研制提高安全性的"地震制动"功能，在地震时缩短约 5%的列车制动距离;研发"转向架振动检测系统"和"车辆数据分析中心";改进环保性能;改善快适性和利便性。同时,JR 东日本正在研发新一代新干线试验车"ALFA-X",按计划,如果一切顺利,试验车将于 2019 年春天投入测试。列车的主要亮点包括:配备车载地震预警及紧急停车系统、防脱轨系统;车体具有高耐寒、高耐雪特性,并搭载晃车阻尼器,实现车内空间晃车振动小、噪声低;研发新技术抑制车底和受电弓噪声,更好实现节能减排效果;利用物联网、大数据、人工智能等新技术,优化列车网络控制系统和信息管理系统,提高维修性。

法国正在研发性能将大幅提升的下一代 TGV 高速列车,预计到 2022 年中期,列车将下线进入商业运营,成为阿尔斯通既有 Avelia 系列高速列车大家庭的一员。为了研发这款列车,法铁客运部与阿尔斯通法国分公司共同发起成立了一个共享工作区,各抽派数位专家在此工作。列车的研发目标有:降低生产成本,在制造环节削减至少 20%的采购费用和生产费用;生态环境友好,材料的再循环率高于 90%、能量消耗至少降低 25%;改善乘坐体验,增强内饰布局和客车车厢构成的模块化水平,将车内可利用空间扩大 20%,以安排更多座位;提供更丰富的车上服务,在客户服务、舒适性、连通性等方面有所提高。另外,2015 年年底,法国三家部委联合环境和能源控制署(Ademe)、阿尔斯通共同成立了合资公司 Speed Innov,研发法国下一代高速列车,进一步减少铁路运输对环境的影响,提高法国在高速铁路制造业的专业影响力。研究方向已大致确定为:进一步改善列车性能;将列车定员增至 750 人;将能源消耗降低 35%;大幅减少列车整个生命周期的维护成本。

德国铁路的发展又是如何呢?德国铁路公司表示:凡是有高速铁路线路的地方,就会利用这一可能性。科隆至法兰克福以及至柏林和慕尼黑的高速铁路最高时速可达 300 km,科隆至巴黎的高速铁路在法国境内甚至可以提速到每小时 320 km。在维尔茨堡和汉诺威之间的主要路段,时速最高 280 km。不过德国高速铁路通常时速很少超过 250 km。因为与法国和中国所不同的是,德国高速铁路每 0.5 h 发一班车,高速铁路常常要和速度较慢的普通火车共用铁路网。今后几年德国的长途铁路网沿线将新增 20 多个城市。ICE4 型高速铁路将成为这些新干线的运输主力。自 2017 年 12 月以来,首批新一代 ICE 已经投入试运行,其最高时速为 250 km。新车的特点是能源消耗少,空调系统更稳定。

德国航空航天中心提出研制一种最高速度 400 km/h、高运力、双层高速列车——AeroLiner3000,可以在既有基础设施不做任何改变的前提下,将线路运输能力提高至少 30%。列车车体由激光焊接的连续弯曲等径钢管组成,具有较大的窗户和非常细的对角立柱，总重量约比传统车体小 25%；每节车厢具有四个单独驱动和控制的车轮，构成一个创新的虚拟 Jacobs 转向架；气流通风系统根据现代大型客机来设计，研发并采用创新型暖通空调（HVAC）。

近期，目标是"超越中国"，德法高铁装备巨头合并取得重大进展，西门子-阿尔斯通铁路联营公司（筹）11 名董事会成员任命全部获批。西门子交通集团总表示，"Velaro Novo"是西门子 5 年来的研发成果，具有突破性优势。新高速列车的投资成本比预算降低 20%，列车按照"空管"原则设计，没有固定室内设计，可根据客户的想法设置。列车配备更多的智能化技术，可对维修、铁路状况、损坏等情况自动发出预警。高铁列车预计将于 2023 年正式投产运行。目前，该列车已开始在德国铁路试验运行。西门子已经瞄准英国、北美、南美和亚洲市场。目前，即将与西门子铁路部门合并的法国列车制造商阿尔斯通也研制了一种新的超级快速列车，将在 2020 年前投产。"欧洲高铁双雄"的竞争对手是中车。中车是目前全球最大的铁路集团。在未来，西门子阿尔斯通集团与中车竞争将更加激烈。另外，日立铁路欧洲公司与加拿大庞巴迪运输公司正式宣布重启合作关系，共同修建高速铁路。它也将是欧洲最大的基础设施建设项目。

3.2.2 我国试验情况

我国高速铁路在列车运行最高速度方面逐步取得突破。2008 年 6 月 24 日，京津城际 CRH3 型动车组列车在测试中时速突破了 394 km/h，超过了波音 747 飞机起飞时的速度；2010 年 10 月 26 日，继同年 9 月 28 日沪杭高速铁路试运行创下 416.6 km/h 之后，沪杭高速铁路又创造时速 418 km/h 的试验速度，刷新世界高速铁路运营速度新纪录；2010 年 12 月 3 日，京沪高速铁路在枣庄至蚌埠南间的先导段联调联试和综合试验中，CRH380A 新一代高速动车组最高达到 486.1 km/h，再次刷新世界铁路运营试验最高速度；2011 年 1 月 9 日，新一代 CRH380BL 高速动车组在京沪高速铁路先导段运行试验中，成功创造了 487.3 km/h 的世界铁路运营试验最高速；2014 年 1 月 16 日，CIT500 在青岛四方机车车辆股份有限公司厂区试验台创造试验速度 605 km/h，并保持 10 min。

我国高速铁路经历了 20 多年的发展历程。我国首条高速铁路北京-天津 2008 年 8 月运营以来，一直维持在最高速度 350 km/h，另外京沪、京广、哈大、沪杭、郑西、宁杭、杭甬等线均按最高速度 300~350 km/h 设计和建造，引领了世界高速铁路速度目标值的最高水平。

（1）2008年6月24日，京津城际CRH3型动车组列车在测试中时速突破了394 km/h，超过了波音747飞机起飞时的速度，创造了京津城际铁路联调测试以来的最高时速纪录，也创造了我国轨道交通史上的新纪录。

（2）2010年10月26日，沪杭高速铁路运营线继同年9月28日沪杭高速铁路试运行创下416.6 km/h之后，创造时速418 km/h的试验速度，刷新世界高速铁路运营速度新纪录。

（3）2010年12月3日，在京沪高速铁路枣庄至蚌埠南间的先导段联调联试和综合试验中，由中国南车集团研制的"和谐号"CRH380A新一代高速动车组在上午11:28最高达到486.1 km/h，再次刷新世界铁路运营试验最高速度。

（4）2011年1月9日，由中国北车唐山轨道客车有限公司自主创新研制的新一代CRH380BL高速动车组在京沪高速铁路先导段运行试验中，成功创造了487.3 km/h的世界铁路运营试验最高速的纪录。

（5）2014年1月16日，中国南车的CIT500在南车青岛四方机车车辆股份有限公司厂区试验台创造试验速度605 km/h，并保持10 min，打破了法国列车制造商阿尔斯通公司高速列车TGV-V150型在2007有轨列车最高时速574.8 km的世界纪录。高速列车始终在地面上高速运行，从空气动力学上车与空气相互作用的角度来看，既要考虑地面对列车的强激扰，也要考虑到高速运行状况下气流对列车的激扰。波音737的巡航阻力系数在0.028左右，6节编组时速500 km试验列车整车阻力系数约为0.75，所以说使超高速列车在地面运行的技术比使飞机在天上巡航的技术要复杂得多。在列车高速行驶中，行驶速度的主要抗衡者竟是空气。列车在运行中需要克服的基本阻力包括车轮与轨道摩擦的机械阻力和空气阻力。当列车以每小时200 km的速度行驶的时候，空气阻力占总阻力的70%左右，"和谐号"CRH380A在京沪高速铁路跑出486.1 km的时速时，空气阻力超过了总阻力的92%，如果跑到500 km以上，总阻力的95%以上是空气阻力。气阻力的三大影响因素：一是车头迎风受到的正面压力，以及车尾受空气尾流影响的后拉力；二是由于空气黏性作用于车体表面的摩擦阻力；三是列车底架以及列车表面凹凸结构引起的干扰阻力。工程师们为降低空气阻力，以列车头型减阻为研究的开端。工程师们在对200多种模型进行优化的基础上，做出20个与实际尺寸比例为1:20的头型模型，再通过计算机仿真分析，最终把筛选出的五款车头模型送到绵阳29基地作风洞试验，名为"箭"的头型被选定，其气动噪声、气动阻力参数最优。

由中国南车制造的CIT500型高速铁路试验列车，它的实验速度高达了605 km/h，打破了法国高速列车574.8 km/h的世界纪录。它的官方名字为：

更高速度试验列车。该列车身呈灰色，中间有黑色的条纹及"CRH"的标志，外形如"宝剑出鞘"，为列车的安全性、可靠性等提供研究平台。列车头型的设计灵感来源于中国古代的兵器"剑"，车位则是"火箭"造型，如此概念设计的车尾结合，实现了头车降低阻力、尾车升力接近于零的最优技术匹配。如图 3.3 所示。

图 3.3　CIT500 型高速铁路试验列车

（6）2016 年 7 月 15 日，我国自行设计研制、全面拥有自主知识产权的两列中国标准动车组"金凤凰"和"蓝海豚"，以超过 420 km 的时速在郑徐线上交会而过，相对速度超过 840 km。整个交会全程不到 2 s，相当于乘客 1 s "飞"了 117 m，这是世界上首次利用拟运营动车组进行该试验。这标志着我国已全面掌握高速铁路核心技术，我国高速铁路总体技术水平跻身世界先进行列。从技术本身讲，交会过程中动车组会对旁边的物体产生压力和吸力，当两列车交会的时候，这种气流的变化会对列车的运行带来较大影响，通过交会数据的采集，将会帮助我们完善和改进列车气动性能的设计。此次试验进一步验证了中国标准动车组整体技术性能，特别是首次实现了动车组牵引、制动、网络控制系统的全面自主化，表明我国具备设计制造满足世界各国不同需求动车组的能力。

另外，首次高速动车组碰撞试验，我国为何设定为 46 km/h？央视曾经报道关于中车四方的"中国高速动车组碰撞实验"。在视频中，实验人员通过使一个车头以 40 km/h 的速度撞击障碍物或互撞，最终得出吸能盒可以保护动车、保证人员安全的结论。

（1）关于 46 km/h

如果两辆 300 km/h 的高速动车正面相撞，实际上，这种情况发生的概率微乎其微。因为高速铁路有先进的信号系统，只要这个系统在，两列车根本不可能撞到。如果系统坏了，短时间修不好，可以让列车司机"目视行车"，时速不允许超过 20 km。这种情况下有极小的概率发生追尾甚至迎头相撞，碰撞实验就是针对这种可能性的。

换句话说，两车直接相撞的概率极小。这个实验是为了保障极小概率下危险发生时人员的安全，发现危险时可以减速，不可能在 300 km/h 的速度下去撞击。

同类实验的国际标准速度是 36 km/h，要求模拟司机在目视距离下紧急刹车后的撞击效果，而我们试验的是 46 km/h。冗余已经包括了动能不同的考虑，而且实际也不需要驾驶舱完好无损，只要不对司机、乘客造成挤压伤害就实现目的了。

（2）关于用火车头撞击

视频中谈道，我们这是国际首例。人家都是用关键部件做实验，更别说整车。世界造高速铁路的成熟公司加上中国一共五家，包括法国、德国、日本、意大利。而火车头很贵，在专门修的铁路上用一个火车头撞另一个火车头（虽然都是试验机），这笔钱不是每个高速铁路公司都愿意砸。为什么不用整车，因为高速铁路的造价每列都以亿为单位。

（3）关于实验的合理性

关于该实验的合理性，有参与该实验的业内人士透露：列车碰撞吸能的顺序为车钩缓冲器—压溃管—车头司机室—车体，除车钩缓冲器形变为弹性形变（可恢复），其余全部是塑形形变（不可恢复），40 km/h 速度不至于把车体撞烂，但也足够获得工程人员需要的试验数据。这个速度在现阶段条件下绝对是合理的。

另外，试验碰撞列车所采用的加速装置为空气炮，可以在短距离加速到 40 km/h，满足试验要求。当然空气炮的加速能力还有余量，但也没法加速到 300 km/h。

而且，这样的试验都会有仿真计算作为前提，车头碰撞可以验证仿真结果并可以用来修正整列车撞击的仿真结果，具有参考价值。这充分展现了科技能将无法完全消除的安全隐患降到最低，伤亡降到最小。

（4）关于无人驾驶技术

无人驾驶这一概念以及技术发展已被市场热炒多年，貌似主要在汽车领域。其实，对无人驾驶技术应用于铁路的设想、研究和实践却一直在进行中。

2016 年 6 月，法国媒体称，法国国营铁路公司（SNCF）宣布将积极开发部署自动驾驶列车，并将于 2023 年之前开通无人驾驶的高速 TGV 列车，2019 年择机初步试验。

对于法国高速铁路的新技术新动向，中国国内一些舆论表示了关切，也希望领先世界的中国高速铁路能在无人驾驶领域有所作为，继续占领发展制高点。

事实上，早在京沪高速铁路建及 CRH380 系列高速铁路动车组列车研发中，中国已经预先进行无人驾驶领域的探索。2010 年 5 月 1 日，中央电视台一套综合频道 5 月 1 日晚播出了"五一"特别节目《相信中国——走进高速铁路时代》大型晚会上，就提到了正在培养的高速铁路女司机以及投入京沪高速铁路，英姿飒爽的高速铁路女司机代表就在台下就坐。

让女性重返火车驾驶领域，并且担当当时世界运营速度最高、运营里程最长高速铁路的列车操控，当时这一信息从侧面佐证了中国高速铁路正在朝无人驾驶、智能化方向发展的雄心。只可惜，后来发生的"高速铁路之殇"中断和延误了这一计划。

早在 1983 年 5 月 16 日，法国里尔市建成通车了世界上第一条无人驾驶的全自动地下铁道；2017 年 10 月 6 日，澳大利亚力拓集团成功试运行世界首列全自动无人驾驶货运火车，实现近 100 km 距离的无人驾驶。

在轨道交通领域，中国已整体处于世界领先水平。继续探索前行中，向无人驾驶领域进军正是轨道交通智能化发展的重要阶段和显著标志。本世纪初，中国成功着手建设北斗系统，现已发射北斗卫星 31 颗；2010 年，中国就提出基于高 RAmS 的全自动运行轨道交通系统理念，致力自主研发轨道交通全自动运行系统等等这些技术基础建构，为中国智能交通发展奠定了良好基础。

天上的北斗卫星和地上的高速铁路，被誉为新时代中国速度和中国标准的国家名片。高速铁路速度的背后，也离不开北斗精度的护航。2013 年 1 月，清华大学地球空间信息研究所的《卫星定位和激光组合技术在高速铁路轨道检测和监测中的应用》科研攻关项目通过了铁总科技部的验收，迈出了北斗+高速铁路历史性的一步。什么是北斗精度？其要求是快速静态定位精度必须达到毫米级。高速铁路要发展，轨检技术也必须跟上这个步伐。通过算法优化，我国研发的新技术对特征点的静态测量已经可以达到 2 min 3 mm。随着这个技术的大规模应用，实现高速铁路轨道绝对坐标 2 min 快速、毫米级定位，确保高速铁路运行安全可靠，每年可为国家节省数亿元人民币。

从今天的"中国制造 2025""交通强国"战略看，智能交通大棋局正在如期稳步推进。目前，无论从技术、市场、资金、人才，还是建设、运营、管理等多方面实践看，中国在全球轨道交通领域的无人驾驶发展都具有明显优势，全面引领世界轨道交通发展。目前中国已在珠三角莞惠、佛肇两条时速 200 km 城际铁路应用了列车无人驾驶技术。新一代更具智能化"复兴号"高速铁路列车正在研发中，在建的北京至张家口高速铁路、北京至雄安高速铁路正在加速智能化建设推进，2019 年中国将在世界首次实现时速 300~350 km 高速铁路列车无人驾驶。接下来，随着京张、京雄高速铁路的成功，京沈高速铁路等新建高速铁路将广泛应用无人驾驶技术，京沪高速铁路等建成高速铁路，也有望实现列车无人驾驶技术应用。届时，中国高速铁路将得到大幅智能化升级。

随着中国轨道交通智能化水平的大范围普及，机车装备智能化技术广泛使用，有望在一些具备改造条件的主要干线逐步推广准无人驾驶技术应用，也即半自动驾驶。在一些具备条件的新建普速铁路、重载铁路、地方铁路等货运线路实现无人驾驶技术应用。无人驾驶动车组司机室示意图如图 3.4 所示。

图 3.4　无人驾驶动车组司机室示意图

2018 年 6 月 7 日，时速 350 km 的复兴号高速铁路列车开始在京沈高速铁路辽宁段进行自动驾驶系统的现场试验。与普通的高速铁路列车相比，装备自动驾驶系统的高速铁路有什么不同？司机的工作到底有什么变化呢？从外观和内饰上看，列车本身没有什么不同，能直接感受到列车变化的就是驾驶室里的司机了。以前，这些仪器都需要人来操作、检查、确认，但现在用了 ATO 自动驾驶系统之后，属于一个备份系统，司机与它是一种冗余的关系，它在工作，司机在监督。

让司机的工作变得轻松的，是一套名为 ATO 的智能列车自动驾驶系统。它是在我国传统的高速铁路运行控制系统的基础上扩展而来，可以实现列车自动发车，区间自动运行，到站自动停车，停车后自动打开车门，车门与站台屏蔽门之间自动联控等五大功能。同时，自动驾驶系统还能根据列车运行区间，自动调整列车运行的最高时速。

正在京沈现场试验的时速 350 km 的高速铁路自动驾驶技术，在国际上属于首创。它是智能高速铁路的关键核心技术。这一核心技术瞄准的目标是让司机驾驶更轻松,旅客乘坐更舒适,列车运行更节能,即使在技术成熟后,高速铁路司机的岗位也不会被完全替代。因为中国高速铁路是一个复杂的路网,同时有相对复杂的外部环境,在发现紧急情况的时候,司机要及时地介入。从 2016 年开始,中国已经在广东的佛山到肇庆、东莞至惠州等两条城际线路实现了时速 200 km 的自动驾驶。此次时速 350 km 的自动驾驶试验成果,未来将运用于正在建设的京张高速铁路和京雄城际铁路。

可以预见,在无人驾驶探索实践领域,铁路将结合自身行业实际,吸收汽车无人驾驶技术成果,先行于公路一大步,推动智能交通时代发展。中国轨道交通将无疑是全球无人驾驶领域的后发先至和集大成者。

3.3 案例分析:我国高速铁路提速相关问题的理性探析

一段时间以来,很多人在议论高速铁路是否恢复时速 350 km,关心高速铁路提速的相关问题。高速铁路是否提速及提速到底安全与否,社会对此颇多议论。特别是每到全国的"两会"期间,部分委员还提出高速铁路提速的相关议案。高速铁路提速的话题已经成了年年都会问的"老话题"。实际上,我国高速铁路提速可以说是一个理性的问题,需要结合高速铁路运营的实际来阐述。

1. 高速铁路要提速问题的几种观点

(1)高速铁路运营能够保证安全

2018 年年初有媒体作了一次调查,结果显示,只要保障高速铁路运行的安全,大部分网友还是支持高速铁路恢复 350 km 的时速。

前因为一场突发的"7·23"动车事故,原铁道部将高速铁路速度降了下来。当时有媒体报道称:2011 年"贴地飞行"的中国高速铁路开始踩下"刹车",由时速 350 km 减速为时速 300 km。因此,很多人认为"7·23"是高速铁路降速的一个分水岭,其实不然。在 2011 年 7 月 23 日温州动车事故之前,当年的 7 月 1 日开始,全国高速铁路实行大调图,调图后的高速铁路速度全面降速,包括当时时速 350 km 的京沪高速铁路、武广高速铁路、沪宁高速铁路、郑西高速铁路等降到了时速 300 km。综合考虑,我国高速铁路 300~310 km 的时速是性价比最高的,符合国情,效益是比较好的。而且,时速 300 和 250 km

的高速铁路线，两种速度在同一线路上运行，速度差是最佳匹配。可以说，当时的降速是一种理性的回归，是我们在高速铁路运营实践中摸索出的宝贵经验。

5年来的高速铁路降速运行足以证明高速铁路安全事故和速度无关。当年的事故实际与"高速铁路速度"是两回事，而是由于天气原因，受某些高速铁路信号设备的先天缺陷影响，导致高速铁路相关系统出了问题。目前现有的技术完全能够保障高速铁路提速后的安全运营。这5年是我国高速铁路建设突飞猛进的时期，长城内外、大江南北的高速铁路路网已经成型，而且纵横交错。

（2）高速铁路提速可发挥最大效益

我国高速铁路运营水平位居世界前列，具备开行时速350 km的条件。有一种普遍的观点是：中国很多高速铁路的规划、设计、建设基本都是按350 km的时速，但近几年降速了，这实际是一种浪费。而且，投资、设计、建设是按时速250、350 km进行的，没有按设计要求运营，浪费非常大。高速铁路只有满负荷运行，才可发挥它最大的效益，否则就是浪费。提速后节省的时间成本及社会价值不可估量。

还有一种观点认为：中国的铁路几十年来，随着科技水平的发展，人们对快速到达的需求一直是处于上升通道中。高速铁路运行时速由350降至300 km，京沪线从北京到上海的直达运行时间慢了近1 h。从时间成本看，时间就是金钱，这个逻辑在互联网时代变得更为真切和紧迫。对于信息时代的市场主体或者追求效率的企业而言，可能就会是市场先机的丧失，从而造成企业利润的流失。而且，高速铁路运行时速由300到350 km，并非提速而是恢复设计时速，即"达速"。因为，高速铁路设计时速就是350 km，并且一开始就跑出来这样的速度。

（3）京沪高速铁路要突破能力限制问题

京沪高速铁路列车的密集程度在世界上都是首屈一指，具有我国高速铁路在世界上最具有代表性的名片。京沪高速铁路提速的呼声逐渐加深。京沪高速铁路股份有限公司原董事长蔡庆华此前曾公开表示，2014年京沪高速铁路日均超过250列高速铁路列车运行，仍不能满足高峰时期旅客出行需求，上行上午时段、下行晚上时段已无空间再安排列车开行，特别是蚌埠到徐州间能力明显受限。也就是说，京沪高速铁路能力在部分区段已经相当紧张，从而影响到整个京沪高速铁路线的列车开行方案。

2018年9月，作为国家"四纵四横"高速铁路规划布局中重要的东西向高速铁路大动脉，郑州至徐州的高速铁路开通运营，使郑州、西安以及兰州等城市，接入京沪高速铁路线，成为中西部去往长三角发达地区的"快速通道"。根据预测，由于中部地区去往长三角地区人数众多，这必将加速京沪高速铁路线路运力的紧张程度，京沪高速铁路能力将更加吃紧。

2. 高速铁路提速带来的相关问题分析

（1）提速可以满足旅客需求

随着国内高速铁路网络越织越密，繁忙如京沪高速铁路的线路越来越多，部分高速铁路线路运能接近饱和。为此，有全国政协委员建议，在保障安全的前提下，可以考虑把高速铁路时速恢复至 350 km，以提升高速铁路运转效率，同时降低老百姓出行时间成本。

高速铁路提速后，对老百姓来说，好处实实在在，可节省了大量时间成本。不仅可增加客运和货运能力，还可以有效降低全社会的经济运行成本。以京沪高速铁路为例，设计的理想运量是每天可开行 180 对时速 350~380 km 的高速列车，一年双向输送乘客 1.6 亿人次，而现在每天开行 90 多对列车，其中还有 20 多对是时速 250 km 的列车。对于未来高速铁路提速，客观条件下，可以恢复 350 km 时速的线路或该线路部分区段就一定要恢复，比如京津城际高速铁路、京沪高速铁路等。

（2）提速的技术难题分析

中国铁道科学研究院首席研究员黄强在接受采访时表示，就中国高速铁路能否再提速至 350 km/h，综合成本、设备更换与检修周期等方面来看，目前还会维持现速。当前国外高速铁路尚无一例能按时速 350 km 运行，而中国当前实际运行中的高速铁路时速最高可达 310 km。技术上完全可以实现时速 350 km 的运营。但在这个速度上，运行成本会相应提高，主要是能量消耗、摩擦磨损、易耗件会缩短设备更换与检修周期，而与运行平稳相关的振动环节也会发生变化。轨关系是铁道科研人员永恒的课题，而解决摩擦磨损问题一直是个世界难题。可通过改变摩擦接触面关系，改变摩擦物硬度、材质、形状等，来减少轮轨的摩擦磨损。但这绝非一蹴而就。这些问题都需要探索。

还有一位现场的技术人员说：应该说部分高速铁路若提速不是技术问题，而是其它要素。比如，目前看，若是 350 km/h，不一定用足，我们的技术应该能做到，但各环节的制造或者建造工艺还有差距，时速越高对信号的可信度也越高，设备故障更加出不起。

《铁路交通事故调查分析图解法及应用》一书的作者工程师王达水认为：从长远看，高速铁路提速或降速的焦点不外乎有二：一是试验速度不能等同于运行速度，更不能等同于运行中的路网平衡速度；二是提速到时速 350 km

容易，但平稳停车不容易，机车车辆的耗材周期和成本是关键。

（3）提速增加运营成本

提速导致能耗、损耗大增，不够经济合理。而实际上，关于效能，问题即是答案。应该说高速铁路是陆路运输方式中最节能的。以 CRH3 型"和谐号"动车组为例，列车每小时人均耗电仅 15 kW·h。当速度提升后，高速铁路的轮轨、受流装置等部件损耗会加大，材料费、维修费等运营成本将增加。我国的高速铁路是网状运行，高速铁路如果按照 350 km 的时速运行，能源消耗、零部件磨损以及维修成本都会增加，铁路部门做过测算，成本将提高三分之一左右。一位资深教授讲到：高速铁路全面提速不可取，可以在个别高速铁路达速，如京津和京沪，别小看几十千米，阻力磨耗用电都成几何级数增长，各种指标迅速恶化，这是国外普遍采取 300 km/h 的原因。

从旅客的角度看，高速铁路提速确实会给旅客会更方便。发改委已把高速铁路定票价的权利下方给铁路总公司，不同地区应该有不同的票价，但要和经济发展相一致。提速后，票价自然也可能会提升，虽然提价的尺度不会很大。目前，就是不提速，高速铁路也要根据不同的经济区域制定合理的票价，但铁路总公司已经表示，票价提高的地区也不会提高很多。

3. 我国高速铁路提速分析

2011 年，从"7·23"事故中反思，通过给高速铁路补课到调速套跑思路形成再到让"中国速度"更纯洁，我国的高速铁路速度理性回归。我国高速铁路原来最高 350 km/h 都降速运营。

（1）5 年过去，我国高速铁路厚积薄发，已经成为老百姓安全、方便、温馨出行的交通工具。一个普遍观点：目前，轮对高速铁路速度目标值最大以 300 km/h 较为经济合理。德国铁路 DB 分析结果：高速铁路 280~300 km/h 是最佳运行速度。高速铁路和动车组运输的结合，成就了当代最先进的铁路旅客运输方式。动车组运行速度的再提高，安全风险和运营成本的增加会以速度平方的幅度上升，需要综合性的经济效益和社会效益的评估。除京沪、京广两条线路意外，其余线路均能达到旅行时间 4 h 以内的优势匹配。

（2）基础设施标准。350 km/h 与 300 km/h 基础设施标准相同，工程造价相对少，对于长大高速铁路地形适合地段，基础设置按照 350 km/h 设计是合适的。这就是部分目前运行速度 300 km/h 的高速铁路，按照 350 km/h 设计标准建设的一个原因。

（3）耗能分析。按照德国、法国和日本的计算公式，当速度达到 350 km/h 时，每减少 1 min 所增加的平均耗电量急剧增加，比 300 km/h 增加 247.3 kW·h。

400 km/h 比 350 km/h 增加 324.2 kW·h。经过计算，走行等距离 40 km，350 km/h 与 300 km/h 需才能相差 1 min 的运行时间。京沪高速铁路 1 318 km，全线若提速到 350 km/h，可减少 32.95 min，而耗能却增加很多。沪宁城际高速铁路 300 km，提速后也就减少 7.5 min。减少运行时间很少，但增加耗能很大，相应的运输成本和旅客票价需有较大提高。

（4）旅客舒适度分析。研究发现，在身体承受方面，座席旅客所能忍耐的最长旅行时间是 4 h，如果保持坐姿超过 4 h，旅客将感觉明显的不适及烦躁。由于高速动车组在舒适性和便利性上超过了民航及公路运输，高速动车组在运行时间 4 h 的距离都具有极强的竞争力。不同速度等级下高速动车组的优势距离。

4. 高速铁路需要合理提速

高速铁路速度一直是大家关注点，追求高速度也是大家的希望，但提速度要同时结合经济合理性、安全性和舒适性等多个因素。高速铁路提速涉及成本、将来发展方向、养护维修、管理能力等多个问题，最主要还涉及经济基础的问题。比如有些路段，虽然设计时适用于 350 km/h，但此前并没有跑过。不能让旅客冒风险，铁路部门还需要做相关实验。同时，还需要进行经济、技术的论证，进行比较，这些可能都需要一段时间。论证实验后，可能会发现有些地方提速是可行的，有些不一定行，因此不能确切给出全面提速的时间表。

目前高速铁路速度为 350 km/h 是合适的。涉及 350 km/h 的高速铁路开通前，都要做联调联试，实验速度必须比开通速度高 10%，即 385 km/h。做过很多实验，如果速度超过 350 km/h，结果如何。比如在郑州和徐州进行过复兴号 420 km/h 交会实验，在京沪高速铁路做过 486.1 km/h 单车实验。上述实验测试都衡量过许多指标，包括速度与耗能、噪声、人舒适度等。结果显示，速度超过 350 km/h 时，目前从安全性来讲是可以的，但从节能环保和旅客的舒适性来看，还是有问题的。但随着技术的进步、管理水平的提高，之后速度可能还有提升空间。

高速铁路提不提速应该取决于铁路自己，取决于自己的技术支持、安全可靠度、运行成本等，恰恰不是取决与外界的压力。目前，高速铁路提速到时速 350 km，无论从技术上，还是从装备管理上都没有问题，但高速铁路运行速度需要考虑多个因素。若要提速，高速铁路运行速度到底达到多少，要考虑我国的实际情况。我国高速铁路路网规模比较大，铁路部门在同一条高速铁路线上同时开行时速 300 和 250 km 两个速度等级的列车，这样的速度差有利于将列车的衔接和路网能力利用最大化。但要做提速试验，做试验都是必须的过程，这也是为了将来高速铁路运营的可持续发展做准备。作为中国高端装备制造业的代表，国外推进的很多项目，都是以全系统和全要素形式输出中国高速铁路。我国高速铁路的提速问题更要稳重和理性。

  沪蓉铁路宁武段是国家"四纵四横"快速客运网的重要组成部分，由合宁铁路、合武铁路组成，全线于 2014 年 7 月 1 日开通运营。上海铁路集团公司管辖 362 km，为双线客运专线，共设南京南、全椒、合肥南、墩义堂等 15 个车站。目前，该区段共开行动车组列车 90 对，运行时速 200 km。2018 年 7 月 1 日沪蓉铁路宁武段动车组将按照时速 250 km 运行。南京南至合肥南的运行最快时间将由现在的 58 min 压缩至 44 min。在提速技术准备后，5 月份，集团公司组织进入为期 10 d 的达标验收动态检测阶段，采用总公司综合检测列车和相关检测设备，对该区段上下行正线进行单列动车组逐级提速测试，并对轨道、接触网、通信、信号等系统进行综合评价和验证，为沪蓉铁路宁武段运营速度调整提供依据。对动态检测中发现的问题，明确整改期限、责任单位，并建立问题库，实行闭环销号管理。各设备管理单位抓好线路、接触网、通信信号等设备的精调工作，确保各项行车设备质量符合检测要求。

  另外，高速铁路的实力不仅体现在运营里程、动车组数量、运输能力、服务质量、速度等方面，还体现在将城市连接成网直至形成庞大的运营网络上，所以，目前最主要的运营工作还要在如何充分发挥高速铁路网络效应上下工夫，而不是单单盯住提速不放。

5. 350 km/h "复兴号" 开行意义及开行前的准备工作

  随着我国高速铁路技术不断臻于成熟，高速铁路运营经验积攒得越来越丰富，对高速铁路安全方面的担忧几乎已经不再存在。特别是在掌握高速铁路核心关键技术方面，中国已没有盲点，达到 350 km 的时速从技术上说完全没有问题。与此同时，我国的经济进步和人民群众观念的发展，也让高速铁路的价格不再是让人望而却步的因素，甚至在某些线路上出现了连昂贵的商务座都一票难求的情况。在这样的环境下，高速铁路提速或达速自然就成了大势所趋、众望所归。"复兴号"在京沪高速铁路按时速 350 km 运营，是我国高速铁路建设运营长期经验积累、创新驱动发展取得的标志性成果，具有重要的示范意义，主要表现在：

  （1）有利于实现京沪高速铁路设计建设目标。根据国务院批准的《国家发改革委关于审批新建京沪高速铁路可行性研究报告的请示》，京沪高速铁路按时速 350 km 标准设计、建设，通过标准示范线建设，工程质量和设备设施得到进一步强化，完全满足时速 350 km 安全运行的技术规范和标准。

（2）中国高速铁路运营里程快速增长，稳居世界首位。时速 350 km 的实现，使得中国不仅成为世界上高速铁路运营里程最长的国家，也成为世界上高速铁路商业运营速度最高的国家，有利于充分展示和持续保持我国高速铁路科技创新的领先地位。京沪高速铁路"复兴号"按时速 350 km 运营，将推动中国高速铁路标准体系建设，向世界充分展示我国高速铁路的先进性和安全运营能力，会继续保持世界领先地位，加快中国铁路特别是高速铁路"走出去"步伐。

（3）有利于更好地满足市场需求。京沪高速铁路纵贯我国经济最发达的东部地区，客流需求旺盛，旅客运量持续大幅增长，运营 6 年来，累计运送旅客超过 6 亿人次。提速可为沿线各大中心城市之间人民群众出行提供更多选择，更好地满足广大旅客对不同速度等级高速铁路运输的需求。

（4）进一步缩短京沪间旅行时间，提升京沪高速铁路运营品质，拉近沿线各城市间的距离，增强同城效应，助推区域经济社会发展。同时，还能提高速铁路线路、车辆运用效率，促进企业提质增效，增强可持续发展能力。

（5）提速不仅能够充分合理利用资源，而且可以更好地发挥高速铁路方便、快捷、舒适的比较优势，促进综合交通体系健康发展。

围绕 350 km/h 标准动车组列车开行，其准备工作如下：

（1）"复兴号"是按照时速 350 km 运营研发制造的中国标准动车组，集成了大量现代高新技术，其安全性、经济性、舒适性以及节能环保等性能有较大提升。铁路总公司在技术、设备、人员、运营等方面做了大量准备工作，"复兴号"动车组已具备在京沪高速铁路按时速 350 km 运营的能力和条件。京沪高速铁路复速试验车跑完全程耗时约 4 h 12 min。

（2）"复兴号"是按照时速 350 km 运营研发制造的中国标准动车组，在完成了型式试验、科学试验和 60 万千米运用考核后，取得了国家颁发的型号合格证。自 2017 年 2 月 25 日起，中国标准动车组先后担当京广高速铁路和京沪高速铁路间运输服务工作，各项考核指标全部符合标准规范和运用要求，安全性、舒适性以及节能环保性能有较大提升。

（3）两次达速出行体验。2017 年 7 月 18 日，京沪高速铁路进行了图定列车时速 350 km 不载客试跑，由"复兴号"CR400AF 列车担纲，全程不办票，上午 8:30 左右从北京南站开出，耗时约 4 h 10 min 抵达上海虹桥站；安排"复兴号"在京沪高速铁路开展时速 350 km 体验，来自国家有关部委、企业，部分院士、专家及铁路行业的同志，共计 300 余人参加了运营体验，进一步征求了他们对"复兴号"动车组及我国高速铁路发展方面的意见建议；又安排

"复兴号"在京沪高速铁路开展了时速 350 km 实车、实重和实速检验检测、可行性研究和运营安全评估，组织两院院士、铁路专家进行了评审咨询。

（4）铁路部门做好技术准备、设备精调、人员培训、运营准备等工作，提速前还做好了调试准备工作，如轨道、车辆和信号等调试工作。通信信号调试工作颇为繁重。

第4章 高速铁路安全保障

4.1 高速铁路运营安全的影响因素

日本新干线、法国 TGV、德国 ICE 是世界上高速铁路运营方面的三大体系，三个国家都在积极研究新技术保障高速铁路运营安全。主要包括：按照科技保安全的思路，在先进技术上为高速铁路安全提供必要的基础保障；考虑到设备的正常运转离不开人的正确操作，在实现人机系统的协调统一方面逐步在深化；因自然环境、地形特征和运营条件等不同，在结合运营实际方面采取重点防护的策略；对设备、人员操作、环境影响等方面实施行之有效的监控；在管理上加强安全监督，等等。

下面是日本新干线成立以来的主要事故统计（数据源自日文维基百科）：

1964 年 3 月 29 日，试验列车将 1 男子撞飞，导致列车车头凹陷，部分零件受损，此时新干线尚未正式开通。1964 年 11 月 23 日，回声号列车撞上正在新干线作业的工作人员，5 死 5 伤，这是工作人员伤亡，不是旅客伤亡。1966 年 4 月 25 日，光 62 号转向架异常震动，紧急停车送往检修，没有造成人员伤亡，事后检查是车轴折损。

1973 年 2 月 21 日，东海道新干线在联络线脱轨，无人受伤。

1985 年 9 月 11 日，东北新干线发生撞击护路工事件，2 死 6 伤，是工作人员不是旅客。1995 年 12 月 27 日，东海道新干线一高中生被车门夹住，拖行 160m 后，掉入轨道被轧死，新干线首个旅客死亡事故。

2004 年 10 月 23 日，地震导致上越新干线脱轨，没有人员伤亡。

2010 年 1 月 29 日，山阳新干线与轨道作业车相撞，没有人员伤亡。

2015 年 8 月 8 日，山阳新干线 N700 系车底的机器盖子掉落后被撞击飞起，导致接触网停电，并造成一名乘客受伤。

2016 年 4 月 14 日，地震造成一列 800 系脱轨，没有人员伤亡。

2017 年 8 月 6 日，东海道新干线一列 16 辆编组 N700 系脱轨。2017 年

12月11日，山阳新干线N700系车辆发生齿轮箱漏油，转向架出现裂痕。

2018年4月1日，日本东北新干线有一列准备进站的列车出现异常，没有减速停靠，进站后在超出原先停车位置的20 m处才紧急停下。经调查，已有6年资历、现年43岁的驾驶员才坦承自己在值勤时不小心睡着了，才会造成列车来不及停在正确位置。在他打瞌睡的时候，列车运行驶长达10 km、4 min。为了将列车倒回原停车位置，造成该列车延误90 s。列车进站时，并没有减速停车，而是保持高速行驶，是后来启动紧急制动，才停下。这辆列车在驾驶员睡着的情况下已行驶超过10 km。

可见，日本新干线诞生50多年以来，尽管发生了一些故障，但是仅有的旅客死亡事故，也就是1995年12月27日的高中生死亡事件。这是新干线在累计旅客发送量达130亿规模的前提下实现的。对于这么庞大的一个体系而言，对于如此精密的机械系统而言，完全没有故障是很难做到的，关键是有了故障，列车要能自诊断，然后合理地处理，尽快排出故障，保证乘客的安全。

与日本新干线相比，我国高速铁路是一个更加庞大的系统，总里程达到是日本新干线里程的8倍，年均发送旅客人数是日本新干线的5倍多。国外没有像我国这样大规模地建设和运营高速铁路，这是我国不同于其他国家之处，借鉴先进国家结合我国实际，研究高速铁路运营安全保障体系具有重要的现实意义。

高速铁路运行易受外界干扰，确保系统安全性需要更高的精准度。与普速铁路相比，高速铁路是高新技术的系统集成，存在着现代科技上的巨大差异，存在着人、机功能分工和组合上的差别。高速铁路列车具有速度高、行车密度高、安全要求高等特点，高速铁路安全管理的各方面都要比普通铁路严格许多。在日常运营中，设备故障、恶劣天气、异常事件将有可能极大影响列车运行秩序，威胁列车运行安全。

影响高速铁路运营安全的因素主要有人员、设施设备、环境和管理。其中，设施设备的影响是"硬件"方面的，而人员和管理的因素属于"软件"方面的，这些相比较自然灾害因素而言都是可以控制的，而强风、暴雨、地震等这类自然灾害则属于突发情况，人类在现阶段还难以抗拒。因此，必须结合高速铁路通过地区实际可能发生的灾害，建立相应的监测、检测报警系统，提前采取各种预防措施，使得灾害的破坏降低到最小限度或避免灾害的破坏。高速铁路运营安全影响部分因素如图4.1所示。

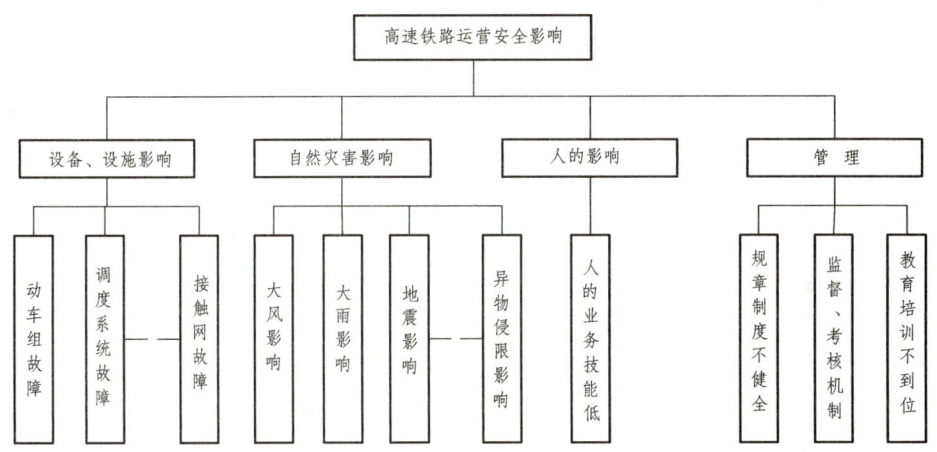

图 4.1 高速铁路运营安全影响部分因素

4.2 安全保障体系构建理念和总体思路

安全是高速铁路运营的生命线。高速铁路列车具有速度高、行车密度高、安全要求高等特点，高速铁路安全管理的各方面都要比普通铁路严格许多。在日常运营中，设备故障、恶劣天气、异常事件将有可能极大影响列车运行秩序，威胁列车运行安全。我国不同于其他国家之处在于国外没有像我国这样大规模地建设和运营高速铁路，结合高速铁路保障体系需求的分析以及我国高速铁路安全现状，按照"人防、物防、技防"的总体要求，从人、设备、环境、管理的角度构建起高速铁路运营安全保障体系。

1. "人防、物防、技防"理念的提出

人防、物防、技防"三位一体"是高速铁路运营安全保障体系的总体思路。要从人的不安全行为、设备的不安全状态、环境的不安全因素入手，运用人防、物防、技防相结合的理念方法和措施，系统防控安全风险，及时排查治理安全隐患。结合目前我国高速铁路安全运营管理的现状，可通过整合现有各类监控监测系统资源，研究完善高速铁路移动设备、固定设备，人员作业及外部环境监控监测技术手段，及时掌握设备状态变化趋势和隐患征兆，超前预判安全风险，评估评价安全受控状态，及时干预和阻断安全风险，形成高速铁路安全预警综合管控系统，实现对高速铁路各类安全风险的超前防控。

2. 保障体系中相关因素的关系

高速铁路具有高速度、技术构成复杂、集成化程度高、耦合程度高和组织一体化等特点，是人、机、环、管互相交融的动态复杂巨系统，是一个以人员管理为核心，人、机和环境控制、监测及管理的综合系统，具有很强的针对性和实用性，其主要目的就是将影响高速铁路运营安全各因素处于被约束与受控状态。针对高速铁路运营的错综复杂性和极端重要性的特点，高速铁路运营安全管理的对象是的人、设备和环境以及由它们所构成的系统以及结合部即管理，四者互相作用、互相影响。结合人防、物防和技防的总体思路，高速铁路安全保障体系主要是对安全管理和现场作业全过程的问题实施超前防控和管理。物防，主要是充分发挥设备设施的安全保障作用，实施科技创新丰富完善硬件功能，持续增强安全保障。技防，主要是充分运用现代信息技术、物联网技术、大数据技术等现代科技手段，丰富完善对作业、设备、环境的检测监控功能，实时评估评价安全受控状态，形成安全预警综合管控。以技防为引领，整合人防管控和物防保障功能，实现安全防控能力的跨越。其中，管理是协调人-机-环境三者的中枢，人是系统的核心、机是系统的基础、环境则为系统的条件。

3. 从源头质量上保障高速铁路安全

中国高速铁路在设计、建设阶段，就建立了包括技术标准、工程建设、设备质量、安全防护、联调联试、运行试验、安全评估等一系列的源头质量保障机制。

（1）高速铁路技术标准保障。建立了涵盖动车组、基础设施等各方面的高速铁路技术标准体系，注重采用和借鉴国际、国外先进标准，特别是等同采用了IEC/EN的铁路安全标准，不仅从技术和安全层面严格保障了高速铁路建设、运营质量，还实现了中国与欧洲等国家的高速铁路技术兼容。

（2）工程建设和设备质量保障。通过严格制度标准、原材料、工艺工法、检测检验、验收开通等关键环节管控，加强工程建设质量问题的检查和整治，强化合同约束和行业监督管理，建立了高速铁路工程建设质量控制体系；通过强化高速铁路物资采购审核和产品质量检验检测，实施行政许可、产品认证、上道审查等准入制度，加强高速列车及其重要配件的监造管理，强化铁路统一的物资供应商信用评价，建立了高速铁路设备质量源头控制体系。

（3）高速铁路安全防护保障。中国高速铁路在设计阶段即采用全封闭、全立交方案，线路两侧设置防护栅栏封闭，桥涵设置限高防护架及合理的人畜通道，公铁并行路段设置防护桩，上跨铁路桥设置防抛网。各条高速铁路线路还安装有风速、雨量、雪深、地震等自然灾害及异物侵限监测系统，实现了高速铁路灾害安全防护。在此基础上，中国铁路总公司正在持续推进高速铁路车站、列车视频监控建设，逐步实现高速铁路沿线重点部位监控全覆盖。

（4）联调联试及运行试验保障。对新建高速铁路项目实施系统性能测试及优化等联调联试工作，检验高速列车运行的安全性、平稳性和舒适性，检验线路基础设施的安全性、稳定性，评价设计参数、设备选型和系统接口的合理性，验证减振降噪措施的有效性；在接下来的运行试验工作中，检验高速铁路设备设施及行车组织方式能否满足运营要求，检验各种非正常行车能力，为优化设备配置、提高设备性能、制定运输组织和应急救援方案等提供技术依据。

（5）安全评估保障。在新建高速铁路开通运营前，中国铁路总公司组织行业内的管理和技术专家，按照专业分为多个安全评估小组，针对运营维护单位在安全管理、规章制度、员工素质、设备管理等方面的开通运营准备情况实施安全评估。2008年以来，中国所有高速铁路都经过了安全评估，确保了各条高速铁路线路的顺利开通和安全运营。

另外，高速铁路建设规划就树立了"规划建设为运营、运营服务为乘客"的理念，将安全和服务要求贯穿于规划、建设、运营全过程，可从源头上保障高速铁路运营的安全。

4. 预警、预报和应急处置需求一体化

我国高速铁路目前既有的安全管理体系主要包括事前预防—运营过程中的安全监测和检测—事故管理及应急救援。事前预防手段主要包括建立相对完善的标准及规章制度、顶层设计和运营前的综合试验及评估等前控机制、建立设备养护维修制度、职工安全素质建设及治安防范等方面；运营过程中安全检测主要包括基础设施服役状态的实时监测检测、移动设备运用状态的实时监测检测、系统运营环境的防灾检测等方面；事故管理及救援主要包括事故应急救援和事故调查处理及反馈等方面，高速铁路既有管理实施过程主要通过建立相对完善的法律法规、技术标准及规范的符合性达标控制来实现，具有对突发事故的应急处理能力。尽管高速铁路为确保高速铁路行车安全采取了相应的措施，但仍可能有不可预见的事故发生。因此，除了各种防范于未然的措施外，还需要有各种应急救援、事故处理、状态恢复等设备和能力，以使事故损失减小到最低程度。预先制定事故发生后旅客救助和疏散预案，充分体现以人为本的管理理念。调度统一指挥，安全信息实时处理，列车运行自动控制,最小行车间隔时间可达 3 min。在高密度下,要求车辆、机务、工务、电务、运输等部门必须统一调度指挥,建立安全信息实时监测、传输、处理与控制中心,统一管理和处置,也就是要实现远程监控和应急处置的一体化。

5. 管理和控制相结合

坚持以"防"为主,通过加大必要投入,运用大数据和信息化手段,实现对高速铁路设备和运营状态的实时监测、智能分析、科学诊断,增强安全主动预防能力。人防是核心,物防是途径,技防是手段,既不能一味强调人防,也不能简单依靠物防,更不能过度追求技防,三者不可偏废,必须有机结合。同时,部分视频监控系统只具备视频擦剂、视频存储及事后查看等功能,视频监控基本处于一个只能"监"不能"控"的被动状态。部分监控系统往往只能作为事后追查取证的依据,系统不能主动识别状态变化和事故隐患,不能起到实时预警的作用。有效利用视频监控技术手段,开发适应多种应用场景需求的视频识别技术,需要智能识别分析功能,及时发现和处置问题,显得尤为重要和紧迫。

6. 监控和检测技术的应用需要实现精细化管理

(1) 维持轨道的高平顺性、高稳定性。列车与高速度运行,轨面上微小的不平顺,都可能引起列车的剧烈晃动,降低列车运行的舒适、平稳和安全性。轨道的高平顺性依赖于轨道的高稳定性,同时也依赖于路基的高稳定性和均匀性,因此,要采取安全监测措施以维持路基、轨道的高稳定性。

(2) 高速运行的列车司机不可能直接看清地面上的各种信号显示,以至及时迅速做出反应,为保障安全稳定运行,高速列车装有自动控制系统,对运行速度进行自动监控,并实现地面与列车间大容量信息的实时传输与自动交换。高速铁路需要更多实时、可靠的车地信息自动交换,更为严格、精确的实时处理行车调度与安全信息。列车与地面的信息自动交换、实时传输。

(3) 关键设备的运用状态实时自诊断。高密度行车对设备安全性和可靠性提出了更高要求,因此,列车、供电、通信信号等关键设备必须具有自诊断功能,并能将诊断信息及时传送到运营调度中心,以保证行车安全。

(4) 增强对自然灾害的预防。预防自然灾害的突然袭击。强风、暴雨、洪水、地震等自然灾害会威胁搞速行驶的列车安全,因此,对可能发生的灾害建立相应的监测、报警系统,并制定各种预防措施防止事故发生。要求对各种自然灾害、突发事故及设备故障等实施全面、准确、实时的监控,通过实时采集到的各类灾害信息的处理、分析、判断，传送到运营调度中心各相关调度台，供各相关调度台根据灾害的性质和级别，对运行中的列车实施预警，或采取行车管制。对综合维修、供电和车辆调度和救援部门提供相关信息，以尽快排除故障或消减灾害影响，加强与地方气象台站和地震台站的联系，以增强对各种自然灾害的预见性，确保高速列车安全正点运行。

（5）外部环境的检测需要采取必要措施。严防侵入物撞击高速列车或侵入限界。高速运行的列车动能和惯性力大，若有异物侵入线路，列车很难在短时间、短距离内制动停车。高速铁路上的落石、和滑坡等问题，需要有高标准的工程建设和设置监测设施解决。此外，还要考虑沿线设置防止闲杂人员和牲畜进入的栅栏网、站台防护设施和高速铁路与公路交叉或平行时必要的防护工程。以防止车辆、物品翻落冲撞列车事件发生。

（6）各种监测检测系统要发挥其有效性，首先监控和检测技术功能要不断完善，同时，还必须对这些系统进行维护，从管理制度实施的方式，保证维护制度的运作，保障设施设备处于良好的运作状态。

7. 需要运用使用大数据等数据分析手段

构建数学化、信息化、互动化、可视化、智能化的新一代铁路运输系统，实现海量数据可挖掘、设备状态可诊断、行车安全可预警、运营变化可感知、发展趋势可推断、辅助决策可支撑，推动铁路安全、效率、效益及服务水平大幅提升。

（1）需要信息集成。高速铁路运营安全保障体系的核心是全面综合集成应用，而且是跨专业和跨系统的数据集成和信息共享。

（2）通过分析物联网的特点和高速铁路运营安全需求，信息获取、传输、处理正是物联网的强项。通过物联网对各种信息的获取处理，在保障高速铁路运营安全、可靠的同时，还能通过对海量历史数据发掘和处理，建立相应的智能专家系统，可以提高运力配置的优化。

（3）应将研究视角更多地放在那些可能导致事故发生的危险事件或不安全状态上。具体到高速铁路运营安全管理方面，样本数据应包括但不限于事故、故障、未造成影响的安全信息以及设备状态、人员作业、外部环境、管理制度等各类生产信息。面对如此海量且多样化的样本数据，如何依靠数据量化风险，应用大数据技术挖掘有价值的信息，已成为业界值得思考的课题。挖掘有价值的信息，已成为业界值得思考的课题。安全风险大数据分析就是通过梳理生产过程中暴露出来的各类人员、作业、设备、环境、管理等方面不利于铁路运营安全信息源点问题，及时收集、处理、筛选、分析、统计各类安全信息，将各类信息、问题按照风险事件分层、分类、分级的原则进行处理，结合安全风险项点的严重程度和发生的频率，根据相关的数学模型生成红、黄、绿风险预警结果，便于随时掌握现场生产和安全管理现状，已实现对各个风险项点安全识别、研判和预警，以便快速消除和降低安全风险，提高安全风险超前管理、过程控制和趋势管理的能力。通过利用大数据分析手段，实现对安全生产规律性、倾向性、关联性特征分析，预防管理，综合试策，源头治理。从人的不安全行为、设备的不安全装填、环境的不安全因素着手，对安全风险和隐患进行超前防控，对未来对可能发生的安全隐患做出预警。提高安全决策和过程管理的实施能力。故障不能上升为事故，隐患消除在事故之前，事故不能演变为灾难。

8. 安全分析与评价

高速铁路运营安全保障体系更强调安全分析与评价，通过安全分析与评价，可以找出安全管理的薄弱环节，加以整改，持续改进，不断地提高安全管理水平。

9. 强化日常应急处置和重大事故的应急救援组织

需要强化高速铁路运营日常的应急处置能力的提高，因为日常遇到的应急处置事件较多。影响到运营组织秩序。应急处置水平直接体现"以能力为中心"转变为"以市场为中心"运营组织理念的转变。但也不能因为高速铁路运营重大突发事故因为发生的频率很低，就忽略重大突发事故的救援组织的准备工作，同样也关系到旅客生命财产的安全以及援救的组织效率和协同作战的水平。

总之，高速铁路建设阶段的相关技术和管理措施为高速铁路系统安全提供源头质量上的保障；在高速铁路系统投入运用后，合理的运营管理及养护维修则是高速铁路系统持续安全的重要保障；此外，中国高速铁路还具备完善的安全信息反馈机制，在运营维护期间制定的安全措施将继续应用于后续高速铁路的设计、制造和施工等阶段，用于对系统方案实施改进，实现整个高速铁路运营安全体系的可持续发展。

4.3 高速铁路运营安全保障体系

4.3.1 人员安全防控体系

影响高速铁路运营安全的人员包括铁路系统内（车务、客运、机务、工务、电务、供电、车辆、安监、工程等部门）人员和路外（旅客、铁路沿线人员、机动车驾驶人员等）人员。

1. 铁路系统内人员

铁路系统内人员是高速铁路运营安全管理矛盾的主要方面，因为即使是高度自动化的系统也不可能完全避免人的介入，不可能完全不受人的操纵和控制。在人-机-环境-管理系统中只有人能向安全问题提出挑战，一个掌握足够技能和装备的人能够发现并纠正系统故障，并且使其恢复到正常状态。当然，系统内人员即是一种安全因素，同时又是防护对象，劳动安全若发生问题，就不能说是安全。

高速铁路安全系统中的人员是指作为工作主体的人（操作人员或决策人员），如高速铁路行车系统的列车司机、车站值班员、调度员、其他行车作业人员等，他们既是安全管理的实施者，又是安全管理的实施对象。他们在安全系统中起主导作用，是高速铁路安全系统的核心。在高速铁路运营系统中，"人"通过对铁路基础装备的操纵、控制和监督来完成各项作业，"人"既可以是事故的引发者，又可以是事故的受害者，具有双重属性。高速铁路运营所有活动都依赖于高效、安全和可靠的人的行为。在运营工作的每个环节、每项作业中，都是由人来参与并处于主导地位的，都是由人操纵、控制、监督各项设备，完成各项作业，与环境进行信息交流，与其他作业协调一致。正是由于人在运营工作中的重要地位，使得人的因素在运输安全中起着关键的作用。高速铁路铁路运营安全中的部分事故是由人的不安全操作引起的。影响铁路系统内安全的人员因素包括人员的思想素质、技术业务水平、生理和心理素质以及群体素质、团队协作能力等。

铁路系统内人员风险主要体现在以下几方面：

（1）安全意识。在高速铁路旅客运输中，操作人员若没有很强的安全意识，那么在风险因素出现时就不能及时发现，这就很有可能导致风险事件的发生，酿成高速铁路事故。

（2）违规操作。尽管高速铁路科技发展得到了巨大进步与提升，但每一个作业环节仍离不开人的操控。操作人员仍需具备熟练的操作技能，严格按照作业标准进行规范操作。在高速铁路运行时，极小的失误都有可能导致事故发生。

（3）上道作业。因工作需要，作业人员需上道处理，人员上道作业就会给高速铁路运营安全带来影响。高速铁路规定所有影响高速铁路行车设备稳定、设备使用和行车安全的维修、检查、检测等作业，都必须在天窗时间内进行。高速铁路固定设备上线检查、检测、维修工作都必须在天窗时间内进行，天窗时间外不得进入桥面、隧道和路基地段栅栏范围内。天窗时间外，进入桥面、隧道和路基地段栅栏范围以外的不影响高速铁路行车设备稳定、设备使用和行车安全检查和维修作业，需要单独制定安全措施。人员上道作业前必须按规定设置驻站（调度所）联络员、防护员，驻站（调度所）联络员、现场防护员不得临时调换。现场防护员应根据施工作业现场地形条件、列车运行特点、施工人员和机具布置等情况确定站位和移动路径，并做好自身防护。作业过程中，驻站（调度所）联络员与现场防护员必须保持通信畅通并定时联系，确认通信良好。一旦联控通信中断，作业负责人应立即命令所有作业人员下道。

（4）应急处置。高速铁路运营遇有突发风险事件不可避免，此时则需考验操作人员的应急处理能力。若操作人员没有具备处理紧急情况的能力，则容易进而导致事故发生。操作人员应急处置能力主要表现在如下几个方面：判断迟缓；习惯性动作；缺乏必要的应急处理经验；信息搜集错误及传输不通畅等。

（5）业务技能。高速铁路运营采取调度集中统一管理，中间站采用 CTC 调度集中控制，正常情况下行车值守人员不参与行车作业。现代化装备提高运输生产效率、节约劳动力的同时，也带来了车站行车值守人员对 CTC 设备使用不熟悉，缺乏实际操作的机会。遇有设备故障实际处置，应急值守人员人工集中办理多趟高速铁路列车接发作业，高速铁路列车进路错办安全风险增大。因此造成应急值守人员普遍对站场设备设施、非常站控模式下接发列车作业标准、设备故障处置流程等不熟练，接发列车作业时易出现误操作安全风险，日常缺乏利用高速铁路联锁机、分散自律机设备的仿真系统对高速铁路车站应急值守人员进行非正常应急处置培训工作。

行车人员是最重要的资源，高速铁路运营安全保障体系把人员作为要考虑的问题，由于人的因素在高速铁路运营安全中占有很大比重，控制人的不安全行为至关重要。高速铁路作业人员作为高速铁路运营的指挥者、设备的操作者，可按照可持续发展的原则，建立行车人员保障系统。如图 4.2 所示。

高速铁路运营安全保障体系把系统内人员作为要考虑的问题，由于人的因素在高速铁路运营安全中占有很大比重，控制人的不安全行为至关重要。高速铁路作业人员作为高速铁路运营的指挥者、设备的操作者，可按照可持续发展的原则，建立行车人员保障系统。

第 4 章 高速铁路安全保障

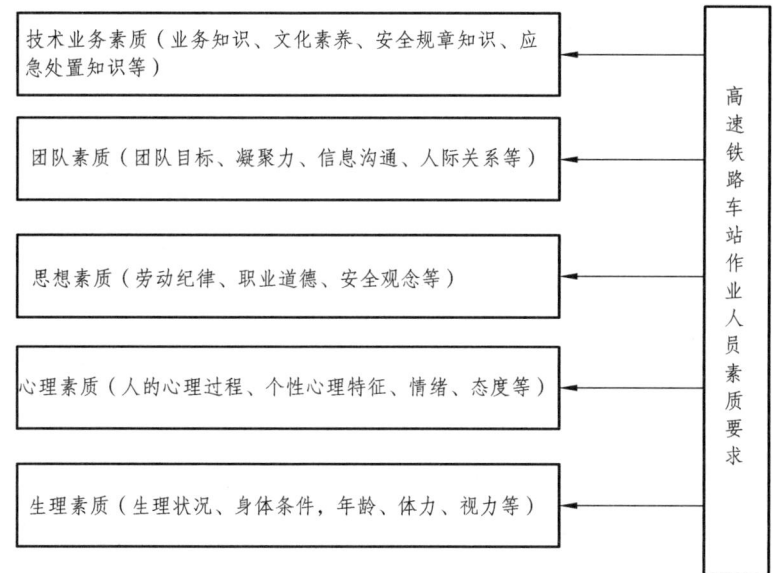

图 4.2 高速铁路运营安全对人员的素质要求

（1）人员选拔与准入

人员的素质跟不上高速铁路发展就会出现断层。按照高起点、高标准的要求配备高速铁路作业人员，坚持按照新的管理体制、新的作业流程设置岗位、配备人员。在准入过程中，人员的性格适应性、心理健康、职业动机、应急处置能力状况等都需要测评，人员在紧张和压力负荷条件下状态需要研究与分析。人员配备必须精干高效，体现兼职并岗、一岗多能的特点。高速铁路作业人员要具备既有高速铁路、CTCS、电气化、动车组运营、安全防灾和 CTC 系统操作等知识，最好还要兼有既有繁忙干线的岗位的经历。坚持优中选优、高标准把好人员入口关，严格从既有线和生产骨干队伍中择优选拔。

严格执行主要行车工种和关键专业技术岗位资格准入制度，按标准配齐配足调度员、动车组司机、随车机械师等专业技术、管理人员，实现关键岗位的梯次配备和动态优化；我们还建立了培训、考核、任用相统一的职工培训机制，持续优化人力资源配置，创新教育培训模式，深化安全文化建设，提升高速铁路职工素质，保持人才队伍质量。

在选拔高速铁路调度员时，在调度空间记忆力、逻辑推理能力、压力负荷承受能力等也需要认真考查。再按照岗位分工不同，考虑到高速铁路列车调度员分为主调和助调，可逐步培养主调岗位人员突出应急处置能力和实践经验，助调岗位人员突出设备操作运用熟练程度和作业标准化等实践技能。

（2）加强应急处置水平培训

围绕应急处置，需要建立相关实战场景拓宽培训内容。可应用各种仿真理论和现代仿真技术，实现各高速铁路相关工种的仿真集成环境，建立起一个综合、集中、透明的现代化仿真系统，为高速铁路作业人员提供先进的培训环境。在模拟平台上，模拟设置出各种设备故障类型和铁路交通事故，要求高速铁路人员进行预处理，建立并导入各种应急预案和事故处理方案数据库，对高速铁路人员的模拟操作综合进行电脑评析，并提出修正方案，不断提高高速铁路作业人员的实操能力和应急处置能力。

高速铁路运输是一个高度集中、密切协同的系统。要想保证高速铁路运行的安全正点，各环节必须高度协调、紧密配合，充分发挥人员的主观能动作用。就高速铁路中间站安全运营而言，岗位作业人员的安全意识和素质有着重要影响，因此，提高高速铁路安全生产的可靠性，首先要提高岗位作业人员的安全作业意识及能力。人的管理智能化：监测和提高交通参与者的适应性与可靠性。

中国高速铁路建立了"总公司—铁路集团公司—站段"三级应急救援网络，编制了完善的应急预案、应急处置流程和非正常情况应急处置办法，建立了专职和兼职应急救援队伍，定期组织应急演练，确保应急处置导向安全、有力有效。

2. 系统外人员

铁路系统外人员风险主要体现在以下几方面：

（1）安全意识。部分乘客缺乏安全意识，私自携带违禁物品上列车，为高速铁路运营安全埋下隐患。例如，对于易燃易爆物品：如烟花、鞭炮、摔炮、拉炮、砸炮、发令纸等各类烟花爆竹以及黑火药、烟火药、引火线等烟火制品是禁止携带进站上车的；对于白酒：携带原厂包装（未曾开启）的白酒进站乘车时，数量、重量和尺寸必须符合《铁路旅客运输规程》免费携带品的相关规定。对于非原厂包装或已开启包装白酒的，暂不予以进站乘车；限量携带以下物品：不超过 20 mL 的指甲油、去光剂、染发剂；不超过 120 mL 的冷烫精、摩丝、发胶、杀虫剂、空气清新剂等自喷压力容器；安全火柴 2 小盒；普通打火机 2 个；行李物品大小限制：总重量不得超过 20 kg，体积不得超过每人免费携带物品体积的允许范围（每件物品外部尺寸长、宽、高之和不超过 160 cm，杆状物品不超过 200 cm，但乘坐动车组列车不超过 130 cm。还有的旅客在高速铁路沿线穿越栅栏。

（2）站内安全。高速铁路车站客运组最大特点是旅客短时间大量聚集。

例如,京沪高速铁路苏州北站在2个站台面的情况下,日最高峰客流达到2.5万人,在旅客乘降过程中,电梯的乘降,高站台作业等都容易造成旅客的意外伤害,需要加强客运组织和安全防控措施,以确保人身安全。

(3) 车内安全。高速铁路运输客流量大,空间小且封闭,在高速运行中,一旦发生紧急情况,易造成严重后果。例如,一旦在高速铁路列车发生火灾,由于人员疏散、救援工作困难,极易导致人员伤亡。还有的乘客在高速铁路列车车厢内吸烟。根据《治安管理处罚法》《消防法》和《铁路安全管理条例》规定,旅客在动车组或其他指定禁烟的车厢、候车厅等场所吸烟,将被处以500至2 000元罚款,造成严重后果的还将处以拘留甚至追究刑责。新一代高速铁路列车属于全封闭式车厢,精密仪器对烟的味道敏感,影响到仪器工作状态,只要有乘客吸烟,车内烟雾装置就会立即报警,严重时可能导致故障报警,列车会自动降速或停车。另外,吸烟稍有不慎容易引起火灾,对他人生命安全造成威胁。还有,因好奇心按下"紧急制动按钮"的案例。2015年6月29日,一位汪姓乘客从合肥南站登上一列开往汉口的动车,出于好奇,竟蹦起来按下了车上的紧急制动按钮,导致列车紧急停车。该举动直接导致此次列车晚点2 min。这种影响铁路安全的行为,对个人可处500元以上2 000元以下的罚款。随后,铁警对汪某进行了批评教育,并进行了相应处罚。

以后,扰乱铁路站车运输秩序且危及铁路安全、在动车组列车上吸烟等行为,将被限制乘坐火车。国家发改委等部门联合下发《关于在一定期限内适当限制特定严重失信人乘坐火车,推动社会信用体系建设的意见》,规定严重影响铁路运行安全和生产安全有关的行为责任人将被限制乘坐火车。该意见将于2018年5月1日起实施。包括:扰乱铁路站车运输秩序且危及铁路安全、造成严重社会不良影响的;在动车组列车上吸烟或者在其他列车的禁烟区域吸烟的;查处的倒卖车票、制贩假票的;冒用优惠(待)身份证件、使用伪造或无效优惠(待)身份证件购票乘车的;持伪造、过期等无效车票或冒用挂失补车票乘车的;无票乘车、越站(席)乘车且拒不补票的;依据相关法律法规应予以行政处罚的。

此外,该意见还指出,对其他领域的严重违法失信行为有关责任人,限制乘坐火车高级别席位,包括列车软卧、G字头动车组列车全部座位、其他动车组列车一等座以上座位。

其中,行为责任人发生严重影响铁路运行安全和生产安全有关行为第1~3、7条的,各铁路运输企业限制其购买车票,有效期为180 d,自公布期满无有效异议之日起计算,180 d期满自动移除,铁路运输企业对其恢复发售车票。

行为责任人发生严重影响铁路运行安全和生产安全有关的行为第4~6条

的，各铁路运输企业限制其购买车票。行为责任人补齐所欠票款后（自补票次日算起），铁路运输企业恢复发售车票；行为责任人补齐第一次所欠票款一年内，三次发生上述 4~6 条行为的，行为责任人补齐所欠票款 90 d 后（含 90 d），铁路运输企业恢复发售车票，不补齐所欠票款，铁路运输企业不对其恢复发售车票。

其他领域产生的限制乘坐火车高级别席位的相关人员名单，有效期为一年，自公示期满之日起计算，一年期满自动移除；在有效期内，其法定义务履行完毕的，有关部门应当在 7 个工作日内通知铁路总公司移除名单。

日本史上有两次乘客搭乘新干线身亡事件。2015 年 6 月，一名男子因为在列车上用汽油自焚，结果一名女乘客受到波及身亡，另有 28 人轻重伤。2018 年 6 月，日本新干线新横滨站和小田原站之间行驶的东海道新干线列车上发生了一起"无差别"持刀砍人事件，这是日本新干线首次发生持刀砍人事件。受此事件影响，为强化新干线的车内警备，2018 年 9 月 4 日，JR 东日本发布了《关于强化新干线治安管理的措施》，并计划于 2019 年 3 月底之前完成"整改升级"。砍人事件发生后，JR 东日本铁路公司开始对全部车辆加装车内防范摄像头，并采取防止车内犯罪和确保旅客安全的 4 项具体措施，即：车内增设防范护身用具；配备急救医疗用具；建立站车应急信息共享客户端；座面简化便于应急摘除。为了应对不法分子在新干线的站车犯罪，给车内乘务员、站务员和警员配备防范护身用具。配备内容主要包括：

车上配备：防身盾牌（中型、小型）、防刃背心、防刃手套、警杖。新干线全部列车，每列车 3 处。车内乘务员、司机携带：强光手电、催泪喷雾筒。

车站配备：长叉、防刃背心、催泪喷雾筒（也在普速既有线主要车站配备），防范护身用具的配备计划于 2018 年 12 月底全部配备到位。

增备急救医疗用具和用品，对新干线全部列车、每列车配备 1~3 处。配备内容主要包括：医师辅助用具（增备）：听诊器、血压计、柔光笔、脉搏计数器、酒精棉签、舌压片、医用手套。抢救用品（新配备）：宽幅纱布、油纸、纱带、三角巾、医用胶带、止血皮筋、止血钳、人工呼吸口垫。

为强化乘务员、司机、添乘员、调度员之间的信息共享，确保新干线的车内安全，利用智能手机建立站车应急处置信息共享客户端。信息共享客户端的建群范围和目的，乘务员、司机、添乘员、头等车服务员、车内售货员等，可利用智能手机建立信息共享客户端；调度员利用视频，可与信息共享群组交互语音。此外，为强化"车—地"信息共享，现已开展车内防范摄像头图像由车上向调度所的传输系统研究。自 2018 年 9 月起，启用乘务员利用现代化通信手段（技术）的视频发送功能。由于新干线车辆坐席带有换向机构，座面摘除较不方便。为便于座面的应急摘除，改进为简化的铺装方法。整备内容主要包括：约 120 个编组，部位为普通车厢端部的一列座席。整改期限计划 2019 年 3 月底之前完成。

3. 旅客安全保障系统

（1）高速铁路视频监控系统

对视频图像进行实时对比分析，对高速铁路沿线发生的人员侵入、异物侵线及设备行位等异常情况进行智能预警，并将预警信息实时传递到对应的调度、行车、工务、公安等部门，以便其采取措施加以处置，可有效避免或处理有威胁的突发性事件，实现主动、实时监控，铁路部门开发了监控识别系统，目前在沪杭高速铁路试运行以来效果较为明显。下一步，加大预警信息的综合利用程度上加大力度。设备管理办法和信息处置流程。

可在候车室和售票厅设置秩序状态识别系统，当公共室内区域发生人群突然聚集、人员快速移动等情况时，系统可根据现场视频进行分析，自动判别并发出预警，提示车站工作人员及时处理。群体性事件的前兆都是大量人员的聚集，人群场景个体多，形态各异，遮挡光照等因素影响较大，难以通过分割人体并对个体进行分析。系统可通过对角点进行聚类分析，将具有形似运动形态的人员聚集到一起进行整体考虑，用凸包表示每个类族，然后对各个类族的相互运动趋势进行分析，进而判断是否有聚散现象发生。

例如，为积极应对大客流，上海铁路警方在上海虹桥站正式启用热力感应成像系统。该系统采用热力感应采集数据，通过指挥中心大屏成像，能够实时监控候车大厅各区域的客流情况，为公安机关及时掌握客流积压预警和科学布警提供依据。上海虹桥站候车大厅是全开放的空间，最高可同时容纳 1 万人候车。为了打造客流实时监测平台，上铁警方以大数据融合共享应用为引领，强力推进科技信息化建设，努力实现指挥调度可视化和智能化。上铁警方将上海虹桥站候车室划分为 12 个网络区域，采用热力感应采集数据，对客流进行实时监测，根据站房区域设计容量，科学设定客流阈值，后台智能分析预警，然后以图表形式直观呈现，实现警情、风险精准预测预警，为精准布警提供依据。比如，大屏幕出现大面积红色区域，公安机关就会有针对性增加警力，强化现场巡逻和秩序维护，确保旅客乘车安全。相比较以往通过民警现场肉眼观察、查看监控视频监控等监测客流的方法，热力成像系统的运用更具有直观性、实时性和准确性。

（2）站台端部防穿越报警系统

站台秩序状态识别。站台作业是旅客安全的重要风险点。站台端部防穿越报警系统可以识别无车期间乘客跨越白线、人或物体掉落轨道线路、人员徘徊等,识别旅客随车奔跑、人员通过站台两端侵入线路等异常行为,并实时预警。站台行为模式种类繁多,需要提取列车、站车、个别旅客、群体旅客等图像及运动特征进行建模,且各元素之间会出现重叠,识别难度较大。同样,可以对检票口、天桥、地道、出站口以及电梯等重要部分进行监控和智能分析识别,发现非正常状态实时预警,及时采取措施加以应对。

旅客站台安全一直是客运安全工作的重点,防止旅客因错乘、逃票等原因进入铁路线路造成的人身意外伤害也一直是客运站台安全的难点。高速铁路车站站台作业通常按照以下流程进行作业。

① 迎客准备:检票口通知站台开检放客,站台组长(指定负责人员)回复检票口并通知其他人员带好作业工具出岗。安排一端放客时,一名作业人员站在高架自动扶梯的站台端位置,另一名作业人员迅速赶往列车运行方向站台端部;安排两端同时放客时,两名作业人员分别站在东、西高架自动扶梯的站台端位置,在安全白线内站立面向旅客,同时核对站台显示屏信息。

② 站台引导:检票口开检放客,站台作业人员密切关注自动扶梯(楼梯)的运行情况,宣传引导旅客对号候车。放客作业完毕,"西端"人员应赶到南京方向站台端部(动车前或尾部第 1 辆车厢车门位置),"东端"人员应赶到上海方向站台端部(动车前或尾部第 1 辆车厢车门位置),沿途组织旅客排队,并密切关注旅客走行安全,防止旅客侵入站台两侧安全白线或旅客向站台端部靠近。

③ 乘降组织:列车到达前,各岗位人员加强宣传引导旅客排队候车,列车进站时用无线话筒或口笛加强安全提示宣传或鸣笛警示,确保旅客在安全白线内。列车到达停稳后,按作业标准组织旅客上下车,快速引导下车旅客出站。同时密切关注站台端部和邻站台边缘是否有旅客靠近,一旦发现应及时用无线话筒或口笛警示制止或果断采取应急措施。站台客运值班员未到岗时"东端"或"西端"岗位人员要根据列车编组和指定接车位置做好站车交接。

④ 出站引导:站台各岗位人员都要密切关注出站旅客,快速引导旅客按指定路线安全出站。遇旅客非正常路线出站或发现精神异常、酗酒等重点旅客时要进行全过程盯控和联控,不分区域,人人有责,共同防止旅客伤害,确保列车安全。

⑤ 站台清理:一趟车作业完毕,站台各岗位人员要对责任区域进行巡视,发现非作业人员应快速处置劝离,做到站台"一趟一清"。无作业时段落实巡视制度,重点对站台上下扶梯通道和易躲藏的盲区进行巡视,防止旅客逗留。

在站台乘降过程中，站台客运值班员要根据当班人员实际，对照《站台岗位作业安排表》及时调整补缺岗位人员，明确本班重点站台、重点时段和重点列车，并参与站台乘降组织及安全盯控。

为预防闲杂人员，通过高速铁路车站站台端部进入线路而产生的安全隐患，研制"高速铁路站台端部防穿越报警系统"。该系统由穿越探测单元、视频摄录单元、车站报警主机、服务器管理平台、移动接收终端等部分组成，如果有闲杂人员误入高速铁路站台端部报警区域，红外线及雷达扫描将探测到的信息无线传输给系统管理平台及管理人员的手机终端，系统在给出现场灯光和语音报警同时，启动摄录一体机取证，为确认侵入行为提供视频依据，管理人员能第一时间通过手机上的视频监控平台和站台防穿越报警平台掌握现场情况并进行处理。该系统将在全局管内 104 个高速铁路车站的 298 座高速铁路站台上逐步推广使用。

根据技术标准和设计规范，目前我国高速铁路车站所有站台和列车均必须保留一定安全距离缝隙，以利于列车平稳顺利进站。列车在运行时，会有轻微摇摆，车厢和站台有缝隙，也是为了防止车厢摩擦到站台。目前我国高速铁路设计，在正线两边还有两个到发线，也就是说在列车高速通过站台时，它与你的距离还是比较远的。

那么该不该加装屏蔽门以确保安全？目前整个世界范围内，少有国家装高速铁路屏蔽门。到发线长度是固定的，屏蔽门需要空间是固定的，但目前在跑的车型是多样的，有西门子的，有庞巴迪的，光车型就有 A、B、C、D 等五种。现在有的站停五种车型，有的停三到四种，这个屏蔽门要装上，可能一个站台上都是门，门都不一定能打得开。列车极快速度通过时，产生的风洞效应，也可能瞬间冲破屏蔽门而对旅客造成伤害。海南高速铁路环线是全线加装了屏蔽门的，那么海南能装？海南环线加装屏蔽门，因为海南环线只有庞巴迪的一种车型，且海南存在正线站台。

2018 年 4 月，湖北卫视在《334 项科技成果彰显创新强省建设提速》的相关报道中，称由铁四院牵头完成的"高速铁路城际铁路站台关键装备集成创新与应用"项目突破了国外技术垄断，实现了高密度行车与大客流的无缝衔接，提高了高速铁路运营效率。成果依托——广深港高速铁路深圳福田站，停站车型有 7 种，而且过站风压达 1 700 Pa，相当于 15 级台风，是城市轨道交通及地面站的 2 倍以上。张琨团队研发的站台设备满足了与我国高速铁路高速过站、高密度行车相匹配的需求，创造了滑动门规格最多、兼容能力最强的世界纪录，能够满足线网中所有车型多编组跨线混跑的运营需求。

此外，换乘车站原则上先期为地级市以上城市所在的、具备换乘条件的车站，站内换乘时间建议大于 30 min，同城车站站间的换乘时间建议大于 90 min；已实行站内便捷换乘（即旅客由站台直接反向进入候车区的）并有换乘引导标识的车站，换乘时间建议大于 15 min。

（3）沿线有闲杂人员处置

人员在高速铁路区段，当机车乘务员发现有闲杂人员时，应立即使用机车综合无线通信设备向列车调度员（车站控制时为车站值班员）报告。列车调度员（车站值班员接到报告后应转报列车调度员）接到报告后，应及时将情况记录，并立即报告高速铁路值班副主任和通知车站值班员，车站值班员应通知车站值班干部和工务工区。列车调度员接到动车组乘务员发现有闲杂人员的报告后，对本线后续列车以及邻线列车发布限速 80 km/h 运行的调度命令（不设置列控限速，后续列车报告闲杂人员位置变动时不再重新发布限速调度命令），限速位置按闲杂人员处所前后各 2 km 确定；对来不及发布调度命令的动车组列车，应立即通知动车组司机限速运行。同时，列车调度员应通知本线及邻线列车司机注意限速地段的瞭望，列车通过限速地段后司机应立即报告瞭望情况。

2016 年 3 月 24 日上午，山东胶济铁路线路因绝缘子被击碎接触网跳闸突然停电，造成部分列车晚点。原因竟然是一名男子用弹弓打鸟时没有打到鸟，结果打碎了铁路线上的绝缘子。黄台车站派出所接报警，快速出击将嫌疑人抓获。

2017 年 1 月 14 日晚 7 时许，从沈阳发往山海关的 K7346 列车正在行驶，突然遭遇不明物体"袭击"，导致车厢玻璃破碎，火车当时被紧急逼停，后晚点 20 min。警方通过几天连续走访调查终于查清真相，原来是有人用弹弓打鸟造成的严重结果，俩男子因此被警方治安拘留 5 日。

2017 年 5 月 7 日，沈阳至北京的 D10 次列车在行驶过程中，车窗外玻璃突然破裂，导致高速运行中的列车被迫停车。经过铁路公安排查，确定系三位男子在列车运行附近使用弹弓打鸟，致使列车玻璃破裂。事后三人被处以 3~5 日不等的行政拘留。

2018 年 6 月 14 日，从北九州市小仓站发车的日本东海道山阳新干线"希望 176 号"列车（博多—东京）在博多至小仓区间区间发生撞人事故。希望 176 号在山口县下关市的新霞关站停车并进行了紧急检查，从车头破损部位发现了人体的一部分。JR 西日本的内部章程规定，在行驶期间发生异常声响之时，如果是与鸟等相撞，无需立即停车，可继续行驶，但需要向指令人员报告。另一方面，如果无法确认安全，以及同时出现异常声响、烟雾和异味等情况的话，需立即停车。JR 西日本透露，事故造成共 76 班列车停运，63 班列车最多延误约 4 h 20 min，约 4.15 万人出行受到影响。此外，东海道新干线和九州新干线也出现延误等影响，JR 九州通过调配临时列车等加以应对。博多站和广岛站等处准备了休息列车，约 3 250 人使用。

（4）提高旅客安全意识

① 换乘必须要遵守规则

备受社会公众广泛关注的"旅客穿越铁道被挤压致死案"2018 年 7 月 13 日在南京铁路运输法院一审宣判，家属索赔 80 万的请求遭法院驳回。2017 年 3 月 26 日，在南京南站，一男子跳下站台欲翻越轨道，结果被疾驰而来的列车挤压致死。事情发生后，死者家属将中国铁路局上海集团有限公司以及南京站告上法庭，并提出索赔 80 余万元的要求。据法院 7 月 13 日消息，2018 年 7 月 13 日开庭审判后，南京铁路运输法院一审宣判，驳回原告诉讼请求。经审理查明，2017 年 3 月 26 日，杨某持票乘坐 G7248 次列车由苏州至南京南站，该次列车于 15:22 到达。15:43,D3026 次旅客列车沿 21 站台以约 37 km/h 的速度驶入车站。杨某在列车驶近时，由 22 站台跃下并进入轨道线路，横穿线路奔向 21 站台。站台值班的车站工作人员发现后向杨某大声示警。列车值乘司机发现有人跃下站台，立即采取紧急制动措施并鸣笛示警，数据显示，列车速度急速下降。杨某横向穿越轨道，在列车车头前，努力向 21 站台攀爬，未能成功爬上站台。另查明，杨某不持有当日 D3026 车票。事发后，死者父母将中国铁路上海局集团有限公司、中国铁路上海局集团有限公司南京站告上法庭，以列车司机没有及时采取紧急处置措施，铁路未尽到安全防护、警示的义务为由，诉请其承担 80%的赔偿责任。本案的争议焦点在于：被告是否已经充分履行了安全防护、警示等义务；在事故发生后的处置是否及时、得当；应否承担赔偿责任。法院认为，杨某在事故发生之前，所处区域较为宽敞，在站台滞留时无任何异常举动，也未向铁路工作人员求助，其跃下站台，事发突然，并无前兆。站台值班人员在发现有人横穿线路后，奔跑过去并进行喝止。本案情况属突发事件，无法预见并提前阻止。在地面有警示标识、站台有广播提示、站台侧面有提示、站台有人值班的情况下，车站已充分履行了安全保障与警示的义务。对于被告应否承担赔偿责任，法院认为，杨某作为完全民事行为能力人，受过高等教育，具备预测损害发生的能力，对于损害结果也具备预防和控制能力，其只要遵守相关规则，就不致发生本次事故。车站已采取了充分的警示与安保措施，并给予了行人在车站内的各项通行权利。因此，杨某未经许可、不顾警示擅自闯入危险区域，事实上对自身生命健康受到损害是一种漠视和放任。因救援被切割后复原的南京南站 21 号站台如图 4.3 所示。

图 4.3 恢复后的南京南站 21 号站台

下面是一些案例，值得反思。

2017 年 6 月 21 日，由深圳北开往福州南的 D2324 次列列车，经过一条隧道时，车辆发生故障，隧道里紧急停车。由于停车时间过长，车内应急灯都关了，车厢内一片漆黑，高温缺氧，人心躁动，温度达到 35 ℃，有些乘客受不了，不顾工作人员阻挠，跳下车。车门是工作人员开了下去检查车辆的，有两三个乘客硬是下去了，工作人员在劝他们上来。车厢里黑暗高温又缺氧，温度达到 35 ℃，体感温度应该更加高，有些乘客闷得受不了，在车厢内走动，最后实在受不了选择"跳车"，乘务员们则阻止他们下车。但部分旅客认为：下车危险，但车上的环境也危险，若发生高温缺氧现象，对于一些身体不好的人来说非常危险。然而，当高速铁路发生故障的时候，乘客自救的方式，绝对不是"跳车"，跳车是非常危险的，在隧道内环境昏暗，若另一辆车快速行驶过来，后果将不堪设想。

2017年5月10日16:57，福建仙游高铁站发生了一件感动人的事。54岁已经在铁路工作了35年客运员翁建忠冒生命危险及时制止旅客跳轨在D6529次列车即将到来的那一瞬间。轻生的女子试图跳入股道。反应快捷的客运员及时将女子拉住，两人均摔倒后客运员仍没有放弃努力，即便在自己的后脑勺与地面有了极大的冲击后，仍然拼尽了全力去拉。客运员也是忍着剧痛在拉这位轻生女子，很多网友为这位客运员点赞。

2017年5月15日，一位男性旅客持G7080次列车车票，在常州站7号站台候车时，误将在6号站台停靠的上海虹桥至重庆北D2212次列车当作G7080次列车，在D2212次列车车门关闭时，突然从12号车厢车门处扒门，造成左手手指尖被夹，随车奔跑数秒抽出，上演了惊险一幕。车站工作人员第一时间上前处置，安抚并询问旅客情况，该旅客称无受伤，后继续乘坐G7080次旅行。旅客在站台候车时一定要集中精力，一定要站在黄色安全线外等待，看清车次和车厢位置，遵守铁路安全规定，共同确保出行安全。

2018年1月5日，由蚌埠南站开往广州南站的G1747次列车在合肥站停客办客，一名带着孩子的女性旅客以等老公为名，用身体强行阻挡车门关闭，铁路工作人员和乘客多次劝解，该女子仍强行趴阻车门，造成该列车晚点发车。执法人员劝说她改签下一班，想要请她下车，可是她依然不松手。最后，执法人员强制把她拖下车，可是她全力脱开束缚，依旧拉着车门不肯松手。因为她阻止车门关闭，高速铁路就无法准点出发，影响到正常的列车运行秩序。1月11日，陕西宝鸡南站又发生一起"堵高速铁路车门"事件。事发列车从兰州开往上海，在停靠宝鸡南站时，一女子突然拦在车厢门口，想阻拦列车发车。广大旅客乘坐列车要遵守铁路运输安全法律法规，听从铁路工作人员指挥，自觉维护公共安全和秩序，共同营造和维护安全有序、文明祥和和旅行环境。

2018年1月14日，为抢救一位突发疾病的乘客，原来不停靠南充站的成都到达州的D5190动车，破例在南充站停留2 min，120救护车通过应急通道，门对门将病人救走。这次列车在南充站停的时间短、动车车次密度不是很大，属于破例停靠，不会对整个达成线上的动车时间造成影响。同样实例，1月20日晚，在成渝高速铁路昌北站，G8710次车上一返乡大学生突然生病晕倒，本次列车不应该停靠荣昌北站，紧急停车3 min，为患者及时送医院赢得了宝贵时间。

② 列车上火灾的安全防范

动车组运行速度快、密封严实，车上的机车车辆设备对烟、明火非常敏感。动车组上全程全列禁烟的原因，跟其他公共场所不一样。乘坐动车时吸烟会有可能会影响行车安全，影响整条线路的列车运行秩序，甚至危及列车和旅客生命财产安全。尽管现在防火阻燃材料的制造技术已经比较成熟，像一些复合材料（如 Airex）等都有着很好的阻燃性能，高速铁路要比普通列车快上几倍，一旦着火，没办法在短时间内停下来那后果将不堪设想。为了保障运行的绝对安全，动车组上安装了多个故障传感器和烟雾报警器，一旦有人吸烟，列车上的烟火报警系统就会报警，列车就会减速运行甚至停车。因此，不仅是在动车组车厢内不能吸烟，在车厢连接处、厕所和盥洗间都不能吸烟。因为列车上面安装了烟雾警报器，如有一定浓度的烟雾出现，烟雾警报器就会启动，列车也会自动紧急停车。同时，紧急停车，会造成一定的恐慌和伤害，甚至有意外事故出现。当然还基于其他方面的考虑，比如说提升高速铁路的乘坐环境而换取高速铁路的正面效果。

乘坐列车旅行时，提醒旅客们保管好手机、打火机等小件物品，如果不下心滑落到座椅内，请您立刻通知列车工作人员，切勿自行移动座椅，以免发生意外。手机里的锂电池为何会起火。锂电池因为小巧高能而得到了重视，广泛用于移动电子设备。但电能充足会导致短路和过热，而且密封加压的电池内含有易燃的电解质，一旦电池破损就会被点燃，引起火灾。

③ 人员密集处所和时段

作为人员密集和聚散的大型公共场所，高速铁路车站容易因客运组织不当引起旅客拥挤、踩踏事件，导致旅客伤亡事件的发生，或由于个别旅客的侥幸心理，在禁烟区域吸烟引起火灾，造成旅客火灾伤亡事件。同时，高速铁路车站的食品卫生安全问题同样不容忽视，要确保站内饮用水和出售食物的安全卫生。

拥挤踩踏是公共场比较常见的突发事件，高速铁路客运站由于交通位置特殊、占地面积大、候车房屋及站台的进站口、检票口、电梯口、楼梯口、出站口、站台边等"五口一边"关键作业点多，一旦日常组织引导不力、突发问题处置和疏导不及时等，易发生拥挤踩踏、群死群伤事故。一旦因旅客运输组织不力、突发问题应急处置不及时、服务场所旅客疏散不及时，势必会发生通道拥堵、旅客互相踩踏、旅客被挤下站台及跌落到线路上，情节严重的可能引起旅客群死群伤等重大旅客伤害事故发生。

拥挤踩踏产生的原因主要有：客流高峰、列车大面积晚点预想不充分，应急处置不及时，造成旅客在候车室等服务场所大量聚集，疏导不力或不及时发生拥挤踩踏问题；客运组织不当造成候车室、售票处、实名制严重、进出站通道、站台边、车门口等秩序混乱，服务场所发生旅客拥挤、旅客坠落站台等隐患；电梯设备操作、使用不当，设备维护管理不到位导致设备带病运行，以及设备突发故障、处置不及时，造成旅客在乘梯过程中跌倒、大件行李等引发意外伤害；车站广场、候车室等公共服务场所非法聚会、演出，无安全防范措施，在旅客和人民群众聚集、拥挤和踩踏事故。公众人物出行，未采取保护和安全防范，造成粉丝追星而引发的拥挤踩踏事故。车站聚集场所短期内出现大量旅客聚集，一旦发生火灾、爆炸等突发事件，预案落实不力、疏散不及时，造成在疏散过程中引发拥挤踩踏、群死群伤事故。旅客携带大件行李未按规定组织托运，在出行过程中堵塞电梯、楼梯、天桥、车门，引起旅客拥堵或踩踏问题。2014年12月31日上海外滩踩踏事故发生的原因，一是因为区域内人员过于密集，人流量大大超过了通道的正常承载量。二是因为密集的上下行客流在楼梯处发生对冲，导致多人摔倒最终酿成惨剧。

拥挤踩踏的主要预防控制措施主要包括：制定完善客流高峰组织方案和列车大面积晚点应急预案，实施警戒线管理、截流、分流、引流等措施酌情启动，必要时采用以车代候、限时候车、增开临时候车区等措施，疏解旅客集中出行；严格车站广场、候车室演出审核，遇公众人物乘车、公众场所演出等，必须提前做好应急预案和安全防范措施，加大组织力量，全面抓好应对，防止追星粉丝聚集、冲撞服务场所，造成旅客拥堵；加大日常安全宣传引导。如果大家都能有较高的安全意识，在一定程度上可以规避拥挤踩踏事故的发生。遇到突发事件时，人们良好的安全素质和心理状态对于事故的控制具有重要作用，否则恐慌心理的出现和扩散会引起人群的心理不稳，进而引发更大的事故；车站要建立拥挤踩踏事故应急预案，建立良好的调度和应急联动机制，定期组织工作人员和消防人员进行拥挤踩踏事故应急处理演练，增强对事故发生的疏导管理能力，发生拥挤踩踏事故时能够及时组织消防、医疗、通信等部门对乘客进行联合救援，一旦发生事故能还及时地对人群进行疏导和分流。日本高铁遇有地震发生时，列车停车后，旅客疏散过程中一般秩序良好，值得学习和借鉴。

高速铁路车站客运安全风险主要存在于以下几个方面：

安检岗位是高速铁路客运安全的第一关，安检工作的主要任务是依法对旅客人身及携带物品、托运包裹进行安全检查，严防旅客携带危险品进站上车，保障铁路运输和旅客生命财产安全。安检查危范围是：具有易燃、易爆、毒害、腐蚀、放射性的物品和传染病病原体及枪支、管制器具等都是危险品。具体以国家有关法规和铁路总公司发布的《危险货物品名表》《铁路旅客运输规程》等规定的品名为准。安检查危工作实行"四定"制度，即定人、定机、定岗、定班次。车站安检查危工作流程，按照以下操作流程进行：

组织候检。在安检通道设置隔离带，由组织员在隔离带前端组织所有进入候车区域人员有序接受安检。候检旅客较多时,按每批放行不超过 5 人方式(旅客不多时,按每批放行不超过 3 人方式),由组织员持"停"牌告示旅客有序进入安检区域,防止安检秩序混乱和漏查漏检情况发生。

引导受检。由引导员在安检仪输送带前端,督促所有进站人员将随身携带的行李物品放置在安检仪输送带上受检(遇进站人员提出受检行李物品名贵时,应当将行李物品放置在受检筐内受检),同时提示进站人员通过安全门进站。

过机检查。由监控员负责,对放置在安检仪输送带上的行李物品一件不漏地通过视频进行检查。发现疑似禁限物品,及时提示处置员开包检查。

人身检查。对安全门作出安检提示的所有人员,由手检员负责,持金属探测仪进行身检。身检方式一般采用先前部、后两侧、再背部,由上至下进行。探测仪提示的,必须提示受检人主动出示贴身物品受检,或由手检员采用触摸方式进行检查。

开包检查。对监控员指认的可能装有(藏匿)禁限物品的行李包裹,由处置员负责开包检查。非特殊情况,检查时,由携带人打开行李包裹受检。

物品处置。凡检查发现限制物品的,告知持有人主动放弃,或交送站人带回,或办理托运,拒不放弃、带回、办理托运的,禁止进入候车区域;凡检查发现禁止物品的,一律按有关规定处理。在高速铁路车站大客流短时间需要进站候车的情况下,做到上述标准,严格人人过手检、物品件件过安检仪的压力较大,存在危险品进站上车的风险。

查堵"三品"。客运站候车室、行包房进口以及小件寄存处应有专人查堵"三品",严禁旅客携带"三品"进站上车,严禁在禁烟场所吸烟。对查获的爆炸物品应立即交公安派出所处理,对查获的其他危险品,由查堵人员登记造册,于当日交专管人员入库保管。存放查获的危险品的仓库必须符合安全要求,危险品分类存放,保存期不得超过 1 个月。

电梯安全。近年来,人员密集场所电梯运行中产生的安全事故层出不穷,高速铁路中间站又是电梯使用大户。站内的自动检票机、自动扶梯、电梯等设备的质量应当可靠,否则可能会因设备状态不良,导致旅客伤亡事故的发生。遇节假日等大客流情况下,电梯使用安全风险加大。高峰时段一般是指车站旅客服务区域大量旅客需要集中乘坐自动扶梯的关键时段。需要安排值守的岗位一般是指较大客流进站大厅自动扶梯口;有始发列车终到始发作业、集中到发列车时段或单向自动扶梯短时间集结流量高速铁路在 500 人以上时段的站台自动扶梯口。遇学生、儿童等团体旅客或突发情况致使大量旅客需使用电梯应急疏散时应安排值守。客运高峰时段列车开检或终到前,站台电梯值守人员应提前 5 min 到岗，确认电梯运行状况良好，运行方向准确后，用对讲机呼叫高速铁路综控、检票口岗位，待综控、检票口岗位接收并回复后，电梯值守人员应站立在站台自动扶梯口位置迎接乘车旅客（终到列车应站在站台出站自动扶梯口位置）。待检票口集中放客基本结束后，电梯值守人员应迅速赶往站台出站电梯口位置迎接到达旅客出站。在旅客乘梯过程中，做好乘梯安全宣传，加强过程盯控，及时劝阻不文明乘梯行为，必要时可采取分段疏导，防止拥堵。遇电梯出现故障、发生异常情况或存在事故隐患时，电梯值守人员应立即将电梯关闭在现场进行防护，并向客运值班员汇报。客运值班员接到汇报后，应立即组织客运人员并通知维保人员赶赴现场处置和维修。遇电梯故障停止、反向运行或乘客原因等造成旅客伤害事故时，应采取紧急措施停止电梯运行，安全疏散乘梯旅客，对受伤旅客按车站旅客人身伤害事故应急预案流程处置。

长期以来，电梯监测控制系统缺乏集中检测、监视和管理，让人无法及时了解各电梯设备当前的运行参数和潜在问题。从清晨的第一缕曙光开始，南京南站的 92 部扶梯、36 部直梯就开始有条不紊地运行，为南来北往的旅客提供便利。自引进耳聪目明脑子活的"电梯医生"——电梯运行状态综合监控系统后，该站 128 台电梯的"健康指数"大幅上升。电梯运行状态综合监控系统可将每部直梯的上下行状态、停靠楼层、运行速度、运行次数、超时、超载、扶梯的启停等数据进行检测，为监控人员了解电梯当前运行状态提供了最直观的途径。

缩短故障响应和处理时间，保障乘客的生命和财产安全。在"电梯医生"的超级大脑里，不但存储着每部电梯的品牌、梯号、注册编号、维保公司等静态信息，还存储着它们的运行状态、故障状态、报警历史等动态信息。这些资料被采集、整理后，经"大脑"以日报和周报方式进行统计分析，针对每一部电梯形成一份包括报警记录、历史曲线、历史数据、操作日志、控制记录及统计分析报表和数据的私人定制"健康报表"，成为管理、运营、维护、决策的数据依据。例如，"电梯医生"出具的一份电梯异常报警记录引起了工作人员的注意。这部电梯经常发生停梯现象，人工复位后又恢复正常。在采集了后台大数据和以往报警记录后，工作人员决定打开扶梯基坑进行深度检查，最终发现在疏齿板与梯级之间卡了一个薄薄的 1 角钱硬币，由于被卡物体积小差点被认为是误报警。此外，"电梯医生"还能通过模型参考比较等方法，利用信号控制系统、拖动控制系统的采样数据来对电梯的运行状态进行综合评估，发出故障预警信息。

消防安全。消防安全又是人员密集场所的一大安全重点，高速铁路车站属于重点防火单位，其中行车室、候车室、票房（票据库）、危险品储藏室、综控室、配电（柜）间、档案室、消防监控室、计算机中心（信息）机房（网络配线间）、设备机房（消防泵房、空调主机房及送风机房）、行包仓库、存车场为车站防火安全重点部位。高速铁路车站的平面布置、防火分隔、耐火等级、安全疏散、防烟排烟及消防设施、器材的配备，应严格执行国家和铁路总公司有关消防技术标准。候车室和售票厅区域内严禁开设网吧、录像厅等公共娱乐场所，站房其他区域开设公共娱乐场所应设置独立的防火分区。站房内设置的餐饮、售货等营业性场所，必须采用不燃或难燃材料等符合消防安全规定的材料。客运工作人员及客站商业网点的从业人员应进行岗前消防知识培训，全员达到"四懂四会"要求，经考试合格后，方可上岗。

高速铁路客运站应利用各种形式向旅客进行防火防爆规定的宣传。严禁携带危险物品进站上车，不得在通道内堆放行李物品，不得擅自动用、损坏消防设施、器材。客站的电气设备、线路必须符合国家消防技术标准，客运车站及其商业网点禁止使用电炉和无安全保护装置的电热器具，禁止擅自接拉临时电线路，严禁采用超过额定量的保险丝（片）；严禁使用液化气灶、煤炉等明火；商业网点和"灯箱广告"用电应与客运设施用电分开设置，并穿金属管保护。客站的电气设备必须由持有合格证的专职电工负责安装、维修。严禁违章使用电热器具、超负荷用电。车站行包房及车站各类物品储存间应按货物仓库严格消防管理，不得在行包库内设置行包承运区、办公室、装卸工休息区；车站应加强监督管理，站台临时堆放行包应在指定区域，不得堵塞消防通道，不得埋压、圈占、遮挡消防设施。候车室、集散厅、售票厅、旅客通道内应设置应急照明灯和疏散指示标志，疏散通道应保持畅通。客站内严禁焚烧垃圾，严禁燃放烟花爆竹。

大型客运站还可设置防灾中心，可采集的信息由火、烟、各通道电梯运行状态等。一旦有非常事态发生，可及时自动采取灭火、排烟、隔离火源等措施，并有效疏导旅客。大型车站内的旅客导向信息系统，是列车运行管理系统中的一部分，对车站安全起到辅助作用。通过向导显示板和广播，除提供日常服务信息外，还可提供事故信息和疏导信息。

4. 大型客运站综合指挥系统建设

为旅客服务，大型客运站要建立客运服务综合管理平台；为安全服务，建立安全应急处置管理平台；为生产服务，建立现场作业集中管理平台。将旅客行为数据化，识别危及旅客安全行为，在现场实时提示、报警、快速处置突发事件。管理人员检查频次、习惯性行为、下达指令性任务，并对执行过程通过卫星定位、岗位、听视频通话进行有效控制。同时,做好以下三个方面的创新。

(1) 创新信息集成模式,建立了以共享应用为导向的综合信息管理平台,全面畅通信息渠道,全面整合了信息资源。

(2) 创新运营管理模式,建立以统一指挥为导向的集中调度指挥平台。

(3) 创新应急决策模式,建立以智能决策为导向的快递决策平台。开发客运应急智能决策系统,以提高调度所、客票所决策效率。开发了列车综合查询系统,提高车站应急处置效率。

某高铁客运站应急处置图如图 4.4 所示。系统可实现突发事件信息汇总,历史资料对比,安全评估研判,应急组织相应,应急资源调配,现场应急处置等功能。挖掘移动终端的潜力,实现应急预案智能启动和执行。包括现场情况速报模块和客运应急指挥系统。速报可以通过手持机摄像头实时直播现场情况并可录像、拍照,及时编辑上传速报,第一时间将现场情况推送至相关层级手持机。客运应急指挥模块,将电子版应急预案操作流程移植到手持机,并在该流程基础上开发应急指挥流程,辅助应急指挥决策,根据现场作业情况和任务等级,以报警模式将相关岗位安排推送至相关人员手持机。构

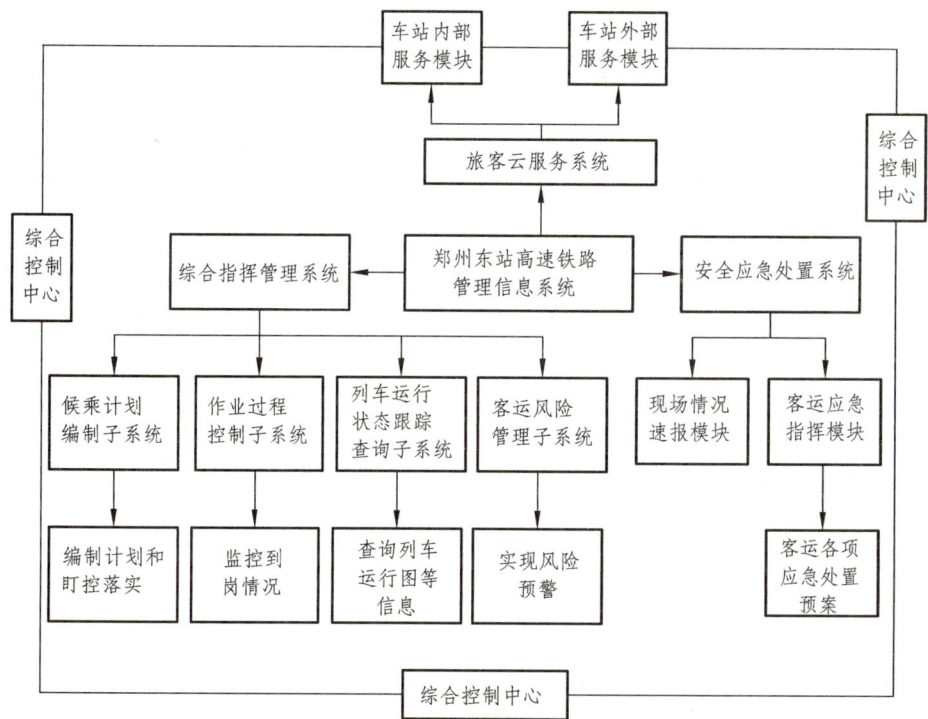

图 4.4 高速铁路大型客运站应急处置图

建车站固定的技术资料库包括车站示意图、设备设施名称，实现3D效果。同时可将应急预案编制成应急处置操作流程整合到应急处置平台系统中，遇有突发情况发生时，可以及时将应急处置流程下发到现场工作人员的受持终端PDA中，工作人员按照岗位分工做好应急处置工作。以列车大面积晚点为例，综合控制室确认符合触发条件后，利用安全应急处置系统向各科室、车间、部门下发应急处置启动信息。接到信息后，各科室、车间等相关部门立即赶赴现场做好应急处置的盯控、协调工作。

  客运站信息平台是实现调度指挥一体化，实现调度指挥系统的信息共享的载体。通过信息平台可实现调度指挥系统的有机联动，及时处理生产过程中的紧急事件和突发事件，达到生产调度一体化的目标，促进高速铁路车站段生产管理水平的提高。信息平台应实现生产管理信息化，业务部门的信息管理系统，生产的各类信息要及时上传到系统，同时，生产业务指令的下达、业务流程的管理、工序的流程卡控。作业现场的实时监控、生产安全的管理、作业结果的反馈、员工考评、绩效分析等一系列的生产业务管理工作都能通过系统得以实现，达到生产管理信息化的目标。客运钻生产调度指挥信息平台应实现信息整合全局化，现有的信息系统整合到综合信息平台，实现全段的业务信息的集中管理与运行，做到"站内有平台、部门有系统、岗位有界面"。今后，信息平台应实现决策依据科学化，将站段所有的业务信息集中到统一的信息平台上来，未管理者提供及时、完整、准确、可靠的第一手现场信息，为科学决策提供事实依据。此外，系统还应显示同类问题的成功处理案例，以及建议决策方案，为科学决策创造条件。

  为保证旅客顺利出行，有效管理客运设施的稳定运行，上海局开展了智慧客运计划的研究和建设工作，"客运车站网格化管理系统"是其中的一部分。申铁信息公司研制开发了铁路客运网格化管理信息系统，集三大功能于一体：一是巡更和故障处置闭环式管理，二是细致、全面的统计分析，三是跨区域多类型移动终端互联互通。铁路客运网格化管理信息系统，以互联网+为媒，以科技创新满足卓越服务，不断强化客运组织管理，提升管理工作水平，提高应急处置效率，为车站的日常管理和应急处置提供了一个图形化、定制化的强大管理工具。

4.3.2　设施设备监测检测体系

  设施设备是高速铁路运营系统中影响运营安全的基础设施和关键设备，质量良好的设备既是运输生产的物质基础，又是运输安全的重要保证。影响高速铁路运营安全的设备因素主要指运输基础设备（线路、轨道、桥梁、接触网、动车车辆、通信系统、电务信号线路、调度指挥系统设备等）和运输安全技术设备（安全监控设备、安全监测设备、自然灾害预测预报与防治设备、事故救援设备等）的安全性能，包括设计安全性和使用安全性。

设备的设计要具有安全性，也就是指设备的可靠性、可维修性、可操作性以及先进性等。设备可靠性是指设备在规定条件下、规定时间内，处于正常工作的能力，它可以用可靠度、故障前平均时间、故障率等来衡量。机器设备在调整后的开始阶段，通常具有较高的可靠性，而经过一段时间的使用、运转后，由于一些物理和化学因素的影响，如磨损、老化等，其可靠性会逐渐降低。且随着使用时间的延长，最终必然会发生故障。因此，无论从生产上，还是从安全上考虑，均希望可靠性越高越好。而且，设备使用人员应充分了解设备的可靠性，保证及时修理或更换。设备的可维修性是指设备易于维修的特性，即设备发生故障后容易排除故障的能力。我国高速铁路在系统设计严格遵循故障导向安全的理念，当设备发生故障时，系统自动采取降速慢行、关闭信号、停车等故障导向安全的措施。大部分降速和停车都是系统导向安全造成的。

高速铁路设备风险是指在长时间使用后，出现设备疲劳损坏、性能下降、非正常停运等问题。高速铁路设备的可靠性对于安全生产具有重要意义，是铁路生产本质安全的保证。可靠性低的设备存在事故隐患，对生产作业构成很大的安全风险。如果平时缺乏对设备风险的辨识，未及时做到保养和维护，在一定的条件下，潜藏的风险就会显现出来，造成人员伤害与财产损失。

高速铁路运营长期不间断的运行，对设备可维修性的要求较高，尤其希望维修时间越短越好。可维修性与维修的含义不同，维修是指设备保持和恢复功能的作业活动，是在使用中设备发生故障后，由设备维修部门采取的行动。而可维修性则是设备的固有特性之一。可维修性好，可使设备在需要维修时以最少的资源在最短的时间内顺利地完成任务。可操作性是指机器设计要便于人进行操纵。因此，机器设备在设计过程中，要同时考虑人与机器两方面的因素，要着眼于人，落实在机。在机器设计中凡要求人进行操作时，其操作速度要求低于人的反应速度，凡要求操作者以感官作用下的间歇操作，必须留出足够的间隔时间，这样才能获得人机设计的综合最佳效果。

设备维修更加凸显了高速铁路铁路夜间天窗修时段和设备管理单位的设备检修质量的重要性。高速铁路按照作业复杂程度和设备影响范围，维修项目分为Ⅰ级维修和Ⅱ级维修，高速铁路维修由设备管理单位根据维修等级指派相应的维修负责人。Ⅰ级维修负责人由车间主任（副）担当（Ⅰ级维修较多时，车间主任可委托车间干部担当），Ⅱ级维修负责人由工（班）长担当。高速铁路综合维修作业计划采取周计划、日确认制度。周计划编制以工务、供电、电务专业为序依次安排。综合天窗维修计划应先由各设备管理单位间进行平衡，由铁路局业务处负责总体协调、审核，铁路局调度所施工办施工调度室审批、下达。高速铁路车站维修日计划的接收、传递、补充修正流程按车站施工日计划流程执行。

中国高速铁路建立了主要行车设备电子档案，加强设备技术状态、养修履历过程管理，定期评估设备安全状态，科学制定设备维护周期、范围和维修技术条件，推进设备精准养护维修。高速铁路基础设施实行"天窗修"制度，采用动态检查为主，动、静态检查相结合的全方位检查模式，通过定期开行综合检测列车、点后开行确认列车，以及使用精密测量控制网、车载式和便携式线路检查仪等方式检查确认线路状况；动车组实行五级计划性预防修制度，采用以走行千米周期为主、时间周期为辅的检修模式，在运行中还配有乘务检查，保证动车组设备运用状态良好。通过推进建设高速铁路供电安全检测监测系统（6C）、机车车载安全防护系统（6A）、车辆运行安全监控系统（7T）、工务安全检测监测系统（8M）等，实现高速铁路行车设备的不间断检测监测，及时发现和消除安全隐患。

高速铁路状态检测应当贯彻"检修分开、以检定修"的理念，遵循"安全、准确、高效"的指导思想，科学合理利用天窗，实现高速、及时、精确的检测、监测。高速铁路设施设备监控和检测，依靠先进可靠的检查监测工具和手段，采取人机结合、动态检测和静态检测相结合的方式，实现全方位、全过程的检查监测、信息反馈、考核评估，形成监控有力、反应灵敏、闭环管理的监控和检测保障技术体系。面对设备上的种种隐患，需要从以下两个方面统筹着手：一是科研部门加强对核心设备吸收与创新；二是运营部门要加强设备的养护与维修。

在设备设施安全保障体系中，需要强化设备源头质量控制，包括：规范和加强新线建设提前介入组织，从工程设计、施工方案、设备选型、工程验收、联调联试、问题整治等方面，全过程管控源头质量；严把铁路上线产品准入、采购、验收、检测关，督促严格落实设备造修技术标准；健全设备质量跟踪追溯和反馈机制，加大质量源头问题责任追究和事故、故障经济损失追偿索赔力度。设施设备监测系统图如图4.5所示。

第 4 章　高速铁路安全保障

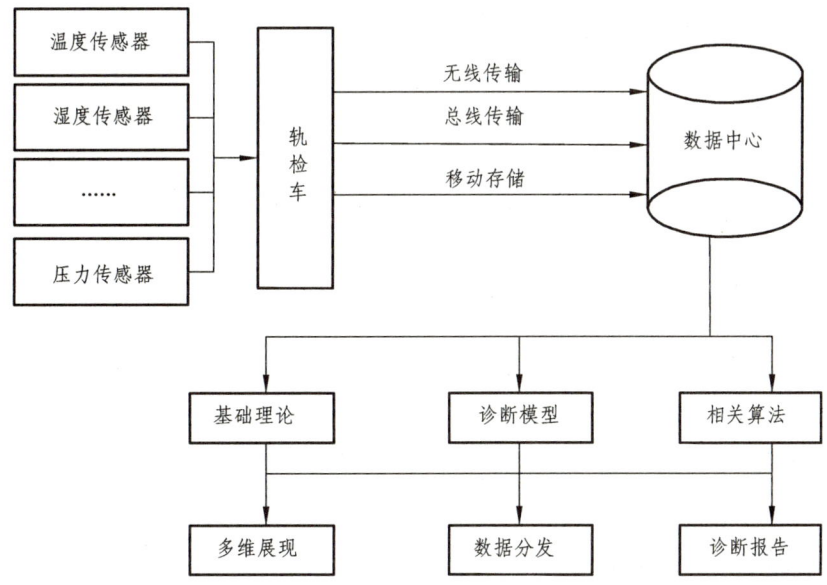

图 4.5　设施设备监测系统图

加强基础设施和移动装备检测监测技术研究，深化高速铁路故障预测及服役期健康管理、防灾减灾和应急救援技术攻关，提升高速铁路安全保障能力。加强对高速铁路网能力综合利用、高速铁路调度集中系统等技术研究，提升铁路运营技术应用水平。研究站区能源智能管控、绿色照明和新型热源替代等节能减排应用技术，研究铁路建设项目环境监控技术和环境监测评价标准体系，推动铁路实现绿色发展。同时，开展铁路基础理论和前瞻性技术研究。发挥我国铁路建设运营场景丰富、实践积累数据充分的独特优势，深化高速轮轨关系、空气动力学、减振降噪、弓网关系、电磁兼容等基础理论，以及新能源、新材料等前瞻性应用技术研究，推进先进轨道交通重点专项、北斗示范应用项目等重大专项，强化对铁路重大技术创新的基础支撑，增强科技持续创新能力。

铁路运输企业应当逐步建立线路、桥隧、信号、通信、接触网等设备运用状态检测、监测体系，配齐检测、监测设备及人员，应满足设备运用状态高效检测的需要，日常天窗时间宜保证 4 h 及以上。体系建设应当充分考虑各专业之间检测、监测技术融合，共用天窗开展对线路、桥隧、信号、通信、接触网设备运用状态的检测工作，科学设置综合维修机构，实施综合检测。

其中，高速铁路工务设备运用状态检测、监测的主要项目：轨道几何状态；轨道结构状态；钢轨伤损；路基沉降及结构状态；防护栅栏、挡风墙和声屏障状态；桥涵结构状态；隧道结构状态等。

高速铁路通信、信号设备运用状态的检测、监测的主要项目：联锁、闭塞、列控系统设备；道岔转辙设备、信号机、轨道电路、补偿电容、应答器、电源设备等状态；系统设备接口；GSM-R 网络状态；通信漏缆状态等。应当根据检测、监测项目的需要，装备信号集中监测系统、通信监控监测系统和网管系统。

高速铁路牵引供电设备运用状态检测、监测的主要项目：接触网几何参数；接触网悬挂状态；接触网平顺性；接触网受流性能；供变电、电力设备等。2018 年 5 月 20 日 7:20，在 JR 仙台站（仙台市）停车的东北线仙台发利府的普通列车（6 两组成）上的变压器破裂，白烟上升，司机打了 119 报警。列车上有约 30 名乘客，应急疏散在车外避难。受该事故的影响，东北线在仙台—长町站之间暂时停电，共计 7 条停运，大约有 1 460 人的影响。

1. 固定设备的监测与诊断

主要包括轨温监测诊断系统、轨道障碍发现和列车保护装置、钢轨探伤诊断系统、道岔缺口检测系统、长大桥梁安全监测诊断系统、隧道安全监测系统、供电综合远动监控系统（SCADA）、牵引供电安全监测诊断系统、供电安全检测系统、变电设备智能巡检系统、接触网悬挂状态检测监测装置、牵引变电所设备运行状况巡视系统、电务轨旁设备状态可视化智能检测装置、信号集中监测系统、电务智能运维系统等，可参考相关高铁书籍。

2. 移动设备的监测与诊断

主要包括移动设备寿命预测研究、列车控制系统、列车状态监测与诊断、动车组运行环境监测系统、动车组运行品质检测系统、车辆轮对监测装置和车轮型面动态检测系统、机车车辆诊断和实时检测系统、轨道车辆智能检修系统、动车组健康管理与运维决策系统、无人机检测技术、高速综合检测列车等。下面主要讲解无人机检测和高速检测列车相关内容，其他可参阅相关高铁书籍。

对大多数人来说，无人机是一种高科技玩具，在球场、游乐场都会见到。但对美国铁路企业来说，无人机则是一种工具。2014 年以来，美国的铁路公司就一直在使用无人机技术对铁路基础设施进行检测。例如，2016 年，美国联合太平洋铁路公司（UP）公司在其整个路网系统中部署了 14 架无人机，用于桥梁检测以及灾后路网恢复工作。如图 4.6 所示。

图 4.6 美国铁路公司使用无人机技术

然而,就像所有新技术一样,美国的铁路公司很快就发现了无人机应用的局限性。UP 公司运营安全部门一名具有 25 年经验的铁路专业人士表示,他的团队曾在奥马哈以北 20 英里的内布拉斯加州布莱尔地区一座铁路桥上,利用无人机在桥下进行飞行检测时,由于失去了 GPS 信号,导致操控人员无法定位无人机,使其一直飞去密苏里河深处。

大型钢结构基础设施有时会隔离无人机、操纵人员和 GPS 之间的信号,使得检查效率降低。为了解决信号隔离问题,UP 公司与一家开发 PNT 技术的团队合作,使无人机能够在没有 GPS 信号覆盖的地方进行检测,例如在大型钢架桥梁的内部或下方,或者需要长时间留在铁路涵洞或隧道里的情况。开发 PNT 技术只是 UP 公司迈向改变基础设施检测方式的第一步。未来,UP 公司还将有近 600 名桥梁检查员利用无人机对 1.8 万座桥梁进行安全检查。

(1)无人机操纵员。UP 公司与美国飞行教练协会、联邦航空管理局(FAA)密切合作,聘请美国飞行教练协会主席作为 UP 公司无人机行动总负责人,监督 UP 公司无人机操作员的培训和许可,同时保障铁路公司无人机飞行行为满足联邦政府的法律要求。目前,UP 公司拥有 80 名员工被认证为无人机操纵员,根据公司统计,预计到 2018 年中,整个 UP 公司 5 万多千米的路网将会拥有近 250 名无人机操纵人员。

(2)用于灾后线路恢复。现阶段,UP 公司已经解决了无法实时播放无人机检查画面的问题,现在的检查人员只需要携带一个装满设备和电缆的背包即可。UP 公司的第一个无人机实时播放画面应用是在 2016 年爱荷华州北部洪水泛滥期间。通过洪灾现场无人机传来的实时画面,UP 公司改变了救援计划,增加了更多石块稳定轨道,并通过无人机找到一条受损较小的线路输送救援物资。但 UP 公司负责人表示，虽然无人机实时画面非常有用，但其装备携带起来却并不轻便。为了解决这一问题，UP 公司系统工程师通过与无人机制造商合作开发了软件，可以直接连接公司内部网络。目前，通过 UP 公司配置在安全背心里的特殊装备，就能在其内部网络同时处理 30 个无人机的实时传输视频。

（3）自动检测。由于使用无人机进行基础设施检测，UP 公司在 2016 年取得了美国年度最佳员工安全奖项。公司负责人表示，无人机将成为实现零事故和零伤害这一终极目标的重要组成部分。公司的下一步发展目标是：开发无需人工操作的自主无人机，进行自动检测。UP 公司拥有一支由无人机操纵员、计算机和软件工程师组成的团队，他们在 2017 年一直在进行这类技术的研究，希望以此使无人机自主飞行成为现实。

（4）安全监控。除了将无人机用于桥梁检测和灾后恢复工作外，UP 公司还使用配备摄像机的无人机在铁路站场上空监控，检查工人是否正确地遵守了安全操作规范。虽然这种空中监视的目的是为了捕捉任何偏离安全操作规范的行为，保障工人安全，但这遭到了铁路工人的反感。根据相关报道，UP 公司的工人们经常抱怨无人机在上空盘旋，另他们感到非常不安，会分散其注意力，使自身处于危险之中。

美国航空、铁路运输工人协会主席表示，这种新型无人机的使用对员工来说存在相当严重的危险，其已经代表美国南部地区 1600 名工程师和普通铁路工人，向联邦铁路管理局（FRA）和联邦航空管理局（FAA）进行投诉。

UP 公司已于 2018 年 3 月 1 日停止了利用无人机进行监控，重新评估其实施影响，但 UP 同时表示，计划在几个月内恢复这项空中监视措施，因为无人机将帮助公司识别不符合安全规范的操作，保护员工安全。虽然像管道和铁路这样的关键基础设施在远程监控方面越来越多地开始使用无人机，但就目前来说，无人机尚未大范围普及。尽管是出于对安全因素的考虑，但有关专家表示，这在本质上仍然是对铁路员工的监视。

就无人机在铁路行业的应用来讲，它不仅提升了检测效率，而且在一定程度上保障了工人安全。至于其在安全生产监控环节的应用对于工人的影响的确有待商榷，未来它将会怎样发展，这就如同 FAA 无人机综合办公室的负责人所说的那样，"虽然目前还不清楚无人机是否对大多数人来说都存在积极正面的影响，但是我们每天都能看到无人机的各种创新应用，它的确在逐渐渗透到各个行业"。

印度是世界上人口第二多的国家，仅次于中国，政府非常重视对于拥挤人流的管理。2018 年开始，印度铁路应用无人机载摄像装备在全国主要铁路干线上进行了试验。政府正在测试在火车站系统规范使用无人机对于管理拥挤人流的有效性,尤其在节假日期间。印度新闻信息局就铁道部在火车站实施 3 min 新型无人机载摄像头的问题发表声明,提高火车运行过程中的安全性和有效性,此无人机载摄像头系统还可以应用于其他项目,特别是项目检测、铁路维护以及铁路基础设施方面的应用等。无人机进行空中监测可以促进功能数据输入到铁路部门的监测中心,这也能有效促进管理和规范拥挤人流管理、确认废料,同时还可以进行空中监测铁路站台。同时也声明,节假日是促使铁路部门应用无人机监测的主要因素。每年,数以万计的居民选择铁路出行,收集积累有效数据有助于优化火车站的管理。应用无人机来进行调控、收集数据一定是合理的,并且铁路部门能够承受使用无人机的开销,使用此装备能够有效应对节假日客流高峰、有效管理拥挤人流。印度中西部铁路局率先使用无人机载摄像头装备。本次测试所选择的三个地点分别是贾巴尔普尔、博帕尔和斜塔。

2017 年 9 月 3 日,河北省滦县村民庞某在当地青龙山高速铁路沿线附近试飞自制航模时,因操作不当导致航模失控,掉落在京秦线高速铁路线路上,威胁列车运行安全,导致高速行驶的 G2604 次高速铁路列车停车,造成列车晚点 22 min。庞某被铁路警方行政拘留。

2018 年 8 月,京广高速铁路沿线惊现喷洒农药的无人机。无人机可能会对高速铁路列车运行造成重大安全隐患,因此严禁在高速铁路沿线 500 m 范围内放飞无人机。番薯正处于关键的成熟期。近期,番薯爆发大规模病虫害,产量可能骤减,某飞防服务公司为解农户燃眉之急,才初次在铁路沿线进行无人机农药喷洒作业,违反了《铁路安全管理条例》有关规定。但其工作人员不了解相关法律知识,初次在高速铁路沿线使用无人机是为农户解决实际困难,没有主观故意触犯法律法规。《铁路安全管理条例》规定:禁止在铁路电力线路导线两侧各 500 m 的范围内升放风筝、气球等低空飘浮物体,违反规定的,由公安机关责令改正,可对单位处 1 万元以上 5 万元以下的罚款,对个人处 500 元以上 2 000 元以下的罚款。

目前,中国铁路总公司广州局等单位已经开始利用无人机进行巡视检查,针对接触网和跨越线等重点设备。

高速综合检测列车是一列装有专用检测设备的列车,其基本构成是在高速铁路实际运营的动车组上搭载具备一定技术精度的专业检测、分析、巡检仪器及计算机等设施,对线路轨道、牵引供电、通信信号和影响列车运行安全环境的技术指标和相关信息进行实时检测,并具有时空同步定位、数据传输和分析,对基础设施状态进行检测和质量综合评估,以保证检测作业时与行车实态一致的工况并获得准确、实时的检测数据。其检测结果主要用于指导基础设施的养护维修和新线验收。为了使检测结果反映高速铁路列车运行时基础设施的真实状态，综合检测列车检测时运行速度应可能与列车运行速度一致。其中针对轨道不平顺检测系统，检测速度可达到 400 km/h，目前已搭高速综合检测列车定期对全国高速铁路的轨道几何状态进行旬检。

我国第一列综合检测车上建立了定位系统和同步网络、数据网络、多媒体显示切换、车载数据库和综合数据处理系统，同时建立地面数据综合处理系统，以上这些系统的集成称为综合系统。它具有以下功能：

（1）列车专用网络、定位同步系统、整车视频和多媒体系统采用国际上先进的通用设备，对车端光纤连接、网络结构、传输协议、设备选型和安装接口进行了创新性设计，形成结构可靠、设备先进、功能完善的系统。

（2）建立了整列公共的时钟、速度和里程基准，使各专业检测系统可以精确地对应到同一断面上进行比较和分析。

（3）通过列车专用网络和车载数据综合处理系统，实现各专业检测数据的集成，同时建立统一的综合检测数据库，统一管理综合检测列车的超限信息和检测波形，建立整车统一的存储和分析平台。

（4）实现车载和地面 GIS、视频、设备台账和养护维修作业等基础信息，轨道、接触网、通信和信号等检测数据综合显示、联动查询、回放、历史数据对比分析等功能。

（5）建立数据分析诊断系统，实现车辆动态响应和轮轨作用力预测分析功能，利用车辆与轨道耦合动力学仿真模型和轨道集合检测数据实现车辆动力响应和轮轨力预测功能。

（6）对轨道、轮轨力、接触网、通信、信号等检测数据进行重复性、历史性分析，预测基础设施损伤的规律。预测设备状态变化趋势，研究基础设施状态恶化模型，实现铁路基础设施状态评估和预测分析功能。

（7）利用综合检测立车数据和各专业检测车数据，以及维修作业信息和固定设备台账信息，通过建立维修决策支持模型，制订轨道、接触网、通信和信号等固定设备的维修作业建议，指导养护和维修。

先进的综合检测车在线路开通前，对线路状态进行验证。线路开通后，每 10~15 d 对高速铁路线路检测 1 次，保障运营安全。相信许多人都坐过高速铁路，但也有很多人不知道高速铁路与人一样，也需要定期"体检"，才能维持快捷、安全的运营品质。就有这样一种高速综合检测列车，在祖国的万里高速铁路线上，定期对线路等基础设施进行全面"体检"，查找安全隐患与病害。人们亲切地称他们为"高速铁路的医生"。高速综合检测列车以高速动车组为载体，装备轨道、接触网、轮轨力、通信、信号专用检测系统和综合系统，对轨道几何状态、加速度、轮轨力、接触网几何参数、弓网动态作用、供电参数、通信、应答器、轨道电路等进行同步、动态、等速检测，同时，配套建成的地面检测数据分析处理中心，具有车地数据传输、海量检测数据存储管理、智能综合分析、数据挖掘、综合评估、维护决策支持和综合展示的能力，为动态掌握我国高速铁路基础设施状态、指导养护维修提供了科学、可靠的理论依据和数据支撑，对于保障高速铁路安全高效运营具有十分重要的作用。

高速综合检测列车在新建高速铁路联调联试和运营高速铁路基础设施服役状态周期性安全检测中发挥了重要作用，已成为保障高速铁路运行安全和指导养护维修所必不可少的技术手段。自 2007 年合宁客运专线联调联试以来，高速综合检测列车参加了京津城际、京广、京沪、哈大等我国所有新建高速铁路铁路、客运专线和城际铁路的联调联试，承担了对 2 万千米运营高速铁路和开行动车组的普速铁路每月 2～3 次全覆盖的综合检测任务，检测里程累计超过 500 万千米，成为名副其实的高速铁路安全守护者。

动检车全名高速铁路综合检测动车组，用来试跑高速铁路线，有什么问题及时发现及时修理。高速铁路作为超精密的机电系统，不能 24 h 连续运行，每天至少有 3~4 h 的停运检修时间，用来巡查线路的平整度、供电系统、信号系统的可靠性。每天检修完了，所有线路都要动检车先跑一趟，然后才能上正常的客车（全面检测才靠专门的动检车）。高速铁路线路竣工前也要动检车做全面试跑。

铁科院科研人员经过长期在铁路基础设施检测技术领域的深入研究，突破了 385 km/h 高速图像并行处理、定位器坡度快速检测等 60 余项关键技术，形成了包括实时检测、在线预警、综合分析、趋势预测和安全评估的高速铁路综合检测技术体系。在检测速度、功能、技术指标等方面超越国外同期技术，达到世界领先水平。从开始研发综合检测技术至今，铁科院已经研发制造 12 列高速综合检测列车，其中时速 250 km 速度等级 3 列，时速 350 km 速度等级 9 列，最早亮相的 0 号检测车——CRH5J-0501。2006 年，伴随京津城际铁路的建设，铁科院自主设计集成了我国首列时速 250 km 综合检测列车（"0 号高速综合检测列车"，也称为"CRH5J-0501 综合检测列车"），执行京津城际铁路联调联试任务，并承担了京津城际铁路开通运营后的周期性安全检测工作。随着以京沪高速铁路为代表的时速 350 km 高速铁路的开工建设，2009 年，铁科院承担了我国"十一五" 863 计划重点项目"最高试验速度 400 km/h 高速检测列车关键技术研究与装备研制"研究任务，于 2011 年 4 月成功研制了 CRH380BJ-0301 高速综合检测列车。为保障哈大等高寒条件下高速铁路的运营安全，铁科院开展了一系列科研攻关，2016年成功研制了时速350 km高寒型检测设备，并与动车组生产厂共同制造了CRH380BJ-A-0504高寒型高速综合检测列车；该车目前正在进行动态试验，即将投入检测运用。CRH380AJ-0202型号高速综合检测列车如图4.7所示，综合检测车检测功能如图4.8所示。

图4.7　CRH380AJ-0202型号高速综合检测列车

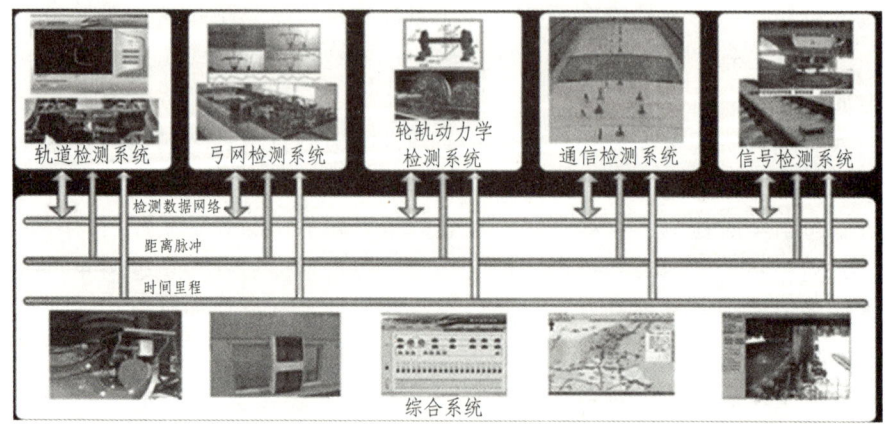

图4.8　综合检测车检测功能图

2017年8月7日，经过一个多月的调试运行，中国高速铁路首列检修"JJC型接触网检修作业车"在山东青荣城际线路正式投入使用，这意味着铁路供电检修科技装备保障迈入全新时代。该车由10节作业车和2节牵引车固定编组，车顶安装175 m长的贯通升降作业平台，整列全长220 m，最高运行速度达120 km/h，是目前全国装备最先进、科技含量最高的接触网检修作业车。

作为高速铁路运行动力供给源头，接触网维护经历了人梯阶段、作业车阶段到现在的检修列阶段，综合作业效率大幅提升。这个车最大的特点：作业平台大，作业平台像百米跑道，能够满足 30 人同时作业，以前人工车梯作业 12 个人一台车，作业平台只满足 2 个人作业，其他人员均为辅助防护工作，一晚仅能检修 400 m；在过去传统的检修作业车上，司机、防护员等非检修人员约占工作组人数的 70%，但在检修列上仅占 40%。检修列相当于一个"作战指挥部"，车上每天可根据供电 4C 检测监测系统提供的大数据，对设备检修点进行精准定位。这个车配有 51 处视频、语音监控系统，能够车上、车下联控，实现精确检修。作业平台装有地灯，可满足夜间、隧道等照明不足环境的作业，实现了全天候高速铁路维修。在检修覆盖面上，接触网综合检修车列可全面检修所有接触网零部件，解决了传统检修部分零部件不到位的问题，做到了全覆盖、无死角、零遗落。此外，接触网综合检修车列还配备了宾馆式软卧车厢，现代化的厨房、餐厅、浴室、卧室，可为接触网工提供吃穿住行"一条龙"服务，实现了材料加工、工具存储、食宿、现场指挥等功能一体化，作业人员生活条件大大改善，被誉为"铁路移动检修车间"。

2018 年 4 月 17 日，中国铁路哈尔滨局集团有限公司获悉，国内首创由中国企业自主研发具有自主知识产权的首列 JJC 型接触网检修作业车，4 月 13 日在中国最北哈齐高速铁路投入使用，开启了高寒高速铁路接触网集中检修作业新模式。该列检修车全长约 220 m，由 2 节牵引车和 10 节车厢组成，集牵引、作业、指挥、办公、宿营、后勤于一体，是目前中国铁路装备最先进、科技含量最高的接触网检修作业车。其检修作业平台面积扩大 200 倍，检修作业效率提高近 10 倍，被称为接触网检修"航母"。

作为高速铁路运行动力供给源头，接触网状态是否良好，直接影响到高速铁路动车组的正常运行。近年来，随着黑龙江高速铁路建设的快速发展，传统检修方式与高速铁路发展现状已经不相匹配，高速铁路接触网维护检修方式亟待转变，接触网检修列的应用将高速铁路供电检修模式带入全新时代。

据了解，该接触网检修列"航母"顶部作业平台面积近 400 m^2，是一个宛如巨型"跑道"的超大移动平台，能容纳近百人同时检修作业，与以往传统车梯作业相比，检修列作业平台面积扩大 200 倍，比检修作业车扩大 45 倍，一次起停车可对 175 m 长的接触网进行集中检修,检修作业效率提高近 10 倍。4 月 13 日凌晨 1 点，夜色如墨山峦寂静，在 175 m 超长作业平台，两条白色光带划破夜空，接触网检修列车仿佛一条通体光亮的巨龙，奔走在中国最北高速铁路线路上。平时感觉高悬半空的接触网此时只到职工胸前，让检修作业变得"触手可及"。

3. 养护维修

（1）维修体系

维修实践需要一种思想观念作为指导，称之为维修思想。在一定的维修思想指导下，制订出的一套规定与制度（维修计划、维修类型、维修方式、维修等级、维修组织、维修考核等），称之为维修制度。目前世界上的维修思想和制度可分为两大体系：

一种是以"预防为主"维修思想指导下，以磨损理论为基础的计划预防维修制度。计划预防维修制是指对机械设备的修理是有计划进行的，其要点是通过对机械零部件损伤的大量统计资料，进行分析研究后，把机械设备上不同损伤规律和损伤速度的零部件，科学的划分成若干组，并确定出不同零件损伤极限，从而规定了不同修程的修理期限和修理范围。这样，使机械设备在运用中能得到有计划的修理，亦即零件尚未达到极限损伤之前就加以修复或更换，所以是预防性的计划修理。实现计划预防维修制度，需要具备以下条件：通过大量的统计、测定和试验研究，确定出机械设备主要零部件的修理周期；根据主要零部件的修理周期，同时考虑一般零部件的修理，合理地划分修理类别等级和修程；制定出一整套相应的修理技术标准检修限度和修理技术要求；具备按职能分工、合理布局的修理基地。

计划预防修制以机械设备故障率曲线（浴盆曲线）中耗损故障起始点来确定修理时间。由于把机件磨损或故障作为时间的函数，因此，定时维修、拆卸分解就成了这种修制的主要方法；具体实施可概括为"定期检查、按时保养、计划修理"。其关键是确定装备及其主要零部件的修理周期，合理划分修理等级及修理周期结构，制定维修的规程与规范。

一种是以"可靠性为中心"的维修思想指导下，以故障统计理论为基础的预防维修制度。

以"可靠性为中心"的维修是在计划预防修制的基础上发展起来的，在实践中人们发现并不是维修越勤，修理范围越大就越能减少故障，相反，会因频繁拆卸安装而出现更多故障。设备的可靠性是由设计制造所确定的，有效的维修只能保持其固有可靠性。

以"可靠性为中心"的维修制度则提出按照设备各机件的功能故障、故障原因和故障后果来确定需要做的维修工作。提出了维修方式的"逻辑分析决断图"，对重要维修项目逐项分析其可靠性特点及发生功能性故障的影响来确定应采用哪种维修方式。

（2）维修方式

维修方式是指对设备维修时机的控制。也就是说对维修时机的掌握是通过采用不同的维修方式来实现的。目前的维修方式有 3 种：

① 定期维修（又称计划修）。定期维修是以使用时间作为维修期限，只要设备到了预先规定的时间，不管其技术状态如何，都要进行规定的维修工作，这是一种强制性的预防修理。定期修的关键是如何确定维修周期。正确的维修时机应该是偶然故障阶段的结束点，即在故障率进入耗损故障期急剧上升之前。

② 视情维修（又称状态修）。视情维修是指对设备参数值及变化进行连续、间接或定期的监测，以确定设备状态、检测性能下降，定位其故障和失效部位，记录和追踪失效的过程和时间的一种维修。视情维修认为大量故障不是瞬间发生的，而是有一个从发生到发展、最后形成故障状态的过程，总有一段出现异常的时间，而且有征兆可寻。因此如果找到跟踪故障迹象过程式的方法，将观察到的设备运行状态和规定标准进行比较，则可以采取措施预防故障发生或避免故障后果，从而决定设备是继续使用到下一个检查期还是需加工修理后使用，或进行零部件的更换或报废。

③ 事后维修（又称故障修）。事后维修是在设备机件发生故障之后才进行修理，它不是控制维修时间。实践证明，有些机件即便发生故障也不会危及安全造成恶果，它们或是故障规律不清，属于偶然发生，或是虽属耗损型故障，但不值得大动干戈，事后维护更经济。

预防性维修的概念最早由西方发达工业国家提出，它以设备诊断技术为基础，结合设备故障的历史和现状，参考运行环境及其它同类设备的运行情况，应用系统工程的方法进行综合判断分析，从而查明设备内部情况、故障和异常，预测隐患的发展趋势，提出防治和治理对策，其关键是依靠先进的故障诊断技术对潜伏故障进行分类和严重性分析。预防性维修主要包含三个方面的关键技术：状态检测、故障诊断和状态预测技术。

选择维修方式应该从设备发生故障后对安全和经济性的影响来考虑。定期维修和视情维修均属于预防性维修，可以预防渐进性故障的发生，事后维修则是非预防性的，多用于偶然故障或用于预防维修不经济的部件。定期维修是按时间标准进行送修，视情维修是按实际状况标准，而事后维修则不控制维修时间。三种维修方式各有其适应范围。从这个意义讲，它们本身并没有先进落后之分，然而应用是否恰当，则有优劣之分，问题的关键是应该根据维修的具体情况，正确的选择维修方式。在现代复杂设备上往往三种维修方式并存，相互配合使用，以充分利用各个机件的固有可靠性。

中国铁路上海局集团有限公司高速铁路工电供"三位一体"模式。为解决原有接触网维修时的分工合作不协调、各项作业占用时间过长造成时间浪费、挤压列车运行时间等问题，中国铁路上海局集团有限公司对管辖范围内的高速铁路维修实施"三位一体"模式。这里的"三位一体"是指将承担铁路基础设施养修任务的工务、电务、供电三个专业整合到一个管理单位中，三个组织单元联合组成一个紧密协作的整体，建立一个设备共管、资源共享、天窗共用、责任共担，实行生产生活一体化，破除原有的各专业工种界限的综合维修的组织体制。

近年来，铁路局配备了一大批先进的大型养路机械、检测车和钢轨探伤车，其中大型养路机械179台，包括国内最先进的DWL-48连续式捣固稳定车18台。目前，P95大修列车、GMC-96x钢轨打磨车、DWL-48连续式捣固稳定车都是国内单机生产效率最高的大型养路机械。路局线路检测设备也实现了升级换代，装备在上海高速铁路维修段综合巡检车，属国内首台综合巡检车，集成了摄像采集、激光扫描、计算机图像处理、RFID精确定位、智能化分析判断等先进技术于一体，一次开行，可同时对工务、电务、供电三个专业设备同步进行检测、分析、预警。

工务、电务、供电三个专业规划实施设备养修作业时，从检修周期的兼顾、检修项目的重组、计划编制的平衡、生产组织的优化、出行方式的统筹等方面进行组合优化，最大限度消除专业间的结合部问题，以最小的成本投入，提供高可靠性的设备质量，实现高速铁路基础设施综合养修的三个专业作业计划上统一平衡、劳动组织上优化组合、生产资源上统筹共享、生产效率上显著提高的目的，为旅客安全出行、方便出行、温馨出行提供安全、优质的服务。

铁路局设置高速铁路维管段，段下辖综合维修车间，综合维修车间下辖综合维修工区，对管辖范围内所有工务、电务、供电设备的安全运行全面负责，按照高速铁路基础设施的技术要求制定维修管理细则，全面落实各项生产任务，综合安排维修天窗，卡控天窗作业的各安全环节，实行周期检查、状态检修，实现安全、稳定，有序可控。改变了原有三个专业工种分别设置专业车间和专业工区的做法，能够充分实现资源统筹共享，安全责任共担，高度融合的一体化目标，维修生产布局经过这一优化，既节约了成本，又提高了劳动生产率。

原有维修组织条件下，部分单位如电务段等没有专用的轨道作业运输车，人机料具难以在天窗点内快速进出封锁区间，只能依靠汽车或行走到达工地，很难适应高效生产和应急处理的需要。而"三位一体"模式下，因为资源集中共享，各工种作业一般集中出行，在作业出行方式上就可以采用集中开行轨道车出行为主、开行汽车为辅的方式，既减少交通安全风险，又节约了出行费用，达到了控制运输成本的效果。2018年1月5日，成都局集团公司推动深化工务、电务、供电、通信等基础设施并为管理改革的迫切目标，通过在重庆工电段推进实施工务、电务、供电、通信多工种管理综合化、维修一体化和大修专业化试点工作，探索建立与铁路发展相适应的劳动组织和生产管理模式，新成立的重庆工电段实行工务、电务、通信、供电专业一体化管理。当日19时28分，重庆市北碚区发生3.1级地震，地震发生后，重庆工电段迅速响应，立即启动地震应急预案，第一时间赶赴调度指挥中心坐镇指挥。紧急关头，多部门、多工种同时出现，协同指挥应急处置的场景在集团公司尚属首次。地震涉及范围内各工种迅速出动，采取人工登乘轨道车、徒步等方式，对管内线路、桥隧、接触网、信号、通信等设备进行拉网式全覆盖检。统一指挥、高效合作，茫茫夜色中，各工种人员拧成一股绳，心往一处想，劲往一处使，统一指挥、统一驻站、统一防护、共同乘坐一台轨道车出巡，这种精诚团结、密切配合的举动诠释出了重庆工电段"团结、协作、务实、高效"的全新理念。1月5日19:28，重庆市北碚区发生3.1级地震，地震发生后，重庆工电段迅速响应，立即启动地震应急预案，第一时间赶赴调度指挥中心坐镇指挥。紧急关头，多部门、多工种同时出现，协同指挥应急处置的场景在集团公司尚属首次。地震涉及范围内各工种迅速出动，采取人工登乘轨道车、徒步等方式，对管内线路、桥隧、接触网、信号、通信等设备进行拉网式全覆盖检。统一指挥、高效合作，茫茫夜色中，各工种人员统一指挥、驻站、防护，共同乘坐一台轨道车出巡，这种精诚团结、密切配合的举动诠释出了"团结、协作、务实、高效"的全新理念。

4.3.3 环境保障系统

环境条件包括内部小环境和外部大环境两部分，内部环境通常是指作业环境，即作业场所人为形成的环境条件，包括周围的空间和一切生产设施所构成人工环境。高速铁路运营系统是一个非常复杂的宏观大系统，它是由系统硬件、系统工作人员、组织机构以及社会经济因素等相互作用而构成的社会—技术系统。因此，影响运营安全的内部环境绝非仅是普通意义上的环境，还包括通过管理所营造的运输系统内部环境和所在地的社会环境，它涉及面很广，包括高速铁路运营系统内部的政治、经济、文化、法律和外部的地域文化、人文环境等。

影响运输安全的外部环境包括社会环境和自然环境。自社会环境包括社会的政治环境、经济环境、技术环境、管理环境、法律环境以及社会风气、家庭环境等等，它们对铁路运输安全均有不同程度的影响，较为直接的是铁路沿线治安和车站秩序状况。

内部环境通常指作业环境、作业场所形成的环境条件、温度、湿度、噪声等。内部小环境是指高速铁路系统的自身内部环境，是高速铁路自身管理所营造的企业环境，包括高速铁路的管理模式、机制、规章、制度等。高速铁路内部小环境与内部管理有很强的关联性。内部环境还包括通过管理所营造的运输系统内部社会环境，例如，企业文化和班组氛围等。

外部环境是指相对于高速铁路系统内部环境之外的自然环境、社会环境等外部环境。自然环境是指自然界提供的、人类一时难以改变的生产环境。自然环境对运输安全的影响很大。例如，泥石流、暴风雨雪、地震等天气，车站周边治安环境。恶劣的自然环境，虽然不能人为控制避免其出现，但可以提前预测、应对，通过采取一定的预防预警和应急措施，从而降低风险、减少损失。高速铁路线路暴露在大自然中，经常遭受洪水、暴雨、风沙、泥石流以及地震等自然灾害的威胁。此外，气候因素、季节因素、时间因素以及铁路沿线的地形地貌等也是不容忽视的事故致因。应高度重视高速铁路"胀板"工作，坚持预防为主，加强检查排查和超前处置，把隐患消灭在萌芽状态。要把高速铁路"胀板"问题解决好，确保高温天气下高速铁路绝对安全。

选取影响高速铁路运营安全的自然环境要素主要包括强风、暴雨、地震、泥石流、雪灾等，分析如下：

（1）强风。强风的定义是指风力达蒲福氏风级6至7级，即41～62 km/hm。强风可能导致接触网剧烈摇晃，当高速铁路列车通过时，受电弓和接触网不能以正常的接触方式接触，造成离线放电，也有可能直接把接触网或者受电弓刮断刮落。另外，高速运行中的列车受到强风的影响，会导致车厢剧烈摇摆，甚至引起列车的侧翻。横风对高速铁路的影响作用机理是通过与高速运行的列车发生气动作用，产生使高速列车横向偏移的侧向力以及让列车脱轨的升力。国内外研究表明，当高速列车速度达到300 km/h的情况下，若遇到15/s的横风时，高速列车的脱轨率将超过0.5。

例如，横风影响下，高速铁路列车运行过程中横向稳定性会随着运行速度的提高而降低，如果横向风速大极有可能造成列车颠覆，对高速铁路运营安全产生极大的安全隐患。横风对高速铁路的影响作用是通过与高速运行的列车发生气动作用，产生使高速列车横向偏移的侧向力以及让列车脱轨的升力。国内外许多的研究表明，当高速列车的速度达到300 km/s的情况下，若遇到15 km/s的横风时，高速列车脱轨率将达到0.5以上。

我国家兰新高速铁路全长 1 777 km，是世界上一次性建设里程最长、穿越沙漠地带和大风区的高速铁路，途经烟墩风区、百里风区、三十里风区和达坂城风区四大风区。风区最大风力达 12 级，其中，百里风区、三十里风区的风力最为强劲，部分区段年均大于 8 级大风天气达到 208 天，最大时速 60 m/s，相当于 17 级风，是我国乃至世界上铁路风灾最严重的地区之一。线路里程的一半都有挡风墙（屏）。挡风墙（屏）通常建在迎风面的一侧，位于列车运行的建筑限界以外，用以保证列车的安全运行间距，地面上用水泥挡板加固，宽度 0.5 m 左右，高 3.5~4 m，在桥上用金属板镶嵌在护栏上。建在地面上的称为挡风墙，建在桥上的称为挡风屏。除了防风墙之外，兰新高速铁路软件方面也准备很充足，正式运行前都进行了大量的数据采集和试验，简单来说，遇多大风，开多快，都有相应的规定。采集到风的情况传递到调度指挥中心，确定了列车应该以多少速度运行，再通过调度指挥中心得出的结论，把调度命令传导到驾驶台的操作台上，司机可以看到调度命令，应该按多大的速度来控制。

面对大风这道世界性的难题，最理想的状态是每辆高速铁路列车能实时感知自己遇到什么样的风。今后的发展方向是现场的风是多少当时就采集上，然后风级能够传导到列车上，列车上的自动控制状态能够根据风速自动控制列车的运行。设计人员先后在风区建立了 19 个大风观测站，结合已有气象资料，首次按一定时间内的风速、瞬时风速、频率、地形等指标，把线路所经的风区由低向高分成五个区。在充分掌握大风环境资料后，通过数值模拟分析、风洞试验和室内外实验等手段，开展了路基、桥梁、明洞、接触网防风及大风预警技术研究，为有关设计参数的选取提供了科学依据。风墙的合理位置为距迎风侧线路中心 5.7 mm。这个距离位置时，动车组运行的气动力最小，气动性能相对最好。此时，接触网位置的横风风速也相对较小。由于路基挡风墙的作用，把风赶到上面，加大了接触网的受风强度，使接触网防风设计更具挑战。在先期研究结果指导下，设计人员研制出一系列防风手段，比如支柱，采用了满足大风环境下稳定可靠的 H 型钢柱，还有许多国内首创的多项新科技。

经过科学实验，将路基提升 30 mm 后，可以有效地让沙尘从路基下面被吹走，沙尘不会积存下来。兰新高速铁路防风工程技术的运用在我国高速铁路建设中均属首次，在世界上也属创新性技术。今后的发展方向是现场的风是多少当时就采集上，然后风级能够传导到列车上，列车上的自动控制状态能够继续运用这个风自动控制列车的运行。

强风中还有一种种类——台风（飓风），指形成于热带或副热带 26 ℃ 以上广阔海面上的热带气旋。世界气象组织定义：中心持续风速在 12 至 13 级（即 32.7~41.4 m/s）的热带气旋为台风（typhoon）或（hurricane）。北太平洋西部（赤道以北，国际日期线以西，东经 100 度以东）地区通常称其为台风，而北大西洋及东太平洋地区则普遍称之为飓风。每年的夏秋季节，我国毗邻的西北太平洋上会生成不少台风，有的消散于海上，有的则登上陆地，带来狂风暴雨，是自然灾害的一种。

遇有台风影响时段，为确保旅客列车运输安全，目前，铁路部门在该时间段内根据台风路径和影响程度分时段对管内部分线路采取列车停运措施。铁路部门将密切关注台风影响程度，及时调整受影响线路列车恢复开行时间。

（2）暴雨。暴雨对高速铁路旅客运输安全的直接影响比较小，但是它可能引起山体滑坡、泥石流等自然灾害，这对高速铁路列车运行造成了安全隐患。暴雨过后也可能产生比较严重的洪涝灾害，很多高速铁路设备如果长时间浸泡在水里，可能导致不同程度的损坏，同样也会影响到高速铁路列车的运行。暴雨对高速铁路旅客运输安全的直接影响比较小，但是它可能引起山体滑坡、泥石流等自然灾害，这对高速铁路列车运行造成了安全隐患。暴雨过后也可能产生比较严重的洪涝灾害，很多高速铁路设备如果长时间浸泡在水里，可能导致损坏，同样也会影响到高速铁路列车的运行。

（3）泥石流。泥石流是一种流速快、流量大、破坏力极强的自然灾害。若高速铁路线路附近发生泥石流，则会冲毁高速铁路路基，引起运输中断，更有可能直接冲毁运行中的高速铁路列车，导致人员伤亡和财产损失。泥石流是一般发生在地形险峻的山区，受到暴雨、地震等其他自然灾害因素的影响导致山体滑坡，伴随着大量的泥沙石块的特殊洪流。泥石流是一种流速快、流量大，破坏力非常大的自然灾害。若高速铁路线路附近发生泥石流，则会冲毁高速铁路路基，引起高速铁路旅客运输中断，更有可能直接冲毁运行中的高速铁路列车，导致人员伤亡和财产损失。

（4）雪灾。雪灾是高速铁路旅客运输中需要重点防范的一种自然灾害。雪灾会影响到轨道的正常状态，如果形成冰的话，会引起到轨道和车轮之间的打滑，很有可能引起列车脱轨或者侧翻。同时，暴雪会造成接触网的坍塌，会造成高速铁路列车供电系统发生故障。雪灾会影响到轨道的正常状态，如果形成冰的话，会引起到轨道和车轮之间的打滑，很有可能引起列车脱轨或者侧翻。同时，暴雪会造成接触网的坍塌，影响高速铁路列车的供电。根据调查，杭州东高速场进行上道扫雪作业时，由扫雪人员上道至扫雪人员作业完毕下道，一副道岔总清扫时间大约为 30 min，其中上（下）道走行时间根

据距离长短 8~12 min 不等,清扫时间约为 5 min。在条件恶劣情况下,若上下行分别只能固定一条股道接车,

(5)地震。地震对高速铁路旅客运输有很大的影响,地震可能导致轨道、桥梁、隧道等铁路建筑产生安全隐患,而且地震又是比较难预测的一种自然灾害。地震是比较难预测的一种自然灾害,对高速铁路旅客运输有很大的影响,可直接导致轨道、桥梁、隧道等铁路建筑产生安全隐患。2016 年 12 月 27 日 8 时 17 分,重庆荣昌发生 4.8 级地震,由重庆站开往成都方向的成渝高速铁路列车均受到影响。地震致使成渝高速铁路大足南至荣昌北区间、成渝普速铁路迎祥街至永川区间有轻微震感。铁路部门启动应急预案,扣停运行在该区段的所有列车,并立即安排人员检查线路,受此影响,部分列车晚点或停运。对此,重庆站方面启动应急预案,候车室不间断广播列车停运情况、增开退票窗口等信息,并采取定环节、定人员、定车次、定区段、定责任的"五定"方式进行现场安全卡控。同时,增开 20 个退票窗口,联系休班售票员迅速赶往车站上岗,为旅客办理全额退票手续。车站合理调整了候车区域,在关键区域加派人手,以便做好旅客组织和疏导。永川东站、荣昌北站也积极联系大巴,组织滞留旅客及时疏散。

社会环境是指国家政治、经济、文化等环境,就高速铁路车站站而言主要是指其周边的治安环境。因此,高速铁路车站站在安全管理中,要根据自身所处的自然环境和社会环境等状况,综合采取相应的预防和应急措施予以应对,确保车站的安全。

无论是内部环境还是外部环境,一旦发生变化,都可能会不同程度的改变运输组织的条件、前提和流程等,给高速铁路中间站安全埋下隐患,严重的可能会直接危及行车安全。其中外部环境最为突出的为每年的夏季和冬季,以汛期安全为例,每年的 5 月至 9 月为铁路部门的防洪汛期,预警依据降雨量预报、台风影响及其可能造成的危害程度、设备抗洪能力分为两级:防洪 Ⅱ 级预警(严重,包括台风黄色预警):区域内日降雨量预报为暴雨或大暴雨,可能发生水害等影响行车安全。防洪 Ⅰ 级预警(特别严重,包括台风红色预警):区域内日降雨量预报为特大暴雨,极可能发生水害等影响行车安全。防洪降雨量警戒信息分为雨量出巡警戒信息、雨量限速警戒信息和雨量封锁警戒信息三种。其中雨量出巡警戒信息发送至车务站段主管防洪副站长,相关中间站站长、车间主任。根据预警信息高速铁路中间站要组织站区工务、供电(接触网、电力)、电务(信号、通信)一线人员参加雨中设备巡查及防洪地点巡守,以便及时发现危及行车安全的滑坡、崩塌落石、边坡溜坍、路基塌陷、路基下沉、排水不良、倒树、供电设备故障、通信信号设备故障等各

种灾害，及时做好应急处置，防止发生水害事故，确保行车安全。高速铁路车站行车作业人员，要严格执行《汛期安全行车措施》有关规定，加强各方联系，凡发现危及行车安全的水害和暴风雨，区间线路情况不明时，严格贯彻"先防护、后处理"的原则，果断采取"拦、停、扣"车等措施，绝不冒险放行列车。高速铁路车站应急人员在接到水害报告后，要及时通知并积极协助有关部门赶赴现场进行处理，经确认符合放行条件后再放行列车。

铁路安全防灾对于我国高速铁路来说属于边缘新兴学科，各子系统监测点特别是各类探测器、传感器的布点、选型与研制，各防灾子系统报警标准以及相关应用软件的研究和开发等工作都需要不断地深入进行，才能使得安全防灾技术不断发展，以满足高速铁路安全运行的需求。

在高速铁路发达的德国、法国、日本等国家，都针对自身气候特点，均在高速铁路建设的先期就开始建设针对自然灾害的防灾安全监控系统，以防止或减轻各类灾害对高速铁路运输安全的危害，到目前为止，已形成较为完备的综合防灾体系。

我国高速铁路防灾体系建设起步比较晚，目前已开通运营的高速铁路虽已经都安装了防灾系统，但实际运用的只有风速、雨量、异物侵限子系统。降雪、隧道事故应急、轨温监测、大雾子系统等尚未建成，地震子系统虽已安装但未投入使用。并且只有异物侵限子系统是和CTC调度集中系统、列控系统直接联网。风速和雨量报警系统还需要工务段和列车调度员共同确认后，人工执行限速、禁行等应急处理。在针对风、雨、雪、雷电等自然灾害的处理上，不能及时、有效保证高速铁路运营安全。另外，各高速铁路间的防灾体系由于是不同厂家提供，不同高速铁路线路间的防灾体系均是单独组网，造成彼此不能相互联网，服务器数据不能共享，全路甚至全局还不能形成高速铁路防灾综合信息平台。缺少网络建设的统一规划，没有长远考虑，造成重复投资，系统化综合应用水平低。

高速铁路安全防灾监控体系主要是对危及高速铁路列车运行安全的自然灾害（风、雨）、异物侵限及非法侵入、地震等进行监测报警处理，提供经处理后的灾害预警、限速、停运等信息，为列车调度员进行列车运行计划调整、发布行车限速、抢险救援等命令提供依据；或直接通过系统功能迫使高速铁路列车停车，保证高速铁路列车的运行安全。主要由安全防灾监控系统、综合网络集成、应用管理规程、应急预案等构成。

高速铁路安全防灾监控系统是风监测子系统、雨量监测子系统、异物侵限监控子系统以及地震监测子系统的集成系统，并预留防雪、雾霾等其他种类防灾监测的接入条件。系统采用统一的处理平台，由风、雨、异物侵限及地震等现场监测设备，防灾电缆、中继站、通信基站（含车站通信机房）防灾监控单元和牵引变电所或分区所主控室防灾监控单元，监控数据处理设备（含维修终端），工务段监控设备，铁路局调度所行车调度、工务调度监控设备以及传输通信网络、接口等组成。

中国铁路总公司明确高速铁路安全防灾监控系统是确保高速铁路动车组运行安全的重要基础装备之一，属重要的行车设备，根据《铁路技术管理规程》规定按第一类设备进行管理，应具备实时性、可靠性、准确性、安全性。高速铁路安全防灾监控系统采用的现场监测设备应具备或符合如下条件：具有免维护或少维护功能，具备随时提供技术支持与维护功能；系统功能和设置应符合铁路总公司、铁路局有关规定，经建设、运营管理部门组织有关单位验收合格后，方可投入运行。

高速铁路运行的列车速度高、密度大，对线路、路基、桥隧、钢轨、接触网等基础设备的要求非常高；对风、雨、雪、雾、雷电等自然气候的影响非常敏感，另外线路塌方、落石、滑坡、坠物等带来的灾害对高速铁路的行车安全带来的损害也是难以估量的。因此，在我国高速铁路建设过程中应高度重视安全防灾基础设施的设计与建设，在各个专业层次上加强和规范安全防灾监控功能的整合，在引进、消化和吸收德国、法国、日本等先进安全防灾监控技术的基础上，通过不断创新改进，建立起适合我国高速铁路实际的安全防灾监控体系，确保能够实现高速铁路安全技术的跨越式发展。

与高速铁路建设同步，高速铁路自然灾害及异物侵线监测系统同步建设，为列车安全、高速运行起到了重要的技术保障作用。

高速铁路灾害监测系统对危及高速铁路列车运行安全的自然灾害（风、雨、雪）、异物侵限及非法入侵、地震等进行监测报警，提供经处理后的灾害预警、限速、停运等信息，为列车调度员进行列车运行计划调整，发布行车限速、抢险救援等命令提供依据，保证列车运行安全。

高速铁路灾害监测系统分为监测终端、数据处理、现场监测等设备。现场监测设备由监控单元和现场采集设备组成，其中，监测单元由监控主机，风、雨、雪、地震、异物侵限监测模块、防雷单元、UPS 电源及接口继电器组合等组成，一般设置在铁路沿线的灾害监测系统机房内，具备条件时可以通信基站合并设置。防灾系统数据处理设备主要由数据服务器、应用服务器、通信、接口服务器、磁盘阵列、维护管理服务器、短信服务器、网络设备、网络安全设备及其软件以及防雷单元、UPS 电源等设备组成。软件系统不完善导致误报警、UPS 供电不稳定、系统维护不到位、基站监控单元故障等都会造成防灾系统出现故障。目前，系统报警信息由调度员判别，再由调度员进行人工编写行车调度命令下达给动车组司机，司机接受命令后作出控车动作，这一信息传递过程失去了宝贵的对报警信息及时处置的时间，要进行报警信息直接与高速铁路列车对接，并能自动控车功能的开发，提高系统智能化水平，增强系统可靠度。

设备或其他外部原因造成设备托管、外电中断、电缆中断、设备板件等故障，都会对高速铁路运营造成影响。有必要研发和使用智能检测设备，对防灾监控电源设备和电缆进行监测。通过研发监控单元智能监测设备，实现对监控单元和电缆进行监测和分析，当数据有异常变化时，能提前预警设备状态。如设备输出电压、电流、电缆绝缘值、电网电阻值等，通过电压、电流、电阻值数值的变化对比分析，可以预判设备故障隐患和初步分析设备故障。

（1）防灾系统构成

安全防灾监控系统包含风速、雨量、异物侵限、地震子系统（尚未使用）。异物侵限子系统和列控系统直接联网，当异物侵限报警时，向列控系统发送报警信息，使进入报警点闭塞分区内的列车自动停车。风速和雨量报警系统需要工务和列车调度员根据报警信息人工办理。防灾监控系统结构如图4.9所示。

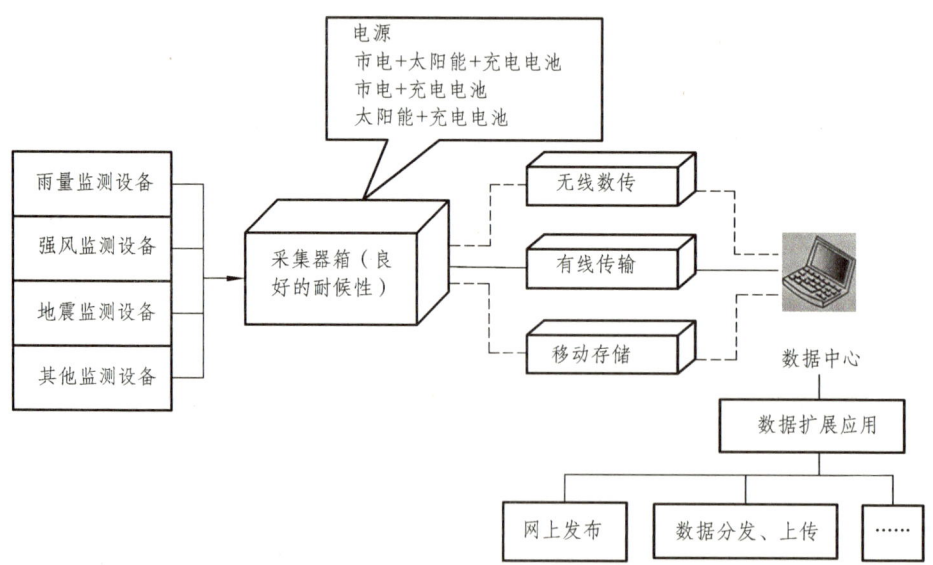

图4.9　环境监测与灾害预警系统结构图

安全防灾监控系统界面如图4.10所示。

第 4 章　高速铁路安全保障

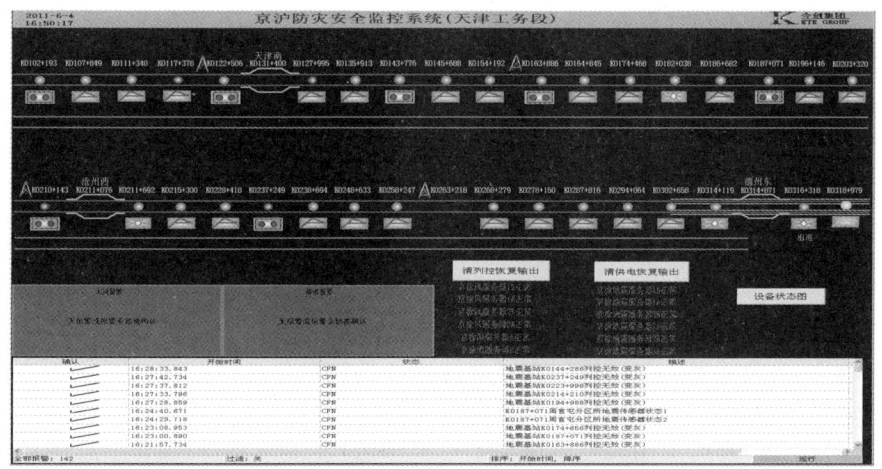

图 4.10　安全防灾监控系统显示界面

① 风速子系统

高速铁路动车组列车对于侧向强风比既有线普通列车更加敏感。由于动车组列车速度高，动车组车体和钢轨之间的摩擦力小，当有侧面强风吹来时，在力矩的作用下可能发生侧翻事故，严重危及行车安全。

风速监测子系统在高速铁路沿线设立风速监测点，实时监测风速数值，系统每秒采集一次风速风向，当风速超过预设报警值并持续一定时间（一般为 10 s）时，系统自动按风速等级形成报警，解除报警时限为大风风速降级后 10 min，系统会自动取消风速报警。

风速监测子系统主要由风向风速计、数据采集单元、专用安装装置、发送装置、接收分析记录装置组成。为了保证采集数据的可靠性，每个监测点均配备了不同厂家生产的两套风向风速计，分别为芬兰 Vaisala 超声波式风向风速计和德国 Lambrecht 热场式风速计。风速监测点系统界面（正常、监控单元失效、传感器故障、报警）状态如图 4.11 所示。

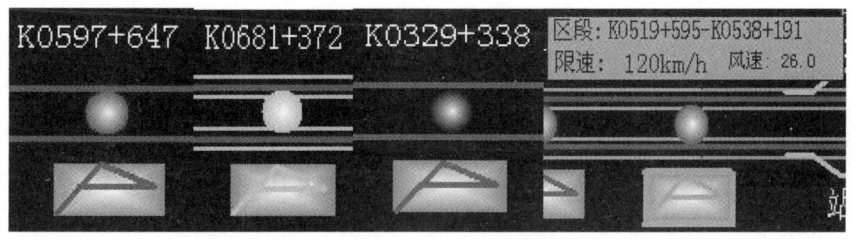

图 4.11　风速监测点状态

当风速报警时，防灾系统自动弹出报警点和对应的限速值。列车调度员根据报警监测点的 km 坐标确定限速里程(限速里程为报警监测点的相邻两端监测点之间的区段，如报警监测点为终端监测点，限速里程为相邻端监测点至终端监测点前移 10 km/h 的区段)，立即向相关列车司机发布调度命令并设置列控限速，对来不及发布调度命令的列车，立即通知司机限速运行。环境风速变化时，列车调度员需及时重新发布相应的限速调度命令并重新设定列控限速。

当风速不稳或同一地段多处风速报警时，列车调度员须按最低限速值合并发布限速调度命令和设置列控限速(中国列车运行控制系统 CTCS-3 区段一个有源应答器管辖范围内最多只能设置 3 处列控限速)。限速报警解除后，列车调度员须及时取消列控限速，恢复正常运行。

当风速监测系统发出禁止运行的报警信息后，列车调度员及时通知相关动车组列车司机立即停车。当风速监测系统报警解除后，规章规定由列车调度员通知禁行区段内相关列车限速 40 km/h 按站间行车通过禁行区段，后续列车恢复正常运行。

②雨量子系统

雨量监测子系统主要由雨量传感器、数据采集单元、终端设备以及监测主机设备构成，对高速铁路沿线的降雨量进行实时检测。系统每分钟采集一次降雨信息，为运营管理部门提供铁路沿线降雨信息。

当降雨量超出警戒标准时，调度所及工务防灾安全监控系统终端将产生报警信息。并自动生成相应的限速参考值或者停运提示。雨量监测点系统界面状态如图 4.12 所示。

当雨量监测子系统监测终端自动报警（自动生成限速里程及限速值）时，列车调度员应根据报警信息立即向相关列车司机发布限速调度命令，并设置列控限速，对来不及发布调度命令的列车，应立即口头通知司机限速运行。

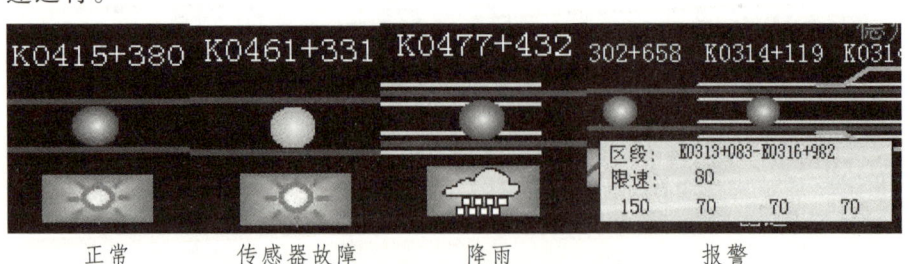

图 4.12 雨量监测点状态

工务段调度员应根据报警信息立即通知相关工区人员进行冒雨检查，调度所工务调度督促巡查工作。雨量报警终端在工务调度台。

雨量报警消除后，工务调度台安全防灾监控终端弹出相应的取消提示。列车调度员接到工务调度员取消限速的申请后，及时向列车发布逐级提速的调度命令，直至恢复正常运行。

③ 异物侵限子系统

异物侵限监控子系统的主要用途是为了防止大型异物侵入高速铁路路线，危及动车组行车安全。一般在高速铁路沿线以下几种区段需要加装异物侵限监控子系统：如，公路桥上跨高速铁路区段；公路与高速铁路并行区段；山体隧道洞门口上方。

异物侵限子系统的主要构成设备为监测防护单元（内置单电网或双电网传感器）、轨旁控制器、安装附件和信号传输线缆等组成。

当监测到异物侵限时，系统能够向 CTC 系统发送异物侵限报警信息，同时通过列控联锁触发列车自动停车，系统同时向调度中心发出报警信息。我国高速铁路绝大多数为新建铁路，且高架占了很大比重。因此目前在用的多数异物侵限监控子系统主要是公路桥上跨高速铁路区段类型。公跨铁监测防护单元如图 4.13 所示。

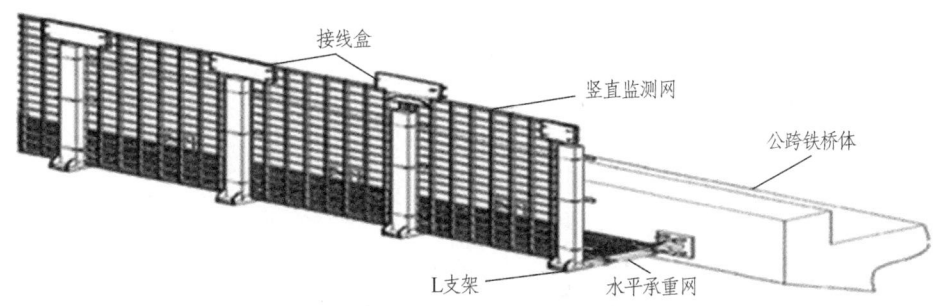

图 4.13 公跨铁监测防护单元

当异物侵限导致电网断线时，监测终端发出红色报警信息（红网），灾害检测系统同时向列控系统发送报警信息，使进入报警点闭塞分区内的列车自动停车。

列车调度员接到监测终端异物侵限红色报警信息后，立即通知区间内已进入报警地点的列车及尚未经过报警地点的列车立即停车。设备恢复使用后，列车调度员将异物侵限监测系统中复原按钮解锁，使系统恢复到正常状态，恢复正常行车组织。异物侵限监测点状态如图 4.14 所示。

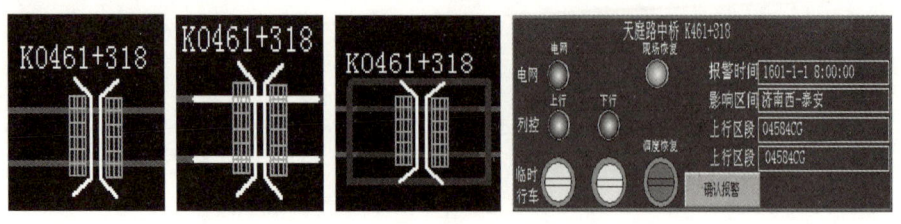

  正常状态　　　传感器故障　　　报警状态　　　　异物侵限报警界面

图 4.14　异物侵限监测点状态

④ 雪灾子系统

雪深子系统是根据降雪量是否对高速铁路列车的运行安全造成影响而采取报警、限速、禁行等措施的安全防护系统。在我国大部分地区冬天会有降雪，所以雪深子系统应普遍应用于高速铁路。

根据《铁路技术管理规程》（高速铁路部分）规定：雪深监测子系统报警雪深值达到警戒值时，列车调度员应根据报警信息和限速提示及时向相关列车发布限速运行的调度命令。

当运行区段降中雪或积雪覆盖轨枕板或道砟面时，无砟轨道区段限速 250 km/h 及以下，有砟轨道区段限速 200 km/h 及以下；当运行区段降大雪、暴雪时，无砟轨道区段限速 200 km/h 及以下，有砟轨道区段限速 160 km/h 及以下。当无砟轨道区段轨枕板积雪厚度 100 mm 以上时，限速 200 km/h 及以下；有砟轨道区段道砟面积雪厚度 50 mm 以上时，限速 160 km/h 及以下。雪灾限速情况表如表 4.1 所示。

表 4.1　雪灾限速情况表

区段线路状况	轨道类型	限速（km/h）以下
中雪、积雪覆盖轨枕板或道砟面	无砟轨道	250
	有砟轨道	200
大雪、暴雪	无砟轨道	200
	有砟轨道	160
轨枕板积雪厚度 100 mm 以上	无砟轨道	200
道砟面积雪厚度 50 mm 以上	有砟轨道	160

雪深子系统主要包含有积雪深度仪、数据采集单元、终端设备以及监测主机设备构成。积雪深度仪的主要原理是采用超声波探测设置地点的积雪深度，向系统终端反馈积雪深度情况。除去系统必要构成设备外，高速铁路区段还应标配车站道岔融雪装置，在雨雪天气下，开启融雪装置防止道岔及车

站两端钢轨的积雪和上冻。在经常降大雪的地区还应配备有专业除雪车,其在钢轨上运行时将积雪向线路两侧铲除。建议在雪深为 5 cm 时,安排除雪车出动扫雪。

⑤ 水位监测子系统

水位监测子系统主要包含桥梁和梁下水位监测两部分。桥梁水位监测主要是在桥梁下方不同高度设置水位监测点,主要用来监测桥下明水水位距离桥梁的高度;梁下水位监测主要是在高架桥桥墩深处安装地下水位监测装置,主要用来监测地下水位的变化,根据地下水位的变化确定是否会对桥墩产生影响,是否需要采取措施,以决定高速铁路列车是否需要限速或禁行。主要设备有水位监测点,传感器、信号源、数据处理系统、监控终端等。

重点铁路桥梁需设置水位监测装置,水位监测设备设定当水位上升至距离桥梁一定距离时,采取警戒、限速、禁止运行等措施,保证列车运行安全。水位至距离桥梁 2 m 时,相关人员现场出巡警戒;水位至距离桥梁 1 m 时,列车以能随时停车的速度降速运行;水位至距离桥梁 0.5 m 时,列车停运。

高速铁路需根据具体情况,在高架桥桥墩地下水处设置梁下水位监测装置,主要用于监测地下水的水流、水位变化。通过计算确定是否会对桥墩产生位移等影响,根据计算结果,决定是否对大桥抢修和采取相关的安全措施,以保证列车的运行安全。

⑥ 地震子系统

众所周知地震是危害最大的自然灾害之一,会直接破坏铁路基础设施,导致列车脱轨、倾覆等列车运行安全重大事故。对于高速铁路而言,哪怕是较小震级的地震,对路基、轨道、桥梁等的冲击都可能会导致列车运行安全重大事故。一套有效的铁路地震监测预警系统,可使列车在地震灾害发生时的损失程度降至最小。

地震预测是世界上公认的难题,在国内外都处于探索阶段,大约从 20 世纪五六十年代才开始进行研究。而我国地震预测的全面研究起步于 1966 年河北邢台地震。经过 50 多年的研究,虽然取得了一定的进展,也曾经不同程度地预测过一些破坏性地震,比如 1975 年海城 7.3 级地震,成为世界上第一个通过预测而产生减轻地震灾害实效的科学范例,但是对于不久之后发生的 1976 年唐山大地震,却未能作出短临预测,所以地震预测依旧呈现出极大的不确定性。

根据日本地震频繁的实际,日本新干线铁路沿线及海岸线上都设置了风速和地震测试仪,一旦有台风或地震发生,便能及时发出警报,迅速切断电网供电,迫使列车停止运行。而且,还规定高速铁路沿线不管建筑物还是公共设施都采用超高防震设备。新干线行使47年来，历经无数地震侵袭，然而从未因此发生重大伤亡事故。即使在2004年，一列以200 km/h的速度行驶在新泻地区的新干线列车，因遭受7级地震发生了新干线有史以来的首次脱轨，铁轨弯曲变形，车身严重倾斜，而车上151名乘客安然无恙。随后日本立即着手研究应对措施，对轨道和车辆追加多项防脱措施，事故车厢成为安全教育的活教材，投资巨大研发地震检测系统。2011年"3·11"9级大地震中，新干线再次用事实证明了其防震技术独步天下，创下强震零事故的世界高速铁路纪录。

测经历三个阶段：S波报警（1964—1991）：利用S波的峰值实现单点报警；单点P波预警（1992—2004）：实现单台站的P波预警功能；多点P波预警与S波报警相结合（2005年至今）：能够实现跨线、跨局的预警功能。同时，地震仪从传统的机械式发展成为现在的电子式传感器，目前两种类型的地震仪均在发挥作用。

2017年11月1日起，JR东日本公司东北新干线、上越新干线的部分路段率先启用房总半岛近海测得的地震数据，而JR东海公司的东海道新干线和JR西日本公司的山阳新干线则计划从2019年春季引进。此外，3家公司还将改良分析地震摇晃的手法，预计能够再缩短1s左右的紧急停车时间。

为提高速铁路路在特大地震中的安全性，近年来，日本铁道综研所围绕特大地震预测开展了一系列研究工作：

特大地震摇动预测技术。研发"混合合成法"，采用理论分析和统计分析方法分别对地震波的长周期成分和短周期成分进行综合研究，精确推定大范围、宽地震周期内可能发生的特大地震。在对过去大量主震、余震数据进行统计分析的基础上，建立了余震预测模型，实现从主震到余震的地震群仿真计算。

状态预测技术包括：

（1）地基液化状态的预测。考虑地震过程中间隙水的移动，采用改进的地基液化解析法，分析间隙水压上升至液化和震后水压消散地基稳定的过程，掌握水压反复上升、消散的状况。

（2）结构物状态的预测。研究破坏前结构物状态的精细评价方法，采用"抗震性能残存率"作为余震的安全性评价指标，掌握结构物在主震时的损伤度和余震时的抗震性能。

（3）接触网支柱状态的预测。考虑大地震时支柱部件和基础塑性化影响，研究构建支柱非线性特性计算模型，预测接触网支柱状态。

（4）车辆状态的预测。通过开展地震作用下高架桥桥面旋转反应对新干线车辆运行安全性影响的研究，得出如下结论：受桥面旋转振动影响，列车安全振幅限值应比只考虑水平振动的限值减小 10%以上。

围绕特大地震的应对技术，日本铁道综研所也开展了相关研究：

（1）桥梁应对技术。在既有桥梁方面，开发了中层梁插入工法和负刚度摩擦阻尼装置；对于新建桥梁，研究提出了作为下一代新型高架桥的"超连续高架桥"和"超连续基础结构"建造方案。

（2）接触网支柱应对技术。研究了橡胶件插入工法和 H 型钢插入工法并进行了试验验证。试验结果表明，采用橡胶件插入工法的共振时响应倍率仅为不采用该工法的 1/10；采用 H 型钢插入工法安装的接触网支柱即使发生破坏，也不会发生倾倒而妨碍车辆运行。

2011 年以来，日本列岛相继遭遇东日本大地震等重大灾害，对铁路造成了重大损失。为了在将来可能发生的南海海槽等巨大海洋地震时保证新干线列车实现安全停车（注：日本政府地震调查委员会预测，未来 30 年内日本南海海槽发生大地震概率为 70%，震级或达 9 级），2017 年 10 月 30 日，东日本公司、东海公司和西日本公司与日本防灾科学技术研究所（NIED）签署协定，将引入该研究所的太平洋海底地震数据，在此基础上进行铁路地震预警技术的优化升级，实现新干线紧急停车信号提前 10～30 s。

长期以来，上述 3 家 JR 公司已在沿线和沿岸陆地设置了地震仪，建立起了发现摇晃后紧急停车的机制。不过，对于像东日本大地震和南海海槽大地震这类发生在离岸近海的地震，仅靠陆地上的观测来掌握摇晃情况的话需要较长时间。引入海底地震数据后，一旦海底地震仪发现灾害损失将波及内陆的巨大摇晃，铁路地震预警系统将自动发出停止向变电站供电的命令，新干线列车将紧急停车。其中，东海道新干线紧急停车的时间最多可缩短 30 s，东北新干线、上越新干线为 20 s，山阳新干线为 10 s。

我国的高速铁路地震预警实践始于 2011 年。2012 年 2 月，中国地震局与铁路总公司签署战略合作协议，共同推进中国高速铁路地震监测预警系统的建设与技术攻关。研发组以中国地震局工程力学研究所和中国铁道科学研究院为牵头单位，初步形成了成套的高速铁路地震紧急处置方法，建立了高速铁路地震紧急处置标准体系，针对高速铁路等现状重大工程特点，研究了高速铁路阈值报警（预警）参数确定、处置范围确定等方法。从 2013 年 10 月至今，地震预警技术在我国高速铁路的福厦线、成灌线、大西线等线路上进行试验与测试，并已进行了多次现场模拟试验和天然地震验证试验，在大西高速铁路实施了示范线工程。目前，中国地震局工程力学研究所正在申请高速铁路系统试验国家工程实验室的地震预警系统验收测试，完成之后将在全国范围内试点推广。

高速铁路地震现场监测设备由加速度计、记录器和现场控制单元组成，其中加速度计安装在仪器墩上，记录地面震动情况数据；记录器和现场控制单元安装在监控单元的机柜中。监控单元安装在GSM-R基站、车站、中继站、变电所。监控单元主要用于为现场监测设备提供工作电源，并对现场监测设备采集的数据进行初步处理、缓存并汇集后上传至系统服务器，同时实时监测现场监测设备的状态。地震子系统加速度计安装如图4.15所示。

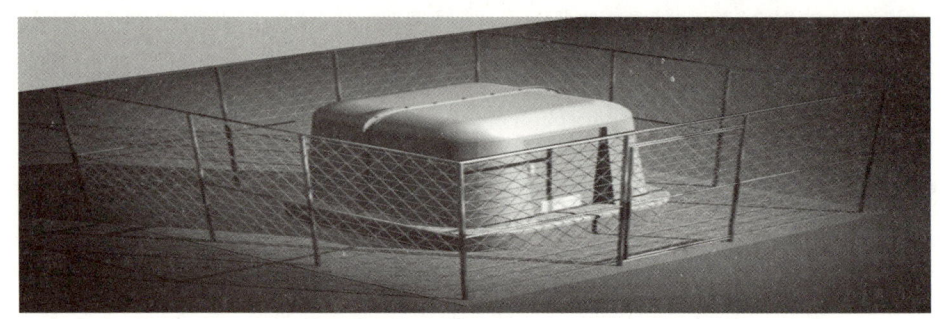

图4.15　加速度计安装示意图

当终端显示界面弹出单点报警对话框后，工务调度要立即查看事件记录，确定准确的报警地点，通知工务、供电、通信等设备管理部门相关人员进行现场核查，检查人员检查确认无地震报警解除设备故障后，向工务调度汇报。

当终端显示界面弹出两点报警对话框后，此时为地震报警，系统已经自动触发信号系统使安装有ATP（列控车载设备）的动车组自动停车、触发牵引变电所牵引供电控制装置使接触网停电。工务调度要立即确定准确的报警地点，通知工务、供电、通信等设备管理部门相关人员进行现场设备检查。现场各专业检查人员确认设备具备开通条件后，向工务调度进行汇报，工务调度操作地震报警解除程序。

针对我国自然灾害频发的国情，高速铁路防灾体系的建设需要越来越完善，除了地震子系统要尽快投入使用外，未来防灾的体系中还应发展普及雪深子系统、隧道子系统、轨温监测子系统、大雾子系统、梁下水位监测子系统等自然灾害应急预警处理体系，使防灾系统能够不断完善，真正做到立体化、全方位安全预警处理。

当前，我国高速铁路正处于"走出去"发展战略实施的关键时期，作为我国创新型国家建设的重大突破和自主创新的标志性成果，高速铁路防灾系统中的自然灾害、异物侵限及非法侵入等报警系统已基本成熟，高速铁路地震报警（预警）技术一直是走出去的关键环节，中国地震局将进一步深化与铁路总公司合作，不断完善高速铁路预警技术，全力保障高速列车运行安全。

2012年2月22日，铁道部与中国地震局签署《共同推进高速铁路地震安全战略合作协议》。自2012年至今，系统经过课题立项、方案制定、样机研发、建设实验段、大规模的室内和现场测试等阶段，技术标准从2014年发布的暂行技术要求，经大西线实验后修订为暂行技术条件，预计年底发布总公司标准，科研程序上经历了方案评审、实验评审、使用评审及技术评审，完成了新产品上道的全部科研程序，在进行全路推广前，又进行了18个局培训工作，手续齐全。目前，针对系统的联调联试，新产品测试等均发布了相应的试验办法，且成立了专门的CNAS测试结构和培训机构。

中国高速铁路地震预警研究发展历程包括2个阶段：

S波报警（2011—2016）：利用S波的峰值实现单点报警；多点P波预警与S波报警相结合（2012年至今）：能够实现跨线、跨局的预警功能。

其中：P代表初至（Primary）或压缩（Pressure），为一种纵波，粒子振动方向和波前进方平行，在所有地震波中，前进速度最快，也最早抵达。P波能在固体、液体或气体中传递。S意指序至（Secondary）或剪力（Shear），前进速度仅次于P波，粒子振动方向垂直于波的前进方向，是一种横波。S波只能在固体中传递，无法穿过液态外地核。

车载地震紧急处置装置是高速铁路地震预警系统的重要组成部分，具有与铁路局中心系统进行信息交互、语音及显示报警、自动触发紧急制动、制动控制解除、继电器状态回采、装置隔离及状态回采、警报解除、系统自检等功能。该装置通过发出语音及显示报警，通知司机施加最大常用制动或自动触发紧急制动，能有效地控制列车运行，减轻地震次生灾害，为地震发生时动车组行车安全提供重要技术保障。车载地震紧急处置装置继高速铁路地震预警监测系统之后通过技术评审，标志着我国高速铁路地震预警系统成套设备全部研发成功，实现了我国高速铁路地震预警技术的重大突破，填补了我国在铁路地震预警技术领域的空白，将极大提升我国铁路地震减灾防灾能力和水平，并为中国高速铁路"走出去"提供技术支撑。

我国跻身具备高速铁路地震预警技术的国家之列。历经4年联合攻关，我国高速铁路地震预警及紧急处置技术突破了波质警、值警等关键技术，已在福厦、成灌高速铁路等部分线路开展示范应用，使我国成为世界少数几个拥有高速铁路地震预警技术的国家。近年来，我国除了在地震科学基础理论、应用技术和方法等方面取得了系列创新性成果之外，在保护人民生命安全、保障经济社会可持续发展、减轻地震灾害风险方面也取得了丰硕成果。一是对第五代国家地震区划图采用了小概率地震危险性分析和地震动预测等核心技术,充分考虑"极军遇地震"对社会经济带来的灾难性冲击,消除了不设防地区,大幅提高了广大人民群众的地震安全水准;二是减隔震技术蓬勃发展并得到广泛应用,目前我国已有各类减隔震建筑 6 000 余幢,约占世界的一半;三是针对各地不同自然条件和地域特色设计的各类抗震技术使得农村安全民居工程惠及 6 000 多万人,近年来新建地震安全农居经历多次中强地震,特别在新疆等地区基本实现了 6 级地震人员零死亡;四是活动断层科学探查从定性调查迈向定量研究,高分卫星、LIDAR 等技术逐步推广应用,探测精度不断提高,为城乡规划和工程建设避让提供更为可靠的依据。下一步我国高速铁路地震预警技术展望:实现地震处置信息通过 4G 网络进行上车,与车载地震紧急处置装置实现互联;尽可能减少地震预警盲区范围;P 波预警时间从既有的 3 s 向 2 s 转化;进一步降低地震误报率,原有 15%,提高预警准确性;对地震信息进行大数据分析,分工更加细化;尝试性地实现地震预报工作等。

在环境综合整治方面:

(1)塑料布等轻飘物能致列车停电

目前高速铁路的运行用电,都来自高速铁路线路上方的接触网。但塑料布等"轻飘垃圾"一旦缠绕在高速铁路的接触网线上,就有可能影响列车受电弓的正常取电,导致列车突然停车,甚至可能引发更大的事故。例如,每年的 12 月份到来年 4 月份,是当地大风天气的高发期,在这 4 个月里,郑州铁路局管辖内出现的轻飘物故障占全年高速铁路故障总量的 70%以上。这些轻飘物不仅有塑料布,还有锡箔纸、彩钢板、风筝、孔明灯等物品。高速铁路的运行、通风、空调用电,全部来自高速铁路线路上方的接触网。在正常情况下,接触网线上的电压能够达到两万五千伏,在高速铁路运行时,一旦遇到一些轻飘物落在接触网线上,就很可能影响到列车受电弓正常取电。列车受电弓的材质比较轻,用铝合金制成,若撞上塑料布,就容易使受电弓发生变化,受电弓被打坏无法取流。而锡箔纸、孔明灯、带有金属线的风筝等轻飘物,本身就能导电,它们一旦飘落到高速铁路的接触网上,很可能造成电路跳闸,引发行车事故。对此,铁路部门除了加派工作人员对线路进行巡视外,也呼吁民众尽量不要在高速铁路线路附近放风筝或孔明灯,妥善保管沿线农田里的塑料地膜和大棚塑料布。

一只放飞自我的风筝竟然飘到了接触网上,为啥要立即处理呢?风筝等异物悬挂到接触网后会引起铁路供电设备电路跳闸断电,严重时还会烧伤损毁接触网或列车,列车就不得不停下来。如果是在铁路站场内,风筝等异物会很快被取下，如果在线路中间尤其是在较为偏僻的地方，那么影响列车的时间就会很长了，因为铁路职工需要驱车赶到地方，再爬到接触网上摘……风……筝……如图 4.16 所示。

图 4.16 接触网风筝影响图

2014 年 9 日 21:31，海南东环高速铁路供电网出现供电电压不稳情况，造成 D7354 次、D7353 次等 6 趟动车组列车无法运行，临时停在运行区间。经专业技术人员检查，确定为供电网上挂有"孔明灯"造成电压不稳。紧急情况发生后，铁路部门迅速组织力量进行清理工作，于当晚 23:50 恢复了 6 趟动车组列车通行。

2016 年 2 月 29 日 8:27，厦深线泉州至晋江区间铁路，因为气球悬挂在接触网上，致线路封锁等待处理而造成动车晚点，影响 D6204 次等多趟动车正常运行。2016 年 8 月 23 日由北京西至深圳北 G79 次高速铁路突然停在运行区间内，全车停水停电，后查明原因竟是沿线塑料袋导致沿线供电设备故障。

2016 年 1 月 2 日 11:43，武昌开往襄阳的 D5243 次列车行驶在襄阳东站与襄阳站之间时，4 名小学生通过铁路防护网排水沟钻入铁道线，将碎石放置在铁轨上，导致两列动车被迫紧急停车。其中一列动车车窗玻璃被弹起的碎石击中出现裂纹，15 号车厢右侧一块车窗外层玻璃破裂。4 名小学生出于好奇想看看碎石被火车碾压后的样子，他们便在铁轨上摆放碎石，他们年龄都在 7 到 9 岁之间。由于 4 人不满 14 周岁，不予处罚，铁路公安机关责令其监护人严加管教，并向 4 名小男孩所在的学校、社区进行通报，签订了安全协议。对铁路部门造成的损失，他们的监护人面临着经济赔偿责任。

2018 年 5 月 3 日，江西省九江市湖口县某中学 7 名学生通过翻爬衢九铁路进入铁路栅栏网内玩耍，期间在铁轨上放置 3 颗石子，被随后经过该路段的 G1650 次高速铁路列车碾压，致使列车制动装置损坏，且在此区间临时紧急停车 41 min，严重影响了高速铁路线路的运营安全。经过相关部门定损，7 名学生承担 5 万元的赔偿。紧接着，襄阳开往黄冈东的 D5238 次列车运行到此处时，再次碾压上碎石，被迫紧急停车，两列动车分别延误 18、26 min。

2018 年 8 月 12 日 23:04，由杭州东开往北京南的 G40 次复兴号列车运行到京沪高速铁路廊坊到北京南间，局部大风刮起的彩钢板造成接触网损毁，接触网跳闸，列车自动紧急制动。从现场监控照片中可以看到，事故区间接触网共有 7 处被彩钢板砸坏脱落，接触网部分构件被严重损毁，高架桥上 30 多米护栏和一处变压器箱被砸坏。8 月 13 日、14 日北京南站有部分列车停运，涉及到发列车总数共计 46 趟。

四川省已经正式启动了高速铁路安全立法调研工作。为解决高速铁路安全监管问题，《四川省高速铁路安全保护办法》（代拟稿）（以下简称《办法》）此前已在网络向社会公众征求意见。《办法》对广受关注的潜在安全隐患进行了规定：包括擅自进入高速铁路的封闭区域，在高速铁路安全保护区内放风筝、孔明灯、飞行器等情况。具体而言，在高速铁路线路两侧不得实施下列行为：在高速铁路线路路堤坡脚、路堑坡顶或者铁路桥梁外侧起向外 100 m 内烧荒、焚烧垃圾和使用野外明火；在铁路电力线路导线两侧各 500 m 内燃放烟花、爆竹，放飞鸟类、飞行器、风筝、孔明灯、无人飞机、小型航空器、动力伞等低空飞行物或者飘浮物体；在安全保护区内建造建筑物、构筑物等设施，取土、挖砂、挖沟、采空作业或者堆放、悬挂物品。一旦出现上述违法行为，由铁路监督管理机构或者公安机关责令停止违法行为，对个人处 500 元以上 1 000 元以下罚款；对非经营性的单位，处以 500 元以上 1 000 元以下罚款；对经营性的单位，处以 1 万元以上 3 万元以下罚款。造成损失的，应当依法承担赔偿责任。

（2）鸟类在供电接触网筑巢

每年春暖花开时节，一些线路供电设备上鸟类筑巢的现象急剧增多，由于鸟类活动直接或间接引起供电设备故障的频次也随之增加，给供电安全带来了严重隐患。铁路接触网下锚底座、硬横梁、格构式钢柱、隔离开关底座、避雷器底座、隧外中心锚结下锚处、供电线肩架转角、大限界框架、腕臂底座、附加线肩架等位置，都是鸟儿"偏爱"搭巢的场所。鸟类喜欢在高处的接触网设备上筑巢，这是鸟的习性。灰喜鹊广布于全国，每年春季 3 月中、下旬开始单独活动，营巢一般由雌雄二鸟共同进行，还有将旧巢加以修补继续利用的习性。京沪、沪宁等高速铁路线路上的鸟类主要以灰喜鹊为主。而且，有些鸟筑巢时衔来的树枝较长，里面常常会夹杂着细铁丝等其他东西，这些东西特别容易造成接触网短路，严重危及铁路安全。有的线路上有一些"钉子户"处所，当天清理了，第二天"新家"又会重新搭起来。铁路接触网设备正好满足灰喜鹊上述营巢、筑巢的特性：开阔、阳光充足、交叉，高度合适。一旦其巢材有树枝、铁线、建筑金属垃圾等材料，就容易造成带电设备短路，引起接触网跳闸，造成供电设备故障，严重时还会酿成事故。高速铁路曾发生因鸟筑巢、衔来细长树枝而导致接触网线路故障，逼停多趟高速铁路动车，干扰了铁路运输安全秩序。

对接触网设备的鸟害有一定规律性。经过对近10年鸟害统计分析，接触网设备鸟害故障具有明显的区域、时间、位置差异，由于气候条件等不同，不同地区鸟类筑巢时间有所不同。长三角地区高速铁路线鸟害主要原因是线路高架桥较多，沿线开阔，水源丰富，阳光充足，正好适合鸟类筑巢。一般鸟在1月开始大规模搭巢，3、4、5三个月是搭建鸟巢的高峰期。而鸟类活动对接触网设备造成危害主要是巢材短路和排泄物污染。一些鸟类在接触网等供电设备直接造窝筑巢，其巢材直接或间接造成短路故障。同样，鸟嘴衔着铁丝等导电巢材在供电设备上穿越飞行时，也特别容易引发此类问题的发生。一些鸟类虽不在接触网设备上造窝筑巢，但在上面栖息，其排泄物也会使绝缘子发生闪络故障。如图4.17所示。

图4.17　接触网整治鸟巢示意图

为了保障铁路线路运行安全，上海铁路局针对鸟害多发区段，采用光、声、味等多种智能型驱鸟新技术、新措施，对容易搭建鸟巢的电力线路灯塔、灯桥隔离开关底座、硬横梁吊柱和供电线格构钢支柱等关键处所加大巡视检查的频度，消除鸟巢隐患。目前，采用的驱鸟"神器"主要有风车驱鸟器、声音驱鸟器、超声波驱鸟器、化学驱鸟器、驱鸟剂、驱鸟罩、智能型驱鸟器等。其中，视觉驱鸟主要是在设备上安装镜片式风车驱鸟器、不锈钢式风车驱鸟器、光片式驱鸟器等，通过风叶与反光镜快速不同的旋转产生对鸟类视觉的干扰和惊吓，达到驱鸟效果。化学驱鸟主要是应用驱鸟剂、化学驱鸟器等手法驱鸟。驱鸟剂的原理主要是从鸟类的视觉、触觉、味觉、嗅觉等五项器官的协同作用来达到对禽鸟的驱避目的。驱鸟剂直接涂抹使用，通过刺激性气味驱鸟，对设备无腐蚀性，绿色环保，对人畜无害。化学型驱鸟器是在设备上放置化学药剂，利用气味刺激鸟的嗅觉，达到驱鸟效果。声音驱鸟则是通过安装声音、超声波等驱鸟器达到目的。超声波驱鸟器的原理主要是通过定频和扫频的随机变化，发出适量的噪声及超声波，恶化鸟类生存环境，可避免鸟类在驱鸟器附近筑巢。为进一步消除鸟巢的危害性，供电段采取联防联控的方式，加大人工巡查力度，利用接触网安全巡检装置，通过视频监控，甚至采取 GPS 定位的手段，消除鸟害。此外，还根据鸟巢故障处置特点，制定针对性应急预案，加强故障演练，优化抢修程序，最大限度降低鸟巢造成接触网故障的影响。

另外，建立在空间信息技术之上的时空大数据分析为接触网鸟巢病害提供了新的处理和预防方法，能够突破传统分析方法的局限，达到快速、及时的目的，从而有效提高病害处理效率和预防效果，并可降低接触网鸟巢病害处理的成本。基于大数据技术原理，针对接触网鸟害发生时蕴含的时空数据，利用地理信息技术、时空聚合方法等，构建一种基于地理信息的全维度、多层次的鸟巢病害分析流程，补强接触网巡检，为提高接触网鸟巢病害处理能力和预测手段提供新的技术和方法。

4.3.4 安全管理保障

安全管理体系建设目标就是要体现安全的管理特点，规范车务安全管理工作，促进车务安全管理从事后到事前、从开放到闭环、从个性到系统、从局部到全局、从被动到主动、从事后控制到过程控制转变，实现安全管理工作的系统化、流程化、规范化和标准化；安全管理体系建设原则包括坚持安全风险管理、安全管理系统性、过程控制、闭环管理、持续改进、全员参与、加强信息化建设和科技保安全设备发展相结合的原则；在建设方法上，可采用"延用、完善、建立、创新"的工作方法，在全面清理和整理本单位既有管理制度和办法的基础上，对照总公司、路局相关工作要求，查漏补缺、系统构建、全面完善，防止制度办法和现场管理出现"两张皮"现象；安全管理体系的推进的关键是要把"万无一失"的理念贯穿高速铁路运营安全管理的全过程,并体现出"人防"是关键性决定因素。

1. 应急管理

强调安全信息的沟通和共享,以及全局范围的决策支持,可按照实现人、机、环境和管理系统的最佳匹配的原则,不断提高高速铁路运营安全管理的科学化和标准化。高速铁路运营安全保障体系建设是一个不断完善的过程。体系最终强调的是应急处置平台建设,并要强化应急管理。应急管理是指可以预防或减少突发事件及其后果的各种人为干预手段和过程。

应急平台是以公共安全科技为核心,以信息化技术为支撑,软硬件相结合的突发事件应急保障技术系统,是实施应急预案的工具,具备日常应急管理、风险分析、监测监控、预测预警、动态决策、综合协调、应急联动、模拟演练、信息交换共享与总结评估等功能,可以动态生成指挥方案、救援方案、保障方案等。通常提到的应急联动系统、应急指挥系统、应急信息系统等,都从不同侧面对应急平台进行了描述,应急处理平台功能如下:

(1)高速铁路信息系统发展方向应是信息化、网络化、可视化、智能化、集成化和决策化,能够实现监测、监控、管理功能。其中,监测和检测实时和动态化、监控与管理一体化,并强调数据交换共享与大数据分析相结合。

(2)应急平台不仅能提供过去和现时的状态数据,还应该提供未来灾害发生趋势、预期后果、干预措施、应急决策、预期救援结果评估,以及全方位的监测监控信息,具有发现潜在威胁的预警功能。

(3)提供辅助决策支持功能,应急平台不仅仅是指挥平台,在突发事件发生时为指挥调度服务,还应该对突发事件进行科学预测和危险性评估,能动态生成优化事故处置方案和资源调配方案,形成实施应急预案的交互式实战指南,为应急管理提供便捷的工具,为指挥决策提供辅助支持手段。数据库包括基础信息数据库、地理信息数据库、事件信息数据库、预案库、知识库、案例库、文档库。

2. 高速铁路规章制度保障

在完整建立《铁路技术管理规程》(高速铁路部分)等高速铁路技术规章体系的基础上,以《安全生产法》《铁路法》《铁路安全管理条例》为依据,制定实施了《铁路交通事故应急救援规则》《高速铁路突发事件应急预案》等一系列的安全管理规章制度,建立健全了覆盖所有管理和作业岗位的安全生产责任制,以及履职检查、考核、责任追究等制度,特别是以超前防范为重点，完善了安全生产过程控制机制，形成了健全的高速铁路规章制度体系。

3. 高速铁路安全监督管理保障

中国高速铁路具有完善的企业内部安全监督检查机制，定期开展安全管理评估和专业检查，有针对性地加强恶劣天气、防洪防汛、春运、暑运、节假日、黄金周等阶段性、季节性安全监督检查；开展高速铁路安全生产专项整治，严格安全准入标准，重点加强设备检修、应急处置、人身安全、消防安全等安全关键项点的检查控制；严格高速铁路治安管理和外部环境隐患治理，坚持"高速铁路治安隐患零容忍"，建立高速铁路治安常态化巡查制度，对高速铁路线路实施路地联勤、联合巡防。

安全管理体系在不同处所相应的需求不同，需要具有针对性，但有通性。现以高速铁路调度安全管理体系和车站安全管理体系建设为例加以分析，不同的部门、单位在总的原则情况下，根据实际，可灵活建立。

综上，高速铁路运营安全保障体系是着力构建人防、物防、技防"三位一体"的铁路安全保障体系。从人的不安全行为、设备的不安全状态、环境的不安全因素入手，运用人防、物防、技防相结合的理念方法和措施，系统防控安全风险，及时排查治理安全隐患。人防，主要是对安全管理和现场作业全过程的问题实施超前防控和管理。物防，主要是充分发挥设备设施的安全保障作用，实施科技创新丰富完善硬件功能，持续增强安全保障。技防，主要是充分运用现代信息技术、物联网技术、大数据技术等现代科技手段，丰富完善对作业、设备、环境的检测监控功能，实时评估评价安全受控状态，形成安全预警综合管控。以技防为引领，整合人防管控和物防保障功能，实现安全防控能力的跨越。通过整合现有各类监控监测系统资源，研究完善高速铁路移动设备、固定设备，人员作业及外部环境监控监测技术手段，构建人防、物防、技防"三位一体"的高速铁路综合安全保障体系，及时掌握设备状态变化趋势和隐患征兆，超前预判安全风险，评估评价安全受控状态，及时干预和阻断安全风险，形成高速铁路安全预警综合管控系统，实现对高速铁路各类安全风险的超前防控。高速铁路具有高速度、技术构成复杂、集成化程度高、耦合程度高和组织一体化等特点，是人、机、环、管互相交融的动态复杂巨系统。高速铁路运营安全保障体系涉及人、机、环境、管理四个因素，是一个以人员管理为核心，人、机和环境控制、监测及管理的综合系统，具有很强的针对性和实用性，其主要目的就是将影响高速铁路运营安全各因素处于被约束与受控状态。其中，管理是协调人-机-环境三者的中枢，人是系统的核心、机是系统的基础、环境则为系统的条件。针对高速铁路运营的错综复杂性和极端重要性的特点，高速铁路运营安全管理的对象是的人、设备和环境以及由它们所构成的系统以及结合部即管理，四者互相作用、互相影响。管理必须贯串体系中的每一个细节，在系统中处于统筹作用。人是系统的主体，机的设定和环境都要满足人所需的条件，每个人都处于管理或者被管理的状态。

在以人防、物防、技防为主体的"三位一体"安全保障体系中，高速铁路运营安全保障体系是以保障高速铁路运营安全为总体目标，结合相关固定和移动设备等为检测、监控和管理对象，以先进、成熟、实用、可靠的信息技术为支撑，以信息系统为管理手段，通过不断集成与创新形成的对高速铁路运营安全态势分析、对可能发生的事故进行预警以及事故发生后应急救援的有机整体，以指导高速铁路运营安全保障的控制、管理和决策工作。

4.4 案例分析：京沪高速铁路"复兴号"350 km/h 运行安全保障

京沪高速铁路是全世界一次建成线路最长、标准最高高速铁路，全长 1 318 km，面临着世界长大距离高速铁路持续运行速度超越的重大科学问题，其艰巨性、复杂性、特殊性史无前例。全体科研人员和建设者进行了近 20 年的科技攻关与自主创新，为之配套的新一代高速列车开发是在消化吸收基础上一项庞大的再创新工程，为国家提供强而有力的装备保障，建立并完善具有自主知识产权、国际竞争力强的时速 350 km 及以上中国高速铁路技术体系，取得了举世瞩目的成就。

京沪高速铁路是目前我国和世界上设计建设标准最高的高速铁路，京沪高速铁路基础设施设计时速 380 km，是中国一次建设里程最长、投资最大、标准最高的高速铁路。京沪高速铁路于 2008 年 1 月开工建设，在设计、建设、验收中全部按时速 350 km 标准展开，工程质量和设备设施满足时速 350 km 安全运行的技术规范和标准，并通过了国家验收。京沪高速铁路全长 1 318 km，横跨京、津、冀、鲁、皖、苏、沪七省市，该地区是我国经济发展最活跃和最具潜力的地区。京沪高速铁路串起京沪"高速铁路经济走廊"，在环渤海与长三角经济圈之间架起了一条客流、物流、信息流和资金流的快速通道，极大促进了区域经济社会发展和民生改善。京沪高速铁路沿线同城效益十分明显，已成为人们出行的"城市公交""陆地航班"。自 2011 年 6 月 30 日正式通车运营，到 2014 年开通三周年之时，就实现了盈利。再从客流及上座率的情况进行分析,京沪高速铁路上座率年增长率为 15%~20%。2013 年 2 月 28 日,开通运营 17 个月的京沪高速铁路迎来第 1 亿名旅客;2014 年,京沪高速铁路列车客座利用率超过 80%。京沪高速铁路在全球绝大部分高速铁路都处于亏损的状况下,日均收入达 5 000 万元以上,已成为名副其实的"全球最赚钱的高速铁路"。2015 年运送旅客近 1.3 亿人次,客流量已经超过国内四大航空公司,该年度的京沪高速铁路盈利数据展现的盈利能力(每人次旅客平均利润约 50 元)也正直追、甚至已经赶超部分国内航空公司。截至 2016 年 6 月 30 日,京沪高速铁路开通运营满 5 周年之日,累计运送旅客突破 4.5 亿人次。京沪高速铁路三年实现盈利,已经创造了世界高速铁路营运史上的一个新纪录。目前,京沪高速铁路运力紧张,平均客座率超过 70%,二等座客座率超过 80%,超过 80% 的客座率基本意味着一票难求,京沪客运供需矛盾的加剧对京沪铁路提速或是达速的需求越来越旺盛。同时,随着客流逐年大幅度攀升,京沪高速铁路已经成为我国最繁忙的高速铁路线路之一,并且在不同区段和车站的通过能力已趋饱和,运能已经不适应客流量不断增长的需要,特别是徐州东—蚌埠南区段已经成为瓶颈,急需采取技术组织扩能方案,以适应不断增长的客流需求。

京沪高速铁路,是中国"四纵四横"客运专线网中核心"一纵",也是中国《中长期铁路网规划》中投资规模大、技术水平高的一项工程,是中华人民共和国成立以来一次建设里程长、投资大、标准高的高速铁路。

京沪高速铁路线路由北京南站至上海虹桥站,全长 1 318 km,纵贯北京、天津、河北、山东、江苏、安徽、上海三大直辖市和冀鲁皖苏四省,连接环渤海和长江三角洲两大经济区。京沪高速铁路的建设,使我国建立健全了高速铁路技术体系和标准体系,推动了世界高速铁路技术发展。京沪高速铁路在工程建造、高速动车组制造、列车运行控制、检测验证、建设管理等 5 个方面实现了重大技术创新,破解了超越世界长大距离高速铁路持续运行速度的重大技术难题,使中国高速铁路技术处于世界领先地位。京沪高速铁路的创新实际上是中国高速铁路技术体系的全面构建和创新。

4.4.1 京沪高速铁路的创新

1. 创新了复杂工程环境下的高速铁路工程建造技术

通过技术创新,破解了高速铁路深水大跨复杂桥梁建造、超长高架桥上无砟轨道无缝线路建造、大型综合交通枢纽建造、复杂地质地基处理与沉降控制、高速接触网大张力及材料等一系列的技术难题,形成了我国时速 350 km

高速铁路建造技术标准体系,实现了高平顺、高稳定性的目标要求。

(1)创新了系列高速铁路复杂结构桥梁建造技术

京沪高速铁路桥梁的比例占线路长度的 80%以上,桥梁建设是工程建设的关键,也是建设的亮点。建设者们设计施工了包括桁架钢梁、系杆拱桥、道岔梁、空间框构等多种桥型结构,研究解决了在温度场、风场环境下车辆、线路、桥梁之间的关系问题以及高速状态下结构变形问题等,使用了大量新结构、新材料、新工艺,极大地丰富了高速铁路桥梁结构类型。京沪高速铁路的建成,健全和完善了我国高速铁路复杂结构桥梁建造技术体系。

最有代表性的是南京大胜关长江大桥。该桥具备四大特点:主跨采用双连拱形式,每拱跨度达 336m;大跨度桥梁承载六线重荷载,布置了京沪 2 线、沪汉蓉 2 线、轻轨 2 线,其中京沪 2 线通过速度达到每小时 300 km,并预留每小时 350 km 通过速度的能力;研发使用了 Q420qE 新型桥梁钢,填补了高强度厚板桥梁结构钢的空白;实现了钢桁拱桥架设空中多点精确合龙。

(2)创新了高速铁路超长高架桥上无砟轨道无缝线路建造技术

在超长、大跨桥梁上铺设无砟轨道无缝线路是世界性难题,其中要解决的问题包括桥梁—无砟轨道—无缝线路之间的关系、高速车辆—道岔—纵连无砟轨道—桥梁之间的关系等。建设者们从理论研究到设计方法研究再到施工研究,做了大量工作,成功破解了变形协调性难题。他们首次在 165 km 超长桥梁的丹昆特大桥和桥梁最大跨度达 180 m 的京杭大运河特大桥上铺设了无砟轨道和无缝线路。

(3)构建了基于铁路大型客站的现代综合交通枢纽规划与设计技术

要将京沪高速铁路引入大型城市,并且与其他客运铁路联成网络更好地为民生服务,就必须充分结合城市与铁路的总体规划。设计者们提出"客内货外、客货分线"的铁路枢纽规划原则和多个分工明确且有机衔接的客运站共同承担客运的客站布局原则,明确基于铁路大型客站的现代综合交通枢纽规划与设计技术,实现了各种交通方式的高效衔接,提高了综合运输效率和服务质量。最有代表性的作品就是已建成的集高速铁路、普速铁路、航空、公路、城市公交、地铁等多种运输方式为一体的上海虹桥综合交通枢纽。

(4)创新了复杂工程环境下高速铁路路基刚性桩复合地基成套技术

建设者们针对路基地段地质条件复杂、沉降控制标准高、线状柔性荷载的特点,提出了刚性桩加固地基和沉降控制设计方法;研发应用了埋入式 U 型结构、桩板、桩网、桩筏、载体桩等多种基础结构,破解了各种环境条件下深厚软弱土地区无砟轨道路基工后沉降及动力稳定性技术难题;提出了通过调整桩型和设计参数控制变形的调平设计方法,破解了铁路大型站场路基沉降协调控制技术难题。

（5）创新了高速铁路接触网大张力和材料关键技术

首次建立高速铁路接触网计算和牵引供电系统全动态仿真平台，实现了接触网模块化设计、高精度计算和全区段、全断面牵引供电系统动态实时仿真；首次研发高速铁路接触网大张力悬挂体系，研发的铬锆铜三元合金高强高导接触线填补了国内空白，达到世界领先水平。

2. 研制了新一代时速 350 km 系列高速动车组

通过不断创新，建设者们提出了高速列车耦合大系统动力学理论，建立了基于高速列车系统的设计、试验、检测与评估平台，提升了我国铁路装备制造业的整体水平。

（1）突破了高速列车关键技术

提出高速铁路车—线—网—气流耦合的大系统动力学理论，建立高速列车耦合分析动力学完整模型，实现了高速列车及其运行环境耦合的全息空间动力学仿真分析和列车—气流耦合动力学的高效计算，为高速列车系统性能设计提供了理论基础。他们搭建了时速 600 km 高速列车运行模拟试验台，攻克了时速 380 km 高速轮轨关键技术难关，转向架临界速度达到了时速 550 km；搭建了时速 500 km 高速列车动模型试验台，通过空气动力学仿真计算、风洞和动模型试验，优化了整车气动外型，破解了气动升力、侧向力、隧道效应、高速交会带来的技术难题，头车气动阻力减小 8% 以上；首次提出了基于受电弓主动控制模式下弓网接触力随速度变化的回归公式，并应用于受电弓主动控制策略，系统解决了双弓稳定受流难题。

（2）自主研制了时速 350 km 系列动车组

提出适应我国国情的长编组动车组总体技术方案，构建高速列车设计、仿真、试验、检测与评估平台，完成动车组自主研制，成功通过了综合试验段时速 380~420 km 逐级提速试验验证，实现了京沪高速铁路长距离高速度持续稳定运营。他们设计研发了空心车轴全自动加工生产线、构架加工柔性生产线、搅拌摩擦焊生产线，实现了车轴、构架等部件自动化加工及装配；建立了数字化、自动化、柔性化的高速列车制造体系，提升了我国动车组装备制造水平，形成了高速列车成套技术标准。

3. 构建了时速 350 km 的 CTCS-3 级列车运行控制系统

（1）创新了时速 350 km 高速铁路 CTCS-3 级列控技术

创新了多制式列控系统兼容技术、基于 GSM-R 车地双向通信集成技术，实现了路网互联互通；提出了适应高速切换的无线网络优化方法、动态仿真测试方法，攻克了高速列车动态控制曲线模型、多条并线铁路无线冗余覆盖等关键技术难关，创新了列控系统高安全性设计、高复杂性系统集成、高可信性仿真测试、高可靠性装备制造、高适用性工程化实施等技术，建立了完整的 CTCS-3 级列控系统技术标准体系。

（2）研制了时速 350 km 高速铁路 CTCS-3 级列控系统核心装备

研制了适应高速并兼容 CTCS-2 级功能的 CTCS-3 级车载、适应复杂枢纽的无线闭塞中心、支持多点多等级设置的临时限速服务器等核心设备，实现了中国列控系统设备产业化；研制了无线通信监测设备，破解了车地无线通信抗干扰难题；研发了列控仿真测试平台，实现了"全线、全景、全速"高逼真、大规模实时仿真测试。

4. 构建了高速铁路成套检测验证技术

（1）构建了时速 350 km 速度等级的系统检测验证试验技术

创新了轨道、接触网、通信、信号、车辆动力学等检测验证试验方法，开展了京沪高速铁路时速 350~385 km 持续运行的全面系统检测验证试验，有效评价了系统的安全性、平稳性和舒适性，指导了系统优化，保证了京沪高速铁路按设计标准开通运营；系统验证了高速铁路系统检测验证试验方法，提升了检测技术手段和评价标准，形成了《高速铁路工程动态验收技术规范》。

（2）首次开展了时速 380 km 高速铁路综合试验研究

研究探索了时速 380~420 km 无砟轨道结构、路基、桥梁结构动力性能以及动车组隧道交会空气动力学效应等变化规律；揭示了轮轨、弓网、车-线-桥耦合关系；验证了土建工程、动车组、牵引供电、通信信号等各系统的高速适应性；双弓受流 16 辆编组 CRH380 动车组最高试验速度达到每小时 486.1 km，为更高速度高速铁路工程设计、装备研制、标准制订和基础理论研究提供了科学依据。

5. 创新了我国高速铁路技术发展和建设管理模式

（1）创新了我国高速铁路技术发展模式

以京沪高速铁路建设为载体，依靠政府主导、企业主体，集科研、设计、制造、施工、运营多位一体的协同攻关创新机制，着力推进原始创新、集成创新和引进消化吸收再创新等创新方式。在国家有关部委、原铁道部等 600 余项科技项目和企业 1 000 余项科技项目支撑下，京沪高速铁路工程取得了一系列重大技术创新成果，构建了我国自主知识产权的高速铁路技术体系，系统形成了以《高速铁路设计规范》《时速 350 km 新一代动车组技术条件》《铁路技术管理规程（高速铁路部分）》为核心，涵盖 149 项建设技术标准、22 项技术规范、768 项产品技术标准和运营维护等系列的技术标准，实现了我国高速铁路技术和产业发展的重大创新。

（2）创新了高速铁路建设管理模式

提出了工期、质量、环保、投资、安全、稳定 "六位一体"的目标控制体系，系统形成了以管理制度、人员配备、现场管理、过程控制标准化为基本内涵，以技术、管理、作业标准和流程管理为基本依据，以机械化、工厂化、专业化、信息化为支撑手段的标准化管理体系，确保了技术标准高、系统复杂的国内大规模高速铁路工程科学有序、优质高效建设。

通过技术创新，我国时速 350 km 高速铁路技术体系成熟完备，时速 380 km 高速铁路技术得到了验证，整体技术达到国际领先水平。京沪高速铁路开通 4 年多以来运行状态良好，截至 2015 年年底运送旅客超过 4 亿人次。

6. 350 km/h 列车开行安全保障补强措施

除了采取必要的高速铁路运营安全保障措施外，针对京沪高速铁路 350 km/h 动车组列车特色，还需要结合运营实际，采取相关的安全保障补强措施，以便全方位确保 350 km/h 动车组列车的运营安全。

（1）人员保障

① 岗位适应性培训。京沪高速铁路相关岗位人员，针对调度员、动车组司机、随车机械师、设备检修维护人员、列车服务人员做好适应性培训，有针对性开展标准动车组培训，确保具备相应岗位资格，熟悉掌握提速后相关规章制度、作业标准的修订及设备环境的变化情况，特别针对新车型特点、设备变化、应急处置等内容进行培训和实作演练，并进一步补充修订完善作业指导书等一线人员作业标准。

② 列车运行速度的控制。动车组列车按 300~350 km/h 速度运行，常用和紧急制动距离较现阶段（300 km/h 及以下）明显延长，存在制动减速不及时和超速运行的风险。要求动车组司机对 300~350 km/h 运行速度范围内，制动调速时的制动级位与制动距离做到心中有数，要按照中等制动级位提早制动、留有余量，密切注意列车减速情况，发现降速异常，要果断采取紧急制动措施。

③ 提高行车人员的应变能力。针对京沪高速铁路 350 km/h 提速后，弓网接触状态、轮轨接触状态变化较大，特别受大风大雨等环境因素影响时，接

触网跳闸、自动降弓、列车晃动等故障可能会增多的情况，需要努力强化提升行车人员岗位的业务素质和应急应变能力。

（2）设备设施保障

共性的设备设施保障是：加强基础设备状态监控和整修，例如，加强对关键设备的检测、检查力度，重点做好车站咽喉区、分相、隧道、大坡道等关键处所的设备检测检查，各专业要充分运用各类安全检测监控设施，全面加强设备质量状况分析，及时发现问题，快速组织整治。

① 做好无砟轨道板防胀预防性工作。针对高速铁路桥梁地段轨道板注浆孔植筋、路基地段覆盖隔热涂层等预加固技术方案和整治计划进行研讨，对预加固技术方案进行论证，从而选出最佳方案，推进无砟轨道板防胀预防性整治工作。

② 强化供电监测和检测的精细化管理。通过远动系统加强牵引所（亭）、电力所（亭）设备及接触网开关状态实时监测，持续提高远动系统运行中发现缺陷问题的处置效率，最大效能发挥远动系统在应急处置时的作用。并开展接触网精检细修，加强对道岔、分段绝缘器、分相、隔离开关等重点设备的检测检查，动态掌握接触网设备的运行状态，确保运行状态良好。

③ 加强动车组检修维护。当"复兴号"动车组入库检修时，重点要加强对走行部、车顶高压设备、空调及散热装置滤网等关键部件的检查和分析；加强对闸片、研磨子、碳滑板等磨耗件的检查，分析掌握磨耗规律，优化磨耗限度；并要开展"复兴号"动车组长期跟踪试验，重点关注车轮磨耗及多边形，转向架关键部件振动、车辆平稳性、轮轨关系、弓网关系等的大数据分析；利用远程数据分析平台对故障进行实施跟踪，提高应急处置效率。

④ 有效降低信号等设备故障率。对信号设备、CTC、SCADA、高速铁路防灾安全监控系统等调度指挥设备全面排查，高速铁路调度台 CTC 系统报警功能，及时整治设备运用中发现的不良缺陷，有效降低设备故障率。

（3）环境保障

① 复兴号"动车组列车比"和谐号"动车组列车约高 300 mm，重心提高约 200 mm，受环境大风的影响与"和谐号"动车组列车相比，受风面积更大，重心更高。加强对便携式线路检查仪、车载式线路检查仪和综合检测车相关检测数据分析，重点对特大桥、曲线等地段结合防灾系统风监测数据对动静态检测数据进行分析研究。

② 严格落实安危检查、重点场所防火防爆、站区闲杂人员清理等制度、标准和措施，确保站台控制、进站畅通、实名制服务、电梯使用等方面都要明确操作的规范性。

③ 对京沪高速铁路沿线加强"物防"管理，特别是针对部分应急疏散通道不通程度存在未设置防护罩等问题，需要强化物防手段的设置水平。

（4）管理保障

① 建立高速铁路运营管理标准。规范高速铁路中间站运营管理，对高速铁路中间站安全、技术、人员、现场作业管理进行规范，确保接发列车作业等环节执标到位。

② 完善高速铁路应急预案。按照一事一预案的原则，对高速铁路交通事故应急预案、突发事件应急预案、防洪预案、非正常行车预案、扫雪除冰应急预案等项应急预案进行修订完善，以流程化、图示化等方式补充相关场景下的处置程序、作业流程及安全卡控重点，保证作业人员操作规范化，特别是弓网、接触网状态变化、C3转换C2的控制等等。

③ 开展高速铁路安全风险及隐患排查。重点排查非常站控转入条件、确认、列车进路序列及手工排列列车进路的执行、施工路用列车调车转线及进出封锁区间、高速铁路综合防护、调度命令交付等关键环节，细化制定风险管控措施，严格落实风险认领制度，落实安全管理责任，确保高速铁路安全受控。

④ 梳理涉及京沪高速铁路技术规章及管理制度，从作业流程、质量控制等方面，对作业指导书、动车组故障应急处理手册、列车操纵示意图、提示卡等一线人员作业标准进一步补充修订完善。

⑤ 季节性安全分析。深入分析近期各类设备故障暴露出的问题，落实防寒过冬各项措施，加强适应性调整和检测监控，开展防冻害、防污闪、防断裂、防鸟巢等安全专项整治，抓好动车组特别是"复兴号"源头质量盯控处置，有效防控冬季惯性故障。

（5）服务保障

① 加强对"复兴号"列车内服务设备的精调与管理，保持良好使用状态；运营过程中发现破损或功能缺失，及时修复。

② 协调电信运营商保持沿线移动网络覆盖良好，优化列车WIFI系统技术架构，提升互联网接入能力。

③ 做好互联网订餐，完善配送作业流程；落实商务座旅客优先取票、安检、验证、进站服务和专区候车等服务，以及规范列车服务设施介绍和服务、站名信息等广播。

4.4.2 "复兴号"品牌战略的发展

2017年9月21日，"复兴号"在京沪高速铁路率先实现开行7对350 km

时速运营，运行持续时间最长、运行距离最远，超过了此前法国 TGV 和日本新干线 320 km/h 的世界最快运行速度，成为真正意义上的世界第一。这标志着我国成为世界上高速铁路商业运营速度最高的国家。2018 年 4 月 10 日，京沪时速 350 km"复兴号"动车组列车增至 15 对。

铁路总公司实施"复兴号"品牌战略的发展目标及任务确定为：到 2020 年，将"复兴号"打造成为中国高速铁路的标志性品牌、"交通强国、铁路先行"的示范性工程，进而支撑和引领"三个世界领先、三个进一步提升"铁路现代化目标全面实现。"复兴号奔驰在祖国广袤的大地上"，为世界高速铁路建设运营树立新标杆，建成品类齐全、结构合理、涵盖不同速度等级、适应多元化运输需求和不同运营环境的"复兴号"系列产品体系，保有量达到 1 300 组以上，开行范围覆盖 80%以上的大城市。建成以核心技术自主化、配套技术产业化、基础理论系列化、技术标准体系化为主要标志的中国高速动车组技术体系，"复兴号"安全性、经济性、智能化、节能环保等技术指标世界领先。

1. 稳步扩大开行范围

（1）覆盖到香港特别行政区。后期随着京包客专、银西客专等新线开通，以及时速 250 km、160 km"复兴号"动车组投产，哈尔滨、长春、呼和浩特、银川、乌鲁木齐、西宁、海口等更多省会城市、自治区首府通达"复兴号"。到 2020 年，全国高速铁路网连接的主要城市实现"复兴号"全覆盖。

（2）加密开行对数。在扩大通达地区的同时，根据"复兴号"动车组下线安排，进一步增加开行对数。到 2020 年，"复兴号"动车组列车开行对数 11 000 对以上，占动车组列车总对数的比例达到 30%。

（3）逐步扩大"复兴号"350 km/h 开行。科学严谨、有序制造、验收的零部件，向造修企业派出监造、验收人员，对其生产过程和实物质量进行核查。监造、验收人员必须参与关键零部件首件检验，对监造、验收范围之外的零部件，督促主机企业和铁路局集团公司加强供应商管理和入厂（段）复验，保证所购产品质量可控。

2. 全面强化安全保障

（1）加强安全信息管理。建立"复兴号"动车组安全信息管理制度，规范信息收集、上报、统计、分析、考核等工作。总公司、铁路局集团公司安监部门和专业部门每日汇总分析涉及"复兴号"动车组的所有事故、故障等安全信息，及时查明原因，制定防范措施，对于性质严重的安全信息进行扩大分析；每月对"复兴号"各类安全信息进行一次梳理总结，分析存在问题，把握安全规律，防控安全风险。

（2）提升"复兴号"开行径路工电设备质量。推进高速铁路"强基达标、提质增效"工程和高速铁路标准线建设，全面提升工电设备质量。加强工电设备状态检测监测和数据深度分析，深入研究设备变化规律，进一步改善"复兴号"轮轨关系、弓网关系，优化车载及地面信号、通信品质，有效降低设备故障率。严格落实高速铁路安全隐患排查治理制度，突出抓好高速铁路限速点、隧道漏水及其附属物掉落漏水、轨道电路及联锁漏洞等关键隐患治理。

（3）有效管控外部风险。深入分析"复兴号"动车组运行径路沿线环境风险，提升对风、雨、雪、地震等自然灾害及异物限的预警预防能力。针对防断轨、防洪、防雷、防鸟害、防（雾）闪、防冰冻雨雪、Ⅱ型板防胀等季节性工作，进一步完善人防物防技防措施。巩固扩大高速铁路环境治理成果，健全路地联防联控机制，依法严肃查处沿线保护区和控制区内违法占地、违法建设等行为。强化外部环境隐患综合治理，依法合规抓好上跨线缆、沿线彩钢瓦等隐患整治，以及公跨铁立交桥、公铁并行地段隐患排查整治工作，为"复兴号"安全运行创造良好环境。

（4）强化应急处置。融合工务、电务、供电和机务、车辆应急指导资源，提升联合指挥、联合处置能力。针对外部环境、气候、场景变化以及长大隧道、长大坡道等情况，制定有效应对措施，修订完善应急预案。探索在铁路局成立动车组故障处置指导，统一指导动车组故障和列控车载设备故障的应急处置。在沿线枢纽站、动车组异地存放点等配置必要的工具、材料、配件及人员，保证存放点具备常见故障处理能力。

3. 持续提升服务质量

（1）优化供给质量。充分发挥高速铁路成网效应，科学安排"复兴号"开行，不断强化高速铁路客运主力军作用，让更多旅客享受到"复兴号"的优质服务。进一步优化"复兴号"停站、停点和旅行时间，加强运行组织，确保列车正点率。按照日常图、周末图、高峰图方案，实行"一日一图"，精细化组织"复兴号"开行，最大限度地提高客座率和列车收益。

（2）创新客运服务。持续推进客票系统建设，优化完善12306和手机 APP 服务功能，进一步提升用户体验。加快推广电子客票，大幅提升旅客出行的便捷性，2018年起选择具备条件的铁路逐步推广应用。以深化站车"厕所革命"为带动，全面落实高速铁路站车服务质量标准，解决好旅客反映突出的基本服务质量问题。以常旅客计划为载体，推行差异化、个性化服务，打造铁路畅行服务品牌。

（3）构建双网生活。推进"高速铁路网+互联网"双网融合发展，进一步做好大站智能导航、自助实名制核验、互联网订餐及特产预定等服务。不断完善和拓展动车组 Wi-Fi 平台功能，面向旅客提供音视频、阅读、游戏、购物、商务、旅游等全场景、全行程服务，丰富旅行生活，改善出行体验。

（4）加强经营开发。整合列车经营资源，规范列车经营服务标准，推动列车商业规模化经营。对大宗商品实行阳光采购，减少中间环节，降低经营成本，提升商品质量。适应旅客多样化需求，提供品种丰富的旅行商品和搭配合理、营养平衡、绿色健康的列车食品。推进列车经营信息化建设，实现列车商品库存实时管理、扫码销售、移动支付。

（5）强化服务保障。建立健全"复兴号"服务质量保障常态化机制，落实人力、物力、财力投入。以"复兴号"为重点，深入开展高速铁路站车客运服务质量监督检查，不定期开展旅客满意度调查，及时了解和掌握旅客需求。各铁路客服中心和客运站段对涉及"复兴号"服务的意见建议和旅客投诉，认真开展分析，有针对性地改进工作，提升水平。

第 5 章 高速铁路运营组织与管理

5.1 我国高速铁路运营管理的特色

5.1.1 高速铁路运营管理特征

高速铁路运营组织与管理是以市场为导向、以旅客为中心，研究市场、把握需求，优化系统资源要素，集约化经营、品质化服务、常态化组织，构建了高度集成、信息流畅、指挥有力、应对有序、面向市场的营销系统；并以高速铁路安全为核心，管好用好高速铁路资源，建立了各系统各专业融合、条块结合、系统集成的运营组织系统；围绕快速响应、智能比选的要求，为专业部门提供科学、系统、高效的管理辅助手段和运用支撑体系，为全面提升高速铁路运营管理水平提供基础保障系统。

高速铁路运营组织与管理就是针对高速铁路时代旅客出行和客运组织的新形势、新特点，围绕提升高速铁路运营品质的目标，以市场为核心，以大数据为手段，集成客运产品设计与评价、运营组织指挥与协调、客运服务与管理、客票销售与收益管理、运营评价与调整等内容，为服务、生产、管理、经营各环节的精确、精准、精细管理和科学决策提供技术支撑。高速铁路运营组织与管理主要包含产品设计、客运服务、行车组织和运营评价等方面。其中，产品设计遵循"按流开车"的基本原则。通过客流调查、分析和预测，得出相应的客流计划，在此基础上确定旅客列车开行方案（运行区段、种类及开行对数）并编制列车运行图（运行时刻、交路计划）。还要确保列车运行计划既与基础客流相匹配，又具有一定弹性以适应运营调整。同时，尽可能减少旅客换乘次数与在途时间，经济合理地使用列车车底，使列车交路长短结合，运能均匀利用，充分发挥铁路运输能力和设备利用率。总之，根据中国高速铁路特点，结合旅客出行的实际需求，在保证高速铁路运输高度安全性和可靠性的基础上，构建集"产品设计、客运服务、行车组织、运营评价"高度协调统一的运输组织管理模式，建立以旅客、市场为核心的运营管理理念，达到高速铁路运营管理高效、有序的目标，提升高速铁路服务品质和实力。

与日本、德国、法国等国家的高速铁路相比，我国地域辽阔，高速铁路运营线路长，高速铁路沿线地区客流需求存在很大的区别，在乘降区间、运行速度、价格、服务质量以及客流特征等方面存在很大的差异。例如，高速铁路列车开行频率高、密度大，对准时性和可靠性的要求更高。对列车运行计划编制的一体化、调度指挥的灵活性、列车运行调整响应的快速性等提出更高的要求。高速铁路运营组织与管理就是指通过综合协调运输需求与各类硬件条件及资源，为旅客提供良好的运输服务的各类组织技术和方法。高速铁路运营组织与管理的目的是为乘客提供快速、安全、准时、舒适、便利的运输服务，使乘客能够便利地进展候车、购票、安全而舒适的旅行，快速而准确地到达目的地，而安全运行和优质服务的前提是高速铁路系统同时正常、协调的运行。我国高速铁路运营组织管理主要特征如下：

（1）路网整体性。路网整体性是高速铁路客流组织的坚持的原则之一。高速铁路是一种基于网络的交通运输方式，其所承担的客流量与其他运输方案之间相互协调、相互影响和相互作用，路网客流的产生与分布并不是一个单向的作业机制，而是一种相互反馈的动态平衡机制。高速铁路网客流是建立在区域空间分布、不同区域之间的空间联系及区域经济发展状况等基础上形成的，路网整体性是高速铁路运营集中统一指挥的基础，有利于统筹均衡运输，满足不同种类客流的运输需求，并有利于提高运输整体效率，避免某些线路虚糜。

（2）系统联动性。高速铁路是技术集成和创新的重要标志，涉及多个技术领域，专业协同和系统联动特征明显，由于系统构成复杂，涉及设备与环节繁多，运营工作必须处理好不同部分、不同环节间的联动特性。如，车辆和设备之间、各种设备之间的运行有严格的相互依托关系与技术配合，列车和钢轨、列车和接触网、列车和信号、列车和通信、供电和通信信号、供电和自动售检票之间任何环节故障，都会不同程度地影响高速铁路运营的正常运行。严重时则会造成列车停运。不同的设备设施每天 18~24 h 正常而协调地运行，这种联动性需要通过运营计划来实现，运营计划的核心是列车运行计划。

（3）时空关联性。运输需求在时间和空间是不可调整、不可代替的，列车运行晚点会造成运输供给的偏离，从而降低服务水平。遇有设备故障，影响到系统正常运行，就要立即处理，尽快恢复正常，确保列车运行。同时，高速铁路与其他线路相关程度高，存在本线、下线、跨线等运输组织方式呈现多样化，要求高速铁路与其他铁路线路运输方式密切配合。

（4）客流组织动态性。客流组织的基本任务是掌握客流数量、结构、分布等特征，综合考虑现有车底数量、型号、线路技术条件，优化编制列车开行方案、列车运行图和动车组运用计划，安全、迅速、便利地组织客流在网络和车站的运输，最大限度地满足旅客运输需求。一方面，利用资源优化配置，尽可能地满足旅客运输需求，使得设施设备使用效率最大化；另一方面，从人性化服务角度，通过不同产品设计，吸引客流。客流组织是宏观角度的高速铁路节流组织，对高速铁路路网客流进行调查、分析和预测，以此为基础来制定列车开行方案、列车运行图、动车组运用计划，并根据计划的扰动情况进行动态应急处置。

（5）客运产品多样性。客运产品多样性是市场细分的结果，不同的运输产品适应不同类型的客流需求，客运市场可按照旅客行程、旅客对旅行条件的需求、地理位置、运行径路等方式细分，产品多样性是高速铁路进行差别化服务的手段之一。以旅客需求为导向，提高高速铁路的上座率，从而提高高速铁路的整体效益。

（6）管理的严格性。一是调度指挥的集中性。铁路局调度所是高速铁路运营指挥的神经中枢。多专业工种联合运行，时间、空间观念要求高，调度所为此而设置。二是高速铁路运营管理的核心是规章制度，是规范人员生产活动的基本制度。列车运行是以一系列规章制度为基础的，只有严格执行规章制度才能确保庞大而技术复杂的高速铁路运营系统有序、安全、高效地运转。技术管理规程不定期补充和修改使其符合运营需求的关键。系列规章按照层次涵盖了高速铁路运营的系统的每一个技术角落，使得日常运营和故障处理均有章可循，保障庞大的联动机正常运行。任何先进的技术设备都不能完全取代管理及相关的规章制度。

（7）服务的可靠性。高速铁路安全和温馨为旅客服务。运营为乘客提供提供其承诺、可靠的服务，按照列车应按照列车运行图规定安全、准时地运行，保证旅客顺利地完成出行。列车运行计划应以市场需求和客流规律及其变化为基础，使其运能适应需求，实现最大时间与空间范围的服务水平目标。同时，不定期的大型公共活动时间以及双休、节假日的客流集规律等，都是值得研究的问题。铁路部门据此制定不同的列车运行计划，更好地满足运输需求。

5.1.2 运营组织与管理的复杂性

1. 运输组织理念转变问题

（1）传统的运营管理理念与高速铁路运营的市场化、以人为本要求不适应。长期以来，在既有铁路运输条件下，运能与运量的矛盾相当突出，以"行车为中心、运能至上"的理念根深蒂固；高速铁路运输需要以旅客为中心、以市场为导向，从运输生产向市场经营转变，从运输生产向服务旅客转变。中国铁路经过了几代人坚持不懈的努力，已经从"绿皮火车"走到了"高速铁路动车"，从"运输生产型"走向了"市场导向型"。中国高速铁路在运营组织与管理方面进行了大量的创新和突破，逐步实现了高速铁路规范管理、科学调度、资源配置优化、运营安全水平提升等阶段，基本完成了从"以运输生产为中心、运输能力是关键"向"以旅客为中心、以市场为导向、以服务为宗旨"的理念转变。

（2）既有的运营组织模式与高速铁路运营的管理高效、协调统一的要求不适应。目前，我国高铁运营普遍采用既有线运营指挥模式，单专业系统自成体系，纵向体系相对明晰、专业信息相对完备。这种模式有一定的系统集成概念，市场、保障体系有一定体现，但是普遍存在专业系统联动性不足、支撑保障体系不完善、与市场和旅客服务关联度低的问题，仅仅是系统的简单叠加。要打破各工种间相对独立、封闭的管理组织架构，建立包含计划、施工、运用、营销管理、运营指挥一体化等功能的运营管理体系，实现各系统、各专业的融合，达到高速铁路运营管理高效、计划有序、作业协同的目的。

（3）智能化的反应机制建立问题。对市场需求反应灵敏度，建立协调机制，如何满足市场需求设计客运产品，多样性和个性化需求包括服务，数量上和质量上满足，需要不断的摸索。

2. 网络化运营

（1）随着新建高速铁路线路的不断开通，高速线网的加密，高速铁路运营模式也由单一线路运营逐步发展到网络化运营。网络化运营模式背景下，以衔接枢纽为主要节点，多条线路的客流时变特征与空间变化特征与关联线路行车方案的选择相关度增强，若不考虑网络关联特性，就会降低高速铁路的运输效能与服务水平。以上海至西安列车为例，列车从上海开出后，通过京沪高速铁路到达徐州东站后，再转向徐兰高速铁路，若列车在京沪高速铁路线上晚点，势必影响到徐兰高速铁路。

（2）随着我国高速铁路网络结构的不断完善和运营的逐渐成熟，以京沪、武广高速铁路等为代表的运距为 1 000~1 500 km 的通道型高速铁路客运需求稳步提升。与此同时，随着本线客流压力以及网络转移和跨线客流的增加，部分通道型高速铁路的运输能力逐渐饱和，但还需要不断加密列车运行线满足客流需求。

（3）我国高速铁路是分段建设的，动车组列车存在类型和高、中速度的差别，需要解决不同类型和条件的线路衔接和不同速度等级列车控制系统的兼容，而且要从保证路网整体性出发，解决高速铁路与既有线的分工和运营调度的集中统一问题。旅客出行尤其是城市间的通勤出行对高速铁路的依赖度越来越高，旅客对进一步提高高速铁路列车旅行速度和整个高速铁路网络出行便捷性的需求也日益强烈。

现以京沈高速铁路为例。横跨北京、河北、辽宁三省市的京沈高速铁路于 2014 年 7 月 1 日开工，是京哈高速铁路的重要组成部分，是连接京津冀地区和东北地区的重要纽带。

京沈高速铁路是东北地区入关的最快捷通道，通过京沈高速铁路，整个东北铁路网将与全国高速铁路网互联互通。京沈高速铁路自北京引出，经河北省承德市，辽宁省朝阳、阜新市，接沈阳站，全长 698 km，其中辽宁段 407 km，设计时速 350 km，计划 2020 年 12 月底全线竣工。通车后，北京至沈阳运行时间将缩短至 2.5 h 左右，北京至哈尔滨 4 h 左右，北京到承德 1 h 以内。东北地区主要城市间，以及与全国各区域间的时空距离大大缩短。哈尔滨到北京坐火车只需 4 h。

京沈高速铁路地处华北地区北部和东北地区西部，是连接华北、华东、中南与东北经济区的纽带。目前从沈阳和东北地区到北京，要通过京哈高速铁路秦沈段，顺着海岸线运行，经辽宁盘锦、锦州、葫芦岛，过山海关后到秦皇岛，途经北戴河、唐山，然后到北京。目前东北地区只有秦沈高速铁路通过山海关进入北京，京沈高速铁路开通以后，将与秦沈高速铁路形成两条进京的快速客运通道。从东北路网来看，京沈高速铁路通过沈阳枢纽衔接哈大高速铁路、沈丹高速铁路、长珲城际、哈牡客专、哈佳客专、哈齐客专、长白乌快速铁路和规划建设的沈阳至白河高速铁路，共 8 条线路，通过沈阳枢纽和京沈高速铁路，把东北高速铁路网融入全国高速铁路网。

3. 运输组织模式复杂

（1）我国高速铁路对于跨线客流主要采用跨线运输组织模式，沿用了传统的铁路既有线旅客运输组织模式，采用多种列车共线模式，通过组织本线运输与跨线运输相结合的旅客输送方式，但我国高速铁路列车的开行模式和运行组织复杂，跨线列车与多种速度、多种运行模式的叠加影响增加了主要通道上的运输组织压力。需要科学分析客流出行需求和行为，确定合理的列车运行速度、开行方案和线路间换乘方案，正确处理跨线列车和本线列车的关系，提高线路通过能力利用效率，是高速铁路运输组织急需解决的问题。

（2）高速铁路客流是高速铁路设计技术标准和设备数量的基础，是制定运营方案和行车组织调整和优化的重要依据。掌握客流的分布特点和发展趋势是高速铁路运营组织与管理的重要内容，但客流的波动性和叠加性促使客流规律掌握较为困难，也是运营组织工作中的难点。特别是在网络运营条件下，网络覆盖面大，影响客流产生、时间空间分布的因素在增加，客流的动态性难以动态掌握。同时，在改善客运组织和提高客运服务水平的基础上引导旅客进行适当换乘，改变出行习惯和优化出行结构，也是提高客运服务水平、拓展铁路客运市场的重要任务。

4. 精细化组织问题

（1）运输组织需要综合优化列车开行方案需要批量处理，有跨线和本线，批量列车时间带问题，而不是始发和终到时刻优化问题，本线列车和跨线列车协调与衔接问题。跨线列车与节点关系，统筹考虑全线列车运行线的优化问题。而且，高速铁路具有客流高峰和平峰的明显时段性特征，在行车技术标准方面条件苛刻。保证旅客在车站的快速换乘、缩短旅客的换乘接续时间。

（2）高速铁路均采用动车组为运载工具，动车组在技术性能上的优越性使高速铁路列车具有折返时间短、列车接续时间快等优点。高速铁路线路里程长，无砟轨道所占比例大，线路曲线半径大（一般大于 7 000 m）；动车组系列化齐全，转向架结构形式、悬挂参数、轮对等差异大；实行网络化运营，地质条件和气候环境复杂，高速列车持续高速运行时间长，使用频次高，并且不同速度等级、不同型号动车组共线运行。

（3）为了保障高速铁路的行车安全，需要开设长时间的综合维修天窗。且天窗前后对通过能力影响产生很大影响，长途跨线列车及早发夕至、夕发朝至列车开行是高速铁路运营组织的难题之一。长距离运输和夜间行车需求与设备检修"天窗"的矛盾。白天动卧，夜间动卧，为保障高速铁路的行车安全，需要开设长时间的综合维修天窗，天窗前后影响区对线路通过能力产生很大影响。长途跨线动车组列车夕发朝至开行时高速铁路运营组织的主要难题之一，包括开行动卧列车和白天动卧列车。2018 年 4 月 16 日，上海至重庆北、上海至成都东首开两趟日间动卧列车，该列车有二等座、卧代散、软卧车、高级软卧等，不同席位较好满足了不同的旅客消费需求。白天动卧列车高级软卧票价与飞机票价差不多，但可欣赏沿途风景，对有时间的老年人来说，既方便又舒适。一年来，上海到成都东和重庆北的两趟日间动卧平均上座率始终保持在 98% 以上，年发送旅客已突破 200 万人次。

（4）运行图编制对方向性、时段性和区段性的特点把握还不够，在综合考虑高速铁路线路通过能力、客流变化、动车组运用、运行交路等因素方面，还做不到既与基础客流相匹配，又具有一定弹性以满足运营调整的需要。由于铁路客流呈季节性、波动性特点，目前，我国高速铁路在运价、票额分配及列车开行方案等方面的决策还不够灵活，高速铁路必须制定灵活机动的价格机制、票额调节策略、列车开行方案，高效、节能，提高社会和经济效益。

5. 应急处置问题

我国主要干线的高速铁路列车开行十分密集，一趟车的晚点会影响后续列车，后续列车都会受到不同程度的影响。若有设备故障，大面积晚点情况发生，高速铁路运行环境具有很强的随机性，列车在运行过程中要受到列车运行图、列车运行调整原则以及设备运用等约束，高速铁路列车运行过程是一个随机-有控的过程，按图行车以及合理地运行调整是这一过程的具体体现。运行图是随机可控的具体体现，有控制-随机的融合的过程。在动车组大面积晚点、动车组列车车底临时更换导致旅客席位调整等情况下，尚未做到应对应急有序，急需建立完备的高速铁路应急处置、旅客服务补救体系。例如，在雨雪、台风等恶劣天气造成列车晚点时，列车调度员要在密如"蛛网"的运行图中，迅速调整列车运行，尽快恢复列车秩序。动车组在技术性能上的优越性使高速铁路列车具有列车折返时间短、列车接续快等优点。目前，杭州东站日开行列车 281 对，日发送旅客 13.5 万左右，高峰日开行列车 309 对，发送旅客 22 万人。高速铁路日常运营中不可避免地由于恶劣天气、设备故障等因素会导致列车大面积晚点，扰乱正常的运输秩序。杭州东站列车密度高、客流大，列车一旦发生晚点，造成的影响非常大。一方面也给铁路的行车组织带来巨大的挑战，另一方面给旅客出行带来不便，降低旅客出行的满意度。杭州东站作为杭州站的窗口单位，如何在大面积晚点情况下组织行车，提高高速铁路服务水平，是社会高度关注的热点。

5.1.3 运营管理的思路和方法

运营是指有规划地运行，并进行系统分析和调整。高速铁路运营是以旅客服务为核心，系统地按旅客运输服务为核心的进行分析、协调和调整。因此高速铁路旅客运营指挥模式的目标是：在安全、正点的基础上实现旅客出行的便捷、舒畅。从"以人为本"出发，高速铁路要将"以旅客服务为核心"作为运营指挥体系的基本出发点，为旅客提供"安全、正点、便捷、舒畅"的服务。高速铁路以旅客服务为核心开展运营指挥和管理，意味着高速铁路运营企业不仅要将旅客安全有序地送达目的地车站，还应为旅客做好与出行前后环节交通方式的衔接。或者说，应将做好旅客集疏衔接的服务工作囊括在高速铁路运营工作范围内。

随着我国高速铁路的发展，铁路客运运输更加面向市场是必然趋势，运输组织就需要更加适应客运市场发展变化规律，提高高速铁路客运市场竞争能力是高速铁路运营组织的不懈追求。其总体思路是：围绕提升运营品质的目标，以市场为导向、以旅客为中心，研究市场、掌握客流需求，集客运产品设计与评价、运营组织指挥与协调、客票销售与收益管理、运营评价与调整、客运服务与管理等内容，为生产、管理、经营、服务各环节的精确、精准、精细管理和科学决策提供技术支撑，构建高度集成、信息流畅、指挥有力、应对有序、面向市场的营销系统和资源管理系统；并以高速铁路安全为核心，建立各系统、专业融合、条块结合、系统集成的运营组织系统；围绕快速响应、智能比选的要求，为专业部门提供科学、系统、高效的管理辅助手段和运用支撑体系。高速铁路运营管理要注重以下几个运营组织和管理的过程。

1. 系统融合与优化

由于铁路客流呈季节性、波动性特点，高速铁路运输组织的核心关键在于协调好铁路行车组织与运输市场营销之间的配合关系，建立起对运输市场需求变化做出全面、迅速、准确反应的运输组织新机制，未来我国铁路应面向市场导向，以一体化设计思想为基础，基于客流动态变化进行高速铁路运营计划编制。高速铁路运输组织的核心关键在于协调好铁路行车组织与运输市场营销之间的配合关系，建立起对运输市场需求变化做出全面、迅速、准确反应的运输组织新机制，未来我国铁路应面向市场导向，以一体化设计思想为基础，进行高速铁路运营计划编制。

（1）运营计划的协同一体化

高速铁路运营计划应以市场导向为基础，合理运用运力资源，实现客流预测与列车开行方案、列车运行图、动车组交路图一体化设计是进行市场导向型运输组织的有效途径，因此，高速铁路运营计划具有协同一体化的技术特征和要求。

（2）运营计划的动态性

铁路客流呈季节性、波动性特点，一年、一季、一周甚至一日内各小时之间的客流常有急剧的起伏变化，为充分发挥高速铁路的社会和经济效益，提升高速铁路适应市场变化的能力，必须根据客流规律按年度分季节编制高速铁路日常图、周末图、高峰图，因此，高速铁路运营计划具有显著的动态性特征。

（3）运营计划编制的智能化

我国已形成由高速铁路和既有普速铁路贯通成网运营的复杂客运网络，为高效运用高速铁路运力资源，充分满足市场需求，快速适应市场变化，必须缩短高速铁路运营计划编制周期，提高其编制质量。因此，从技术上而言，实现高速铁路运营计划的智能化编制是高速铁路运输组织的客观要求。

2. 过程管理与控制

（1）我国高速铁路客运市场逐渐由卖方市场转为买方市场，旅客有条件自由选择自己的出行方式。高速铁路合适的营销方向、市场化定价机制和运能的灵活调整是相辅相成的。高速铁路运营与管理来源于客运市场，客流需求决定了客运产品的设计，通过客流调查和客流需求预测分析，掌握客流数量、结构、时空分布等特性，在运输组织模式的制约下，充分考虑运营策略和高速铁路运输资源的配置情况与供应能力，鉴于客流需求的不均衡性，相应就需要动态化的运力配置，设计并制定满足客流需求的列车开行方案。

（2）围绕列车开行方案编制以列车运行图为核心的运营方案，体现完整的客运产品，这个运营方案还包括制定动车组运用、施工计划、票额分配及调整计划等，为完成编制客运产品任务做好计划方面的准备。

（3）根据日客流波动等的实际情况，具体制定以调度日班计划为核心的日运营计划，围绕这个日运营计划，通过客运服务、调度指挥等完成客运产品的实现过程。车站、乘务工作等客运组织直接对应的外在的客运服务，让旅客得到满意的出行体验。调度指挥是从高速铁路内部体现出的客运服务，遇有应急处置要坚持"以人为本"的原则，按照故障导向安全的原则，把保障旅客安全作为第一要务。

（4）高速铁路运营组织与管理再回到客运市场。从旅客角度看，通过以上过程可完成一次出行的体验和感知的过程。从高速铁路内部看，是经过了运营效益分析及评价等反馈，需要结合本次组织与管理的不足，进一步优化调整改进设计客运产品，不断反复修正，满足未来的客流需求。旅客需求导向性：旅客需求的满足程度体现了高速铁路的竞争力，以旅客需求为导向，针对性地开行旅客列车、便捷换乘、设置标识导向、提供客运服务，是高速铁路客流组织的重要原则。以旅客需求为导向，能吸引更多高速铁路客流，提高高速铁路的上座率和设备利用率，从而提升高速铁路的整体效益。产品多样性：产品多样性是市场细分的结果，不同的运输产品适应不同类型的客流需求。客运市场可按照旅客行程、旅客对旅行条件的需求、地理位置、运行路径等方式细分。产品多样化是高速铁路进行差别化服务的手段之一。

（5）高速铁路运营组织与管理的过程也是客流组织的过程。铁路客流组织工作按照组织层次不同可以分为网络客流组织和车站客流组织两个层面。路网层面侧重于对客流整体特征的把握，其主要目标为通过准确把握客流规律，指定合理的列车运行计划，组织全网客流的安全、舒适和高效运输，其核心是开行方案设计。车站层面侧重于对车站客流的组织、引导和服务，其主要目标为安全、高效、顺畅地组织旅客乘降和集散，其重点是车站流线组织。宏观方面客流组织：客流调查；客流分析与预测；列车开行方案；其他列车运行组织计划包括高速铁路列车运行组织由客运、动车组（机务）、运输、工务、电务等多个专业共同协作完成。从客运角度，除列车开行方案外，还包括高速铁路列车运行图、动车运用及其应急处置4个部分等。车站客流组织是微观角度的高速铁路客流组织，是对旅客发生在车站一切行为的工作组织，其主要内容包括：流线组织；售票组织；检票组织；乘降组织；其他客运组织等。客流组织包括掌握客流数量、结构、分布等特性，综合考虑现有车底数量、型号和线路技术条件，优化编制列车开行方案、列车运行图和动车组运用计划，安全、迅速、便利地组织客流在网络和车站的运输，最大限度地满足旅客运输需要。在新技术、新设备条件下，一方面利用资源优化配置理论，尽可能地满足旅客运输需要，使得设施设备使用效率最大化；另一方面，在掌握客流基本特征的前提下，从人性化服务角度，拟定吸引客流的手段方式，使得高速铁路运输效益最大化。

3. "一体化"管理

（1）在设计高速铁路运营产品设计方面不断强化客流分析、列车开行方案设计、列车运行图编制等一体化管理，还强调根据日客流的需求调度日运营计划编制和执行，以满足客流需求的动态变化需求。

（2）强调工电供一体、机辆一体、动车所内运输、机务、车辆、客运作业一体、站车一体化等，在保证运输安全和可靠的基础上，形成了集运用、整备、检修一体化的高速铁路运营管理特色。

4. 信息化和智能化集成建设与管理

高速铁路运营与管理离不开信息化，各种信息管理系统需要管理集成，再逐步形成高速铁路运营与管理的特色和信息、机制、决策、运用、评估之间的高度协调统一，实现高速铁路运营的高水平和高效益。而运营管理的智能化、智慧化阶段是信息化发展的新阶段，也是实现机制、决策、运作、评估之间的高度协调统一阶段。

可见，高速铁路运营管理中各个环节都是围绕客运市场保证运营品质而展开。客运市场既是高速铁路运营组织和管理的出发点，也是落脚点。出发点的客运市场，其客流需求是预测的市场需求，而落脚点是实际的运输量，也就是为了完成预测的本次客流需求的实现做出努力后，重新回到客运市场。落脚点的客运市场也可以说是达到一次均衡，这个均衡是指需求与供给处于暂时平衡的一种状态，是一种动态的均衡。需求与供给是决定客运市场行为的最基本的两种力量，之间平衡是相对的，不平衡是绝对的。不均衡时，可通过票额调整、运价与供求的相互冲突与调整等作用，不断地恢复和维持两者之间的均衡。然而，由于客运市场的不确定性，市场"不均衡—均衡—不均衡—均衡"的过程是反复进行的。整个过程如图 5.1 所示。

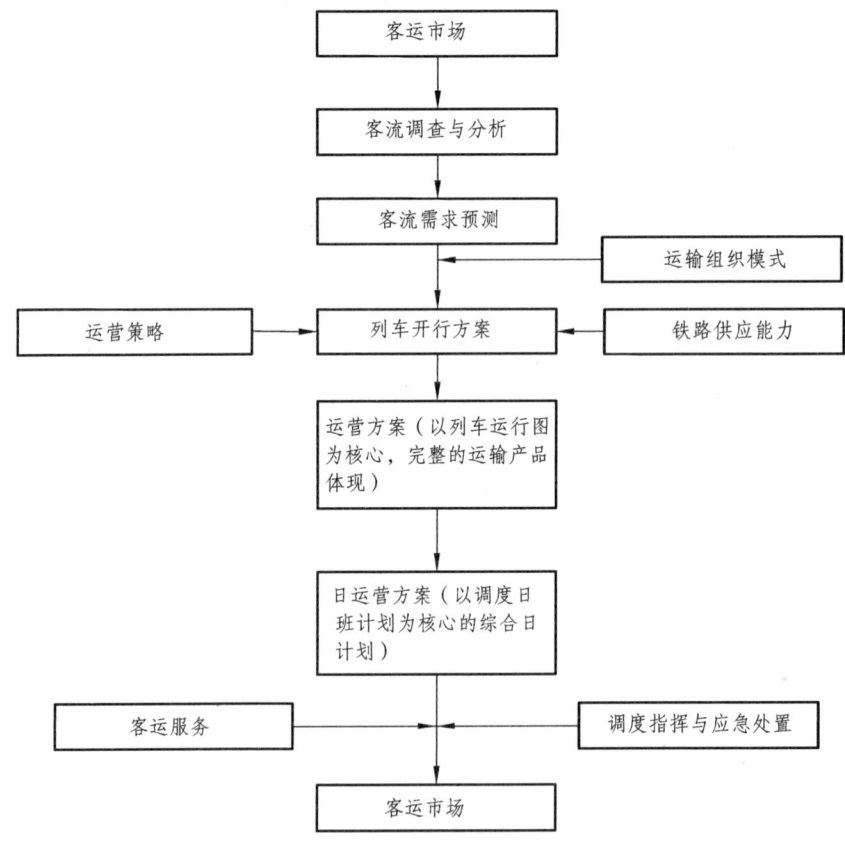

图 5.1 高速铁路运营管理过程图

5.2 高速铁路运营组织模式

高速铁路运营组织模式是指在一定的运营管理体制、社会经济和科技发展水平、路网功能结构条件下，高速铁路所承担列车的组织形式和方法。集中表现在高速铁路上列车开行的组合方式。合理的运营组织模式是确保安全和高效运营的基础。高速铁路运输组织模式是制定高速铁路运营组织方案的基础和前提，它决定着高速铁路上所运行列车的性质和特点，决定了高速铁路能否有效地发挥其作用。

5.2.1 影响因素

高速铁路运输组织模式影响因素包括：

1. 列车开行模式

（1）直达模式

根据列车 OD 点分布情况，直达模式可分为本线直达和跨线衔接直达。根据途中是否停站，直达模式可分为一站直达和跨线直达，以及本线大站停列车、跨线大站停列车。直达模式的优点主要包括增加运输成本，客流不足时容易产生运能的虚糜，发生列车延误时容易使得延误在整个网络中传播扩散。根据高速铁路组成线路的主要技术特征，直达模式可分为不经过衔接站的直达模式和经过衔接站直达模式。例如，2015 年 7 月 1 日，我国已开行动车组列车 1 137 对/d，其中单程运行时间超过 8 h 的动车组列车 135 对/d。成都东—福州间 D2244/2242/3 列车运行时间达 15 h 46 min，运行里程 2 085 km，跨越沪蓉线（上海虹桥—成都东）、昌九高速铁路（南昌西—九江）、昌福线（南昌西—福州）等多条线，是运行时间最长的动车组列车。

（2）中转换乘模式

中转换乘客流组织需要考虑换乘枢纽的条件以及枢纽内的车站分工。主要优点是可节省高速动车组对其他线路通过能力和运输秩序影响小，平衡区段运输能力，节省旅客旅行时间。可以充分考虑运能利用，避免运能虚糜。中转换乘模式的缺点是主要依赖换乘的可靠性，增加对车站作业组织的要求。换乘将影响旅客途中休息，增加疲劳，列车接续不合理将引起旅客换乘费用的增加。为保证中转客流的换乘服务质量，应尽可能减少旅客的换乘次数及换乘等待时间。法国采用中转与直达相结合的客流组织模式。500 km 以下的客流 OD 主要以直达服务为主，900 km 以上的客流 OD 主要以换乘为主。客运枢纽衔接组织方式：平行、垂直、放射型组织和综合组织。以上海虹桥至长春两趟高速铁路担当调整为例。2014 年"7·1"全路运行图调整时，G1234/5（上海虹桥至长春）同一趟车安排上海局和沈阳局分区段担当，在天津西站进行同站台换乘，但由于换乘给旅客带来麻烦，客座率不是很高。

（3）节拍式（周期化）模式

1931 年荷兰学者提出了以 1 h 为列车运行线铺画周期的周期性列车运行图的概念，此后欧洲其他国家根据国情调整了周期时间，形成了多种模式的周期性列车运行图概念。详见第 5 章，列车运行图中周期化运行图部分。

（4）公交化模式

公交化列车模式源于城市公共交通，随着对城际铁路、市域铁路等短途运输组织模式研究的开展，关于"公交化"定义也由定性概括向定量描述逐渐明晰。公交化列车，铁路是具有一定运能保证的，售票手续简便化。度量公交化的主要指标包括同一线路相同去向的两列车发车间隔、不同线路两列换乘列车的平均发到间隔时间。通道型高速铁路公交化趋势明显。公交化运营，一是体现在车次的安排上，能过做到各方向的车次保证了旅客随到随走，二是旅客候车时间不易过长，保证旅客的舒适度。

（5）夕发朝至与朝发夕归模式

运输条件和服务质量是吸引客流的重要因素，夕发朝至列车是指 17:00—0:00 间始发、6:00—9:00 前终到的列车。开行时间在晚上，不占用白天，在中长途旅行中受到青睐，但在设置高速铁路综合维修天窗时，必须要考虑夕发朝至列车的运行要求。朝发夕归早晨 6:00—8:00 间始发，20:00—0:00 间到达，天窗维修前到达，占用白天，提高服务质量。受天窗设置条件限制。

2. 高速铁路路网结构

与欧洲和日本的铁路系统相比，我国铁路客运网络及客运组织有着自身的特点，其他国家的运营经验并不能直接运用到我国高速铁路运输组织和客运组织的优化中。高速铁路开通促进了地区间的交流，满足了旅客多样化的出行需求，但对铁路运输企业而言，在市场化导向的背景下，铁路运输通道运力资源配置及开行方案是否与客流规律相匹配直接影响市场竞争力和运输效益。高速铁路的实力不仅体现在运营里程、动车组数量、运输能力、服务质量、速度等方面，还体现在将城市连接成网直至形成庞大的运营网络上，运营工作还要在如何充分发挥高速铁路网络效应上下工夫。

（1）网络规模大，但线路衔接协调尚不完备，终端可达性还不发达。我国高速铁路目前的网络规模领先于世界各国,但网络规模大的同时,也存在高速铁路与既有线的衔接协调尚不完备,铁路网络终端可达性尚不发达,铁路网络与其他综合运输网络的衔接换乘也不够便捷的问题。

(2)旅客出行对换乘较为敏感,倾向选择跨线直达模式。受传统铁路客运组织方式及出行习惯的影响,旅客对出行中的换乘较为排斥,更倾向于采用跨线直达的模式出行,因此在高速铁路通道中存在较高比例的跨线列车,影响了通道的通过能力利用和本线列车旅行速度的提高。

(3)通道型高速铁路运距较长,衔接线路较多,运输组织复杂,能力日趋紧张。以京沪高速铁路为案例,可根据客票数据对通道型高速铁路客运需求和客流出行特征进行系统性、精细化分析并与民航客流数据进行对比分析。

从国外开行经验看,尽量直达、合理中转已经成为各国高速列车普遍采用的开行模式。目前,我国动车组列车主要采用点到点跨线性方式,跨线列车占绝对数量,尽管这种开行模式满足了旅客直达目的地的需要,减少了旅客换乘,有利于吸引客流,但同时导致了部分干线区段能力更趋紧张,制约整个高速铁路运输网综合能力的发挥。

3. 客流输送方式

(1)本线客流输送方式

① 短途、中途本线客流。产生于城际铁路,客流对便捷性要求很高,由于在途时间和出行距离都较短,可采取公交化、节拍式的运输组织模式,在每日的不同时段采取差别化的组织模式。

② 中途、中长途本线客流。客流输送模式可采取公交化、节拍式或夕发朝至、朝发夕至开行模式,各种速度等级列车灵活编组,并且要求与既有线列车而进行合理中转。

③ 长途本线客流。夕发朝至、朝发夕至开行模式,为减少旅客换乘,铁路部门在主要干线开行了大量的日间长途动车组列车,运行里程超过 2 000 km,运行时间在 12 h 以上,在方便旅客出行的同时也提升了铁路部门的效益。

(2)跨线客流输送方式

对于高速跨线客流,有开行跨线列车和换乘两种运输组织模式。影响高速跨线客流运输组织模式选择的主要因素有:

① 跨线客流的强度。高速铁路运营最基本的特征之一是提供公交化的服务,必须保持较高的行车频率。跨线客流的特征是影响跨线客流组织的关键因素。跨线客流需要达到一定强度才可以组织跨线列车。跨线列车若担任本

高速区域客流运输任务，就要保持较高的行车频率，提供公交化服务，这将使跨线客流等待时间长，导致大多数旅客选择换乘方式出行，难以达到组织跨线列车的目的。

② 跨线列车对线网运营的影响。高速铁路根据线路的客流特征合理确定发车间隔和运营速度，运营组织较灵活，可以采用大站直达或站站停的模式，也可以采用城市轨道交通的单交路或多交路的运输组织模式。若与其他线路开行跨线列车，交路数量一般在 3 个及其以上，增加了运输组织的难度，对运营调度指挥提出了较高要求。开行跨线列车避免了跨线客流中途换乘。但运输组织复杂，对调度指挥要求高，线网运营关联性强，容易受相邻线路影响，要求相关线路能力有一定冗余。而且，在开行跨线列车的线网间，列车晚点具有传导性，一条线路列车的非正常运营状态往往波及开行跨线列车的相关路网，给运营调度调整带来困难，不利于线网的平稳运营。另外，跨线交路的设置还增加了乘客识别难度。

4. 线路分工

两线合理分工。尽量引导旅客选择高速列车，减少既有线路旅客列车开行数量，提高既有线货物列车开行数量和客货列车旅行速度。

线路通过高速铁路功能定位是变化的。高速铁路的功能定位决定线路分工及列车开行结构，从而导向市场定位。高速铁路功能定位往往有其历史局限性，随着政治、经济、社会的发展，以及衔接线路、平行线路、枢纽建设等外部因素的变化，高速铁路功能定位也会随之调整。以沪宁高速铁路为例，开通初期仅为独立线路，定位解决沪宁本线客流需要；之后随着沪杭高速铁路、汉宜、渝利等线以及大胜关大桥、南京南站陆续开通启用，定位随之调整为作为沪汉蓉客专沪宁段主要通道，并开行跨往沪杭高速铁路方向列车，宁安客专开通后增加作为宁安地区进沪通道。

能力使用情况跨线列车由于运输组织较为复杂，要求线路有一定的能力冗余，如果线路能力较为紧张，则不宜组织跨线列车。高速铁路运输组织模式要考虑与既有路网的兼容性。从列车性质上看，高速铁路是否为客货共线或是客运专线，客货共线是否为混行或分时段开行，客运专线开行几种类型的旅客列车；从列车速度上看，单一速度列车共线运行，一般列车间无越行。多种速度列车共线运行，可按需要组织列车越行；从跨线列车运行分析，高速铁路运行的全是本线列车而无跨线列车，组织旅客在跨线点换乘；当跨线和本线列车共线运行，可组织跨线列车上、下高速铁路线运行。有时，习惯上把采取全高速列车运行还是高、中速列车共线运行也称之为列车运行方案。

可将高速铁路运输组织模式划分类型如表 5.1 所示。

表 5.1　高速铁路运输组织模式

分类标准	类　型	特　　征
列车性质	客运专线	高速线上只开行动车组列车
	客货共线	混行或分时段开行
列车速度	单一速度列车共线	一般列车间无越行
	多种速度列车共线	可按需要组织列车运行
跨线列车	全本线列车	无跨线列车，组织旅客在跨线点换乘
	跨线和本线列车共线	可组织跨线列车上下行高速线运行，跨线和本线列车存在速差时，运营组织较为复杂

5. 列车运行速度匹配

对于采用多种速度列车共线的运输组织模式，应考虑不同等级速度列车之间的合理速度匹配关系，以减少能力损失，创造良好的行车组织条件。不同的列车速度匹配，对通过能力影响不同，对工程造价等影响也不同。其速度匹配关系的原则有：

（1）适应相关线路的技术条件，充分考虑高速铁路相关线路的速度目标值与列车速度等级之间的相互协调。

（2）从系统角度出发，充分发挥线路的技术优势和高速铁路的运输能力，尽量提高列车运行旅行速度，方便旅客旅行，使高速铁路吸引更大客流，增强高速铁路市场竞争能力。

（3）为创造良好的行车组织条件，尽量降低跨线列车晚点对本线列车的影响，保证列车运行安全。

（4）从"效益—费用"上全面衡量高速铁路列车速度匹配关系，以获得良好的经济和社会效益。

我国高速铁路目前开行两种速度等级的高速动车组列车，一种是 300 km/h 的速度等级，另一种是 250 km/h 的速度等级。为叙述方便，本书分别以 A 类列车和 B 类列车简化称之。2017 年 9 月 21 日，京沪高速铁路有 7 对 350 km/h 列车上线运行，自此，我国高速铁路上列车速度匹配关系有：350 km/h 和 300 km/h，300 km/h 和 250 km/h 两种。时速 300 和 250 km 时速的高速铁路线，两种速度在同一线路上运行，速度差是最佳匹配。我国高速铁路路网规模比较大，铁路部门在同一条高速铁路线上同时开行时速 300 和 250 km 两个速度等级的列车，这样的速度差有利于将列车的衔接和路网能力利用最大化。我国京沪高速铁路已实现时速 350 km 的运营，运行成本会相应提高，主要是能量消耗、摩擦磨损、易耗件会缩短设备更换与检修周期，而与运行平稳相关的振动环节也会发生变化，解决摩擦磨损问题一直是个世界难题。可通过改变摩擦接触面关系，改变摩擦物硬度、材质、形状等，来减少轮轨的摩擦磨损。

6. 建设方式

各国国情和运输设备等基础条件不同，由于各国的国情和铁路网（既有线网和高速铁路网）结构、发展历程和运营管理机制的不同，高速铁路采用了各具特色的客流组织方式和运输组织模，各有差异，各有优缺点。在确定运输组织模式时考虑的主要因素有：最大限度地满足旅客需要；与本国既有铁路网的关系和运营情况。例如，日本高速铁路已成为陆上交通运输网络的支柱。日本既有线为窄轨铁路，新建高速铁路为标准规矩；法国是部分新建线路，新建高速线与部分既有线混合运行；德国是通过既有线改造模式运行高速铁路；英国和瑞士既不是修建新线，也不是对既有线进行大量改造，主要采用摆式车体的车辆组成动车组。

工程经济性也是考虑跨线客流运输组织模式选择的重要因素。为满足列车跨线运营的需要，相关线路需互联互通，需要增加工程投资，如果跨线客流强度不大，工程投入得不偿失，则不宜采用组织跨线列车的方式。线网建设及运营管理模式跨线客流的运输组织模式还与线网的建设及运营管理模式有关。线网若由同一主体建设或运营，比较容易统一制式和调度指挥，有利于采用开行跨线列车的方式。反之，则可能存在系统兼容的问题，并需要相应的协调、清算机制，组织跨线列车难度相对较大。

5.2.2　国外高速铁路采取的模式

国外高速铁路经过几十年的发展，已经形成了比较先进、完善的运营理念，以日本、法国和德国为典型代表，形成了三个不同体系的组织模式。例如：日本 JR 东海、西日本、东日本等公司负责高速铁路的日常运营管理与维修，法国、德国则采用网运分离模式；法铁公司和德铁股份公司分别负责法国和德国的运营管理，而这两国铁路网的维护维修则有路网公司专门负责。三个国家充分利用先进的技术装备，结合本国的经济发展水平、社会文化发展程度、高速铁路网的特征及其既有铁路的衔接情况，形成了与本国国情相适应的运营组织方法，取得了良好的经济益和社会效益。主要有以下几种模式：

1. "全高速—换乘"模式

高速线上只运行高速列车，无跨线列车运行，直通客流大，跨线旅客采用换乘方式。且高速列车运行范围仅为高速线，简称"全高速—换乘"模式。该模式高速线上无跨线列车运行，直通客流大，跨线客流采用换乘的方式，适用于自成体系的高速客运专线，如日本的新干线。其优点是列车运行速度高，列车追踪时间段（最小可达到 2~3 min），运输组织简单，便于管理，运输能力大等。但由于跨线客流要全部在衔接站进行一次或多次换乘，将延长旅客旅行时间，部分客流可能会转向其他交通工具并加重市内交通压力，给旅客带来不便和困难。所以旅客换乘是"全高速"模式的关键性问题。

日本高速铁路独立成体系，跨线客流高速站换乘。白天运行、夜间维修。东京—博多，1 069.1 km，设站 33 个，3 种高速列车 61 种停站方式。"回声号"：通勤旅客运行距离短，站站停车；"希望号"：便捷、快速、停站少，最多停 6 站；"光号"：停站次数界于二者之间，一般为 8~12 个。高速铁路是从事城际运输的最重要线路。高密度、长编组、多定员、停站时间短、停站方案多、车站站线利用率高、列车服务频率高是日本高速铁路列车组织的主要特点。

日本自 1964 年至 2002 年建设了 8 条高速线，都是国际标准轨，无法与既有线窄轨相连接。所以，日本新干线运输组织模式是全部运行高速动车组列车，而且新干线上没有跨线的运行的其他列车。跨线出行的旅客只能采取换乘方式。日本新干线主要有东海道、山阳、东北、上越、北陆新干线，都自成体系。日本的高速铁路尽管旅客的换乘条件很好，但仍致力于创造更多的直达条件。新干具有列车密度高、旅客运输量大、安全性好、服务设施良好、换乘便利、方便旅客出行等优点。日本国铁民营化后，划片管理，新干线和既有线归同一公司运营，为能使新干线高速列车服务范围扩展到更多的周边城市，部分公司采取将新干线列车延长运行到既有线的措施，以提高旅客全程旅行速度，拓展高速铁路的运营范围，减少旅客换乘。

2. "全高速—下线运行"模式

高速线仅运行高速列车，但高速列车也可以在与高速线相衔接的既有线路上运行，简称"全高速—下线运行"模式。该模式高速列车在高速线上按照高速列车运行，其跨线高速列车下高速线后按普通线路允许的速度运行，适用于与普通既有线路相衔接的高速客运专线，例如法国的高速铁路。其优点是，一方面高速线上只运行高速列车，列车速度基本相同，可按平行运行图运行、通过能力大。同时高速列车下线运行，可以增加高速列车的通行网络，扩大高速线路的服务范围，能更多地吸引客流，提高了高速线的利用率，减少旅客换乘，较好地解决跨线旅客运输问题。但缺点是需要较多的高速列车车底，必须要求高速客运专线与既有线兼容。法国 6 条高速铁路线（不包括巴黎联络线），以巴黎为中心向四周辐射，能通往 6 个方向的不同地区和城市（包括比利时、荷兰、瑞士、意大利等国家的城市），并与既有线相连接。如巴黎东南线高速铁路长 454 km，高速列车运行总里程达 1 500 km，通达法国南部各主要城市，高速运行距离延长近 5 倍。从整体上讲，法国高速铁路可以归纳为这种模式：一方面使得高速线运力得到最佳发挥；另一方面能充分利用既有的基础设施，尽量减少在高度都市化地区进行困难和昂贵的工程建设，列车可以方便地进入如巴黎、里昂这样的大城市。

　　法国高速铁路首先从市场需求的角度考虑行车组织方案的基本设计要求，由此确定初步方案，如每条线路的发车频率、中间站数量、列车班次与时段配置等，然后据此决定每一列车的精确调度。德国高速铁路采用新线建设和既有线改造方式，将 ICE 高速列车主要用于城市间特快列车运行网，高速列车通达里程已达到 5 000 多千米。ICET 摆式车体用于曲线较多的既有线电子化区段；高速线与既有线联网运营，客货分时混合运行。法国高速铁路运营特点：高速铁路网以巴黎为中心，呈放射状；高速线上全高速、客运专线；大运量的干线上修建，保证高速铁路与既有铁路网的联网互通，使 TGV 列车通过既有线开行到人口密集的地区；部分高速列车下线运行，通达里程远大于高速线里程，在高速铁路还只有 1 576 km 时，TGV 高速列车的运行范围就达到了 7 500 km 以上；大运量、少换乘。

　　法国铁路运输组织一般根据客流量大小配备相应的列车对数，在一天的不同时段内根据客流量的大小，开行不同数量的列车。运输组织模式适应市场需求，能够保证高速铁路及整个路网的整体可靠性，列车上座率较高，停站较少，列车起停时间缩短，列车平均速度较高，整体经济效益良好。一天、一周及突发的高峰时刻，实行两组列车重联。但其缺点是：列车运行间隔不规律，旅客出行不便；同时，线路利用率下降。为提高运输能力，必须增加列车数量和存车场的规模以及检修段的数量。减少列车回空。

　　另外，国外速度等级相同的高速铁路间普遍采用跨线运行，即使是在不同速度等级的线路间，也尽量通过跨线扩大高速列车运行辐射范围，便于有效提高客运产品的竞争力，在欧洲和日本的部分山区或客流较少地区，速度

300 km/h 的高速列车甚至下线至 160 km/h 以下的线路运行,以扩大高速铁路市场份额。

枢纽地区开行跨线列车。巴黎、柏林等大型客运枢纽往往是高速列车集中始发终到地点,同时也有跨线枢纽城市的高速铁路客流。考虑到旅客进入城市换乘将增加城市交通设施的压力,特别是类似巴黎这样的大城市,每个方向的列车都在不同车站到发,若以换乘模式为主,有可能损失很大一部分客流,因此,欧洲很多城市都修建了枢纽联络线,在主要的旅客旅行方向开行跨线列车,最大限度减少旅客在城市交通中的换乘。

3. "混合运输"模式

高速线不仅运行旅客列车(包括高速列车和普通列车),还可运行货物列车,简称"混合运输"模式。该模式高速线的运输组织基本与常规的既有线铁路运输组织模式相似,多适用于改建既有线为高速线的线路上,例如德国、英国、前苏联等国的高速铁路。其优点是线路的工程投资小。缺点是线路上由于运行的客货列车速度差大(客车的速度一般为 200 km/h,货车的速度一般为 100 km/h),客车的扣除系数大,通过能力较小,列车的运行组织复杂;客车的最高速度也受到限制,一般只能达到 160~200 km/h,延长了旅客的旅行时间。

德国高速铁路的发展把既有线改造、新建高速线、发展摆式列车三者紧密结合起来。德国的高速铁路由两部分组成,一是改造既有线,将列车最高运行速度提高至 200 km/h;二是新建 4 条高速铁路线,前三条均为客货混运,2002 年 12 月投入运营的第 4 条科隆至法兰克福的高速线才是客运专线。可见,德国的高速铁路网是由改造的旧线(最高时速 200 km)和新建高速线(最高时速 250~300 km)混合组成的。德国高速铁路的建设特别强调扩大货物运输能力,改善运输质量和消除运输瓶颈地段,采取了这种模式。在高速线路的运输任务很繁忙。

德国的 ICE 动车组实行节拍式运输,采取基于运输能力的运输模式,以固定的时间间隔组织列车运行,在许多大城市每隔 1 h 组织发 1 列高速列车。能够为大多数旅客全天提供均衡的列车,节拍时间容易记忆。便于旅客选择车次;对于铁路经营者来说,所需列车数量比较少,有规律的运行使运营人员的工作井然有序。优化的检修程序减少了列车回空,固定发车间隔的列车运行图使得其他交通工具易于衔接,便于换乘,缩短旅客在站停留时间。这这种运输组织模式缺点是:平均列车运行速度较低,在间隔小的情况下不可能客货共线运行。

德国高速铁路为了方便旅客换乘,采取了在路网枢纽站组织两列车到达同一站台的方式，旅客可以直接从这条线的列车换乘到另一条线。这种运营组织方式，必须以整个路网列车运行可靠性和准时性为条件，因为任何原因造成的晚点都会影响旅客换乘。在客流组织方面，德国尽管具备良好的旅客换乘条件，但仍致力于创造更多的直达条件，如采取大量的 ICE 列车和 IC 系列列车下高速线的方式。

德国铁路为了适应客流变化的需要，在某些线路上采用短列运输方式，根据需要可以两列联挂行驶，也能分解成两个短列分开运量小的区段分开运行，达到节省运能、满足运量的需要。为方便旅客换乘，采取 ICE 列车在路网枢纽站可组织两列车同时到达同一站台，旅客可以不必等候，直接换乘到另一条线的列车上。2017 年，德国铁路共计有 150 座桥梁、2000 处道岔等设备须更新。在更新设备时，德铁与施工单位和德铁内部协调不够顺畅，致使延误增多。德铁将在 2030 年前更新老旧铁路网，计划投入 550 亿欧元。

意大利和瑞典是客货混跑，其中，意大利是高中速客车和高速货车混跑；瑞典是通过既有线具备改造，采用摆式列车提速到 200 km/h。西班牙是高中速列车混跑客运专线，采用 300 km 的本线 AVE 列车和 200 km/h 的跨线 Talgo 列车混跑。西班牙客运专线上采用的是国际标准轨距（1 435 mm），而既有线是历史遗留下来的宽轨距（1 668 mm）。高速动车组从标准轨距开到宽轨距，他们研发了一种特殊的会改变轮距的动车组——Talgo 可变轨距电力动车组。

5.2.3 我国高速铁路模式

我国的高速铁路根据其修建模式不同，各个高速铁路根据地域的不同，完全采用任何一种国外的模式都存在一定的局限性，一般采取运输模式为全开行高速列车、高速列车下高速线、客货类车混跑以及中速列车上高速线模式。也就是说，其他各国的运输组织模式在我国不同地区都有体现。

高速铁路运营组织方案的基础和前提，它决定着高速铁路上所运行列车的性质和特点，决定了高速铁路能否有效的发挥其作用。高速铁路运营组织模式是指在一定的运营管理体制、社会经济和科技发展水平、路网功能结构条件下，高速铁路所承担列车的组织形式和方法。

高速铁路根据速度等级、是否运行货物列车、在路网中的功能地位等分为多种类型，因而不同类型的高速铁路运营组织与管理模式也不同。我国高速铁路的运营组织模式的选择前提为：

（1）两线合理分工。尽量引导旅客选择高速列车，减少既有线路旅客列车开行数量，提高既有线货物列车开行数量和客货列车旅行速度。

（2）速度等级的差异。速度等级的不同将影响运营组织模式的选择，我国有速度在 300 km/h 及以上的高速列车（称为 A 类高速列车）和速度为 200~250 km/h 的高速列车（称为 B 类高速列车）。

（3）提高客运质量。以人为本，方便、快捷和安全地组织旅客运输。

（4）确保运营效益。创造条件，使高速线能吸引最大客流，降低运输成本，提高运输市场竞争力，保证高速铁路运营后具有良好的社会效益和经济效益。

1. 300 km/h 以上高速铁路运营组织模式

速度达到 300 km/h 及以上线路，一般适用于长达高速干线铁路，可采取的运营组织方案有以下 6 种。① 高速铁路只开行本线 A 类列车，且不组织旅客换乘，跨线旅客列车不上高速线，全走既有线；② 高速铁路只开行本线 A 类列车，组织旅客换乘，跨线旅客列车不上高速线，全走既有线；③ 高速铁路开行本线 A 类列车，有条件的部分跨线 A 类列车上高速线，其余跨线列车仍走既有线；④ 高速铁路本线列车采用 A 类列车，所有跨线列车均采用 A 类列车，走高速铁路；⑤ 高速铁路本线列车采用 A 类列车，所有跨线列车均采用 B 类列车，走高速铁路；⑥ 高速铁路本线列车和跨线列车共线运行，除本线列车全部采用 A 类列车外，有条件的跨线列车也采用 A 类列车，其余跨线列车采用 B 类列车。

上述方案中，前四个为全高速 A 类列车方案（简称全高速方案），方案⑤ 和 ⑥ 为多种速度列车共线方案（简称共线方案），从运输能力利用的角度看，全高速方案有利，共线方案次之。

方案①运输组织最简单，但高速铁路所服务的客流范围较小。

方案②可以增加一部分高速铁路行车量，但跨线客流需增加换乘。此外，由于涉及换乘，要考虑高速铁路列车之间、高速铁路列车与既有线列车间的衔接，运输组织较复杂，而且有关车站可能要扩建站台，将增加投资。

方案③的特点是，条件具备的跨线列车采用动车组在高速铁路上以较高速度运行，在既有线上以线路的限制速度进行，其余跨线列车采用普通旅客列车在既有线上运行。

方案④的特点为跨线列车全采用动车组在高速铁路上以较高速度运行，在既有线上以线路的限制速度运行，跨线客流不必换乘就可以乘坐高速客车，既改善了旅客旅行条件，又吸引了较多的高速客流。目前发达国家一般都采用这一模式，可以扩大高速列车的服务面。但延长了高速动车组的周转时间，增加了高速动车组的需要量。同时由于既有线的线路条件对动车组的磨损将大于高速铁路，其运营成本将增大。

方案⑤的特点为跨线旅客不必换乘就可以在高速铁路上乘坐 B 类列车，扩大了高速铁路客流的吸引范围，提高了高速铁路的能力利用率，较好地解决了既有线能力不足的问题，而且跨线列车为 B 类列车，其购置费较少，在既有线上运行有较好的适应性。此方案的不足为 B 类列车在高速铁路上的速度较低，降低高速铁路通过能力。

方案⑥既兼备了方案④和⑤的优点，同时也弥补了前五个方案存在的不足，其主要问题是部分跨线列车采用 A 类列车，购置成本将增加。但是也应看到，随着我国经济的发展和人民生活水平的提高，A 类列车的数量和运行范围将逐步增大，最终实现高速铁路的全 A 类列车运行。

2. 200~250 km/h 高速铁路的运营组织模式

200~250 km/h 的高速铁路一般比较适合于区域城际铁路，城际铁路以吸引城际间的短途客流为主，主要解决相邻发达城市之间大运量、高密度、乘车时间分布广、随到随走的客流，是城市间公路交通的有力竞争者。客流大都集中在白天到发。

因此，其运营组织方案采用仅运行本线城际列车的方式，可以较少考虑与既有线的衔接问题，运营组织模式相对简单。为了满足长短客流的不同要求，开行的本线列车主要有两种：大站列车和站站停列车。另外，部分跨线列车可以考虑上线运行，但其上线的条件要严格界定。城际铁路运营组织模式以及上线列车的基本条件如下：

（1）城际铁路上只运行本线列车，不组织换乘，跨线旅客列车全走既有线。这种模式下，本线列车采用 200~250 km/h 的动车组，以 250 km/h 的大站列车为主，站站停列车运行速度也不得低于 200 km/h。

（2）城际铁路上只运行本线列车，在城际铁路与既有线的衔接站组织旅客换乘，少部分跨全段的旅客列车上线运行。

3. 未来高速铁路运营组织模式发展方向

从目前研究的国内高速铁路线路来看，绝大多数高速铁路承担的客流主要由两部分构成，一部分是沿线主要城市间的客流，即大站客流，二是沿线重要城镇之间以及其与主要城市间的客流，即站站停客流。相应地，为满足不同层次客流出行需要，在运输组织上一般开行大站快车和站站停两种高速列车。大站快车采用较高的运行速度，只停沿线几个大站，满足主要城市间客流的可达性；站站停列车停靠沿线车站，方便沿线城镇客流出行。由于大站快车和站站停列车一般存在速差以及停站的影响，从而在大站快车和站站停列车之间产生越行需要。目前京津、武汉城市圈以及广珠高速铁路等均组织开行大站快车、站站停两种高速列车，并采用越行的运输组织模式。

我国高速铁路承担本线的高速客流和跨线的部分中长途客流，采用"不同速度列车共线匹配运行"模式对于充分发挥高速铁路的网络效应，满足不同层次旅客出行需求有着重要作用，是现阶段我国高速铁路逐步成网过程中的现实选择。随着我国铁路线路等技术设备条件等的改善，将加大高速列车的数量和运行范围，减少跨线列车低等级动车组的比例，最终实现高速铁路的全高速运行。

我国高速铁路运营组织模式多样，多数采用"不同速度列车共线匹配运行"，该运输组织模式是指：高速铁路上本线列车和跨线列车共线运行，本线列车、跨线列车全部采用动车组外，但动车组的等级可不同，其最高运行速度存在差异，从而形成不同速度的旅客列车共同在高速铁路上运行的状况。

我国高速铁路承担本线的高速客流和跨线的部分中长途客流，采用"不同速度列车共线匹配运行"模式对于充分发挥高速铁路的网络效应，满足不同层次旅客出行需求有着重要作用，是现阶段我国高速铁路逐步成网过程中的现实选择。

5.3 高速铁路客流

5.3.1 影响因素

高速铁路客流是一个复杂的要素集合体共同影响的产物，其形成和发展是内外各种动因共同作用的结果。系统内部因素主要有运营组织计划、服务质量、客运票价等；系统外部因素包括系统环境和旅客方面等因素。环境方面主要是区域经济发展水平、人文与自然环境条件交通结构等因素；旅客方面的因素诸如个人社会经济条件、消费偏好等。客流出行规特征主要包括客流的年龄、职业结构、出行目的、对票价的敏感性等，由于每个出行者的特征都不相同，每个旅客出行行为选择也各不相同，继而导致高速铁路客流量的响应变化。客流出行特征分析方法主要是对旅客或潜在的旅客进行出行调查。分析客流因素，目的性：公务、商务、探亲、旅游；规律性：季节、气候、社会活动、周期规律；消费能力、交通便利；客流预测：流量、流向、流时，波动区间；历史数据、周期规律、天气、社会活动、客流趋势。

可从客观和主观层面对影响高速铁路客流的因素做出简述。其中，客观层面是对客流外部的影响因素进行分析，主观层面是从旅客运输需求的角度展开叙述。

1. 客观因素

客观因素包括经济发展水平、地理区域、居民消费水平、人口数量、季节及气候、其他运输行业的竞争等。

2. 主观因素

从旅客出行需求的主观角度看，旅客对运输产品的选择是综合多种影响客流因素的结果。影响客流的因素不会单方面发挥作用，而是相互交织、相互作用，其影响因素可归纳为以下几个方面：

（1）安全。高速铁路安全是对旅客生命财产的基本保障。高速铁路的运营安全情况直接影响到旅客对高速铁路出行方式的评价、选择和依赖程度。

（2）列车正点率。在经济发达地区，因旅客消费水平较高，对时间成本和效率的极大关注，对列车的正点率要求很高，列车晚点多可能会导致高速铁路客流的流失，列车正点率高能培养、吸引更多的高速客流。

（3）速度（旅行时间）。有关调查表明，速度领先者在运输市场中占有竞争优势。速度是运输业产品性能的基本体现。速度的提高、旅行时间的缩短，对旅客而言，是激发其旅行需求的首要因素。

（4）发车密度。集中反映了运输部门所能提供给旅客运输服务产品的数量水平。列车开行间隔及到发时间对高速铁路客运产品的便捷性至关重要，对旅客的旅行需求有较大影响，是旅客出行时选择交通工具的一个重要影响因素。一般来讲，缩短发车间隔、相应增加列车发车密度可增加旅客选择出行方式的机会，同时也缩短了旅客在车站的平均候车时间。上海虹桥这个中国最繁忙的车站，平均 84 s 就有一趟高速列车驶过，比中国最繁忙的地铁高峰发车间隔，还少了 19 s。

（5）票价。合理公道的票价是旅客选择出行方式的一个重要因素。在我国经济还不完全发达的情况下，票价对旅客的影响仍很大，有时还起决定作用。当然，消费水平不同的旅客对于"合理的票价"有着不同的衡量标准。价格可以成为调节客流的杠杆。运价灵活可以提高高速铁路对市场的敏感度，加快融入市场的步伐，也可以使高速铁路的收入预期与经营环境有所改善。一般说来，高速铁路旅客的消费水平较高，经济承受能力较强，对票价的敏感性较低。从 2018 年 4 月 28 日起，铁路部门将下调 28 条城际铁路部分动车组列车票价，部分线路的折扣将达到 20%。未来将按照市场供需状况执行票价灵活浮动，逐步试行"一日一价"。专家同时表示，目前京沪线实行的浮动票价，周一至周四以及周六为平峰价，周五、周日为周末价。从 4 月 28 日起到年底，铁路部门将下调 28 条城际铁路部分动车组列车票价，部分线路的折扣将达到 20%。未来将按照市场供需状况执行票价灵活浮动，逐步试行"一日一价"。今天查询铁路 12306 网站看到：4 月 27 日广州南至珠海的 D7261 次列车，一等座是 90 元，二等座是 70 元；而 4 月 28 日，一等座 72 元，二等座是 56 元。铁路部门将对广州至珠海、丹东至大连、郑州至开封等 28 条城际铁路部分动车组列车票价实行折扣优惠，最大幅度提高至 20%。专家表示，浮动票价的执行方式在 2015 年开始试点，浮动票价的定价是基于铁路大数据的分析。

从国内各种交通工具横向比较来看，我国高速铁路的定位是低于航空票价，而日本、法国、德国、西班牙等国家，高速铁路都是最高端的交通出行方式，远远高于航空定价。再从国际高速铁路同行定价来看，我国高速铁路 300 km/h 以上班次定价在每千米 0.4~0.5 元，而日本大约是 1.5 元、法国 1.2 元、德国 1.7 元、意大利 1.5 元、西班牙 1.1 元左右。从我国高速铁路的基准价看，以每百千米票价站人均月工资的比例比照，法国是 0.81%，日本是 1.14%，德国是 1.29%，意大利是 1.33%，我国是 0.80%，与法国差不多。

（6）舒适度。随着人民生活水平的提高，旅客对出行工具的舒适度有越来越高的要求。旅客不仅有满足于能实现位移的需要，而且要求在接受运输服务的过程中感到舒适，对这方面的需求也是多层次的。基本服务不断强化。铁路总公司制定出台了铁路旅客运输服务质量规范，对高速铁路、普铁站车服务提出明确标准和要求，狠抓基本服务落实，带动客运服务质量全面提升。各单位狠抓客运窗口岗位标准落实，规范服务用语和服务行为，落实首问首诉负责制，主动热情地帮助旅客解决出行困难和问题。服务设施条件明显改善，卫生保洁工作有效强化，餐饮服务不断改进，过去五年是铁路历史上客运服务质量变化最大、提升最为明显的时期。差异化、个性化服务让旅途更加温馨。铁路部门在细节上做文章，全面开展差异化、个性化服务，拓展服务内容和方式。围绕旅客购票、进站、候车、检票、上车、乘车、下车、出站等八大环节，铁路部门优化服务流程，改进服务方式，为旅客提供通畅有序、便捷温馨服务；继续抓好老弱病残孕等重点旅客进出站、上下车预约服务，旅客遗失物品查找服务，视力障碍旅客携带导盲犬乘车等服务。同时，高速铁路服务品质不断提升。自助售取票、自助验证验票、自助检票进站、互联网订餐、机器人问询、APP 资讯查询、车站智能导航、服务预约、站车 WiFi 等一批创新服务产品的推出，极大改善了旅客出行体验。

（7）营销策略。是指寻找适应高速铁路客运市场需求的各种营销手段，如运输企业赠送列车时刻表、改进产品性能、提高列车速度及档次、降低销售价格、实行优惠价、提高服务质量等。目前，铁路 12306 网络客户端、手机客户端和自助售取票机等售票方式成为铁路主要销售渠道，方便了旅客购票，相比较而言，车站窗口和代售点的售取票数量降幅较大。据上海铁路局客运营销统计数据，2016 年手机和互联网购票占总购票量的 68.96%，尤其是手机客户端购票占售票总数的 51.07%，说明网络购票符合旅客出行需求。

5.3.2 客流特征

客流是对于旅客有目的流动的宏观描述。旅客根据出行需要，按照自己的支付能力，选择一定的运输方式，在一定时间和空间范围内作有目的的移动，便形成客流。当根据自身需求，通过铁路运输方式完成其在时间和空间上的目的移动的旅客集合称为铁路客流。客流由流量、流向、流距、流时四个要素组成，分别表示客流的数量、方向、行程和客流产生的时间。

高速铁路客流是一个复杂的要素集合体共同影响的产物，其形成和发展是内外各种动因共同作用的结果。系统内部因素主要有运输组织计划、运输服务质量、客票价格等，系统外部因素包括系统环境方面和旅客方面等因素，系统外部环境方面主要是社会稳定性、国家经济发展水平、人文与自然环境条件交通结构等因素，系统旅客方面的因素诸如个人社会经济条件、消费偏好等。高速铁路旅客流量是在不同内因和外因共同作用下得到的复杂产物。

1. 客流量巨大并具有动态性

我国高速铁路客流主要集中分布在经济发达、人流稠密的地区，在客流特征上呈现出区域间客流交流量不均衡、旅客出行需求层次多、平均运距场、客流波动大等特点。这些因素共同造就了高速铁路独特的运营环境。我国高速铁路客流大幅增长，全国铁路动车组列车的旅客发送量已占铁路旅客总发送量的 40%左右。我国现有 13 亿多人口，2020 年实现小康社会后，若每人每年平均乘坐火车往返 2 次，铁路旅客年发送量可达到 52 亿人次以上。根据 2016 年铁路完成旅客发送量 23.57 亿人次，还不足每年平均往返 1 次，旅客发送量还有近 29 亿人次的上升空间。动车组占比例有多大，发展迅猛。与公路、民航相比，高速铁路在方便舒适、经济快速、准时安全等方面具有独特的优势，它的出现使我国客运市场供给结构发生了巨大变化。2016 年，我国高速铁路旅客发送量达 14.4 亿人次，同比上涨 24%，占铁路总发送量的 52%；民航旅客发送量为 4.9 亿人次，同比上涨 12%。从客流走势来看，高速铁路开通后客运市场逐渐旺盛，并呈现周规律波动、季节性波动、假日波动、天气波动、大型活动影响等动态变化。逐渐旺盛：以沪宁高速铁路为例，2011 年发送旅客 6 799.7 万人、2012 年 7 468.3 万人、2013 年 8 167.8 万人、2014 年 9 119.4 万人、2015 年 9 603 万人、2016 年 10 741.3 万人，逐年增长。

高速铁路客流迅速增长表明高速铁路的技术经济特征在很大程度上适应我国旅客的出行需求。2017 年 12 月 14 日 G14 次复兴号高速铁路列车，中国铁路上海局集团有限公司，2018 年第 6 亿位旅客诞生了。从 1 亿到 2 亿用了 24 年，2 亿到 3 亿用了 4 年，3 亿到 4 亿用了 3 年，4 亿到 5 亿用了 2 年，5 亿到 6 亿用了 1 年。据统计，上海铁路客流总量中，约有 60%的旅客出行半径在 300 km，也就是长三角经济带，稳定的商务流和新兴的会展流是其中的中坚力量。高密度的客流背后是高效的管理和流畅的服务体验的支撑。

2017 年 12 月 1 日，哈尔滨至大连高速铁路正式开通运营 5 周年，累计发送旅客人数达到 3 亿人次。四通八达的高速铁路网，极大缩短了区域时空距离，拉近了地区"经济距离"，为东北地区振兴发展注入新的生机与活力。哈大高速铁路开通初期路每天开行动车组列车 67 对，日均提供客座席位 43 101 个；目前，每天开行动车组列车增加到 110 对，日均提供客座席位 140 034 个。2013 年日均发送旅客 8.8 万人，2014 年 10.7 万人，2015 年 14.7 万人，2016 年 23.9 万人，2017 年 26.6 万人，实现逐年增长，其中 5 月 1 日发送旅客 41.6 万人，创单日发送旅客最高纪录。5 年来，哈大高速铁路开行动车组列车 33 万列，安全运送旅客突破 3 亿人次，相当于东北三省总人口 3 次乘坐哈大动车组出行。开通运营初期，对哈大高速铁路实行冬、夏两张运行图，分别按时速 200 km 和 300 km 两个速度等级开行动车组列车。从 2015 年 12 月 1 日起实行"冬夏一张运行图"，全年按时速 300 km 运行。哈大高速铁路沿线冬夏温差超过 70℃，特别是进入冬季风雪天气增多。中国铁路沈阳局集团有限公司形成了一套应对严寒、冰雪天气运营安全组织措施，降小雪时，提前准备进路，启动电热道岔除雪装置，对道岔进行加热融雪；降中雪时，采用列车按站间间隔行车；降大到暴雪时，启动道岔融雪装置和人工清扫"双保险"。5 年来，全线共降雪 102 场，累计 212.5 h，平均雪深 67 mm。哈大高速铁路沿线车站运用"互联网+"理念，引入智能设备设施，打造综合的新媒体平台为旅客提供更多服务，让旅客出行更加方便、温馨。铁路部门建立大数据中心，对哈大高速铁路沿线车票余票、出行方向等数据进行分析，及时调整开行列车，春运、暑运等时段调整列车运行图，增开临时列车，满足旅客购票和出行需求。哈大高速铁路开通 5 年来，形成以哈大高速铁路为纵贯南北主轴，北部衔接哈齐、哈牡、哈佳 3 条高速铁路，中部衔接长珲、长白乌及规划的四通 3 条高速铁路，南部衔接沈丹、丹大的高速铁路网，并通过与秦沈客专（京哈线秦沈段）衔接，融入全国高速铁路网。

据统计，2015 年京津城际旅客中 30%是上班出行，另有 18%是旅游出行。长距离出行中，2014 年北京、上海广州、西安、武汉调查数据显示，商务+旅游出行接近 70%。高速铁路开通诱发居民出行现象在节假日旅游市场尤为突出，高速铁路串联起沿线城市和景区，方便快捷的高速铁路使旅游可选择的范围和地点更多，旅游客源市场扩充，客源地结构发生明显变化。高速铁路作为大众化的交通工具，承载能力显著，在假日旅游高峰客运市场中，充分发挥高速铁路成网有时，根据市场需求优化运输组织。2015 年国庆期间，广铁集团前 5 日累计运客 670 万人，其中 56%是前往各景点城市的游客。速途研究院分析师团队的国内 2015 年国庆长假出游反馈报告显示，游客最关注的几大热点，交通状况位居首位，占 50.3%，自然条件 38.9%，住宿饮食条件 38.3%，消费水平 28.8%，空气质量 19.1%，人文气息 9.3%。例如，兰新高速铁路与古丝绸之路在西北的线路基本平行，沿途分布着河湟文化、雪域文化、丝路文化等文化旅游资源，以及黄河、青海湖、中国国家地质公园、天山天池等壮丽风景，成为各大旅游公司关注的焦点。兰新高速铁路不仅大大压缩了游客的旅行时间，将较为分散的旅游景点整合起来，还能助游客从容地体验上午在兰州吃拉面、下午在张掖看丹霞、晚上在嘉峪关吃烤肉的"极速"生活。

2. 流向集中

我国工业布局、人口分布主要集中在长三角、珠三角、京津冀等工业发达、商业繁荣、人口密集地区，从发展情况看，四川的成渝、长江中游的武汉、东北的辽沈、西北的关中也将形成都市带（群）。这些地区和都市群主要分布在六大繁忙干线的沿线，旅客流向会更加集中。上海站原本是铁路网线的一个尽头站。现在"四纵四横"高速铁路骨干网中有 6 条与管辖包括上海、上海南、上海虹桥和上海西、南翔北、安亭北 3 大 3 小共 6 个车站的上海直属站直接或间接相关，该站年发送旅客从 7 年前的 6 000 万到 2018 年突破 1 亿人次，实现了 78%的增长，成为全路第一个年发量跨上"亿"级台阶的车站。每天有超过 900 趟高速铁路列车进出上海，意味着平均 1.4 min 就有一趟列车驶离或到达。

3. 行程长

我国广阔的疆域、经济发展不平衡、旅游景点分布范围广等原因。形成的旅客行程长，上海到昆明，上海到北京，根据统计 2014 年铁路旅客平均行程为 492 km。说明跨线客流的重要性。高速铁路已经成为许多人出行的一种选择。日益完善的高速铁路网络、公交化的开行模式、科学高效的调度能力、较强的天气适应性，高速铁路出行较少受天气影响，夏季突变的天气，沿海地区多台风暴雨状况，吸引更多的旅客选择高速铁路。"按流开车"是组织列车开行的首要原则。我国高速铁路客流很大部分是由既有铁路、航空等客流转移而来。高速铁路网络化运营前，旅客夕发朝至的需求通过既有线来实现，而高速铁路网络化后，相应高速铁路旅客出行的平均运距增长，高速铁路中长距离运输的优势明显，高速铁路客流在不同的运输距离所占的比例不同，2014 年度我国直通高速铁路旅客行程距离比例如表 5.2 所示。

表 5.2 2014 年度直通高速铁路旅客行程距离比例

行程/km	500 以下	500~700	700~900	900~1 000	1 000~1100	1 100~1 200
比例/%	59.9	11.0	7.6	4.6	5.2	2.3
行程/km	1 200~1 300	1 300~1 400	1 400~1 500	1 500~1 600	1 600 以上	—
比例/%	3.4	4.1	0.7	0.3	0.9	—

4. 波动性

高速铁路客运量在季、月、周、日和一日内各个时段之间都会出现起伏变化，列车开行方案以及列车运行图具有弹性适应，适时采取相应的组织方法。高速铁路旅客出行的时间波动性较强，客流出发和到达时间域更为集中，即便是在高速运输模式下，列车开行数量的调整也无法充分适应客流的变化。高速铁路客流在一年里最大的是春运及暑运。春运以春节为中心前后一次高峰，并延续 40 d 左右，此时也是探亲、购物、旅游十分活跃的时期。暑运以 7 月份为中心，旅游旺季来临，公务流及商务流活跃，形成客流高峰。一年中 12 月份高速铁路客流量最小，这是因为公务流、商务流在这一时期正是一年结束时期，同时也是下一年、特别是春运积蓄力量的时期，因而，高速铁路客流量较小，成为高速铁路客流量的低谷。缓和客流在时间上的不均衡性比较困难，因为旅客对运输的需求是有时间性的，为了满足客流量的波动高峰时的要求，必须建立一定的后备客运能力。运输行业的淡季是一年当中的 2、3 月份，11—12 月份，此时的旅客运输市场客流量较小。铁路部门往往会采用停运部分旅客列车或高速铁路动车缩减编组的所发减少能力投放以减少亏损额。根据对南京、杭州、上海等客运站的调查分析，针对中短途高速客流，周末一般比平常多增加越 15%~25%的客流，因此对客流分析预测，推知年周末日均客流大约是增加 15%~25%。客流量非常可观，具备增开列车条件，运行图编排上可分工作日基本图及周末增开图，满足各类周末高速客流出行。我国高速铁路需要满足客运量大的需求，要满足这个要求必须要做到合理确定旅客列车运行区段，列车种类开行对数以及列车到站、离站时刻。

5. 规律性

周规律波动是指以 1 周为单位，客流随工作日、双休日呈现规律性变化，一般周一至周四为平峰或低谷，周五至周日呈现高峰。季节性波动是指随着四季气候转变，旅客出行时间、出行频率、目的地等均会弹性调整。假日波动是指春节、小长假、国庆黄金周等节假日，以及学生、教师寒暑假期间，旅游客流直线上升，带动整体客流波动。天气波动是指除通勤、商务等刚性客流外，部分客流随天气变化波动明显，其中旅游、探亲流影响最大。大型活动影响包括大型运动会、博览会、国家重点会议，以及大型体育赛事、娱乐晚会、旅游活动等。周波动、月波动、小长假波动图、国庆黄金周波动图分析。高速铁路客流呈现明显的规律性。主要表现在：周一至周四为工作日，客流基本稳定，波动不大；但周五、周六、周日客流明显增大。其中，周六客流量比周五、周日有所回落。我国高速铁路客流周期性规律决定了开行周期性夜间列车的必要性，在周五至周日期间，在有较大客流量交换的直辖市和省会等大城市之间（如，在京广 2 294 km、京哈 1 612 km、沪广 1 647 km 之间），存在大量公务和商务、旅游等中高端客流，可通过高速铁路动卧列车产品的开发进一步拓展长距离高端客流市场。通过对珠江三角洲地区高端人群的出行调查可知，超过 50%的高端人群对铁路豪华列车表现出较大的兴趣。其中，百万富翁中对铁路豪华旅游不感兴趣的人占 9.72%，愿意择包厢的比例为 75.89%。可知，既有线普速列车夕发朝至旅客和航空客流会有一部分高端客流转移到高速铁路动卧列车。

6. 体验性

高速铁路产品的消费必须耗用消费者的时间，对于这个过程的体验与消费结果——到达目的地，这两个方面共同决定着消费者对这个产品的满意度。在一次乘车活动消费结束后，体验会转成某种回忆，影响着后续乘坐选择和对后续产品的满意度。根据国外众多发达国家的经验，提高列车速度是铁路赖以生存和适应社会发展的出路之一。尽管每个国家的铁路网和运营方式差异明显，但乘客体验却始终是铁路服务之首要。快、稳、准，正是这些乘坐需求，推动铁路技术不断革新发展。例如，旅客对高速铁路与普速铁路差别的直观感受体现在舒适度、速度和票价方面。舒适度方面，高速铁路环境与服务质量接近航空甚至优于航空，提升了旅客的乘车体验。例如，在推进供给侧结构性改革方面，铁路部门持续改进售票组织工作，售票组织精细化水平不断提升：延长互联网售票时间、引入"支付宝"支付、自助售取票、自助验证验票、自助检票进站、出台并完善旅客挂失补办法、增加购票信息查询服务、优化网络购票验证码、与银行合作推广 ATM 铁路自动售票机、发售京津城际同城优惠卡、互联网订餐、接续转乘和动车组选座，旅客购票更加便捷，铁路售票服务再上新台阶。

2018 年 4 月 10 日铁路新列车运行图显示，天津西站增加去往上海方向的 D311 次动卧列车，是该站首次实现夕发朝至通达上海的动车。该列车 22:21 从天津西站驶出，途经南京、苏州等地，9:09 到达上海站。"躺"着高速铁路去上海，来一场说"躺"就"躺"的旅行，晚上睡个好觉，一大早醒来，精神抖擞地去上海玩，去工作，都没问题，再也不用担心坐夜车的劳累疲乏了。D311 次列车为新型动卧列车，铺位为纵向卧铺，全列总定员 880 人，相比 CRH2E 横向卧铺版运力增加了 37%。

新型动卧列车的铺位上下两层，每个席位都像一个小包厢；左右各一排双层铺位，过道则在两排卧铺的中间。每个卧铺内设有充电插座和阅读灯，如果想睡觉了或不想被人打扰，还可以把白色的"私人"帘子拉下来。如图 5.2 所示。

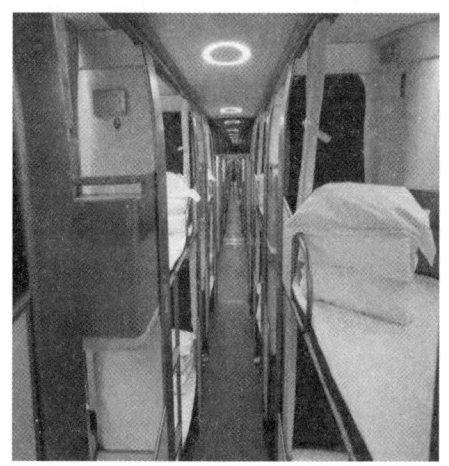 

图 5.2　双层卧铺动车示意图

随着高速旅客对服务质量要求的逐渐提高，高速铁路运营系统的稳定性越来越重要。从长远来看，高速铁路客流的变化发展主要包括4个阶段：

（1）客流培育阶段。交通建设项目的波及效益使沿线区域的区位优势增加，提高与相邻区域的比较经济优势，从而诱发新的投资和效益，但这种波及效益需要一定的时间性，因此诱增客流并不是一建成就马上产生的，在修建或路网优化过程中，波及效益即已产生，它开始逐步调整生产要素的组成，扩大交流圈的范围以及改变物流、人流的组织方式。鉴于高速铁路的建设期一般较长，这就为这种调整提供了足够的时间，导致产业间的比例发生变化。随着波及效益的逐步延伸，客流诱发的趋势也就愈加明显。诱增客流在这一阶段一般产生的很小，因为与诱增客流增长相关联的各种因素的作用尚未完全体现出来，所以，该阶段诱增客流主要表现为形成和逐步增长。

（2）快速增长阶段。高速铁路开通一段时期后，随着建设社会经济波及效益和传递效益的完全体现，高速速铁路关联区域的经济结构进一步调整、开放程度进一步提高，客流的增长速度会逐渐变快并进入一个加速度增长期，这个增长速度快慢的时间和程度取决于各地区的具体情况。在经济条件好、开放程度高的地区，客流增长的快一些，如在我国东部地区和沿海地区客流增长快，而在落后的、经济条件差的地区，这种增长会相对慢一些。但对一些特殊地区，如有丰富的产业资源，加上人才资源丰富，产业结构的进一步优化调整就快，客流出现快速增长的时间可能较早。西部和一些边远地区，由于经济相对落后，产业结构调整的时间一般较长，因此，客流出现快速增长的时间相对较晚，但并不是说客流不会快速增长。客流的快速增长要持续一段时间，不同的地区，此快速增长的时间不同。在此阶段，客流增长速度很快。经济发达地区，由于经济基础好，从两侧开始开发到完成所需要的时间较短，其客流快速增长的时间较短，而经济不发达地区经历的时间相对较长。

（3）相对稳定阶段。客流并不是在路网结构发生变化后一直都在增加，而是增长到一定程度后就几乎不再增长了，但并不是绝对的不增长。当增长趋势很小以后，它将达到一个限值，在不同的地区，这个限值的大小是不同的，其大小取决于高速铁路影响区域的规模和社会经济状况。客流并不是到某一特定年限就稳定，稳定阶段的年限，各国各地区都会有所不同，虽然发展规律相似，但在具体年限上存在差别。

（4）周期性变化阶段。高速铁路客流具有以周为周期的波动规律，其中周五、周六、周日客流量较大，明显大于周一至周四。一是城市群区域高速客流具有朝发夕至的出行规律，早上进城办事、购物、旅游、探亲，傍晚返回，当天往返节省住宿成本。这种出行带有早晚高峰特征，但其峰值时间与城内出行峰值时间分布上差异较大，早晚两个峰值分别在 9:00—10:00 和 16:00—17:00，波峰稍平，没有城内早晚高峰那么明显和突出，在时间分布上较城内出行相对均匀；高速出行全天交通量变化较城内出行要小，其早高峰时间通常比城内出行早高峰要晚 1 h，其晚高峰时间通常比城内出行晚高峰要早 1 h，这与高速乘客中长距离出行的时间和安全需求有关。二是城市群区域高速客流在节假日虽然商务出行客流大幅度下降，但节假日出行旅游、购物、探亲、休闲客流明显增多，全天客流量比非节假日有大幅度增长。三是周五下午大（中心）城市出城客流较平日增大，周日下午进城客流明显增多。这说明随着经济的快速发展和快速交通工具的增多，经济发达地区区域中心城市与周边小城市（镇）经济文化交流日趋紧密，高速轨道交通等快速旅行交通工具加速了异地同城化这一趋势。

5.3.3 客流分类

1. 按旅客成分分析

高速铁路客流按照旅客出行目的可分为公务性和私务性两大类。前者包括商务、通勤、会议等；后者包括旅游、探亲、务工等。总体来看，高速铁路客流主要集中体现在商务、通勤、旅游、探亲流等，其客流特征存在明显差异，相对应的组织措施也存在差异。例如，根据相关调查可知，广深线高速客流主要是由商务、旅游、探亲流组成，按出行目的构成为：会议 10%、公务 10%、商务 15%、旅游休闲 21%、其他 18%。

只有明确服务对象的需求特征，才能更好地为高速旅客提供更好的服务，满足旅客日常出行需求。不同服务对象的需求特征不同，若以公务、商务客流为主，其需求特征更侧重于快速与舒适；若以通勤、通学客流为主，其需求特征更侧重于便捷与经济；若以探亲、旅游客流为主，其需求特征更侧重于安全与舒适等。服务对象的需求特征是设计与调整高速铁路运输产品的一个重要根据。

2. 按照列车运行区段分类

（1）本线客流。这是指起终点均在某条高速铁路的客流，本线客流组织较为简单，通常采用全程高速列车进行输送。例如，沪宁城际铁路本线客流的输送量占总输送量的 70%，本线 23 个站（含上海虹桥、南京南站）间交换客流占全线各站总到发量的 90.2%。

（2）跨线客流。这是指起点与终点分别在不同铁路线路上的客流，这种客流通常跨越高速铁路线。例如，包括上海（上海虹桥）分别到合肥、武汉、宁安、淮南东站等方向的各次动车在沪宁城际铁路跨线运行，输送上述方向的客流，同时也输送沪宁区域客流，跨线列车在沪宁城际铁路线的停站方式就要合理安排好。

（3）换乘客流。目前，针对高速铁路本线客流，考虑到旅行时间不长，为了最大限度地方便旅客出行，更好地吸引客流，在停站方案编制时，通常采取尽量保证各 OD 之间有较好的通达性，减少旅客的换乘方式。但也存在着本线换乘部分客流，若中转换乘方式衔接方案不合理，会给旅客出行带来很多不便，旅客会倾向于选择较为便捷的直达方式。换乘较大的客流是在枢纽站换乘到其他方向的客流。或是高速铁路网络化后，存在跨线的换乘客流。例如，常州到杭州方向，旅客选择乘坐沪宁城际铁路到达上海虹桥站后，再换乘沪杭高速铁路的动车组列车，在上海虹桥站换乘。换乘模式，交路少，运输组织相对简单，线路单独运营，相互干扰少，旅客等待时间少短。

3. 按照客流来源分类

（1）趋势客流。这主要是本线的客流，该部分占据着客流的最大部分。所谓趋势客流反映的是整个国家或某一地区由于社会人口的增加及经济总量的增长，使得旅客选择铁路这种运输方式出行越来越多的一种客流。这部分客流呈现出连续渐进的增长态势，其历年的流量表现为一种有序有界的序列。新开通运营高速铁路，趋势客流可似为零。但运营一段时候，便有了趋势客流。

（2）诱增客流。交通设施等硬件条件的改变（如新建高速铁路），或者是软件条件的变化（如交通管制措施的改进以及政策导向的改善），使得人们心理上产生出行的愿望，从而形成一种客流。例如，由于高速铁路的正点率及其安全、高速度、便捷的特性，使得人们的出行需求由隐性转为实际，这便构成一部分诱增客流量。

（3）转移客流。高速铁路的修建以及其较好的服务特性，使本来选择其他运输方式的旅客，改选乘坐高速铁路而形成的吸引客流，也包括既有线铁路向高速铁路的转移客流。

4. 其他分类

根据客流性质特征的不同，客流还可以分类如下：从旅客选择列车的等级上分，可分为高速客流、中速客流；从客流流动的数量（流量）上分，可分为大、中、小客流；从客流流动的方向（流向）上分，可分为上行、下行客流等；从客流流动的时间（流时）上分，可分为高峰、平峰、低峰客流等，其中，为了实现精细管理，高峰客流还可以分为高峰和次高峰客流。

5.3.4 客流结构

客流时空分布包括客流时间分布与客流空间分布。客流时间分布主要包括客流按年、季度、月的变化规律，客流在工作日与双休日、平日与节假日的变化规律，以及一日内 21 h 的客流波动规律。客流空间分布主要包括不同车站、区间、方向的客流分布，高速铁路客流结构呈现多层次和交叉组合的特点，其分布与变化因时因地而不同。对历史数据的分析主要从客流的时空分布以及运输产品属性等角度进行，具体包括客流按照线路、区段的时间分布、空间分布、运距分布等内容。

（1）客流时间分布。客流时间分布包括日、一日内每小时和高峰时段、周、月、高峰期分布，衡量项主要是客流发送量。高速铁路客流的客流状况具有一定可遵循的规律，在时间上包括客流的日时段、周规律、季节规律等。例如，高速铁路上开行的列车受到旅客出行时段和市场需求的影响，列车运行线一般不是均匀分布，而往往一个时段密集开行，而另一个时段则相对稀疏，从而使得高速铁路列车运行线分布具有明显时段性特征。可根据旅客出行和市场需求，把一天 24 h 划分为不同的时段：

① 高峰时段。由于不同等级的列车密集开行或不同速度的列车分布不均匀而产生的列车在某一时间段内密集到发或通过，这个时间段称为高峰时段。在一日之内可能会产生几个高峰时段，不同线路、不同区段或区间，其高峰时段将是不同的。高峰时段也是能力最为紧张时段，决定了高速铁路能否满足客流需求的关键。

② 平缓时段。在这个时段内，到发或通过的列车相对较稀疏，是能力缓和时段。

③ 空闲时段。这是指夜间最后一趟列车到达至次日首趟列车开行前的时段。在这个时段内，没有高速列车开行。

（2）客流空间分布。主要包括站间客流分布和断面上客流分布，站间客流分布规律只能掌握各车站的客流情况，断面客流分布规律是指分上下行方向的各个区间的客流分布，反映列车与客流的匹配程度。例如，沪宁城际铁路全天断面客流分布特点基本与高峰小时（8:00—9:00）相似，类似一个倒放花瓶的形状，"花瓶"的底部位于上海站，头部位于南京站，在每个站上下行断面流量的大小成正比，即除了线路两端的上海站和南京站，沪宁铁路中间车站的上行流量大的车站断面，其下行流量也较大；上行流量较小的车站，下行流量也较少。

（3）客流运距分布。也就是客流出行距离范围的分布。高速铁路服务范围的研究还包括服务的时空距离，即分析区域内不同层次旅客出行范围的需求特征，研究旅客的出行距离特征。高速旅客的出行距离视城镇密集程度而定。若区域内短距离客流特征显著，要求高速铁路站间距离不宜过长；若区域内中长距离客流特征显著，则要求高速铁路的站间距离增加。时空距离的不同，决定着高速铁路的速度目标值选取、运输组织模式、车辆选型及车站分布等均有所不同。高速铁路的服务范围还包括对研究区域内旅客对外交流提供服务的选择。

根据世界银行的研究，武广高速铁路通车后从民航和长途客运所赢得的客流相比新生成的铁路客流规模则是相形见绌，高速铁路乘客中大约有一半或一半以上的人可能属于新生成的客流。2011年，京沪高速铁路通车，上海铁路向外发送旅客6 100万；2013年，哈大高速铁路开通，成为当时世界上直通里程最长的高速铁路线，上海铁路向外发送旅客7 514万；2014年，沪昆高速铁路杭长段通车，上海铁路向外发送旅客8 643万；2016年，沪昆高速铁路贵阳段、徐兰高速铁路郑徐段开通，上海铁路全年向外发送旅客9 920万。如今，每天有超过900趟高速铁路列车在上海铁路线上穿梭，超过60万名旅客从全国各地往来于上海。60万人次，大约相当于美国首都华盛顿的人口总数。据统计，上海铁路客流总量中，约有60%的旅客出行半径约300 km，也就是"长三角"地区，稳定的商务流是中坚力量。沪宁、沪杭、宁安、宁杭等高速铁路线编织成网，将上海和周边的江浙皖紧紧联系在一起。以上海—苏州为例，每天有超过352趟高速铁路在两地间运行，日均有8万人次通过高速铁路来往两座城之间。

有时还把产品类型分布和客流属性特征归为客流分布结构中内容。前者主要指高速客流在各种类列车、席别的分布；后者主要包括年龄和性别、收入分布、职业分布、出行目的、出行意愿等。

5.3.5 需求分析

旅客运输需求是在在一定时期内和一定价格水平下，旅客社会经济生活在旅客空间位移方面所提出的具有支付能力的需要。交通运输最大的特点之一，就是生产、服务、消费一体。我们的生产、服务活动，应该较好地满足旅客的需求。由于铁路较少地研究旅客的需求，这方面的认识是有偏差的。

一个旅客的业务流程包括：旅程规划、信息获取、购票、乘降、乘车、乘降、体验、评价。一列旅客列车的业务流程包括：开车依据、车底、司乘人员、服务用品、机车、整备、上道、乘降、途中、退乘等。一张旅客列车运行图的业务流程：市场、客流、运输资源、列车开行方案、列车运行图方案兑现、

通道或区域内客运需求的影响因素主要包括：社会经济发展水平、城市化水平、人口数量及结构、人均收入水平、综合交通发展水平、客运产品的价格等。我国铁路旅客运输市场总量大，受地域影响，旅客平均运距大，客流流向分散、分布不均衡。按出行目的分，我国既有传统铁路客流成分主要有公务、商务、旅游、学生、农民工出行等几部分。在某些时期各种客流会大量叠加，例如春运、暑运、黄金周等，从需求偏好属性上看注重安全性、经济性、可达性，且对票价敏感性高。

影响运输需求的因素有经济因素、政治、体制及政策、技术因素和运输网络布局与运输能力、市场价格等因素。

随着高速铁路路网结构与质量得到优化提升后，客流需求不断增大甚至聚集性增大。在产品多样化、能力短缺等方面竞争力不足现象仍然明显，铁路客流呈现时间性、方向性的不均衡分布特征，如波动性、刚性需求、地域性，通道内客流主要是有高速铁路本线客流和跨线客流，在网络条件下，诱增更多的跨线客流，旅客出行距离会更远，从需求偏好属性上看，高速铁路旅客时间价值高，对安全性、快速性、准时性、方便性、舒适性有较高的要求。旅客运输市场划分如表 5.3 所示。

长期以来，我们对旅客真实客观的需求调查不够、研究不多，尚未建立科学的研究体系，所以，对旅客的认识是有偏差的，工作也有一定的盲目性。高速铁路时代的出行需求主要体现为三点：更短的停留时间（快进快出）；更高的出行时间价值；更强的直达、无缝衔接需求。

表 5.3　旅客运输市场划分

划分依据	划分类别	具体描述
运输距离	长途客运市场	运输距离在 1 200 km 以上，铁路具有票价优势
	中长途客运市场	运输距离在 300~1 200 km 以上，铁路占主导地位
	短途客运市场	运输距离在 300 km 以内，铁路具有一定竞争力
客流性质	学生客运市场	寒暑假期间的往返高峰
	农民工客运市场	春节前后往返高峰
	商务客运市场	经常性商务公务往返
	旅游客运市场	旅游客流往返
	日常通勤客运市场	通勤客流往返
服务区域	高速客运市场	城市群间商业、通勤乘客往来
	市域（郊）客运市场	城市与市郊客流通勤往来
	大城市间客运市场	大城市间商业、经济、旅游等客流服务
	跨国客运市场	服务跨越国境的乘客

1. 旅客的共性需求

（1）旅客出行的目的性。旅客跨区域的出行是旅行过程的重要组成部分。旅客出行的目的基本上也是旅行的目的，比如商务活动、公务活动、教育培训、务工、求学、探亲、旅游等。

（2）旅客需求的多样性。根据旅行的不同目的，旅客的需求有差异性。比如以公费为主的商务、公务旅客对价格相对不敏感，但对环境、舒适性和服务质量要求相对较高。根据不同层次的旅客，旅客的需求各有不同。比如务工人员对价格较敏感，但对旅行时间要求相对不高。

（3）旅客需求的共同性。旅客跨区域出行，对交通运输有着共同的需求，也是基本的需求。比如安全性、服务频率、旅行时长、始发/终到时间、价格、便捷性、信息获取、预售时间、电子车票、支付方式、品牌感知、无干扰等。

2. 正确理解铁路旅客的需求

根据铁路旅客的出行需求，我们的客运服务产品包括核心服务产品（旅客列车）、支持性服务产品和旅行性服务产品。支持性和旅行性服务大致可归纳为以下几方面：

（1）信息服务。包括列车运行图、产品信息（时刻表、席位、票价）、服务信息（服务设施设备、服务方式、服务项目）、运营信息、信息反馈等。

（2）票务服务。包括大客户、常旅客、乘车卡、旅行规划、支付方式、购票渠道、售票延伸、车上票务服务等。

（3）车站服务。包括导乘、标识体系（动静态标识、平面图、站内导航）、乘降、环境、餐饮、商业、出站服务（市政交通）。

（4）列车服务。包括餐饮、娱乐、办公、求助、咨询、乘车服务。

3. 旅客需求的科学划分

基本需求：票务、行李寄存、餐饮、商业等；优势性需求：接、送车，遗失物品寻找、热菜饭等；弥补性需求：红帽子等。

4. 旅客人性化服务需求分析

要想为旅客提供人性化的需求，首先要弄清旅客的需求都有哪些。需求是人在一些特定场所特定情况下对于某种目标的渴望。需求通常是在某种条件的刺激下产生的，包括来自人体自身的刺激、外部环境的刺激。例如，商务旅客所谓单人或三人以下出行，需要的是安静优雅的旅行环境；旅游客流多以家庭、团队为主，喜欢热闹欢快的氛围，同时对旅行目的地的交通、住宿等信息有着高度需求。旅客的需求是旅客在乘车过程中对某种目标的渴望，其可以分为生理需求、心理需求两个方面。

（1）生理需求。生理需求是旅客在出行过程中的基本需求，生理需求包括旅客在出行过程中的吃饭喝水的需求、去洗手间的需求、走动的需求、环境需求等。饮食需求是指旅客在出行过程中感到饥饿后产生的进食欲望，这个时候高速铁路列车提供较为优质的服务，旅客能够感觉到出行中更加舒心。活动需求，要为旅客提供一个较为大的活动空间，出行时间较久时，旅客一直处于静坐状态会感受到疲劳，此时列车上要有一定的空间能够为旅客提供活动场所。环境需求，旅客在出行过程中希望能够有一个较好的环境，列车温度适中，噪音较小。

（2）心理需求。旅客在乘车出行过程中的心理变化有两个影响因素，一个是旅客自身的心理变化，另一个是周围环境的刺激。旅客自身的心理机制包括旅客性格、兴趣、偏好、修养、乘车习惯等，周围的环境刺激主要包括列车环境，如列车的卫生环境、其他旅客的群体影响、服务交流等。

旅客的心理变化过程一般分为 3 个步骤：首先，旅客上车后对列车的环境有一个认知过程，通过五官的感知，确定乘车环境，如列车的卫生情况、旅客情况、乘务员的整体形象等；其次，旅客会通过分析周围环境，对本列车不同因素、需求满意度进行比较；最后，旅客在比较各种服务后得到具体的感受评价。

旅客在乘车过程中除了受本身情绪和环境的影响外，还受到列车乘务员的服务影响。优质的高速铁路列车人性化服务可以使旅客在出行过程中感觉到安全，感觉到被人尊重。

上海铁路局委托上海市质量协会用户评价中心开展满意度测评工作，2017 年高速铁路列车总体满意率 85.10，比 2016 年的 84.40 比较，有所提升。高速铁路满意度始终处于较为理想的状态。被访问的旅客拨打 12306 热线电话一次接通率达到 100%，服务人员语音清晰、无间断率为 100%。共采集和归纳高速铁路列车相关意见 230 条，集中在四个方面：

完善列车设施设备，29.10%。主要是希望提供 WIFI 无线网络，增加充电设施。大件行李放置在人多时，不够用。座椅维护需加强等。

期待服务质量进一步特省的占 29.95%。主要对乘客的服务应更人性化、多样化，特别是对老弱及幼儿的服务；广播内容较单调，广告较多，建议多播放些视频和音乐；加强对文明乘车的宣传及对不文明举止的劝阻。车厢温度应适时调节，厕所温升要持续搞好等。

希望改善餐饮供应的占 26.08%。主要是提高餐饮质量，增加供应品种，降低餐饮价格等。

2017 年上海铁路局调查样本满意度计划样本量为 16 300 份，实际样本量为 16 285 份，有效样本率为 99.914%。公出和旅游是旅客乘坐高速铁路的主要流量。两者占到客流的 68%。同时，公出和旅游的旅客满意度也较高。数据还显示，乘坐商务座的旅客满意度比乘坐二等座的旅客满意度要高。从购票方式看，网络购票已经成为主流购票方式，占售票总量的 74.7%~84.9%。同时，旅客对电话订票的满意度较高，而对互联网购票和自动售票的满意度相对低些。对高速铁路列车票价认为贵的站不到 5%，比较贵 16%~34.7%。

2017 年上海铁路通过在各个客运站和动车组列车展开大量的问卷形式调查，高速铁路列车属性与其他方式比较满意度如表 5.4 所示（表中数字单位均为%）。其中，分子表示 2017 年满意度，分母表示与去年同样指标的比较增加（减少）值。

表 5.4 高速铁路列车与其他运输方式的比较满意度

客运方式	安全	服务	价格	准时	方便	快捷
高速铁路	93.64/1.47	88.1/2.081	82.84/1.52	92.76/1.06	91.36/2.37	90.88/2.33
航空	84.53/2.48	90.59/0.88	73.77/2.24	69.17/1.59	78.51/1.12	87.27/0.44
公路	71.6/3.63	64.1/4.24	77.81/2.98	73.32/2.44	77.46/7.91	71.06/4.14

5.3.6 客流调查

客流调查是客流分析和预测的基础。高速铁路客运市场调查是指运用科学的方法，系统地收集、记录、整理有关客运市场营销方面的各种信息，包括市场的外部环境、旅客需求、运力资源及营销手段等方面，分析研究客流需求的变化规律，了解掌握分析市场的现状和发展趋势的活动过程，为制订旅客运输计划、做出经营决策提供重要依据。通过掌握客运市场规律，可为客流预测、设计列车开行计划等提供重要依据。

通过客流调查，可以掌握客流变化的动态信息与规律，为制定客运计划提供可靠的资料；通过对市场环境和旅客行为的调查，为产品的营销提供一定的支持。如：运营管理者可以优化运输产品设计；客运产品营销部门可根据旅客对票价变动的反应，在符合价格政策的前提下，研究不同列车的适宜票价，制定客运的订价策略；可通过进一步调查继续掌握市场动向和发展趋势，市场动向和发展趋势，为客运服务保持现有市场、开拓未来市场服务。

客流调查是指根据年度的客流统计数据，对不同时段的各种客流成分的计划出行人数、时间、方向和需求等进行全面详细调查，为客流分析和预测提供基础数据。客流调查针对高速铁路的客流吸引范围进行，按时间一般分为日常调查、节假日调查和年度调查（综合调查）三种形式，以日常调查为主。

国外客运市场调查根据不同的目的，其调查方法有所不同。但国外铁路主张委托路外调查公司负责，认为他们调查与预测的加过比较客观真实，精确度较高。

日本铁路的客运市场调查主要通过问卷调查的形式展开，问卷调查的内容非常细致，涉及个人出行的方方面面。比如：调查了交通换乘的距离、次数、台阶的级数；交通方式换乘方便与否对出行者再次选择交通工具的影响；信息方面包括引导信息、运行信息、车票价格、车票小型化等调查。日本利用全国联网的计算机客票发售系统，对客运市场的变化情况和旅客的具体需求做出准确分析和科学预测。日本各铁路公司客运市场调查的基本特征是大视角、多层次，借助现代信息技术。大视角就是对社会需求以及各种运输方式的发展变化状况进行全面的分析了解，把铁路客运置于全社会宏观环境之中，从而制订科学的发展战略；多层次就是对铁路客流的分析具体入微，从方方面面把握旅客需求。例如：在客流的地域流动上，对都市圈内客流、城市间客流等变化情况有十分精确的数据统计；在客流构成上，对老年人客流、残疾人客流、通勤通学客流、其他旅客需求掌握得十分具体，服务措施具有非常强的针对性；在需求层次上，对乘坐高档次列车、普通列车的旅客的动态掌握也十分准确。

　　法国铁路采用一套工具组合来了解市场需求，包括：市场观察、外部报告/互联网、专门调查小组、高速列车临时线路调查（极具特色的全球"图片"调查）、针对客户、产品和交流的临时调查、旅客自己填写的调查问卷（在车站内、机场内和高速收费站内）、群体测试调查、法国铁路销售数据库分析、客户数据库分析。每月还跟踪调查铁路和航空运输及其市场份额，由销售人员和列车经理进行后续日常客户满意度/不满意度调查，建立客户关系中心了解旅客需求。

　　德国铁路总部设有市场营销部，专门负责市场调查和分析研究，工作做得非常细致、深入。调查方法采取问卷调查与对售票进行统计分析相结合的方式，有时也委托外部咨询公司进行调查。通常是把德国版图划分成400个小块，每个小块要调查40项内容，这些内容包括有多少人外出、有多少人到达、乘坐什么交通工具、旅行目的是什么（上班、出差、购物、度假、周末回家）等等。对不同旅行目的的乘客在不同时间段的流量进行详细调查，把每日划分为8个时间段，将每个时间段内不同方向出发和到达的人数调查清楚。在充分掌握调查数据的基础上，编制客流量负载图，然后据此确定开车班次、停靠站。深入、透彻的市场调查研究，为细分市场、合理设计运输产品提供了可靠依据。

　　我国高速铁路客运市场调查的主要内容有：

　　市场环境调查：如政治经济、社会文化环境等市场需求调查，包括客流量调查、旅客旅行行为调查等；市场资源调查，包括铁路设备能力能力和其他运输方式调查；市场营销组合调查：如产品价格调查、销售渠道、促销方式等的调查等。

　　基本方法包括样本连续调查法、询问法、观察法、问卷调查、网络调查法等。其中，问卷调查是用书面形式通过向调查者发出简明扼要的征询单，请示填写有关问题的意见和建议间接搜集研究材料的一种调查手段。一份问卷应该满足合理、有效、逻辑、明确、非诱导和便于分析整理等方面的要求。调查手段可运用网络技术，开展网络调查，但是要确保调查资料的真实性，可通过扩大样本量提高调查精度。

根据不同的调查内容和调查实施阶段，我国高速铁路市场调查可以分为新线开通前调查和运营调查，调查内容和调查目的存在一定的差异。

（1）新线开通前调查主要调查沿线的经济发展情况，客流的吸引范围，客流出行频率，票价接受情况与舒适度等方面的客流需求情况，以及其他方式分担情况等方面内容。

（2）运营调查主要是指在线路开通运营后，对服务情况、营销情况、旅客满意度等情况进行考察，对线路的运营情况进行分析。

按照高速铁路客运市场分类繁多，根据其调查的目的、性质和内容，调查的时间范围等不同，其调查类型有所差异。如节假日客流特征差异大，其还包括一般节假日调查，以及春运和暑运调查。

（1）以调查时间为主进行划分，可分为日常调查、节假日调查和年度调查。

（2）以调查的线路性质进行划分，可分为新线开通客流调查、既有线路客流调查等多种。

（3）其他项目的专题调查。如 2006 年同济大学徐行方调查组从沪宁城际铁路旅客出行频率分析，高速旅客年出行次数高达 12 次，说明沪宁杭地区旅客出行频率较高；还根据旅客对时间段的要求体现了早、晚高峰小时特征。其中：早高峰在 8:00—11:00，其选择比例是其他时段平均值的 7.5 倍；晚高峰在 16:00—18:00，其选择比例是其他时段平均值的 5.6 倍。

加强市场调查，按照不同群体、不同时段、不同距离、不同服务等细分客源结构，充分了解个性化差异化的运输需求对应价格的接受度，为客运产品定价提供支撑。推进客运价格信息系统建设，依托大数据系统，建立客运价格信息系统，建立市场价格信息库，提高市场调查效率，为实现弹性票价调整提供参考依据。现以沪杭高速铁路为例加以综合分析，为了进一步吸引客流，铁路企业还需要进一步对客户进行细分，针对沪杭高速铁路的不同旅客群体制定不同的服务，满足他们的个性化的需求。

（1）通勤客流：在沪杭高速铁路中有很大一部分客流为通勤客流，为了给这类旅客提供便捷的购票方式，节省购票时间、提高便捷性，从 2013 年 6 月起在沪宁、沪杭高速铁路线路推出"中铁银通卡"，"中铁银通卡"属于预付卡，类似公交一卡通，旅客无需购票车票，可直接刷卡乘坐高速铁路，沪宁城际高速铁路和沪杭高速铁路总共 162 趟列车可以刷直接进站了。

（2）旅游客流：考虑到高速铁路的客流组成上，旅游流占了较高的比例，可以根据旅客的这一出行特征，与旅游部门相互协作，推出旅游景区城市的高速铁路票与旅游景点票捆绑销售，特别是针对十一黄金周这样的节假日。

2014年年底贵广高速铁路的开通拉开了贵州高速铁路时代的序幕，贵广高速铁路也成为"旅游黄金通道"，贵广高速铁路开通后，第一年就带动贵州省旅游人数增长了17%，旅游收入增加了20%。

（3）联运客流：可联合航空公司推出联票制，实现高速铁路和航空交通方式的一票制换乘。

5.3.7 客流预测

1. 预测意义

客流预测是在历史客流数据的基础上，充分考虑各种可能因素的作用，把握客流在时间和空间上的特征，并利用合理的预测方法，对客运量进行预测。预测内容包括将来一段时间内计划客运流量、流向、流时、流距和预测误差。客流分析与预测，是进行路网规划和制定列车运行组织方案的基础工作。预测是一种预计和推测，即人们利用已经掌握的信息资料和手段，预先推测和判断未来或未知状况的结果，预测过程是在调查研究和科学实验基础上的科学分析。铁路客运量预测就是指利用历史数据和旅客运输市场分析资料，建立适当的预测模型，使用科学的预测方法来推测未来一段时期内，某条铁路线、某 OD 流、某铁路局或是整个铁路系统的客运量数据。预测可分为广义预测和狭义预测。广义预测包括在同一时期根据已知事物推测未知事物的静态预测，也包括根据某一事物的历史和现状推测其未来的科学基础；狭义预测仅关注动态预测。

客流预测主要是根据当前客流现状，结合历史数据、运输周期、天气、社会事件等变动因素对目标客流进行分析预测，结合线路规划、经济发展对远期客流趋势作出判断。根据现有数据进行客流需求预测是高速铁路投入运营后亟待解决的现实问题。客流预测的难点在于对运输需求众多影响因素的全面考量以及采取模型方法的合理性。客流调查本身又是客运量预测的一种方法。同时考虑到高速铁路客流的复杂性，需要大量的数据和新的分析方法。

高速铁路客流预测就是通过对预测区域内历史客运量数据的数学分析，找出其变化规律，结合考虑区域内的经济、政治、人口等影响因素，选择适当的模型，对区域内的客运量进行估计，其意义有以下几点：

（1）为规划设计提供客流依据。客流预测是高速铁路规划内容中的基础性工作，由于高速铁路服务的对象为旅客，因此流预测结果对于高速铁路的线路经由、客运站站位选择、客运站运营能力、列车开行方向、线路运输能力的确定等都有主导性影响。

（2）为运营方案制定提供客流依据。通过对各项客流预测结果的分析，合理确定研究线路在近期、中期、远期在路网中的功能和作用，从而为修建时确定各项线路技术指标和制定相关的运营方案提供客观依据。

（3）为铁路部门经济预算提供依据。通过客流预测的结果可以为铁路部门进行铁路项目建设的评估提供客观的客流数据依据，从而减少投资的盲目性，避免经济损失。同时还能为各级客运部门制定票价等提供参考，保证铁路部门的经济效益。

关于客流预测和引导方面的作用，举一例子加以说明。日本政府一直以来在基础设施建设方面对北海道有一定的倾斜力度，先后建高速公路以及新干线，但公路方面也与新干线类似，修好了路却没有车跑。日本政府斥巨资修建基础设施，但却未能在客流预测与客流引导上做好工作。2016 年 3 月 26 日日本北海道新干线运营一年来，日开行列车 13 对，每天平均运送旅客 6500 人，平均上座率为 33%，尽管比运营前的预测高了 7%，但不难看出，北海道新干线平均 67%的空座率依旧很高。具体来看，北海道新干线运营的前半年平均上座率达 39%，尤其是在 7—9 月的旅游旺季，其上座率在 40%~48%；然而随着冬季的来临，其上座率犹如北海道的气温一样陡然骤降，11 月份时，其上座率已不足 30%，而 2017 年的 1—2 月的上座率更跌至 19%。为了应对淡季空座率的困境，JR 北海道面向商务人士推出了便于其在新函馆商务活动后能够停留休息一晚的运输产品，但由于商务旅行人士总体数量较少，部分夜班列车的上座率仅为 6%。为此，JR 北海道还计划针对居住在新青森以及新函馆车站附近往返于两地的通勤人士推出 4 000 日元（约合 35.92 美元）的特价往返车票，而该票价比正常价格便宜约 70%，以进一步吸引乘客，提高列车上座率。实际上，北海道新干线投入运营后，乘火车从东京到新函馆的时间被压缩到 4 h 2 min，这也基本突破旅客能够接受乘车不超过 4 h 的心理障碍。对旅客来说，在旅行方式选择上除了飞机之外，又多了一种舒适、快速、环保的运输产品。数据也证实了这一点，在过去的 11 个月，往返于东京至新函馆的航空客运量相对于同期平均下降了 5%，说明北海道新干线的建成运营对航空运输带来了一定的竞争压力。由于其线路经过青函隧道，与货物集装箱列车线路有 82 km 的共用区间，导致高速动车组经过该区段时最高速度不超过 140 km/h，因而延长了运行时间。若未来青函隧道线路改造成功，将进一步缩短东京至新函馆的旅行时间。届时，北海道新干线的竞争优势将更加突出，势必有更多旅客选择高速铁路出行，其上座率也会有一定改善。

2. 预测种类

高速铁路客流预测按照预测的范围、目的、时间以及性质分为以下几类。

（1）按预测涉及的范围划分

宏观预测。指针对某条线路客流、某车站全年发送量等的客流总量及构成进行预测，其精度要求一般相对较低。

微观预测。指针对针对特定车站特定日期特定车次上车客流量进行的预测，其精度要求一般相对较高。

（2）按预测的目的划分

新线开通客流需求预测。指新建高速铁路开通前，为了设计初期运营方案，在充分调查地区经济社会发展的基础上所做的预测。

日常客流量趋势预测。指对已开通的高速铁路，为了优化和调整运力资源，根据客流的波动规律所做的客流趋势预测。工作日客流预测：按每年、每月、每周、每日、每小时等不同时间长度进行高速铁路客流预测，以满足在工作日开行方案编制过程不同阶段所需的客流预测支持。

特殊时段客流需求预测。指为了应对节假日、暑运等特殊时段运营的需要而进行的预测。节假日客流预测：提供对高速铁路各列车、区域、线路在节假日期间每日、每周的客流预测，如春节、暑期客流的短期预测，以满足制定节假日开行方案调整的需要。

（3）按预测时间的长短划分

长期预测，指针对事物在相对较长时间后的发展变化情况进行的预测。

中期预测，指针对事物在中等长度时间后的发展变化情况进行的预测。

短期预测，指针对事物在较短时间内的发展变化情况进行的预测。

短时预测，指针对事物在特别短时间内的发展变化情况进行的预测。

不同的领域，划分的时期及长短也各不相同，可以根据需要确定。在传统的铁路客流预测领域，一般把预测周期达 10 年以上的客流预测称为长期预测，把预测周期为 5 至 10 年的客流预测称为中期预测，把预测周期为 5 年以内的客流预测均称为短期预测，此外，近来也有研究将预测周期与客票预售期相当或类似短时期的客流预测称为短时预测。

3. 预测方法

预测方法是根据预测原理，根据事物的发展规律，或在事物发展过程中出现了随着事物发展而显现出来的现象。铁路客运量预测方法众多，通常可分为定性和定量分析预测法两大类。

（1）定性预测方法

定性的方法主要是通过社会调查，结合人们的经验加以综合分析比较作出量的直接判断和预测。其优点是简便易行，没有复杂高深的计算，易于普及采用。但往往易受预测人员经验和认识上的局限，并常有一定的主观片面性。它是目前市场预测中运用最广泛的一类方法，也可用于历史资料不完备情况下的客运量预测。定性分析预测法是指预测者根据历史与现实的观察资料，依赖个人或集体的经验与智慧，对未来的发展状态和变化趋势作出判断的预测方法，常见的有输市场调查法、专家意见法、个人判断法、专家会议法、头脑风暴法、德尔菲法、相关类推法、对比类推法、比例类推法等。

（2）定量预测方法

定量预测方法是依据必要的统计资料，借用一定的数学模型，对预测对象的未来状态和性质进行测量等方法的总称。可从影响因素入手进行预测，通过分析最主要的影响因素，将其用量化指标反映出来进行预测，主要包括乘车系数法、产值系数法、弹性系数法、回归分析法、系统动力学模型、人工神经网络技术等；也可从时间序列的角度预测，根据历史数据描述数据的变动趋势，并对未来数据进行预测，包括移动平均法、指数平滑法、季节指数预测法、ARMA 模型预测法、马尔可夫预测法、回归分析预测法、经济计量模型预测法、投入产出分析预测法、灰色系统模型预测法等。还有一种将传统的城市客流预测中的四阶段法引入到铁路客运量预测中来。

时间序列预测方法包括移动平均法、指数平滑法、回归分析法和灰色预测模型等，不同的预测方法有各自的计算特点和适用范围，在对历史数据分析的基础上，通过采取不同时间序列计算方法的组合，能够很好地拟合历史数据。但是随着预测期限的增加，不确定的扰动因素（天气、节假日、运行图调整）的影响也逐渐加大，利用时间序列模型的预测的拟合度会逐渐降低。

智能预测算法包括支持向量机方法和神经网络算法，主要是通过对样本数据进行训练，提取潜在变化特性，具有求解精度高、收敛效果好等特点，但由于纯粹的通过自主启发式学习来判定数据序列的变化趋势，对于训练方式以及判定规则的设定的又有效性需要进一步验证，小波理论模型通过神经网络与 Logit 模型组合来实现预测，能够取得较优的预测结果，然而在组合权重的设计和选取上存在一定的缺陷，缺乏一定的泛化能力。

当运力大于运输需求时，预测一般较为复杂，在生产实际过程中，通常采取：

① 基于客票数据的预测方法。对于已经开通的高速铁路，通过统计客票存根，可以确定一段时间的客流变化情况。这称为时间序列，时间序列是用

客流历史数据的发展规律来外推未来的趋势，适用于短期预测。其优点是需要的数据信息量较小，方法简便易行；缺点在于其无法反映运量变化的实际影响因素。运用时间序列方法的关键是预测期内运量变化趋势的识别与拟合。常用的方法有趋势外推法、指数平滑和灰色模型等。

② 基于专家经验的预测方法。由于铁路完成的客流与各影响因素的变化不易形成稳定的统计规律，而且客流的变化在节假日或旅游季节，政策变化等一些因素影响时会出现大起大落的波动特征，这势必造成一般的计量模型不可能准确的对全部复杂关系做出较正确的定量描述，甚至可能产生较大的误差。因此，在作因素分析时，需要进行深入的调查，运用专家的经验和知识综合考虑各种因素可能产生的影响。

目前对于客流预测方法的研究十分广泛，但大多集中在对客流的总量预测上，对于指导实际生产的列车分席别、站站客流预测研究还是有限，客票发售与预定系统产生的实际生产数据为基础，采用基于时间序列的预测方法，实现对列车分席别的站站客流组织，也有一定的局限性。而且，高速客流预测与实际客流误差较大、存在高估倾向，以及不同机构预测的客流数据离散性较大，是国内客流预测中存在的问题。而且预测模型大多停留在中长期客流预测方法的理论阶段，对短期客流预测研究较少。德国客流预测根据历史数据、客流趋势结合运输周期、社会事件、天气影响、其他因素等方面综合确定，值得我们借鉴。

5.4 高速铁路运营组织计划

高速铁路均采用动车组为运载工具，动车组在技术性能上的优越性使高速列车具有折返时间短、列车加减速快的优点。为了提高移动设备的利用率，动车组完成一次运输任务后，仅需简单的站内整备作业，即可继续担当下一次运输任务，这对高速列车准时性提出了更高的要求，否则很容易波及下次运输任务的晚点。这就需要固定设施和移动设备运用的效率化、精细化，运输计划的科学化、合理化，确保运输过程管理和控制的规律性、节奏性。

5.4.1 列车开行方案

列车开行方案是从客流到列车流的组织方案，它既是运输组织工作的开端客流又是计划工作实施性的延续。换句话来讲，列车开行方案是联系以运输需求为导向的"客运产品"与运输生产计划之间的桥梁。列车开行方案是客运产品的前身和初步设计，也是编制列车运行图所重要的基础工作。

1. 基本内容

列车开行方案是铁路客运产品的核心，开行方案是城际铁路列车开行的框架计划，在铁路运营组织中占有极为重要的地位。列车开行方案以既有客流需求为基础，以估算或既有历史统计资料，如客流性质、数量、特点和出行规律为依据，科学合理地安排列车开行区段、走行径路、等级、种类、开行数量、车底编组、停站方案、运行时刻等运输资源，最大限度地开发合理的客运产品，满足潜在的客流需求。

列车开行方案内容如下：

（1）列车开行区段

确定开行区段是编制列车开行方案的首先问题，是整个开行方案编制的过程的第一步。列车的始发站、终到站、经由线路构成旅客列车的运行区段。列车始发站和终到站的选择需要根据站间 OD 客流量来判断。

（2）列车开行对数

铁路要根据客流出行特点、客流性质和客流需求，合理配置列车的开行密度和不同时段的开行数量，列车开行对数主要包括：

① 时段分配。将列车对数分配到每日的各个时段，包括高峰时段和平峰时段等，以满足不同时段旅客出行的需要。

② 开行密度。各类列车开行对数要体现客流需求的特点，并确保基本服务频率（开行密度）的需要。

③ 梯次方案。考虑到日常、周末、节假日（含黄金周）旅客出行需要，要建立日常、周末、节假日 3 套梯次动车组列车开行对数。

在列车开行方案中，要遵循均衡运输的原则，均衡运输是指开行方案在时间上的均匀分布，包括整体均衡、方向性均衡、相对均衡。整体均衡即基本运输框架的均衡性，避免出线运行间隔过大；方向性均衡即按列车去向有序开行，避免同时段过密或长时间无车；相对均衡即按照客流高峰、低谷适应性调整密度。

（3）列车停站

列车种类区别出列车不同的等级或性质，列车停站方案是开行方案的重要组成部分。列车种类常常与列车停站次数结合在一起。停站次数既要适应客流需求，又要保证列车的高速特性。若保障必要的旅行速度，列车停站次数要受到一定限制。

2. 影响因素

影响列车开行方案编制的因素很多，主要包括：

（1）客流量及结构

由于旅客市场需求在时间分布、地理位置分布、流向分布的不均衡性客观存在，旅客出行要求也是千差万别。客流量及客流性质反映着旅客的出行需求。编制旅客列车开行方案的基本原则是"按流开车"，客流分布是制订列车开行方案的基本原则，客流量不是确定列车开行和停站设置的决定性因素。客流的流量、流程、流向以及旅客出行行为的特征和规律决定了要开行的列车种类、数量、列车运行区段。

例如，沪宁城际铁路，根据客流需求，常州为分界站，常州到南京，常州到上海均有通勤上班人员客流量较大，目前在常州站设计两条能够停放动车组过夜的线路，准备早晨开行两个方向的列车使用。目前，不同交通方式时刻的衔接客运客流需求也凸显，例如虹桥机场有 21:00—23:00 间到达的旅客，部分有道沪宁城际铁路间各站和沪杭高速铁路间各站的客流需求，需要城际铁路这个时段的运行线设计，需要设定晚上 21:30 开末班动车组，上海虹桥—南京（南）站间。

在编制方案时，要考虑以下几点：

① 轮廓时刻。列车轮廓时刻选择时，要尽量保证符合潜在客流的出行需求，列车轮廓时刻基本确定后，会对列车车底及乘务交路设计有重要影响，也是旅客选择出行产品的重要考虑因素。

② 开行规律。包括日常开行、周末开行和高峰期开行动车组。较好地适应不同时间段客流不均衡情况。

③ 票额分配方案。合理制定票额分配方案，有利于日常客流组织时，增加旅客发送量和客票收入。

（2）列车定员

根据客流变化、车票预售情况，进行单组、重联或长短编调整，或者进行抽线或增开临客等安排。

（3）车站、动车所、区间通过能力

由于动车组养护、维修、夜间驻留的需要，客运专线列车开行的起讫点不宜过多，但是也必须考虑列车集中到发的大型枢纽站的能力。根据国外的运营经验，车站特别是衔接方向较多的车站能力往往比较紧张。为了吸引客流，各车站都希望增加列车停站的频率。但是，列车停站方案的增多便会降低运输能力，这样不仅要求车站增加接发能力，还会影响到区间能力，特别是导致高峰时段区间通过能力紧张。其他，早高峰时段，始发站连续始发，始发站能力紧张，动车所能力不足，晚高峰时段终到站集中到达，动车所检修能力也不足。

（4）旅客的旅行时间消耗及效用

列车开行方案必须考虑旅客多样化的出行需求。设计旅客列车开行方案时要以最大限度节省旅客旅行时间、方便旅客出行和提高旅客服务质量为目标，尽可能减少旅客的换乘次数和在途时间，合理安排列车服务频率，并为旅客提供良好舒适的乘车环境，以满足旅客对安全、快捷、方便、舒适的出行需求。

从旅客角度，不同列车开行方案的总出行成本不同。旅客的出行成本主要包括：购票费用、旅行时间、购票时间、候车时间、换乘时间等时间成本。列车开行方案起讫点、停站次数、列车等级、列车开行频率决定着旅客上述费用的大小，因此，列车开行方案的编制还必须进行旅客旅行时间消耗及效用。

停站方案主要是为沿途旅客提供必要的停站次数和停站时间，并使旅客换乘成为可能，各列车通过恰当的停站设置为旅客提供良好的换乘接续。同时，停站设置也造成列车旅速降低，通过旅客旅行时间的延长。

候车、停站时间等都是旅客旅行耗费的时间。所以，可从旅行时间着手分析停站方案的设置。旅行时间是旅客出行时选择交通工具的一个重要因素。旅行时间消耗包括候车时间、运行时间、停站时间、换乘时间四个部分：

① 候车时间。这是指旅客在站（始发站或中间站）平均等待时间消耗，其值与列车服务频率、乘车手续、进站时间相关。

② 运行时间。这是指旅客旅行过程中的主要时间消耗，与列车在各区间运行的平均技术速度和线路里程有关。在运行径路确定的情况下，要降低运行时间消耗只能提高列车技术速度，在一定时期内该值为一定值。

③ 停站时间。这是指由于列车沿途停站而使通过旅客增加的时间消耗，其大小主要与列车停站次数和停站时间有关。停站时间与停站方案不直接相关，如两个方案停站数相同，但停于不同车站，停站时间相同。

④ 换乘时间。这是指旅客由于途中换乘列车而消耗的时间，主要与可换乘列车的开行密度、换乘手续、换乘通道距离等有关。经沪宁城际铁路客流调查可知，因沪宁城际铁路各大站之间列车开行频率较高，换乘旅客数量很小。目前，若想换乘，因车站硬件条件不具备，通常很难实现在同站台换乘。

（5）铁路部门的成本及效益

吸引客流多的列车开行方案会给运营者带来高收入，但是单位时间内开行列车数量越多、等级越高，运营者的成本也越高。所以以预测客流为基础设计若干可能的列车开行方案，并确定其实际吸引客流以后，还要以效益为标准进行比选，最终确定两站之间单位时间内开行的列车数量和列车等级。

铁路运输企业要在满足旅客需求和体现铁路公益性的前提下，遵循经济效益原则。在编制旅客列车开行方案时，合理使用动车组车底，充分发挥运载工具的运输能力和铁路运输固定设备的利用率等，以达到用最小的成本取得最大的效益。在编制城际铁路列车开行方案时，应在满足旅客需求和体现铁路公益性的前提下，遵循经济效益原则，以最小的成本取得最大的效益。在实际应用中，有以下两个途径：

① 合理确定列车上座率。合理确定列车席位利用率有利于减少列车虚糜，列车虚糜少，铁路运输企业的成本就会相应降低。

② 合理运用动车组。在满足客流需求的情况下，合理运用动车组，优化动车组的周转，从而达到节约客运专线运输成本的目的。

列车开行方案要根据季节、天气的变化，充分考虑平日、周末、节假日等因素，掌握客流的波动规律，结合区域性、网络性的特点，利用路网资源，统筹兼顾，针对不同高速铁路区域性服务特点和网络性通道运行的实际，设计开行不同运营区段、不同运营时段、不同等级的本线和跨线动车组列车，较好地满足社会经济发展和旅客的需要，不断做大做强客运市场，提高上城际铁路的整体利用率和赢利水平。

3. 列车开行方案设计与编制

列车开行方案优化就是遵循城际铁路客运的特有规律，在一定的运输能力限制下，更有效地组织不同编组动车组列车的开行，根据客流将列车合理分配到各径路上，既能充分满足市场需求，又能合理利用运输能力的目的。其步骤如下：

第一步，准备过程。根据客流增长和变化规律，选择适当的预测方法，对未来各 OD 点间客流进行合理的判断，实现按流开车，基础问题。

第二步，方案编制。根据预测客流量，结合 OD 点间社会政治、经济情况确定列车起讫点。然后根据客流实际情况，进行客流调查，结合客流周期波动、列车编组及定员、列车速度、客座利用率、车站及区间能力等因素，以铁路企业受益做大化、旅客乘车方便度最大化等为目标，利用组合优化方法，求解列车开行数量、停站方案等开行方案内容。再根据实际情况对开行方案进行调整与优化，实现资源配置最优化与运输效益最大化的目标。

第三步，具体实施。根据列车开行方案编制列车运行图。

随着高速铁路的发展，目前每开通高速铁路新线开通新线均与既有高速铁路线路连接成网，列车开行方案按照跨线列车方案、本线列车方案两类编制。

跨线列车方案，根据新开通线路与既有高速铁路连接的程度，开行中长距离的跨线列车，一般采取开行担当局当日往返列车数量居多（便于担当局动车、车辆段检修），兼顾少部分隔日往返列车。列车类型有直通跨线列车、管内跨线列车。跨线列车中，一般开行速度值高的列车为主，避免因速度差影响高速铁路线路通过能力。

本线列车方案，在满足跨线列车方案的基础上，结合本线的客流量，安排本线列车方案。列车类型有直通本线列车、管内本线列车。本线列车中，一般开行与本线线路允许速度相同速度的列车，提高线路通过能力。

4. 列车开行方案调整与优化

列车开行方案的调整是高速铁路适应旅客市场的必经阶段和过程。特别是随着我国经济的快速发展，人民生活水平的显著提高，旅客出行需要更高质量的运输服务供给。但是，我国目前的列车开行方案调整方法大都根据旅客总体的需求趋势，在宏观上进行调整，而在针对旅客实际的选择上，缺少相应的方法与手段。

客运产品的设计方案更加重视方案与客流件的信息反馈和客运产品的及时性调整，以提高列车开行方案对市场的适应能力，进而提高客运产品的运输效益。在列车运行图编制过程中还会根据运输资源配置和技术条件限制不断进行修订反馈，直至其最终编制成相应的各类客运产品，并以运行图文件的形式予以公布执行。调整与优化原因如下：

（1）适应客流需求和季节性客流波动需求

客流预测是旅客列车开行方案制定的前提和基础，但另一方面，列车开行方案制定的优劣反过来也会影响高速铁路线吸引的客流量，因此，客流预测与列车开行方案的优化互为因果关系，将客流预测与列车开行方案综合起来优化，可以使客流预测结果更加准确，列车开行方案更加合理，符合实际情况。

① 考虑到高速铁路沿线季节性客流波动非常明显,大幅度波动的情况下，列车开行方案也需要相应地进行调整，以满足客流的季节性需求。例如，每年的"长三角"地区春游、清明节旅客运输方案，客流以踏青旅游为主，扫墓祭祖为辅，周末客流总量较大，出行时段相对集中，其中管内客流比重大。春游运输期间，就需要合理安排增开动车组列车，包括上海、上海虹桥至无锡，上海至苏州等方向的列车对数，以便全力确保旅客顺畅出行。

② 高速铁路列车开通运营后，旅客会根据自身的出行需求，在列车时刻表中选择适合的车次来完成旅行。在经过一段时间的运营后，旅客在整体上形成了出行习惯或者是出行规律，而原有列车开行方案如何适应旅客的出行习惯和规律是列车开行方案调整的基本机理。开行方案制定后，还应紧随客流变化，不断调整，以进一步适应客运市场的需求。开行方案调整的主要目的有两个：适应客流变化和引导客流变化。当某种产品的上座率等相关指标达到一定阈值时，就应进行有预见性的调整，以进一步吸引客流。

③ 列车开行方案的优化设计可以提供更加方便的乘车条件，确保适应客流需求的服务频率，满足各时段的客流需求。方案的优化是一个动态的调整过程，需要在实践中根据客流变化情况不断完善，以最大程度方便旅客出行、提高旅客服务质量和列车秩序。高速铁路拉动沿线城市经济快速发展，不仅带动客流量的提升，而且也增大了旅客的出行频率，而相对固定的列车开行结构与实时变化的客流需求存在的较大差距。

④ 在列车开行方案设计中，需要考虑动车组运用及检修、司乘组织、通过能力、在站作业时间等铁路内部因素，列车开行方案的编制受这些内部因素的影响，致使与客流需求不相适应。

（2）新线列车开行方案优化需要

新线列车开行方案编制是根据预测的理论客流量和客流出行的基本规律，这与旅客出行的实际选择，如始发时间、票价、在途时间、起讫点等存在的较大差距。由于新建高速铁路开行方案的客流依据是根据各种交通方式的客运量综合预测而来，开行方案是根据客流情况等一系列因素制定的。客流预测在一定程度上具有不确定性，所以，开通初期的开行方案不一定会适应实际沿线各站的客流需求。因此，为适应各地客流需要，需要对列车运行区间、停站方案、列车编组等开行方案的部分内容进行调整。新建的高速铁路开行方案的客流依据是根据各种交通方式的客运量综合预测而来，客流预测在一定程度上具有不确定性，这样会到导致开通初期的开行方案不适应实际沿线各站的客流需求。随着客流发展稳定，并呈现周期化特征后，需要对列车开行区段、停站方案以及列车编组等开行方案部分内容进行调整。

（3）运力资源优化配置

列车开行方案是列车运营组织的核心，所涉及的列车运行区段、种类、开行对数、中途停站以及始发、终到时间等方面，均影响着旅客出行过程中对列车选择，出现了有些车次上座率极高，有些车次严重虚靡，致使高速铁路列车开行方案与旅客需求不相匹配。受限于高速铁路开行技术条件限制，现行的列车调整方案还不能完全适应客流的波动。造成能力有时紧张有时虚糜，需要采取营销手段，客流需求的不均衡性，致使配置客运能力成为一道难题，按高峰流量需求设计，存在淡季时运能浪费；沪宁城际和沪杭高速铁路列车线条能力均按照最大值进行铺画，但在高峰期内、时段仍然满足不了客流需求，采取其他技术手段去引导客流搓泥时、错峰出行，达到平谷削峰的目的。

每当春运的脚步日益临近时，铁路部门提出的目标是"平安春运、有序春运、温馨春运，让旅客体验更美好"。而且，每年春运运力都创春运历史新高，动车组列车主力军作用更加凸显，为旅客出行提供了可靠运力。为了应对高峰客流，春运期间，长三角直通临客通常采用基本和应急两套梯次运力方案，管内临客按节前、节后两套方案实施，安排。此外，春运期间，高速铁路、高速铁路还将实行高峰运行图，并根据客流需要适时调整加密开行。

（4）衔接新线开通与增加跨线列车

随着衔接新线的开通，一方面，使得部分旅客可以更方便到达本线外的某些节点；另一方面，可以使得本线外节点的旅客更方便地到达本线节点，则可能会产生一部分额外的诱增客流，导致本线与跨线客流都会发生变化，便需要增开部分本线与跨线列车，以使得开行方案适应本线与跨线客流需求。现以淮萧联络线列车开行方案为例，淮萧联络线 27.097 km，设计时速 250 km，郑徐高速铁路萧县北站接轨，沟通京沪高速铁路，是淮北市对外联系的便捷通道。淮北与全国主要中心城市的时空距离大为缩短，淮北至合肥、南京、郑州、上海、北京的时间大为缩短。淮北到合肥 2 h，淮北到北京/上海 3 h。淮萧联络线初期开行 6 对，其中增开 1 对、调整运行区段 5 对。增开 1 对，淮北—合肥南 G7454/1 次 0.5 对，经淮萧联络、徐兰高速、京沪高速、合蚌高速线运行；徐州东—淮北 G7453 次 0.5 对，经徐兰高速、淮萧联络线运行。

（5）增加设备投入或改造

对于线路设备的改造与新增，直接会影响到动车组列车的开行。例如，200~250 km/h 提速到 300~350 km/h，需要相应的对彻底进行调整，新站的开通，需要增加相应停站，客流也会发生相应的变化，需要对开行方案进行调整。再如：某些线路的信号模式是 LKJ 模式，无法开行 300 km/h 动车组，当进行设备改造后，可以满足开行更高速列车，则需要相应地对使用车底进行调整；新站的开通，需要增加相应停站，客流也会发生相应的变化；对车次进行贯通，贯通前，无法开行 300 km/h 动车组，开到中途需要停车转换，耽误时间、影响效率，贯通后，300 km/h 动车组可以直接通过，需要对开行方案进行调整。

（6）经济效益最大化需要

高速列车开行方案确定时，要确保运输企业的经济效益。并且，当运输收入等于运输成本时，处于盈亏平衡状态，根据以上公式可计算得出盈亏平衡时上座率的数学模型（未考虑所得税）。高速列车的经营风险可以通过盈亏平衡条件下的高速列车上座率来衡量。盈亏平衡点越高，表明运输企业经营该高速列车时，达到盈亏平衡所需的上座率就越高，企业的经营风险就越高。在决定是否开行某一线路高速列车时，要综合考虑和权衡经营效益和经营风险两个方面。通过一段时间各种类列车在各个时段内盈亏点的分析，可适当调整列车开行方案，确保列车开行效益最大化。对市场调查收集得到的有关数据科学归类分析，借助营销分析软件，做好数据积累、对比和预测，确保市场预测的准确性和可参考性。重点围绕上海铁路局担当动车组列车，按交路做好日常客座率、发送人数、票款收入等统计与分析工作，更好了解现行列车开行方案是否满足市场需求，为优化、调整列车开行方案提供重要参考。

编制的列车开行方案的基础是客流。同样，列车开行方案调整也要遵循客流至上的原则，适应客流需求，调整与优化策略和方法如下：

（1）为能更加有针对性对列车开行方案进行调整，以运行图为依托对各车次的列车运行区段结合旅客对列车的实际选择进行分析。旅客对列车选择的直接体现是在作业车站旅客上、下车作业的人数，所形成的列车运行区段客座率（列车运行区段内客流量与列车定员的比值），这项指标能够反应列车在该运行区段的运输供给与客流需求，以及所创造的运输经济效益。客流区段密度显示图可以直观地反应出旅客对列车的选择和出行习惯，所以以列车区段密度作为调整目标选择的标准。所以，依据列车运行区段的客座率，对列车开行方案的调整进行分析。

（2）针对选择出来的目标车次，利用调整策略及原则进行相应的调整。高速铁路列车开行方案的调整主要由铁路客运部门制定，根据列车上座率对列车的始发终到站、开行对数等因素进行调整，比如沪宁城际铁路开通初期，由于上海的始发终到站是虹桥站，离市中心较远，不方便旅客出行，开通后无法达到预期客流量，通过将始发终到站移至上海站的调整后，其客流量显著上升。对于重点车次上座率，提升关键车次收入率，将收入率高的车次作为关键车次，通过分站、线、分方向大数据积累和统计分析，定期选定关键车次，密切盯控票额分配，车票预售，运能利用等情况，不断提升关键车次收入率。

（3）以服务旅客为出发点。任何列车开行方案调整都以满足客运市场客流需求为目标，根据季节、线路性质及分工特点，实行不同季节内工作日与周末按流开车原则。例如，停开部分上座率低的始发终到列车，同时增加直达列车停站以提高上座率。除了通过调换列车编组，取消相邻同质客运产品是解决列车区段密度低的另一个解决途径。例如，沪宁城际铁路周一至周五早晨上班高峰时段，苏州至上海客流一直居高不下，周末客流更是比平时增加 20%左右。据统计，苏州至上海间固定通勤客流量在"长三角"地区排名居首。2017 年 3 月 20 日起，增开往返 1 对车。根据 2018 年 4 月 10 日全国铁路新的列车运行图安排，成都局开行一趟成都东至广元 C6228 次、广元至眉山东 C6315 次、眉山东至成都东 C6282 次的动车组列车，该趟列车由 CRH3A 型担当全列定员 610 余人。其中，广元至成都东（眉山东）的 C6315 次、成都东至广元的 C6228 次这段线路是成都局与广元市人民政府合作开行的一趟定制列车线路，这趟列车每天早上 8 点钟从广元站出发，晚上 8 点从成都东站返回，全程经西成高速铁路运行最快仅需 1 h 40 min。这趟列车"朝发夕返"的特点，可以有效解决广元至成都商务通勤客流乘车的时间难题，将进一步增强四川省北部城市群与省会城市的联络与交流。成都局集团公司已与遂宁、德阳、绵阳、南部县、丰都县、石柱县等市县、区政府签订了定制列车开行协议，定期定班开行列车满足辖区内的人民群众出行需求，还将推出更多的定制产品，从而满足不同客户的需要。

（4）保持列车运行线规律。为便于旅客记忆列车时刻，维持整点列车框架，便于旅客记忆列车时刻，充分应用节拍式、正点、半点等运行线，高峰时段保证较高的服务频率。非高峰时段按 30 或 60 min 较为均衡分布每个方向的运行线。例如，考虑到周期性运行图极大地方面旅客记忆，但我国高速铁路路网复杂，跨线列车开行数量大，所以编制列车开行方案是采用非周期与周期性列车开行方案相结合的方式，但充分考虑部分重点车次或重点方向的列车实行周期性开行，如京沪高速铁路北京南—上海虹桥停一站的直达列车，每日的 7:00/9:00/14:00 整点开行；省际直达列车，每日 8:00/10:00/11:00/15:00/16:00/17:00 整点开行。

（5）体现客运产品方面差异性。我国高速铁路主要有 200 km/h 和 300 km/h 两种速度等级的客运产品，两种客运产品在票价、运行速度、停站设置、开行数量等方面均存在差异。在不降低线路通过能力的前提下，提高客运能力，以最大程度地满足旅客的出行需求。单一的铁路产品不能满足旅客的要求，必须努力创新客运品牌，不断改善旅客出行体验。例如，合肥是中部省会城市，近年发展势头强劲，商旅高端客流增长较快。为锁定高端客流，合肥向上海、杭州、北京等重点方向开行一站直达列车方案。

（6）充分对运能利用进行分析。目前高速铁路列车客座率主要呈现以下特点：一是同一天的不同时段，出发时间好的列车上座率居高不小，而时段不好的列车上座率较低；二是同一趟列车不同站间的客座率也是不同，例如，沪宁城际铁路，上海站到苏州站、无锡站间的客流很大，到中间其他站的客流相对较少。营销部门注意到这个特点，努力在周末增开一些临时列车或是动车重联运行；淡季进行一些甩车动作，减少运能。

（7）明确运能调整的难点。一是旅客习惯当日或者提前一日购票，旅客发售量也很大，列车票额实行预分管理后车票分散式发售到各个车厢，加之动车组车型较多，定员席位差别很大，临时调整给运营管理压力很大；二是高峰时段能力基本达到了饱和，车底利用率很高，各个动车组存放所都按计划存放动车组，能力基本上达到了饱和。临时加开列车很难找到合适的车底。若涉及跨线列车，可统筹考虑以使跨线旅客更快速准时到达目的地；提高高峰时段的列车开行密度，形成高峰时段的列车开行集群；调换列车编组，8辆编组列车重联。在基本图基础上，进行单组、重联或长短编调整，采取抽线或增开临客等措施。

需要以上几种调整优化的综合手段，现举例如下：通过研究长三角客流规律和旅客出行习惯，再发挥铁路成网的优势，动态调整客车开行方案，大量增开、调整、优化东、中、西部和区域内各方向列车，夜间动车组列车实行常态化开行，让不同旅客的不同需求都能得到满足。

（1）延伸区段。例如，随着2013年7月1日宁（南京）杭（杭州）高速铁路开通运营，"千年陶都"宜兴一举跻身宁杭高速铁路沿线的"高速铁路城市群"，全方位融入了"长三角""1h经济都市圈"。以前，从宜兴到上海只有一早一晚两趟动车组列车，且都是过路车。将原先杭州至上海虹桥的1对列车运行区段延伸，调整为宜兴始发至上海虹桥，结束了宜兴至上海方向无始发动车组列车的历史，为当地百姓出行提供了便利。再如，为保证动车组列车的运行方向、区段所幅射区域。充分考虑本线列车的基础上，引入部分跨线列车，延伸了宁启铁路的通达范围。如南通—重庆北的D2268次，南通—汉口的D3152、D3156，由宁启线接入宁蓉线宁渝段，在合肥南站接合福高速铁路、汉口（武汉）接京广高速铁路，或是满足旅客换乘需要，这样可以辐射区域安徽、湖北、四川等省。

（2）特殊需求开行。2016年5月，上海虹桥站增开了多趟夜间高速铁路列车，其中19时开出的首列夜间运行的G8次京沪高速铁路列车上座率达100%，23:48抵达北京南站。G8次列车不仅是零点前到北京的最后一趟车，而且几乎是18点以后最早到南京的，"下班后、用时少、当日达"的时间优势使得G8次一经开出就备受追捧。此前京沪高速铁路每日的运行时段大致在6:30

到 17:30 之间，但对部分需要晚间出发、次日办事的旅客来说，"末班车"的时间有点早。而 G8 次列车开行后，旅客可实现下班后还能赶京沪高速铁路，配合上海站晚间开行次日抵达的 D312、D322、D314 次动卧列车，京沪之间可形成较为完备的运行体系。以前京沪高速铁路 18 时以后就没车了，可很多商务客又有下班后出行的需求，目前已经增加了夜间高速铁路这块空白。

（3）增加车次。举例如下：

① 2015 年 12 月 26 日，金温铁路开通运营，拉近了旅游城市浙江丽水与其他城市的时空距离，丽水是养生福地，自然环境优美。丽水通动车后，方便了杭州、上海的市民到丽水度假休息，也吸引了合肥、武汉、济南等地的游客前往丽水旅游。上海铁路局开行丽水至温州南的 D5591 次列车，该趟列车 07:41 从丽水站始发，途经青田站（08:01 到，08:03 开），抵达终点站温州南站的时间是 08:23。此趟列车的开行不仅方便了两地的上班族，更可喜的是，旅客在温州南站可换乘 D3219 次列车（温州南 08:52 开）前往厦门旅游，这为爱旅游的朋友带来更多选择。此外，增开 G7348 次列车，11:19 从丽水站始发，终点站是上海虹桥站，它填补了丽水站 10:00 至 12:00 间无上海方向列车开行的空档，为往上海方向的旅客提供更多便利。

② 皖江重镇芜湖加开多趟动车。南京至安庆高速铁路开通运营后，它与合福、合宁、合武、京沪等高速铁路连通成网，苏皖沿江铁路客流呈现爆发式增长，芜湖至南京南 D5642 次，全年客座率达到 96.6%；安庆至温州南 G7594/1 次，全年客座率 88.5%。随着宁安高速铁路沿线旅客对列车开行方案的适应，上下班通勤旅客和商务旅客对高速铁路通勤、商务出行提出了更高要求，为此，此次调图增开多趟从芜湖始发至上海的旅客列车。

③ 2014 年 12 月 10 日，杭（杭州）长（长沙）高速铁路开通，义乌正式迈入高速铁路时代。义乌站作为沪昆线上的一等客运站，高速铁路日均发送旅客一万多人次，可直达广州、南宁、长沙、上海、北京等城市。义乌作为世界上最大的小商品批发中心，每天来自世界各地的顾客在万人以上，之前只有一趟 G1898 次列车从义乌站始发至西安北，其余均为过路车，因此前往杭州、南京方向的旅客经常买不到票。为了满足商务客流出行需求，增开了义乌始发至南京南的和上海虹桥到义乌高速铁路列车。

（4）停运车次。通过加强担当高速铁路动车的盈亏分析，对与无法达到弥补变动成本保本点的客车要及时分析原因，有条件优化的要及时停运，以减少损失。虽然担当客车的开行与停运受到较多内外部因素制约，如客流需求、管理部门平衡等等，但是能争取停运的亏损客车尽量停运。如：上海局在 2014 年先后停运南京至北京南的动卧 D305/306，合肥至北京南的高速铁路

G270/275。D305/306 主要是受京沪高速铁路开通以后，南京至北京之间的运行时间最短已压缩至 3 h 40 min，动卧运行时间长、价格贵，平均客座率只有 45%，G270/275 主要是合肥至北京自身客流不充足，加上已经开行 5 对同方向高速铁路，依靠沿途客流难以达到保本点，平均客座率也只有 44%。

（5）动态编组。随着高速铁路市场化改革的深入，列车开行产品设计优化要求更加精细，动车组列车灵活调整编组的运输组织方式日趋提上日程，需要减少动车组在非繁忙区段的运能浪费。动车组的动态编组基于科学的客流分析，在保证旅客出行需求的条件下，实现列车云进行过程中动车组"动车组+分解"作业，通过灵活调整区段列车的编组数量，懂爱匹配运能与客流需求，提高列车客座利用率，有效解决区段性、时段性虚糜问题。

为适应干线、支线区段不均衡的客流格局，欧洲和日本高速铁路常采取灵活的"翼型"列车开行方案，在干线开行重联动车组列车，在支线节点进行去程分解、回程重联，具有可操作性，且运用较为成熟。按旅客出行地点、方向的不同或人数的变化，实行分段列车摘挂方式或是改变列车的运行方向。如德国在一些铁路支线上，往往多列动车组合编为一长编组列车，即同一线路不同前进方向的旅客分别乘坐不同的运行区间内列车一体化运行，需要分散时，一分为二或三驶向不同的目的地，这种编组方式既方便旅客，又节省动力和线路占用，节省了旅客换乘时间，提高了运输效率和效益。这"多列联运"的方式可增加客流高峰区段的载客量，在客流密度较低的时段再把列车分开。对于客流密度不同区段，还会开行所谓的"翼型"列车，如图 5.3、5.4 所示。

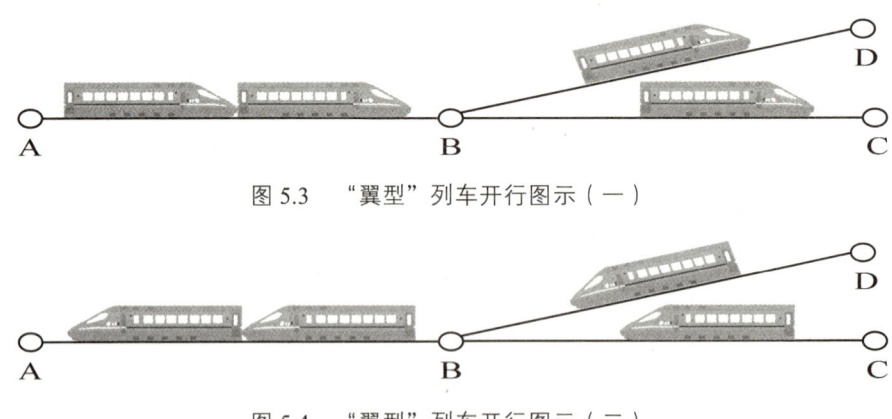

图 5.3　"翼型"列车开行图示（一）

图 5.4　"翼型"列车开行图示（二）

对于这两种列车开行方式而言，跨线列车旨在解决高速线和既有线的协调分工问题，既要有利于缩短旅客出行时间，又要保证高速线和既有线能力的合理利用。而翼型列车旨在通过灵活的列车编组方式，在满足不同客流区段运输需求的前提下，提高客座利用率、节省车底使用数，尤其是当干线通过能力利用率过高，难以铺画更多的单编组列车时更为实用。

动车组列车根据动车组牵引方式，动车组 8 节车厢动车组通常叫"标准列"，16 节车厢动车组称作"重联"，16 辆编组时，就要求列车沿途停靠站的站台长度能够满足。目前，我国高速铁路本线动车组主要采取固定编组、循环套用的运用方式，这对于客流密度比较平均的区段而言，既方便运输组织，也能够有效地减少列车能力的虚糜。但是当客流在某些区段或时段存在显著波动时，单一化的编组方式势必无法与客流结构达到很好的匹配，此时，可以考虑采用翼型列车对不同区段的服务能力进行调整。

针对地区经济、文化的差异，旅客出行规律及频次呈现出不均衡的特性，翼型列车开行方案需求是以市场为导向，以运输市场调研结果为依据，保证安全平稳的列车秩序前提下，及时、准确地满足旅客运输需求，并在保证良好运输服务质量的基础上，注重成本节约，扩大运输收入。客流结构不均衡比较明显时，而且可以通过有效的开行产品供给开适应客流变化。

为提高动车组运用效率，在 2016 年首次尝试动车组站内重联解编，如南昌开 A 组单组 CRH2A 型动车组运行至福州后，在南昌方向重联站存的 B 组 CRH2A 型动车组，重联组织放客后开行郑州方向。次日到达福州站后，解编南昌方向 B 组 CRH2A 型动车组进库，福州方向 A 组单组 CRH2A 型动车组继续运行至南昌。经过一年多的实践，该模式在提高车辆使用效率和增运增收等方面都举得了显著效果。原交路南昌—福州—郑州—福州—南昌重联运行，南昌至福州客座率只有 33%、单组运行后客座率有 60%，福州至郑州客座率一致保持 93%。另外，自 2016 年 9 月 10 日起在上海虹桥试点在线解编作业，G7330 次列车到达上海虹桥站，进行解编操作时，按照 CRH380D 型动车组解编操作办法进行。解编作业完毕后，杭州段车底接续开行 G1349 次及后续交路，北京端车底开行 0G7330 次入南翔动车所。如遇解编作业不成功时，安排热备车底接续进行。但试点作业组织均在非载客条件下进行的，并且在动车所所在地的车站，作业模式单一。2008 年春运期间某日，D82 次在上海站发出后在沪宁线安亭—陆家浜间两组动车重联出现故障，调度采取了紧急处置方案，临时调整列车交路，在区间分解为 D82A 和 D82B 两趟列车运行。

纵观当下，铁路运输有客流淡旺季之分，春运期间和日常差别巨大。固定编组动车组不可拆编，不能增加车厢应付客流高峰，也不能减少车厢以减少支出或避免运力浪费，运能和客流常常形成冲突。高通用性城际动车组的成功研制，使得动车组可以根据线路客流特点等实际情况进行编组。旅客数量多的地区，可使用双层、长编组、大运能动车组；经济发达的地区，可采用舒适、空间大的短编组列车；旅客数量少的地区，可采用短编组列车。高通用性城际动车组可以通过自身的"七十二变"，灵活应对客流起伏与乘客需求。

众所周知，当前我国在用动车组都是按 8 节或者 16 节车厢固定编组。但其实，在中国正在研制的动车组"大家庭"中，还隐藏着这样一位特殊的"成员"——高通用性城际动车组。它可以根据城际间线路特点，在 2 至 20 节范围内随意变换搭配车厢：大定员纵向卧铺车、座卧转换卧铺车、VIP 车、商务座车、双层车、餐货和客货合造车……包罗万象，随"需"而"变"，可以说是高速动车组里的"变形金刚"。如同搭积木一般，高通用性城际动车组最小编组单元为 2 节，即 2 个动力头车相接。如要扩大编组，则根据速度和功率核算出效率最优搭配，在编组中间加入动车与拖车，就可以组成不同速度等级、编组数量为 2~20 辆的任何节数的动车组。

2016 年 1 月，国家铁路局向中车长春轨道客车股份有限公司、中车青岛四方机车车辆股份有限公司颁发了中国标准动车组型号合格证和制造许可证，这标志着中国标准动车组具备了大规模生产许可条件和上线商业运营之前的各型高速动车组，不同系列车型无法重联运行，列车无法相互救援，救援设备部通用，车站设施重复。标准化动车组得到许可证，标准动车组，车辆统一互联互通，统一车钩连接接口，实现物理互联，还实现了统一电气接口，实现逻辑互联。这就为今后的高速铁路动车组编组重联问题创造了条件。例如，高峰时段和高峰期都需要动车组重联运行。

列车编组应根据客流波动特点，结合运营维修实际情况，从服务旅客、节约运营成本等方面统筹考虑。动车组列车固定编组、不可拆编，在实际运输中，对高速铁路运营企业的制约越来越明显。高速运输有客流淡季和旺季之分，春运期间和平时差距很大，线路繁忙程度不同，固定编组动车组不能增加车厢应对客流高峰，也不能减少车厢以减少支出或避免运力浪费，运能和客流常常形成冲突。如出现故障，维修期间整列动车组无法运营。可变动车组拆解需要维修的一节，减少备用车组数量。中国中车股份有限公司研制可变的动车组样车将于 2017 年下线，可编组数量 2~16 辆的任何节数的动车组，适应灵活的客流变动情况。

长期以来，我国动车组列车都是固定编组，只能整列购买、整理运营和整列检修，不能很好地适应客流变化。可变动车组根据实际运营需求，采用合适的编组数量。但目前繁忙干线行车谜底已经区域饱和，通过进一步增加行车密度近而增加运输能力已经十分困难，只能形成 2 列 8 辆动车编组，与

传统固定编组动车组相比,可变编组动车组在运用中的优势:

更好地适应客流变化。实现长、短可变编组,有效适应不同运量水平的高速铁路线路,实现"大运量大编组、中运量中编组、小运量小编组"的组织方式,可变编组动车组由于采用模块化设计,适应客流波动,提高列车客座率用率,提高运输装备利用率。在客流量不足的情况下,可以采用小编组动车组形式,适当加大列车开行频率,就可以明显增大高速铁路特别是高速铁路的公交化运行水平。还便于故障车辆的拆解、更换和维修,有效缩短临时检修周期,降低动车组的检修成本,提高固定资产率用率。

可变动车组的编组数量可以调节,可根据不同线路的客流需求设置合理的编组数量,当线路客流量较小,可减少编组数量的方式,增加列车开行频率。当线路客流量较大时,在列车开行频率基本能够保证旅客需求的情况下,可变编组动车组既可以保持原编组数量,也可以采用更多的编组数量。当客流量出现周期性变化,如"春运""暑运"和"十一"黄金周等时间段,利用动车组编组数量的调整,可以以较小的代价适应客流量的短期增长,而不会影响旅客的整体服务水平。

固定编组动车组检修备用率高,维护成本高。传统的固定编组动车组在高级修、定期修、故障修及热备等过程中均需要占用整列动车组,加上高级修周期长,致使动车组检修被用率高,降低了动车组的运用效率。根据有关数据,一列 8 辆编组的动车组年均检修、维护费用高达 1 500 万元,占整列动车组采购成本的 8%~12%。

(6)统筹考虑。综合考虑高速列车开行时域可分为高峰、次高峰、平缓和虚靡等若干时段,重点是确定每个时段内列车的运行区段、运行径路、列车种类、开行对数、开行数量、追踪列车开行数量、停站方案等。同时,根据高速客流总量和各时段客流量合理安排列车开行密度,在满足市场需求的同时,根据已有经验,按照席位和时段,对高速铁路客流进行分析,建立日常、周末、节假日三套动车组列车开行方案。这也是设计高速铁路客运产品的核心问题。

5.4.2 列车运行图

1. 基本概述

高速铁路列车运行图是铁路运输企业实现高速列车运行安全、正点和经济有效地组织铁路运输工作的列车运行生产计划,高速铁路的运输生产活动通过高速铁路列车运行图把各部门联成一个统一的整体，各部门须严格按照运行图规定的程序进行工作。因此，高速铁路列车运行图是高速铁路运输生产的一个综合性计划。

高速铁路列车运行图是用以表示列车在高速铁路区间运行及在车站到发或通过时刻的技术文件，它规定各次列车占用高速铁路区间的先后顺序、列车在每个车站的到达和出发（或通过）时刻、列车在高速铁路区间的运行时分、列车在车站的停站时间，列车在折返站的折返时间，列车交路及出入段时刻等。高速铁路列车运行图是高速铁路运输工作的综合计划和行车组织工作的基础。

此外，高速铁路列车运行图又是铁路运输企业向社会提供运输供应能力和承诺运输服务质量的一种有效形式。从这个意义上讲，向社会公布的高速铁路旅客列车时刻表，实际上就是铁路运输企业服务供给产品的目录。因此，高速铁路列车运行图又是高速铁路运输组织生产和产品供应销售的综合计划。

列车运行图是运用坐标原理对列车运行的时间、空间关系的图解。它规定了各次列车占用区间的次序，列车在区间的运行时分，车站到、发及通过的时刻，列车在车站的停站时间、在折返站的折返时间，列车交路，列车出入段时刻等。列车运行图是行车组织工作的基础。

2. 列车运行图图解表现形式

在列车运行图上，对列车运行时空关系的图解可以有两种不同的形式。

形式一为以横坐标表示时间，纵坐标表示距离。这时，列车运行图上的水平线表示车站（线路所）的中心线，水平线间的间距表示车站（线路所）间的距离；垂直线表示时间。

形式二为以横坐标表示距离，纵坐标表示时间。这时，列车运行图上的水平线表示时间；垂直线表示车站（线路所）中心线，垂直线间的间距表示车站（线路所）间的距离。

目前铁路列车运行图采用形式一的图形表示形式。

3. 列车运行图的分类

为了适应使用上的不同需要，列车运行图主要有如下几种分类。

（1）按时间划分方法的不同，可有如下两种格式：

十分格列车运行图，它的横轴以 10 min 为单位用细竖线加以划分，半小时格用虚线表示，小时格用较粗的竖线表示，如图 5.5 所示。

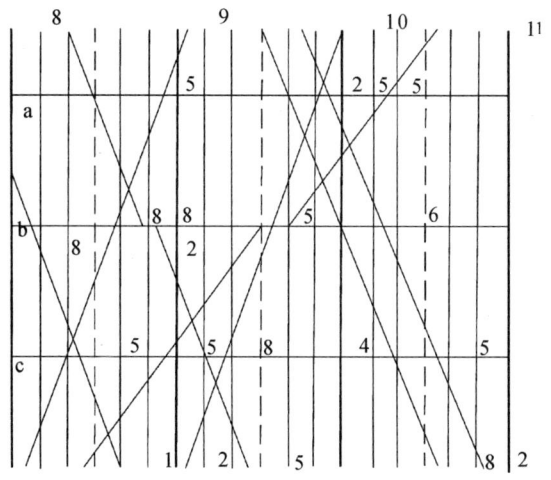

图 5.5 十分格列车运行图

小时格列车运行图，它的横轴以 1h 为单位用细竖线加以划分。小时格列车运行图主要用于编制旅客列车方案图，如图 5.6 所示。

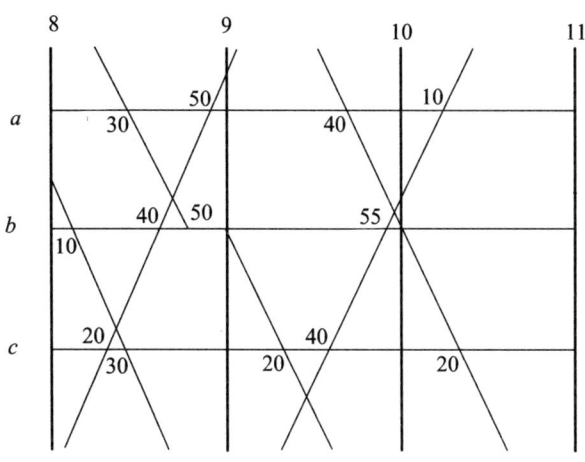

图 5.6 小时格列车运行图

（2）按区间正线数的不同，可划分为单线运行图、双线运行图、单双线运行图。

（3）按列车运行速度的不同，可划分为平行运行图、非平行运行图。

从国外高速铁路来看，高速铁路列车运行图可分为常规列车运行图和节假日列车运行图，开行定期列车和季节性列车，日常运营可增加临时列车。高速铁路可根据客流规律铺画多种版本的列车运行图以更好的满足客流需求。

目前，高速铁路列车运行图按需调配，可以分为日常运行图、周末运行图和节假日高峰运行图。日常运行图为周一至周四实行的运行图，周末运行图为周五至周日实行的运行图，如沪宁、沪杭高速铁路；也有采用日常运行图为周一至周五实行的运行图，周末运行图为周六、周日实行的运行图，如金山线。高速铁路列车运行图如图5.7所示。对旅客而言，就是简明旅客列车时刻表，如图5.8所示。

高铁假日高峰运行图是指春暑运、黄金周、小长假等运输期间实行的运行图。如果在日常和周末遇有突发客流，铁路局可向铁路总公司申请开行节假日高峰运行图中未开行的高速铁路列车，铁路局根据旅游旺季、特殊社会活动等可编制春游图、清明扫墓等高速铁路列车分号运行图。

国外高速铁路通常采用规格化运行图（如日本的周期式运行图和欧洲的节拍式运行图），具备列车开行密度大，开行时刻、停站方案在各时段内相对固定，各单元时间内列车衔接方案相同等特点。所谓规格化是指单元时间内的高中速列车开行方案及停站方案基本相同。如以小时为单元时间，运行图上每小时内的高中速列车种类数量以及停站地点和时间基本相同。规格化运行图下的旅程组合非常灵活，后续旅程又顺畅衔接，极大方便了旅客的出行，体现了高速铁路快捷、舒适、方便的特点。此外，规格化运行还可带动如票制、车站服务方式等相关工作的转变和完善，提高铁路运输企业在客运市场上的竞争力。总体来看，规格化列车运行图具备以下优势：规格化运行图是在运输能力合理负荷下以一定时间间隔（单元时间）为单位，循环重复铺画的饱和运行图。

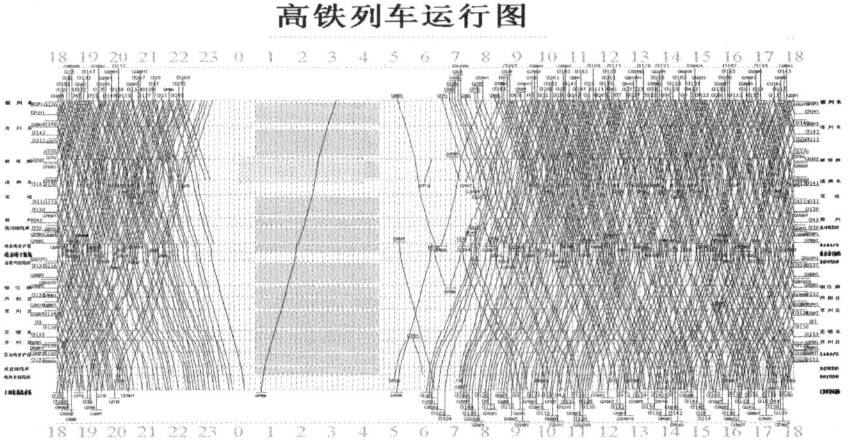

高铁列车运行图

图5.7 高速铁路列车运行图

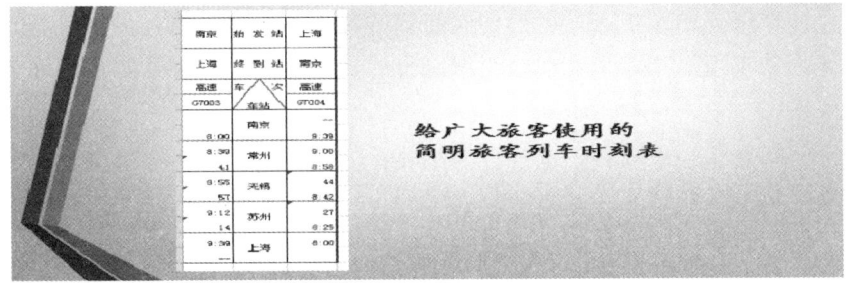

图 5.8　旅客列车时刻表

4. 高速铁路列车运行图要素

高速铁路列车运行图要素包括：列车区间运行时分，动车组起停车附加时分，列车在中间站停留时间，动车组在折返站和动车段（所）停留时间，列车追踪间隔时间，列车开行时段，分时段行车密度，综合施工维修天窗时间等。

（1）列车区间运行时分及起停车附加时分

列车区间运行时分是指列车在两相邻车站（线路所）之间的运行时间标准。它由机务部门采用牵引计算及试运转或采用动力试验车加以检验的方法确定。列车区间运行时分影响因素很多，其中主要有：动车组类型及列车编组、线路允许速度、线路平面及纵断面、桥隧（涵）限速情况、接触网分相位置等。

列车区间运行时分是按车站（线路所）中心线之间的距离进行计算的。列车不停车通过区间两端车站所需的运行时分，称为区间纯运行时分。高速列车由车站起动出发比不停车通过车站所增加的运行时分，称为起车附加时分。高速列车到站停车比不停车通过车站所增加的运行时分，称为停车附加时分。

（2）高速列车在中间站停留时间标准

高速列车在中间站停站时间主要是指动车组列车在中间站上办理必要作业所需要的最短时间。目前，高速铁路动车组的上水、排污等作业通常在动车段（动车运用所）、拥有相关吸污设备的始发站进行，中间站一般只办理旅客乘降作业（有时有待避等其他技术作业），动车组在中间站的停车作业过程具体包括：① 动车组在到发线上规定位置停稳后司机开启车门；② 旅客上下车；③ 列车长在旅客乘降完毕后，通知司机关闭车门；④ 车站开放发车信号，列车启动出发。

从以上动车组停站流程可以看出，影响动车组在中间站停站时间的因素主要有：① 开启车门时间；② 中间站旅客的乘降量；③ 单位旅客平均上车时间；④ 单位旅客平均下车时间；⑤ 列车长通知司机关门的时间；⑥ 发车确认时间。

（3）动车组在折返站和动车段（所）停留时间标准

动车组列车在折返站的停留时间标准和在动车段（所）的维修时间标准是体现动车组运用效率和运输组织水平的重要参数，是列车运行图铺画的基本要素之一。

高速铁路动车组列车开行密度较大，为提高动车组运营效率，动车组往往需要连环套跑或往复立折运行。在动车组终到站变更运行方向，即进行折返作业，动车组列车在折返站内办理必要技术作业所需的最短时间即为动车组在折返站停留时间标准。动车组折返时间与动车组在站折返的方式、具体作业内容、作业流程等相关，应根据实际情况确认折返时间标准。动车组在折返站的作业内容大致包括以下内容：列车停稳至车门开启、旅客下车、吸污作业、保洁作业、司机换乘、旅客上车、发车确认、关门、列车出发。

动车组库内检修作业时间是指动车组列车从进入动车段（动车运用所）到出段（所），在动车段（动车运用所）内的最小停留时间。其时间标准与动车段（动车运用所）布局、检修作业内容、检修作业流程等相关。

（4）追踪列车间隔时间标准

高速铁路目前常用的追踪列车间隔时间有：发车追踪列车间隔时间、区间追踪列车间隔时间、到站追踪列车间隔时间、到通追踪列车间隔时间、通发追踪列车间隔时间。

（5）高速铁路列车开行时段

列车运行图是行车组织工作的基础，除列车运行的安全、正点外，一张好的列车运行图还要能为旅客提供较为方便的乘车条件，包括满足不同旅客对出行时间的要求。例如针对上下班客流及早出办事（旅游）并在傍晚返回的客流，应安排早（6:30—9:00），晚（16:30—19:00）列车密集到发。同方向同等级的列车在运行图上应尽可能均衡开行，比如每间隔半小时或一小时一趟，便于旅客记忆。高速铁路特别是城际铁路的开通运营，实现了短站距，小编组，高密度的公交化运行的组织方式，高速铁路列车运行线的铺画要满足旅客对时间的需求。

（6）分时段行车密度

高速铁路上开行的列车受到旅客出行时段和市场需求的影响，列车运行线一般不是均匀分布，而往往一个时段密集开行，而另一个时段则相对稀疏，从而使得高速铁路列车运行线分布具有明显时段性特征。

根据旅客出行和市场需求，我们可以把一天 24h 划分为不同的时段：

① 高峰时段。由于不同等级的列车密集开行或不同速度的列车分布不均匀而产生的列车在某一时间段内密集到发或通过，这个时间段称为高峰时段。在一天之内可能会产生几个高峰时段，不同线路、不同区段或区间，其高峰

时段将是不同的。高峰时段也是能力最为紧张时段,它是决定高速铁路线路能否满足运输市场需求的关键。

② 平缓时段。在这个时段内,到发或通过的列车相对较稀疏,是能力缓和时段。

③ 空闲时段。这是指夜间最后一趟列车到达至次日首趟列车开行前的时段。在这个时段内,没有高速列车开行。

旅客出行不仅有对列车运行线数量的需求而且有对列车开行时间的需求,因此,要求铁路有关部门不仅要向运输市场提供足够数量的线路通过能力,而且提供的能力应是优质的,符合运输市场需求的,并能组织起高质量的列车运行。

(7) 综合施工维修天窗

高速铁路综合施工维修主要指对线路、信号、供电等固定设备进行日常维护和检修。在列车运行图上预留的用于施工维修所需要的行车"空隙",称为"天窗"。它是解决高速铁路列车运行与设备维修施工之间矛盾的技术保障措施。在高速度、高密度行车条件下,综合施工维修天窗开设形式和施工维修时间的确定,对铁路通过能力、行车组织方式有很大的影响。

高速铁路综合施工维修所需的时间一般为 4 h,一般开设在 0:00 至 4:00 之间,且综合施工维修天窗内禁止行车,因此,综合施工维修天窗开设的时间越长,对线路通过能力的影响越大,而且使组织开行夕发朝至等长距离跨线列车的难度加大。

5. 高速铁路列车运行图特点

(1) 不同速度值的高速旅客列车混跑

高速铁路是铁路网的重要组成部分,除了承担本线运输任务外还承担着大量的跨线客流运输任务,不同速度等级(300~350 km/h、200~250 km/h)的高速列车共线运行在相当长的时间内是高速铁路的运输组织模式。

(2) 旅行速度要求高

旅行速度是列车运行图的重要指标,对于高速铁路要求更高。在高速铁路上运行的高等级列车的旅行时间,旅客习惯上与民航客机的旅行时间作比较;而在高速铁路上运行的低等级跨线列车,一般又都是普速铁路线上的高等级列车,旅客对缩短旅行时间的期望也很高,一般要求在高速铁路上的旅行速度至少不低于普速铁路线。在一定的技术条件下,列车旅行速度与停站频次和停站时间有关。为确保低等级跨线列车的旅行速度,须尽可能的减少高等级列车越行低等级跨线列车的次数,且尽可能做到越行站与客运办客停站相结合。

（3）列车开行与综合施工维修天窗统筹安排

目前，高速铁路建成运营后，均在夜间设置综合施工维修天窗，综合施工维修天窗开设的时间大多为 0:00—4:00 这一时间段，且综合施工维修天窗时间内禁止行车。而随着全国高速铁路逐渐成网，长距离跨线列车和夕发朝至列车的开行，高速铁路夜间仍需行车，因此列车的开行要与综合施工维修天窗的设置统筹考虑。

（4）高速铁路列车运行图具有鲜明的时段特性

高速铁路列车运行线的安排必须满足旅客对出行时间的需求，尤其是担任城际间运输任务的高速铁路，将形成列车晨间密集发车及晚间密集到达的早晚高峰时间带。由于高峰时段大量列车的密集到发，而非高峰时段列车较少，造成运力资源利用极不均衡，在高峰时段全部投入运用，而非高峰时段大量闲置。因此，高速铁路应对其高峰时段的综合运输能力及供电能力进行检算。

（5）高速铁路列车运行线具有较高弹性

为确保高速铁路列车的高正点率，高速铁路列车运行图必须要有足够的应变能力，即具有较高的弹性；当列车运行紊乱时，要能尽快的恢复列车运行秩序，使列车回归按图行车的状态。因此，高速铁路列车运行线的铺画及列车运行线间均要预留一定的冗余时间，以减少局部个别列车的晚点对全局高速铁路列车的影响。

6. 高速铁路列车运行图编制

（1）高速铁路列车运行图的编制过程

高速铁路列车运行图是在铁路总公司的直接领导下组织全路各铁路局进行统一编制的，整个编制过程分为以下几个步骤：

① 铁路总公司根据铁路运输市场需求、铁路技术装备或运输组织方式发生变化，下达新图编制通知，提出本次编图原则、任务及要求。

② 各铁路局根据铁路总公司的要求确定本局编图的任务和要求，提出新线工程及项目，组织列车进行牵引试验，组织对新线进行联调联试，查定列车技术作业标准，提出高速铁路本线、跨线列车开行方案建议，及既有线跨线列车上高速铁路运行的方案建议。

③ 召开全路编图准备会议，审定编图相关技术资料，确定跨局高速铁路列车开行方案（列车开行对数和列车运行径路），动车组运用交路计划等。

④ 铺画全路跨局高速铁路列车运行方案图。编制高速铁路列车运行方案图主要解决高速铁路列车运行与动车组周转相协调的问题；解决跨局高速铁路列车与管内高速铁路列车相协调的问题；解决高速铁路列车与其他运输工

具在开行时间上的相互竞争与相互协作的问题；解决高速铁路列车运行与客运站的技术作业过程和能力配合的问题；解决高速铁路列车在始发站、终到站的到发时刻及通过主要城市的时刻与方便旅客出行的问题等。

⑤编制高速铁路列车运行详图。在全路跨局高速铁路列车运行方案编制的基础上，编制全路跨局高速铁路列车运行图(含本线高速铁路列车运行图)、各局管内高速铁路列车运行图，勾画动车组车底运用交路。

⑥高速铁路列车运行图编制完毕，铁路总公司、各铁路局分别下发新图文件，整理各项列车运行图指标，打印列车时刻表，绘制列车运行图，为新图的实施做好准备工作。

（2）高速铁路列车运行图编制原则

①高速铁路列车运行图的编制原则上纳入全路编图工作，全路定期性的列车运行图编制工作，由铁路总公司负责；局管内的列车运行图编制工作，由铁路局负责。

②严格遵守各项技术作业标准，保证高速铁路列车运行安全。

③适应高速铁路客流特点，最大限度满足旅客出行的需求，做好高速铁路列车运行线与客流的结合。

④要做好高速铁路与既有线的衔接，最大限度地提高高速铁路及既有线的通过能力。

⑤高速列车运行与高速客运站的技术作业过程相结合，合理安排列车停站，以提高列车旅行速度。

⑥充分利用线路和车站的通过能力，合理安排高速铁路综合施工维修天窗。

⑦合理勾画动车组运用交路，最大限度地提高动车组的运用效率。

⑧均衡铺画的原则，处理好列车密度、列车种类、动车组交路等方面的关系，减少各种列车间的越行与避让，同时使列车运行图保持合理的弹性。

（3）高速铁路列车运行图编制顺序

合理确定高速铁路列车运行线的铺划顺序，可减少列车运行线间隔检查与调整次数，提高编图效率。高速铁路列车运行图一般按下列顺序进行编制。

①列车运行线按列车等级高低顺序铺划

首先将列车按性质及运行距离长短划分等级，按照等级高低顺序铺划列车运行线。在列车等级划分过程中，应考虑到高速铁路不同速度等级混跑的运输组织模式，兼顾高等级高速列车的有利发到时间、均衡性以及低等级跨线高速列车在既有线上时间的衔接。综合各类列车性质，将列车划分等级如下：中、长途高等级高速列车，跨线低等级高速列车，短途高等级高速列车，短途低等级高速列车。

a. 中、长途高等级高速列车运行线的铺划

中、长途高等级高速列车运行线所形成的基本框架对整个高速铁路列车运行图的布局以及能力利用起着决定性的影响。因此，其分布应尽量做到均衡，为低等级高速列车运行线的铺划创造良好的条件。

b. 跨线低等级高速列车运行线的铺划

铺划跨线低等级高速列车运行线需符合全路跨线高速铁路列车方案的要求，并保证一定的旅行速度。

c. 短途高等级高速列车运行线的铺划

短途高等级高速列车运行线一般利用中、长途高等级高速列车运行线与跨线低等级高速列车运行线之间的空隙插入铺划。为了不影响已建立的整体框架，原则上不调整已铺运行线，只在特殊情况下，允许进行微量调整。

d. 短途低等级高速列车运行线的铺划

短途低等级高速列车运行线没有与全路跨线高速铁路列车方案的衔接问题，一般跨越区段较少。因此，始发、终到时刻的选择范围相对较大，一般利用列车运行线空隙插入的方法铺划。

② 同等级列车按出发时刻先后顺序铺划

高速铁路列车运行线按等级由高至低顺序铺划，对于同等级列车，首先按出发时刻先后进行排序，然后顺序取出列车进行铺划。

③ 高等级及先铺划列车具有优先权

在高速铁路列车运行线铺划及间隔调整的过程中，当前铺划的列车与已铺划列车发生冲突时，先调整当前列车，然后再调整与其冲突的列车。这样可减少检查、调整次数，提高编图效率。

7. 高速铁路列车运行图编制需解决的问题

高速铁路列车运行图的编制与既有线相比有其不同特点，技术上也有其特定要求。高速铁路列车运行图需解决的问题主要包括以下几个方面：

（1）本线列车运行线与跨线列车运行线的协调优化

铁路客流具有客流量大、客流集中、平均行程长、跨线客流所占比重大等特点，为协调高速铁路与普速铁路线的生产过程，有效利用高速线和普速铁路线的能力，缩短旅行时间及提高服务质量，必须合理安排本线高等级列车运行线与跨线低等级列车运行线，减少不同速度等级列车间的运行干扰，既确保高等级列车高速、安全运行，又能保证跨线低等级列车在既有线上的合理衔接。

（2）高速列车运行线与综合施工维修天窗的协调优化

高速铁路均采用矩形的综合施工维修天窗，一般铺设在 0:00 至 4:00 之间，

且天窗内禁止行车,天窗的开设不仅缩短了列车运行图中可供高速铁路列车运行的时间段,且人为地将列车运行图分割为两个隔开的时间段,对高速铁路通过能力造成了巨大影响。随着全国高速铁路逐渐成网,长距离跨线高速列车开行的数量越来越多,以及为丰富客运产品开行夕发朝至高速列车,均须组织高速列车利用夜间开行,鉴于此,高速列车运行线的铺画应与综合施工维修天窗的开设方式综合优化。

(3)高速铁路列车运行线与动车组运用计划的协调优化

高速铁路列车运行图是高速铁路列车开行的综合计划,它规定了各次列车的始发终到车站及始发终到时刻,而这些列车都必须由具体的动车组来实现,高速铁路列车开行数量受动车组运用数量的制约,同时,高速铁路列车运行线的分布决定了动车组需承担的运输任务,单从动车组运用计划的优化问题着手,并不能从根本上解决动车组的运用数量的问题,必须将动车组运用与列车运行线综合优化,才能提高动车组的运用效率和列车运行计划的质量。

(4)高速铁路列车运行图的稳定性

运输的方便、快捷、舒适以及运营的安全、正点、可靠是高速铁路吸引旅客的主要优点,要保证这个目标,除技术上须提供必要的保障外,运输计划编制是否科学合理也是极为重要的。高速铁路列车速度高、密度大,列车之间联系紧密,一旦出现干扰,列车调整困难,鉴于此,编制高速铁路列车运行图时,要在保证运输能力的基础上,合理安排各列车的到发时间,并在适当的时间与空间加入缓冲时间,使列车运行图具有较好的抗干扰性与自我恢复能力。

(5)探索高速铁路"一日一图"

根据客流特点和客座率变化,需要调整"车辆有车、图上有线条"才编制开行计划的惯性思维,在先不考虑车辆运用的前提下,满图编制"4+3"周开行计划,按照周五下午、晚间至周六上午开行省会(计划单列市)中心城市至周边城市的动车组列车为主;周日下午、晚间至下周一上午开行客流较大中间站和局界、省界站至省会(计划单列市)中心城市的动车组列车为主。动车组运用时,以直通重联为主,管内重联和增开相结合,确保"4+3"周开行计划和"每日一张图"得到兑现,需要做好以下工作:

① 准确把握客流周期规律。上海局高速铁路客流占管内总客流的近80%,主要成份是通勤流、探亲流、旅游流、商务流。高速铁路开通逐渐成网后,时空距离的拉近改变了旅客的出行习惯。通过长期的市场跟踪和客流分析,我们发现不同类型客流在时空分布上均呈现出一定周期的变化规律。比如通勤客流,呈现出以省会、中心城市为中心,周边中小城市通勤族工作日朝出夕归且距离上递远递减的规律;又如探亲客流,呈现出以省会及较发达城市、

高中等院校集中城市为中心，周五晚上或周六早晨回家、周日晚上或周一早晨前往工作所在地且集中在旅时 4 h 以内的规律；再如旅游客流，呈现出以旅游资源集中城市为中心，周边旅客周末早出晚归或当日达次日返且辐射范围更广的规律；而商务流，相对较为稳定，均匀分布于周中各个工作日。四股主要客流总体呈现周二至周四平峰、周五周日上午低谷、下午至晚间高峰，周六白天高峰、晚间低谷，周一上午高峰、下午至晚间低谷的客流模型，概括起来就是周二至周四基本相似、周五至周一各不相同的以周为周期的客流循环规律。

② 科学编制运行图方案。精确掌握客流波动规律后，我们遵循"运力跟着客流走"基本原则，做到：细分"一日一图"，明确了一周以周二至周四为基本图、周五至周一各不相同周末图的组合，且基本图从紧安排保证基本客流需要，周末图全面安排满足个性需求；坚持高速铁路"一次铺画、按需开行"编图方针，运行图铺画时预先将各日开车需求线条落在图上，做到周末开车一般实施选线开车，特殊情况才图外拉线；实行"弹性编组"策略，以运能匹配客流和先重再开为前提，区分长短不同车型对应安排，周客流饱满的优先使用长编，对规律波动较大列车实施弹性编组，如周二至四单组，其他重联；周五重联，其他单组；周一～周四、周六使用检备单组车底，周五、周日客流高峰套用图定大编组车底等；采用灵活交路，结合动车组网络修的试点与推广，根据客流需要安排复合型交路，如周一至周四两个交路独立，周末套开列车并在异地网络修；两日交路改三日交路，打破动车所配属车型对车底运用的限制。

③ 建立周期开车工作模式。为保证灵活开车需要，上海局全面树立"大客运、大运输"协同理念，由客运处主导，车辆、运输、机务、调度等多部门合力共为，建立沟通汇报、会商协同、方案集成和联动执行的开车保障机制，并形成了周运力优化"五步曲"工作模式，即：周一收集需求、分析客流，由客运处营销科会同客票管理所牵头组织分析历史同期和上周旅客列车开行上座率、客座率、区段客流情况，并收集站段需求建议，形成本周重联、启用高峰线、增开图外临客等形式的分优先级开车需求。周二形成方案、对接落实，由客运处营销科与车辆、运输、机务等部门会商确定开车资源供给，并形成周运营方案。周三审批方案、下达调令，由客运处将运营方案报集团公司主管领导签发，并转客调下达命令。周四生成票额、组织实施，由客票管理所制定增开列车的售票策略并生成票额，指导站段发售车票，同时各部门、各单位做好组织实施准备工作。周五跟踪反馈、局部微调，由客运处营销科、客票管理所、客运调度分别跟踪站段落实情况，加强沟通反馈，并根据客流、售票情况，局部调整运营方案。

5.4.3 动车组运用计划

1. 动车段、所与车站的布局

通俗地说，动车段是动车组维修的"4S"店。动车段、所客观要求一般依托始发站设置，在车站附近选址并与车站接轨。高速铁路动车组交路采用交路接续套跑、立折运行，一般非高峰期或夜间才进入动车段（所、存车场），故需因地制宜选择站址。动车组运用所简称动车所，是动车组日常运用维修的场所，承担动车组整备、运用维修、电务车载设备检修等工作，涉及车辆、机务、供电、电务、客运、运输及造修企业的售后服务等部门，主要配套有检查库、临修库、洗车库、检测线、存车线。动车所应设置在路网客运中心和始发终到客流较大的地区，其设置、建设、维护应符合相关规范、规定，满足快速检修、安全可靠、高效运营的技术要求。一般遵循以下原则：

（1）共享原则

在大型枢纽，有条件利用高速铁路的动车组设备时，可集中设置动车段（所、存车场），资源共享，集约土地资源，采用委托整备、检修方式。这种模式需要高速铁路与高速铁路干线始发站建立物理联系，修建必要的联络线等，对高速始发站选址产生制约。这种模式运用比较广泛。

（2）独立设置原则

即高速铁路自成体系，独立运营，设置自身的动车段所。这种模式不需要高速铁路与干线客运专线建立物理联系，灵活、方便。当高速铁路成网时，更显优势。独立设置动车组设备的模式包括：

① 始发站设置

即类似于高速铁路干线，高速铁路动车组设备依托高速始发站设置，通过走行线与始发站直接连接。

② 分离设置

即针对高速铁路动车组多为早晚出入段所的特点，动车组设备不拘泥于始发站设置，在其前后适当的车站或区间接轨设置动车段所等。

由于动车段所占地巨大，远远大于车站本身，选址往往十分困难，机械地与始发站捆绑一体，可能反而制约高速车站的选址，导致车站远离城市或城市中心区域，这就属于主次不清、本末倒置。分离设置原则是在段址与站址矛盾较突出时，结合高速铁路设站较密的特点（必要时加站），动车段所设置于邻近中间站，以适当增加动车组空走行长度的"退而求次"的折中方式来换取高速始发站的功能性和合理性。

根据上述原则动车段、所与车站的布局有如下类型：

（1）终端式终点站与段、所成顺列布局

如图 5.9，终端式车站与段、所顺列式布局能使车站咽喉作业均衡，一端咽喉接发列车，另一端咽喉动车车底进出动车段，两者无交叉干扰。此布局不需修建车底进出段走行线与正线的立交疏解，故工程投资也是较省的。条件许可时应选用此种布局形式。

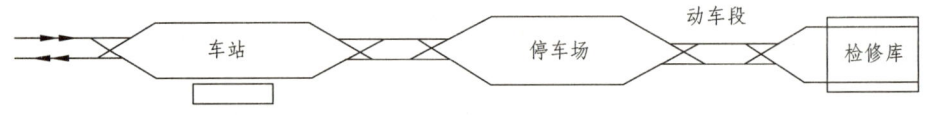

图 5.9　终端式车站与段、所顺列式布局

（2）终端式终点站与段、所成反向布置

如图 5.10 所示，终端式车站与段、所成反向布局的形式，是由于车站已在市区，顺车站方向延伸地带位于密集的市内甚至是城市中心地区，无法按顺列式布局而采用的。如日本东海道新干线的东京站与车辆基地和我国上海站均只能采用反向布局。这种形式的主要缺点在于列车到发和车底进出段都在一端咽喉，造成咽喉能力紧张且一部分到发列车和车底进出段必然产生平面交叉。因修建走行线与正线的立交疏解，工程投资较大。有时因在市区客观条件不允许修建此种立交疏解，走行线只能与正线并行引入车站，咽喉交叉干线更为严重。不过由于高速列车车底使用，正常情况白天都不进段，车底是"早出晚归"。故交叉干扰多在早开始发车时和夜接近停运时，可采取一定的行车组织措施减轻交叉干扰。

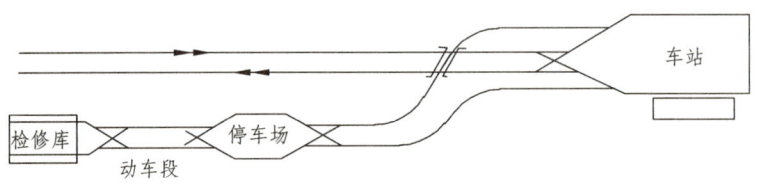

图 5.10　与段、所、区分布示意图

（3）贯通式车站与段、所的顺利布置

如图 5.11 贯通式车站与运用维修所的顺列布局是常用的形式，为南京站运用维修所均属此种布局。

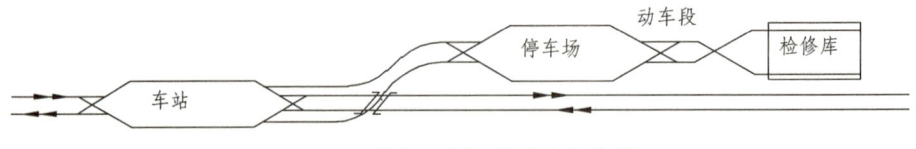

图 5.11　的短、所、区分布示意图

此外，还有贯通式车站与段、所的并列或斜并列布置，多为规模小的运用所与车站的布局；正线外包段、所并与车站纵列的布局，此布局使用方便，但高速线技术标很高，一般难以做出这种布置。

2. 动车组的运用与管理特点

（1）运营效率

动车组的牵引动力与运输载体联成一体，担当旅客列车运行的全过程，不需要在途中换挂机车，因此缩短了换挂机车的作业时间，既有利于提高列车的旅行速度，又减少了工作环节，提高了工作效率。而且牵引动力（机车）和运输载体（客车车底）的管理合二为一，减少了管理机构和相应的管理人员，同样也提高了运营效率。

动车组运用的效率一般会超出既有线机车的长交路，形成所谓的联程交路运用方案。在动车组则完全可以实现连续完成多个不同运程服务的联程交路运用方案，这不仅是由于客运专线动车组设备的高可靠性可以保证联程运用，而且也是强化利用动车组、提高运营效率的必然选择。

动车组列车采用固定编组，牵引设施与载客设施一体，在运行过程中无需解编和更换机车，无需客列检作业，上水吸污作业也基本在动车段（所）和部分大型客运站内完成，缩短了列车在站作业停留时间、旅行时间和占用车站到发线时间。根据某铁路局运行图资料，将普速客车与动车组列车的作业时间进行对比，见表 5.5 所示。

表 5.5 普速客车与动车组列车作业时间对比（时间单位：min）

类型	普速客车	动车组列车
机车作业	更换机车时间 11，其中机车直供电的客车更换机车时间 15 非直供电本务机车换向换挂作业时间 18，直供电列车本务机车换向换挂作业时间 23	无 换端作业时间 12
客运作业	始发客运作业时间 30（无行包、邮政作业 20），终到客运作业时间 20 站内折返时间：有卧铺作业 60、无卧铺作业 40	动车组及高速动车组列车始发、终到站客运作业时间 12 站内折返时间动车组列车 20，高速动车组列车 15

（2）整备和维修体系

维修方式是指对设备维修时机的控制，也就是说对维修时机的掌握是通过采用不同的维修方式来实现的。高速动车组的维修方式有定期维修、状态修和故障修三种。

定期维修是以使用时间作为维修期限，只要设备到了预先规定的时间，不管其技术状态如何，都要进行规定的维修工作，这是一种强制性的预防修理。状态修是按实际技术情况来确定维修时机。它不对机件规定维修期限，不固定拆卸分解范围，而是在检查、测试其技术状况的基础上确定各机件的最佳维修时机。这种维修方式是靠不断定量分析和监测机件的某些参数和状态数据来决定维修时间和项目。故障修是在机件发生故障之后才进行修理，已不控制维修时机。实践证明，有些机件即便发生故障也不会危及安全造成恶果，采用事后维修则更经济。对于这些采用了冗余技术的机件，虽一台出现故障另一台会自动接替工作，但也应采用故障修方式。

（3）我国动车组分级检修状况

动车组一、二级为运用检修，在动车组运用所内进行；三、四、五级检修为高级检修，在具备相应车型检修资质的检修单位进行。

① 动车组一级修

动车组一级检修是对运用动车组的车顶、车下、车体两侧、车内和司机室等部位实施快速例行检查、试验和故障处理的检修作业，动车组运用达到48 h 或一级修里程上限前，必须在动车所检查库内实施一级修，检修时间不得少于4 h。备用动车组累计备用时间超过48 h、检修动车组修竣后，上线运营前必须进行一级检修。

CRH5A、CRH380D 型动车组一级修里程上线为（5 000+500）km，其他动车组为（4 000+400）km；动车组按交路计算一级修里程，在京沪高速线运行里程大于等于列车交路里程50%时，一级修里程可延长至（5 000+500）km；部分动车组交路经总公司同意后，可按（5 000+500）km 进行一级修试验。

动车运用所分布对动车组列车交路衔接形成刚性约束；动车组一级修里程直接影响动车组单位时间内可走行距离，对动车组列车交路走行千米提出限制条件；动车组检修时间周期由自然48 h 调整为运用48 h，对高速铁路动车组列车检修计划有积极影响。

动车运用所夜间一级修能力不足时，势必将采取白天检修方式，而由于夜间客流不足、高速铁路客专线路检修，白天检修方式带来的直接结果是缩短车辆可运用时间，甚至增加运用数量，降低动车组使用效率。

目前，白天一级修是夜间检修能力不足时的无奈之举。面对既有动车所检修能力不足、新造动车组陆续出厂，要解决检修与运用矛盾，只有挖掘白天检修能力。安排白天一级修，需要对既有交路进行拆分调整，一般均需增加运用车底数量。白天一级修牺牲了白天上线时间，一定程度上降低动车组运用效率，属补救性措施。

② 动车组二级修

二级检修是对动车组各系统、零部件实施的周期性保养、检测、试验，不得漏项、超期。日常按照周客流波动规律安排车底上线，就是以周二至周四为平峰、周五至周一为高峰，灵活安排保有动车组车底上线计划。提前一周掌握下周天气、大型活动等因素进行分析，对下周客流波动曲线进行预判性修正，据此安排周末重联、增开列车计划，车辆部门安排二级修时尽量避开周末，确保保有动车组上线率最大化。这种做法既遵循客流规律，同时也对临时性事件进行预判，可实现车辆运用里程的有效走行。

③ 动车组高级修

动车组三、四、五级修为高级检修，是以走行千米周期为主、时间周期为辅的检修模式。目前按车型分为两种检修周期，一种是三级修（60 万±10 万）千米或 1.5 年、四级修（120 万±10 万）千米或 3 年、五级修（240 万±10 万）千米或 6 年，主要为青岛四方厂 CRH2、CRH380A 系列动车组；另一种是检修里程或检修时间周期均为第一种的 2 倍。

动车组高级修由于需往返空送、检修时间长、出厂后需上线实验，因此将大大占用可运用周期，影响车底长期运用计划，节假日等客流高峰时如遇大量动车组高级修，将错失增运增收契机。

高速动车组的维修作业一般在专门的维修中心（或维修基地）进行。维修中心的主要设备包括：整备维修库、电器测试装置、轮对踏面诊断装置、不落轮旋轮设备、车轴探伤装置、轮对及转向架更换中心、动车组外部清洗设备、动车组内部清洗和整备设备等。在维修中心，动车组是作为一个整体来进行整备和维修综合作业的。德国 ICE 设置在汉堡—埃德尔施塔特动车组的整备维修车间是按整备维修一体化思想进行设计的典型。该车间凭借动车组上的先进检测、故障诊断设备和信息传输系统，可以准确预知动车组的设备状态和故障情况，因此可以提前计划作业内容并做好各项准备工作，包括人员、设备、材料、工具、零部件、备品及必要的图纸、资料等。该车间按上、中、下三层空间合理布局和配置生产线，设置有三个不同高度的作业平台和合理、流畅的备品、材料等运输通道，创造了良好的作业环境，既可以保证在同一时间对多个动车组进行综合作业，也可以保证同一动车组整备和维修的平行作业，既消除了动车组在作业过程中的调移转线，也减少了不同作业及同一作业不同工序之间的交叉干扰，大大压缩了整备维修作业的总时间，将动车组一次入段整备、维修的总时间标准从原来的 150 min 降低到 60 min。

动车组高级修计划遵循客流规律，车底逢客流旺季上线、淡季检修，是满足客流需要、提高列车开行效率的核心策略。每年春运、暑运、9月、10月期间，确保动车组上线率维持在较高水平；利用好春运结束后3—6月、11月一次年春运前客流低谷时期，通过适当提前或滞后措施，尽量在客流淡季完成高级修检修工作。如此，实现高级修与客流规律的融合，为动车组上线与客流需要的匹配奠定坚实基础。

（4）实现了动车组运用与整备、维修一体化

动车组的整备、维修是保证动车组有效使用和运用质量的前提条件，而动车组的运用计划同时是合理安排整备、维修工作的重要依据。在国外高速铁路，列车运行图中动车组运用交路安排，即动车组周转图必须按照动车组实际走行千米数和定检期限及时安排相关的入段或入厂检修作业，并符合整备、维修作业时间标准的要求，以保证动车组在运用中的高质量和高可靠性，而动车组的整备、维修作业又必须严格按照动车组周转图的要求来进行计划和安排，以保证动车组按图行车，有效利用。在列车运行图调整时，更应注意其间的相互关系。这就是动车组运用计划与整备、维修计划一体化的含义。

根据动车组运用与整备、维修一体化的思路，动车组的运用和整备、维修计划是统一编制、统筹安排的，这使运载设备的运用和管理从既有线的分散化走向集中化，使动车组摆脱传统客车车底的固定运用方案模式，采用更为高效的运用方案。也就是可以根据运用期间的所有动车组数量、设备状态、所在位置、累计运营里程和定检期限，安排滚动式的运用方案，在保证完成运输任务和按期进段检修的前提下，使动车组的利用效率达到最高。

可见，动车组检修与运用同等至关重要，工作核心是动车组利用效率，主要途径是动车组检修计划与客流规律的融合，主要工作方法包括按月度客流安排高级修，按周客流规律安排保留动车组上线，并通过增加必备设施、灵活车底套用、用好白天检修等方法，用好用足检修能力，实现检修与运用工作的齐头并。

3. 动车组运用方案

根据动车组运用与整备、维修一体化的思想，高速动车组的运用方案主要有3种：

（1）固定运行区段的使用方式（简称固定使用方式）

这种方式与既有铁路客车车底的运用方式一致，高速动车组只在固定的区段内往返运行。固定方案又分为站间固定周转方式和两区段套跑周转方式，

如图 5.12 所示。

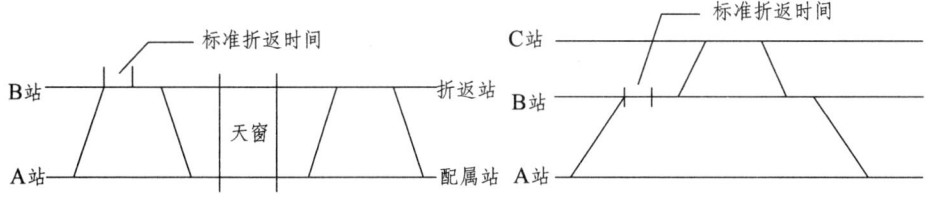

图 5.12　动车组固定使用方式示意图

采用固定区段方式，动车组在固定的区段内运行，有利于动车组的管理，可以根据区段内客流特点采用不同的编组方案，动车组的运用组织相对比较容易。但这种运用方式不利于动车组的检修。主要表现为：

① 在动车组检修期间需要有一定量的备用车组来代替，如果备用车组由各区段分别配备，则备用动车组数量较大且利用率不高。

② 由于动车组的维修技术复杂、设备昂贵，只能集中配置，所有动车组的维修作业都将集中在维修中心，对与维修中心不相邻的区段，需要维修的动车组必须专程送检，事后又需专程送回。

（2）不固定运行区段的使用方式（简称不固定使用方式）

不固定使用方式以全线（或高速线路网）为系统，统筹考虑动车组的使用与维修来安排动车组的运用。它的含义是，在假定各动车组无差别的前提下，不固定各动车组的运行区段，而是根据需要和可能，可以在任何高速区段之间运行。如图 5.13 所示。

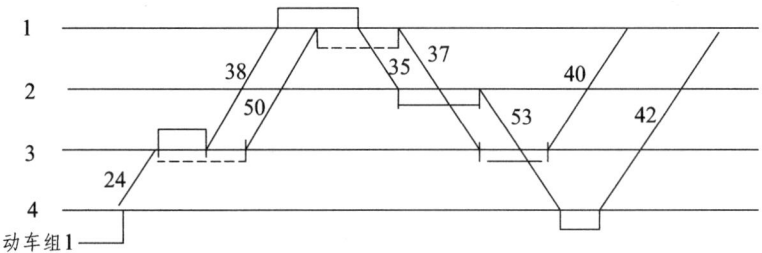

图 5.13　动车组不固定使用示意图

在图 5.13 中，位于第 4 站的动车组 1 可根据需要运行编号为 24、38、35、53、42 等 5 条运行线，也可根据需要运行编号为 24、50、37、40 等运行线，可以运行的区段没有限制。动车组可以连续运行不同运行线的基本原则是满足动车组在变更车次即担任新的运输任务时可能需要的转线（改变运行方向时）、整备作业等接续时间要求。

不固定区段运用方式能够比较灵活地解决运行与维修的配合问题。该方式可以在使用过程中根据其运行状态，对必须进行维修作业的动车组预先在适当时间安排一条终到维修中心的运行线，保证其及时维修。此外，由于动车组有多种运行线可以选择，就有可能提高动车组的使用效率，减少动车组的使用数量。

对比图 5.12 和 5.13 所示两种不同运用方式，对于上述相同的列车运行任务，动车组按固定区段运用方式需要 4 组完成列车运行任务，而按不固定区段运用方式则只需要 2 组。不固定区段运用方式有利于提高动车组使用效率，减少动车组数量，是比较合理的动车组运用方式，这种运用方式在国外已经被广泛采用。

鉴于不固定区段运用方式的特殊性，其又有两种特殊情况：周期性运用方式和放射式运用方式。

① 周期性运用方式。假设各种不同型号的动车组运行区段不固定，当且仅当动车组回到其始发站，并且保证在此过程中至少有一次经过具有一级或二级维修条件的车站，并在车站停留时间不小于其相应的作业时间标准，则称这一封闭循环的运用过程为周期性运用方式。

周期性运用方式存在一定的局限性：该方式只要求经过一级或者二级维修条件的车站，导致动车组维修计划也局限在一级和二级维修上，对运用计划的编制周期较短；该方式动车组从始发站出发，经过若干交路段后，又返回其始发站，这就要求每个始发站都有一定的存车能力和一定数量的动车组。

② 放射式运用方式。它是以一个动车段或区域调度所为中心，发散式地运用动车组。在该方式下，动车组围绕所隶属的动车段或调度所进行不固定方式的运用，其不仅具有不固定运用方式的优点，而且还可依据本区域的地理、气候等特点，配置不同种类的动车组。

（3）半固定运行区段的使用方式（简称半固定使用方式）

半固定使用方式是一些动车组采用固定使用方式，而其余动车组采用不固定使用方式。它是介于固定式方式和不固定使用方式之间的一种方式。

研究表明，当动车组运用和整备、维修计划统一编制时，按不同时期的需要能力确定高速列车的使用数量，采用固定区段运用方式所需的动车组数量比不固定运用方式多 31.7% ~ 60.7%，采用半固定运用方式所需要的动车组数量也多于不固定运用方式。

4. 动车组运用计划

动车组的运用主要由动车组周转计划、动车组分配计划和动车组检修计划构成。周转计划主要规定了按什么顺序担当列车，但并不规定具体的动车组。分配计划指定具体的动车组担当周转计划中的具体交路,保证每个交路有质量良好的动车组完成。检修计划规定了动车组在基地的检修时间、内容、检修线等具体内容,供动车组基地检修使用。

(1)动车组周转计划

这里动车组运用方式主要考虑不固定方式。动车组周转计划与传统的机车周转计划不同,传统机车交路中不考虑维修,因此在周转中不对维修进行安排,如前面所述,动车组的运用则考虑维修。因此,在编制动车组周转计划时对于维修时间较短的日常检查或定期维修(维修时间小于 6 h),维修之后仍可以投入周转接续的维修,在周转计划中给予安排,以利于提高动车组的运用效率。因此,这里所说的动车组周转计划是指动车组周转接续和维修的综合计划,也就是根据给定的列车运行图、有关动车组检修修程的法律规定以及检修基地条件等,对动车组在什么时刻、在哪个车站、担当哪次列车、在什么时间、什么地点、进行哪种类型的检修等作出具体安排,以确保用状态良好的动车组实现列车运行图。在列车运行图调整的同时,动车组周转计划也将被重新编制。

下面用简单的例子说明动车组周转计划及运用方法。设图 5.14 为需要完成的列车运行图(斜线为运行线,旁边的数字为列车车次),假定日常检修和定期检修只能在车站 B 进行,编制完成的动车组周转计划如图 5.15 所示。

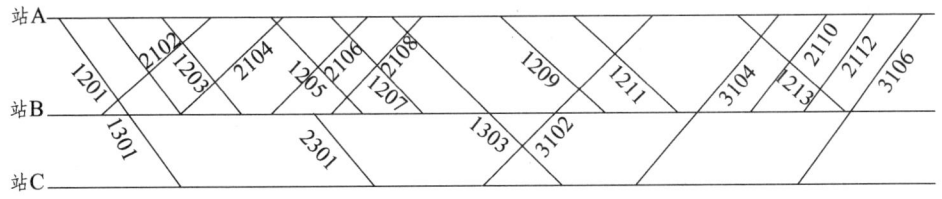

图 5.14 列车运行图

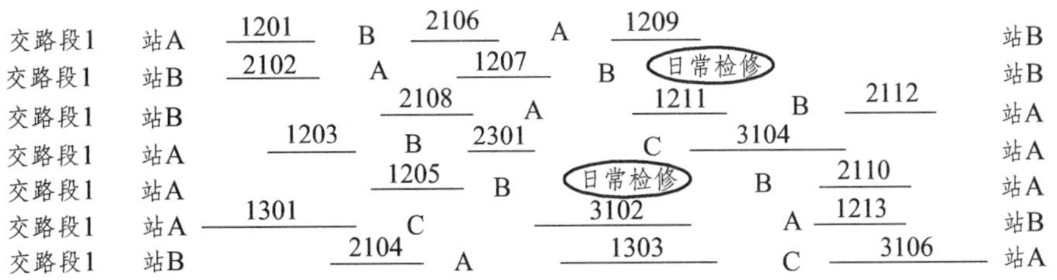

图 5.15 动车组周转计划

图 5.14 中每一行称为一个交路段,它规定了一个动车组一天的运用内容,每条横线上面的数字为列车车次。例如,某天动车组 1 按交路段 1 的计划运行,其过程是:首先从车站 A 担当 1201 次列车运行到车站 B,在车站停留一

段时间之后，从车站 B 担当列车 2106 次运行到车站 A，最后作为列车 1209 次运行到车站 B，夜里在车站 B 驻留；第 2 天，按交路段 2 的计划运行，担当完列车 1207 次任务后，在车站 B（或相连的维修基地）进行日常检修；检修完毕后，第 3 天，按交路段 3 的计划运用；然后按交路段 4、5、6、7 的计划运用，当按交路段 7 运用完以后，再按交路段 1 的计划运用。在动车组 1 按交路段 1 计划运用时，其他的动车组也按照同样的规则按交路段 2，3，…，7 的计划运用，可见，需要 7 个动车组。交路段 1~7 构成整体运用计划。一般对应同一运行图，可以编制出许多不同的动车组运用方案。

编制动车组周转计划时，不仅编制列车间的接续，动车组的日常维修计划（根据动车组的种类，通常每 72~144 h 以内进行一次，需要在特定场所进行 4 h 左右）和定期检修计划（每 50 天以内或 3 万千米以内进行一次，在特定场所进行 7 h 左右）也同时编制，上述例子中没有给出定期维修计划。而大修计划需要较长的检修时间，在编制动车组周转计划时不予考虑。

（2）动车组周转计划的种类

由于旅客需求、动车组归属、动车组种类等不同，动车组周转计划更进一步可以分为不同的类型。

① 平日运用计划与假日运用计划。为保证动车组在平日和节假日之间过渡和检修计划的实施，先编制平日计划；编制节假日计划时，保证节假日计划的交路段结构（交路段的始发站、终到站及检修的种类）与平日计划的相应交路段一致。平日和节假日旅客的需求不同，体现在出行的时间、密度、方向等各个方面，为适应这种需求，在平日和节假日分别采用不同的运行图，因此动车组周转计划也自然地分为平日计划和节假日计划，动车组平日按平日计划运用、节假日按节假日计划运用。

② 单基地与多基地动车组周转计划。列车运行图由 1 个动车组基地配属的动车组担当，所作的运用计划为单基地动车组周转计划。如果列车运行图由 2 个以上基地配属的动车组担当，相应的计划为多基地动车组周转计划。在编制多基地动车组周转计划时，运行图中的哪些列车由哪个基地的动车组来担当一般没有具体规定，由编制人员综合考虑各基地的情况和动车组的运用效率而定。

③ 单车种和多车种动车组周转计划。列车运行图上的列车采用同一种类型的动车组担当，所对应的计划为单车种动车组周转计划，如果运行图上的列车由不同种类的动车组担当，所对应的计划为多种类动车组周转计划，在编制多车种动车组周转计划时，运行图中的哪个列车由哪种动车组担当没有完全规定，例如，只规定在早 7:30—8:30 之间的上行 10 列列车中必须有 4 列采用 10 辆编组的动车组，其他采用 6 辆编组的动车组。

④ 各种种类的组合。上面各种种类组合。例如，单车种单基地平日计划、单车种多基地节假日计划等，其中单车种单基地的形式是最为广泛采用的方式。

（3）编制动车组周转计划的约束条件

① 列车运行图的约束。列车运行图规定的所有列车必须分配到一个状态良好的动车组，而且列车的始发、终到时刻及始发、终到车站不能有任何的变动（但如果始发、终到时刻仅作微小变动能够改变动车组的使用效率，也可以向运行图编制人员提出协调）。

② 检修的约束。检修场所——日常检修和定期检修必须在规定的地点进行；检修周期——定期检修和日常检修必须在法律规定的检修周期内进行；检修所需时间——保证日常检修和定期检修所要求的时间；检修可能的时段——日常检修和定期检修必须在规定的时段内进行。

③ 交路的约束。开始终了车站，交路中相邻的两个交路段，前一日交路段的最后终到站必须与后续日交路段的始发站一致；最后一个交路段的终到站必须与第一个交路段的始发站一致。

④ 交路段的约束。地点的约束——同一交路段中前行列车的终到站必须与后续列车的始发站一致；当给定的运行图是不完全状态（不成对运行图）的时候，即在某车站始发的列车数与在该站终到的列车数不相等时，必须通过设置回送列车的方式满足这一要求；时间的约束，后续列车的始发时刻晚于前行列车的终到时刻，而且其时间差必须大于最小折返时间。

⑤ 其他约束。线路容量——在各车站以及车辆基地停留的动车组数量不能超过规定的数量；动车组数量，计划中所使用的动车组数量不能超过规定的动车组数量；清扫周期——列车清扫的种类、周期、地点等条件；运用人员的意图——计划中要反映使用者的一些意图。例如：希望编制的计划能较好地适应运输波动；希望用最少的动车组；希望在某个时段内确保一组预备车等。

（4）编制动车组周转计划的需要数据

这些数据包括：列车运行图数据；动车组基础数据（类型、数量）；检修基地及运用所的有关数据；动车组运用、检修规则；车站动车组折返、整备作业时间；动车组出入基地及运用所的时间；车站夜间动车组驻留能力。

（5）动车组周转计划评价标准

动车组本身比较昂贵，完成同样的列车运行图，所使用的动车组数量越少越好；虽然一些回送列车的设置是不可避免的，但回送列车不能运送旅客，不仅不能直接带来收入而且需要人力、电力等资源，回送列车开行的次数越少越好；定期检修和日常检修需要人力、时间、费用等，在满足法律规定的要求情况下，一般进行的次数越少越好。因此，一般采用下面几个指标来评价运用方案：使用的动车组数；定期检查次数和日常检查的次数；回送列车的次数和里程。这些指标值越小越好。

5. 动车组分配及检修计划

（1）动车组分配计划

动车组周转计划中对列车周转接续进行了安排，形成了周转交路，但并没有指定具体的动车组。在实际运用中，每个周转交路必须有实际的动车组担当，分配哪个动车组具体担当哪个交路的计划就是动车组分配计划。

动车组分配计划根据实施列车运行计划、动车组交路计划、动车组检修规程和作业时分标准、动车组履历等编制，包括动车组号、编组、运行交路、出入段时间、动车组回送及接运计划，动车组车辆解除备用及转入备用计划等。

动车组分配计划要充分考虑动车组的位置、累积走行千米、已进行过的各类检修情况等条件，一般是在模拟未来使用计划基础上编制的。动车组分配计划编制流程如图 5.16 所示。

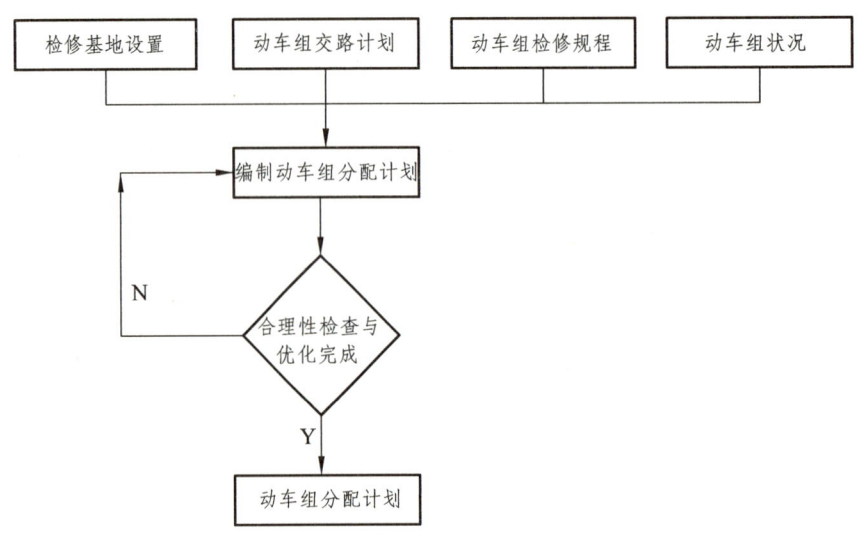

图 5.16 动车组分配计划编制流程

合理性检查主要针对动车组的位置、累积走行千米、已进行过的各类检修情况等，在编制动车组分配计划时，还要进行如下项目的检查：列车重复检查；列车间关系检查；检修信息检查；未分配动车组检查；分解/重联检查；编组位置检查；运用类别/列车类别对应性检查；未分配列车检查；车辆运用出入库数量检查；接续运用检查；编组类别对应性检查。

动车组分配计划的编制结果必须以适当形式表示，并明确动车组编号、初始位置、担当的交路编号、运用后的驻留位置、运用后的状态等内容。

（2）动车组检修计划

对动车组的检修地点、检修项目等所作的计划称为动车组检修计划。动车组检修计划根据交路计划、车辆分配（动车组运用）计划、动车设备履历、修程、修制、列车走行统计数据和列车故障情况、检修基地的作业能力等实际情况编制。

如果动车组检修时间较短（小于 8 h），在检修日不进行检修的时段内仍可作为运用车使用，因此，这样的检修计划结合交路计划和动车组分配计划已经安排。但一些检修时间较长的检修，在检修日不能作为运用车使用，该类的检修计划单独编制。这类计划即为动车维修计划。动车组检修计划的主要依据为：动车组检修的长期规划、检修基地的检修能力、动车组的实际状态。动车组检修分配计划的编制结果必须以适当形式表示，并明确动车组编号、检修项目、检修地点、检修时间等内容。

目前，在动车组检修计划方面，需要紧跟市场以图定修，合理安排检修计划。

① 均衡安排检修计划。按照"旺季多开、淡季送修"的原则，组织动车（车辆）段合理安排高级修计划，通过调整长短交路的方式合理安排使用动车组；按照"4+3"模式实施动车组"错峰"检修，合理安排二级修计划，充分利用周一至周四时间安排二级修，最大限度压缩周末动车组二级修，通过增开、单组改重联、交路套跑等多种方式挖潜。

② 合理压缩接送车、试运行和辅助时间。做好接送车、试运行组织工作，保障动车组高级修修竣后及时能够投入运用生产，提高动车组使用效率；车辆、机务、电务等专业紧密配合，加强协调沟通，及时安排作业人员进行检修和转线调车，保障检修、调车计划及时兑现，压缩辅助作业时间。

③ 提前做好用车计划对接。车辆部门提前将下月高级修计划预告客运部门，并加强对接，确保按时兑现高级修计划。节假日客流高峰期间，提前合理安排动车组"零备用"计划，满足客运高峰日用车需求。

④ 优化动车组作业组织。推广"上、下分离"、"检、修分离"、"库、乘协作"的一级检修经验，优化动车组一、二级检修作业分工和独立施修项目"一次扣车、多项目施修"方案，提高一级修作业效率，强化二级修深度检查质量。力争 CRH1A（-A）、CRH2A、CRH380A 型动车组一级修时间压缩在 120 min 以内。

⑤ 严格动车组修程管理。合理制定落实检修计划，实时掌握检修周期，密切关注质量状态变化，严格落实动车组高级修上限送修制度，减少春暑运期间的动车组高级修。

5.4.4 高速铁路维修计划

解决客流量上升问题是以铁路精准增开客车、扩大列车编组作为前提保证的，这同时也不可避免的增加了设备的使用度，为此就需要增加维修的周期和力度来保证设备状态的平稳运作。由于大部分铁路设备是要在天窗期（指列车运行图中不铺画列车运行线或调整、抽减列车运行，为施工和维修作业预留的时间）才能维护，而列车的增开在增加设备使用的同时，也进一步压缩了天窗时间段，这在一定程度上给铁路一线设备的维修又增加了不少难度。

高速铁路带给人们舒适、便捷，缩短了出行时间，其背后是有无数人默默的在付出，他们在夜间12点—6点的时间段里。紧张、忙碌的为我们白天的出行牺牲着、奉献着天窗是指列车运行图中不铺画列车运行线或调整列车运行线为施工和维修作业预留的时间，按照用途可以分为施工天窗和维修天窗。高速铁路每日安排维修天窗，原则上不应少于240 min。高速铁路的综合检修施工作业，是指在牵引供电、通信信号和线路基础设施等多个部门的相互配合协调下，经运输调度部门统一安排，对高速铁路线路设备进行施工、检查、保养和维修作业。

任意连接两个城市查找高速铁路车次，最早的在凌晨6点，最晚不到夜间12点就截止了。问题来了，为什么高速铁路在夜间不开行呢？原来，高速铁路夜间工务段要对线路进行检查，供电段要对供电设备（如供电网）进行检查，信号段要对信号进行检查，当然还有动车组要回库进行检修和维护。

另外，能否一段线路封锁检修，另外一段线路继续跑车运行呢？这样其实也不行，因为高速铁路的速度快，对检修的要求也高，同时也给检修人员带来很大的风险，甚至工人就算是拉着防护栏也会被吹走。

高速铁路综合天窗是指在高速铁路运输生产过程中，为通信信号、接触网、工务、水电等多部门预留的对线路设备进行检查、维修和施工的时间。根据开设的用途和目的，综合天窗可以分为综合施工天窗和综合维修天窗。

高速铁路施工天窗包括技术改造、线路大中修、大型养路机械施工、接触网大修等施工作业；高速铁路的综合维修作业主要包括对供电设备、通信信号设备、线路基础设施等固定设备进行日常性的检查维修和养护工作，即综合工务、供电、信号三类维修作业。

综合维修天窗的实现可以解决列车正常运行与设备检测维修施工之间出现的矛盾。制定合理、规范的维修计划，可以有效地避免部分设备漏检、漏修，保证线路的维修质量，切实提高运营安全及可靠性；综合维修天窗的开设既保障了维修工作人员的安全，又能降低维修作业对行车的影响。综合维修天窗将通信信号、供电、工务等多种作业协调配合，有利于人力资源、时间、技术的节约和综合性利用，使得维修工区的日常管理更加简洁明确，克服了过去存在的分散及重复作业的缺点，提高了工作效率，减少了对行车的干扰，同时各设备管理单位一起进行设备检修、养护作业还能加强各工种人员之间的技术合作与交流。

1. 维修作业内容

天窗的开设时段受多种因素影响，主要有运输组织模式、本线客流日分布情况、跨线客流的分布情况。高速铁路线上一般在 0:00—6:00 开设综合维修天窗。综合维修天窗的开设就是要对设备进行检查、维修和养护，我国高速铁路一般维修内容有工务维修、电务（即通信信号）维修和接触网（即供电）维修这三种类别。综合维修天窗的时长需要保证这三种维修作业都顺利按时完成，因此综合维修天窗的时长取决于三种作业中耗时最长的单项维修作业所需时间。

（1）工务维修

我国既有线铁路在其轨道的设置中采用的是有砟轨道，则其养护维修工作需要涉及钢轨打磨、道砟的捣固、清筛、起道等其他部分辅助性的工作，此类工作主要是通过线路道岔捣固机以及高性能道砟清筛机等方式来完成的，其所占用的维修时间相对较长。

我国高速铁路绝大部分采用的是无砟轨道，无砟轨道采用沥青混凝土或沥青混合料等取代过去的道砟道床，是一种新型轨道结构，列车在其线路上运行更加稳定，旅客乘坐更为舒适，因而在高速铁路上广泛使用。由于无砟轨道没有道砟，其工务维修没有既有线工务维修中与道砟有关的抬道、清筛、捣固和换枕等作业，维修作业项目减少，主要包括：扣件整理、轨道方向调整、轨道高低调整、道岔调整、钢轨及道岔打磨、日常检修及个别钢轨更换等作业。一般在夜间设置 4 h 天窗就能够满足工务维修作业的要求。

列车运行的轨道直接关系到列车运行的安全性、平稳性，以及旅客乘坐的舒适性，故轨道维修是工务维修工作的重中之重。工务维修作业时间长短主要与轨道类型、维修设备、维修机构、维修周期、维修内容、最大单项作业时间、维修方式等因素有关。无砟轨道的维修时间为 2.5 h 左右。

国外高速铁路发达国家轨道维修的实际经验丰富，普遍利用维修效率较高的大型机械在夜间进行，各自天窗的设置方式不同，施工维修的作业时间也略有差异。但是，由于白天线路繁忙，行车密度高，基本没有间隔时间施工维修，故通常在夜间行车量小的 0:00—6:00 时段内开设天窗，有的也在白天增设一定时长的天窗，如法国 TGV 等，主要进行一些补修工作。

（2）电务维修

电务维修主要包括地面信号机、行车闭塞设备、电源屏等信号设备、轨道电路等方面的维修作业，其维修作业内容较为简单，所需要时间也比较短暂，信号设备的检修作业时间远远小于工务维修和接触网维修的作业时间。因此，电务维修一般不会成为制约我国高速铁路综合维修天窗设置时长的限制因素。

高速铁路上的电务维修作业时长与既有线上的作业内容基本一致，主要是对沿线设备点、电容和应答器、融雪装置控制柜、道岔牵引点、信号机等进行维修；同时也需要对信号、轨道中间设备的防护设施检修和更换。电务维修作业时长一般为 2 h 左右。

通信信号设备的养护维修以预防为主，整修为辅，主要包括大修、中修和维修三部分。大修是对设备进行整修，确保信号设备的质量；中修是对现场的规定设备进行集中修，和可以替换的通信信号设备进行大修；维修就是对信号设备进行日常的养护维修工作，保证其设备状态良好。由此可以看出，我国高速铁路通常将平日通信信号设备的养护工作和维修工作分别开来进行，以确保通信信号设备的维修效率与维修质量。对信号的检修工作是在天窗内完成的，它直接关系行车检修内容；而对于一些大型的较为困难的检修工作，耗时较长，天窗内时间不允许，故需要安排在月计划里时间较为充裕的时候进行。此外，就线路中影响列车运行安全的信号设备，一定要及时发现及时处理，最大可能地避免由于设备隐患造成的行车事故。

（3）接触网维修

接触网维修和检查一般均在夜间进行。我国既有电气化双线铁路接触网维修作业的天窗时间长度设为 90~180 min。而高速铁路采用更先进的维修设备和更为先进的技术手段，对接触网的维修作业时间会有所减少。由此可以看出接触网正常维修作业时间要小于工务维修的需要时间，因此，接触网维修在时间设置上可以采用分段开设形式，与工务维修天窗重合设置，以此提高综合维修作业效率，避免分散作业带来的重复和时间浪费问题。

现阶段，电力牵引是我国高速铁路最主要的牵引形式，接触网的维修工作与既有线并无太大出入，唯一区别的就是维修作业标准。接触网维修在时间上要求长于工务维修。随着维修技术设备的不断进步，高速铁路也采取大型机械对接触网进行检修。此外，基于现行规定和实际运营的一些需要，天窗也设置在夜间，时长确定为 1.5~3 h，且与工务维修同时进行。接触网维修作业内容主要是绝缘子清洗、零部件质量检查换修、架线作业、调整接触悬挂、日常巡检等，整段更换接触网导线。高速铁路线上的接触网维修工作内容与既有线上作业基本一致，作业时长为 2.5~3 h。

2018 年 3 月某日 1:15，顶着初春的寒风，杭州供电段虹桥供电工区工长带领 21 名职工，在上海虹桥站综合场上道开展节后首次天窗修接触网检修作业。虹桥供电工区负责京沪、沪宁和沪昆高速铁路集团公司管内 267.817 条千米接触网设备的检修管理。该工区在春运期间除了每天安排职工登乘巡视和线路外徒步巡视外，还每周对视频数据进行分析。当晚的天窗修除了检修接触网设备外，还将对高速综合检测列车发现的问题进行复核处理。听到高空作业的命令后，工友们迅速开始搭建车梯，不远处的周某开始登杆检修 046 杆的隔离开关，王某在车间技术员陆某的配合下，携带激光测量仪，一个点一个点地查找问题点。综合检测列车发现的问题只是个大致范围，具体地点还要具体确认。2:25，车梯作业小组完成 054~057 和 065~067 区段分段绝缘器 L 型支架检修更换作业，此时王某和陆某通过反复测试，确认问题点在 074~086 区段内。车梯作业小组将车梯搬运到位后，杨某和缪某快速攀登上车梯，在装设好手扳葫芦后娴熟地松开双耳连接套筒，接触网导高标准是（5 300±10）mm，综合检测列车检测出这个点为 5 160 mm，所以要上调 140 mm 左右，此时距接触网送电已不到 1 h，作业人员不由得加快了手中的检修动作。调整、测试、再调整、再测试……3:15，问题全部处理完毕，地线组职工撤除地线后，接触网准时送电。

综合以上分析得出，在有砟轨道前提条件下，综合维修天窗的时长主要由工务维修决定，而工务维修的作业内容要求充分考虑天窗对通过能力的影响以及列车开行速度高、密度大的特点。对于高速铁路线上的天窗作业时长而言，在有砟轨道条件下，综合维修天窗时间的长度取决于工务维修作业的需要，需要开设 4~6 h 的天窗；在无砟轨道条件下，综合维修天窗的时长也是决定于工务维修作业的需要，有条件的可开设 3 h 或 4 h 的综合维修天窗。我国高速铁路主要在夜间 0:00—6:00 开设 4~6 h 时长的综合维修天窗，以保证工务、接触网和通信信号等设备检修工作的顺利进行。在无砟轨道条件下，接触网的维修对天窗时间长度的确定起到了决定性作用。需要明确的是，天窗时长并不是一成不变的，它需要根据技术设备的状况以及列车开行数量等实际情况不断进行调整修改。

2. 维修组织理念和方式

维修实践需要一种思想观念作为指导，称之为维修思想。在一定的维修思想指导下，制订出的一套规定与制度（维修计划、维修类型、维修方式、维修等级、维修组织、维修考核等），称之为维修制度。目前世界上的维修思想和制度可分为两大体系：

（1）以"预防为主"维修思想指导下，以磨损理论为基础的计划预防维修制度。

计划预防维修制是指对机械设备的修理是有计划进行的，其要点是通过对机械零部件损伤的大量统计资料，进行分析研究后，把机械设备上不同损伤规律和损伤速度的零部件，科学地划分成若干组，并确定出不同零件损伤极限，从而规定了不同修程的修理期限和修理范围。这样，使机械设备在运用中能得到有计划的修理，亦即零件尚未达到极限损伤之前就加以修复或更换，所以是预防性的计划修理。实现计划预防维修制度，需要具备以下条件：

① 通过大量的统计、测定和试验研究，确定出机械设备主要零部件的修理周期；② 根据主要零部件的修理周期，同时考虑一般零部件的修理，合理地划分修理类别等级和修程；③ 制定出一整套相应的修理技术标准检修限度和修理技术要求；④ 具备按职能分工、合理布局的修理基地。

计划预防修制以机械设备故障率曲线（浴盆曲线）中耗损故障起始点来确定修理时间。把机件磨损或故障作为时间的函数，因此，定时维修、拆卸分解就成了这种修制的主要方法；具体实施可概括为"定期检查、按时保养、计划修理"。其关键是确定装备及其主要零部件的修理周期，合理划分修理等级及修理周期结构，制定维修的规程与规范。

预防性维修的概念最早由西方发达工业国家提出，它以设备诊断技术为基础，结合设备故障的历史和现状，参考运行环境及其它同类设备的运行情况，应用系统工程的方法进行综合判断分析，从而查明设备内部情况、故障和异常，预测隐患的发展趋势，提出防治和治理对策，其关键是依靠先进的故障诊断技术对潜伏故障进行分类和严重性分析。预防性维修主要包含三个方面的关键技术：状态检测、故障诊断和状态预测技术。

（2）以"可靠性为中心"的维修理念指导下，以故障统计理论为基础的预防维修制度。

以"可靠性为中心"的维修是在计划预防修制的基础上发展起来的，在实践中人们发现并不是维修越勤，修理范围越大就越能减少故障，相反，会因频繁拆卸安装而出现更多故障。设备的可靠性是由设计制造所确定的，有效的维修只能保持其固有可靠性。

以"可靠性为中心"的维修制度则提出按照设备各机件的功能故障、故障原因和故障后果来确定需要做的维修工作。提出了维修方式的"逻辑分析决断图"，对重要维修项目逐项分析其可靠性特点及发生功能性故障的影响来确定应采用哪种维修方式。

维修方式是指对设备维修时机的控制。也就是说对维修时机的掌握是通过采用不同的维修方式来实现的。目前的维修方式有 3 种：

（1）定期维修（又称计划修）。定期维修是以使用时间作为维修期限，只要设备到了预先规定的时间，不管其技术状态如何，都要进行规定的维修工作，这是一种强制性的预防修理。定期修的关键是如何确定维修周期。正确的维修时机应该是偶然故障阶段的结束点，即在故障率进入耗损故障期急剧上升之前。

（2）视情维修（又称状态修）。视情维修是指对设备参数值及变化进行连续、间接或定期的监测，以确定设备状态、检测性能下降，定位其故障和失效部位，记录和追踪失效的过程和时间的一种维修。视情维修认为大量故障不是瞬间发生的，而是有一个从发生到发展，最后形成故障状态的过程，总有一段出现异常的时间，而且有征兆可寻。因此如果找到跟踪故障迹象过程式的方法，将观察到的设备运行状态和规定标准进行比较，则可以采取措施预防故障发生或避免故障后果，从而决定设备是继续使用到下一个检查期还是需加工修理后使用，或进行零部件的更换或报废。

（3）事后维修（又称故障修）。事后维修是在设备机件发生故障之后才进行修理，它不是控制维修时间。实践证明，有些机件即便发生故障也不会危及安全造成恶果，它们或是故障规律不清，属于偶然发生，或是虽属耗损型故障，但不值得大动干戈，事后维护更经济。

选择维修方式应该从设备发生故障后对安全和经济性的影响来考虑。定期维修和视情维修均属于预防性维修，可以预防渐进性故障的发生，事后维修则是非预防性的，多用于偶然故障或用于预防维修不经济的部件。定期维修是按时间标准进行送修，视情维修是按实际状况标准，而事后维修则不控制维修时间。三种维修方式各有其适应范围。从这个意义讲，它们本身并没有先进落后之分，然而应用是否恰当，则有优劣之分，问题的关键是应该根据维修的具体情况，正确的选择维修方式。在现代复杂设备上往往三种维修方式并存，相互配合使用，以充分利用各个机件的固有可靠性。

目前，上海铁路局高速铁路工电供"三位一体"模式。为了解决原有接触网维修时的分工合作不协调、各项作业占用时间过长造成时间浪费、挤压列车运行时间等问题，上海铁路局对管辖范围内的高速铁路维修实施"三位一体"模式。这里的"三位一体"是指将承担铁路基础设施养修任务的工务、电务、供电三个专业整合到一个管理单位中，三个组织单元联合组成一个紧密协作的整体，建立一个设备共管、资源共享、天窗共用、责任共担，实行生产生活一体化，破除原有的各专业工种界限的综合维修的组织体制。

3. 天窗设置方式

为了保证列车的行车安全,高速铁路一般在夜间设置 4~6 h 的综合维修天窗。综合维修天窗是指:运输生产过程中固定预留的,可供工务、电务、通信等部门对设备进行施工和维修的时间,按用途可分为施工天窗和维修天窗。高速铁路天窗是指:列车运行图中固定预留的一段无列车运行的"空隙"时间,对线路、供电、通信信号等固定设备进行维护和检修,是解决列车运行与设备维修施工之间矛盾的技术措施,具体包括天窗开设时段、时间长度和开设方式三个基本要素。天窗是指列车运行图中不铺画列车运行线或调整、抽减列车运行线为施工和维修作业预留的时间,按用途分为施工天窗和维修天窗。

高速铁路在 0:00—6:00 几乎是没有客流的,在这个时间段开行列车没有经济意义。天窗的开设方式主要有"V"型和矩形两种基本形式,在此基础上相互组合可演化出各种不同的天窗开设形式,以满足不同线路的综合施工维修作业需求。

天窗的开设形式主要有两种,垂直和"V"型天窗,该天窗的应用范围较为广泛,通过这两种天窗的组合和演化,目前常见的天窗形式可分为垂直矩形天窗、"V"型、Y 型、r 型窗、X 型、平行矩形窗、隔日单向矩形窗、双向分隔式矩形、分段垂直矩形天窗。其中垂直矩形和"V"型天窗是高速铁路线上常用的天窗模型。

(1)垂直型矩形天窗

垂直型矩形天窗是指在 0:00—6:00 时间范围内,确保其中 4 h 上下线均停电,进行全线上下行方向同时施工的天窗作业。

其优点是综合维修时不受列车影响,维修作业效率和安全性相对较高。缺点是对夜间列车运行的影响较大,降低了列车的旅行速度,造成通过能力的下降。同时区域内的所有列车都需在车站等候天窗,这对车站的到发线等设备通过能力有极高的要求,而且在天窗结束后,大量高速列车在车站停靠,需要对高速列车密集发车,致使车站工作组织更加复杂。图 5.17 为垂直型矩形天窗的示意图。

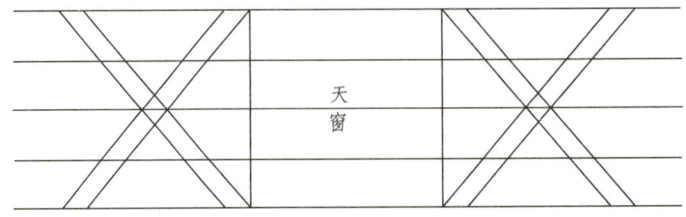

图 5.17 垂直型天窗示意图

（2）"V"型天窗

开设"V"型天窗是指在天窗时间内，运行图的上、下行方向安排一线组织列车按单线行车，另一线进行维修施工天窗。在运行图上，上下行共存在两个综合维修天窗时间段。

"V"型天窗在天窗时段内提供了单线行车通道，可保证全天内均可以行车，便于日常运行调整，同时也降低对夜间行车的影响。但由于上下行一线维修、一线行车，将会产生如下问题：

① 导致两线作业相互干扰，降低了维修作业和列车运行的安全。
② 采取"V"型天窗的开设形式并不能解决渡线检修问题。
③ 上下行分别进行天窗时间，会增加天窗维修作业的总时间，导致影响区变长，可能会影响日间高速列车的日间发车。
④ "V"天窗的开设会导致极大的影响逆天窗运行方向列车的旅行速度。

图 5.18 为"V"型天窗的示意图。

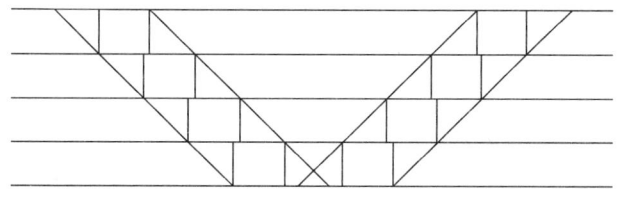

图 5.18 "V"型天窗示意图

高速铁路天窗开设时间应能保证各项维修作业的作业时间和作业效率，满足行车需求，或能够解决二者之间的矛盾。必须在保证维修作业时间及效率的前提下满足行车需求，对行车需求的满足也可以采用合理安排天窗开设时段、确定合理的天窗开设形式等办法。综合考虑工务维修、接触网维修、电务维修等方面对作业时间的要求，借鉴其他国家的经验，无砟轨道高速铁路的天窗开设时间以 3 h 为宜。

可见，高速铁路维修天窗的基本形式为矩形和 V 型，综合维修天窗的设置不仅要与各技术设备的特点相适应，而且要最大限度地满足运输生产的需求，它的基本形式包括矩形和"V"型两种，而且二者通过组合又能衍生出各种不同的形式，具有不同的特点及适用条件。但是由此相互组合演变可以形成矩形、V 型、X 型、Y 型天窗、单向隔日矩形天窗、双向分隔式矩形天窗、分段矩形天窗等七种形式。不同的天窗开设方式不仅会对本区段的行车造成三角区的影响，由于天窗开设形式的不同，不同区段所开设的天窗种类也会对经过该区段的列车开行造成影响。当然，天窗开设形式还对夜间行车造成一定的影响。

5.4.5 系统优化与协调

高速铁路列车开行方案的设计与优化，涉及旅客列车方案运行图的编制问题和 OD 客流的预测及分析。其中，OD 客流的预测及分析是旅客列车开行方案制订的前提和基础，而旅客列车方案运行图的编制则属于方案的具体实施，同时它还决定了车底运用、停站时间、运行时间等内容。高速铁路列车开行方案优化的程度直接影响到开行方案的优劣，而且优化贯穿于方案形成的整个过程中。列车开行方案的优化方式较多，但是按照方案的形成过程，可以分为以下 4 种情况：

（1）旅客列车开行方案制订过程中的单独优化。指在给定 OD 客流的情况下，生成列车的运行特性及列车性质的优化方案，属于静态优化。

（2）列车开行方案制订与 OD 客流生成两个阶段的综合优化。列车开行方案是以客流为依据的，而客流预测中诱发运量的生成又以列车的运行特性（起讫点、停站方案、运行径路、服务频率）为一定的基础，因此两者间存在综合优化的关系。一般在进行实际开行方案的设计时，大部分的研究工作都会进行两者的结合，但是其工作思路并不是综合优化的方式，只是一种研究路线上的延续和参数的制定。

（3）列车开行方案制订与客车方案运行图编制两个阶段的综合优化。由于运行图是开行方案的具体实现，两者相互之间关系密切，且互为因果，因此需要进行综合优化。

（4）客流预测、列车开行方案制订、列车运行图的编制三者之间关系紧密，互为因果，是一个综合的整体，三者需要综合优化。三个阶段的整体综合优化是列车开行方案优化最完整的形式，表现为各个阶段顺序优化、调整参数、循环迭代的过程。在高速铁路列车开行方案优化制定的过程中，开行方案所包含的各项内容是在不同的形成环节中得到的，各个形成环节相互联系，都有各自对不同数据信息的处理和计算工作，也都产生不同的参数。各个形成环节所完成的工作及得到的方案参数如图 5.19、表 5.6 所示。

从系统优化的角度来讲，在每次循环的周期内都必须完成三个阶段的优化，用一个统一的综合优化模型和算法来实现是最好的。但是，此项工作面临着较多的困难。因为三项内容都是比较复杂的优化问题，任何一个都具有相当大的复杂度。把三者统一到一起，不但工作难度大，而且系统的复杂程度将大大提高，有可能产生系统无法控制的行为。另外，目前我国铁路对于这样的工作都是分由不同的机构、部门来分别完成这三项工作的，每一项工作基本上都是相对独立的，要将其融为一体难度也相当大。

第 5 章 高速铁路运营组织与管理

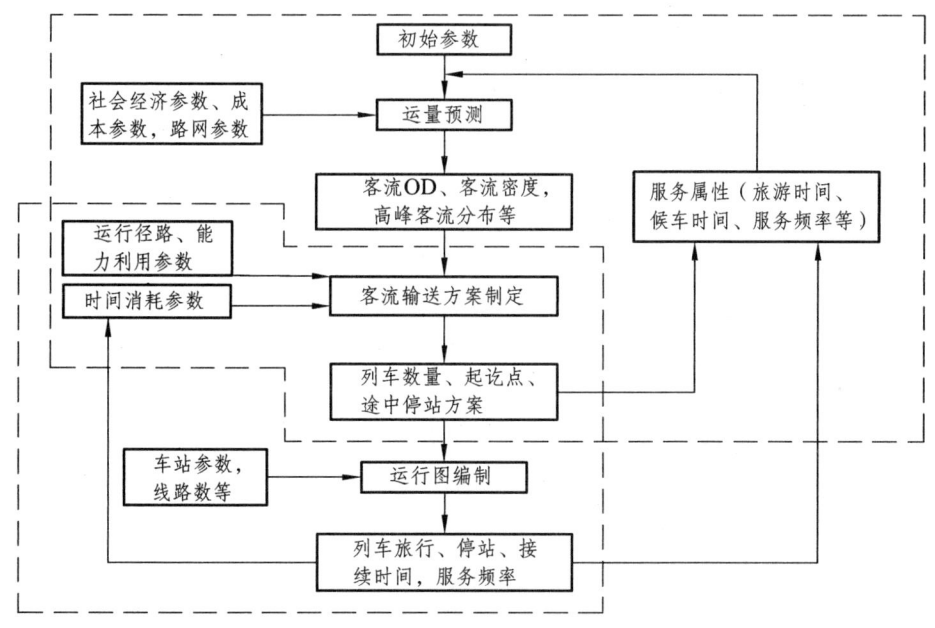

图 5.19 高速铁路列车开行方案优化过程关系

表 5.6 高速铁路列车开行方案优化过程及对应相关工作

子过程	需要相关参数	相关优化内容	相关优化结果
运量预测	服务属性（旅行时间、候车时间、服务频率等）	客流量预测、路网配流	客流 OD、客流密度、高峰客流分布等
客流输送方案制定	客流参数、运行径路、列车能力利用参数、时间消耗等	列车输送方案、客流搭乘方案	列车数量、其起点、途中停站方案
运行图编制	列车参数	运行图铺画、动车组周转	列车旅行、停站、接续时间、服务频率、动车组周转及数量

客流预测、开行方案、运行图三阶段的综合优化。开行方案不仅与客流预测有关，还与列车运行图密切相关，三者之间互为因果关系。客流预测阶段需要的列车服务属性，如旅行时间、票价等不仅是在开行方案制定后才产生的，而且是在运行图编制以后才能准确计算。因此，客流预测结果不但影响列车开行方案以及运行图的编制，列车开行方案以及运行图反过来也会影响客运专线客流预测结果。在开行方案形成的整个过程中，各个阶段应顺序优化，通过调整参数、循环迭代，最终实现各个阶段的综合优化，也就是要

实现动态调整运能，按流开车，适需开车，实行日常图、周末图和节假图，实施"分号运行图"、灵活配置、动态调整、适需开车，客运能力与市场对接更紧密，列车运行图变成便民图。

5.5 收益和票额管理

5.5.1 收益管理

1. 概念分析

对于易逝商品供应商，如何用相对固定的供应能力来满足多样而又随机的需求，找到供求关系的最佳平衡点？如何将适当数量的适当产品在适当的时间以适当的价格卖给适当的顾客，以赚取尽可能的利润？收益管理正是用来解决上述问题的专门方法和技术。收益管理就是通过差别定价来获得易逝品的最佳收益，Kimes（1989 年）结合营销学提出收益管理的 4R 理论：在合适的时间和地点（Right time and place），以合适的价格（Right price）向正确的顾客（Right customer）提供合适的产品或服务（Right product or service），其目标是实现资源约束下企业收益最大化。从本质上讲，收益管理就是采用一定的机制和策略，使得有限的供给能够与变化的市场需求达到一个平衡，从而实现企业收益或利润的最大化。其核心理念就是运用价格手段调节供求平衡，强调用收益驱动的经营理念取代成本驱动的经营理念，通过科学合理的价格策略和市场供给策略来追求更多的收益，获得更高的利润。收益管理应用条件包括：

（1）产品或服务的易逝性。产品具有明显的时效性，产品或服务只能在某个时间段供给，过后产品或服务就不复存在，产品或服务不能被储存，不能采用一般的库存管理方法加以管理，如航空和铁路的客票。

（2）供给能力相对固定。提供产品或服务的企业的生产能力和容量是有限的，短期内无法根据市场的供需关系改变产量。

（3）消费者需求的多样性和不稳定性。市场的需求是多种多样的，易受诸多因素的影响，波动较大，难以实现供求平衡。这种场景对市场细分的要求较高，划分的依据是消费者对产品特性的需求多样性或价格敏感程度。

（4）高固定成本、低可变成本。在容量范围内产品或服务的固定成本较高、可变成本相对很低，但每多销售一单位产品的可变成本微乎其微。

（5）支持预订。支持预订的产品需要通过预订系统提前获取顾客信息，结合预测技术和控制需求，制定合适的价格。

符合上述条件的产品和服务很多，目前应用收益管理最多的是航空业，并逐渐拓展到旅游、酒店、电力、通信、铁路等领域，被华尔街称为"头号涌现式经营战略"。

2. 功效分析

（1）调整供求平衡。客流市场是变化、波动的，如果铁路部门按照最大需求去配备运能，那么可能会造成较大的运能浪费，那么如何平衡有限的运能与波动的市场需求呢？通过大数据分析及客流预测能够知道未来一天内各时间段的客流市场需求，但在高峰时期运能有限，为此可以通过差异价格，即高峰时段提高价格，非高峰时段降低票价，从而将高峰时段对价格敏感的部分客流吸引到非高峰时段，实现平衡供求的目的，如图 5.20 所示。

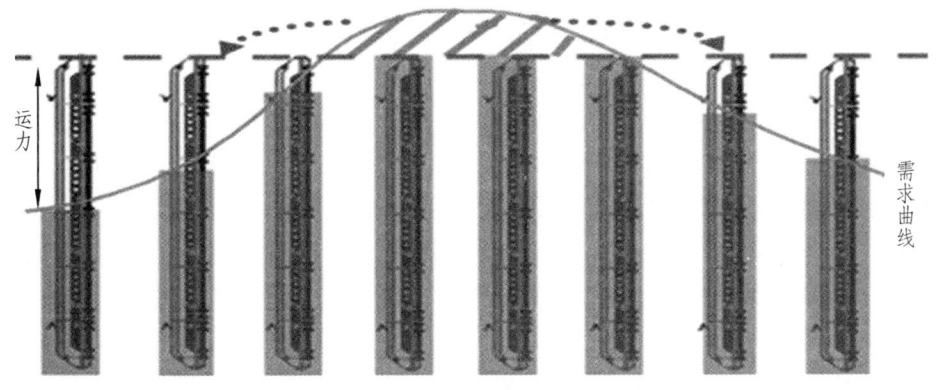

图 5.20　运能与需求

（2）收益最大化。根据经济学的基本原理，若给出价格与需求的关系曲线，则曲线与坐标轴所围成的面积即为商品或服务提供者的理论可获得收益。然而当所有商品只设定一种价格的时候，收益只是曲线上某个点横纵坐标所围成的长方形的面积。如果进行多等级的差别定价，可有效地获得更多的收益，减少潜在收益的流失。这样既能够满足价格敏感性差的"刚需"用户并收取原定价格，又可以通过提供高端的商品或服务给要求较高的高端客户，还可以以较低的价格优势诱增对价格敏感的新需求，从而最大程度地增加潜在收入的实现，如图 5.21 所示。

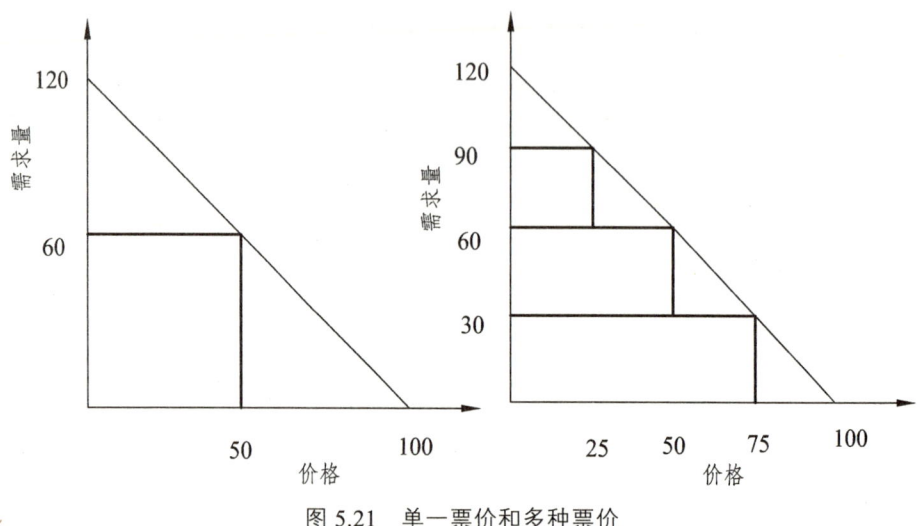

图 5.21 单一票价和多种票价

（3）风险共担。收益管理采用以旅客可承受风险和旅客忠诚度为准则的定价方式，旅客愿意承受的风险越高，则可获得越低的票价，愿意承受的风险越低，则需要付出的票价越高；旅客越忠诚，则可享受越低的价格。即对提前购买车票天数越多的旅客给予更多的的优惠，但是对这些车票进行某些限制（退票、改签等），那么旅客和铁路部门对这种需求和供给共同承担风险，这样将可能虚糜的运能提前销售出去，可以有效减轻车站的售票压力，提高列车运营组织水平。

在市场经济环境下，建立科学合理的机制，顺应市场的不均衡性，采取差别定价的方法实行多等级的票价，通过价格引导旅客出行选择，缓解高峰时期的能力不足和非高峰时期的运量虚糜，使客票价值客观反映客票的价值属性，既可以提高速铁路路运输企业的市场竞争力和经济效益，又符合国家、铁路、旅客各方利益需求。

3. 收益管理系统

随着各大航空公司纷纷运用收益管理系统，2000 年后我国航空公司高价引入欧美航空公司的收益管理系统。在使用效果上，国际航班的应用效果要明显好于国内航班，于是我国航空公司开始研究国内外客流、营销政策等方面的差异，然后对引入的收益管理系统进行优化、改进。即使如此，各大航空公司在国内航班的收益管理上仍然辅以大量人力。在铁路客运领域，欧美等国从 20 世纪 90 年代就开始在铁路客运行业开发、使用收益管理系统，美国铁路客运公司 Amtrak、法国国营铁路公司 SNCF 等通过运用收益管理，都进一步扩大了市场份额，提高了铁路收益。

由上所述，从我国航空业以及国外铁路引入收益管理系统看，如果直接引入国外的铁路收益管理系统或航空的收益管理系统，不仅需要一笔巨大的购买费，而且需要一个漫长的、不确定的改造过程。因此，我国铁路部门没有盲目照搬，在借鉴国内外收益管理先进经验基础上，研究、开发、建设适合于我国的铁路客运收益管理系统，目前还在不断地完善过程中。

铁路收益管理主要涉及客流预测模型、席位存量控制模型、车票价格浮动模型、客流市场分析、客流数据仓库等模块，其系统体系结构，如图 5.22 所示。

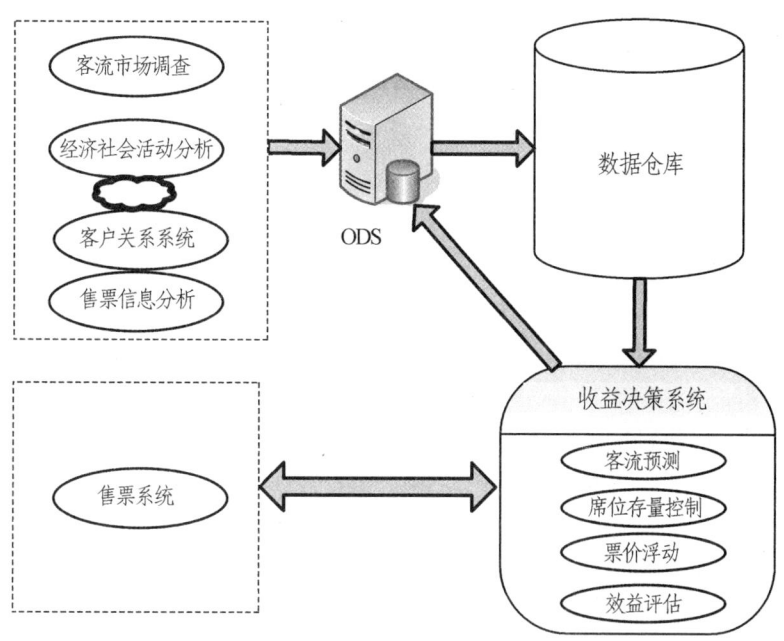

图 5.22　高速铁路收益管理系统的体系结构

其中，ODS 为"操作数据存储"，它面向各种应用系统，对各应用系统的数据进行抽取、计算、转换等操作，最后将整理好数据加载到数据仓库中去；收益决策系统从数据仓库中提取所需数据，然后进行预测，提供席位存量控制和票价浮动策略，并直接或间接作用于售票系统中去，最后还要对预测和策略实施效果进行评估、分析。

2015 年国家发改委发布《关于改革完善动车组旅客票价政策的通知》，明确自 2016 年 1 月 1 日起实行高速铁路动车组票价由铁路运输企业自主定价。铁路企业据此也积极进行动车票价市场化的探索，在其开行的动卧列车上实现 7 档票价，根据客流需求预测实行浮动票价，得到广大旅客的认可。随着客票系统中席位存量管理的实现，未来同一日期同一车次同一席别将进行差异化存量票额及票额策略，并将逐步推广到所有高速铁路列车上。

5.5.2 客运营销

营销究其根本就是了解客流需求，然后根据需求退出相应的营销产品，而大数据与市场营销交融互进，权威机构的一项调查发现，90%的企业数据量在迅速增长，其中仅 20%的数据量每年增长一半甚至更多，建立在海量数据基础上的分析有助于我们更好地开展高速铁路市场营销工作。

高速铁路内部营销数据主要来自铁路客票系统，随着售票实名制、学生卡识别、银行卡售票、互联网售票、手机 APP、电话订票等方式的逐渐完善，客票系统数据库蕴含信息量非常大，需要我们定期做好数据备份，并注意数据分类的维度；外部营销可采取手机车站坐在城市人口基础资料、学校资料、大型活动等资料，再进行公路、民航、自驾等方式出行客流调研，进行气候变化对人们出行的影响调查，进行旅游团体调查，进行旅客个性化需求调查等，相关资料及时更新，逐渐积累数据。

通过内、外营销数据采集，能够掌握车站所在城市的客流总体情况，能够掌握每日大到全路、小到车站的车票销售情况，能够掌握哪个方向是旅客发送高峰，哪个方向旅客发送量少，哪个时间段运能不足，哪个时间段运能过剩等，随之可以根据有限的数据分析提出加开和停运列车的建议。依据客票发售数据和采集到的其他先关旅客运输数据、采用客运营销辅助系统系统，进行客流运输的统计和关联性分析，以辅助进行合理的运输组织和调整。关联性的数据分析可以提示我们在高峰时段高峰方向，我们对于超出目前所能提供的能力外，还有多少人需要乘车出行。可提示我们某个地方某个大型活动在某个时间段存在客流量突发增量；某个时间段气候恶化带来出行困难人数等信息；通过某个时间段某个区间运能和实际购票量信息，可以推断该时间该区间客流量是旺季或淡季，可以获取相关动车组列车的上座率、运能利用率、席位服用量；通过购票方式的不同可掌握不同的旅客喜欢自助服务或是依赖于人工服务。

为开展收益管理工作，铁路局以原有客票分析统计系统为基础，对系统作了进一步拓展，增加了客流分析、预测以及过程监控等功能，初步建成客运营销辅助系统，其总体功能结构如图 5.23 所示。

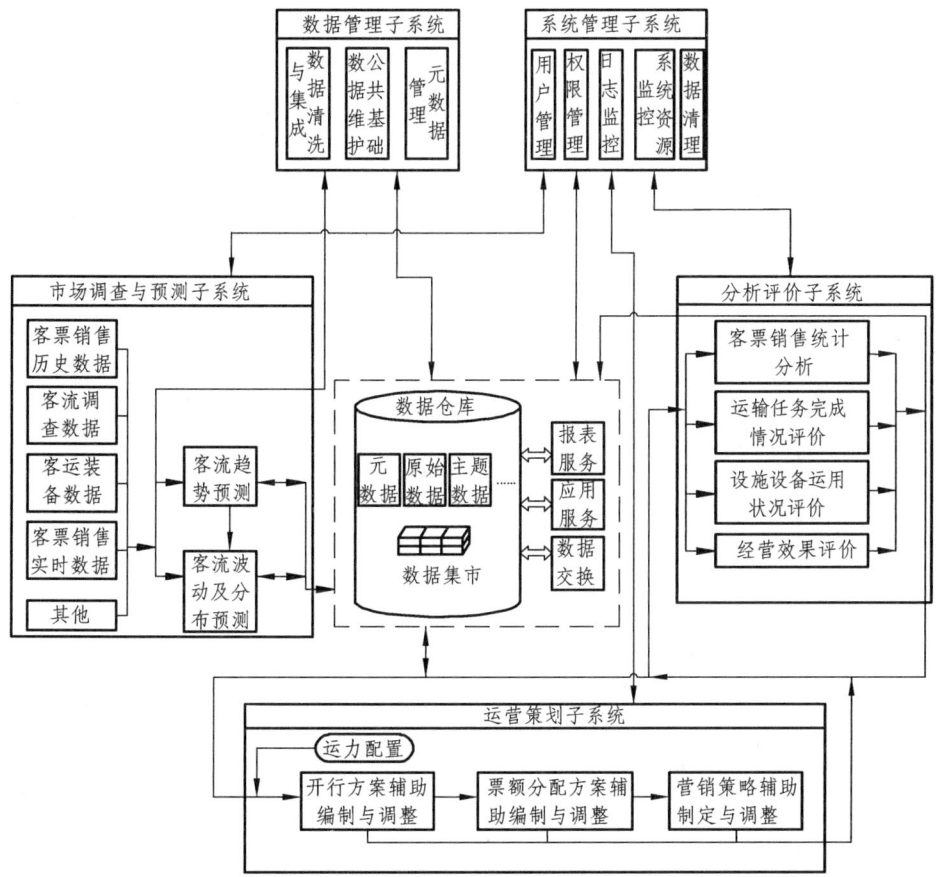

图 5.23 客运营销辅助系统功能总体结构

正常条件下，路局总是希望先让旅客购买长区段车票（从始发车站或临近始发站的车站到列车终到站），然后通过席位复用产生短区段席位（长区段车票被使用一个或多个有效区段后剩下的区段车票），再让部分有短区段票额需求的旅客来购买。而实际上，旅客不可能按照路局的设计顺序来购买车票，他们会根据出行需求、运能情况，采取不同的购票行为：有的需要购买长的区段，有的需要购买短的区段，有的提前较长时间购买车票，有的提前较短时间购买车票。这种时间和需求的随机性，大大增加了票额销售的技术复杂度，同时也影响着列车上座率和收益。

通过大数据分析，路局发现旅客的购票时间与铁路运能紧密相关，随着高速铁路的大量开行，铁路运输能力也得到极大的提高，原本一票难求的局面得到了一定的缓解，广大旅客的购票行为也在悄然发生改变。路局对旅客的购票时间进行分析，结果如表 5.7 所示。

表 5.7　旅客购票时间分析

时间	0.5	0.5~1	1~1.5	1.5~2	2~2.5	2.5~6	6~12	12~24	24~48	48~120	5~9天	10天以上
全部列车	11.7%	14.4%	7.5%	4.5%	3.3%	9.8%	7.9%	11.8%	12.5%	9.6%	6.1%	1.0%
高速铁路列车	20.2%	23.1%	8.9%	4.1%	2.6%	5.5%	4.1%	10.4%	8.8%	7.3%	4.5%	0.5%
高速铁路大站	26.7%	30.2%	10.9%	5.6%	3.6%	6.2%	3.1%	4.7%	4.4%	3.4%	1.3%	0.0%

由于高速铁路路运能较为充裕，高速铁路旅客在购票上要求快捷、方便、简单，大部分旅客预购车票时间都在开车前 2 h 以内。而旅客购买车票区段的长短是由旅客的出行需求所决定的，在社会、经济、人口、交通等条件相对稳定的情况下其概率分布也具有规律性。各次列车的客座率和收入基本按照一定周期（日常、周末、节假日等）运行，同时也验证了其变化规律。

综上所述，当前车票销售最主要的问题就是：由于旅客购票时间短且购买长、短区段车票时间随机，在总体票额数量不变的前提下，既要保证旅客在不同时间段内尽可能地买到长区段车票，又要保证部分旅客能及时买到短区段车票，以实现整个列车收益最大化。原有的售票策略就是根据经验指定若干车厢在预售期内全程共用，剩余车厢在开车前某个时段再共用的售票组织策略，其限售站根据客流流向、需求等特点一次性设置及放开。由于全程共用时间和取消限售时间相对固定，在部分旅客先期购买短途票后，长区段票将被裂解成若干短区段票，这样就无法满足部分长区段的购票需求，不能实现票额利用效益的最大化；如果缩短票额共用时间和取消限售时间，虽然能保留住部分长区段票，但也可能导致部分旅客不能及时购买到短区段车票，造成这部分客流的流失。如何解决这个问题，就需要路局提前对旅客出行需求、购票时间进行预判，并以此制定相应的客票销售策略，引导旅客"适时"购买"适合"车票，从而实现平衡各方需求及效益最大化的目的。

高速铁路营销的核心是体验。要求高速铁路从销售导向转向营销导向，将营销贯穿于企业经营活动的全过程，营销的核心是交换，从卖方市场转向买方市场转变，沿用卖方市场的销售思路，只重视所生产的产品，没有关注什么是顾客所真正需要的，必然走向衰落。营销采取整合性的经营手段，全面规划企业的经营活动，并有计划地、相互协作地展开企业各个部门的经营活动。高速铁路营销的关键在于品牌建设，品牌建设包括：品牌忠诚、知名度、心中的品质、品牌联想、其他独有资产。企业要将战略和营销活动、产品与服务、信息与传播渠道整合起来，对内部进行流程再造，将优质资源投入到顾客提供价值增值的关键环节。

1. 运营营销系统

日常客流监控。对基础数据做到"日盯控、旬分析、月总结、季分析、（半）年总结"，详细掌握各个车站、各个时段重点类车等流量流向情况，通过分线、分站、分流向，对客流增减数据积累，进行同比和环比分析，为优化调图打下良好基础。

2. 节假日客流监控

周末、小长假、黄金周、两运等客流的监控，掌握高峰日情况以及紧张方向客车加开、票额增加等需求情况。及时提出加开、短编改长编、票额共用等建议，进一步满足高峰时段的客流出行需求。

3. 预售客流监控

通过对客流预售量的统计，提前掌握车站列车预售基本情况，对发售量超过 200 张以上的重点列车，通过客票系统查询车票余额，遇始发站余票较多时，及时联系增加共用票额。2016 年 11 月 26 日，嘉兴南站监测发现车站 27 日上午至上海、杭州方向有 5 趟列车预超售 300 人，经了解 26 日有明星演唱会在嘉兴举办，嘉兴南站立即查询车票剩余情况，及时申请了部分列车的共用票额，较好地满足了突发旅客返程需求。

4. 改进销售渠道

根据每日早、中、晚三个时段，节假日、周末、日常等不同时期的客流波动特征，机动灵活的人工窗口售票方案，改进班次设置，优化每班次的工作时间，为旅客提供方便。同时，拓展路铁联合售票服务，做到与其他交通方式的无缝衔接，在售票窗口增设发售长途公路车票售票窗口，方便接续其他交通方式的旅客换乘购票。

让列车开行更有效率、更有效益，是摆在铁路人面前的现状。火车向着市场开。铁路总公司主动对接市场需求，盘活优化既有资源，开发优化客运新产品，全面优化产品结构，形成包含高速动车组、动车组、直达特快、特快、快速、普快、普客，以及"朝夕"高速铁路、旅游列车、高速铁路动卧、城际、市郊等列车在内的，不同速度、不同装备、不同席别、不同开行频次和不同时段的旅客列车产品系列，充分满足不同区域、不同层次旅客出行需要。把握春暑运、小长假、黄金周等客运上量"黄金时段"，铁路部门充分挖掘用足客运能力，最大限度满足客流增长需要。各铁路局大力开展客流分析和市场调查，提前合理安排动车组和客车车辆检修计划，千方百计提高车辆上线率。

加强淡营销，铁路部门打好旅游列车品牌促进增运上量。每年 3 至 6 月客运淡季，铁路部门根据旅游客流去向，有针对性地组织自局管内、邻局间推出了"樱花专列""桃花专列""踏青专列""草原专列"等旅游品牌，并随季节变化动态调整。同时，铁路部门设计推广"联程组合"客运产品，采取高速铁路间、普速间、高速铁路与普速间的不同接续方式，通过组合生成新的"夕发朝至"客运产品吸引客流。

此外，铁路部门还不断优化售票组织和票额智能预分，综合运用票额共用、席位复用、限售区段调整等手段，实施剩余能力动态调整。

5.5.3 票额管理及策略

为了提高旅客列车席位能力的利用率，综合考虑沿途车站能力和需求的实际情况，以均衡运输为目的，在客票预售期之前，需要对列车票额进行分配。这种票额分配基本在运行图编制完成后进行预分，其预分票额相对固定，是一种传统的票额分配方式。这种票额分配方式相对固定，调整环节复杂、工作量大，不能适用动态的客流需求，尤其是潮汐效应比较明显的高速铁路客流更不适用，因此高速铁路票额管理采用席位自动预分、共用、复用等策略。

票额共用是指定车站全部或部分票额按一定的时间策略允许被列车运行径路前方一个或多个车站使用的动态票额分配手段。票额共用实现了票额的动态共享，完善了票额分配计划，方便了旅客购票，提高了票额有效利用率。

如图 5.24 所示，G20 次列车自 A 站始发、途径 BCD 站、终到 E 站，如果给 A 站分配 500 张二等座，可以设定开车前某时间（如 20 天）300 张票供 A、B、C 站共用，即开车前 20 天及以内这 300 张。票额由 A、B、C 三站共同使用，具体票额分配给 A 站、不分配到 B、C 站，而是通过算法实现 A、B、C 三站共用。

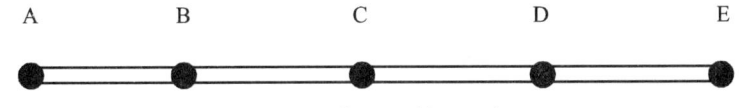

图 5.24　票额分配管理示意图

席位复用是指列车席位售出后，如果售到站不是该席位的限售站或乘车站不是该席位的起始站，那么剩余区段可以再次利用并生成新席位。席位复用改变原有票额一次利用状况，避免列车运能浪费，实现列车能力效益最大化。

例子：如上图，G20 次列车自 A 站始发、途径 BCD 站、终到 E 站，如果一张席位被 B 站发售至 D 站，那么剩余的 A 至 B 区段、D 至 E 区段还可以被利用，系统将产生一张 A 至 B 区段的席位和一张 D 至 E 区段的席位。

票额自动预分是根据列车历史客流密度以及其他客流市场因素，对预售期内的各站票额需求进行短期预测，在满足票额站需求的前提下，根据售往中途站的短途客票预测量按一定比例提前自动分配至中途站，供中途站预售的一种票额动态组织手段。这种售票策略实现了每日一次票额分配，实现票额分配与客流市场需求动态适配，但是这种方法有一个前提条件：预测要精准。但我们知道预测是一门复杂度很高的科学，许多行业都在使用预测技术，但是实际结果与预测难免有差距。客流市场涉及社会、经济、文化、区域、人口、企业、天气等诸多因素，在实际应用中，部分列车、部分时间预测结果与实际存在一定的差距，为此在自动预分基础上，铁路部门提出了模糊预分。

模糊预分是指席位全部放始发站，根据客流分析及预测方案对车站进行分组、对票额进行分堆，然后将分组站与分堆票额相对应，按堆顺序售票，席位不提前裂解。车站组则按照确定的售票策略，发售本组车站可用票额。模糊预分可以将售票分析、专家经验、售票预测结合起来，其优点主要是：车站分组、票额分堆由人工智能得出，比较贴近真实的客流需求。但是模糊预分需要根据不同期间、不同车次、不同要求制作相应的预分模板，预分前要充分把握客流特点、趋势，需要一定的人工量，如图 5.25 所示。

模糊预分还有一个重要的作用就是兼顾票额预分的公平性，在客流高峰时段以及重要客流方向往往沿途各站都有票额的需求，如果将票额全部或大多数预分给始发站，那么票额也都能发售完毕，这时制定模糊预分时就要考虑沿途车站旅客的出行需求，适当为沿途站进行票额预分，而不能一味考虑列车的效益最大化。

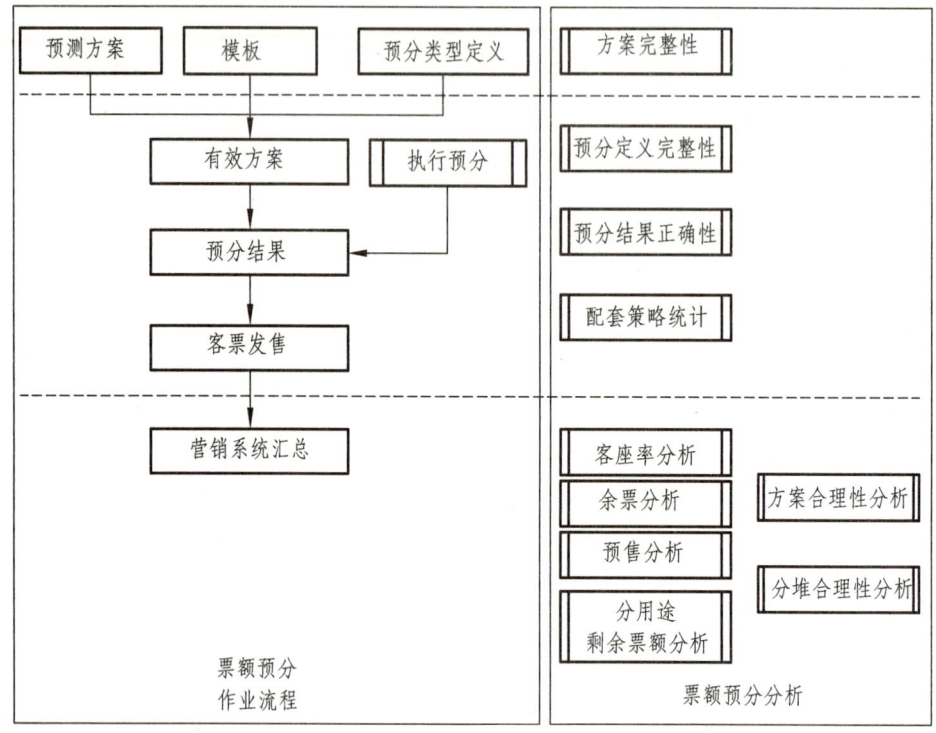

图 5.25　模糊预分逻辑示意图

5.6　调度指挥与应急处置

5.6.1　运营调度系统

调度指挥系统是高速铁路运营管理和列车运行控制的中枢，是高速铁路新技术的集中体现，是高速铁路运营管理现代化、自动化、安全高效的标志，对统一指挥列车运行和协调铁路运输各部门的工作作用重大。目前，以计划为龙头的组织模式，应急处置中发挥团队智慧，提供辅助决策。铁路运输生产具有高度关联性、综合性高、结合部多等特点，调度调整的协同体现。高速铁路调度强调集中指挥，是综合效益的集中体现，整体效率和效益的发挥。如图 5.26 所示，高速铁路运营调度系统主要解决两个问题，即如何运营和如何调度的问题。运营问题主要通过编制高质量的运输计划予以解决，调度问题主要通过如下调度指挥系统各功能子系统的相互配合来反映。

第 5 章 高速铁路运营组织与管理

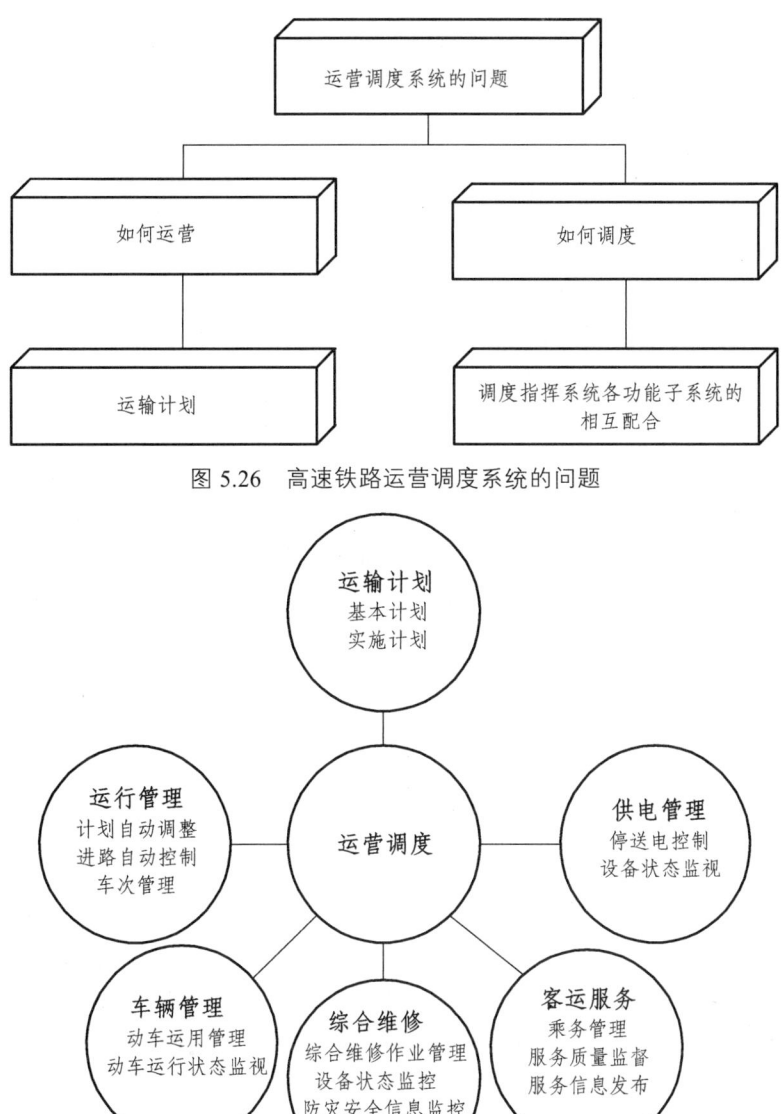

图 5.26 高速铁路运营调度系统的问题

图 5.27 我国高速铁路运营调度系统构成

我国高速铁路运营调度系统的构成如图 5.27 所示，各系统的功能具体如下所述。

1. 运输计划子系统

铁路总公司和各高速铁路调度所运输计划编制部门采用统一的计划编制

系统，能随时按业务需求的调整进行权限控制和功能切换。计划编制系统根据计划编制规则要求，提供计算机辅助计划编制方式，具备牵引计算、合理性检查和模拟仿真功能。

2. 运行管理子系统

运行管理子系统具备实施计划接收、人工和自动列车运行计划调整、列车运行监视、列车运行调整计划下达、人工和自动进路控制、实绩运行图描绘、调度命令传送、列车跟踪及车次号校核等功能。在异常情况下，铁路总公司调度指挥中心运行管理系统能接管高速铁路调度所指挥权。

3. 车辆管理子系统

该系统具备接收列车运行计划、动车组交路和列车运行调整计划的功能，可实时显示动车组的运行位置、运用情况和动车组状态。根据列车运行调整计划、车载诊断信息等，制定动车组交路和车辆分配调整计划并发送至有关单位。查询动车组的修程、修制和与动车组运用相关资料的功能，接收动车检修部门的动车组有关信息，并在动车组发生故障时，提供紧急处置预案。

4. 供电管理子系统

系统具备如下功能：接收列车运行计划、供电计划、综合维修计划、列车运行调整计划和列车运行状态的功能；实时监视牵引供电系统运行状态、系统设备带电状态的功能，将重要信息发往相关系统；实时监视牵引供电设备技术状态和故障信息分类归档的功能，将重要信息发往相关系统；可靠完善的遥控功能，包括单控、程控两种方式，程控内容可由用户根据系统控制需要编制，遥控功能具有严格的防误操作闭锁措施；事故记录功能，并可实现历史数据回放；调度事务管理功能；容错、自诊断、自恢复功能，并能支持远程维护；实现对无人值班场所的视频监控；供电设备发生故障时，能提供紧急处置预案。

5. 客运服务子系统

接收列车运行计划、动车组交路计划和列车运行调整计划，自动生成相关的旅客服务信息，并发送到站车及有关单位；集中管理旅客服务有关各类信息，实时掌握列车运行实际和预测信息，并实时监督管辖范围内高速铁路列车编组、上座率、各站中转旅客人数、动车组周转、中转列车接续及列乘务组等信息的功能。通过监督晚点列车，制订其运行调整建议方案；查询与旅客服务相关的数据功能，生成相关数据统计和信息汇总。当发生突发事件时，能提出紧急处理预案、旅客输运方案，提出列车运行调整方案建议，同时对大型车站关键场所进行视频监控。

6. 综合维修系统

该系统具备综合维修管理、防灾安全监控和综合设备管理功能。

5.6.2 调度所岗位设置

结合高速铁路运营调度系统的需要，调度所设置情况如下：

调度指挥（调度所）调度台：计划台、施工台、应急台、客服台、行车台、供电台；计划编制：日班计划、阶段计划、施工计划（施工组织流程）。

组织实施：运营方案兑现，天气、设备等原因造成列车晚点情况下的应急处置。

铁路局高速铁路调度主要设置了高速铁路值班副主任 1 名、应急调度台 1 个、若干个（客运）计划调度台、列车调度台、客服调度台、动车调度台、供电调度台和施工调度台。某局调度指挥大厅如图 5.28 所示。

图 5.28　上海局调度指挥大厅

其中：高速铁路值班副主任，是铁路局管辖范围内高速铁路调度指挥的领导者和负责人，主要负责管理和协调各工种调度；对高速铁路运输的应急处置、重点运输等工作进行盯控、把关；督促各类运输计划的执行情况；汇总和掌握各类安全信息，按规定向各相关部门（如应急调度台等）通报。

应急调度台由专职应急值班副主任值守，主要负责对高速铁路运输中出现的突发事件、设备故障等安全信息进行收集和通报，协调铁路局各专业处室的应急值守人员开展应急处置工作，并负责向路局领导汇报。

列车调度台设列车调度员和助理调度员各一名。列车调度员是列车调度台管区段内高速铁路运输的指挥者。负责按时下达列车运行计划、监控高速铁路列车运行；及时处理各种突发情况，调整列车运行计划，发布各种调度指令；领导和协调高速铁路司机、车站工作人员、设备管理单位人员等。助理调度员协助列车调度员工作，主要负责监控列车运行情况，操作CTC设备、编写和发布调度命令和设置列控限速等工作，并负责组织高速铁路设备的日常施工维修和临时抢修工作。

列车调度员主要应用调度集中系统（CTC）进行调度指挥发工作，CTC是调度中心对某一区段内的信号设备进行集中控制、对列车运行直接指挥、管理的技术装备。系统是综合了计算机技术、网络通信技术和现代控制技术，采用智能化分散自律设计原则，以列车运行调整计划控制为中心，兼顾列车与调车作业的高度自动化的调度指挥系统。通过CTC设备编制列车运行阶段计划，可下达至车站自律机，车站自律机生成进路序列信息，并按照进路触发时机，将进路序列中相关按钮命令发送到联锁设备，由其排列相关进路。

系统按照对列车进路和调车进路的控制权限不同，分为中心操作方式、车站调车操作方式和车站操作方式。

系统主要包括列车计划管理子系统、自律控制子系统、车次管理子系统、调车作业子系统、调度终端子系统、车务终端子系统、与外部系统（TDMS）等接口子系统、GSM-R接口子系统、限速命令管理和列控接口子系统，及其他相关维护功能。

CTC系统进行列车作业主要流程：① 列车调度员在调度中心列调工作站编制、下达列车运行调整计划并下达到各管辖站；② CTC车务终端及车站自律机收到计划后，自动将列车运行调整计划转换为列车进路指令序列；③ 车站自律机根据排列进路的规定时机一到，经过《站细》条件检查通过后，向联锁系统下达进路控制命令；④ 在进路排列完成后，自动以文字方式向司机提供前方站的接车进路预告信息；⑤ 联锁系统将各项电务设备中的行车表示信息以及自身采集的表示信息发送至调度中心；⑥ 车站自律机按照报点规则自动采集列车的到、发点或通过点，并将报点信息发送至调度中心，调度中心依此来自动描绘实迹图；⑦ 车站自律机将报点信息传送至车务终端。CTC列车调度台作业流程如图5.29所示。

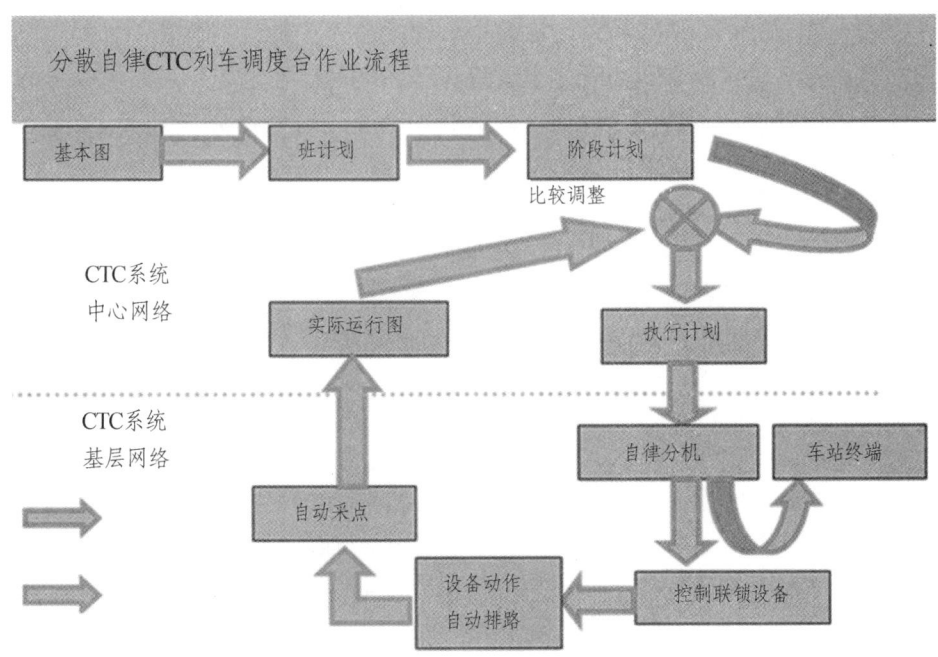

图 5.29 CTC 列车调度台作业流程

CTC 系统单站界面和调度指挥列车运行图如图 5.30 所示。

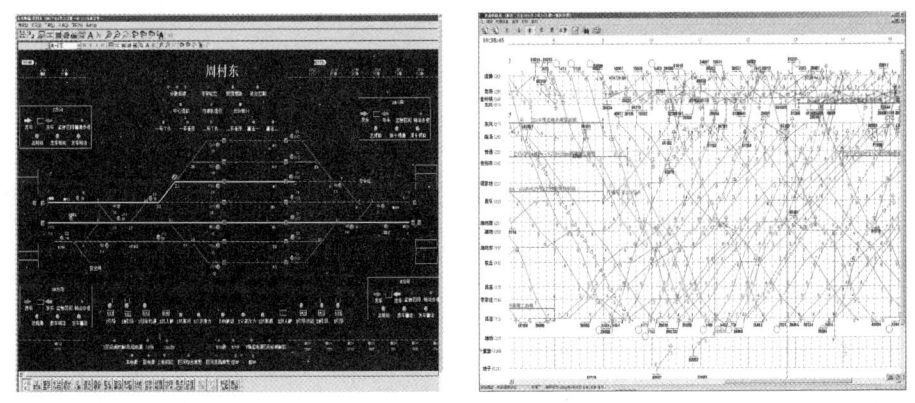

图 5.30 CTC 系统单站界面和调度指挥列车运行图

客运调度台分为客运计划台和客运调度台,各设调度员一名。其中客运计划主要负责与总公司、相邻铁路局客运调度间的工作联系,编制每天的高速铁路客运计划,以一日一图的形式提交给相应调度台。客运调度员负责整个铁路局范围内的日常客运、客服及行包运输组织工作,对日常客运信息进行处置,及时发布停运(加开)列车或增加(取消)办客站等客运调度命令。

客服调度台（客运综控调度台）设客运综控调度员，主要负责管理和操作高速铁路车站旅服系统、视频监控等设备，通过广播系统、进站大屏、站台屏等为旅客提供实时信息指引，为旅客进出站、候车等提供实时、准确的信息和服务。

动车调度台调度员，负责：承担局管内动车组运用、检修的日常组织和指挥工作，根据高速铁路运营、检修的需要，编制动车组车底运用、回送、检修计划；收集动车组列车在出库、运行、回库过程中出现的各种车辆问题，及时通报相关工种；动车组列车故障时启用热备动车组，协调现场和动车段处理动车组临时发生的问题等。

供电调度台调度员，负责：监控高速铁路牵引供电、电力系统安全运行；负责组织和指挥供电、电力设备检修和抢修工作，并进行停送电操作和下达命令。供电调度员主要利用供电综合远动监控系统（SCADA）工作，供电调度综合远动监控系统是运用电气化手段通过一个或多个相互连接（或非连接）的通道，对远方处于分散状态的生产过程的集中监测，控制和集中管理。牵引供电 SCADA 系统主要监控变电所，分区所、开闭所的设备运行状态，具备遥控、遥测、遥信、遥调、遥视功能，以及调度管理功能和辅助完成事故分析及处理等功能。有助于调度人员正确掌握系统运行状态、加快决策、快速诊断出系统故障状态提高管理效率的特点。供电调度通过鼠标（键盘）操作，实现对变电所内的远动开关设备、自动装置的投/切、主变分接头、微机保护等间隔层设备信号复归等进行控制，在控制前进行条件校核，防止误操作。系统实时显示各变电所的开关状态、预告及事故信号及电流、电压等各种测量。同时显示被控站上送的保护信息，实现设备操作和故障报警等信息处理功能。

高速铁路施工调度台调度员，负责编制高速铁路区段的施工、维修作业计划，遇计划施工后有限速时，需要提前发布运行揭示调度命令。

要保证高速铁路运营的安全，离不开各高速铁路调度台间紧密联系，密切配合，特别是行车调度台是确保高速铁路调度指挥安全、列车安全畅通运行的中枢与关键。高速铁路值班副主任领导和协调各工种调度，督促各岗位按章、按标作业，共同确保高速铁路列车运行的安全畅通，保证高速铁路调度指挥的安全稳定。

5.6.3 调度指挥运营计划

1. 日班计划

高速铁路调度日计划是一日内的运输工作计划，包括列车开行计划和施工、维修计划。计划起止时间为 0:00 至 24:00，由铁路局调度所主任（副主任）负责组织编制。计划编制的主要依据有：列车运行图、有关文件、电报、调度命令、动车组运用（车型、组数）、检修计划、月度施工计划、设备维修作业计划申请等。

列车开行计划的编制和下达的流程：客运计划调度员每日 10:00 前根据列车运行图及相关文件、电报、调度命令确定次日动车组开行方案，转交动车调度员和相关机务段、动车（车辆）段、客运段。15:00 前，动车调度员将动车组车底运用方案、热备车及重点事项、施工调度员将路用列车运行方案分别转交客运计划调度员。客运计划调度员 16:00 前与相关调度所交换列车开行计划，17:30 前形成次日列车开行计划。计划经调度所主任（副主任）审核批准后，报总公司运输局调度处，并于 18:00 前以调度命令下达有关单位、调度台。

施工日计划编制和下达的基本流程：施工单位于施工前 3 日将施工日计划申请报铁路局主管业务处室审核后，于施工前 2 日 9:00 前向施工办提报施工日计划申请，施工办核对无误后，组织编制施工日计划（其中Ⅰ级施工和总公司管理施工项目的施工日计划需报总公司运输局调度处审核批准）。编制的施工日计划经调度所主任（副主任）审核后，施工办于施工前 1 日 12:00 前（0:00 至 4:00 执行的施工日计划于前 1 日 8:00 前）将施工日计划下达本局有关机务段、动车（车辆）段和车务段（直属站），传（交）主管业务处室和相关计划调度台、列车调度台、供电调度台。

维修计划的流程与上述施工日计划流程类似。施工或维修计划下达后，不得随意取消日计划，因特殊原因临时取消时，须经铁路局分管运输副局长（或总调度长）批准。如果是Ⅰ级施工和总公司管理的施工项目还须经总公司运输局调度部主任或副主任批准。

2. 列车运行调整计划（阶段计划）

列车调度员按列车运行图指挥列车运行，通过铺划和下达 3~4 h 阶段计划来组织列车按运行图或当时实际运输需要来运行。也就是说高速铁路列车的运行是通过列车调度员编制阶段计划并组织实施来完成的。阶段计划对未来几小时的列车运行方案作出的具体安排，每 3 h 为一个阶段，并与第 4 小时衔接而形成连续性的阶段计划。

高速铁路阶段计划的主要有列车车次、到发的车站及时刻、股道、列车会让计划、维修和施工计划的安排等内容。

在调度指挥系统中，运行图终端是行车调度组织工作的重要工具，负责列车运行图的生成与调整，施工维修的安排与调整，列车调度员铺画阶段计划下达到车站和 CTC 自律机后，由车站值班员根据实际情况安排接发列车进路（车站操作模式或非常站控模式下），或由车站自律机按计划排路（CTC 中心控制模式下）。运行图终端功能丰富，主要由本班调整图（调）、日班计划图（日）、基本图（基本图）、施工计划（施）等四个操作界面组成，界面如图 5.31 所示。

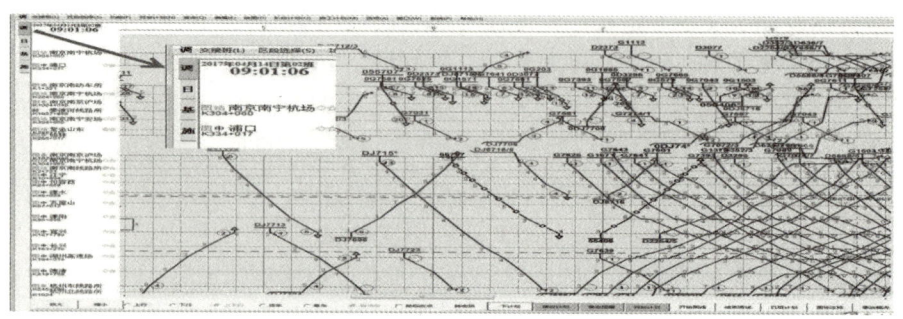

图 5.31　列车运行图终端界面

列车调度员点击"调"按钮，可切换到阶段计划界面，在日常调度工作中，列车调度员就是在该界面下编制"3~4 h 阶段计划"。列车调度员从日班计划（"一日一图"）获取本班实际运行图，根据列车实际运行（是否晚点）、车站股道使用情况确定会让计划及股道调整，计划编制完毕并确认无误后将计划下达至车站和 CTC 自律机，由 CTC 自律机自动排列进、出站信号。遇临时加开列车等特殊情况，列车调度员需从基本运行图读取或人工铺画列车运行线，此时要加强核对列车运行径路、办客站等重要信息。

点击"日"按钮，切换到日班计划界面。列车调度员通过获取日（班）计划中的"一日一图"的信息后生成本班实际运行图。"一日一图"由客运计划台负责编制，所有的列车信息来自基本运行图、相关行车文件和电报等。

点击"基"按钮，切换到"基本运行图"界面。列车基本运行图是铁路行车组织工作的基础，也是"一日一图"的基础和来源。而基本运行图通俗一点讲，就是当前时期正在执行的全部列车的"运行时刻表"，当然，基本运行图里还包括列车的运行时刻、办客站股道、最高运行速度等信息。每一次铁路部门"大调图"就是调整基本运行图，以更合理地安排列车运行计划、更便捷地满足旅客出行。

点击"施"按钮，切换到"施工计划"界面。可以获取施工（维修）列表、获取全部施工（维修）信息、根据施工（维修）日计划在运行图上生成施工维修符号及铺画施工路用列车开行计划线条等，还可以把预编的施工（维修）命令缓存到调度命令系统。

在日常调度工作中，列车调度员办理交接班手续后，登陆调度指挥系统，检查、落实上一班布置的列车运行计划，发现不妥之处需及时调整和下达调整后的运行计划，遇有注意事项、工作重点和关键等时需及时通过调度电话布置相关车站、动车组司机。

列车调度员点击"日"按钮，切换到日班计划界面。点击界面下方工具条的"获取车次"按钮，选择对应的班别、日期，点击确定则开始接收，由于高速铁路列车运行计划信息量太大，会出现进度提示窗口，大概需要 1 min 左右即可接收完成。加载完毕后，点击"调"按钮，切回调整图界面，点击界面下方工具条"日班计划"按钮，在弹出的对话框中，选中源是基本图还是日班计划，点击"读取列车"即可获取本班相关的所有列车车次信息，点击确认后，这些列车的运行线就会自动出现在运行图上。相关的计划信息、列车作业信息也一并汇入本班计划中。

遇临时加开列车、停运的列车恢复运行等特殊情况，客运调度员按规定向相关单位发布客运调度命令，列车调度员接到客运调度命令，核对无误后，需从基本运行图读取或人工铺画列车运行线，线条上图后需选择该列车运行线条，点击鼠标右键，在弹出的菜单中选择"计划线参数"，修改相应的列车运行径路、办客股道、办客时刻等重要信息，确保列车运行径路和办客信息准确无误。

随着我国高速铁路的发展，高速铁路线路呈网状分布，高速铁路列车跨调度台、跨铁路局运行十分常见，因而各高速铁路调度台间衔接和联系也日益密切、频繁。为保证准确铺画列车运行计划，列车调度员需要进行邻台计划间交换。邻台计划交换现有两种模式：本台主动申请邻台计划和邻台通知对方获取邻台计划。在调整图界面下方工具条中有"邻台计划"按钮，点击后会弹出窗口，可以选择"发送邻台计划"和"申请邻台计划"两种选项。点击"发送邻台计划"，勾选相关调度台后，可将列车早、晚点、运行顺序等发送给相邻调度台。点击"申请邻台计划"即可获取邻台的运行计划。接到邻台计划或主动获取计划后，列车调度员需根据列车晚点时间、车站股道使用等情况，选择合理的会让站及调整办客股道等。在铺画阶段计划时，列车调度员对晚点列车采取积极措施，使其恢复正点或赶点，及时通知客运综控调度员。必要时向高速铁路值班副主任、动车调度台和客运调度台及有关车站通报动车组列车晚点情况。

在有施工、维修计划时，列车调度员点击"施"按钮，进入施工计划界面，点击下方工具条中的"获取施工列表" 按钮获取某日的施工和维修列车，再依次点击"获取全部施工信息""全部施工符号上图"按钮，即可在调整图上生成施工维修符号。遇施工、维修作业需要路用列车（轨道车）配合时，列车调度员需人工铺化轨道车、路用列车运行线条。在调整图界面，列车调度员点击下方工具条中的"开始画线"按钮，弹出"画线"小窗口，输入开行的车次、勾选"起始车站、结束车站"等相应信息后点击确认后开始铺画运行线，此时列车调度员需要根据路用列车（轨道车）区间运行所需时间、区间是否需要停车下人卸料等实际情况铺画，并根据车站股道情况合理安排运行计划。在施工、维修符号上图完毕，路用列车（轨道车）就位后，助理调度员根据列车调度员的计划安排，核对车站上报的施工维修登记信息和及时下达开始施工维修的调度命令，并督促车站和设备管理单位按计划完成。

列车调度编制好阶段计划后，需分别在 9:00（21:00）、12:00（0:00）、15:00（3:00）、18:00（6:00）等时间节点前下达至车站和 CTC 自律机。运行计划调整后，通过下达计划，把当前的信息下发到各车站和车站 CTC 自律机，用于车站行车组织和自动排路的依据。下达阶段计划是调度中心与车站保持密切联系与远程控制的最重要步骤，列车调度员每次调整计划后，必须及时下发计划，以便车站及时掌握最新的阶段计划。

在日常调度指挥中，经常会遇到车站行车设备故障、动车组设备故障以及风雨雪等自然灾害。此时列车调度员就需按照规章、文件，正确、及时地进行应急行车处置，汇报高速铁路值班副主任，通知相关工种调度员，同时还需及时调整列车运行计划，保证高速铁路列车运行的安全、有序。因高速铁路为全封闭的线路，遇设备故障需临时上道处理时，列车调度员需根据设备管理单位的申请，扣停相关线别的列车，及时布置助理调度员发布"本线封锁准许上道抢修"的调度命令。由于高速铁路运行速度高，相邻线别的列车通过时会对本线检修人员造成人身伤害，为保障人身安全，铁路规章规定本线封锁上道处理时，邻线需要限速 160 km/h 运行。助理调度员在组织上道抢修时，还需向邻线运行的列车发布限速调度命令，并通过电话与动车组司机确认。

3. 建立"一日一图"运力动态调配机制

按日常图、周末图、高峰图方案，组织旅客运输，实行一日一图，最大限度实现运力投放与客流需求的匹配。通过合理安排动车组运用、检修，扩大客流饱满阶段的客运能力有效供给，调整客流不足阶段的客运能力减量供给，提高客运专线经营效益。同时，建立"一日一图"联合办公机制，客运、机辆、调度部门紧密协作，根据不同线路不同的客流特点，精准制定列车开行和动车组运用方案。获取"一日一图"的具体流程：根据日（班）计划系统，生成列车运行计划线；遇临时加开列车等特殊情况，需从基本图读取或手工铺画列车运行线时，必须正确设置并核对列车属性、股道、径路及客运营业等有关信息；根据施工（维修）日计划在运行图上生成施工维修符号及铺画施工路用列车开行计划线条，包括：①生成施工维修符号；②在调整图界面铺画施工路用列车运行线。根据列车实际运行、车站股道使用情况确定会让计划及股道调整。

4. 计划下达

主要包括：阶段计划编制完毕并确认无误后将计划下达至车站和 CTC 自律机；对重点事项及办理客运营业动车组变更到发线接发时，必须口头布置并提出安全生产要求；遇下达列车运行调整计划弹出警告信息时，须逐项确认无误后方可下达；若车站提出疑问时，必须立即检查确认无误后作出解释。

5.6.4 应急处置

应急管理是在紧急状况发生或预测发生时，确切知道要针对性地去做什么，并采用最好、最经济的管理方法去应对。面对突发事件的不确定性，应急管理工作的本质是在总结吸纳各种应急处置实践经验的基础上，通过总结归纳和分类梳理，从大量不确定因素中寻找具有重复性、共通性、程序性的规律，建立和完善相应的组织体制、运转机制和法规制度，进而全面提高防范突发事件风险和快速处置的综合能力。随着应急管理部的成立，进而说明了面对突发事件时，应急管理能力的重要性，传递出应急管理的全社会、系统性、大安全的理念。

铁路局设高速铁路突发事件应急领导小组，负责对局管内高速铁路区段发生交通事故、自然灾害、相关设备故障等突发事件的应急处置进行组织、指导和协调，同时根据突发事件的严重程度、处置进程等情况，决定启动或终止Ⅲ、Ⅳ级预案，或提请总公司启动Ⅰ、Ⅱ级预案。

铁路局应急领导小组由铁路局分管副局长任组长，总调度长任副组长，成员由路局办公室，安监室，运输处、客运处、货运处、机务处、供电处、工务处、电务处、车辆处、调度所、铁路公安局等部门负责人组成。应急领导小组下设办公室。办公室设在调度所（应急调度台）。各站段也相应设置应急领导小组。

应急响应分为特别重大、重大、较大、一般四级（即Ⅰ、Ⅱ、Ⅲ、Ⅳ级）。发生突发事件时，应按规定及时启动应急预案，作出相应级别的应急响应。其中Ⅰ、Ⅱ级应急响应由路局报告总公司后，Ⅰ级应急响应由国务院或其授权总公司启动；Ⅱ级应急响应由总公司启动。铁路局负责启动Ⅲ、Ⅳ级应急响应。

当高速铁路发生突发事件时，路局调度所列车调度员得到信息后立即汇报高速铁路值班副主任并通知各相关工种调度员。高速铁路值班副主任接到报告后，立即报告应急台值班副主任，应急台值班副主任通知路局领导、路局相关业务处室。

列车调度员负责填写《铁路交通事故（设备故障）概况表》（安监报-1），值班主任审核后上报路局安监室。突发事件发生后，应急领导小组根据具体情况，按照分级响应的原则启动相应预案，并组织突发事件应急处置，并根据实际需要调动应急队伍，集结相关设备、物资、药品等，落实处置措施。

以下是铁路局调度所的交通事故（设备故障）的应急处置流程图如图5.32所示。

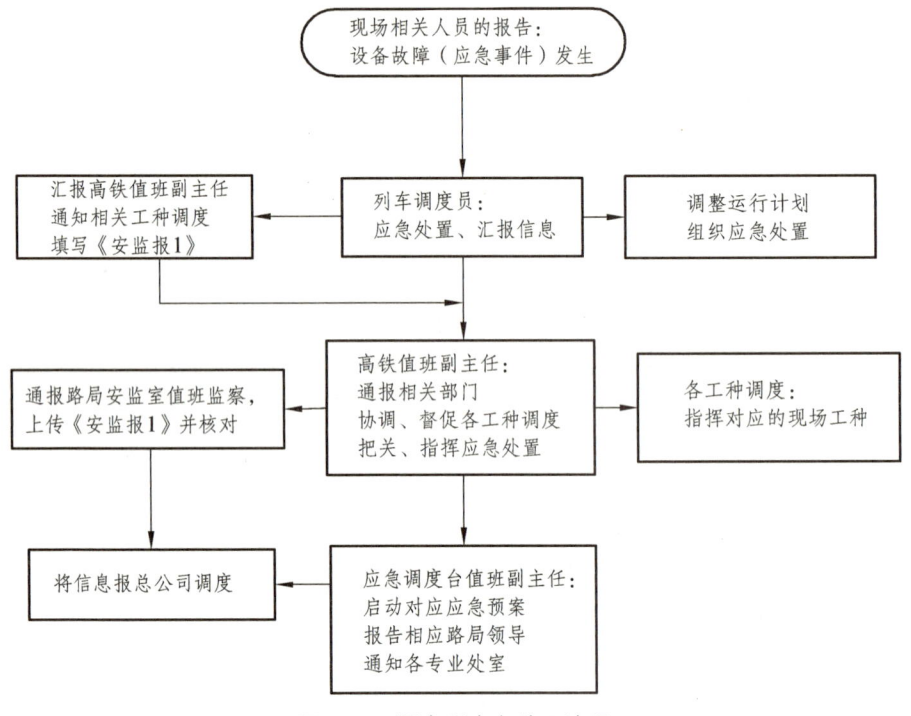

图 5.32　调度所应急处置流程

下面以"动车组运行途中车体发生异状的应急处置作业"为例，详细介绍应急处置的具体流程：

列车运行途中突发剧烈上下跳动、车体剧烈摆动、连接处明显下垂、走行部有剧烈连续的摩擦震动等异状时，司机立即采取紧急制动方式停车，向列车调度员汇报，并通知随车机械师。列车调度员得到信息后，在运行图终端上操作，调整后续列车的运行计划并立即下达到CTC自律机，或通过布置助理调度员人工干预后方站出站信号的方式，把后续列车扣停在后方站，来不及时应呼叫后续列车立即停车，同时及时报告高速铁路值班副主任，通知动车台调度员，客运调度员（客运综控调度员）。

高速铁路值班副主任上台盯控、把关，并汇报值班主任和应急台值班副主任。应急台值班副主任报告相关路局领导和有关部门负责人，应急领导小组相关人员按照现场具体情况启动相应的应急预案，并指导现场进行相应的应急处置。动车调度员应与动车段、列车调度员（局管内发生故障时）、故障发生地所属局动车调度员密切联系，及时传递相关信息，协调故障应急处置。

随车机械师对动车组列车进行检查、处理，如需要下车检查时，通过司机向列车调度员申请。列车调度员根据机械师要求下车处理的申请后，按下列规定处理：在运行方向左侧下车处理故障时，为防止相邻线别高速通过的列车对本线检修人员造成人身伤害，需要发布邻线限速 160 km/h 运行的调度命令，并设置列控限速；在运行方向右侧（间双线间）下车处理故障时，需要扣停邻线列车。

对邻线列车限速或扣停后，列车调度员通知司机布置机械师下车检查。机械师检查完毕上车后，列车调度员可恢复邻线正常行车。

随车机械师检查发现故障影响行车安全且不能修复时，司机向列车调度员请求救援。列车调度员逐级将情况汇报，应急领导小组布置高速铁路值班副主任组织救援，值班副主任布置列车调度员、动车调度员、客运调度员等工种，启用热备动车组进行对故障列车进行救援和组织旅客换乘。列车调度员根据实际情况及时封锁区间并开行救援列车进入封锁区间救援故障列车。

需组织旅客换乘时，由铁路局主管运输副局长（或总调度长）批准，列车调度员要将救援方案及时通知司机，司机通知列车长和随车机械师。组织旅客在车站内换乘时，两列换乘车底应尽量安排在同一站台方便旅客换乘。组织旅客在区间换乘时，所在地相关站段、公安派出所由车务站段召集，组织救援力量随车赶赴现场。在救援力量到达现场后，由站段领导统一指挥。在区间换乘前，列车调度员要扣停有关列车，封锁邻线区间。在隧道内换乘时，列车调度员需通知设备管理单位开启隧道内的应急照明装置。

如故障暂时不能修复但可限速运行时，随车机械师临时处置后，动车组列车按随车机械师提出的限速值限速运行，在限速运行过程中，随车机械师需密切监视故障车辆状况；如检查无异常，随车机械师将检查处理情况报告司机后，通知司机按 160 km/h、250 km/h、常速逐级提速，并提速过程中监控动车组限速运行（为便于观察和保证运行安全，铁路部门规定需逐级提速）。

列车调度员根据上述具体情况（救援、限速或恢复正常运行），调整列车运行计划，通知客运综控调度员列车晚点情况；搜集故障动车组列车的型号、编组以及司机信息等内容，及时填报《铁路交通事故（设备故障）概况表》（安监报-1），逐级报总公司和路局相关部门。处置期间，列车调度员、值班副主任及时将进度报告应急台值班副主任，应急值班副主任转报应急领导小组。

故障处理或救援完毕后，由应急领导小组宣布应急处置结束，相关专业部门对处置情况进行分析、总结和评价。

以上是对"动车组运行途中车体发生异状"应急处置的简单介绍，下面再介绍一下高速铁路日常运行过程中最常见到的情况——列车晚点的处置过程。

（1）在高速铁路运行过程中，由于恶劣天气（遇大风暴雨动车组列车需限速运行以保证运行安全）、设备故障等原因造成列车晚点，列车调度员发现或接到列车晚点的信息后，根据列车运行现状、临时加开或停运、动车组车底上线和回送等情况，编制阶段计划并及时下达至CTC自律机和车站及客运综控台的旅服系统，布置车站和司机相关注意事项，并和助理调度员一起盯控和组织列车按计划运行；将列车晚点情况口头或电话通知客运综控台、相邻调度台列车调度员，遇列车晚点时间较长或晚点列车较多时，还需通知高速铁路值班副主任、客运调度员、动车调度员。

（2）客运综控调度员接到列车调度员的晚点通知后，及时通过旅服系统控制车站检票闸机，在车站各屏幕显示各次列车晚点情况，并远程广播列车晚点情况，遇晚点列车较多时，还需组织车站客运人员人工检票、人工引导上、下车客流等。

（3）高速铁路值班副主任接到列车晚点的报告后，及时上台把关，督促和协调各工种调度员、车站分管客运工作的领导，并通知应急台值班副主任，由应急台值班副主任通知领导和相关业务处。

（4）客运调度员接到列车调度员列车晚点信息通报后，及时将晚点信息、原因通告相关客运段，并根据需要发布高速铁路列车停运、加开的调度命令；遇晚点列车列车长询问时，应向列车长通报晚点原因和预计时间等信息。

（5）动车调度员接到高速铁路列车晚点较多的信息后，及时查看动车组运用计划，核实停放在动车所（库）内的动车组车底和热备动车组信息，以备晚点列车车底衔接不上时启用备用动车组车底，并根据客运调度员的停运、加开命令，及时安排动车组车底的运用和回送。

（6）遇晚点列车可能影响夜间维修、施工时，列车调度员需要将晚点信息通知供电调度员、各相关设备管理单位。

可以看出：在高速铁路列车运行中，列车调度员指挥高速铁路列车运行，遇突发情况时采取相应的应急措施（限速或扣停列车），随后向高速铁路值班副主任汇报，并通知相关工种调度员、相关设备管理单位等（如遇供电方面的应急处置需及时通知供电调度员，遇高速铁路线路设备故障时需工务段、电务段等人员）；各相关工种调度员根据具体情况进行应急处置或布置相应现场人员进行应急处理；高速铁路值班副主任到调度台把关并协调各工种调度员；应急值班副主任通报各类信息并协调路局专业处室的应急处置。可以说，整个高速铁路调度体系是一个不可分割的有机体，各工种调度员各司其职，紧密联系，缺一不可。

再以扫雪为例对应急处置加以说明。铁路单位各相关部门均应建立应急响应的联系制度，以保证在应急预案启动时，能在规定时间内人员到位。路局应急处理中心应设在路局应急办或调度所安全生产指挥中心，站段应设在段安全生产指挥中心。并保证应急指挥中心电话、网络畅通。高速铁路时刻表一旦确定，列车就会在列车运行控制系统的指挥下准时准点运行。可是在遇到大风、大雨、大雪、冰雹等恶劣天气下还会按预定时间和速度运行吗？考虑到安全，当然要调整。中国通号的高速铁路列控系统实现了不同速度等级高速铁路临时限速的集中统一管理，在风、雨、雪等恶劣天气及施工情况下，调度员可以发布临时限速命令（比如设定命令区段为徐州东到南京南这一大雨路段），这些命令会通过无线闭塞中心（RBC）和列控中心（TCC）传送至车载设备（ATP），列车开行到这一路段时，车载设备会自动控制列车限速运行，保障高速铁路安全运行。

扫雪是集应急处置、调度指挥、大面积稳点的综合场景组织。2018年初，内徐州、阜阳、蚌埠、南京等地区迎来入冬首场大雪，其中阜阳地区 12 h 内积雪厚度达 300 mm。上海局集团公司迅速启动扫雪除冰 I 级响应。各单位组织干部职工，成立扫雪突击队，顶着凛冽寒风，赶赴大雪现场，巡查关键设备，清扫积雪，除去冰凌，全力确保运输安全畅通、旅客平安出行。此次降雪导致京沪、合宁、合武、郑徐高速铁路等主要干线列车大面积晚点，尤其是对京沪和沪汉蓉高速铁路影响较大，部分列车晚点时间较长。上海局调度所行车、车辆、安全等各部门负责人 24 h 盯台把关，加强列车运行监控，果断处置各类突发事件，维护运输秩序。对京沪高速铁路滁州、定远、蚌埠、宿州等站，实施列车固定进路接车，以减少现场因道岔清扫作业等对运输带来的影响。1 月 3 日起，华北、黄淮、江淮等地遭遇暴雪侵袭，其中管内阜阳地区雨雪天气较强，12 h 内积雪厚度达 300 mm，为十年一遇。暴雪导致管内京沪、宁杭、沪宁、沪汉蓉等多条高速铁路以及普速线路列车出现大面积晚点，部分车站旅客滞留现象严重。面对暴雪灾害影响，集团公司迅速启动扫雪除冰 I 级响应，调度、客运、运输、机务、车辆等部门协同作战、研究对策。任何一趟列车运行安排出现差错，都有可能扰乱整个运输秩序。1月4日0:00，京沪、合宁、合武、郑徐等多条高速铁路线路开行除冰列车。相关部门重点围绕应急响应部署、现场安全措施落实、设备检查整治、非正常应急处置等方面强化监督检查。客运部门加强与调度部门的联系，实时掌握各趟列车运行情况，做好运营方案调整工作，及时公告影响列车正常运行的信息，并做好宣传工作。与此同时，集团公司客运处及时增开1趟阜阳至合肥的普速列车，疏散阜阳地区滞留旅客。客票管理所根据列车开行方案变化，实时跟进调整售票组织，指导各站段做好车票退、改、签等服务工作。12306客服中心利用官方微博微信、"上铁12306"APP第一时间对外发布列车停运和晚点信息，方便旅客及时准确获取出行资讯。据统计，此次受暴雪影响，共停运旅客列车627列、折返20列，其中停运动车组列车391列、普速列车236列。目前，天气预报总体上比较准确，需要协同作战，车务系统发挥牵头和协调作用，组织工务、电务和供电部门协同配合，传统的观念是立足于扫雪，遇有列车大面积按晚点时，要向扫、列车停运和调整的理念做转变，平时还要加强扫雪机能培训与落实，演练方案制定和演练，应急组织方案的执行。

5.7 案例分析：我国高速铁路客运产品与日本铁道优等列车路线图

5.7.1 我国高速铁路客运市场与客运产品

高速铁路的客运市场是与普速铁路、公路、航空运输比较而言。

（1）高速铁路与普速铁路比较。主要差别主要体现在线路、车辆、速度、舒适度、票价五个方面。普速线路多采用有砟轨道，高速铁路一般采用无砟轨道；普速车辆使用传统机车牵引的可拆解连挂车厢，高速铁路则是动车组；普速旅速低，时速160 km/h以下，高速铁路运行速度高，时速250 km/h以上；因线路、车辆原因，乘高速铁路旅行舒适度远高于普速铁路；高速铁路票价与普速列车的票价也存在较大差距，除了与高速铁路高成本有关外，普速列车具有公益性属性。

（2）公路运输与高速铁路比较。机动性强是公路运输最大的优点，但动车组列车与公路短程运输（250 km以内）比较，在运行时间、乘车环境等方面明显优于高速公路客运班车，但由于其开行班次较少、开行方案停靠中小站次数少，加上公路运输的机动灵活，一些中低端旅客仍然选择乘坐票价低一些的汽车出行。因此，动车组对高速公路客运综合替代效应较强，而对一般公路客运综合替代效应一般。

具体而言，动车组与公路中程运输（250~600 km）比较，高速公路客运与动车组相比在速度上没有优势，再加上动车组舒适的乘车环境、高度的安全系数和几乎是全天候的运行，所以在中程综合替代效应强。高速铁路进一步缩短列车间隔时间，真正做到小编组、大密度运行，并增加停站数量和次数，综合替代效应会进一步增强；动车组与公路远程运输（600 km 以上）比较，公路运输在运行时间、舒适程度、安全系数等方面都远不如铁路，所以远程综合替代效应较强。

2017 年 12 月 6 日，全长 658 km 的西成高速铁路正式开通，将被秦岭阻隔的我国西南和西北地区相连，川陕两地正式进入"3 h 经济圈"。与之相对应的西汉高速公路迎来了巨大冲击，还未开通前就开始降价，例如汉中-西安直降 34 元，现价只要 55 块。动车票价远比西汉高速贵：软座 155 元，硬座 97 元，几乎相差近一倍。有关数据显示：西成高速铁路未开通前，西安到汉中方向高速公路日客流量在 4 000 人次，开通后客流大幅下降，最近几天日客流 2 000 人次。据有关分析，有一半旅客选择乘坐西汉高速公路往返，一是坐高速铁路的一部分人，对比后发现还是乘坐高速公路更适合自己；二是因为高速铁路票"火爆"到不好买；三是因为沿途非高速铁路站点乘坐高速铁路要转乘，中转带来很多不便，而且高速铁路价格高于高速公路票价，所以就依然选择公路出行。12 月 28 日调整铁路列车运行图后，日开行动车组列车达到 53 对，平均 14.7 min 1 趟，"公交化"的方式，惠及更多的旅客，乘坐西汉高速的客流还将被分流掉一部分。面对高速铁路的冲击，西安各大公路客运站打出"优惠牌"、"便捷牌"和"服务牌"，票价下降，开通电子支付功能，并开通务工便民直通车等措施；西汉高速方向的班车票价继续执行优惠价，降价幅度达 30%以上。2018 年 4 月 10 日，西成方向动车组列车每日开行总数达到 67 对，客流高峰期时还将增加 1 对高峰线动车组，7:00—20:00 间平均 12 min 就有一趟动车组列车从西安开往汉中、成都方向。

（3）航空运输与高速铁路比较。动车组列车与短程航段（800 km 以内）比较，无论是从价格上还是从密度上都具有明显的竞争优势。新建高速铁路开通过后，上海到合肥、南京到武汉、等航线逐步停飞。首先，在国际原油价格一路飙升、其他运输方式征收燃油附加费的情况下，无疑增加了铁路竞争的砝码；其次，高速铁路开行动车组后，铁路与航空两者的行程时差进一步缩小，考虑到地面转接时间，两者的行程时差最终会在 3 h 左右；最后，由于铁路具有市中心到市中心的"区位优势"、方便地面交通衔接服务、发车准点率高、停靠站点较多、受天气影响很小等特点，这些都使民航运输的时效性和"性价比"趋于弱化。因此，在短程航段上，铁路对民航的冲击效应较大，综合替代效应较强。

动车组与中程航段（600~1 000 km）比较，高速铁路对民航的冲击很大，航班上座率明显下降，班次减少，如上海到武汉、西安到成都、南京到北京的旅客大多选择。通过对高速铁路和飞机在旅行时间、票价水平、旅行环境、服务频次等主要特征的对比分析，发现两者在不同的运行里程范围内，优势各不相同。总体上来说，高速铁路在 800 km 左右，无论从票价、运行时间、开行班次上都具有绝对优势，但在 1 000 km 以上，高速铁路无论在运行时间、票价等方面的优势相对减弱，相反民航优势增加。上海虹桥综合交通枢纽的建成，为推进长三角地区零换乘、无缝隙的"空铁联运"组织模式提供了必要的基础设施及先决条件，旅客多种交通方式换乘的几率越来越多，新型联运模式顺应市场需求。

关于旅客最舒适的时间，高速铁路国家都经过统计，旅行速度、旅行时间跟人的身体的关系，结果发现大部分身体好的坐五六小时没问题，一般的坐 4 h 最舒服，超过 4 h，开始感到疲劳，最好不要超过 5 h，这是成为一个旅客上座率的一个关键。日本交通省的研究结果认为，高速铁路有效竞争半径为旅行时间 5 h 以内，单程旅行时间超过 5 h，高速铁路的快捷程度相对于航空将毫无优势。因此，在可预见的将来，为了缩短旅行时间，以求在最大范围内与航空竞争客流，更新、更快速的列车必定会投入新干线的运营。按照这个说法，1 500 km 不能超过 5 h，那旅行速度就得 300 km/h 或者以上。发展更加经济环保的交通工具，是人类社会可持续发展的内在要求，欧洲大部分之间的距离都在 1 000~1 500 km，日本东京到北海道和东京到九州都是 1 000 多千米，发展这个距离高速铁路运输是有竞争性的。

高速铁路与远程航段（2 000 km 以上）比较，如单纯从价格上看，铁路运输方式有较大的竞争优势，且有很大的消费市场，但由于其长途旅行疲劳度明显较大，而且密度较小、与航空相比两者行程时差相距甚远，因而使得铁路运输方式在远程航段上，对民航的冲击效应较小，综合替代效应较弱，但可采取优化客运产品的方式与其竞争，如可开行夕发朝至动卧列车。

另外，从旅客乘坐高速铁路在途时间分析。高速铁路车站一般设在城市中心或距离市中心不远的城市边缘，到达高速铁路车站相对比较方面，考虑到高速铁路动车组列车的正点率高以及公交化运营的实际情况，旅客通常可提前 30 min 到车站候车即可；而机场通常设在城市郊区，一般要提前 1.5~2 h 到机场，再加上途中乘坐其他交通方式时间都要提前考虑，相应旅客到机场在途时间延长。为了应对高速铁路冲击，中国民用航空局曾有过专项调查显示：500 km 内高速铁路对民航的冲击达到 50%以上；500~800 km 高速铁路对民航的冲击达到 30%以上；800~1 000 km 内高速铁路对民航的冲击约 20%；1 000~1 500 km 约 10%；1 500 km 以上没有影响。

城市数据团联手汇联易做的《全国商务差旅出行》研究结果表明：在 200 km 以下的短距离差旅路线中，汽车和高速铁路平分秋色；在 200~800 km 的中长距离路线中，高速铁路是大多数人的选择，偏好飞机的比例开始增长；在 800~1 400 km 的区间，选高速铁路和飞机的差旅人群比例相差略有波动；在 1 400 km 以上，飞机的选择比例越来越高。

高速铁路客运市场细分如表 5.8 所示。

表 5.8 高速铁路客运市场细分

细分市场类型	旅行时间/h	旅行距离/km	市场特点
短途流	<1.5	<300	大部分为通勤客流，客运产品主要竞争对手为既有铁路、公路，竞争重点更多在于费用、方便、服务等软因素
中途流	1.5~3	300~800	大部分为近高速客流，客运产品与既有铁路、公路竞争激烈，可实现"朝发夕归"，具有相对竞争优势
中长途流	3~5	800~1 500	大部分为高速客流、远高速客流，客运产品与既有铁路、公路相比，在旅行时间上具有竞争优势；与航空相比，在价格、服务上具有竞争优势
长途流	5~8	1 500~2 000	大部分为远高速流、夕发朝至客流，客运产品与航空相比，旅行时间总耗时接近，但在价格、服务上具有竞争优势
超长途流	>8	>2 000	大部分为夕发朝至流、一日到达流，客运产品与航空相比，航空的竞争优势为旅行时间；若开行动卧动车组，可实现夕发朝至，虽然其费用可能与航空持平，但由于可以充分利用夜间旅行，会有一定竞争优势

在新型城镇化快速发展、高速铁路建设加快的背景下，城市群空间组织的模式从传统"中心-腹地"转向"枢纽-网络"的模式。"中心-腹地"结构：层级概念更突出，次中心与中心连接，同层级之间缺乏密切互动。"枢纽-网络"结构：即使是规模较小、位置较偏僻的县或者小城镇也都有机会参与到区域的交流和合作中，主要取决于在网络中的地位和节点的连通度、便捷性。在这种

结构中，枢纽间的竞争将会异常激烈，各个节点一定要坚持适度多元化、差异化、特色化的发展策略，尤其是对于小城镇和县域节点而言，这样才能避免同质化。高速铁路、航空等高效率的交通方式成为"枢纽+网络"发展模式下各城市竞相争夺的优势资源，高速铁路和机场紧密衔接组合而成的综合交通枢纽也将大大强化城市在区域中的枢纽地位，支撑城市在网络中地位的提升。

  法国铁路根据列车速度等级、开行范围、服务特点等因素，开发了多元化、系列化的客运产品。但是，根据法国国家铁路和公路运营监管局（ARAFER）近期发布的市场调查报告显示，自 2011 年起，法国铁路客运在国内运输市场上的份额呈逐年下降趋势，铁路相较于其他交通运输方式的竞争力也有所下降。2017 年 11 月 16 日，ARAFER 发布了 2015 年和 2016 年法国铁路客运市场调查报告，该报告详细描述了法国铁路的客运产品及运量、铁路市场份额、线路使用效率、营业收入以及补贴情况，重点结论包括以下几个方面：2016 年，法国铁路客运量达到 12 亿人次，其中超过 90%的客运量来自短途列车 TER 以及法兰西岛远郊铁路列车 Transilien。铁路旅客周转量同期下降了 1%，其中短途列车 TER、国际列车和城际列车分别下降了 2.8%、7.8%和 6.5%，仅高速铁路 TGV 和法兰西岛远郊列车 Transilien 的旅客周转量分别增长了 0.1%和 3.8%。列车平均客座率为 43%，但不同服务产品的客座率差别较大：TER 客座率仅 25%，国内段高速列车的客座率最高可达 67%。

  相比之下，其他交通方式在同一时期的增长趋势较为明显，小汽车、大巴和飞机的旅客周转量分别增长了 2.7%、17%和 3.8%，这意味着铁路相对于其他交通运输方式的竞争力有所下降。2011 年，SNCF 经营的铁路客运在运输市场上的占有率达到 10%，比 1995 提高了 3 个百分点，但自 2011 年起铁路客运的市场份额开始出现逐年下降趋势，而其他运输方式，如小汽车、飞机、大巴车等的市场份额则开始增长。虽然法国铁路客运的份额一直都高于其他欧洲国家，如比德国高 2%、比意大利高 4 个百分点，但只有法国铁路客运在国内运输市场上的份额在不断下降，其他欧洲国家铁路客运的份额大多在上升。2017 年年底，法国高速铁路约 2 800 km，高速铁路规模在欧洲仅次于西班牙，约 85%的列车走行千米都来自客运业务，但客运业务仅使用了不到 1/3 的线路资源。2016 年法国铁路货运及客运的线路总使用率下降了 6%，主要原因是 2016 年第二季度的罢工导致大约 5%的客运列车被取消，日均取消大约 350 列客运列车，货物运输受到的影响更大。11%的客运列车平均晚点时间超过 6 min，高峰运行时间的晚点率上升。2015 年法国铁路企业的税前总收入为 134 亿欧元，其中近 2/3 是客票收入，其余是基础设施使用费收入。2015 年 SNCF mobilités 公司经营的高速铁路业务共支付了 17 亿欧元的线路使用费，占 TGV 总收入的 38%。2016 年 TER 和 TGV 列车每位旅客的客票收入分别下降到每百千米 7.8 欧元和 9.6 欧元，比 2015 年下降了 3.2%和 2.4%。2016年乘坐区域列车 TER 和大法兰西远郊列车的旅客平均支付 6.5 欧分/km，此外，地方政府还需向法铁 SNCF mobilités 公司共计支付 23.3 欧分的补贴，其中线路使用费为 5.6 欧分/km，这意味着 2016 年区域列车 TER 超过 75%的收入都来自地方财政支持。

高速铁路产品设计源于旅客出行需要、根植于客运市场发展，利用有限的线路、动车组等运输资源，在合适的运营时间内，设计开行满足大部分旅客需要的动车组列车。高速铁路主要围绕线路分工、客运市场特点、高普分工以及与其他交通工具融合发展进行市场定位，并在市场变革中不断调整适应。同时，通过大力实施铁路运输供给侧结构性改革，优化客运产品供给，实现了高速铁路经济与高速铁路品牌的交相辉映。运输供给的要素包括：数量。可用运输设备的运输能力来表示；运输布局：基础设施在空间的分布和活动设备的合理配置及其发展变化的状况；运输管理体制。表明运输业发展的结构、制度、资源配置的方式以及相应的政策、法规等。

高速铁路产品具有过程性、物质性与非物质性，产品的物质性是指产品是物质的、可触摸、有形的元素，非物质性是指产品中非物质的、无形的和不可触摸的元素，高速铁路产品中，候车和乘车时的物理环境是可触摸的、有形的要素，而这一过程中准时、安全和舒适等方面的元素则是无形的，在评价上有不同的主观度的影响要素。高速铁路客运产品具有专业化、高速化、舒适化、多样化、全程化的发展趋势。

通常运输供给的能力由基础设施和运载设备两个部分构成。虽然在运输管理体制上，运输基础设施与运载设备的管理可能分离，但是在运输生产能力的形式上，两者是紧密结合、缺一不可的。运输供给是指分布在一定空间上的能力，运输业是一种特殊的行业，因此具有特殊的供给特点，供给水平受路网基础设置、移动设备、运营计划、计划实施等几个方面的影响。运输供给具有运输产品不可存储性、整体性、供求不平衡性、部分替代性、时空差异性等特征。其中，时空差异性是由于运输需求在运输时间上的不规律性、在运输方向上的单向性、个别运输需求对运输设备的适应性等所造成的运输供给与运输需求不匹配所形成的运输生产的时空差异。运输企业为了实现供需的时空结合，经常要付出空载行驶的代价，导致运力浪费。掌握市场信息，依靠科学技术提高运输能力的协调与分配是运输业解决生产与需求时空矛盾的关键。

铁路客运服务评价客观上表现为供给对需求的适应性，其中对质量需求的适应情况主要通过铁路硬件、软件设施设备等资源及用户满意度得以体现，而对数量需求的适应情况主要通过列车时刻表得以体现，如旅客发送能力、路网节点覆盖率、车站服务频次、列车平均停站距离、列车始发终到时刻、直达与换乘方便性、列车平均运距、列车平均旅行时间、高速列车运行情况等，尤其表现在旅客发送量和列车平均运距等指标上。铁路运输企业提供的运输产品，也是一种服务产品，具有一般服务产品的特征，服务是介于有形的实物产品与无形的服务产品之间的特殊产品，结合了有形产品和无形产品的一般特征。

从高速铁路运营实践来看，现阶段大部分高速铁路能够满足客流需求，但有部分高速铁路，受区域旅客出行需求量大和波动等因素影响，如沪宁城际铁路在节假日、高峰时段仍然存在供不应求等现象，高峰期客流具有明显的时间特征和区域特征，极易造成运输能力的阶段性紧张和短缺。也就是说在节假日、高峰时段虽然充分利用了运输资源，运输供给能力仍存在不足，其他时段基本能够满足客流需求。而非高峰时段则相对出现一定的运能虚糜现象，需要运输资源的进一步优化调整。

再从高速铁路客运站与其他交通方式的协调方面看，高速铁路客运站不仅是高速铁路网络的节点，同时，作为整个综合交通运输网络体系中重要的功能节点，它还担负着高速间交通与城市内部交通相互衔接转换的功能。便捷、快速、一体化换乘的高速铁路枢纽接驳体系的实现是一个复杂的系统工程，涉及多方面的协调。

（1）从协调体系的建设和运营管理过程来看，需要涉及不同专业及不同建设部门的协调与沟通，打破行业与部门界限，充分满足高速铁路枢纽内不同运营商的运输组织协调，实现无缝衔接一体化运行。

（2）从信息服务导向过程来看，需要达成高速铁路枢纽一体化接驳换乘的技术标准，做到换乘接驳信息服务一体化以缩短换乘距离、减少换乘时间；建立运输组织部门与乘客共享的交通信息平台，既要充分满足车站内不同交通运营部门的运输组织配合协调，实现多交通方式换乘的无缝衔接一体化，也要满足枢纽旅客集散的信息诱导服务需求以及应急救灾信息保障需求。

其联运客运产品也体现在多个方面。

（1）公铁联运

如南京汽车客运站与南京火车站、南京汽车南站与南京高速铁路南站互设售票窗口。其中：南京汽车客运站在南京火车站的售票窗口设在南广场售票厅13号售票窗口，南京火车站在南京汽车客运站的售票窗口设在2号售票窗口；南京汽车南站在南京高速铁路南站的售票窗口设在1层北售票大厅1号窗口，南京高速铁路南站在南京汽车南站的售票窗口设在13号售票窗口。售票时间都是8:30—16:30。在营业时间内，需要换乘的旅客下了火车（汽车）

即刻就可以在火车站（汽车站）购买换乘车票，出行更方便。

为方便旅客出行，铁路部门基于列车开行方案、实际席位情况提供了旅客接续旅程方案，主要有图定接续方案、席位接续方案。

① 图定接续方案。为完善铁路旅客运输的可达性，根据现有各次列车开行方案及停靠站表或旅客指定的换乘需求，向旅客提供不同车次间的时间最短、行程最短、票价最低等科学、合理的换乘旅行方案。

② 席位接续方案。为方便旅客及时出行，在各次列车开行方案及停靠站表基础上，根据各次列车剩余席位以及旅客指定的换乘需求，向旅客提供同车次不同席位或不同车次间最经济、最合理且可出行的旅行方案。

2018年5月26日晚上，G351次列车晚点到达黄山北站已经是次日凌晨近1时许，终到人数约300人。收到北站值班室的晚点通知后，黄山经开区高速铁路综管办统一协调部署，立即启动应急预案，开发区运管办根据预案的程序进行车辆的准备及调运工作，客运枢纽、高速铁路北站、高速铁路北站联勤联动办等相关单位全力配合，提前调拨了市交通股份公司旅游大巴1辆待运，并将晚点信息及时发布告知出租车驾驶员群体，现场出租汽车运力40余辆。经综管办统一协调，运管、公安、交通股份公司各部门通力协作，整个旅客输散过程安全、平稳、有序，站前无旅客滞留。搭乘应急旅游大巴的乘客全部送至中心城区及老火车站点进行转乘，整个应急过程平稳、有序。

（2）空铁联运

航空运输是大部分长途出行旅客的首选工具，对于中长途的商务型旅客非常具有吸引力。随着高速铁路的崛起，两者之间的竞争越来越大，同时，选择在高速铁路和飞机这两种交通方式间换乘的需求越来越多，两者之间的合作也势在必行。已有许多成功的空铁联运合作案例，如最为成功的法兰克福机场、伦敦帕丁顿站的城市航站服务中心、伦敦盖特威克机场（London GatwickAirport）和我国香港机场的空铁联运。国内还有一些城市也纷纷建立综合交通运输体系，机场和高速铁路车站纷纷建在一起（如虹桥机场枢纽），为空铁联运实施奠定基础条件。

空铁联运是指航空运输与铁路运输之间协作的一种联合运输方式。在机场和铁路基础设施建设和整合为基础，实现高速铁路作为"零米高度航空"与航空运输的无缝衔接，实现不同行政区域间的双赢、实现航空业和铁路业的双赢。空铁联运服务主要体现在异地值机、异地行李交付、联运信息服务、联运票务服务四个方面。中国高速铁路没有专门的行李车，只提供高速铁路快件（小件）运输。另外，高速铁路和航空的安检标准和要求不同。因此在国内空铁联运的异地值机、异地行李交付还无法实现，国内的空铁联运主要提供联运信息服务、联运票务服务。其示意图如图5.33所示。

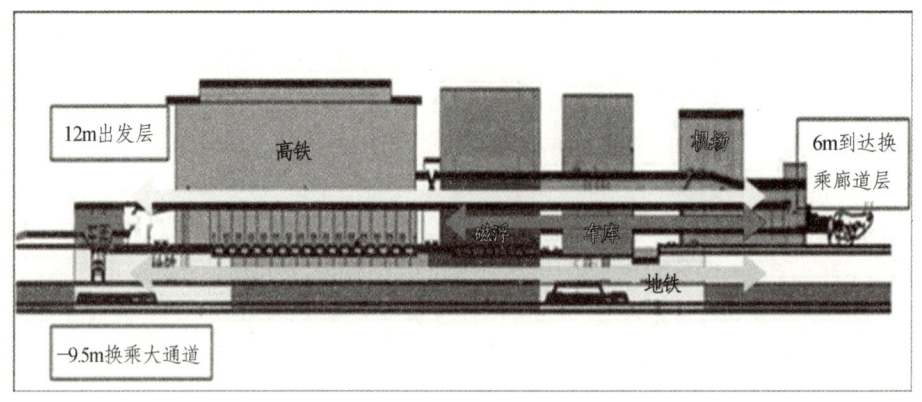

图5.33 "空铁联运"示意图

① 联运信息服务。空铁联运信息服务是集成航空公司、铁路和机场集团三者的票务、运行、引导等信息，向联运旅客提供列车航班信息、引导信息、延误信息、客票信息等服务，最终实现航空部门与铁路部门的信息共享。

② 联运票务服务。通过信息共享，在航空票务系统中，将空铁联运车站、高速铁路车次虚拟成机场和航班，实现代码共享，然后通过互联网和代办点进行空铁通产品销售。系统主要提供余票查询、订票、退票、改签等功能。该功能模块也需相应实现运营商对列车、航班信息的管理等功能。由于航空票务和铁路票务相对独立，但是航空和铁路都实现实名制售票以及电子客票，因此在票务服务上实行分段售票服务，但是旅客在行程上只需凭借本人有效身份证件直接乘车（机）或取票乘车（机）。

服务流程：基于地区综合交通运输体系，空铁联运模式采用航空换乘铁路（高速铁路/高速）、铁路（高速铁路/高速）换乘航空这两种运营模式。

现在越来越多的高速铁路站都建到了机场地下，高速铁路成功"潜伏"到机场内部。也就是说，出了高速铁路站就是机场航站楼，可实现站内换乘。

如果高速铁路/飞机停运，可随时改乘飞机/高速铁路，高速铁路+飞机的无缝换乘，十分便捷！

目前，可以直达机场的高速铁路站包括：海口美兰站、三亚凤凰机场站、成都双流机场站、武汉天河机场站、郑州新郑机场站、贵阳龙洞堡站、兰州中川机场站等。除此之外，正在建的广东揭阳潮汕机场、北京新机场、成都天府国际机场、青岛胶东国际机场、济南机场等机场的高速铁路站未来都将实现高铁与飞机"零"换乘，人们的出行将更加方便。

（3）港铁联运

随着我国经济的快速发展，人民生活水平显著提高，旅游业蓬勃发展，邮轮旅游成为一种新的旅游产业。邮轮旅游以主要城市（当前国内主要在上海吴淞口码头）为基点，吸引周边乃至全国各点旅游爱好者。而高速铁路的快速发展，为邮轮旅客提供了更高速、优质的旅行体，也有力地促进了油轮旅游的发展。为实现区域内的交通一体化，方便邮轮旅客便捷出行旅游，铁路部门联合港口、邮轮公司共同推出港铁联运相关产品——"邮轮通"。"邮轮通"将铁路服务、港口服务、邮轮旅游进行整合，向游客提供"门到门"的无缝旅游服务。在行程上提供从游客所在城市到港口城市的高速铁路服务、从港口城市的高速铁路车站至港口间的汽车短驳服务、油轮旅游服务、回程汽车短驳和高速铁路旅行服务等全流程服务；在票务上实行全程服务销售和可选择服务销售，满足各种游客的选择。为保证"邮轮通"产品的可靠性，铁路、港口、邮轮公司针对可能的晚点提供应急处置机制，保障了游客的顺利出行。2017 年 3 月 30 日，国内首例开展港铁联运战略合作开始实施，打造"空—铁—港"联运产品，为旅客提供"空—铁—港"一体化服务。吴淞港邮轮码头是全国最大的邮轮码头，全国近 75%的邮轮在吴淞港始发，每年游客约 350 万人，并且在不断增加。尤其是经国务院批准，"外国人 144 h 过境免签"与"外国旅游团乘坐邮轮入境 15 天免签"政策实行后，越来越多的国际、国内游客通过高速铁路、飞机等方式抵达上海转乘邮轮。因此，加强铁路与海港、空港的区域联动，实现游客"海陆空"一条龙服务显得日益迫切。旅客购买了"空—铁—港"联运产品，便可预定全程的飞机票、邮轮票、火车票，并由上铁国旅提供大巴车，为旅客提供机场、邮轮码头、火车站之间的双向短驳服务，不同交通方式之间实现无缝衔接。这标志着高速铁路邮轮直通车正式开行，游客可轻松从"舱门"到"车门"。旅客可通过携程网或各大在线旅行社购买"空—铁—港"产品。目前，虹桥机场、上海虹桥火车站、上海站设有"高速铁路邮轮直通车"服务站点，如图 5.34 所示。

（4）高速铁路+共享汽车

2018 年春运，广东铁青国际旅行社有限责任公司携战略合作伙伴上汽集团环球车享，在广州南站 P1 停车场共同举办了以"高速铁路+共享汽车——春运便民出行新模式启航"为主题的启动仪式。"高速铁路+共享汽车"是由广东铁青与上汽集团环球车享旗下共享汽车品牌 EVCARD 共同打造的便民出行新模式，在活动中，工作人员为大家操作演示了"铁旅 e 行"APP 的使用方法以及一键租车、还车的正确方式。现场嘉宾体验了室内导航系统智能寻找到共享汽车停车场，并使用"铁旅 e 行"APP 一键下单租赁共享汽车的全流程。

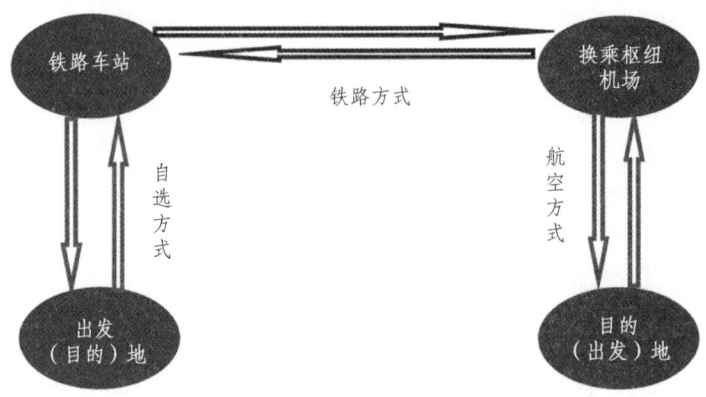

图 5.34 空铁联运运营模式

目前，由广东铁青主导设计的"铁旅 e 行"APP，构建和开发了线上电子商务平台，打造了"线下服务+线上营销"的全流程服务体系，已实现可直接预约使用共享汽车的功能。广州南站 P1 等室内停车场具备了共享车与网约车、室内导航、反向寻车等功能，并打通了广南停车场电子支付快速收费服务功能，更好地方便旅客出行。2017 年以来，广东铁青按照铁路总公司、广铁集团的战略部署，积极践行"融合、创新、共享"理念，与广州市番禺区政府合作，将广州南站停车场部分区域规划成共享汽车专用停车场，对停车场智能系统进行全面升级改造，加快形成了广州南站智慧生活圈服务平台，打造了全路"高速铁路+共享汽车"样板工程。

"高速铁路+共享汽车"这一全新出行模式实施后，可为旅客出行提供更加多样化的方式，进一步提升旅客出行品质，为春运增添人性化新服务。此次高速铁路与共享汽车强强联合，让长、短距离运输的两大"出行利器"形成优势互补、实现无缝对接。高速铁路+共享汽车实现了"互联网+"的绿色共享出行模式，是城市绿色出行的新方向。

5.7.2 案例分析：日本铁道优等列车路线图

2018 年夏天，《日本铁道优等列车路线图（2018）》中日文版发布，推出的是一份全新产品：日本铁道优等列车地图。日本优等列车是指"乘车时需要在普通旅客票价的基础上额外支付特别费用的列车"。这里的"普通旅客票价"相当于中国的普速车（绿皮车）无座票价，在日本乘坐火车只要你进入闸机，理论上可以搭乘任何普通列车在任意车站下车出站，这时你被收取的费用就是"普通旅客票价"。所谓"额外特别费用"包括两部分，一部分是指定座席车厢费用（相当于中国不同等级的座位费，如软座、一等座），另一部分是列车等级费用（相当于中国的特快、动车、高铁票价）。所以日本的"优等列车"相当于是指收取"列车等级费用"的列车。日本铁道优等列车路线图如图5.35所示。

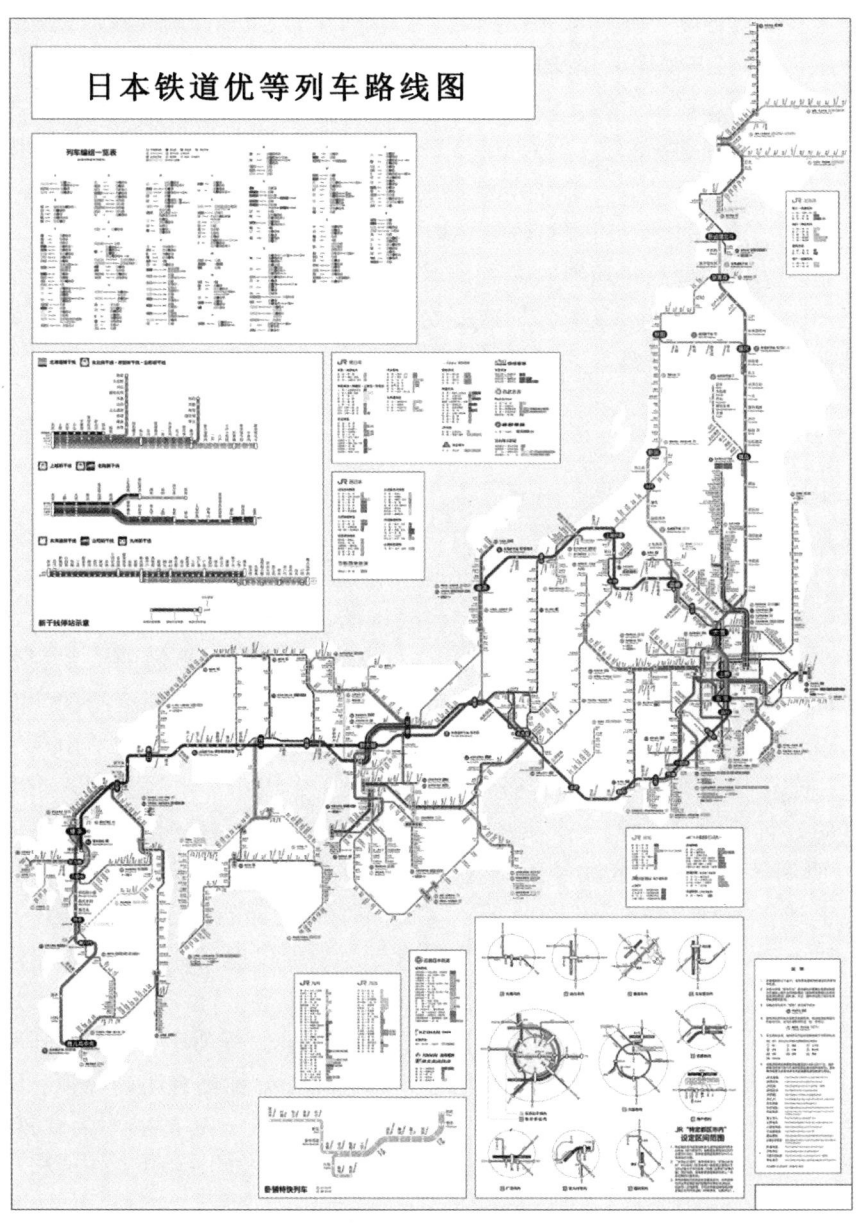

图 5.35　日本铁道优等列车路线图（2018）

日本的"列车等级费用"最常见的是"特快费",收取特快费的列车称之为"特急列车",优等列车中绝大部分都是特急列车。但是由于部分私铁存在一些名为"特急"却不收取特别费用的列车(如"名铁特急"),收录的优等列车主要包括以下3部分:新干线、JR特急列车、私铁中收取列车等级费用的列车。也就是说,JR的收录原则是"特急列车",而私铁的收录原则是"等级费用"。如名古屋铁道并没有将不收特急费的"名铁特急"算为优等列车,而是将收取"μ料金"的μSKY列车收录进来;又如京阪列车的Liner由于全车都由收取特别车厢费的Premium Car构成,客观上形成了"额外费用",也被定义为"优等列车",而同等情形的一些JR观光列车(如SL人吉号)由于不属于"特急列车"而未被收录在内。

总之,这张地图里面所收录的所有优等列车,都是乘坐时需要额外收费买票的,记得在购买"乘车券"或刷交通卡进站的同时还要购买"特急券"或其他相应车票,以免造成不便。

1. "列车爱称"——优等列车的运行方式

中国的高铁和特快列车有非常大规模的跨线直通运行,因此一般都是点对点直达,按照车次进行乘车。而日本的优等列车大多在固定线路上运行,线路与线路之间需要换乘,跨线列车较少,通常也有一定的规律。因此,在日本乘坐优等列车不一定要看车次,而要认准"列车爱称"。

"列车爱称"是同一线路上具有类似运行区间、运行形态的一系列列车的总称。新干线上,以东北新干线为例,与北海道新干线贯通运行的快车称为"隼号"、停站较多的称为"疾风号",东京—盛冈间运行的叫"山彦号",东京—郡山间运行的叫"那须野号";在来线上,以中央本线为例,东京—松本间运行的叫"梓号",东京—甲府间运行的叫"甲斐路号",名古屋—松本/长野间运行的叫"信浓号";私铁方面,以东武铁道为例,日光线、鬼怒川线上运行的有"华严号""鬼怒号",宇都宫线上运行的叫"下野号",伊势崎线上运行的叫"两毛号"。"列车爱称"还不仅仅是爱称,而且是日本铁道运行组织的正式使用名称,无论是时刻表上、车票上、月台显示屏上还是列车方向幕上都会显示列车爱称。因此在日本乘坐优等列车,认准"列车爱称"非常重要。路线图上,每条线路上运行的列车爱称都有明确标识,图旁的注释中还有各种列车的运行区间,方便乘车时参考。图5.36中的"舞鹤""桥立""城崎""鹄鸟"等都是列车爱称,图侧的附表中注明了各种列车的运行区间。

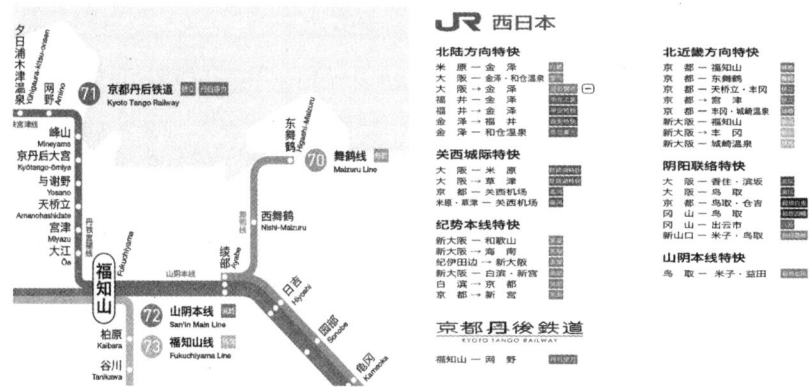

图 5.36 "列车爱称"示意图

2. 定期列车与临时列车

日本的优等列车分为定期列车与临时列车两种。所谓定期列车就是每日（或者绝大部分时间）都日常运行的列车，而临时列车则是只在部分日子运行的列车。临时列车又分两种：一种是有规律性定期发车的临时列车，比如周末开行、节假日开行或季节开行，最后一种又称为"季节列车"；另一种是没有规律、只在特定日子开行的列车，频率低的也许一年只开行数班。在图 5.35 中，定期列车和规律性发车的临时列车都被收录了进来。对于临时列车，图中在列车爱称旁标注"临"字，并在运行信息中标准了开行时间。

3. 座位等级和车厢设施

日本列车分为不同的座位等级，最常见的区别是"自由席"和"指定席"。所谓自由席是指乘车人不对号入座、不限乘坐车次。乘坐自由席就像坐地铁一样随到随走，是普通列车、通勤列车最常见的乘车方式，优点是方便快捷而且省钱，但长途旅行如果遇到没有座位的情况还是比较尴尬。而"指定席"就是按指定车次、指定座位对号入座乘车，中国的高铁动车基本全部是指定席，而日本列车的指定席座位大概相当于中国普通列车的软座或高铁二等座。在日本乘坐指定席就要购买指定席车票，同时需要支付座席费用。有的优等列车是全车指定席，乘坐这种列车就必须事先购买好指定席车票。

除了自由席和指定席，日本优等列车常见的座席还有"绿色车厢"（相当于高铁一等座）、"Gran Class"、"头等座席"（相当于高铁商务座）等。一些观光列车还配有方便欣赏风景的"展望席"以及为家庭或朋友聚会设置的沙龙包厢等，都可以在列车编组一览表中查到。

4. 特定都区市内长途乘车市内交通可免费

为了尽可能发挥铁路客运的优势，JR 设置了"特定都区市内里程计算"制度，在东京等 11 个主要大城市设定了"特定都区市内"范围，特定都区市内各车站来往与该特定都区市内中心车站单程营业里程超过 200 km 的车站时，其单程普通旅客票价以中心车站为起点计算；与此同时 JR 将东京山手线环形区域内设置为"东京山手线内"区域，"东京山手线内"各车站来往与"东京山手线内"的中心车站—东京车站—单程营业里程大于 100 km 小于 200 km 的车站时，其单程普通旅客票价的计算方式比照"特定都区市内"。大阪市特定都区市内区域图如 5.37 所示。购买"特定都区市内"车票的方法也很简单。在售票机上直接输入起点和终点的车站，售票系统会自动为你计算出是否满足"特定都区市内"的票价计费条件，满足的话会直接为你打出相应的车票。

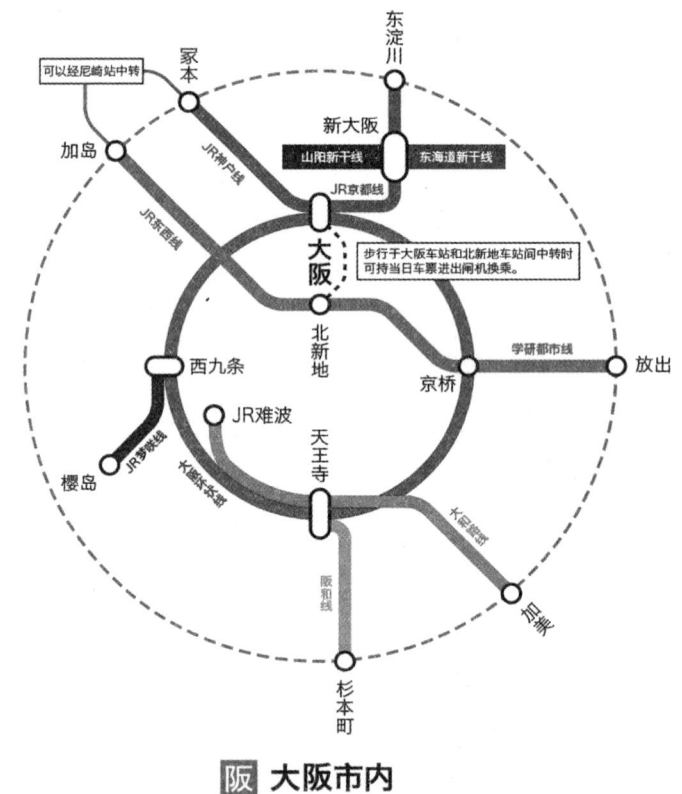

图 5.37　大阪市内区域图

虽然上述关于"特定都区市内"的定义有点复杂，但这其实是一条方便乘车、节省车票钱的重要举措。熟悉运用"特定都区市内"的相关规则，可以在长途旅行中免去都市区内的 JR 交通费用。举个例子，如果从大阪的天王寺前往横滨的元町中华街，常规购票法是要先买 JR 票从天王寺去新干线新大阪站，再买新干线票从新大阪去新横滨，下车后还要再坐车前往中华街附近的 JR 车站（比如石川町），总共需要买 3 张票、付 3 份钱。但根据"特定都区市内"的规则，大阪和横滨都设定了"特定都区市内"，大阪到横滨运营里程超过 200 km，而起点天王寺和终点石川町都位于两个"特定都区市内"的设定范围内，因此实际上只需购买一张从"大阪市内"到"横滨市内"的 JR 车票以及一张从新大阪到新横滨的特急券，就可以从天王寺进站直接坐到石川町出站，而且只需要支付大阪—横滨间的车费。

第 6 章 高速铁路智能客运服务

6.1 高速铁路客运服务特征

着力推进绿色出行,推动出行服务绿色化、智能化、共享化、品质化、差异化、定制化发展,推广"出行即服务"的理念和模式,真正实现人便其行。高速铁路旅客出行需求整体旺盛,数据表明局部时空范围内客运流量呈现出时间分布不均衡、空间分布非对称、变化规律不稳定的特点。高速铁路列车客运量在时空分布上会出现相应的不均衡现象。为此导致高速铁路旅客运输在产品设计面临的场景更为复杂。为了尽可能提高生产效率,匹配客流需求,例如,列车非成对开行,列车重去空回、重去绕回(不是原路返回),大编组去小编组回或者小编组去合成大编组回。总之,根据客流需求的波动,高速铁路客运流量非均衡运输将成为常态。另外,旅客出行需求变化规律的多样,给需求分析与预测、产品调整速度等方面提出了更高的要求。

信息技术将成为提高旅客出行全程服务质量的主要技术之一。现代交通运输规划分析,旅客出行是门到门的旅行。出行者不仅要求安全,更要求便捷、舒适的换乘和到达。旅客出行的交通需求从出发地出门开始,至目的地的门口结束。旅客交通运输由一种及以上的多种交通运输方式共同完成。因此,采用以信息技术为主的各种高新技术,从出行全过程服务的角度做好高速铁路与出行其他环节的时空衔接,是铁路运营企业提高服务质量的新重点。例如,为旅客提供便捷换乘服务的基础上,12306 网站和"铁路 12306"手机 APP 又推出为旅客提供接续换乘推荐方案的服务。出行需要换乘,如何购买火车票,以最少的时间进行换乘,对普通旅客来说是件颇费脑筋的事。为方便旅客出行,12306 网站和"铁路 12306"手机 APP 为旅客提供接续换乘的推荐方案服务,旅客购买接续换乘车票时,系统会推荐接续换乘方案供旅客参考,旅客可以按照推荐方案购票,也可以根据自己的需要购票。目前,接续换乘推荐方案仅提供动车组列车换乘动车组列车和动车组列车换乘普速旅客列车两种换乘方式。为了确保旅客有足够的时间换乘,根据不同换乘方式,客票系统中设置了换乘推荐方案最少换乘时间,原则上同站换乘时间不少于

30 min，同一城市不同车站间换乘时间不于 120 min。

高速铁路很大程度上改变了车站传统的客运组织模式，形成售票、候车、检票、上下车、进出站以及在途等全过程的客运组织新模式，最大限度地提升旅客出行的便捷性和舒适性。当铁路通过能力足以开行大量高速列车，达到公交化程度时，乘坐列车如同乘坐公共汽车，旅客无需查阅列车时刻表，可随到随走、随时乘车，缩短旅客候车时间，最大限度地吸引客流。在当今日益激烈的运输市场竞争环境中，向客户提供优质服务已经成为铁路运输企业发展客户、确立竞争优势的重要手段。

随着人民群众生活品质的不断提升，旅客除了基本的"位移"需求外，更注重出行安全、快捷、方便、准确、经济、舒适的全程服务。高速铁路为实现经济效益与社会效益的双赢，必须要有多样化、差异化的客运产品，以满足各个层次不同旅客的出行需求，体现出"一体化""个性化""智慧化"等服务特征。

一流的运营品质需要一流的服务品质来支撑，客运服务需要结合高速铁路快节奏、高密度、高速度的运营特点，以市场细分为基础，以旅客需求为导向，做到全系统、全过程、一体化制订服务方案。只有准确把握旅客的需求，树立"旅客至上"的理念，做到形成标准、制定规范并组织实施，才能不断满足旅客越来越高的质量要求。

随着信息化时代的到来，铁路客站也将进入到智能车站的新阶段，未来对智能铁路客站的设计，将主要考虑进出站及检票系统、售票系统、标识引导系统、旅客商业服务系统以及国际化的服务系统等五个方面的内容。智能化铁路客站的意义主要体现在四个方面：能够应对目前安检、验证的烦琐程序；高效便捷、方便体验；简化管理成本；提高商业效率。高速铁路车站通过运用各种信息管理系统软件和硬件以及相关设施，与接发车能力相匹配，适应大流量、高密度、客流快速集散的需要，主要包括自动售检票系统、引导服务系统、车站信息管理系统、信息监控系统、对外信息发布系统等，经过精心设计和组织，实现系统之间的无缝衔接，发挥车站系统的整体效益，共同构建高速铁路客运站质量的智能化旅客服务系统。

智能车站聚焦于智能车站的人性化考虑方向、信息化发展理念以及未来智能铁路车站发展的趋势等内容，在分享铁路智能车站最新成果的同时，智能车站能实时连通并驱动联系，引导乘客并提供最舒适的候车环境，将提高每一位旅客的乘车幸福感。智能车站将使出行变得更加简单，进一步促进不同交通模式之间的合作，铁路车站成为重要的综合交通枢纽将是未来智能车站提供交通服务的一项重要内容。智能车站通过集成平台能够实现接发车、旅客引导、广播、检票、作业、人员、设备的自动化控制。从旅客服务、内部运营和技术三个角度介绍了智能车站的发展理念，指出未来车站服务将呈现全面感知、自助服务、资源共享、协同联动、主动适应等五大特征，旅客无障碍畅通出行、人性化无缝自助化服务、安全实时监控、生产高效组织、全面绿色环保等五大服务目标，以及自助化、集成化、智能化、国际化等"四化"标志；同时，从技术结合业务的角度梳理了智能车站的主要业务及智能化功能。未来云计算、物联网、大数据、人工智能和机器人等关键技术将依据车站的实际需求得到典型应用。

例如，具有完全自主知识产权的中国铁路客票发售和预订系统自1996年开始建设，由铁科院提供技术支持，历经二十多年的技术积淀，已经成为全球最大的票务系统。客票系统购票支付方式多样，包括现金、银行卡以及支付宝、微信等第三方支付。近期提供了在线选座、接续换乘、老人优先下铺等创新服务，以及订餐、约车、保险、行程提醒、遗失物品查找等延伸服务。面对人工智能和5G时代，中国铁路研究提出了铁路旅客全程智能化出行系统框架，主要包括智能旅程规划及全行程提醒、全面电子客票及延伸服务、智能车站服务和智能列车服务，将在电子客票售验检服务、车站智能导航及机器人服务、站车智能信息服务及互联网接入等关键技术实现创新和突破。关于智能化出行支撑的发展方向，可从智能列车、智能调度、智能检修、智能建造等方面展开，铁路部门正在研发自动驾驶技术，将在2019年推出CTCS3+ATO技术，实现列车车站自动发车、区间自动运行、车站自动停车、列车开门防护、车门站台门联动等功能。智慧车站功能需求如图6.1所示。

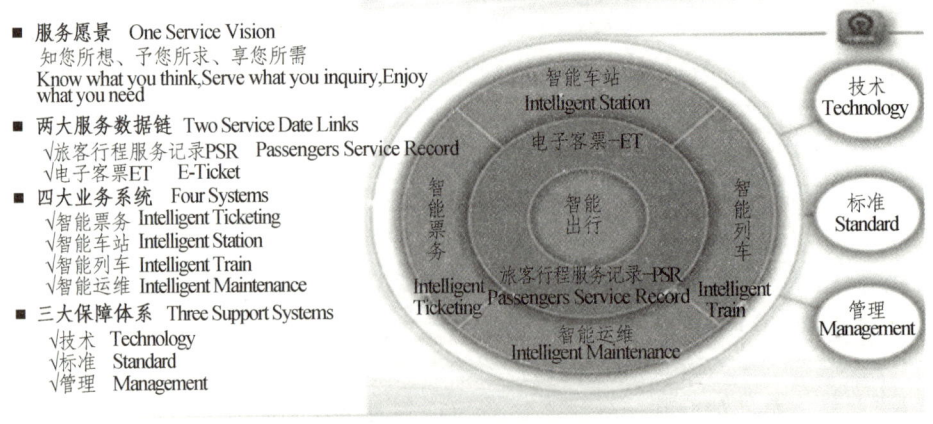

图6.1 智能车站功能需求

6.2 高速铁路客运服务系统

我们可以看到，智能无所不在，从购买一张火车票开始，铁路科技就在我们身边如影随形。买票、验票、候车、乘车、点餐、出站，铁路部门力争在每一个环节都能打开"新技能"，让乘客的旅途更加轻松惬意。为旅客服务是高速铁路企业的根本目的。在高速铁路建设的推动下，各国铁路企业把为旅客服务这种理念发挥得淋漓尽致。全方位运用高科技为旅客提供全程服务，充分体现以人为本、以旅客为本的服务意识和服务理念，是各国高速铁路的共同之处。从购票前的营销策略到订票购票，从旅客到站后的信息揭示引导到有困难时车站的及时救助与旅客的快速疏散，从乘车前的自动检票到上车后的服务，处处体现了高速铁路在为旅客服务方面所下的功夫，运用高科技使这种服务达到了尽善尽美的地步。

高速铁路客运服务系统是在现在高速铁路管理思想、服务理念和当今最新信息技术基础上建立起的信息高度共享、资源高效利用、运行安全可靠的综合完整的服务系统。客运服务系统由票务系统、旅客服务系统、呼叫中心系统、互联网服务系统构成。

6.2.1 票务系统

票务系统是以席位管理和交易处理为核心，建立广泛的销售渠道，适应多种售票方式、多种支付方式，灵活的营销策略，包含自助式销售和自动检票的实时交易系统。

6.2.2 旅客服务系统

旅客服务系统以为旅客提供全方位信息服务为目标，实现车站信息自动广播、导向揭示、信息服务、监控等功能，并提供互联网、呼叫中心、无线局域通信等多种途径的信息服务，运用多样化的服务手段为旅客提供优质的服务，实现旅客服务的信息化。

旅客服务信息系统简称旅服系统，是铁路客服系统的一部分，主要由引导揭示、广播、视频监控等子系统组成。它通过对引导揭示、广播、监控、查询、求助、应急、寄存等服务资源进行有机的整合，形成统一的旅客服务平台，是为车站客运组织提供技术手段的信息系统。通过该系统的运行，可以全面实现各种静态、动态引导信息、广播信息的自动执行，自动引导旅客进站、候车、乘降及出站，较好地兼顾了智能化、自动化和人性化等特点。

旅服系统的发展大概经历了车站分立模式、单车站集成模式、一线多站集成模式、路局集成模式、基本图自动导入阶段、编组变化客调命令一次性自动处理阶段。经过近十年的发展，旅服系统由车站层面各系统独立运行发展为如今路局层面对多站集中远程控制的模式，不仅实现了信息展示的智能化和自动化，也大大减少了人员配置，提高了工作效率。高速铁路客服系统直接面对旅客，实时向旅客提供售、检票服务及信息服务，其服务质量直接关乎高速铁路形象发展。客服系统整体结构体系如下图6.2所示。

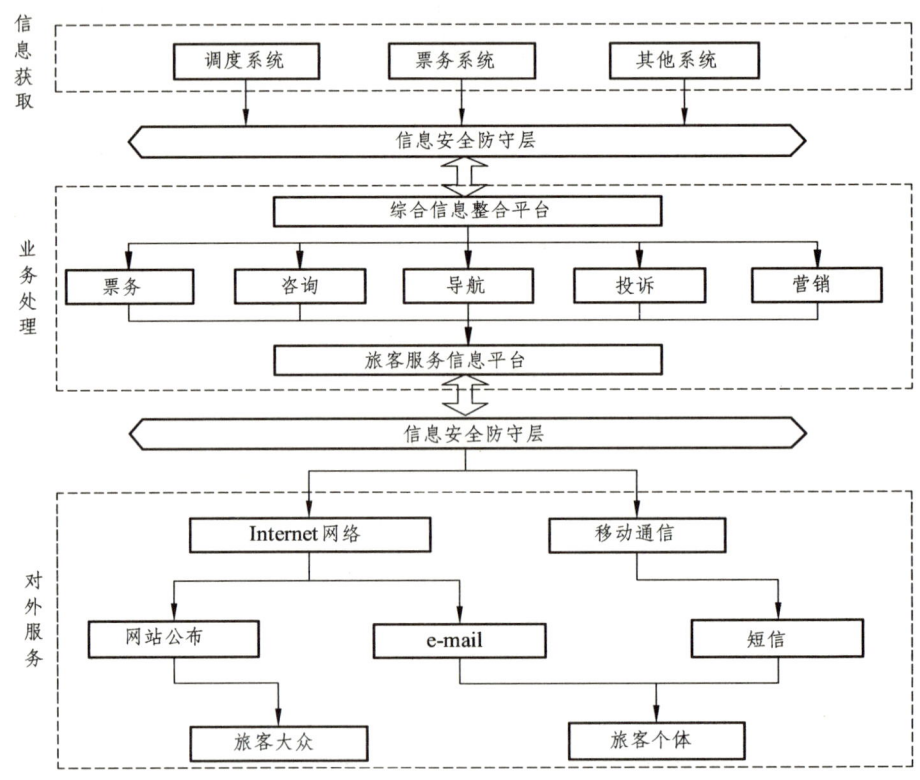

图 6.2　服系统体系框架

旅服系统通过与列车调度指挥系统 CTC/TDCS、客票等系统网络连接，完成对车站旅服系统各功能模块的业务综合处理，实现旅客服务信息共享和功能联动，为旅客进出站、候车、乘降等提供实时、准确的信息和服务。主要由综合显示、广播、视频监控、时钟、查询等子系统组成，通过集成管理平台对各子系统进行操作控制，完成信息查询及发布、业务维护、设备监控等业务。一般旅服系统集成管理平台分为路集中控制模式、大站代管小站控制模式和本站控制模式三种形式。调度所设置综控调度台属于路局集中控制模式，由综控调度员通过旅服系统集成管理平台对若干条线路车站进行集中管理操作的功能。

一般旅服系统集成管理平台分为路集中控制模式、大站代管小站控制模式和本站控制模式三种形式。调度所设置综控调度台属于路局集中控制模式，由综控调度员通过旅服系统集成管理平台对若干条线路车站进行集中管理操作的功能。

近年来，中国高速铁路在掌握世界先进技术装备的基础上，正在朝着智能高速铁路发展，而着力打造数字化、智能化铁路，也是深入实施创新驱动发展战略，实现中国铁路现代化，提高运输生产效率、服务水平和管理水平，保障运输安全的内在要求。铁路要实现智能化，而作为交通运输生产基地的铁路车站实现智能化，也必将是未来铁路运输发展中不可回避的发展趋势。其中，智能车站有一项重要的是旅客服务系统的构建。高速铁路客运服务系统，依托铁路客户服务中心、客票系统和电子支付平台，推行互联网、电话等多种售票方式及网络订餐等延伸服务，提供旅客进出站导向揭示、车站广播、安全监控、紧急求助、同步时钟、旅客查询等多功能智能引导，致力打造便捷、舒适的高速铁路购票和乘车体验。在每天发送近20万旅客的上海虹桥站，综控室和行车室的6名员工实际负责控制着全站400多趟列车、400余块电子显示屏和220多台进出站闸机的运行。167台自助售（取）票机已成为虹桥站票务服务的主角，承担了80%的售、取票业务。以"心尚"品牌命名的雷锋服务站遍布上海三大站，老幼病残孕等人群可在专用候车区休息。高密度行车和巨大客流的背后，有车站高效管理和流畅服务体验的支撑。

6.2.3 呼叫中心系统

呼叫中心系统以电话接入方式，在旅客旅行的各环节中为其提供全方位的查询、咨询、订票、投诉、建议等服务，成为客户与铁路之间沟通、互通的重要渠道。公司也可通过该呼叫中心开展宣传、信息发布、市场调查等业务。呼叫中心系统可以为高速铁路票务系统、旅客服务系统等系统提供对外统一的服务途径。

上铁12306客服中心承担着长三角地区江苏、安徽、浙江、上海三省一市铁路客运咨询、求助和增值服务等重任（无订票功能），一年呼入电话量超过1 100万个，日均达3万个；2017年人工服务电话日均接听1.4万个、接通率达99%以上。2018年春运期间，在近2 900 m^2 的工作厅内，客服代表席位几近坐满，还有居家客服在线解答。为应对春运期间急剧上升的旅客咨询求助量，除原有的 162 名客服代表，还从客运服务一线抽调了 151 名业务骨干进行协助。其工作场景如图 6.3 所示。

图 6.3　12306 室内场景

除了票务咨询之外，上铁 12306 客服中心通过电话、网络、移动客户端受理等途径，向旅客提供多种特色服务，打造"一站式"解决旅客需求的客服平台。比如提供重点旅客预约、遗失物品查找、器官转运绿色通道等特色服务。2017 年惠及近万人次重点旅客出行，找回近 15 万件遗失物品，为与时间赛跑的 3 次器官转运提供站车全程绿色通道服务。针对"互联网+手机"已普及到百姓生活每一个角落的情况，上铁 12306 客服中心充分运用"移动互联网+"模式提升旅客咨询体验，集成官方 APP、公众微信号、QQ 公众号等主流平台，嵌入智能问答功能，打造上铁春运线上客服中心，满足旅客全媒体交流互动的需求。同时，中心还应用智能语音、智能机器人技术推出"智能客服"，并在部分重点车站充电桩加载"智能问答"程序，为旅客提供全天候、全维度的售票、乘车、进出站等业务的自助查询服务。

6.2.4　互联网服务系统

互联网服务系统以满足旅客的需求为出发点，在高度信息安全保障的基础上，建立客户与铁路服务者之间的沟通和互动渠道。以互联网接入方式，在旅客旅行环节的各环节中为其提供全方位的查询、咨询、订票、投诉等服务。铁路通过互联网开展宣传、信息发布、市场调查等业务。互联网服务系统可以为高速铁路票务系统、旅客服务系统等系统提供对外统一的服务途径。

该系统的主要功能包括电子商务、信息/应用、旅行计划制订、娱乐、延伸服务、业务宣传、个性化功能、多通道访问、服务功能、系统管理等。

6.3 客运服务

旅客乘车环节包含信息查询、购票、进站、候车、上车、途中运行、下车、出站等，在不同的流程环节，高速铁路必须提供相应的满足其需求的客运服务。例如：旅客在信息查询时，应有足够丰富的产品供旅客选择，所列产品菜单不是"拍脑袋"设想出来的，而是经过市场调查、客流预测等多个步骤之后优化设计出来的；在购票环节，需根据旅客购票习惯组织售票工作，包括预售时间、窗口设置与分工等；在旅行环节，要做好站务和列车作业组织，为旅客提供取票、进站、候车、检票以及休息、餐饮等一系列的服务；在运行途中，要有科学的行车组织计划以及调度指挥，保障列车安全正点地运行；在因天气、设备故障等造成晚点时，必须及时采取应急措施来维护运营秩序；在旅行过程中以及旅行结束后，要根据服务品质和经济效益的评价，对提供的产品和服务进行反馈与改善，等等。以上产品设计、客票销售、客运服务、运营组织、运营评价等内容，就是高速铁路运营组织与管理的重要内容。可以从"旅客乘车流程"感受"高速铁路运营组织与管理"对应的内容，如图 6.4 所示。

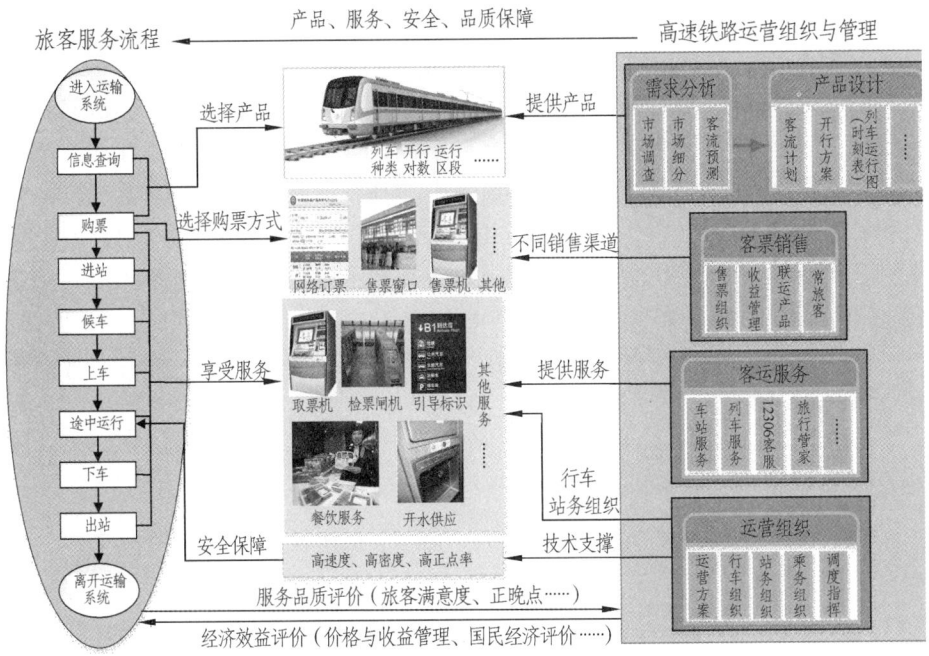

图 6.4 "旅客乘车流程"与"高速铁路运营组织与管理"的对应关系

6.3.1 售票服务

售票组织是指高速铁路车站售票组织的内容包括人工售票窗口、自动售票机以及自动售票机的安排和开放，售票时间和售票人员的组织。合理地根据站房和流线设置售票窗口和放置自动售票机，可以方便旅客购票取票，提高效率，节约劳动力，切实提高车站的服务水平。

高速铁路售票组织工作由铁路总公司、铁路局、站段三层负责。铁路总公司是售票组织管理制度和工作标准制定层、售票系统规划和研发层，监督、检查、指导全路售票组织工作；铁路局是售票组织管理和实施层，负责局内售票组织的指导、管理并组织实施；站段是售票组织执行层，负责具体售票、改签、退票、取票、补票、挂失补、实名验证等作业，配备相应设备实施，并提供售票组织咨询、投诉等服务。

由于高速铁路的日发车频率相对较高，运输能力较充分，随到随走成了高速铁路旅客购票乘车的重要方式。同时，高速铁路旅客的整体素质相对较高，接受新事物的能力较强，因此，售票服务自助化成为了高速铁路售票工作的主流。售票服务自助理化是指通过某些途径或采用信息化、智能化的手段，引导和支持旅客，在特定流程下对车票购买、改签或退票进行自定义处理，其具体形式目前高速铁路开通了网络售票、电话订票、手机订票、车站窗口售票、自动售票机售票、代售点售票等多种售票方式，极大方便旅客出行需求。车站应保证自动售票机的合理布局，以减少旅客购票流线的距离。铁路系统还在大部分高速铁路车站预售点、高校等地设置自动取票机，并积极推广网络订票（电话、互联网）、电子客票（银行卡购票）、自动售检票等方式，最大限度地方便旅客。高速动车组列车的优势体现在列车的快和密等方面，铁路运营部门将逐步采取以下售票方式：

（1）推出月票、季票及年票，减少旅客进站购票的时间，降低经常往返旅客的出行成本。

（2）在一些大站开辟高速铁路绿色通道，方便旅客即购即乘，减少旅客进站等候时间。

（3）在车站周边交通不完善的情况下，定点定位推出免费短驳车，方便旅客到站或离站。

（4）推出卡务系统。IC 卡是一种的非接触式储存射频卡，目前普遍用在各种支付系统中，利用 IC 卡系统能够实现 IC 卡的发放、储值、支付、结算等功能，当 IC 卡作为乘车卡使用时，可以实现旅客无须购票，仅凭 IC 卡进出车站、乘车、出站的功能,其系统结构图 6.5 所示。

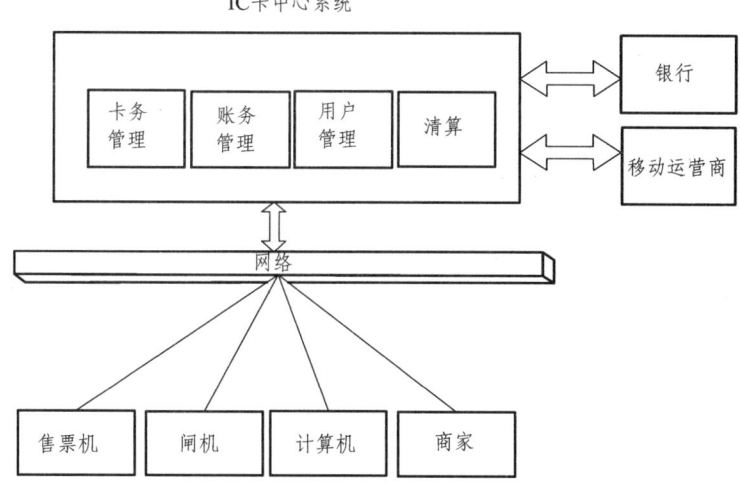

图 6.5 IC 卡系统结构图

IC 卡是一种的非接触式储存射频卡,目前普遍用在各种支付系统中,利用 IC 卡系统能够实现 IC 卡的发放、储值、支付、结算等功能,当 IC 卡作为乘车卡使用时,可以实现旅客无须购票,仅凭 IC 卡进出车站、乘车、出站的功能,中国银通支付如图 6.6 所示。

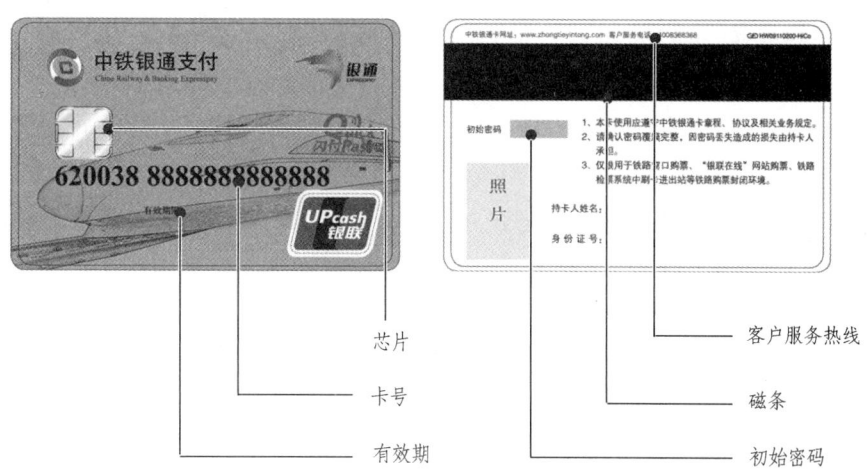

图 6.6 中国银通支付卡

目前铁路部门与中国银行合作,发行具有银联功能的中铁银通卡(如图),中铁银通卡系统主要有卡务管理、账务管理、用户管理、资金清算等模块,主要功能有：①通过中国银行窗口、铁路窗口完成IC卡的发放、回收、充值、购票等功能；②旅客可以利用IC卡直接通过闸机进站、乘车，出站时检票机会自动从IC卡内扣除相应的乘车费用；③可以作为定期车票使用，便于实现常旅客管理；④作为电子钱包，还可以用作购买IC卡加盟店内商品的支付工具；⑤实现用户间、用户与银行间的资金清算。

中铁银通卡的使用不仅方便旅客购票、进站、乘车、出站，而且为铁路部门节约了大量纸质票资源、加快车站候车资源利用效率、缓解高峰期窗口售票压力、扩大铁路企业经营范围。

中铁银通卡的使用不仅方便旅客购票、进站、乘车、出站，而且为铁路部门节约了大量纸质票资源、加快车站候车资源利用效率、缓解高峰期窗口售票压力、扩大铁路企业经营范围。中铁银通卡是由中铁银通支付有限公司发行的，内含联机账户和电子现金的双介质预付卡。卡背面印有持卡人的有效身份证件号码、姓名和照片，仅限本人使用。持卡旅客在开办中铁银通卡业务的线路上通过车站自动检票机（闸机）直接刷卡进站乘车。对提供中铁银通卡刷卡乘车业务的列车，为持卡旅客预留一定数量的二等座席位。2013年5月起，上海铁路局首先在沪宁、沪杭高速铁路开通中铁银通卡乘车业务。

由于旅客直接刷卡进站乘车，旅客乘车没有固定的座位号，这是对我们传统售票组织进行颠覆性的改变，如何保证高速铁路旅客有序乘车以及高速铁路列车超员可控，为此铁路部门对高速铁路运输组织进行调整：基于大数据对通勤客流进行分析，基于客流流向、流量精心组织开行方案，保证高峰时期有运能，低峰时期有一定的开行密度，完全实现高速铁路列车公交化、周期化。另外，在高峰时段预留足够的席位供中铁银通卡旅客使用。

自2018年5月20日起，广深城际铁路全线各站（广州站至深圳站）率先实行银联闪付进站乘车，旅客通过刷手机闪付便可进站，这在全国铁路尚属首例，也是粤港澳大湾区"智慧交通"建设在铁路行业的创新尝试。旅客刷卡乘车使用的银联IC卡，包括境内外发行的具备闪付功能的银联卡，尤其值得一提的是，旅客在手机上绑定银联支付卡便可实现"刷手机"进站，无需再到窗口和自动售票机排队购票，也无需提前网上购票，轻松实现进出站，平均节约15 min左右。旅客"刷手机"闪付后，手机上随即可收到一条有乘车时间、车次、座位等信息的短信。同时，旅客也可通过下载注册"云闪付"APP自行查询席位信息。整个"刷手机"进站过程仅仅花费3~5s，大大提高旅客出行效率。

（5）旅客候车过程的改变。高速铁路运营组织的特点使得旅客行为模式发生了较大变化，高速铁路运营特点决定了旅客行为模式与普通铁路不同。普通铁路旅客在车站等候时间长，单位时间客流量不大。高速铁路由于与城市交通衔接便利，旅客能够较好地把握到达车站时间，且高速列车密度大，旅客的等候时间短，要求能够"快进快出"，甚至无需候车直接进站。车站候车室的设计思想与传统铁路有较大差别。传统车站候车室强调等候，一般按最高聚集人数确定。高速铁路车站强调通过功能，等候空间成为辅助功能，尽量不影响旅客进站流线。

售票组织工作是处在一个具有动态信息的复杂系统环境中，其主要内容是客票合理的预售期制定和科学合理的窗口设计，科学合理的售票窗口开设数量和位置，不仅能够缩短旅客排队购票时间、方便旅客，避免车站售票大厅过于拥挤，还有利于完成客票预售期内的售票组织安排，对客票预售期的执行有着重要作用。售票窗口开设的数量及位置，应根据客运量大小来决定。

售票服务主要体现在以下几个方面：

（1）职责分工

高速铁路售票组织工作由铁路总公司、铁路局、站段三层负责。铁路总公司是售票组织管理制度和工作标准制定层、售票系统规划和研发层，监督、检查、指导全路售票组织工作；铁路局是售票组织管理和实施层，负责局内售票组织的指导、管理并组织实施；站段是售票组织执行层，负责具体售票、改签、退票、取票、补票、挂失补、实名验证等作业，配备相应设备实施，并提供售票组织咨询、投诉等服务。

（2）售票系统

中国铁路客票发售和预订系统（简称客票系统）自1996年开始建设，经过20余年的发展，已建成覆盖全国的超大型售票网络，实现了全国联网售票。该系统不仅支持普速列车车票销售，而且也支持高速列车车票销售，是全国统一的、唯一的铁路售票系统，目前新一代客票系统正在稳步推进中。全路拥有1个总公司客票中心（含互联网售票平台）、18个铁路局（公司）地区客票中心，联网车站2 720个，售票窗口约10 267个，自动售票机11 233台，互联网约29 206.9万注册用户，日均售票量超过562.3万，峰值售票量已达933.2万。其总体构架图如图6.7所示。

新一代客票系统除了提供窗口售票、自动售票机、互联网、电话、代售点等功能，还提供客户管理管理、旅程规划、收益管理、延伸服务（旅游、酒店、接送等服务）。其逻辑业务图如图6.8所示。

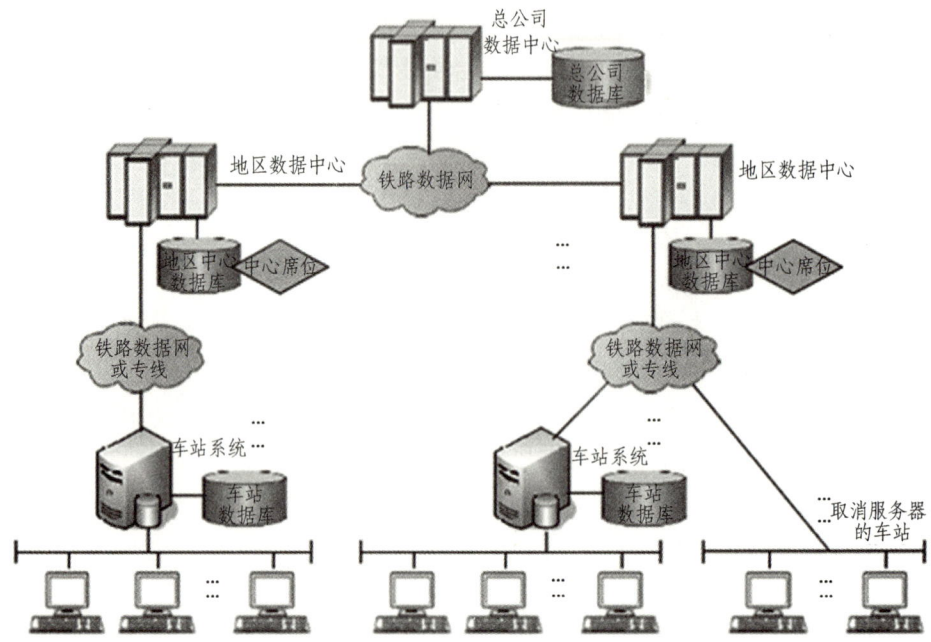

图 6.7 售票系统总体架构图

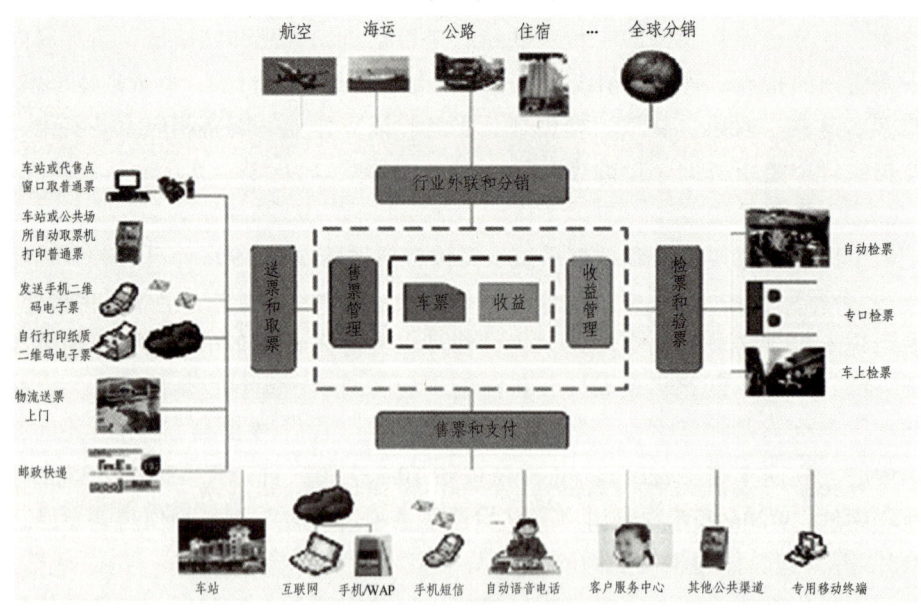

图 6.8 售票系统逻辑业务图

客票系统主要服务功能有售票、退票、改签、换票、取票、变更到站、验证、补票、挂失补、中转签证等功能，发售全票、残疾人票、儿童票、学生票等票种，支持现金、银行卡、第三方支付等支付方式。

车票：主要包含乘车日期、车次、发站、到站、席别、票价、有效期、乘车人证件号码及姓名等内容，是铁路旅客运输合同的基本凭证。有纸质车票和电子车票两种形式。

G 字头使用车型：CRH2C、CRH3、CRH380 系列动车组；D 字头使用车型：CRH1、CRH2（除 2C）、CRH5 系列动车组。G 字头列车只能运行在新建的高铁上 D 字头二等座；D 字头车不仅能在普通铁路上运行，也能在新建的高铁上运行，G 字头在列车运行图中等级最高，会车时 D 字头需避让 G 字头列车。目前设计时速在 350 km 的主要高铁线有京津城际、京沪、沪杭、郑西、武广高铁，而现在只有京沪高铁的"复兴号"跑到了 350 km/h G 字头二等座票价约 0.48 元/km；D 字头二等座 票价约 0.31 元/km。而通常 G 字头车型内部设备要好一些，更先进，比如"复兴号"动车组列车基本上都是"G"字头。D 字头列车一般只有一等座、二等座，G 字头绝大部分列车除了设有一等座，还有商务座，特等座，环境更好。

售票：通过窗口、自助设备、互联网等方式向旅客提供购买车票业务。

退票：通过窗口、互联网等方式向旅客提供退还车票业务，并按规定收取一定的手续费。

始发改签：通过窗口、互联网等方式向旅客提供改签车票业务，旅客可以改签乘车日期、车次、席别等内容，但是新车票发站、到站必须与原车票发站、到站分别为同一城市。

中转签证：旅客办理通票换乘或中途下车后，需要继续旅程时，须到车站窗口办理下趟列车的签票手续。

变更到站：为方便旅客变更旅程，在规定时间内，可以为旅客办理一次目的地变更手续（即可以为不同城市），是一种特殊的始发签证。

换票：旅客购票纸质车票不清晰时，通过车站窗口办理换票手续。

取票：旅客购票电子客票后，希望换取纸质车票，可以通过窗口或自助设备换取纸质车票。

挂失补：旅客实名制车票丢失后可以申请挂失，再补领一张车票。在乘车前丢失的，可在车站窗口申请挂失补；在车上丢失的，可在车上申请挂失补；在下车后出站前丢失的，可在补票口申请挂失补。在乘车前和列车上申请挂失补时，须先购买一张同样车票，到站后再对挂失车票办理退票手续。

补票：检票前如小孩超高、学生票经由不符等不符合减价情况，需要进行补全车票款；列车工作人员可以利用站车补票系统为无票或须延长乘车区段旅客提供在线补票服务；出站口，如小孩超高、学生票经由不符等不符合减价情况或无票旅客，需要补票作业。

验证：在 12306 网站注册用户或常用联系人，在首次购票前需要携带身份证件到车站窗口对身份信息进行核验。

自 2018 年 4 月 28 日起，铁路部门将进一步扩大铁路局集团公司管内部分动车票价下浮折扣，理顺各席别之间的比价，进一步完善服务措施，提升旅客旅行获得感。铁路部门将对广州至珠海、海南环岛、南京至安庆、丹东至大连、青岛至荣城、郑州至开封、武汉至孝感等 28 条城际铁路部分动车组列车票价，实行不同形式、不同幅度的折扣优惠，最大折扣幅度由前期试点的 10%提高到 20%。这是自 2017 年年底对铁路局集团公司管内 14 条动车组列车运营线路动车组列车票价开展浮动试点后，又一次大范围实施票价优惠。

这是铁路部门适应社会主要矛盾转换需求、深化铁路供给侧结构性改革、开展"客运提质计划"、促进运输能力的有效利用、让铁路发展成果更多惠及旅客群众的具体措施，也是铁路部门构建有升有降、灵活折价的票价服务机制的积极探索。同时，为进一步提升旅客出行体验，铁路部门还将优化推出一系列服务措施，包括：

进一步丰富 12306 服务内容：增加完善正晚点信息、站内导航、重点旅客预约、遗失物品查找等服务；在遇到列车晚点等突发情况下，及时推送运行调整安排信息；在全国高速铁路主要大站提供站车 WiFi 服务，改善旅客体验；进一步扩展服务台服务功能，统一车站服务台标识、主要功能、设备配置等，为旅客提供应急改签、求助服务、会员服务、咨询服务和投诉建议等服务。

加强对重点旅客的关爱服务：进一步推进地市级以上车站候车区母婴服务区、哺乳区建设，提供婴儿护理台、饮水机、电源、座椅等设施；直辖市、省会、计划单列市所在地主要高速铁路大站设置儿童候车娱乐区，提供安全、简易儿童游乐设施，为母婴旅客提供更有针对性的关爱服务。在检票口附近等方便的区域设置重点旅客候车专座，为"老、幼、病、残、孕"重点旅客提供优先检票服务。

提供差异化个性化服务：开发适应不同旅客人群需求的接送站服务产品，搭建全路联网的 12306 商旅服务平台，为旅客提供快速安检、专人引导、专区候车、行李搬运等专属延伸定制服务。依托"铁路畅行"会员计划，为集团客户、团体客户、星级会员、高端客户提供更多差异化增值服务；开展积分兑换车票、列车升舱、专区候车等服务产品。建立购票、进出站、候车全过程差异化服务体系，提升旅客的服务获得感。

12306商旅服务平台：为旅客提供快速安检、专人引导、专区候车、行李搬运等专属延伸定制服务。

（3）售票方式

铁路售票方式主要有：窗口、代售点、自助售票机、互联网（含手机APP）、电话订票等。其中窗口、代售点、自助售票机等售票方式支持银行卡、现金、第三方支付等多种支付方式，互联网（含手机 APP）售票方式支持除现金外其他多种在线支付方式。

电话订票：提供查询、订票服务，须到人工窗口、自助售票机办理支付及取票服务。铁路电话订票号码为：95105105。

人工售票窗口：提供售票、退票、改签、验证、补票、挂失补、中转签票、团体票、咨询等售票及现金和电子支付服务。

自助售票机：向具有二代身份证、带电子芯片的港澳通行证、带电子芯片的台胞证以及带电子芯片的护照等旅客提供售票、换票、查询等服务。如图：

自助取票机：向具有二代身份证、带电子芯片的港澳通行证、带电子芯片的台胞证以及带电子芯片的护照等且在 12306 网站成功订票的旅客提供取票服务。

代售点：提供售票、验证咨询等售票及现金和电子支付服务。

互联网：铁路 12306 网站是唯一的互联网售票网站，提供售票、退票、改签等在线售票服务。

（4）电子客票

电子客票由航空公司率先发明、使用，是普通纸质车票的替代产品。铁路电子客票是以电子数据形式体现的铁路旅客运输合同，与纸质车票具有同等法律效力。旅客在12306网站订购车票后，可以凭二代身份证直接进站、过闸机、乘车、出站等，实现"无票乘车"。为提高客运服务质量、增强客运工作效率、减少运营成本，铁路部门正在扩大推进全流程电子客票工作。在购票环节上，自助售票机和窗口也将支持电子客票。在身份证件上，突破二代身份证限制，支持所有有效身份证件。在办理手续上，乘车前，旅客自行打印乘车牌信息；检票时，实行严格第一次身份验证、二次闸机检验的查验方式。在表现形式上（主要指检票、乘车等环节），支持二代身份证、带芯片的港澳通行证件、移动二维码等。在报销凭证上，支持纸质发票和电子发票。

为提高客运服务质量、增强客运工作效率、减少运营成本，铁路部门正在扩大推进全流程电子客票工作。在购票环节上，自助售票机和窗口也将支持电子客票。在身份证件上，将突破二代身份证限制，支持所有有效身份证件。在办理手续上，乘车前，旅客自行打印乘车牌信息；检票时，实行严格第一次身份验证、二次闸机检验的查验方式。在表现形式上（主要指检票、乘车等环节），支持二代身份证、带芯片的港澳通行证件、移动二维码等。在报销凭证上，支持纸质发票和电子发票。

目前，我国大多数地区仍局限于"票证同验"的进站方式，旅客需要换取纸质客票进行验票、检票。2019年起全国高速铁路或将实现刷证进站。届时，在部分试点线路上，乘客或可实现"刷手机""刷身份证"直接进站乘车，而无需换取纸质车票，明年将在全国高速铁路推广。电子客票也叫"无纸化客票"，是指旅客通过互联网订购车票之后，无需前往售票处取纸质车票，仅凭有效身份证件直接到车站办理乘车手续即可进站乘车，真正实现"无票乘车"。

（5）综合性客服平台

全力打造"上铁12306"移动客户端，为高速铁路运营改进服务、拓展市场提供了有力支撑；研发整合了服务质量回访、团体票预订和动车组订餐、调令签收、信息发布、遗失物品查找、特殊重点旅客服务等业务操作系统，通过前台服务、客户管理、信息流转、数据统计等功能配套完善，实现服务与需求的无缝衔接，满足营销管理工作开展的需要；通过规范服务流程、严格服务标准，创新服务方式、拓展服务内容，努力为客户提供咨询、投诉、求助、增值等优质服务，不断提升客户满意度。铁路采取电子售票以来，收益水平得到了很大提高。

（6）配备自动售票机

高速铁路车站售票大厅除了固定窗口售票外，还须合理布置自动售票机，发挥自动售票机的优势，方便旅客购票。京津城际高速铁路首次应用了我国自主研发的高速铁路客运服务系统，该系统包含了自动售票与检票、客运服务信息发布、广播、查询、导向、求助等多种客运服务功能，并采用GSM-R数字移动通信系统和CTC运输调度指挥系统，实现了移动话音通信和无线数据传输以及对全线运行的列车进行集中调度和控制；进一步实现了铁路客运业务的集中管理、系统融合、信息共享、联合操控和应急联动，能够为旅客提供全方位的最及时、最方便的服务。在自助售取票机的设置地点上，牢牢把握便民、利民原则，均设置在商场、超市、银行、学校、宾馆及大型社区、行政中心等人群密集区，方便旅客在家门口、单位、学校购票和取票。对于距离火车站较远的地区，适当增加设置密度。像上海地区的三大火车站上海站、上海虹桥站、上海南站均在浦西，为了方便浦东地区的旅客购取火车票，上海地区的36台站外自助售取票机中有

16台设在浦东地区。上海站还在陆家嘴、豫园、松江大学城等人流、学生密集地区，新安装自助售（取）票机，方便居民购买火车票。在春运前夕，上海站将自助售（取）机从火车站"搬入"社区、高校等公共场所，并提供支付宝扫码支付功能，为市民购票出行提供了新的选择。为方便旅客购票，上海铁路局共投入售票点534个，并采取延长售票时间，有条件的24h实现不间断售票，并实现自动检票、自助查询、自助求助等方法优化售票组织。上海铁路局自助式日常售票比例接近60%、高峰期达到80%。

（7）设置临时售票点、自助退票机

考虑到高峰时段高速客流大，还应设有临时售票点。在综合大厅内设有自动售票机，在综合大厅和候车厅之间设有自动检票机，旅客通过自检机随到随检，旅客根据候车厅内的旅客信息系统的引导，选择站台乘车。

当然，为适应旅客退票需要，有设置自助退票机的。如自助退票机在太原站是首次使用，投入使用后每天能服务上百名乘客。由于每年春运期间退票人数多、人工窗口压力大，退票旅客排队时间都比较长，太原站首批两台自助退票机投入使用后将很大程度缓解退票慢的问题。该设备既能办理磁介质车票（蓝票）退票业务，也可办理网络购票未取票的退票业务，并支持所有支付方式（目前仅支持退用银行卡支付车票）购买的车票的退票，通过车票磁信息的读取和身份证信息的读取实现车票的实名制信息核对。

（8）设计智能化验票设备

铁科院电子所开发的实名制验证检票机分别在武汉站和广州南站进行测试并投入使用。针对不同的用户需求，开发了实名制验证检票机，以此替代目前的旅客进站实名制验票人工窗口。该验票机可以与公安核查系统无缝对接，保障旅客的安全出行。

用实名制验证检票机，旅客将火车票和二代身份证叠在一起放在自助核验检票机上的读卡区，检票机就会自动读取二代身份证信息和扫描车票上的二维码信息，以此比对完成票证的一致性核验。摄像头还会不断地采集旅客的人脸图像，系统将采集的人脸图像和身份证里面存储的照片比对。若身份证信息、二维码信息、采集图像信息均比对通过，则开启闸门放行，否则报警提示旅客退出验票区。未取票的旅客也可在两款检票机上刷身份证进站，系统会根据身份证信息直接检索旅客的订票信息。系统采用低清人脸识别算法，完美解决低清晰度照片条件下的人脸比对准确性难题，整个人脸识别过程不到1s，识别准确率超过98%。系统还内置了红外摄像模块，采用人脸活体检测技术判定是否为真实人脸，有效防止持照片或视频进行欺骗、蒙混过关。实名制验证检票机的实名制验票系统还实现了客票系统、旅服系统、公安核查系统的完美结合，并提供了一站式的解决方案。系统通过公安联网控制器隔离的方式，与公安核查系统进行了无缝对接，为公安核对系统实时的提供了进站人员信息和乘车信息；系统通过验票进站人数的统计，与检票上车人员的统计，能够准确地计算车站内当前候车人数，为客流高峰期控制站内候车人数提供了强有力的数据。

未来有了人工智能应用，高速铁路过安检人们只要走过去就行，未来旅客在高速铁路上有家庭的感觉，可以使用娱乐设施，能上网，甚至一些个人的爱好等都能满足，包括车窗户的颜色等，当然这些应用的前提是安全。希望未来的高速铁路能像在家庭影院一样，人们坐高速铁路就会忘记旅途疲劳。

6.3.2 流线服务

在高速铁路客运站内，旅客和列车的集散活动产生一定的流动过程和流动路线，称为流线。流线组织是指在高速铁路车站内，旅客和交通车辆的流动过程和流动路线，简称"流线"。流线按流动方向不同可分为进站、出站和换乘流线，按流动实体可分为旅客流线和车辆流线。高速铁路车站客运工作要达到安全、有序控制的目标，必须要根据各种客流流线的特点和规律，合理地进行流线组织。流线组织是高速铁路客运站站房总体布局的重点，也是旅客工作组织的主要依据。从流动方向上分，高速铁路客运站流线可分为进站流线、出站流线和换乘流线。高速铁路客运站一般不办理普通行包组织业务，但部分车站开始办理快递货运业务，从流线性质上仅分为旅客流线和车辆流线。

因此所谓车站的流线组织工作即根据各类流线的特征，结合车站实际空间布局条件，采用合理的组织管理手段，使旅客安全、便利、舒适地完成站内出行需求，一般遵循的原则为尽量避免和减少流线的相互交叉干扰，最大限度的缩短距离，避免流线迂回，防止对流保障安全。

1. 流线分类

根据高速铁路枢纽站功能和客流行动的流程环节，以上海虹桥高速铁路枢纽站为例，可将客流的流线分为四类、八种。第一类是汇聚进入流线；第二类是到达出站流线；第三类是中转换乘流线；第四类是事务流线。

（1）汇聚进入流线。这是指通过地铁、公交、出租车、飞机等各种交通工具，由本市、附近地区或其他区域到达枢纽车站乘坐高速铁路的进站客流活动流线。根据旅客进站后的行为流程又可细分为两种。一种是进站过安检、先购票或办理相关车票业务、再候车、最后检票乘车离开的常规乘车流线。一种是提前通过网络购买高速铁路车票，进站过安检后直接到检票口刷身份证乘车离开的快速通过流线。进站前已经购买纸质票或网络购票取出纸质车票的旅客活动流线与快速通过流线也是一样的。

（2）进出站流线。这是指乘坐高速铁路列车到达车站的旅客经站台、出站通道、出站口，通过换乘分流通道，乘坐其他交通工具离站的活动流线。其中，进站流线：进站流线是高速铁路车站内最为重要的流线，旅客从到达站外开始直到到达站台上车都是车站部门所要密切关注的服务对象。出站流线：出站流线是另一条高速铁路车站内的重要流线，将需要换乘市内其他交通方式的换乘流线都作为出站流线，而将需要在站内换乘其他高速铁路列车的换乘流线作为换乘流线。如图 6.9 所示。

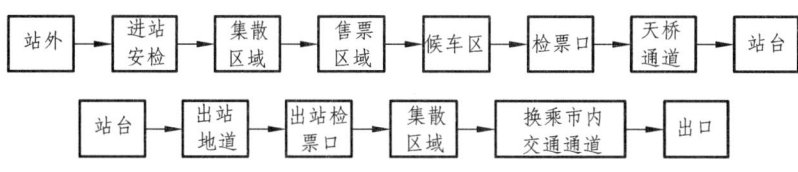

图 6.9　高速铁路车站进出站组织流线

（3）中转换乘流线。这是指到站后换乘高速铁路动车继续旅行的铁路中转客流或在其他交通工具间换乘旅客的活动流线。根据实际情况可再细分为三种。第一种是内部中转流线。旅客提前购买好联程高速铁路或动车车票，到达枢纽车站后，经站台和换乘通道到达候车室，持换乘列车车票经检票乘坐其他列车离开的活动流线。第二种是出站中转流线。旅客未提前购买好换乘列车车票，到达枢纽车站后，先出站，再进站过安检、进行购票，再经候车、检票乘坐列车离开的活动流线。第三种是外部换乘流线。是在地铁、公交、出租车等交通工具之间换乘的本市或本地区的客流活动流线。如：地铁与地铁换乘；地铁与公交换乘；公交与公交换乘；公交与出租车、机动车换乘；出租车、机动车与地铁换乘等。如图 6.10 所示。

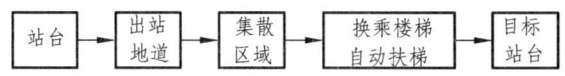

图 6.10　高速铁路车站换乘组织流线

（4）事务流线。这是指到高速铁路站办理各项事务人员或铁路相关工作人员的行走流线。进一步细分可分两种。一种是到车站办理退票、接送客、实名制认证、领取失物、咨询业务，以及餐饮、休闲等人员的活动流线。到车站办理事务的人员虽然与正常旅客比较人数很少，但由于事物繁杂零散，可能会涉及多个场所地点，因此活动流线相对复杂和无序。再一种是铁路工作人员，即枢纽站内工作人员和通过枢纽站的铁路工作人员的行动路线。

此外，客流流线还可根据不同需要进行不同方法的分类。按流线经过区域通道进行分类，可分为站内流线、站外流线、内外衔接流线、内外循环流线；按客流性质特点分类，可分为普通旅客（进站、出站、中转、办事）流线、特殊旅客（进站、出站）流线、工作人员流线等；按客流状态分类，可分为常规状态流线、高峰状态流线、极端状态流线，其中极端状态是指因各种原因引起的高速铁路大面积晚点、旅客大量滞留等情况下的客流状态；按客流流向分类，可分为同向流线、逆向流线；按流线之间关系分类，可分为平行流线、汇合流线、分歧流线、交叉流线；各种流线分类之间关系可参见表6.1。

表6.1 高速铁路枢纽站客流流线主要分类表

按流程分类		按区域分类	按性质分类	按状态分类
汇聚进入流线	常规乘车流线	站外流线、外部衔接内部流线	普通旅客流线（常规进站、快速通过）	常规状态流线（进站、出站、中转、办事）、高峰状态流线（进站、出站、中转、办事）、极端状态流线（进站、出站、中转、办事）
	快速通过流线			
到达离站流线	出站流线	站内流线、内部衔接外部流线	普通旅客流线	
中转换乘流线	内部中转流线	站内流线	普通旅客流线（内部中转、出站中转）	
	出站中转流线	站内流线、内外循环流线		
	外部换乘流线	站外流线	其他交通工具旅客流线	
办理事务流线	事务旅客流线	站外流线、外内循环流线、站外流线	特殊旅客（进站、出站）流线	
	工作人员流线	站外流线、外内循环流线、站内流线	工作人员流线（进站、站内、出站）	

2. 枢纽站流线设置需求

高速铁路枢纽站流线设置需求有很多方面，但概括归纳起来，主要是4个方面。

（1）最短路径。为充分发挥枢纽车站客流大规模集散以及多种交通方式便捷换乘甚至"零换乘"的效率，在流线设置上要着重考虑各流程环节中行走路线的最短化。路径越短，旅客行走时间越少，客运效率也越高。现代很多交通枢纽都是按照"零换乘"概念来设计建造的，其目的就是适应现代社会生活快节奏的要求，最大限度提高运输效率，方便旅客进出乘降。

（2）避免交叉。大型高速铁路枢纽车站，建筑空间结构复杂，多种出行目的、需求的大规模人员混杂，要设法将各种流线在立体空间内分离错开。

（3）合理流动。大型高速铁路枢纽车站内，各种餐饮休闲等设施服务功能众多，建筑结构内通道四通八达，各处所之间流线完全隔离，既不方便也不可能。对此，要将各条流线合理布局，干流带动支流，有序衔接。这样既能让不同需求的旅客方便快捷的在各处所之间行走流动，又可避免大量无序流动人员扰乱正常的流线。

（4）系统统筹。大型高速铁路综合枢纽车站由于整合了多种交通方式，客流流线既有各种交通方式内部的内循环，又有各交通方式间相互联动的外循环。加之，不同交通方式的不同运营特点，造成了相互之间客流流线的结合部常常成为梗阻区或滞留区。因此，越是综合性强的高速铁路枢纽站，越是要重视系统规划，统筹协调，将各种交通方式的流线有效整合为一个有机整体，充分释放枢纽站的综合客运集散优势。

3. 高速铁路枢纽车站流线交叉分析

（1）流线交叉冲突类型

由于大型高速铁路枢纽站站房结构复杂，集成了多种服务功能，大量旅客在枢纽内活动。旅客在不同活动的过程中形成了不同的流线。当两股流线或更多股流线同一时间，在同一区域流动时，就出现了流线交叉冲突。冲突的严重性随着流量和流速的增加而上升。因此，对于大客流进出的高速铁路枢纽站要高度重视流线组织，尽力避免流线的交叉冲突。根据流线交叉的角度，本案例将流线冲突分为十字冲突、平行冲突两种基本类型，见图 6.11、6.12。其他类型交叉冲突都是这两种类型的变形。

图 6.11 流线十字冲突示意图

图 6.12 流线平行冲突示意图

（2）流线交叉冲突疏解

根据流线冲突的发生条件，同一时间、同一地点，对流线冲突的解决方法主要采用时间错开和空间错开两种。时间错开法类似于路口的红绿灯控制方法，很有效，但对以快速便捷为主要目的的高速铁路枢纽站内客流组织不适用。而空间错则受高速铁路枢纽站站房结构和场地条件限制较大。一般而言，有平面分流法、立体分流法和综合分流法几种。相对而言，流线方向截然相反的平行冲突解决方法较为简单，在两条流线中设置隔离栏杆就可有效疏解。而对于十字交叉冲突，则要综合考虑站房结构、绕行距离等因素，合理设计流线，尽可能分离两条流线，减少交叉点或消除交叉点。

为减少客车与高站台边缘之间的缝隙造成旅客跌下站台问题的发生，向旅客做好警示提醒，在全路客运车站高站台相应位置统一设置警示标识。新增警示标识图形符号，中文为"小心站台间隙"，具体规格与站台帽表面材料尺寸相对应，警示标志上沿与站台帽边缘平齐。

6.3.3 检票组织

检票组织是指高速铁路车站检票组织主要包括检票时间的设置，检票人员的安排等的组织。优化检票人员的轮班，根据列车信息及时发布检票信息、制定合理的检票时间，可以优化车站的检票组织，使旅客候车、上车过程更加流畅。高速铁路车站检票组织包括进站检票和出站检票组织，其中进站检票组织是车站检票组织工作的重点。根据列车信息及时发布检票信息，制定合理的检票时间，优化车站的检票组织，使旅客候车，上车过程更加流畅。在高速铁路车站自动检票机的使用增加了高速铁路自助化服务强度，提高了服务效率。

（1）实名制验证，包括验证方式、验证设备、验证规定等。依据国家《铁路安全管理条例》（中华人民共和国国务院令第 639 号），铁路运输企业应当按照国务院铁路行业监督管理部门的规定实施火车票实名购买、查验制度。旅客应当凭有效身份证件购票乘车，对车票所记载身份信息与所持身份证件或者真实身份不符的持票人，铁路运输企业有权拒绝其进站乘车。实行全封闭实名制验证且验证与检票分离的车站，应设置验证口、复位口、制证口等实名制验证设施，在进、出口处对候车室区域形成封闭，并须具备电源、通风、照明、网络条件。实名制验证方式分为：系统验证：车站通过实名制验证检票系统对持实名制车票进站的旅客逐一进行实名制验证。人工验证：车站通过人工方式对持实名制车票进站、乘车的旅客进行实名制验证。

系统验证的通道设置、设备配备和技术标准应符合铁路总公司《铁路旅客车站实名制验证设施主要技术要求》，系统验证通道应配备相应的查验设备，主要有：电脑、二代身份证识读设备、二维码识读设备、公安联网控制器、工作台等。

旅客进站乘车时，车站工作人员应对旅客、及所持车票和票面所载的有效身份证件原件进行查验。票、证、人不一致或无法出示有效身份证件原件的旅客，不得进站乘车。持减价优惠（待）票的旅客，需同时核对购票时使用的有效身份证件原件和符合优惠票规定的减价优惠（待）凭证。无法出示有效身份证件原件的旅客，应到车站铁路公安制证口办理临时身份证明后，方可进站乘车。经实名制系统验证后进入候车区域的旅客如需离开，应在复位口办理车票复位手续；再进入候车区域时，应重新进行实名制验证。

（2）安全检查，包括安检设备、携带品规定、查获危险品处置等。依据国家《铁路安全管理条例》（中华人民共和国国务院令第 639 号），铁路运输企业应当依照法律、行政法规和国务院铁路行业监督管理部门的规定，对旅客及其随身携带、托运的行李物品进行安全检查。有权拒绝不接受安全检查的旅客进站乘车和托运行李物品。

旅客应当接受并配合铁路运输企业在车站、列车实施的安全检查，不得违法携带、夹带管制器具，不得违法携带、托运烟花爆竹、枪支弹药等危险物品或者其他违禁物品。禁止或者限制携带的物品种类及其数量由国务院铁路行业监督管理部门会同公安机关规定，并在车站、列车等场所公布。车站安检设备的设置适应客流量和站场条件，秩序良好，通道顺畅。车站安检设备配备主要包括：安检仪、手持金属探测器、安全门、防爆毯、防爆罐等。安检岗位人员配备主要包括：引导员、视频监控员、人工手检员和处置员等。车站安检查危区域应设置专用弃物箱，用于对旅客放弃物品的收置和暂存。对旅客声明放弃的携带品，由车站安检查危人员收集保管；对旅客提出暂时保存限制携带的物品，应注明物品品名、数量、保存和领回期限等，旅客前来领取时，由安检人员负责发还；对应当收缴的爆炸、有毒、放射、腐蚀性等危险品和国家明令禁止携带的管制刀具等禁止性物品及携带者，由安检岗位公安民警依法处理。列车发现旅客携带品可疑及无人认领的物品时，配备乘警（或列车安全员）的列车通知乘警（或列车安全员）到场处理；未配备乘警（或列车安全员）的由列车长按规定处理，对危险品做好登记、保管及现场处置，并交前方停车站（公安部门）处理。

（3）进站检票，包括自动检票设备、岗位作业联控、异常情况处理等。车站自动检票机通道和人工检票通道正常启用，通道数量适应客流情况，设两侧检票口的，对长编组、重联动车组列车同时开启。使用自动检票闸机的车站，应同时留有人工通道。车站自动检票系统由集成管理平台获取检票车次、检票时间、候车室、检票口、检票闸机等信息，自动生成检票计划，并下发到相应的检票闸机。闸机检票车次、开始检票和停止检票指令要与综合显示和广播终端发布的信息相吻合。开始、停止检票时间的设置适应客流量和站场条件，进站口有提前停止检票时间的提示，开始检票或列车到站前，通告车次、停靠站台等检票信息。检票作业时，车站客运人员按照先重点、后团体、再一般的原则，引导旅客通过自动检票机、人工检票通道分别排队等候、检票进站，对持磁介质车票或中铁银通卡、二代居民身份证直接乘车的旅客应引导使用检票闸机检票进站，宣传自动检票机的使用方法，提醒旅客拿好车票或身份证，防止尾随。具备居民身份证自动识读检票条件的自动检票机正常启用。人工检票口核验车票和其他乘车凭证，对车票加剪。对仅凭手机中互联网购票信息的旅客不得进站乘车。停止检票前，通告候车室，无漏乘；停止检票时，关闭检票口，通告候车室和站台。遇系统故障检票闸机无法使用时，应采取人工检票方式。

（4）站台组织，包括旅客引导、岗位联控、站车交接、发车确认、站台清理等。站台客运人员提前到岗，检查电梯状态良好，检查引导屏状态和显示内容、站台及股道情况。巡视站台，清理闲杂人员，清除障碍物，注意防止旅客下站台、穿越线路和钻爬车底。检票放客时，电梯口、楼梯口等关键部位安排人员安全宣传、引导防护，组织旅客按站台车厢位置标志在站台安全线或屏蔽门内组织旅客排队等候，有序乘降。个别车厢上车旅客较多时，进行分流组织。铃响时巡视站台，无漏乘。组织旅客上下车时，提醒旅客注意脚下，防止踩空，照顾重点旅客，防止掉下站台，关注站台两端，发现情况立即处置。迎送列车时，按规定位置立岗，足靠安全线，不侵入安全线外，面向列车方向目迎目送，以列车进入站台开始，开出站台为止。办理站车交接，短编组动车组列车在4、5号车厢之间；长编组动车组列车在8、9号车厢之间；重联动车组列车在列车运行方向前组第7、8位车厢之间。开车时间前30 s打响开车铃，铃声时长10 s。车站确认列车旅客乘降、上水、吸污和高速铁路快运、餐车物品装卸作业完毕后，使用无线对讲设备通知列车长与客运有关的作业完毕。对有需求的重点旅客，提供主动服务、联程服务，实行首帮负责制。接受旅客投诉，化解旅客矛盾，取得旅客谅解，实行首诉负责制。同一站台有两趟列车同时进行乘降作业时，有宣传，有引导，无误乘。列车开出后，及时清理站台，做到一车一清，杜绝闲杂人员在站台停留。严格卡控站台巡视、列车到发等站台重点作业发现旅客追车、扒车、钻车、掉下站台、进入股道等现象要立即制止，必要时按程序拦停列车。车站要科学地安排站台作业人员，合理配置站台定员，确保站台组织旅客需要。遇节假日运输、客流较大、天气恶劣等情况和有天桥、弯道影响视线等作业困难的车站，应适当增加站台作业人员。

（5）出站组织，包括出站旅客验票、违章乘车旅客处理、出站厅清理等。出站检票人员提前到岗，检查自动检票机、广播、电梯、照明、出站显示屏状态和内容，发现故障及时报修。引导持磁介质车票、居民身份证、中铁银通卡等旅客使用自动检票机验票出站，具备居民身份证自动识读检票条件的自动检票机正常启用。人工检票口核对车票及其他乘车凭证，对未加剪的车票补剪，秩序良好，防止尾随。对发现的无票或票证人不符等情况按规定处理。处理违章，实事求是，坚持原则，依法依规。区别不同的违章情况，妥善处理，不乱补乱罚，不擅自搜身，不扣压身份证件和物品等。按出站口通道管理要求，防止闲杂人员从出站口进入站内。对违章乘车旅客及违章携带品正确处理，票款收付准确。列车出站后及时清理，站台、通道无滞留人员。

6.3.4 乘降服务

乘降服务是指高速铁路车站乘降组织是车站工作人员通过设置各种设施设备，合理安排候车区域，组织旅客乘降的工作。乘降组织的好坏影响旅客的候车、上车以及下车、出站。

旅客乘降工作组织是有秩序地组织旅客在站内通行、检票进站，走向列车停靠站台上车，以及到达车站下车旅客在出站口交票出站，是客运站的一项重要工作。高速铁路车站必须装备完善的旅客向导系统，采用多媒体技术在候车区、检票口、进出站口、站台等旅客活动场所设立醒目、明确的电子指示牌等来指出车站各种旅客服务设施的方向和位置、列车到发去向、到发时刻、列车停靠站台、晚点变更等情况，引导乘客方便地使用车站的各种服务设施以及按规定的路径便捷地乘降列车和换乘，使站内旅客便捷地办理各种旅行手续，尽量避免各种流线在站内各类通道上形成交叉干扰。大客运站应从市内交通的停车场起，对入站购票、候车的长途以及市郊客流分别组织。跨线通道是站房与站台之间、站台与站台之间往来的通道。跨线设备的类型、数量和位置对站场内的流线组织起着重要作用，尤其是在大量旅客下车出站时，跨线通道就成了人流疏散过程中的控制地段。高速铁路车站的跨线设备可分为天桥和地道。

为预防闲杂人员，通过高速铁路车站站台端部进入线路而产生的安全隐患，研制"高速铁路站台端部防穿越报警系统"。该系统由穿越探测单元、视频摄录单元、车站报警主机、服务器管理平台、移动接收终端等部分组成，如果有闲杂人员误入高速铁路站台端部报警区域，红外线及雷达扫描将探测到的信息无线传输给系统管理平台及管理人员的手机终端，系统在给出现场灯光和语音报警同时，启动摄录一体机取证，为确认侵入行为提供视频依据，管理人员能第一时间通过手机上的视频监控平台和站台防穿越报警平台掌握现场情况并进行处理。该系统将在全局管内 104 个高速铁路车站的 298 座高速铁路站台上逐步推广使用。

6.3.5 换乘服务

在城市综合枢纽，除了中间站客流需求适合枢纽站外，高速铁路的始发和终到站常常与高速铁路枢纽站和在一起，因其开行高速铁路速度快、密度高、客发量大等特点，一般定位都是作为一个城市连通其他城市地区的交通出入口、集散点。越是人口密集、经济发达的城市，高速铁路枢纽站的这一特点越是明显。

旅客换乘方便。旅客换乘的方便性也是体现车站工作人性化的重要一面，包括旅客在站换乘，旅客出站与其他交通方式的换乘等都应该成为车站工作组织中的一环。旅客的在站换乘，要根据动车组的不同发车时刻，以及开行跨线列车情况，通过车站的广播系统、指引系统等为旅客提供合适的信息；而旅客的出站换乘，车站应和城市交通进行有效地衔接。旅客可根据自己的需要和爱好选择不同的换乘方式，能以最短的径路或最短的时间方便换乘，即各种交通方式相互协调，优势互补，共同承担枢纽内中转旅客的换乘任务，做到各种交通方式的乘客互为客源，使各种交通方式的发展相得益彰，体现人性化的一面。

高速铁路车站内外客流的组织，由于城市规模和综合枢纽站内各种交通方式的引入条件、衔接和疏解方案等不同而不尽相同。国外高速铁路车站和地铁通过在空间上的错层设置，加上站外城市公交、出租车等的合理配置，能够使进站客流或出站客流较好的疏解。近期国内只有少数的大城市能够实现高速铁路车站和地铁的衔接，因此，车站工作组织必须高度重视这一工作，主动和城市交通管理部门协调沟通，寻求良好的交通网络体系。

1. 换乘方式便捷化

我国实施便捷换乘的高速铁路车站由 23 个扩大到 39 个，购买联乘票的旅客，在这些车站不用出站即可换乘。旅客中转换乘更方便、更快捷。站内中转给旅客带来了方便。虹桥例如从杭州站乘坐 G7362 次到上海虹桥站后，换乘 G598 次到汉口，站内 7 min 完成换乘。上海虹桥站检票口的反向自动验票机，不仅可以正面"读票"进站，也可以上需要中转的旅客反向"读票"出门。上海虹桥和南京南站候车层 A 侧分别安装有 16、15 台这种装置。并在出站闸机左侧增设了人工检票通道，车站根据新的换乘路线，统一了换乘标志和换乘广播。缩短了旅客中转换乘的路程。只需 5 min 左右时间。每月还要进行专项检查保养，清理、调试设备安全性能，技术维修人员接到车站保修后，10~15 min 内要赶到现场抢修。旅客不用出站，只需下车的站台乘垂直电梯，即可直升至候车厅，省时省力。客运服务变得越来越精细化和人性化。

为方便旅客出行，12306 网站和"铁路 12306"手机 APP 为旅客提供接续换乘的推荐方案服务，旅客购买接续换乘车票时，系统会推荐接续换乘方案供旅客参考，旅客可以按照推荐方案购票，也可以根据自己的需要购票。目前，接续换乘推荐方案仅提供动车组列车换乘动车组列车和动车组列车换乘普速旅客列车两种换乘方式。为了确保旅客有足够的时间换乘，根据不同换乘方式，客票系统中设置了换乘推荐方案最少换乘时间，原则上同站换乘时间不少于 30 min，同一城市不同车站间换乘时间不于 120 min。自 2017 年 10 月 12 日起，铁路部门推出"接续换乘"方案推荐及动车组列车"自主选座"两项便民服务新举措，进一步改善旅客出行体验。旅客通过 12306 网站或手机客户端购票，当遇到出发地和目的地之间的列车无票或没有直接到达的列车时，旅客可选择"接续换乘"功能，售票系统将向旅客展示途中换乘一次的部分列车余票情况，如果旅客选择购买，可以一次完成两段行程车票的支付。

为进一步提高客运服务质量，方便高速铁路旅客换乘，缩短换乘旅客走行距离，减少安检、进站等中间环节，解决换乘费时耗力等困难，为旅客提供安全、舒适、快捷的换乘条件，在全路指定便捷换乘车站，对持有本站当日经停的 G、D 字头列车联程车票的旅客试行便捷换乘服务。采取利用站台一侧进站通道（楼梯、自动扶梯、无障碍电梯等）反向进入候车区（室）的换乘方式，车站负责有旅客到达车次车票和联程车票的核验。

以上海虹桥站为例，车站大量配置自动售取票机、自动检票系统、自动引导系统等自助服务设备。作为上海虹桥综合交通枢纽重要组成部分，上海虹桥站与民航、城市轨道交通、公交、出租车紧密衔接，形成了多种交通方式一体化的现代化综合交通枢纽，实现了旅客"零换乘"。2017 年 4 月起，上海先后有 10 多条地铁线路将常态化延时 1 h，这意味着中心城区地铁服务将超过午夜零点。这项举措给高速铁路到达时刻较晚的列车乘客带来交通衔接方式的方便，满足了这部分旅客的出行需求。实现同台交互换乘之后，市民们只需在站内步行两三分钟即可找到换乘入口，整个过程最快需要 5 min。比起之前不同台的换乘，至少节约了 10 min 的换乘时间。

北京南站坐落于北京市丰台区开阳桥南开阳路（原永定门火车站西南），地处宣武区、崇文区及丰台区交界处，南二环、南三环、马家堡东路、马家堡西路之间，凉水河北侧。北京南站作为高速铁路车站，日均发送旅客十余万人次，春运、节假日高峰更是经常突破 20 万人次。北京南站开启地下 7 个快速进站通道，实现车站所有始发车次全覆盖，将地下换乘层旅客最快进站时间缩短至 10 min。在功能布局上，改变以往平面布局模式，采用上下五层立体化布局模式，将地铁、公交等市内交通引入车站内部，较好地解决了车站与市内各种交通方式的换乘和地下空间的统筹利用等问题，实现了车流的无缝衔接。在流线设计上，采用"上进下出"和"下进下出"相结合的流线设计方式，使得车站内部各种流线便捷顺畅和路径最短，实现了客流的"零距离换乘"。

2. 客运站新设计理念

近年来，随着我国经济转型升级和铁路建企改制的形势发展，以及以信息技术为主的新经济时代的到来，客站需求发生了显著变化，更多富有时代需求特征的客运站正在筹划酝酿中，适应时代需求的新一代铁路客站呼之欲出。从建国初期铁路站场、旅客站房和交通广场三要素平铺的模式，到后来"南北开口、高架候车"的第二代铁路客站，再到现在桥建合一+综合交通枢纽的高铁站，我国高铁站房设计和建设能力不断提升，功能进一步趋向高效化、集约化、便利化。

沙坪坝高速铁路站是我国首个真正按"站城一体"理念建设的第三代高速铁路站枢纽，位于重庆商业中心，2018 年 1 月 25 日开业。它颠覆了以往的设计理念，深藏于城市繁华区地下 47 m（共有地下 8 层）并衔接高速铁路、轨道交通、公交、出租车等多种交通方式的特大综合交通枢纽中，首创高速铁路站房上加盖高 180 m 的大型商业"双塔"综合楼，连附楼共 49 万平方米商圈，使地下综合交通枢纽与地上超大商圈连为一体。始建于1979 年的沙坪坝站，将近 40 年的历史，曾经连接全国南北铁路交通网，是重庆最重要的客运站。它的二度改名也昭示着它的辉煌和没落。2017 年年底沙坪坝站将完成自己的华丽转身，作为未来成渝高速铁路客运专线的终点站。总投资约 106 亿元，一座集高速铁路、城市轨道交通、公交、出租、地下停车场等为一体的现代化大型城市综合交通枢纽站点将现身市民眼前。与此同时，枢纽上盖利用城市空间开发约 48 万平方米的高端商业，沙坪坝高速铁路站商业综合体规划有商业、商务办公等业态。工程全部建成后，将全面提升沙坪坝核心区城市形象、路网交通和商圈环境，为市民提供更好的出行体验和休闲活动场所。沙坪坝站综合枢纽如图 6.13 所示。该项目的亮点是设置了综合换乘厅（类似于日本的"城市核心"），贯穿地下负1层至负4层，并辅以最先进的智能引导系统。乘客可在负4层高速铁路换乘厅，乘自动扶梯至公交、轨道、出租车站台及地面广场。各主要交通方式的换乘距离均在 100 m 以内。在负6层，乘客还可通过通道乘坐轨道1号线、环线，步行距离在 200 m 左右。

图 6.13 沙坪坝高速铁路站综合枢纽示意图

2012年12月28日，重庆沙坪坝铁路综合交通枢纽改造工程开工，沙坪坝高速铁路商业综合体是高速铁路站商业圈和城市交通枢纽综合体的结合。它是国内首例高速铁路车站上盖城市综合体开发案例。设计思路是：楼下是高速铁路车站，楼上是商业。地上建筑用于办公室、服务型公寓、零售店、饭店、咖啡馆和餐馆等。这种商业的密集型结合促进微城市化的发展。地下建筑是发达的交通网络，让出行的乘客可以做到零距离换乘。为了适应城市建设和发展的需求，解决城市交通拥堵，重庆市拟结合成渝铁路客运专线的建设，在沙坪坝铁路车站站区影响范围内，整合区域交通资源，打造集高速铁路车站、城市轨道交通、公交车、出租车、社会车于一体的便捷换乘枢纽综合体，实现一体化"零换乘"，规划显示，枢纽负1层为公交车站，负2层为出租车站和高速铁路站台，负3层为人行通道，负4层为高速铁路换乘厅，负5层为出站通道，负6层为轨道站厅，负7层为轨道9号线站台。

由此可见，代表当今高速铁路枢纽发展方向的是"门户+客厅"式的布局模式。着眼于城市用地集约高效利用，强调车站往与周边城市空间的有机联系，以车站建设带动地区发展，围绕车站建设商业、服务、娱乐、会议中心等多功能复合的城市地区。

3. 无轨站方式

2016年12月，全国首个高速铁路"无轨站"在广西凌云县启用，指的是没有高速铁路线路经过的城市开设的具有"购票、取票、候车"功能的专门站点，通过开通专线大巴与就近高速铁路站实现无缝相连，将客流引入高速铁路，让边远山区群众也能快捷出行。依托高速铁路无轨站，凌云县实现与南昆高速铁路相连通，旅客从凌云高速铁路无轨站出发，4 h可到抵达南宁，7 h左右抵达广州。凌云无轨站到百色高速铁路站之间82 km的短途驳接，根据百色高速铁路站动车运行时刻开行点到点专线大巴，1.5 h左右到达。借当日高速铁路票，可免费或半截乘坐驳接车。"高速铁路+大巴"的交通无缝衔接实现了人流、物流的快速流通，有效增强了凌云县招商引资和旅游产业的吸引力。此后，容县、北流、陆川、博白等县也复制建成高速铁路无轨站，畅通高速铁路出行"最后1 km"。

2017年8月，云南省普洱、西双版纳、文山、玉溪、昆明、楚雄6州市的28个县市区交通运输企业与昆明铁路旅行服务有限公司签订了高速铁路无轨站合作协议，共设立28个高速铁路无轨站。其中，一半以上的无轨站在少数民族自治县和少数民族聚居地。旅客可在这28个高速铁路无轨站购买高速铁路车票，并乘直达车前往昆明南、玉溪等高速铁路站。无轨站的设立，给当地群众提供了便捷的出行服务，促进了贫困地区和少数民族地区招商引资、土特产品外销以及乡村旅游开发。

4. 铁路与地铁换乘模式取得新突破

国铁与城市轨道交通两大体系，突破管理体制限制、实现轨道交通协同发展，迈出了标志性的一步。犀浦站在全国率先实现铁路与地铁的安检互信、同台换乘。过去，市民乘坐动车到达犀浦站后只能同站台单向换乘地铁，而乘坐地铁2号线到达犀浦站并需换乘成灌（彭）动车的乘客，需历经地铁出站、铁路进站、铁路安检等复杂流程才能换乘动车。2017年7月25日开始，已购买、换取了动车票或者持有中铁银通卡的市民乘坐地铁2号线到达犀浦站后，就可同站台通过铁路闸机进入动车站台，换乘开往都江堰、青城山、彭州等方向的动车，从而实现铁路、地铁的无缝同台换乘。对于没有来得及购票或换取车票的旅客可通过换乘站台的自助售取票设备可购买换乘车票。犀浦站为双岛四线车站，实现了成灌线与地铁2号线同台换乘，最大程度方便了乘客的出行，交通功能实现最优化，是国家铁路与城市轨道交通有效衔接的典范。成灌快铁作为成都市城区连接都江堰、彭州、青城山的一条市域快速铁路，成灌快铁每天开行密度达64趟次，投用以来每天早晚高峰和周末的动车上座率都在 80%左右。其中,犀浦高速铁路站是这条成灌快铁往都江堰、彭州、离堆公园方向的枢纽车站,由于犀浦高速铁路站接驳了成都地铁 2 号线,这里也就成为旅客换乘的主要车站。如图 6.14 所示。

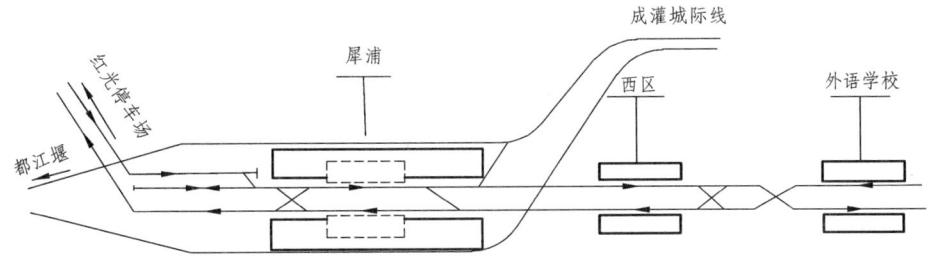

图 6.14 犀浦站双岛四线线路图

实现同站台换乘需要硬件、软件两个条件。从硬件看,车站和地铁、动车线路设计建造之初,就要考虑同站台换乘问题,即高速铁路和地铁在一个站台上下车。从软件看,要实现同站台换乘就不能出站进站,乘客不能再次安检,地铁、铁路要互认对方安检结果。因为地铁、动车,分属国铁和城市轨道交通两个系统,由于组织模式差异明显,当前在技术标准、运营管理等方面各成体系。动车地铁同站台交互换乘,就是两个系统突破各自体系、协同发展的尝试。经过成都市政府相关部门、单位与成都铁路局协商,地铁、动车在各自车站设计上就考虑了同站换乘问题,相关方又签署安检互信互认协议,最终促成"全国首例"的诞生。国铁和城市轨道交通协同发展,将进一步推动铁路公交化,至少率先在两方面实现转变。一是可加密动车发车班次,减少换乘乘客等车时间。当前动车运力与地铁存在差距,以犀浦站为例,动车约半小时一班,而地铁约 3 min 一班;二是动车和地铁所用乘车卡或可实现通用,方便支付。成灌快铁等已在增购新型动车,并计划加密发车频次。同时成都也在加大推进通往资阳、遂宁、眉山等城市的铁路公交化;地铁动车"一张卡支付"问题也在研究中。要推动国铁和城市轨道交通协同发展,可首先从信息共享入手,包括乘客信息、客流信息到列车运行计划、运行状态等,这是走向一体化管理的基础。为更好服务市民便捷出行,铁路部门对成灌铁路公交化运营模式的运输、客运组织进行了优化,开行列次进一步增加,目前每天开行动车达到 64 趟次。其中,成灌线 42 趟次、郫彭支线 12 趟次、离堆支线 10 趟次。后续还将根据成灌铁路的客流变化及出行需求对运行图持续进行优化和调整。目前成灌铁路已全面开通"中铁银通卡"支付功能。办理了中铁银通卡的旅客,无须购票,可直接在安靖、犀浦、郫县、都江堰、青城山等沿线车站直接刷卡乘车。

为配合同台无缝换乘这项工作的顺利推进，成都铁路局在成灌快铁沿线除成都站以外的其他车站均开通了"中铁银通卡"刷卡乘车功能。通过这类更加便捷的刷卡乘车举措，将进一步提高旅客的便捷出行体验。乘客出了地铁不用出站，就能看到地面上有带着箭头的"换乘成灌、成彭动车"的橘黄色指示标识。循着标识指引，很快就能在无障碍电梯前面十多米处找到改造后的换乘入口。出了地铁安检闸机，便可直接进入换乘区。蓝色的换乘入口非常显眼，除了液晶屏上不断滚动的动车车次、始发站和终点站站名、开车检票时间，还有一行温馨提示：换乘口在开车前 15 min 内换乘，同台换乘不需再进行安检。为方便还没来得及购票或换取车票的旅客乘车，成都铁路局还在犀浦高速铁路站的换乘站台设置了多台自助售取票设备，旅客在站台上也可购买换乘车票。

成都市大力推进成都平原城市群铁路公交化运营改造方案，以整合国铁资源，利用其富余能力，让国铁与城市轨道交通互为补充、互为兼容。成都市进一步统筹铁路枢纽布局，实现空铁地联运、铁铁转运、铁地联运和站点便捷换乘，实施"三铁融合"工程。目前，成都城市轨道交通线网与六个主要铁路枢纽（成都站、成都东站、成都南站、成都西站、十陵站、天府新站）均已实现多条轨道交通连接。通过枢纽衔接、互联互通、接驳换乘、票制协同、安检互信等多种方式，实现城市轨道交通线网与国家铁路网和城际铁路网的融合。

6.3.6 列车服务

提供高速铁路列车人性化服务对铁路提升形象，保证高速铁路在客运市场中的竞争力有十分重要的意义。对社会来说，人性化服务能够传递正能量，正能量的传递，让人与人之间关系变得更加和谐，整个社会氛围也更加和谐；对对企业来说，提供优质的高速铁路列车人性化服务能够增强铁路运输产品的竞争力，适应市场需求，从而占领更大的客运市场；对旅客来说，能够让旅客在出行过程中从生理上充分享受，从心理上充分满足，使其能够有一个良好的出行心情，维持旅客和铁路间的融洽关系；对列车乘务员来说，优质的服务要求乘务员能够有较高的文化水平和服务意识，能够在旅客的监督中提升自己，对其本身素养提高有良好的促进作用。

高速铁路列车人性化服务主要是指在旅客乘坐高速铁路列车出行时，高速铁路列车乘务员为旅客提供优质的人性化服务。高速铁路列车乘务员提供的人性化服务的主要包括乘务礼仪、乘务服务、列车餐饮服务、列车保洁服务四个方面。

（1）乘务礼仪。高速铁路列车乘务员应该具备一定的服务素养。包括乘务员的外在精神面貌，如容貌、服装统一、个人卫生整洁等，能够让旅客在出行过程中感到舒心。同时乘务员应该具备基本的礼仪，言谈举止文明，让旅客感受到人文关怀。

（2）乘务服务。在旅客出行中，乘务员提供的维护正常列车运行秩序和列车运行安全的服务，如检票验票、补票、广播等工作。乘务员是铁路直面旅客的窗口，是列车客运服务的执行者，其工作代表着铁路形象，因此要做到公平公正。

（3）列车餐饮服务。为满足旅客在出行过程中饮食需求提供的服务，其服务场所主要在高速铁路列车餐车中。主要服务内容包括：餐车的经营、餐饮食品、休闲食品和日常用品的供应。高速铁路列车餐饮要保证安全、卫生，能够让旅客在出行过程中吃的放心、吃的开心、吃的舒心。

（4）列车保洁服务。乘务员要随时对列车进行清扫，保持列车的卫生环境，为旅客提供一个清爽、舒适的乘车环境。列车保洁服务是高速铁路列车良好服务质量的重要保证，对提升铁路形象有重要作用。

近距离感受高速铁路乘务员的工作，才能看清光鲜亮丽下的辛勤汗水。每一个飒爽英姿的身影背后，都有许多感动人心的故事。他们在列车上美丽行走，扮靓了沿途风景的同时，也给旅客们送去了暖心的服务，更为自己的青春留下了最好的注解。关于高速铁路动车组列车乘务员的一天，以青岛客车段的某高速铁路路乘务员出乘一次为例。他们早晨 5 点起床，第二天凌晨下班，工作时间 18 个小时，一天值乘 3 趟交路，行程达 2 300 余千米。他们平均年龄只有 23 岁。

5:00，北京南行车公寓周围一片寂静，整个城市还在沉睡中。此时，公寓三楼房间的灯亮了起来。青岛客运段北京动车队动京循环四组的乘务员们开始了一天的忙碌。

5:39，乘务组的动姐们在梳妆打扮，第一趟值乘的 G471 次列车将在 7:10 发车，但乘务组必须至少提前两个小时起床才能保证运输工作安全有序。

6:08，乘务组前往北京南站。列车长是个"80 后"，说话时始终带着微笑。他的小孩刚刚 2 岁，大部分时间由他父母照看。春运期间，除了完成正常交路，他还承担了值乘临客的任务。

7:42，列车长在车厢内巡视并整理行李架。列车开车后巡视车厢能够及时了解车上的情况，是列车长值乘的一项重要工作，每到一站列车长都要从头到尾巡视一遍，从早晨发车的 G471 再到返程的 G474 再到折返的 G337，列车长一天需要巡视 30 趟，共计走行 12 km。

循环往复。

13:05，列车到达烟台站。忙碌了一上午的乘务人员利用短暂的折返间隙简单吃点东西。

20:40，乘务组回到了北京，开始了一天中最后一个交路 G337 次列车，从北京折返到济南西站，夜班的高速铁路乘客相对较少，但立岗迎宾的服务礼仪不能少。

短暂休整后，他们又打起精神，做好全天最后一趟乘务工作。

23:14，列车到站后还要进行近半个小时客运备品的整理，乘务组走出济南西站已是深夜。

一天下来，他们马不停蹄跑了 3 个交路，行程达 2 300 余千米。列车乘务员出乘场景如图 6.15 所示。

图 6.15　列车乘务员出乘场景

图 6.16　X 客运段动车列车乘务员礼仪训练

为进一步提升动车组服务水平，做好微笑服务，X 客运段动车四队组织休班列车长、列车员进行为期一周的礼仪培训，对仪容仪态和服务技巧等方面进行强化训练，提升整体精神面貌。而在进行微笑培训的同时，动妹们还将进行列车安全知识、企业文化等方面的专业培训，拓宽职工的知识面。X 客运段动车列车乘务员礼仪训练如图 6.16 所示。

2018 年 9 月 16 日 16:53，由北京南开往苍南的 G163 次高铁刚刚开出长兴站不久，长兴站值班站长便打工作手机给杭州客运段苍京 5 组列车长，原来有一对老夫妇在长兴下车后发现，遗落了一只黑色密码箱在列车上，里面有现金等贵重物品。列车长根据信息，随即找到了老人的密码箱，箱子并没有上锁。她准备打开清点物品，瞬间惊呆了：里面是一捆捆的百元大钞，还有零散现金若干……清点后发现，总共有 12 捆百元大钞，每捆 1 万元，还有 40 张 50 元现钞，10 元现金若干。17:13，G163 次列车到达杭州东站,列车长将行李移交车站工作人员暂为保管后,继续值乘前往苍南。原来老人之前住在北京,如今想回到长兴生活,因为用不惯移动支付,习惯带现金在身上,这些钱是老人的大部分积蓄。巨款失而复得,离不开铁路工作人员一起的努力,确实要为他们点个赞。

2017年4月末,上海市信鸽协会举行了一场一岁鸽特比大奖赛,参赛"选手"众多。龚某和张某在第一时间将自己驯养的信鸽送交赛事组委会,准备参加比赛。为了拔得头筹获得高额奖金,两人决定作弊。为骗取高额奖金,两名男子利用高铁为自己的信鸽"加速",包揽比赛前4名。后因成绩太过"出色"而遭质疑,两人商议后将信鸽杀死,并告知赛事主办方上海市信鸽协会赛鸽已灭失,主动放弃百万奖金。没想到越描越黑,赛事方向警方报案后两人被捕。两人因诈骗罪被分别判刑。被告人龚某和张某先是用驯养经年的老鸽子冒充比赛规则要求的一岁鸽,然后又采用两地交替驯养的方式,让信鸽分别认识两地饲养点的鸽棚,为后续作假创造条件。比赛开始后不久,赛鸽飞回起点附近鸽棚,于是两人带着赛鸽搭上了高铁,"疾飞"归巢,骗取好成绩。龚某从2016年就开始准备这次比赛。由于每年比赛集中放飞地都在河南商丘,他专程出资在河南找人饲养这批信鸽,经过一段时间的放飞,让信鸽认识河南饲养点的鸽棚。然后又与张某一起将信鸽带回上海分别饲养,让信鸽认识上海饲养点的鸽棚。通过这样的两地交替饲养,让信鸽认识两个"家"。4月29日龚某和张某将参赛信鸽交给赛事主办方后,于第二天驱车赶到河南饲养点。5月1日早晨,所有参赛信鸽被主办方在河南商丘附近放飞,其他鸽子都在往上海飞,龚某和张某的鸽子则飞往河南的饲养点。两人随后将飞回来的信鸽装入牛奶盒子里,驱车赶至安徽宿州高铁站,然后乘坐高铁去了上海。5月1日下午,两人将信鸽在上海放飞,鸽子飞回了上海的饲养点,完成了整个作弊。最终,两人的鸽子包揽大赛前四名。

6.3.7 综控服务

以客运站的综控值班员为例加以说明,走进上海虹桥站综合控制室,主墙上,LED显示屏分割为16个画面,显示着检票口、售票厅、出站口、站台上的即时客流;电话、对讲机、手机响个不停,紧张忙碌的气氛扑面而来。2018年春运期间,日均发送旅客20万人以上的上海虹桥站人流熙攘,而旅客进站、候车、检票、上车,有条不紊。这背后离不开上海虹桥站综合控制室的调度指挥,而坐镇综控室的是一群二三十岁的"女将"。

车站候车室的导向显示屏、候车站区广播系统、客运监控系统、闸机系统都在这里进行集中控制，客运调度命令在这里签收转发，综控室是车站客运的"大脑"，这里容不得任何差错，一个看似微小的失误，都会影响全站客运秩序，尤其是春运大客流期间。作为综控值班员首要任务就是对照春运列车运行图修改旅客服务系统的相关设置。要做到杜绝差错，这项工作就是一项考验。

高速铁路列车编组固定、停靠的股道固定。春运期间，由于大量增开列车，加上一些列车的编组发生变化，车站的股道、检票口功能要进行调整，客服系统的相关设置就要修改。春运列车运行图公布以后，综控值班员她要对照运行图，将涉及上海虹桥站的车次信息全部筛选出来，逐条核对车次、终到站、本站到开时刻、列车编组、停靠站台等等，再对系统进行修改，之后还有 2 名工作人员进行核对，确保万无一失。春运期间，上海虹桥站每天到发的列车在 700 趟左右，700 余趟列车信息一一核对，工作量非常大。

眼观六路，耳听八方。眼睛紧盯控制台上的电脑屏幕，右手不停地晃动鼠标操作电脑，左手不时拿起对讲机，与站台、候车室的工作人员通话。综控室里，客运员难得片刻空闲。综控室值班人员虽不面对面服务旅客，但要接收调度命令、了解列车正晚点信息、客服设备情况、现场作业情况，与站台工作人员对接车次、股道的即时信息，根据列车运行计划和现场情况操控客服系统，因此必须做到眼观六路、耳听八方。春运期间，列车开行多、客流量大，现场情况复杂，客流高峰时段忙起来吃饭喝水的工夫都没有。

候车室的闸机可以通过系统设定为发车前 15 min 检票，但春运期间，为了缓解候车室和站台的客流压力，一般都要提前或者推迟检票，绝大多数列车的检票由综控室客运员通过系统进行手动控制。上海虹桥站平均每 3 至 5 min 就有一趟动车到发，客运员要不停地操控旅服系统。

综控室还是沟通和服务旅客的桥梁。上海虹桥站每天都有旅客遗失物品、与亲友走散、突发疾病的事情发生，春运期间这样的事情更多。对此，车站利用广播帮助旅客寻人、寻物、寻医。记者看到，王珮每隔几分钟就会向车站广播系统内录入旅客姓名、遗失物品品名等信息，不时还要用对讲机与站台客运人员联系，为重点旅客联系轮椅、接车等事宜。值班员的注意力高度集中，不得有半点疏忽。

6.3.8 其他服务

1. 双网融合

高速铁路网与互联网的"双网融合"，实现了资源共享、优势互补。2017

年10月起,旅客网购动车组车票时不但可以实现"自主选座",而且还有"接续换乘"功能可供选择,这让购票旅客从原来的被动接受,变为了自主选择。在互联网时代,上海局集团有限公司将"互联网+"应用到客运服务中来,大力推广自助、网络购票新方式,共设置自助售、取票机近 2 000 台,在 193 个车站售票窗口和自动售票机开通扫码支付功能,在主要大站设置互联网购票推广体验区,引导旅客自助购票。中国铁路上海局集团有限公司互联网购票比率已达 73.0%。全新的技术,为铁路服务的提升创造了更多可能。通过"上铁 12306"移动客户端,方便旅客查询列车时刻、增开停运、候车和售票等客运信息,并为旅客提供团体预约订餐和重点旅客预约等特色服务,让旅客不再为列车延误烦恼,不再为路上吃喝操心;通过在高速铁路车站开通移动支付,加大免费 WiFi 建设,让旅客随时了解信息,享受现代生活。将来旅客在我国任何一条高速铁路线路上都能体验到 WiFi,会给漫长的旅途解解闷,也可以玩玩游戏、看看电影、跟朋友聊聊天消遣,提高出行品质。

2. 咨询服务

通过铁路客户服务电话、互联网(12306.cn 网站、微信公众平台、手机 APP、电子邮件)、信函等方式受理客户投诉、表扬、建议、咨询、求助、延伸服务等;受理客户服务中心流转的各类客户投诉、表扬、建议、咨询、求助、延伸服务等;督办责任单位妥善处理客户投诉。

"您好,欢迎您拨打12306热线,如果人工坐席忙碌,您可以用上海局集团公司微信公众号或上铁12306APP 与机器人进行人机交互问答……",这套智能客服系统是为解决咨询问题高度集中、咨询服务力量严重不足、旅客咨询需求无法及时响应等问题应运而生的。智能客服主要以微信为载体进行人机交互问答。旅客可使用语音或者文字咨询问题,机器人传递文字和语音信息,并结合图片、文字、音频、视频等媒体给旅客最完整的回复。客服人员通过建设、维护统一规范的数据库,可在微信、上铁12306APP、微博等多个平台上为旅客提供服务,不受同一时间访问数量的限制。遇机器人无法回复时,转到人工坐席进行回复。

坐火车时,常会听到"先下后上"的广播提示,大家一般清楚是什么意思。不过,有一名坐高铁经过杭州东站的男子却理解错了。一名35岁的江西男子曾乘坐高铁从宁波去南昌,列车经停杭州东站,广播提醒乘客"先下后上",于是他收拾好东西,跟着到站的乘客一起下车,出了站,结果找不到地方上车。于是他来到安检口,想要个说法。"它说先下车,然后再上车,我看到很多人都下来了,我就跟着下来了,问题是我出来了,我不知道从哪里上啊!"男子表示,广播误导了他,他以为是要调换车,就跟大部队下来了。出站以后,他找不到地方上车,又来到二楼的安检口,来找车站服务人员讨说法。车站工作人员跟他交涉了很久,但他一直要求车站给个说法,影响到了进站口的工作,于是工作人员向站内值班民警求助。民警到来之后,告诉他要自行去改签,并对他大吵大闹的行为进行了批评教育。男子乘坐的那趟车,在到达杭州之前,还经停余姚北等3个车站,按说每次到站都会有类似的提醒,为什么他偏偏在杭州东站下了车?这趟列车在前三站的停车时间只有几分钟,在杭州东要停15 min,下车的人也很多,这是男子产生了误会的原因。民警提醒,遇到类似问题,可以向铁路官方12306电话咨询如何处理,也可以自行前往改签。

当然还有其他方式:

(1)人工在线、自助语音及邮件等方式受理客户信息查询,采用互联网(12306.cn网站、微信公众平台、手机 APP)、短信、电台等多种渠道,开展信息发布;受理电子支付问题申报,并转报相关部门;定期汇总和分类统计客户投诉、表扬、建议、咨询、求助、延伸服务等内容,分析铁路服务存在问题,提出改进意见和建议,报路局和北京客服中心;接收、搜集、整理与客户服务有关的文电、命令和信息,分析客户投诉、建议、咨询等内容,查找铁路服务存在问题,及时补充、更新知识库;建立绩效考核机制,不断提高运营管理和服务水平;开展客服人员相关业务知识和技能素质培训;针对铁路局管辖范围内的客户实际情况,开展客户关系管理;开展客户延伸服务工作。

例如,在列车上丢失实名制车票,列车能够查询到购票信息时,该如何处理?一是请您主动向列车工作人员声明(乘坐动车组时向列车长声明,乘坐普速客车时向本车厢列车员声明)。二是经列车查验乘车人、购票时所使用的有效身份证件原件、购票信息一致后,列车长为您办理挂失补办手续,只收取2元手续费,票面标注"车票丢失"字样。到站前核验席位使用正常后,给您开具客运记录。三是到站后,请您主动向车站出站口工作人员声明,配合工作人员进行查验。凭票面标注"车票丢失"字样车票、客运记录和购票时所使用的有效身份证件原件办理出站检票手续,车站收回客运记录,列车收取的2元手续费不予退还。

(2)公众号。上铁"12306"微信公众号上线后,旅客只要通过关注该公众号,点点手指,即可在手机上获得车票的起售时间、所乘列车的候车室和检票口等列车开行信息和运行情况。不仅如此,旅客想要咨询的铁路乘车等问题,公众号也会自动给出解答。

（3）机器人导航。近年来，伴随着合肥市中部城市迅速崛起，地处沪汉蓉、合福、合杭、合郑、合蚌、合宁、合武高速铁路交汇处的合肥南站，成为旅客高速铁路出行的首选。由于车站占地面积大，各功能区域分布复杂，加之乘车赶路匆忙等因素，许多外地旅客甚至第一次乘车的本地旅客很容易成为"站盲"。"小艾"的出现，使"站盲"旅客不再盲。机器人"小艾"内部植入海量的数据，涵盖站内导航、检票、行李搬运、自动柜员机、寄存、餐饮等综合信息，旅客不仅可以在电子屏上直接点击对应图标查找相关信息，而且还可以用语音回答问题，为旅客提供更加实用、精准的服务。智能机器人系统的开发已经完成了前期设计及调试工作，接下来我们将在此基础上，陆续加入导航缩略图、热点图文说明、智能翻译、音视频解说等功能，让旅客出行更方便。"您好，请问'李先生'快餐店怎么走？""请在机器人'小艾'的屏幕上选择或者语音输入您需要的问题，'小艾'将引导您去往站内任何区域。"

（4）外籍人士服务。哈尔滨西站的冰凌花服务台有为旅客解答问询、重点旅客运输、失物招领、引导旅客办理车票退改签等13项特色服务。经常会遇到一些外籍旅客，冰凌花班组的某客运员在这次活动中表现格外突出。遇有外籍旅客想去哈西站倒车，不知道出行线路，客运员立即运用上这段时间学习的英语口语，并且耐心地分别将公交、地铁、出租车所需要的时间、乘坐路线告知该旅客。安检车间的某安检员曾在边境口岸绥芬河参军，因为这座城市紧邻着俄罗斯的缘故，当兵短暂的两年期间，他除了练就了一身"看家本领"之外，还掌握了一些日常使用的俄语。通过这次"全员学外语"的活动，他又重新捡起了曾经学习过的俄语，哈西站每天都会有成千上万的旅客经过，尤其俄罗斯旅客居多。每当过安检，遇到携带品中有限量携带的物品或者疑似危险品时，只要有他在，流利的俄语瞬间就会高效、愉快地解决此类问题。在平时工作中，遇到俄罗斯籍旅客，他都能主动用俄语旅客交流，为外籍旅客出行增加幸福感。

3. "接续换乘"与"自主选座"

持有微信支付账户的旅客，在12306网站及手机客户端购买火车票时，可以在支付页面选择"微信支付"进行支付，全国各主要城市的车站售票窗口和自助售票机，也将逐步支持微信扫码支付。

为什么高速铁路座位没有E？由于早期的飞机多是单通道的，一般每排有6个坐椅，分别是A、B、C、D、E、F，这样就形成了AF靠窗，CD靠走廊，BE是中间位置的座位格局。动车组二等座座位示意图如图6.17

所示。久而久之，A~F 这六个字母就不是单纯地表示顺序的意思，而是形成了用特定的字母代表靠窗、过道与中间座位的国际惯例，高速铁路自然遵循了这种惯例。高速铁路二等座，采取的是"3+2"的坐椅排列，A、F 表示靠窗座位，C、D 表示靠走廊座位，B 表示三人座位 ABC 中的中间位置，所以就只有 ABCDF 五个字母，而没有字母"E"。

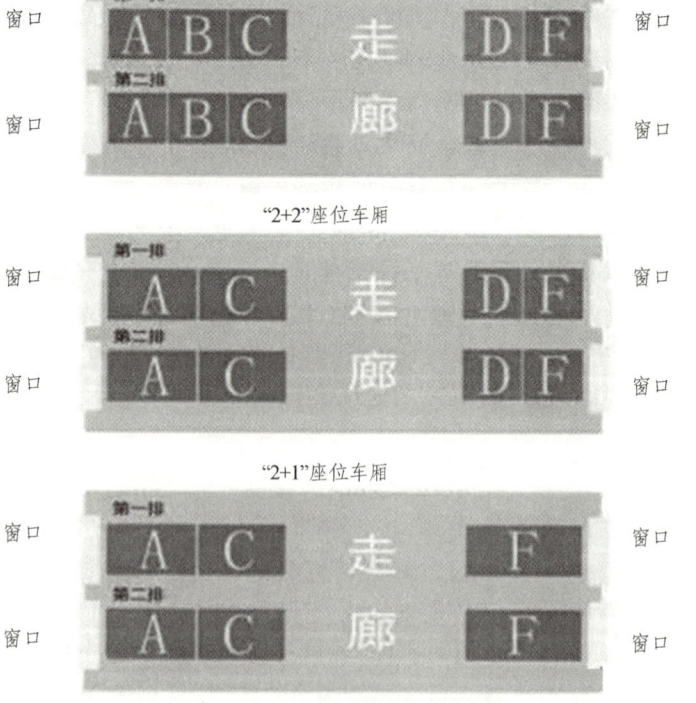

图 6.17 动车组二等座座位示意图

4. 旅行关键

杭州站"上铁旅行管家"开始试运行,"让旅行路上处处有家"的服务理念,使众多旅客感受到了"全流程、智慧型、管家式"高速铁路商旅服务的魅力。目前,这个服务品牌已在集团公司16个车站投入运营。12月1日,由金华车务段和金华市8890便民服务中心联合开发的"金华8890高速铁路智行服务"APP正式上线运行。金华站是金华车务段管辖的一等客运站,日均办理高速铁路列车160列,日均到发旅客近3万人次。为不断提升高速铁路服务品质,满足出行旅客日益增长的服务需求,通过资源共享和技术合作,服务出行旅客和地方经济社会发展。"金华8890高速铁路智行服务"APP,内有重点旅客预约、遗失物品查询、车站全景地图和找站台找地标等8个板块内容,让旅客出行获得更加便捷化、智能化和精准化的服务体验。集团公司在全国率先上线移动支付,覆盖上海虹桥、杭州东、合肥南和南京南四大高速铁路车站,满足旅客购物需求;管内36个较大客站提供的免费WIFI服务,方便旅客上网冲浪,打发候车时间;南京"158"、上海"心尚"等46个"上铁雷锋服务站"联网,为老弱病残孕等重点旅客提供预约服务;上海、杭州、南京、合肥等省会大站提供的"绿色通道"服务,让旅客不出站即可实现中转换乘。再如,广州南站规模大,建筑面积相当于数十个标准足球场,在车站内找各种设施和入口往往会让人晕头转向。为此,广州南站开放了基于蓝牙技术的室内导航和交通查询等服务,只要在微信中关注"智慧广州南站"公众号,即可轻松实现室内问询等服务。同时,积极践行"融合、创新、共享"理念,将广州南站停车场部分区域规划成共享汽车专用停车场,对停车场智能系统进行全面升级改造,形成了广州南站智慧生活圈服务平台。

想象一下,当你绕过堵车路段好不容易赶到火车站,刚想松口气时,结果车站太大竟然找不到检票口怎么办?或者是,一切收拾妥当顺利来到车站,结果却被告知列车晚点甚至被迫取消,又该怎么办呢?近期,美、英两国铁路运营商纷纷推出了小程序以此帮助乘客合理规划行程,提升出行体验。根据美国铁路客运公司(Amtrak)推出的款名为"Find Your Way"的手机应用,可以为用户提供指定列车的实时信息,显示检票口、车站出口、自动取款机及餐馆等具体位置,而且能够导航指引站内乘客。该应用在纽约宾州火车站(Penn Station)进行试用,Ios和Android操作系统均可免费下载。纽约宾州车站坐落于麦迪逊广场花园地下,靠近帝国大厦、梅西百货等地,是北美最繁忙的铁路枢纽,也是通往美国最大城市的门户车站,每天约有超过50万通勤人员和高速旅客通过这里。有媒体称,宾州车站像一个复杂的迷宫,里面分布着众多披萨店和咖啡馆，甚至连资深的通勤者也会偶尔迷路。"Find Your Way"APP是一款基于信标技术开发的实时用户信息应用，是Amtrak与Zyter公司合作的产品，其工作原理跟谷歌地图类似，通过用户输入目的地来为其绘制可选线路并进行导航，当多人同时使用时，还会显示出人群的位置以及避开人群的路线。纽约宾州车站已经设立了近400个信标，能够通过蓝牙低功耗（BLE）技术与"Find Your Way"APP近距离通信，APP根据用户的定位，向其发送安全的车站信息，三大功能包括：发送列车动态与检票信息。可根据用户输入的具体车次，向用户手机实时发送该车的最新动态与检票信息；搜索车站功能区域。为用户提供包括ATm机、餐馆、商店等在内的详细地图，帮助用户在检票前合理规划餐饮、购物等行程；站内安全导航。为用户提供站内导航功能。未来，还会增加站内交易、提醒与奖励功能。当然，"Find Your Way"APP仅在用户进入车站时才能使用，一旦用户离开车站所有信息将会失效，Amtrak公司正在考虑向其他车站推广。

5. 积分换车票

随着高速铁路、客运专线的陆续投入运营，铁路运能得到快速扩充，铁路与航空、公路的客源竞争日趋激烈，旅客对铁路客运经营能力和客运服务质量的要求越来越高，旅客个性化和差异化需求日益明显，因此迫切需要开展铁路常旅客积分系统研究。铁路部门推出"铁路畅行"常旅客会员服务，会员可凭积分兑换列车车票。凡是符合条件的旅客，都可以注册成为铁路畅行的常旅客的会员。那么旅客通过购票以后完成乘车就可以参加积分累积，积分累积达到一定的标准以后，可以初步兑换车票，下一步可能根据需求推出更多个性化的服务。年满12周岁的自然人，通过12306网站、手机客户端、车站专门窗口等渠道，在主动申请并完成身份认证后，就可以成为"铁路畅行"常旅客会员。积分按5倍于票价累积、铁路常旅客会员购买车票将获得相应乘车积分，积分按照5倍于车票票面价格进行累积，也就是说旅客购买100元车票就能获得500分积分。积分首次达到10 000分以上，就能获得兑换资格，兑换铁路部门指定车次的列车车票。使用所兑换车票的乘车人可以是会员本人，也可以是其设定的受让人。目前，申请铁路常旅客会员的有效证件包括居民身份证、港澳居民来往内地通行证、台湾居民来往大陆通行证、护照等。

6. 重点服务

客运其他服务方面包括重点旅客服务等，高速铁路客运站可根据自身特点和实际情况，设立特色品牌的爱心服务专区和贵宾区，安排客运人员负责引导专用通道检票乘车,为老、弱、病、残、孕等重点旅客的出行提供便利和帮助。按照"先重点、后团体、再一般"的原则组织旅客有序检票进站,对重点旅客进行主动帮扶,并做好服务和交接。自 2017 年 3 月起,"长三角"地区 200 多个铁路客运站全面推广应用"重点旅客接送站服务管理系统",重点旅客的亲友在车站服务台办理电子站台票后,便可上站台接送乘车人,每日都有大量的老幼病残孕旅客乘车。其中,一些行动不便或因其他原因需要有人照顾的重点旅客常常有亲友到车站接送。为做实重点旅客进站后上车前、下车后出站前的"最后 100 m"服务,改善重点旅客出行体验。"重点旅客接送站服务管理系统"安装到办客站进站口外服务台、候车室服务台、出站口等处。接送重点旅客的亲友只需持本人有效身份证件和手机号码到车站服务台办理相关手续。软件系统根据乘车人姓名、车次、座位号等信息自动生成一张电子站台票,并由工作人员打印交予接送站人员。出站时,车站工作人员扫描电子站台票上的二维码确认后,接送站人员便可离开车站。电子站台票的使用一方面改善了重点旅客出行体验,同时也规范了重点旅客接送站服务管理。该软件后台对未按规定正常出站的接送站人员具有记忆功能,失信人员将无法再次办理接送站服务。发生旅客意外伤害时,及时掌握伤害情况,了解初步原因,按规定报告信息并组织救护、维护现场及正常旅客运输秩序。对列车移交的伤病旅客,按规定做好交接、汇报,协助联系医疗急救机构或送就近医院。

7. 厕所革命

"厕所革命"是近年来一场由旅游业扩展到各行各业的厕所建设和管理行为。厕所在出行旅途中使用频率非常高,高速铁路站对车站内公厕进行了整体改善和提档升级,使旅客充分享受到了高品质的公共服务。为保证"厕所革命"在铁路车站的全面落实,铁路车站内厕所实行了"双所长"责任制,分别由车站站长和设备管理单位的管理人员担任,明确质量标准和工作要求,落实量化检查、问题分析、定期例会、情况通报四项制度,保证厕所设备设施和卫生质量不留死角,"全天候"包保可检。除了保证厕所内卫生纸等低值易耗品配置到位外,对公厕内的便池、地面和厕内设施定时擦洗,做到地板、便池、墙壁整洁干净,厕所内无蚊蝇、无异味。此外,车站还对公厕洗手池的水龙头、下水道以及卫生间门板等设施进行定期检查保养和维修。随着时代的进步,"文明的大多数"日趋成为主流,高铁站的"厕所革命"使旅客在充分享受铁路出行的"平安、有序、温馨"外,更让旅客出行的美好体验落在了实处。

上海虹桥站自 2010 年投入使用以来,客流量年年创新高,与日俱增的客流,让站内厕所"短板"显现。特别是女厕所,由于厕位少,几乎每天都能看到排长队现象。针对这一"短板",车站对大客流区域的 13 处厕所进行全面升级改造,增加了厕位,调整了男女厕位比例,女厕位由原来的 176 个增加到 271 个,增加 54%,男厕位增加到 324 个,增加 25%。同时,还为厕所增设了智能引导系统、通风除臭和循环广播系统。对于已经改造完成的厕所加强常态化管理,保洁人员做到厕位随脏随扫、地面随污随拖、洗手台水渍随溅随擦,确保厕所环境始终保持整洁。上海虹桥站厕所智能引导示意图如图 6.18 所示。

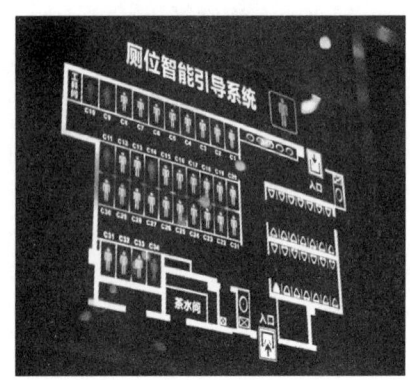

图 6.18　上海虹桥站厕所智能引导示意图

同样的厕所,同样的材料,同样的用品,如何设计、搭配,呈现出的使用和感观效果千差万别。作为上海最大的高速铁路车站,城市的坐标之一,除了让旅客体验舒适外,车站更是将海派文化融入这场"厕所革命",让厕所成为展示城市文明形象的窗口之一。2017 年年底开始,每位在车站厕所盥洗台洗手的旅客,抬头便会发现在厕所每个台面上的镜子处都有液晶显示屏,实时显示当天日期、温度、空气质量等信息,白色磨砂的镜面显示设备,使屏幕与镜面融为一体,触目可及,色彩柔和,精细而又大气。在厕所内部,该站注重运用色彩元素,墙面、地面、台面整体采用米白色搭配,合理的色彩搭配营造温馨、舒适的氛围。同时,充分考虑文化因素,以传统文化为引领,着力打造主题厕所。将"梅、兰、竹、菊"中国传统文化与厕所整体布局相融合,在厕所墙面搭配相应元素的"中国风"图案及诗词歌赋。除了在"净化""亮化""文化"方面下功夫外,车站充分利用"绿化"效果来美化环境,在厕所内部增加绿色植物点缀,在每个盥洗台、小便池上均摆放绿萝、吊兰等,并做好定期养护更换,让厕所常绿常新。

8. 人脸识别

俗称的刷脸进站其实是依托人脸识别技术进行的。人脸识别技术,指的是通过比较人脸的视觉特征信息从而进行身份鉴别的技术，既属于图像识别，也属于生物特征识别，是人工智能领域一项典型的细分技术应用。人脸识别是一种基于人的相貌特征信息进行身份认证的生物特征识别技术，技术的最大特征是能避免个人信息泄露，并采用非接触的方式进行识别。这种技术采用的是摄像机或摄像头采集含有人脸的照片或视频，对其中的人脸进行检测和跟踪，进而达到识别、辨认人脸的目的。人脸识别与指纹识别、掌纹识别、视网膜识别、骨骼识别、心跳识别等都属于人体生物特征识别技术，都是随着光电技术、微计算机技术、图像处理技术与模式识别等技术的快速发展应运而生的。

20世纪60年代，美国率先开始进行相关技术研究；2001年时，我国公安部门开始使用此技术；2008年时用于北京奥运会中，标志着人脸识别进入大规模应用阶段；2016年人脸识别迎来了重大发展。人脸识别核心技术是图像识别，百度、商汤科技、阿里、腾讯四大公司技术领先。人脸识别普遍采用2D方案，但受到光线影响很大，三维图像和热成像人脸识别精度更高，作为一种快捷、精准、卫生的身份认定技术，其具有不可复制性，即使做了整容手术，该技术也能从几百项脸部特征中找出"原来的你"，因此其应用领域相当广泛。目前已应用于公安、安全、海关、金融、军队、机场、边防口岸、安防等多个重要行业及领域。虽然起步较晚，人脸识别技术一直因其便捷性、安全性的优势，被广泛看好，是生物识别领域重要的研究对象。如今，我国人脸识别技术从无到有，从有到精，已经实现了跨越式的飞跃，很多经典算法和人脸库相继出现，识别正确率达到99.5%，甚至超过人眼识别的正确率。

人脸识别技术是基于人的脸部特征信息进行身份识别的一种生物识别技术。用摄像机或摄像头采集含有人脸的图像或视频流，并自动在图像中检测和跟踪人脸，进而对检测到的人脸进行脸部的一系列相关技术，通常也叫作人像识别、面部识别。尽管已有30多年的研发历史，但人脸识别产品仍然受光照、视角、遮挡、年龄、相似性、人脸防伪等多方面因素的影响。

使用人脸识别验证机后，旅客只需要将身份证与车票放至扫描区的同时正面看摄像头，机器将自动对人脸和身份证及车票信息进行核对，比对成功后闸机将制动机给开启，最快3s中就可以顺利进站。如果人脸与身份证照片相差较大，验证机将提示验证失败，此时需人工进行验证。人脸识别技术是基于人的脸部特征信息进行身份识别的一种生物识别技术。用摄像机或摄像头采集含有人脸的图像或视频流，并自动在图像中检测和跟踪人脸，进而对检测到的人脸进行脸部的一系列相关技术，通常也叫做人像识别、面部识别。人脸识别主要包括人脸检测、特征提取、人脸分类三个过程。简单地说，就是通过人脸检测,对五官进行一些关键点的定位,然后提取计算机能够识别的人脸特征,最后进行一个相似度的比对,从而得到一个人脸识别的结果,也就是判断"刷脸"的是不是你本人。"刷脸"进站不仅提高了实名制验票的准确率,还缩短了旅客验票时间,只需 3~6s。最大限度为旅客提供更便捷、更个性化的出行服务。

人脸识别技术也具有相关缺点,例如准确性容易受多种因素的影响,在用户配合采集条件比较理想的情况下,人脸识别系统的准确度较高,但是在用户姿势不对、亮度不够、发型改变、表情改变等不理想的情况下,人脸识别系统的准确度会受到很大影响。目前主流的人脸识别算法保守估计其技术准确率能达到 95%~98%。根据中国科学院的研究调查,目前美国最先进的人脸识别系统测试时,识别误读率也有 1%,长周期使用人脸识别系统必然会出现比对错误的概率事件。我国已有城市试点人脸识别闸机应用。2017 年春节前夕,票证人自助核验闸机在北京、上海、广州、深圳等多地大型火车站投入使用。人脸识别核心技术是图像识别,人脸识别普遍采用 2D 方案,但受到光线影响很大,三维图像和热成像人脸识别精度更高,作为一种快捷、精准、卫生的身份认定技术,其具有不可复制性,即使做了整容手术,该技术也能从几百项脸部特征中找出"原来的你"。人脸识别技术一直因其便捷性、安全性的优势,被广泛看好,是生物识别领域重要的研究对象。如今,我国人脸识别技术从无到有,从有到精,已经实现了跨越式的飞跃,很多经典算法和人脸库相继出现,识别正确率达到 99.5%,甚至超过人眼识别的正确率。

9. 网上订餐

旅客通过 12306 网站或手机 APP 的方式,可以享受到互联网订餐配送服务,不用离开席位,就可品尝到餐车或沿途供餐点供应的餐饮美食。从 2017 年 7 月 17 日起,全国铁路在 27 个主要高速铁路车站的 D、G 字头动车组列车上推出互联网订餐服务,作为铁路运输的一项主要附加服务,高速铁路餐食以冷链为主。一种是上海、南昌铁路局,广铁为代表的生产外包、销售自主的模式,高速铁路餐食实行外采、外包或者委托加工等方式,供应商主要是航空餐食企业、传统方便食品企业;另一种是北京、沈阳、济南、武汉铁路局为代表的自主生产销售模式,自建了高速铁路餐食生产基地或中央厨房。根据保守估计,目前高速铁路餐食日均销售 10 万份,其中 4~45 元中档餐食占销量的 50%左右。销售旺季为春运、暑运,与客流变化正相关。东部地区呈现高增长态势,上海铁路局从日均 2 万份增长到 5 万份。根据不完全统计,多数铁路局冷链餐食供应比例在七成以上。自主生产销售高速铁路餐食的铁路局，基本具备生产 0~10 ℃ 条件下，保质期为 72 h 的餐食产品。无论自产、外采，餐食品种逐渐多样化，产品结构越来越丰富，根据统计，上海铁路局有 4 档价位 23 个品种。在沪宁城际铁路 G7172 次高速动车组上供应的"红烧狮子头套餐"，零售价仍为 15 元一份。这份盒饭中的咸菜口味非常咸，海带丝的口味则非常辣。上海虹桥、杭州东、南京南、合肥南四个高速铁路车站为旅客提供网络订餐服务，南京南站的网络订餐量不仅在上海局，在全国铁路办理订餐服务的高速铁路站中也是最大。要在 10 min 内根据自身生产能力和原材料库存情况予以确认或拒单，未在规定时间内确认的，系统自动拒单。餐食要在开车前 30 min 制作完毕，以确保有足够的配送时间，但是也不能提前太多时间，否则餐食的新鲜度会受到影响。2018 年 1 月起，互联网订餐截至下单和取消时间由 120 min 调整为 60 min，旅客可根据实际情况，甚至可以在准备出门乘车时，再最终决定是否订餐。华铁旅服工作人员送餐示意图如图 6.19 所示。

图 6.19　华铁旅服工作人员送餐示意图

2017 年 9 月 8 日，阿里巴巴在杭州举办"世界级"年会，4 万名员工乘坐 100 多趟航班，32 班次高速铁路，1700 车次的大巴，从世界各地汇聚杭州，上海局担当的高速铁路有 G35、43、1302、1403、20、36、34，乘坐 5 趟是整列包车的员工需要在高速铁路上同时用餐。一趟高速铁路上最多有 6 台微波炉，一份冷链盒饭需加热 2~3 min，微波炉全部用上一刻不停，加热上千份冷链盒饭至少需要 330 多分钟，从北京南到杭州东的高速铁路也就只要 5~6 h。上海铁路局华铁旅服公司根据各车次实际情况制定详细的一车一方案，采取高速铁路加热与地面加热相结合的方法，在就餐时间点最接近的车站建立加热点实施送餐，紧急从调来微波炉、送饭车，扩容改造加热点电源线路，加热点仓配人员加强盒饭检验，严格按照盒饭加热流程加热，对盒饭加热过程严格卡控，确保食品安全和用电安全。9 月 7 日 19:28，南京南站一号站台上出现了壮观的一幕：20 多名送餐、服务人员一字排开，站在即将到达的 G35 次高速铁路车厢门口，当列车停稳后，以最快的速度，将上千份刚热好的快餐送上列车，随后，服务员又将一份份快餐送到每位员工手中。不到 10 min，刚送上车的热盒饭就分发到每位阿里员工手里。

2018 年 7 月下旬，"青春飞扬·香港青年浙江行"活动在浙江开展，近千名香港青年将乘坐华铁旅服公司担当服务的动车组往返。为了让香港青年感知到祖国内地的飞速发展和表达良好的情谊，华铁旅服公司精细组织配餐、服务工作，并要在停站 2 min 的温州南站送上车。为保证盒饭的品质，必须严格控制盒饭加热保存时间和加热温度，从加热到送到旅客手中，必须严格控制 2 h 以内。为确保质量和准确配送，公司精心策划，制定了细化供应方案，紧急调动送餐车 13 辆，微波炉 8 台，在温度高达 60 多摄氏度的加热间里精心加热盒饭。测温，称重，加热，再测温，再按车厢分装，各项工作一丝不苟。

实际上，每天 10 万份高速铁路盒饭，通过高速铁路动车组、便民早餐车销售和 12306 网络订餐送出。在炎炎夏日，盒饭变质加速，给食品安全带来严峻挑战。华铁旅服公司加强盒饭生产、配送、销售环节盯控，以精细化的严格管理，确保美味一路随行。食品安全重点是源头控制，目前华铁旅服公司负责管内高速铁路动车组盒饭供应的供应商有 4 家，生产基地分布在上海、南京、合肥、杭州、宁波等地。为确保高速铁路盒饭安全新鲜，公司成立专项检查组，采取突击检查生产车间、调看生产过程监控录像、查看原材料进货单据、检验报告等方法，加强对高速铁路盒饭生产的源头控制。高速铁路冷鲜餐食送到旅客手中，中间要经过运输、储存、配送、加热等环节，每个环节对温度控制的要求很严格，稍有不慎就会发生食物变质等安全问题。冷链餐食在运输、储存、配送过程中必须保持在 0~10 ℃，低于 0 ℃ 影响餐食口感和营养，高于 10 ℃ 就会腐霉变质。为确保列车运行途中的食品安全，乘务分公司组织督促安全检查人员采取驻站检查和随车添乘的方式，分别对各条线路上的管内高速铁路动车组食品进行动态检查，上车检查冷链餐食的储存、加热作业是否规范，加热盒饭的中心温度必须达到规定温度，否则会发生食物中毒，而且加热 2 h 以后的盒饭不能再销售。

人不离席，品尝美食。2018 年春运前夕，旅客可通过中国铁路客户服务中心 12306 网站预订地方特色产品，在乘坐高速铁路时由铁路工作人员将特产送到旅客身边。旅客在 12306 网订票成功后，网页会进行特产预订服务提示,旅客确认预订后可进入特产预订页面进行预订。此外,旅客也可以进入 12306 的"商旅服务"栏目单独预订特产,预定时需输入特产配送的车票信息和联系人信息。无座旅客也不必担心,预订特产时填写好乘坐车次、车厢号和收货人手机号,特产会一样送到旅客手中。旅客可使用支付宝或微信支付货款。2018 年春运,上海局集团公司推出高速铁路座位扫码订餐新服务,让乘客尽享旅途美好体验。动车组列车旅客座位的把手上贴有一个二维码,用微信扫一扫,点击"在线点餐",进入菜单页面,里面有零食、盒饭、水果、饮料等几十个种类,套餐分 15~60 元等多个价位,冰淇淋、爆米花等系列零食一应俱全。旅客通过扫描二维码,也预订餐车吧台销售的商品后,就会在 30 min 内将餐食送至旅客手中。推行座位扫码订餐是一项旅客消费新服务,旅客在旅途中可以享受到人不离席点餐、限时送达的品质服务,免去了登陆 12306 网站、手机 APP 订餐的周折,以及必须预约点餐的限制。该服务将陆续推广到更多的列车,让旅客享受更为便捷的高速铁路订餐服务。

某日下午 6 点半,一位在深圳工作的湖北洪湖人王先生通过铁路 12306 给高速铁路餐饮特产服务商家下订单,预定了一份价值 38 元的湖南特产辣椒萝卜,在留言中却附带了一个小请求:请商家在送特产的时候顺便再送一张纸条给他坐在高速铁路上的妈妈,告诉她:"妈妈,有人来接你,不要怕。"田女士从深圳北站乘坐 G1022 次高速铁路,坐到终点站岳阳之后,再搭乘公交车回洪湖,但忘记带手机了,妈妈又记不住儿子的手机号码。王先生通过铁路 12306 网站的高速铁路餐饮特产服务,给母亲在长沙南站预定了一份特产,并把自己的手机号码以及派人接站的消息写在留言中,请特产商家帮忙送上车厢。服务商家立即安排人为田女士组织配送服务。"愿天下所有父母出行路上一切顺利!"列车经过长沙南站时,商家派了员工一直等在高速铁路进站口,送留言条的时候带上了一瓶水、一个面包,为儿子的牵挂加点温暖。考虑到 50 多岁的田女士可能会有老花眼,还特意把留言用大字体打印出来。

目前动车组供餐以冷链为主,以预包装常温链为应急准备。冷链盒饭由铁路或地方动车供餐基地企业加工,保质期为 72 h,储运温度为 0~10℃,超过保质期的未销售盒饭,统一收回处理;常温链盒饭是工业化集中加工生产,实行高温、高压、充氮、密闭操作,不添加任何防腐剂。由于常温链盒饭储运时间长,易发生包装容器破损造成霉变等影响食品安全的问题,自 2018 年 9 月 29 日起,全国铁路将停止使用常温链盒饭。下一步,相关部门将完善机制,强化全链条管控,确保铁路餐饮和食品安全。同时,丰富冷链盒餐供应,不断提升餐饮质量。

10. 3D 全息安检

3D 全息信息球利用全息球幕智能提示设备，动态显示检票信息，在非检票手段显示天气状况、温馨提示、招商广告等内容，既提升了旅客视觉体验，又拓宽了经营创效渠道。3D 全息智能检票设备通过文字提示、流程图演示等方式，宣传闸机使用方法，提醒旅客按车票类型排队候车，在安检引导岗位设置 3D 全息安检人，取代人工安检引导，既节省人力，又提高工作效率。沈阳局有限公司展示了全息智能光影技术的运用。没有售票作业时，通过调光玻璃，可以显示动漫图片、视频及招商广告等内容，售票时，立即能转换过来，不仅提升了旅客购票体验，又可为车站增收创效。

6.4 案例分析：车站站台上的彩色"地标"是什么意思？

细心的旅客可能发现了，在高速铁路/动车停靠的站台，有一些固定在站台地面上，标有本处车厢号、其他车厢方向箭头，而且还分为黄色、蓝色、紫色不同颜色的地标，它们是什么呢？又有什么作用？如图 6.20 所示。

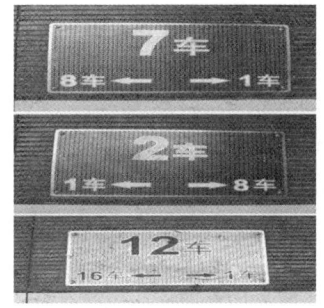 

图 6.20 高速铁路车站站台指示示意图

这些东西是啥？我们叫它们"地标"，即地上的标志（标识）。如图 12.22 所示。为什么要设地标？动车组列车在车站停靠的时间较短，为了到站时大伙儿不必拎着大包小包赶车，车站往往会提前让乘客检票进站，地标的设置就是为了让乘客能够根据指引快速找到所购车票的对应的车厢位置。该以哪个"地标"为准？如图 6.21 所示。

相信很多旅客在乘坐动车时都遇到过这种情况，站台上这么多指示动车车厢停靠位置的"地标"，到底该以哪个为准呢？其实，由于车站每天来往列车较多，一个站台往往会接发不同方向的列车，由于方向不同车厢排序自然也就不同啦。同时，在客流高峰期，前往某些方向的旅客较多，铁路部门会将动车组重联（16 节车厢），这样一来，列车编组既有 8 节又有 16 节。因此，站台上的"地标"位置也就发生了变化。

图 6.21　高速铁路车站标识核对图

为最大程度利用资源，在同一站台上，设定了多个颜色不同的"地标"。

站台上这么多，指示动车车厢停靠位置的"地标"，到底该以哪个为准呢？面对花花绿绿的一片，这时可千万不要慌乱，这里三步教你找到对应"地标"。

第一步：在候车室内看大屏。后车室内的车次信息大屏上，会有对应车次的地标颜色，看看手中车票，看看信息大屏，如图 6.22 所示。

图 6.22　乘坐车次候车指示图

第二步：看站台上的引导揭示牌。来到站台，看悬挂在站台上的揭示牌提示，去往所购车票对应车厢的位置，如图 6.23 所示。

第三步：根据提示找位置。知道了"地标"颜色，按照揭示牌提示方向，很快就可以，提前站在车厢门口。相信大家在火车站站台上排队等车时都见过站台边上有一条白线，而且火车站工作人员会经常地提醒大家要在白线内排队等车。但是，还是有很多小伙伴因心急总想进入白线看看火车到底来了没有，这时就会有工作人员拿喇叭提示，要站回到白线以内，这是为什么呢？因为列车进站行驶时，火车带动火车周围的空气流动，火车的行驶速度快的话，其周围空气流动得快，根据伯努利原理可知：流体流速快的地方压强小，流速小的地方压强大。列车周围的气体压强小，如果人离火车近了，可能被外面的大气压压到火车上而发生事故，所以旅客应该在安全线白线以内（安全位置）等车。快速移动的物体将空气推动形成气流，火车快速运动带走气流，火车位置形成低气压，造成周围气流回填，会将人卷入车下。所以，在动车组列车进站时，旅客一定要听从客运人员的指挥，自觉地在安全白线以内（安全位置）等车，等列车停稳后，按照先下后上的原则，排队顺序上车。

图 6.23　旅客按照地标候车指示图

Bad Cannstatt station 发布了全新"会发光"的站台。该站台为斯图加特市的三条市郊线路提供服务，长约 210m，由 670 块混凝土板组成，每块混凝土板上均安装了 LED 灯，安装的 LED 灯数超过 2 000 个。每块混凝土板都内嵌了 LED 灯。在德国，列车上的座位和车票是分开售卖的。购买车票后还需要预定座位，通常价格是 4.5 欧元一个，如果车厢有空座位就算没有预定座位也可以乘坐。这样一来，就看出发光站台的优势了！它不仅能够指示车门位置，方便旅客乘车，同时也可以为站台上等待免费座位的人员提供每个车厢剩余座位信息。

"发光站台"的工作原理：该系统是通过列车配备的负载测量系统将采集到的列车 WLAN 信号、摄像机和轴负载等数据发送给站台，站台内部测算出各车厢的座位空余情况，会在列车到达前 2 min，通过 LED 灯闪烁不同颜色，形成一组指示符号，提示乘客列车的车门将会在站台停靠的相应位置和车厢空余座位情况。这种直接显示在地面上的形式能够有效引导客流、指引车站乘客有序乘车。

"发光站台"由谁来研发？发光站台的内部系统属于首次在德国进行开发，DB 已经组织了两家新成立的科技公司协助：一家是位于柏林的 SIUT 公司，负责提供 LED 灯带内嵌在光纤混凝土的解决方案；另一家为英国的高科技公司 Open Capacity，负责开发测量单个列车车厢使用情况的解决方案。

"发光站台"选择试点的巴特坎施塔特车站，平时客流量较大，乘客通过站台上下车经常会很拥挤。为此该车站自 2013 年以来还雇佣了一些专门人员，阻止乘客在列车关门最后 1 min 上下车，导致车门关闭延迟造成晚点。DB 表示，此次试点为期 6 个月，3 辆测试列车将配备负载测量系统进行一系列测试。在测试过程中，该系统还需要持续改进以满足铁路相关需求。例如，乘客在站台上的流动路线以及是否会影响列车车门开闭时间等等。DB 的终极目标是开发一种显示屏，让铁路公司可以在地板上通过不同颜色来表示特定信息。如果这一系统受到乘客欢迎的话，未来还将计划在更多车站进行推广。如图 6.24 所示。

图 6.24　发光站台示意图

此举是否能够有效降低晚点率？德国铁路晚点率较高，此次，铁路运营商们希望通过开发发光的网络站台系统能够改善这一现状。在高峰时段，采用更加数字化的方式来减少列车延误，能够带来更多的经济效益。运输公司通过优化时刻表来缩短货物运输周期，大数据的传输同样也有助于优化操作。

DB 注意到，乘客上车的时间会影响列车停靠时间。同时，乘客通常倾向于选择靠近站台入口处的地方后车，这意味着，后续乘客需要花费更长的时间才能进入列车车厢，也会导致部分车厢比其他车厢更加拥挤。而提升上车效率有助于列车准点率的提升。

铁路运营商们的这些努力并不仅仅是为了提高准点率。在德国，晚点列车会受到地方政府的处罚，而每年的罚款可能达到数百万欧元。虽然发光的站台可能真的会为旅客乘车带来便利，但其对于改善德国列车晚点率的作用到底有多大还有待后期观察。（选自中国铁道科学研究院铁路视点公众号）

第 7 章 高速铁路物流组织

7.1 我国高速铁路物流运营现状

在电子商务深刻渗透国人生活的时代背景下，高速铁路电商列车是铁路发展中新推出的一个新产品。发展高速铁路电商列车可以充分线网、运能、经济、车辆技术等方面的优势，但在发展过程中也存在一些问题，主要体现在装卸终端和自动化的装卸设施方面，而且对高速铁路车站办理货运业务的组织办法尚处于空白等，需要高速铁路电商列车运营组织方面要努力开拓，实施品牌战略，突显路网、能力、产品、价格、服务的比较优势，在扩展发展空间的同时降低社会物流成本、提升运输服务水平。

近几年来，我国快递业保持持续快速发展态势。同时，客户对于快递业在安全性、便捷性和运送时效性等方面的要求也越来越高。铁路运输具有巨大的市场发展潜力。然而，据国家邮政局和中国快递协会统计，我国快递经铁路运输比重仅为 3%，高速铁路参与快递业务量则更少。随着我国高速铁路网的基本形成，高速铁路快运产品已进入到市场培育期，其运输的时效性、准时性、安全性等特征逐渐被市场所接受。高速铁路电商列车就是将高速铁路和电子商务以及网络消费市场等融合在一起的一种铁路新兴物流产品，目的是充分发挥高速铁路快速通达的运输特性，以满足城市群间快递业务的增长需求。高速铁路电商列车的开通运营将缓解公路、航空运输的压力。而对于铁路运输而言，电商列车亦能促进整个行业发展。目前，虽然铁路部门已经在部分高速铁路线路上进行了动车确认车运输的小范围电商列车运营试点，但距离高速铁路电商列车成熟运营还面临很多问题。本案例基于国外高速货运列车的成功开行经验和国内的开行现状与问题的分析，从高速货运市场和服务产品的需求出发，设计高速铁路电商列车的开行模式和运输组织方案，以便为探索规模化开行高速铁路电商列车提供参考。同时，也为快递服务企业选择快捷、安全的运输工具等方面提供借鉴。

在世界铁路货物运输中，快捷运输一直是附加值最高、效益最佳的货运品种。1984 年法国开行了时速 160 km 的高速货运列车。2012 年，法国和德国又开行了时速 300 km 的高速铁路货运专列。高速货运列车在速度、覆盖广度方面的突出优势已得到国外一些国家的认可，20 世纪 90 年代以来，随着快运物流市场需求的增加及铁路快捷货运的发展，高速铁路货运成为国外铁路公司一项高利润且快速增长的业务。其中，欧美、日本快递业务的历史较长，其快递运输对运输的时效性、价格或是对货物的重量、尺寸都有相关成熟的标准。德国、法国等国家的高速货运列车已经非常成熟，他们主要开行以运送行包和快件为主的邮政快运班列和行包班列。高速铁路货运以其较普通列车快速、航空运输成本低的竞争优势，占领了这一新兴市场空间。

2011 年，铁路开始试水高速铁路快递业务。2012 年，中铁快运和顺丰速递合作开展高速铁路快递服务。高速铁路快运是铁路为客户提供的与高速铁路品牌形象和铁路客运服务水准相匹配，时效快、品质优、标准高的"门到门"快运服务产品。高速铁路速度快、停站多、运营网络完善，运输条件稳定，运输不受天气、交通拥堵和航空管制等制约，其特点是物品附加值高，客户对时效性、安全性、准时性的要求高，对价格敏感度低，成本相比航空运输节约了 50%。但动车主要服务于旅客，没有为快捷货物装卸而设置专门的车厢，中铁快运利用的是动车组中的大件货物存放处和每节

2014 年 4 月正式启动以"当日达、次晨达、次日达"为主的高速铁路快运业务。2015 年高速铁路快运运量达 303 万件，比 2014 年增长 324%。2014 年 12 月起，部分铁路局开展利用高速铁路确认车开展大批量集中运输普通快件，主要针对信函等高附加值货物开展专人专递等高速铁路快运业务。我国高速铁路在 0:00—6:00 阶段检修，为保证列车安全，在高速铁路检修结束后，第一趟高速动车组列车出发前需开一趟动检车进行试运行，可利用动检车上的过道、大件行李处、车厢的两端，甚至座位放置小件货物，这种模式可以充分利用既有动车组车底，而且投入比较小，仅仅需要装卸和储存的成本，目前被用于提供高速间"当日达"或"次晨达"等小件包裹的快运服务。目前，东南、华南等地区铁路局已利用每日动车组确认车开展站到站高速铁路快件业务，但业务量不大，如上海局与顺丰和邮政 EMS 签约开通的杭州至合肥间快件运输，日均只有 5.3 t。在现有确认车中，选择较大城市间开行、运行时间 2 h 左右的 26 列装运高速电商快件。与客户协议实行量价互保。高速铁路快运实名登记、货物品类和来源，强化货物源头卡控，规范高速铁路快运货物包装，高速铁路车站为货物进出站提供便利条件，在运量较大车站，安排客运人员，加强旅客引导，组织旅客快速乘降，避免货物与旅客混行，提前安排劳力和机具，制定作业方案和应急预案，加强重点列车、处所和安监等环节盯控。

2015年全年高速铁路快运达206.7亿件,约承运量达3 000万吨,收入2 770亿元,同比增长48%。2015年,全路零散货物已经占到全部货运量的5%,而在3年前,这个数字尚不足1%。铁路总公司与中国邮政公司、顺丰公司、圆通公司和京东商城等研究时速160 km的快运P车下线。截至2015年9月,数据显示,高速铁路快运业务月均办理量环比增长6.5%,月均营业收入环比增长19.9%。时限准时率为99.2%,投诉率为0.6‰,达到国内行业优质标准。2016年10月,高速铁路快运服务在全国所有高速铁路列车经停的505个城市试行,为客户提供小件物品全程运送的高端服务。目前,高速铁路快运有着独特稳定的客户群,如:血液制品、疫苗等医药制剂类产品对运输时限和环境安全等方面的要求极高;大闸蟹等生鲜类产品,考虑到保质期的要求,对温度条件和运输时限有严格要求;还有一些高端商务文件,如发票、护照和其他票据等,对安全条件等方面的要求极高。高速铁路快运的诸多优点恰好满足了以上高端运输需求。相应建立的快运商城在服务广大社会零散消费者的同时,也逐步完善大客户服务模式。根据市场需求,预计全国所有高速铁路车站所在的城市都将陆续开办高速铁路快运业务。

7.2 高速铁路物流的发展前景分析

高速铁路"进军"快递业,一方面是社会经济的不断发展,快递业有着巨大的市场;另一方面铁路依托高速铁路、铁路干线运输优势,做大做强"高速铁路+",把客货运输合二为一,不但是整合铁路资源,更是为包裹运输降低成本。以"高速铁路+快递"为产品形式,为铁路货运融入市场,向现代物流转型打了前阵。而且随着近几年,我国高速铁路的迅速发展,发达完善的高速铁路网络逐步形成,对于运送快递有着速度快、安全性能高、效率高、运能大等优势。通过高速铁路运输快递,优势已经逐渐彰显的同时也增加了铁路货运的与公路运输的筹码。值得一提的是,电商件作为各快递企业的主要业务量来源,这就意味着高速铁路与电商平台间的关系会逐渐紧密,两者的结合也将顺理成章。

7.2.1 高速铁路物流的发展趋势

仅以北京、上海、广州、深圳这几个重量级的城市为例,从其快递业务量上，2014年上半年，四个城市的快递累计业务量占全国总量的41%。如果再加上四个城市的辐射区域，诸如，天津、杭州、义乌、苏州、东莞等城市，业务量绝对占到全国业务量的一半以上。再以杭州为例。杭州2013年快递业务量排名全国第五，约4.7亿件，日均128万件，按其中70%异地业务计算，日均约90万件，以每件2 kg估算，每日就有1 800 t快递包裹进出杭州。可以说，高速铁路电商市场前景美好，可以利用高速铁路优势，吸引物流企业，在高速间电商市场中占有一席之地。

目前，以"当日达、次晨达、次日达、隔日达"为主的高速铁路快运产品体系基本形成，市场效应初步显现。在现代社会经济发展的带动下，我国大部分最具活力的新型、大量小微企业经营中，从原材料采购到产品销售等一系列物流活动依托物流企业、运输企业提供服务。同时，现代信息、交通的发展，使得人们对高效、便捷的社会经济生活提出了更高的要求，电子商务已经深入人们生活中，对一些特定的货物运输不再单单是安全、经济方面的要求，时效性、便捷性需求越来越高。中国将超过美国成为世界快递业务量最大的国家。据交通运输部统计，近年来我国快递业发展迅猛，快递业务量连续增幅在50%以上。

现代物流体系是一个很长的产业链条，是一个庞大的运作体系。在这些年的业务推广中，只靠自身单打独斗难以让高速铁路物流业务良性快速发展，必须让高速铁路物流与其他物流方式相结合，让铁路系统公司与其他快递、电商公司紧密合作，打造一个完整的服务体系，才能最大程度发挥出高速铁路物流的优势并且良性发展。从业务角度来看，铁路系统本身针对快件、电商包裹等产品的揽货能力有限，必须要与大的快递和电商公司合作。只有有了充足的业务量，才能够支撑高速铁路物流的发展。2017年"双十一"前后，铁总高层领导密集会见了京东、中国邮政的高层。这传递出铁总与电商、快递企业加强合作，共同打造高效物流体系的强烈愿望。如京东和中国邮政这样的大型企业，已经实现零散的仓储、配送资源向集约化、规模化发展。铁总与这类公司合作，可以使高速铁路物流获得稳定的干线运输货源。从物流操作层面来看，铁总所掌握的高速铁路物流干线运输能力很强，但是两端派送能力不足，末端网络能力是中铁快运最大短板。末端的收件和派件，没有足够的人员支撑，无法形成规模效应，中铁快运公司也面临较大的成本压力。而与第三方合作，借用快递公司或物流公司的末端配送能力则能很好解决这个问题。

全新的合作还会带来运营模式和流程的变革。铁总与另一家快递巨头顺丰公司亦合作多年。从2014年高速铁路快递正式运营开始，中铁快运就与顺丰公司展开合作，顺丰负责提供货源，中铁快运提供运输。2017年，铁总与顺丰共同推出"高速铁路极速达"。顺丰为此产品调整了自身的作业模式——去中心化，将集中中转改成地铁接驳直送高速铁路模式，实现高速铁路物流网络与顺丰快递网的深度融合，省去转运中心先集再散的环节，极大提高了快递时效。顺丰快递员前端完成收件后，不经过分拨中心和网点，可直接乘坐地铁，直达北京南站（上海虹桥站）；快件到达目的地城市派件时，也不必经过分拨中心和基层站点，快递员在车站取到货之后，直接通过地铁等便捷的交通工具，将快件送至客户手中。这使得"高速铁路极速达"营运端去中心化，收派两端采取直送模式，不用传统中转模式，直接地铁接驳，流程很短。收件到完成派送10 h，已经是目前能和航空运力比肩的时效。

当然，铁总要与这些公司密切合作，必须建立起业务信息共享系统，由于高速铁路部门与快递物流企业协作的基础是业务信息的互联互通并得以共享，这样才能高效沟通和进行高效物流运作。高速铁路物流与电商、快递物流企业的利益目标是相同的，都是追求收益最大，而建立高速铁路与快递物流共生协作关系的主要契合点就是互利共赢，实现收益最大化。这是构建互联互通信息系统的坚实基础。

从宏观的角度来看，我国很多产业都面临转型升级发展，很多细分行业，诸如制造业、电商零售、冷链、医药等都对物流服务提出了更高的要求。在这样的背景下，高速铁路物流作为一种优质运力，若能形成高效的物流服务体系，必定能使众多行业收益。

随着以短链、智慧、共生为核心的新型物流时代的到来，"高速铁路京尊达"的推出，是高速铁路运力网络与京东物流成熟仓配体系的深度融合，是一次顺应行业发展和消费升级趋势的实践，未来双方将持续深化合作，协力互融，不断推出满足市场和客户需求的服务产品。正值2018年春运期间，中铁快运推出"高速铁路京尊达"产品，该产品专注于高端商品、高价值物品的寄送需求，为京东用户提供专属定制化服务，由高速铁路运输衔接快速同城网络的高品质快运服务产品。中铁快运发挥多列运营时速350 km的"复兴号"列车及高速铁路站内交接、场地保障等整体优势，京东物流提供仓配两端专车专人极致配送服务，为高价值物品、节日礼品、艺术品的配送，搭建一整套系统化"产地直发"的精准、安全、高端的物流配送模式。目前，京沪两地的用户在京东商城下单后，由"高速铁路京尊达"配送的商品，可以享受即时出仓、高速铁路运输、京尊达专车专人配送的一体化服务。在异地仓库内的商品，上午11:00前下单，当日22:00前完成配送；当日11:00后下单，次日上午11:00前配送上门。在相继到来的情人节、春节、元宵节、妇女节，"高速铁路京尊达"的试运行，将为用户带来更美好的服务体验。

2018年初，"高速铁路京尊达"是在中铁快运与京东物流良好合作的基础上，形成的探索个性化、定制化等物流新需求的升级产品。在京沪高速铁路示范线的合作模式成熟后，"高速铁路京尊达"产品有望复制扩展至更多区域，形成"高速铁路快运+电商"特色高端配送物流网络。"高速铁路京尊达"可有效解决用户购买高价值物品后，对时效、安全和服务的三维度痛点，全方位提升客户体验。这一产品的出现，正是双方秉承合作共赢理念，不断创新服务的实践。随着物流业开始逐渐由速度型、规模型向质量型、效益型转变，优势互补，强强联合的共享共生理念将在整个行业内盛行。中铁快运与京东物流强强联手，将显著优化物流资源配置，不断释放运力能力，有效降低物流成本，提升服务体验，积极探索和推动现代物流与电商的融合发展。中国高速铁路运力在物流领域的优势和价值巨大。

随着国内一线快递巨头陆续上市，快递业从大到强、从劳动密集型向科技密集型的提速正在变得越来越快。申通快递作为国内最早的民营快递品牌，在新时代、新经济的背景下，老品牌要注入新活力，要让更多的人看到中国快递品牌的崛起，看到国家品牌的力量，更加希望通过自身努力让中国快递也成为中国的一张名片。2018年4月4日，"申通快递"冠名的高速铁路列车在上海虹桥站进行首发仪式，由上海虹桥开往北京，如图7.1所示。这标志着申通快递向品牌化运营迈出了重要一步。此次以"申通快递"冠名的高铁专列，把申通快递的品牌与产品元素融入到列车的各个环节，通过外车身广告、车内海报、车身内外门贴、LED显示屏、语音播报等方式，全方位、立体化展现申通快递品牌。

图7.1 "申通快递"冠名的高速铁路列车在上海虹桥站进行首发仪式

中国快递包裹量已经超越欧美，成为世界第一。"小包裹，大民生"，这已然是老百姓不可或缺的生活必需品。高速铁路和快递看似两个不相关的行业，其实在品牌调性上有着高度的一致性，代表安全、稳定，更代表着中国速度、中国创造。高速铁路作为一个具备流动性属性的相对封闭空间，对展示品牌、宣传品牌也有着很强的推动作用。冠名高速铁路不仅展示了品牌文化和品牌形象，更传递着申通多年来一直倡导的安全、稳定、客户至上的服务理念。

高速铁路的建设运营改善了我国铁路货运的传统局面，并在促进我国综合运输服务体系的形成，激发目前以公路运输为主的物流市场格局变化，助推农业、工业和商贸业健康发展等方面对全国物流产生深远影响。为深化铁路运输服务供给侧结构性改革，着力解决人民日益增长的美好生活需求与运输服务供给不平衡不充分之间的矛盾，构建与世界最现代化铁路网相匹配的铁路快运服务体系。中铁快运携手顺丰速运，在京沪高速铁路推出"高速铁路极速达"产品，这是目前全程速度最快、运行最稳、品质最优的快运服务产品。

2018年8月29日，铁路混改又一大动作，新组建的中铁顺丰国际快运有限公司在深圳揭牌成立。中铁顺丰国际快运有限公司由铁路总公司属下的中铁快运股份有限公司与顺丰控股属下的深圳顺丰泰森控股（集团）有限公司共同组建，中铁快运占股55%，顺丰占股45%。新组建的中铁顺丰国际快运有限公司经营范围主要包括高铁快运、快速货物班列等特色物流服务产品研发销售以及铁路跨境电商货运平台设计建设等。该公司的组建，旨在以客户需求为导向，强化整合资源，打造具有仓储、装卸、包装、搬运、加工、配送等多种服务功能的综合物流中心，向社会提供安全、便捷、高效的快运物流服务。公司将充分发挥"铁路网""移动互联网""同城配送网"等方面技术资源优势，促进"三网联动"，实现合作，便民利民。努力将中铁顺丰国际快运有限公司打造成现代物流企业，积极构建与世界一流的现代化铁路网相匹配的铁路快运服务体系，推出更多符合市场需求的快运物流产品，为广大客户提供更好的服务体验。

7.2.2 高速铁路物流优势分析

1. 速度优势

高速铁路物流服务货品主要以多批次、小批量、高价值的品类为主，重点针对商务市场、电子商务市场、高端冷链物流市场以及其他贵重产品市场，包含信函文件类、商务样品类、网购商品类、冰冻生鲜类、生物医药类、贵重物品及精密仪器等货品，满足时效性较强的运输需求。可充分依托高速铁路运输资源优势，相继推出"次晨达"、"次日达"等产品。随着 2018 年时速达 350 km 的"复兴号"开通，铁路公司首次在京沪高速铁路推出高速铁路"极速达"快运新产品。高速铁路"极速达"是中铁快运与顺丰速运联合推出的高时效快递产品，利用"复兴号"载客动车组列车，在京沪两地实现异地陆运当日到达，甚至将时间缩短为 10 h 之内。客户只需上午 11:00 前发件，即可当日 21:00 前收件，实现真正的跨城快递陆运的"朝发夕至"。而且高速铁路拥有完善的运输综合管理系统，运输机制规范有序，每天班次较多，受天气等外部因素影响小，无论刮风下雨或下雪冰冻，高速铁路基本上都能准时到达。

航空运输虽然在时间（速度）上占有绝对的优势，但是航空运输单次运载量比较小，费用也比较昂贵。公路运输包括高速公路运输具有许多难以克服的缺陷，如在中远距离运输上，公路运输运速慢，运输成本高，运量小且对环境污染大，并且会受到天气情况的影响，天气恶劣时甚至不能进行运输，虽然有门到门运输的优势，但其短板仍十分明显。而这方面高速铁路与之相比则有明显优势，其运输速度很快且续航性强，运输单位能耗小，运量与公路相比相当大且技术先进、环保性较好，另外，因其线路为封闭式，高速铁路基本不受天气情况的影响，准时性较之公路运输也很有优势。在速度上，高速铁路的速度仅次于飞机；在运费上：高速铁路的运费远低于飞机，而略高于普通铁路和公路；在内部优势上：速度快，设备具有高技术，安全可靠，可大批量运输；在内部劣势上：自主研发能力较低，某些技术领域尚不成熟，造价昂贵，收费较高；在外部机会上：国家政策大力扶持，人民收入和生活水平提高，符合社会发展的需要；外部威胁：高速公路和普通铁路的价格竞争，航空运输的速度竞争。

另外，高速铁路有空间大、运行平稳、振动和摆动幅度小的特点，有效解决快递服务所带来的损害等一系列的问题。而高速铁路直接到达式的运输方式有效避免很多途中过境转手装卸的链接环节，还会避免许多不必要的动作浪费，从而减少了货品处理的操作次数，加上高速铁路运营部门严格规范的操作程序，从运行流程与机制上将有效解决物流运输过程中的快递物品损失和货品短少等问题。

2. 成本优势

据测算，在全社会的货物运量中铁路货运比重每提高 1 个百分点，就可节约社会物流成本 212 亿元。广州铁路部门曾做过测算：散件从广州到长沙，汽车运输方式成本为 0.3~0.4 元/kg，航空运输成本约为 2 元/kg，高速铁路运输成本为 1.5 元/kg。从三种运输方式的对比看：采用汽车运输成本最低，但很难实现跨省的当日达和次日达；航空和高速铁路运输均有时效保证，但高速铁路的成本仅为航空方式的 75%。

3. 网络化优势

我国高速铁路网的建快速设发展和投入运营为快递运输提供了有利条件和运力保证。高速铁路网连接着我国大部分重要经济区和中心城市，高速铁路可在能力有冗余的时段或是不适合客运列车开行的时段开行电商列车，其带来的不仅是是质量、速度，而且还可通过铁路、公路、航空等各种运输方式相互衔接，实现各种运输方式的优势互补，促进构建分工明确、整合有序的综合交通运输服务体系。依托越织越密的高速铁路网，高速铁路快递覆盖范围越来越广。2017 年高速铁路快运涉及徐兰、京广、京沪等 58 条线路，共 25 个城市。如今，新疆已被纳入"高速铁路快递区"，当地消费者能够快捷方便地收到邮递包裹。借助宝兰高速铁路和兰新高速铁路的快速运输通道，西安铁路局将全国各地包裹集中至西安，再通过宝兰、兰新高速铁路运至新疆。西北地区的包裹也将很快到达消费者手中。以往因交通不便，网上购物时，消费者甚至经常看到新疆被划入非包邮地区，包裹到手更是遥遥无期。

7.2.3 面临的技术难点

高速铁路车站主要以客运为服务对象，仓库以及装卸等规模化专业设备仍缺乏，并且受环境制约、经费限制、工程实施等客观因素制约，在原有高速铁路车站新增物流运输功能等硬件设施短时间内难以实现，要实现高速货运规模化运营仍需一段时间。面临的问题主要有以下几个方面。

1. 硬件配套设置

（1）车站设施。高速铁路车站是按照客运专线设计，缺乏足够的调车线路、适合货物装卸的站台、快速运输通道、相配套的仓库等设施，导致车站物流运输始发终到作业设备能力不足。目前，高速铁路站附近缺乏与高速铁路快运相配套的物流集转中心或者是网点中心，大部分快件都要通过第三方快递公司揽件，然后通过小型货车运送到高速铁路站，进行登记预约，再进去送到高速铁路站台；第二个问题是货梯和安检设施不匹配，现有的高速铁路电梯只运送旅客和随身行李，而且任何进入高速铁路运输的货物都必须进行安检，现行的安检机宽度只有 0.8 m，高 0.6 m，明显满足不了一些超宽超高货物的安检；第三个问题是车站缺乏快速装卸设施，由于高速铁路停留的时间往往只有不到 5 min，极短的时间内如何快速集装化卸货，也是一个问题。

（2）车型设计。我国高速铁路动车组主要针对旅客运输进行设计，在轴重、车门设计等环节上与传统物流运输设计标准存在差异。例如，动车组设计允许轴重一般不超过 15 t，车门设计一般高为 1 850 mm、宽为 730 mm，与高为 1 945 mm、宽为 2 200 mm 的行邮专列车门设计不一致，不利于搬运、装卸等现场作业的高效率运作。

（3）装卸设备。高速铁路快运服务还面临动车中间站停站时间短、中间站货物装卸困难等现实问题。鉴于装卸设备和旅客列车停站时间短以及存放空间小的限制，对快件的重量和尺寸都有严格的要求。高速铁路快运货物定位于 20 kg 以下的小件业务，主要是信函、证件等类小件快递货物。但由于存在自身的短板，比如网点覆盖不足、终端配送能力差等，若规模化运营高速铁路快递列车，需要研制相关适应性的装卸设备。目前货物大多数是通过人工搬运等手段装卸，效率低且不利于货物的快速定位，整体装卸时间延长。

目前的高速铁路车辆主要是基于客运需求设计建造，相关物流装备不足，限制了高速铁路物流服务的开展。其实，中铁快运与顺丰早在 2017 年 6 月就联手打造一款中高端快递产品进行过深入的交流，但是在动车组列车上没有适合装载快件的货运设施，所以一直没有成行。直到 9 月，"复兴号"开通，列车车厢内配备了可以装载专箱的快运柜，每个快运柜可以容纳 20 个专箱，困扰数月之久的装载设备问题才迎刃而解。

2. 营销方案

在高速铁路快运仍处于市场萌芽阶段的背景下，开拓市场是更为现实的目标，需要逐步树立品牌形象以强化核心竞争力，应该着手于高速货运市场需求的调研、速度目标值的选择以及运输组织类型方面，以便能够推出准时高效地满足货物的时效性需求的物流产品。

3. 管理体系

高速铁路货快与传统物流运输在物品种类、编组管理、作业方式和流程、组织管理、经营策略、安全保障等方面均有差异，在运输组织方法、物流装卸作业、运费核收、运输物品安全责任界定等领域尚缺乏统一的标准，容易导致客户请车、计划提报、物品配送等不同环节手续烦琐的现象产生，不利于提高运输作业的效率。

7.3 高速铁路物流运营组织和经营模式

7.3.1 高速铁路快运物流组织模式分析

高速铁路本身定义是快速的客运专线，这一基本功能定位不能改变。坚持以客为主，满足客运的前提下，为充分发挥高速铁路的巨大输送能力，再兼顾快速货运，即在满足客运动车组列车运营的条件下，利用高速铁路的富裕能力适量开行轻快的货车，而货车也不是常规的普速铁路的货车，必须单独研制以适应高速铁路的技术标准和运营模式的特点的新型货运列车。其次，合理确定高速铁路货运的运输品类。时效性高、高附加值、小包装、运送鲜活易腐、轻快机电等生活物资，俗"白货"。高速铁路具有发车频率高、运营速度高、运力充沛特点，基本实现随到随走的便捷运输模式，开行货运动车组列车可依赖高速铁路、发挥高速铁路的优势实现当日到达，快速便捷。

1. 近期的运输组织模式

针对货运量规模较小的情况下采用的，可为今后规模化运营发展打下基础，为高速铁路快递顺利打入市场做前期铺垫，同时便于掌握高速铁路快递在市场中的地位，吸取经验。货物的承接、配送、仓储、门到门送达等后方作业至关重要。可利用铁路自身的快递公司等来承担高速铁路货运的后方作业。设备设施上可参照物流或快递作业流程，配备快速装卸设备、分类分拣设备、输送设备等或是和快递公司合作。

（1）利用动车组的空间闲置模式

由于高速铁路客流有地域差异和时间差异，在客流低峰期可以利用一些上座率不高的动车组列车车辆上的空余位置来运载货物，大件行李存放处主要利用的有两个空间：即二等座等车厢一端的储货位置和每节车厢端部的大件行李架；或是根据售票时掌握车厢的满载率情况后，将空出的座位部等位置用来运输轻快的高附加值货物，但由于此时受空间限制，运载货物仅局限于小包装轻快递物，如邮件运输。这种模式运作的的高速铁路动车组车厢内都设置了一个储货位置（1 500 cm×600 cm×1 500 cm），但货物的重量、大小受到严格限制。此外，由于升降梯尺寸（800 cm）及货物周转箱（800 cm×600 cm×800 cm）尺寸有限，一方面会限制货物的收货量，另一方面会增加货物的拣货工作量。这种方式仅仅适用于货运量很小的情况下使用。

（2）利用动检车运送模式

这种模式属于短途运输，比如在上海—杭州、杭州—南京、合肥—南京间运送快递业务。利用动检车存在以下问题：为保证旅客乘坐的空间不被占用和污染，货物运量和尺寸受限；动检车的开行是分区段对开的，只能适应短途运送；班次少，开行时间固定，运输能力有限，无法满足快递货运的需求；货物摆放分散，不利于货物快速快卸；限于车门的设计和现有通道内的设置，难以用机械化、自动化的装卸设备进行装卸作业，主要靠人力装卸。对于这个问题可借鉴国外装卸单元的经验，将小件货物装于目前国内采用的轻小型包裹快运盒，再将目标地点一致的快运盒置于国外邮政专业通用的周转箱内。周转箱的使用将能大大提高装卸速度。

2. 后期组织模式

当高速铁路货物快运逐步打开市场，货源开始不断增加时，前期的运输组织方案显然不能满足市场要求，就需要采取新的措施，提高运输能力。这种模式要保证车站站型设置、车型设计以及装卸设备要适应需要。可以预见，这两种模式都可在我国高速铁路不同区域采用。

国外高速铁路在快捷货物运输方面主要开展的模式有两类，即旅客列车、货物列车独立分时共线运输和旅客、货物共存于一列高速列车两种模式。

（1）客货车辆共存于同一列高速列车模式

这是高速铁路客、货运输混合程度最高的模式，相当于货运与客运在运行图、路网、车站、车辆周转等方面完全一体化，美国组织开行的 Talgo XXI 型摆式列车便是这一模式的代表，其铁路运输的快递业务达到 30%。这种模式需要货物的装卸与乘客上下车在同一个站台同时进行，货物装卸必须在非常短的停站时间内完成，与乘客上下列车的时间容易发生冲突，影响列车旅行速度。

（2）旅客列车和货物列车共线独立运行模式

德国、法国、意大利高速铁路货运采取这样的运输组织模式，这种模式的货运站可设置在旅客列车不停站的车站，货物列车"追踪"旅客列车开行或反之，客运和货运列车在运行图上需要协调一致，可以采取白天和夜间分别开行或分时段开行的方式。

适应轻快货物运输的需求、便于滚装的货运动车组列车也在研制中。即将下线。我国开发的货运动车组以最高运行速度 200~250 km/h 为主，未来可研制最高运行速度 300 km/h 及以上的货运动车组。例如，2017 年度国家重点研发计划定向中国中车"先进轨道交通"重点专项项目启动工作会议在北京召开，继 2016 年发布时速 600 km 高速磁浮在内 3 个项目后，2017 年再次发布 3 个重点项目。其中最受关注的是轨道交通货运快速化关键技术，具体包括时速 120 km 驮背运输车辆、时速 160 km 快捷货运列车及时速 250 km 货运动车组的研制。如图 7.2 所示。

图 7.2 时速 250 km 货运动车组及内部货仓效果图

这种模式可利用夜间检修和维护与白天动车组列车正常运营之间的空闲时间或是高峰时段外的平峰时段的富裕能力，穿插开行速差不大的货运动车组列车。长期稳定需求的城市之间也可以开行固定运行线的"客车化"动货专列。五定班列模式是指定点、定线、定车次、定时、定价，运量大、有固定的运输需求的城市之间，可以开行点到点的货运动车组列车。沿线三、四级城市可参照零摘列车的运营模式，有作业的车站在到发线上或货运动车组装卸线上进行装卸作业，不进行车辆摘挂作业，采取即停即走的运营方式。

（1）客货车辆共存于同一列动车组模式

效仿国外邮政列车的经验，将动车组列车中的某节或几节车厢改装成货物车厢，车厢的空间保证足够大，这种模式只要要求动车组略微改造，比较适合点到点的运送快运货物，但装快件的工具和箱子都需要专门设计。目前，中国中车公司也正在研发基于高速铁路网的货运动车组车型。货运车型一旦研发成功，将大大提升高速铁路物流的运营和服务能力。专用的货运车型将拥有更完善的物流设施，更加适合货物的装卸、存储等操作。货物列车独立运行，使得货运装卸摆脱了客运停靠时间的限制，更有利于物流操作；而且货物列车和客运列车共享高速铁路线路，对线路分时复用，也提高了高速铁路线路的利用率，只需要在运行图上协调一致即可。

（2）旅客列车和货物列车共线独立运行模式

就是客货列车共线模式，即：在高速铁路线上，货快列车车辆采用设计时速 300 或 250 km 的专用车辆。货快列车可以利用车站其他配线对同等级的动车组列车进行越行。在线路有富余能力或者非高峰期间，开行高速铁路快递列车，这样可以把货车与旅客列车分离出来，货车不需要与旅客列车同时进站、出站，可极大的增加货运量。此种模式适用于大运量、集中化、规模化的快运货物运输。这种方式需要研发高速货运专列，其装卸设备需保证装卸的货物打包集装化，主要包括两个方面：尺寸和重量的标准化，还应根据运送物品种类的不同，采用袋装、集装化等装载方式。

7.3.2 经营模式创新

1. 做好相关设施规划

由于货物运量的增加，此时直接在高速铁路站进行作业显然是不合适的，则可以考虑在具备条件的枢纽内既有客运站、行包行邮基地进行货物的装卸。高速铁路货快引入枢纽客运站，可利用既有客运站的行包作业条件、通道等良好的货运基础设施，进行安全快捷的装卸作业。这种方式要求既有线客运站与高速铁路的信号制式相匹配。因此，中远期需要结合快捷货物运输需求增长情况，统筹做好高速铁路快运通道以及快件基地、客运站货运通道、装卸设施布局等相关设施规划，实现高速铁路货快站点的规模化与专业化。

2. 货运设施建设模式

高速铁路开办货运业务还需要配套建设相关的货运设施，需要根据动货的运营特点，货物的品类，装卸作业的方式，后续可根据分送作业方式等建设配备货运设施。

（1）新建高速铁路货运设施建设模式

可在规划过程中，考虑货运动车组列车的需要，根据车站的选址、城市规划、车站布局等因素合理布设货运动车组列车装卸场，并配备相应的货运、快运、门到门服务等设施，随同新线车站一并规划建设，如新规划建设的杭州西站。

（2）既有高速铁路货运设施建设模式

① 一般中间站的站台作业模式。对既有线站台进行改建，加宽站台、增设物流跨线地道、货运仓库等货运设施和物流设施。货运动车组列车以旅客

列车行包作业方式进行货物装卸作业。即停即走。

② 大中型客运站的特殊区域作业模式。大中型车站站台利用率高，不能在站台作业。货运量大的车站，可采用利用动车所、动车存车场、工区段管线、安全线等站线，对其改建后引出车站，不利用到发线。有些地区、枢纽站确实无法改建或增设动车货运设施，可利用既有联络线或新建联络线至普速铁路的既有货场，必要时可扩建、物流中心进行作业、异地作业模式贯彻整列到发、整列装卸的理念。

结合既有车站的现状、周边城市规划、工程情况等，因地制宜。尚在探索和时间阶段。理顺社会运输方式的整合、优化，适应绿色环保发展高效的快捷综合交通可持续发展战略，具有巨大的社会、环境和经济效益，但这种模式改建和增设货运设施难度极大。

3. 制定和完善管理制度

高速铁路开展小件快运中，涉及运费核收标准、货物安全责任界定、运输保价、随车押运员管理、货物装卸作业标准等一系列问题，需尽快制定和完善相关管理办法、规范。高速铁路快递规章制度可结合高速旅客运输和传统铁路物流运输两种规章制度体系，结合快捷物流运输的特点，补充和完善高速铁路快运组织管理等方面的工作细则，包括业务受理管理、安检管理、运输装卸管理、仓储管理，交付和结算管理、人员作业管理等，实现高速铁路快运各环节的统一标准化，保证运输过程的高效、有序的运作。

4. 采取灵活运价方案

在以距离、站停靠频次等要素确定站到站基本运价的基础上，根据货物月平均运量、单次运量、周转次数、提报计划时限等指标制定浮动运价，引导、激励客户集中多运。以上海至南京间沪宁城际高速铁路线为例，上线运行较多的 CRH2 型动车组两端车厢定员 55 人，上海至南京的二等座票价为 140 元，一节车厢单程总收入为 7 700 元。如按人均 80 kg 计算，则该节车厢可载重约 4 400 kg（80×55），将该节车预留运输快件的机会成本约为 1.75 元/kg（7 700/4 400）。当前上海到南京站到站高速铁路快运价格当日达为首重 50 元/kg，续重 10 元/kg，次晨达为首重 12 元/kg，续重 6 元/kg，上述价格下调 50%，仅按续重价格计算收入也高于机会成本 70% 以上，具有很高的盈利安全边际。考虑到列车载重量一般按定员人数超员设计，单节车可多增约 20% 重量，则机会成本可进一步降低，因而具备制定浮动运价的条件。对运量大、货源稳定的关键客户要重点关注，利用价格策略帮助他们降低成本，与其建立长期战略合作关系。

7.4 案例分析:"双十一"高速铁路物流组织方案

所谓"双十一",即指光棍节(每年的 11 月 11 日),它发源于中国 20 世纪 90 年代,最初仅仅是电商用于吸引消费者的一种促销噱头,主要是为了吸引年轻一代的消费者进行网上购物,类似于传统商业的春节促销或者五一劳动节的促销活动,并无什么特殊的意义可言,也并不特别地引人关注。一个由传奇人物马云创办和管理的网络集市——阿里巴巴将"双十一"这个刚刚打造的商业噱头与电子商务进行了完美的融合,如今"双十一"已摇身一变,已然成了一种消费者现象。每年的 11 月 11 日,以阿里巴巴为主的电商们都会开展大型的网络营销活动,在给消费者带来实惠的同时电商大佬们也赚得盆满钵满。概念被首次提出时,淘宝商城"双十一"销售额仅仅为 0.5 亿元,然而仅仅用了 6 年的时间,这一数字已经成几何倍数地发生了改变,2015 年"双十一"销售额已经达到 912.17 亿元,在刚刚过去的 2016 年"双十一"活动中,这一数字被定格在 1 207 亿元。

当前的快递企业对于铁路运量也存在较强诉求。2016 年的"双十一"起,铁路与快递之间的合作就已开始,随后逐步常态、频繁化。铁路部门在当年启动了"电商黄金周"运输工作,与电商和快递企业合作,提供高速铁路快运和铁路干线运输物流服务。

对于物流快递行业来说,每年"双十一"网购大战都是一场年度大考。2016 年"双十一"期间,铁总正式推出高速铁路快递电商黄金周运输服务提供铁路干线运输,并且成为中铁快运的知名服务品牌,日益受到客户的重视。2016 年"双十一"快递与铁路系统合作不完全统计表如表 7.1 所示。

从 2009 年开始,每年的 11 月 11 号,以天猫、京东、苏宁易购为代表的大型电子商务网站一般会利用这一天来进行一些大规模的打折促销活动,以提高销售额度,逐渐成为中国互联网最大规模的商业促销狂欢活动。开展"双十一"电商黄金周活动还是贯彻侧供给结构性改革要求的新举措,通过创新运用铁路运输资源,顺应电商网购市场需求,发挥高速铁路网络优势开拓新市场,实现客运淡季以较小成本取得高速铁路额外效益。10 天时间,通过组织电商黄金周运输,充分利用高速铁路载客动车组、确认列车。利用载客动车组大件行李存放处、最后一排座椅后方及快件柜,提供"当天达""次晨达"

"次日达"等限时服务,日均安排使用 600 列。在车底上选择 11 月份客座率 60%以下的载客动车组,预留一节二等车厢"双十一"期间不售票,装运批量快件。

表 7.1 2016 年双十一快递与铁路系统合作不完全统计表

地 区	列 车	快递商	明 细
郑 州	高 铁	中铁快运	其中第 16 号车厢装载 64 件货物(1.8 t 左右)。当日达 4 元/kg,次日达 3 元/kg,每件货物不超过 25 kg
	电商班列	圆通、申通、国通、中通等社会物流公司	每小时 120 km,运价为 0.113 2 元/吨千米左右
京铁物流中心	200 余趟高铁	中铁快运	北京铁路部门根据前期的运力测算,为 18 趟上座率一般的高铁列车专门预留出一节车厢运送高铁快件
	动检高铁	开放给社会物流	"动检"车就是不载客,为全天高铁开行进行检查、开路的一趟空车
	4 趟电商班列(上海广东方向各 2 趟)	开放给社会物流	车体采用全封闭车厢,一列车一次运货超过 300 余吨
南京南站	高 铁	开放给社会物流	

2017 年,铁路部门进一步与电商、快递企业合作,紧贴市场需求开发新产品,为更好地进军快运物流市场奠定了坚实基础。自 2017 年下半年开始,中铁快运公司就积极与国内主要电商、快递企业广泛接触,提前落实电商货源,制订对接方案。在铁总统筹安排下,在 2017 年"双十一"期间,中铁快运公司综合运用 22 列高速铁路确认车、208 列载客动车组预留车厢、"复兴号"动车组列车"快运柜"、600 多列载客高速铁路列车上放置的高速铁路快运箱、680 列全路直通旅客列车行李车等优质运力资源,对电商、快递企业提供高速铁路物流服务,形成产品组合,多层次满足客户运输需求。尤其是 2017 年中铁快运推出了"高速铁路极速达"和"丝路高速铁路快运"等新产品,使得高速铁路物流品牌影响力不断扩大。

随着铁路日趋完善的网络,快捷、准时、高性价比的运输班列服务,高速铁路建成后又释放出大量普铁货运的能力,这些都可以电商物流形成互补。

高速铁路快运具有时效快、品质优、标准高的特点，主打产品有当日达、次晨达、次日达、隔日达四个品类。经过不断创新发展和规范经营，高速铁路快运产品体系不断丰富，产品服务质量稳步提升，品牌知名度日益增强。

借鉴客运黄金周组织模式，铁路部门将"双十一"作为铁路"电商黄金周"，通过加强与电商和快递企业合作，推出高速铁路快运当日达、次晨达产品和电商班列一日达产品，涉及电子电器、服装、卫浴洁具、食品等"双十一"热销品类。2016年"双十一"电商节期间，铁总旗下广铁集团联合中铁快运、顺丰速运等企业，连续10天每天利用数十趟高速铁路动车组列车，开办高速铁路快运业务。在"双十一"期间如此大批量集中开展高速铁路快运业务，在中国铁路运输史上尚属首次。有数据显示，截至2016年年底，中国高速铁路运营里程超过 2.2 万千米，占世界高速铁路运营总里程 60%以上，位居全球第一。西北地区与东北、华东、东南沿海的高速铁路贯连，长三角、珠三角、环渤海等城市连成高速铁路网。东部、中部、西部、东北四大板块实现互联互通。四通八达高速铁路路网，为物流提供了强大的运输平台。如此密集的高速铁路网络，让外卖、快递、电商纷纷与之融合。

高速铁路快运产品价格贴近市场，重点将批量小、价值高、时效强的商务文件、电商包裹、生物制剂、医药冷链、应急物品等作为主要目标市场，开发生物医药、生鲜食品类等重点大客户。广大客户通过 95572、95306、12306 客服电话和网站 www.95572.com 及中铁快运营业门店等多种渠道，即可办理高速铁路快运业务，铁路提供电话、网络、移动终端等多渠道受理客户的咨询、查询、下单、投诉、理赔等服务。除发生自然灾害等非责任因素外，未能在承诺时限内送达交付客户的高速铁路快件，免除该次运费，发生质量问题的，3 日内可赔付到位。利用动车组列车快运货物组织如图 7.3 所示。

 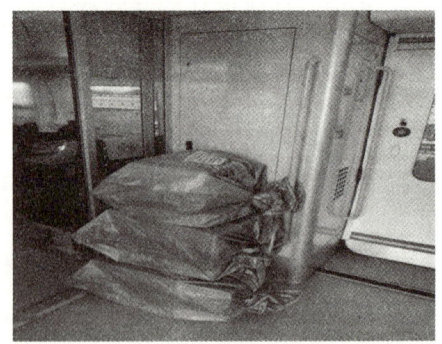

图 7.3　利用动车组列车快运货物组织图

中铁快运通过与顺丰速运、京东物流等优秀快递物流企业合作经营的方式，整合各自优势资源，共同推出符合市场需求的快递物流产品，取得了良好的社会效应和经济效应。

"高铁极速达"是利用京沪高速铁路运行时间在 4.5 h 的"复兴号"载客动车组作为干线运力，通过高速铁路网与顺丰快递网有机衔接，联合推出的有别于传统物流模式、在承诺时限内送达的即时快递高端服务产品。前期投入运营的新产品系列包括高速铁路极速达当日件、次晨件、次日件三类。该产品以铁路方为主导，中铁快运主要负责高速铁路站间运输组织工作，顺丰速运主要负责揽件、派件、城市转运工作，通过双方紧密合作，实现优势互补，利润分成，互利共赢。目前，"高速铁路极速达"产品可在北京和上海两座城市办理。托寄物单件重量不得超过 15 kg；长度不超过 55 cm，宽度不超过 39 cm，垂直高度不超过 40 cm。

"高铁极速达"的目标市场包括企业类客户和个人客户，如商务加急信函、标书合同等，以及个人紧急物品、生鲜礼品、贵重品等。对外使用"高铁极速达"名称，并特别标志为中铁快运携手顺丰速运共同推出，承诺 30 min 上门取件，当日件上午 11 时前寄件，当日 21 时前即可收件，北京上海间快件 10 h 内可送达。采用"首重+续重"计费模式，首重 1 kg 70 元，续重 30 元/kg；次晨件下午 15:00 前寄件，次日上午 10:30 前即可送达，首重 1kg25 元，续重 10 元/kg；次日件下午 20:00 前寄件，次日 18:00 前即可送达，首重 1 kg 23 元，续重 10 元/kg。

"高铁极速达"作为一款承诺时效的高端快运产品，充分结合中铁快运和顺丰速运双方安全、高效、精准的运作优势，使用世界领先水平的"复兴号"高铁动车组作为核心运力，是高速铁路图定运营网络与顺丰快递网的深度融合，为京沪两地消费者提供了一种全新的快递产品，物流链条全程采用高速铁路、地铁、电动车链接中转，绿色节能环保。产品投放市场后，获得社会公众广泛认知，"高速铁路极速达"快递试运行"复兴号"京沪间 10h 即可送达展现了新时代铁路发展新形象。经市场培育，目前在京沪线所有配有高速铁路快运专用柜的复兴号列车均已开始装运快件，满足当日、次晨、次日不同时效快件的运输需求，日均收入超过 10 万元，票均重 1.3 kg/件，票均收入 27.2 元/件，高铁专用箱装载快件单箱市场收入平均可达 800 元。

"高铁极速达"产品运营过程中对于安全的管控非常严格，承运快件时严格执行实名登记制度，比照航空快件标准逐件验视，执行高铁快运"白名单"制度。在快件进站时再次验视并过机安检，保证运输安全。全部快件装入高铁快运专用箱施封，高铁专用箱装入高铁列车快运柜，运输途中锁闭，保证快件安全。

"高速铁路极速达"作为一款当日收派的快运产品，充分结合中铁快运和顺丰速运合作双方安全、高效、精准的运作优势，是高速铁路图定运营网络与顺丰快递网的深度融合，为京沪两地消费者提供了一种全新的当日达产品，物流链条全程采用高速铁路、地铁、电动车链接中转，绿色节能环保，成功开启中国乃至全球物流陆运异地"当日达"新时代。"高速铁路极速达"产品目标市场为有紧急寄递需求的商务信函、标书合同、个人紧急物品、生鲜礼品、贵重物品等。寄件人可通过拨打客服电话、网络下单、直接联系市内车站网点或收派员这三种方式进行寄件申请。

2017年"双十一"电商黄金周期间，上海铁路局依托高速铁路与普速干线的运输优势，利用88趟高速铁路列车、2趟货物特快班列及部分普速客车运力，为电商和快递企业提供高速铁路快运和铁路干线运输物流服务。上铁联合中铁快运、顺丰、圆通等物流企业，连续10天安排88列动车组列车预留车厢，在上海虹桥、南京南、合肥南、杭州东和宁波5大高速铁路车站办理高速铁路快运业务，开行方向包括北京、成都、南昌、广州、沈阳、哈尔滨、郑州、西安、武汉、长沙、重庆、贵阳、天津、长春、厦门等。每天开行2列时速160 km、编组17车的进京特快货物班列，为电商、快递和生产企业供货货源提供物流服务。在确保不影响旅客乘降的前提下，充分利用载客动车组大件行李存放处、车厢最后一排座椅后方及快件柜，努力开展高速铁路快运运输业务；强化高速铁路快运作业场地和进出站通道保障，上海虹桥、杭州东、宁波等站成立快运保障小组，根据作业场地、安检通道、作业通道、货物集结时间、走行路线等情况制订组织方案，全过程监控快运货物装卸。他们配齐配强安检设备和人员，提前进行专项培训，从严落实快运货物100%过机安检、收货验视、实名登记等措施，确保高速铁路快运安全万无一失。

第8章　后高速铁路时代

8.1　智能化高速铁路

我国高速铁路正在进入智能时代，智能高速铁路是中国高速铁路的发展方向，也是世界高速铁路的发展趋势。智能化是中国高速铁路进一步保障安全、提升速度、降低成本的必然选择。未来中国高速铁路在科技创新方面将要做的几项重要工作：打造安全高速铁路，要通过人防、物防加技防共同保安全；打造智能高速铁路，要研发环境感知、自学习、自决策的技术；打造更快高速铁路，要研发高速磁悬浮列车、真空管道飞行列车；打造绿色高速铁路，要研发更节能、更环保、噪声更小的动车组列车。

近年来中国高速铁路智能化发展实践包括：在信息化建设方面，构建了一体化信息基础平台，打造六大业务应用系统，不断健全网络安全和信息化治理体系；工程建设方面，积极推广应用新材料、新工艺、新技术；运输调度方面，通过线网"速度、密度、重量"并举，运输组织高效协同，实现多目标分治、优化；客运服务方面，构建了双中心、双活架构的 12306 客票系统，已成为全球最大交易量的铁路票务系统；设施设备检修方面：推行了工务、电务、供电设备"三合一"养护检修体制；安全防护方面：构建了高速铁路设施设备安全检测监测闭环管理系统、自然灾害及异物侵限监测系统。在供电系统方面，车辆将配备智能供电设备、智能供电调度、智能供电运行管理及通信网络组成的智能供电系统，实现智能故障诊断、预警、自愈重构等功能，形成供电系统健康评估体系。调度系统将构建基于人工智能的高速铁路智能调度指挥系统，实现智能动态调度、智能协同控制、智能换乘调度、智能故障诊断等功能，达到路网整体列车调度效率最优，提升系统应急决策和处置能力，提高运营效率和旅客满意度。在服务方面：将完善 12306 网站及自助服务设施；支持多国语言国外银行卡支付；拓展票种形式（定期票、联程票、常旅客票等）；可实现电子客票、刷脸进站及检票；提供行程规划及资讯服务，以及 WiFi 全覆盖、站内导航服务；可实现行李托运及同步安检，并提供个性化及无障碍服务等。

随着高速铁路环境的不断变化，其研究面临以下几个思考：二氧化碳以及使用电量的持续降低，需要思考能否通过智能的网格，实现节能减排以及高效率的驾驶；能否利用人工智能实现列车智能的操作；能否通过活用大数据来实现智能的维保；为旅客提供简单易懂的实用的信息，当列车晚点运行故障发生的时候，运行信息转乘其他线路的信息，以及平时关于车站使用行为规范等等这些通知信息，就会显示在站内大型的显示屏上，达到的效果通过增加与旅客信息的交互，让出行更加安心和舒适，通过多种语音还有多频道的对应可以达到无障碍的提供信息；能够应对旅客量的动态的运行，根据铁路拥挤的长度，动态自动变更列车运行的解决方案，通过设置在车站的传感器，将车站拥堵长度可视化，并进行需求的解析，推断车站滞留人数的方法模式化，使用实时的列车拥挤度信息将列车的拥挤度的状况定量化、可视化。最终期待达到的效果是不依赖感觉以及经验，而是基于数据实时指令，通过缓和拥挤度，提高旅客服务质量。根据需求的解析的结果，根据旅客乘客的数量的增减，优化列车运行的数量，期待能达到的效果是对于使用者来说，拥挤时能够及时的回避拥挤，实现舒适移动，对运营者来讲可以根据需要运营列车，以此来提高运营的效率，达到节能降低成本的效果。

我国高速铁路发展拟在以下几个方面进行创新研究。

（1）加强基础设施和移动装备检测监测技术研究，深化高速铁路故障预测及服役期健康管理、防灾减灾和应急救援技术攻关，提升高速铁路安全保障能力。加强对高速铁路网能力综合利用、高速铁路调度集中系统等技术研究，提升铁路运营技术应用水平。研究站区能源智能管控、绿色照明和新型热源替代等节能减排应用技术，研究铁路建设项目环境监控技术和环境监测评价标准体系，推动铁路实现绿色发展。

（2）推进智能高速铁路重大科研攻关。全面深化智能京张和智能京雄高速铁路技术研究，攻克智能建设、智能装备、智能运营等关键技术；开展京沈高速铁路综合试验，做好自主化列控、自动驾驶、铁路下一代移动通信、智能变电所、基于北斗及BIM平台的应用系统等关键技术的试验验证，推进智能高速铁路技术实现新突破。未来，中国高速铁路将研制不设分相、远程监控的牵引供电系统，基于LTE通信的列控系统，基于大数据的固定、移动设备智能监测和预警技术等。高速铁路车站也将实现智能化，车站提供智能引导、自助服务设施，能实现车站运营智能感知（非法侵入识别、人流聚集与扩散异常检测、环境监测与调节等），实现车站设备智能监控与管理，并配备空气源热泵、垃圾密闭式气力输送等节能环保技术。

（3）开展铁路基础理论和前瞻性技术研究。发挥我国铁路建设运营场景丰富、实践积累数据充分的独特优势，深化高速轮轨关系、空气动力学、减振降噪、弓网关系、电磁兼容等基础理论，以及新能源、新材料等前瞻性应用技术研究，推进先进轨道交通重点专项、北斗示范应用项目等重大专项，强化对铁路重大技术创新的基础支撑，增强科技持续创新能力。

（4）加快铁路信息化建设步伐。建设总公司数据中心和一体化信息集成平台，进一步健全信息化标准规范和规章制度体系。以智能京张、铁路12306和95306、互联网售票、多式联运、协同办公等信息化示范项目为牵引，大力推进业务应用系统整合、信息共享和大数据应用，深化客票、货票电子化工作，研究建立铁路财务共享中心，促进信息技术与业务应用深度融合。

（5）智能高速动车组。研制具备自动驾驶等智能化功能的动车组，开展示范应用，形成产业化能力。动车组最高运行时速达到 350 km，具备工作状态自感知、运行故障自诊断、导向安全自决策功能。智能列车并不是一个简单的概念就能够完成的，对于一列零部件超过 4 万个的高速列车而言，它需要很多核心部分实现智能化，最终才能诞生所谓的智慧列车。据中车四方所的科研团队介绍，智能化列车控制平台是"安全、高效、绿色、智能"的新一代列车信息和能量管理综合解决方案。该平台具备高性能功率变换、智能变流控制策略、安全高速的车载网络控制、创新的司机人机交互及车载数据集中在线处理等特点，结合移动互联、大数据等技术，面向列车运营、管理和检修，提供了高能效传动、优化节能操纵、故障诊断与健康管理、智能检修与整备、智能人机交互等全方位解决方案。

（6）超速防护及自动驾驶控制系统。研制列车自动驾驶设备、CTCS-3 级列控车载超速防护设备、地面关键设备无线闭塞中心和其他配套设备，建立技术标准体系和规范，满足动车组高速运行要求。

（7）基础设施智能化运营维护系统。采用大数据、云计算等技术，研制供电设备智能运维系统、高速道岔智能感知及预警系统、钢轨智能感知装备等，构建全生命周期管理系统，满足智能化数据处理分析和维修决策需要，提升高速铁路基础设施智能化运维保障水平。

（8）智能化调度指挥系统。攻克列车运行计划智能调整、进路和命令安全卡控、行车调度综合仿真和行车信息数据平台等关键技术，满足动车组高速运行、高效调度等要求。

（9）利用先进的计算机及数字技术开展高速铁路智能化研究，将海量的数据进行梳理和沉淀，利用三维可视化技术、BIM 技术、铁路监测检测技术、物联网技术等先进手段，构建庞大的数字铁路王国。

美国斯坦福大学发布了一份名为《2030 年的人工智能与生活》报告，该报告认为，到 2030 年人工智能将以多种我们意想不到的方式融入人类生活。在众多领域中交通可能会成为首批几个特定应用领域之一。在该领域，嵌入了人工智能系统的实体交通工作的首次体验将在很大程度上影响公众对人工智能的感知。一旦人工智能系统在执行危险任务中的可靠性和安全性变得让人们信任，很快就会走进人们的日常生活中。我国在无人驾驶列车发展上，正实现快速突破。

  智能高速铁路的安全性大大提高，比如遇到突发情况，人的反应时间是 1.2 s，而机器只需要 0.2 s。若把机器的灵敏与人的创造性结合起来，就可以更好地应对突发情况和恶劣天气，甚至战胜自然灾害。智能高速铁路涵盖了高速铁路建设、运营到服务的方方面面，采用云计算、物联网、大数据、人工智能、移动互联网、BIM 等先进技术，全面感知、安全运输、融合处理、科学决策，推动铁路从数字化向智能、智慧化发展。我国正在全力推进智能铁路蓝图，智能高速铁路将实现铁路更加安全可靠、更加经济高效、更加温馨便捷的目标。

  "使国家富强不受外侮，足以自立于地球之上"是他一生所愿。110 多年前，被誉为"中国工程之父"的詹天佑在长城脚下建成了中国第一条铁路——京张铁路。他是"中国铁路之父"，也是中国首位铁路总工程师。对国家独立和强盛的追求，对实业救国、铁路强国的热切盼望，使他与孙中山先生英雄所见略同。他们一个站在高处，一个站在实处，上呼下应，成就了中国早期铁路少有的辉煌。他主张"中国之事应办自国人"，主持建设了"之"字型的京张铁路，这是中国人自己勘测设计、施工管理的第一条国有干线铁路，为国人带来了难以估量的自豪感，铸就了中华民族自强自信的丰碑。

  今天，在这条铁路下方 100 多米处，一处震撼世界的工程正在悄然推进——建设中的京张高速铁路长城站连接北京与张家口，一条新的智能高速铁路将于 2022 年北京冬奥会期间亮相，与老京张铁路交相辉映，穿越中华民族的百年梦想。近期，京张高速铁路的建设将为中国高端制造装备的典型代表。京张高速铁路于 2016 年 4 月开工，2019 年年底竣工，全长约 174 km，全线共设 10 座车站，是世界首条设计时速达 350 km 的有砟轨道高速铁路。届时，北京至张家口最快车次运行时间将从 3h 12 min 缩短至 1 h 内。京张高速铁路研发应用面向旅客的智能服务技术，其中包括：完善 12306 网站及自助服务设施；支持多国语言国外银行卡支付；拓展票种形式（定期票、联程票、常旅客票等）；可实现电子客票、刷脸进站及检票；提供行程规划及资讯服务以及 WiFi 全覆盖、站内导航服务；可实现行李托运及同步安检，并提供个性化及无障碍服务等；以 BIM+GIS 技术为核心，综合应用北斗卫星定位，智慧物联及移动互联等新一代信息技术，完成施工过程及试验现场数据的自动采集和信息互联，构建工程建设质量的全寿命可追溯闭环管理体系和综合管理平台；采用中国通号自主研发的高速铁路自动驾驶系统，将成为全球首条时速350 km实现自动驾驶的高速铁路，智能动车组列车能够与对风级、雨量、雪深等自然环境自动监测与报警，保证大风报警信息实时上车，还能实现地震预警及自动应急处置，并对沿线非法侵入自动报警防范等，动车组列车未来的运营维护也将实现智能化，将应用大数据、深度学习、故障预测与健康管理（PHM）、增强现实等先进技术，实现技术装备的全过程管理，提高动车组等技术装备维修的智能化水平，降低装备的全生命周期成本，提高运输效率和安全水平。在服务奥运方面，京张高速铁路将以"复兴号"中国标准动车组平台为基础，列车外观设计将把中国元素、奥运主题以及京张百年铁路文化融为一体，使京张高速铁路智能动车组成为一张行驶中的文化名片。在设计细节方面，"奥运高速铁路"设置了科技感十足的媒体专用包厢，可以通过智能显示屏实时观看赛事直播，配合覆盖全车的WiFi系统，媒体工作者可随时编辑发送赛事报道。此外，列车还设有人性化的残疾人座位区，配有轮椅固定装置、SOS按钮以及可折叠桌板等贴心设计；还将设有定制化的兴奋剂检测区、冰雪运动器材存放区，以使列车在冬奥会期间成为名副其实的"奥运专列"。中国高速铁路将朝着系列化、智能化和绿色化方向发展。动车组将实现自动驾驶功能，从列车启动、加速到减速、停车，司机只要按一个按钮就可以完成。京张铁路，已经超越了詹天佑所期望的速度。

京雄城际铁路2标位于北京大兴机场区域，线路全程5 942 m，是京雄城际铁路的重要组成部分，也是配套北京大兴机场建设的轨道交通项目，建成后将实现高铁与机场的"零换乘"。工程项目结构复杂、体量大、工期紧、交叉作业复杂、协调工作量大。京雄城际铁路从设计规划初，就提出"智能京雄"理念，在建设过程中应用智能建造技术（BIM）、大数据等大量智能化手段，显著提高了工程建设效率和质量。通过BIM技术运用，破解技术难题，工程实现了三维技术交底，有利于有关人员了解施工内容和顺序，准确理解施工方案。工程实现施工现场三维布置，使现场平面布置更加合理、高效和灵活。工程实现4D施工进度模拟，实现了对施工进度精确计划、跟踪和控制，动态地分配各种施工资源和场地，工程会实现施工复杂节点处理，精确展现复杂节点所存在的施工难点，并开发管理平台实现管理的全覆盖。管理平台检测数据由项目管理人员通过手机APP进行分享，加强信息化管理助推标准化建设，推出二维码文本存储技术，将现场的施工各个工序的要点、工艺、铁路建设项目质量安全红线管理规定、技术交底、物质管理等各项管理生成二维码，在工地设置二维码区域，便于现场施工人员、管理人员、监理、业主直观了解各类施工信息。施工人员在现场直接扫一扫，就可以获知了解的信息内容，同时实现现场无纸化办公。

中国智能铁路发展展望：2018—2020 年，完成智能京张、智能京雄高速铁路示范工程建设，构建智能铁路技术标准体系，初步形成智能铁路应用格局；2021—2025 年，突破基于 BIM 的智能建造标准体系、自学习及自适应的谱系化智能动车组、全面感知的列车无人驾驶（DTO）、面向多种交通方式的智能综合协同指挥旅客无障碍出行服务体系等重大智能铁路理论与技术，全面掌握从设计、建造到运营的全产业链技术；2026—2035 年，智能铁路应用由辅助协同向自主操控升级，智能建造技术广泛应用，研发自修复型智能动车组，探索全自动无人驾驶（UTO），突破极端复杂情况下高速铁路智能容错理论与技术，构建基于量子、区块链等新技术的智能安全体系，实现铁路运营全面自主操控、无人化。

8.2　磁悬浮技术

8.2.1　轮轨技术的极限

轮轨关系是铁路的基本问题，也是高速铁路的核心技术之一。高速铁路轮轨技术发展了三十多年，在法、德、日、意、英等国家都有成熟应用。相比之下，采用轮轨技术，在安全、舒适、技术经济、成本等几个关键上的性价比要比磁悬浮更高。轮轨关系研究既与应用技术相关，也涉及基础理论问题，是保障高速铁路安全、高效运营和技术创新的重要支撑。但是由于高速铁路列车在敞开的稠密大气中高速运行，需要克服占比总阻力 90%以上的空气阻力，使得高速铁路列车的速度不能无限提高。轮轨技术局限主要体现在以下几个方面：

（1）受轮轨之间的黏着力的限制。传统的轮轨黏附式铁路是利用车轮与钢轨之间的附着力推动列车运行的，附着系数是随着速度的增加而减少，与此同时，列车的空气阻力却随着速度的平方增加，当列车速度达到一定值时，黏着牵引与运行阻力相等，列车便不可能再加速了。而且，当列车运行速度超过附着曲线和运行阻力的交点时，其速度就很难再提高了。

（2）受电弓受流的限制。电力机车从接触网受电时，当接触导线的波动传播速度小于或接近列车的运行速度时，受电弓的离线率就会迅速增加，产生电弧损害受电弓。提高列车速度，就要提高接触导线的波动传播速度，主要方法是增大导线的张力和使用质量轻的接触导线，但这都是有限的，目前技术和材料只能保证受流速度在 500 km 左右。

（3）受转向架、牵引和制动系统、运行噪声和振动等技术和环保的限制。例如，现代高速列车都是采用电力作为驱动的，需要通过受电弓将电传输到列车上，列车与供电系统的联系是通过受电弓上的电刷在接触网上滑动来实现的，高速滑动摩擦很容易产生电火花从而也限制了列车速度的进一步提高。再如，当列车运行速度比较低（时速 100 km）时，空气阻力可以忽略不计，但当列车的平均速度提高到 300 km 以上时，空气阻力就占据了列车阻力的 90%以上，列车所需的功率是运行时速 100 km 之时输出功率的 15 倍以上，并且空气阻力与速度的平方成正比关系，而列车的功率与速度成三次方的正比关系，因此必须发展功率大、自重轻、体积小、可靠性高和成本低的牵引电机。所以，继续提高速铁路速度，就要考虑不要车轮、钢轨和接触网，而让火车飞起来。

（4）针对动车组本身，还存在技术难题。例如：动车组高速运行的稳定性问题，必须解决动车因运行震动引发的失稳危险；解决动车高速运行时的平稳性和动车结构脱轨的安全性问题；解决动车运行噪声的控制与消除问题。还要一个技术难题就是要研究高速列车的空气动力学，以期研发出速度更快、性能更加优异可靠的动车组。2011 年 12 月，由中国南车研制的更高速度试验列车，又称 500 km 试验列车，在高速列车国家工程实验室中创造了 605 km 的最高轮轨试验速度。

8.2.2 磁悬浮技术的发展

当列车速度超过 600 km/h 以上时，轮轨之间的黏着力很可能会失效，磁浮高速列车具有明显优势。与轮轨相比，磁浮列车采用无接触的悬浮技术，克服了车辆和轨道之间的接触磨损，无需用高承载旋转件，推进动力系统置于地面，具有能耗低、速度快、噪声小、安全性高、安全舒适、环保节能、适应性广和维修量小等优点。

磁悬浮铁路是一种新型的交通运输系统，利用电磁系统产生的排斥力将车辆托起，使整个列车悬浮在导轨上，利用电磁力进行导向，利用直线电机将电能直接转换成动能推动列车前进。磁浮技术的研究起源于德国，早在 1922 年德国工程师赫尔曼·肯佩尔就提出了电磁磁浮原理，并于 1934 年申请了磁浮列车的专利。德国也是磁悬浮列车技术研究最早的国家。磁浮有"常导"和"超导"两种。进一步细分，常导又分为"中低速"和"高速"两种；超导又分为"低温"超导和"高温"超导。从原理上讲,"超导型"悬浮气隙较"常导型"大,运行速度较常导型高,但造价也高于常导型,两者各有优缺点。20 世纪 60 年代初,日本提出研制超高速铁路,以达到 500 km 以上的目标。日本采用电动磁悬浮方式也称为超导磁悬浮技术,用超导体与轨道导体中所感应的电流之间的相斥使得车辆浮起;德国不用超导磁悬浮,而是采用电磁悬浮方式,即为常导磁悬浮技术,用铁芯电磁铁悬浮在车体的下方,导轨为异性永磁铁,磁铁异性相吸使得车体浮起。磁悬浮列车运行原理是利用电磁力抵消地球引力,通过直线电机进行牵引,使列车悬浮在轨道上运行(悬浮间隙约 1 cm)。它与普通轮轨列车相比,具有低噪声、无污染、安全舒适和高速高效的特点,有着"零高度飞行器"的美誉,是一种具有广阔前景的新型交通工具,特别适合城市轨道交通,如图 8.1 所示。另外,磁悬浮列车按悬浮方式不同一般分为超导推斥型和常导磁吸型两种,按运行速度又有高速和中低速之分。

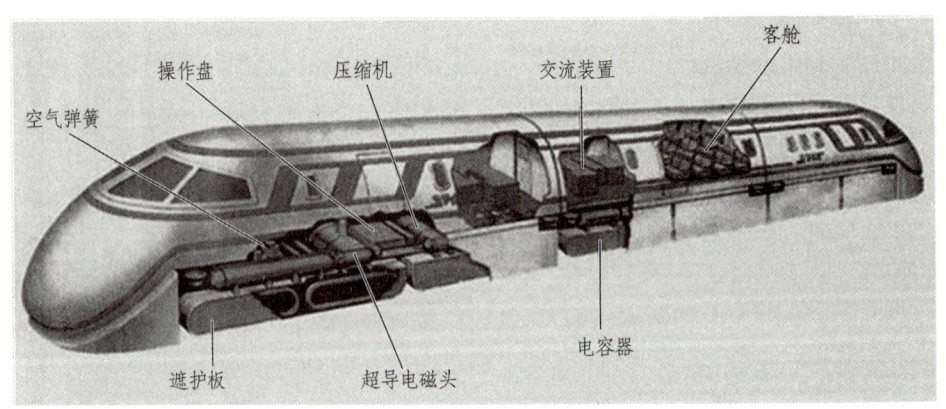

图 8.1 磁悬浮列车运行原理

1. 德国的常导磁悬浮列车

常导磁悬浮列车工作时,首先调整车辆下部的悬浮和导向电磁铁的电磁吸力,与地面轨道两侧的绕组发生磁铁反作用将列车浮起。在车辆下部的导向电磁铁与轨道磁铁的反作用下,使车轮与轨道保持一定的侧向距离,实现轮轨在水平方向和垂直方向的无接触支撑和无接触导向。车辆与行车轨道之间的悬浮间隙为 10 mm,是通过一套高精度电子调整系统得以保证的。此外由于悬浮和导向实际上与列车运行速度无关,所以即使在停车状态下列车仍然可以进入悬浮状态。

常导磁悬浮列车的驱动运用同步直线电动机的原理。车辆下部支撑电磁铁线圈的作用就象是同步直线电动机的励磁线圈，地面轨道内侧的三相移动磁场驱动绕组起到电枢的作用，它就象同步直线电动机的长定子绕组。从电动机的工作原理可以知道，当作为定子的电枢线圈有电时，由于电磁感应而推动电机的转子转动。同样，当沿线布置的变电所向轨道内侧的驱动绕组提供三相调频调幅电力时，由于电磁感应作用承载系统连同列车一起就象电机的"转子"一样被推动做直线运动。从而在悬浮状态下，列车可以完全实现非接触的牵引和制动，如图8.2所示。

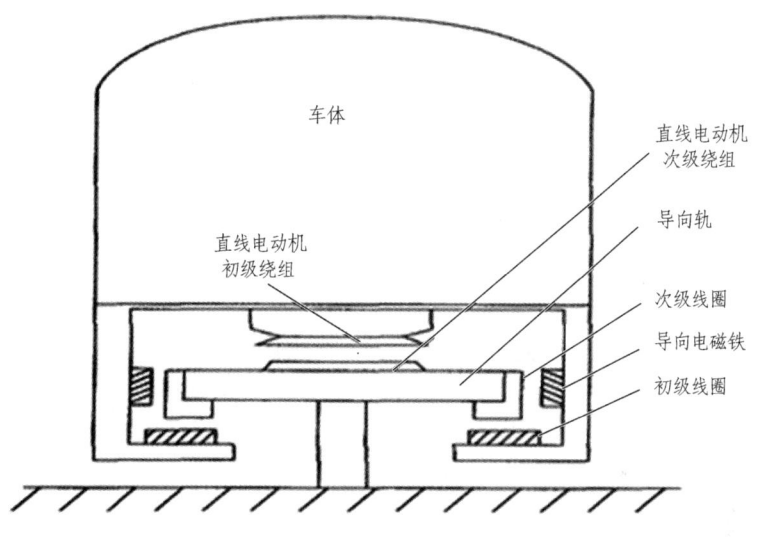

图 8.2　常导磁浮列车原理示意图

2. 日本的超导磁悬浮列车

超导磁悬浮列车的最主要特征就是其超导元件在相当低的温度下所具有的完全导电性和完全抗磁性。超导磁铁是由超导材料制成的超导线圈构成，它不仅电流阻力为零，而且可以传导普通导线根本无法比拟的强大电流，这种特性使其能够制成体积小、功率强大的电磁铁。

超导磁悬浮列车的车辆上装有车载超导磁体并构成感应动力集成设备，而列车的驱动绕组和悬浮导向绕组均安装在地面导轨两侧，车辆上的感应动力集成设备由动力集成绕组、感应动力集成超导磁铁和悬浮导向超导磁铁三部分组成。当向轨道两侧的驱动绕组提供与车辆速度频率相一致的三相交流电时，就会产生一个移动的电磁场，因而在列车导轨上产生磁波，这时列车上的车载超导磁体就会受到一个与移动磁场相同步的推力，正是这种推力推动列车前进。其原理就象冲浪运动一样，冲浪者是站在波浪的顶峰并由波浪推动他快速前进的。与冲浪者所面对的难题相同，超导磁悬浮列车要处理的也是如何才能准确地驾驭在移动电磁波的顶峰运动的问题。为此，在地面导轨上安装有探测车辆位置的高精度仪器，根据探测仪传来的信息调整三相交流电的供流方式，精确地控制电磁波形以使列车能良好地运行。

超导磁悬浮列车也是由沿线分布的变电所向地面导轨两侧的驱动绕组提供三相交流电，并与列车下面的动力集成绕组产生电感应而驱动，实现非接触性牵引和制动。但地面导轨两侧的悬浮导向绕组与外部动力电源无关，当列车接近该绕组时，列车超导磁铁的强电磁感应作用将自动地在地面绕组中感生电流，因此在其感应电流和超导磁铁之间产生了电磁力，从而将列车悬起，并经精密传感器检测轨道与列车之间的间隙，使其始终保持 100 mm 的悬浮间隙。同时，与悬浮绕组呈电气连接的导向绕组也将产生电磁导向力，保证了列车在任何速度下都能稳定地处于轨道中心行驶。

超导磁悬浮列车的车辆上装有车载超导磁体并构成感应动力集成设备，而列车的驱动绕组和悬浮导向绕组均安装在地面导轨两侧，车辆上的感应动力集成设备由动力集成绕组、感应动力集成超导磁铁和悬浮导向超导磁铁三部分组成。当向轨道两侧的驱动绕组提供与车辆速度频率相一致的三相交流电时，就会产生一个移动的电磁场，因而在列车导轨上产生磁波，这时列车上的车载超导磁体就会受到一个与移动磁场相同步的推力，正是这种推力推动列车前进。其原理就像冲浪运动一样，冲浪者是站在波浪的顶峰并由波浪推动他快速前进的。与冲浪者所面对的难题相同，超导磁悬浮列车要处理的也是如何才能准确地驾驭在移动电磁波的顶峰运动的问题。为此，在地面导轨上安装有探测车辆位置的高精度仪器，根据探测仪传来的信息调整三相交流电的供流方式，精确地控制电磁波形以使列车能良好地运行。其原理示意图和列车运行原理示意图见图 8.3 和 8.4。

日本考虑到本国地震多，常导磁悬浮间隙 10 mm，在地震情况下车体和导轨会有碰撞的危险。1970 年决定把超导磁悬浮试验车辆，悬浮高度是常导磁悬浮的 10 倍，在 200 m 长的导轨上成功悬浮运行。日本和德国最终在 20 世纪 90 年代拥有了成熟的高速磁悬浮列车技术。德国磁悬浮铁路选用常导吸引悬浮、长定子直线同步电机驱动方式。列车"骑"在导轨上，两腿环勾着 T 型导轨，腿上安装有普通导体材料做成的悬浮电磁铁，在导轨地面有直线电机的定子。当磁浮电磁铁通电后，与直线电机定子产生吸引力，利用距离传感器监控悬浮间隙，使其保持悬浮 8~10 mm，左右两边也要保持同样的间隙，其办法与悬浮差不多，也是利用控制两侧电磁铁的吸引力来实现的。有专家说，德国的磁悬浮技术原理是采用异性磁极互相吸引来实现列车悬浮的，而日本磁悬浮技术原理是采用同性磁铁相斥实现的。按照车辆专家的观点，德国的磁悬浮系统并不稳定，控制列车需要特别复杂并且非常先进的技术手段才能实现，而日本的磁悬浮系统是一个自稳定系统。两个国家的技术各有优势。

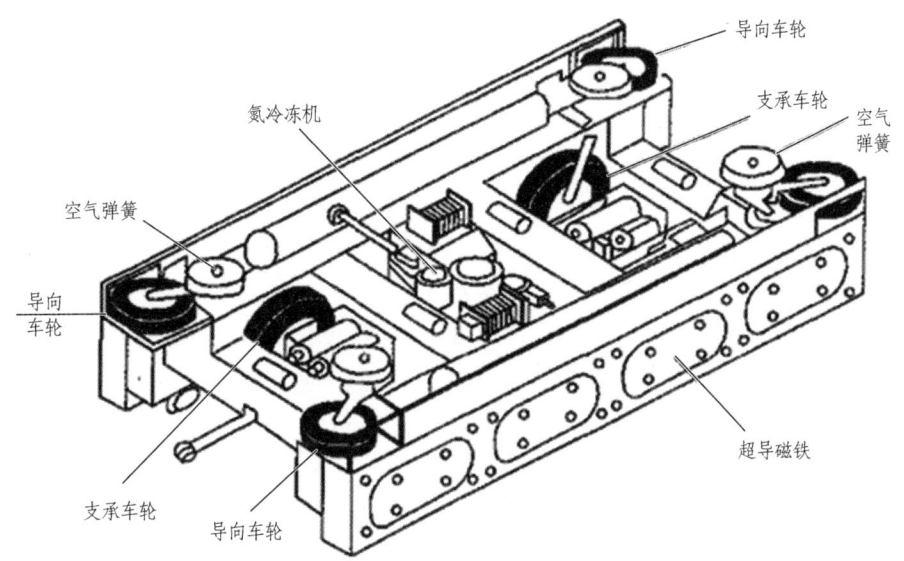

图 8.3　超导磁浮列车原理示意图

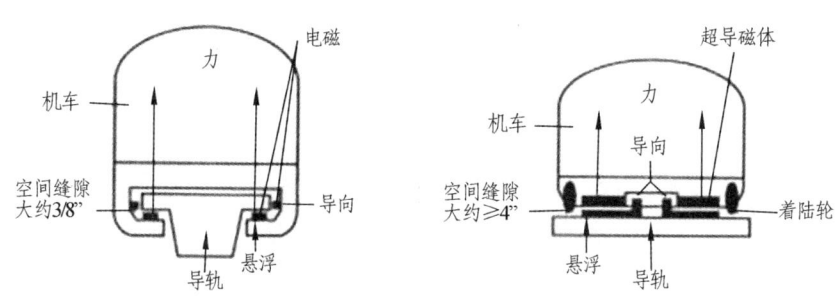

图 8.4　磁悬浮列车运行原理示意图

3. 我国磁悬浮技术发展现状

我国有世界第一条磁悬浮列车示范运营线——浦东龙阳路站到浦东国际机场，全程 30 km 只需 8 min，是世界第一条商业运营的磁悬浮专线。上海磁悬浮列车是"常导磁吸型"磁悬浮列车，是利用"异性相吸"原理设计，是一种吸力悬浮系统，利用安装在列车两侧转向架上的悬浮电磁铁和铺设在轨道上的磁铁，在磁场作用下产生的排斥力使车辆浮起来（利用同名磁极相互排斥)。另外,2014年5月16日,我国首条具有自主知识产权的中低速磁浮交通线路——长沙磁浮工程正式开工。线路于2016年上半年建成通车,我国成为世界上第二个拥有这种先进轨道交通运营技术的国家。

上海浦东高速磁悬浮2001年3月1日动工,2002年12月开通运营,德国人20多年辛勤研发的磁悬浮技术花落上海。2003年1月4日正式开始商业运营,西起上海轨道交通2号线的龙阳路站,东至上海浦东国际机场,运营时速430 km,全程只需8 min。列车运行20s后,提速到100 km/h,4 min后列车达到430 km/h。列车在车厢底部及两侧转向架顶部安装电磁铁,在"工"字轨的上方和上臂部分的下方分别设反作用板和感应钢轨。电磁铁的电流,使电磁铁和轨道间保持1 cm的间隙,让转向架和列车间的吸引力与列车重力相平衡,利用磁铁吸引力将列车悬浮起1 cm,对电磁铁的电流控制精度非常高。一个供电区只能允许一辆列车运行,轨道两侧25 cm处有隔离网,上下两侧有防护设备,曲线半径一般为8 000 m,最小曲线半径为1 300 m,轨道全线两侧50 m范围内装有隔离装置。但是,由于采用的是德国的常导磁悬浮技术,中国只在磁悬浮的控制技术、车厢制造技术、驱动技术和土木轨道技术中拿到土木轨道技术一项,因此2003年上海磁悬浮事故,电缆烧毁,还需要从德国空运电缆过来。同时,据《中国科学报》报道,磁悬浮上座率只有1/6,上海磁悬浮公司2004—2007年财务亏损超过10亿元。上海浦东磁悬浮列车如图8.5所示。

图8.5 上海浦东磁悬浮列车

磁悬浮列车最高时速可以达到600 km/h以上,而且中国在磁悬浮技术上也是世界领先的。因为目前世界上有 3 种类型磁悬浮技术：日本的超导电动磁悬浮、德国的常导电磁悬浮和中国的永磁悬浮。相比之下永磁悬浮更为先进：日本和德国的磁悬浮列车在不通电的情况下，车体与槽轨是接触在一起的，而利用永磁悬浮技术制造出的磁悬浮列车在任何情况下，车体和轨道之间都是不接触的，并且永磁悬浮还有安全性高、悬浮力强等优势。除此之外，中国还拥有世界上第一条投入运营的磁悬浮列车示范线：运营时速为 430 km/h 的上海磁悬浮铁路，可以说无论是技术还是经验上中国都是全球领先的。

虽然磁悬浮列车有诸多优势，但是其缺点也是显而易见的：由于磁悬浮系统是以电磁力完成悬浮、导向和驱动功能的，断电后磁悬浮的安全保障措施，尤其是列车停电后的制动问题仍然是要解决的问题。其高速稳定性和可靠性还需很长时间的运行考验；常导磁悬浮技术的悬浮高度较低，因此对线路的平整度、路基下沉量及道岔结构方面的要求较超导技术更高；超导磁悬浮技术由于涡流效应悬浮能耗较常导技术更大，冷却系统重，强磁场对人体与环境都有影响。同时，停电后救援或维修都十分困难，轨道两侧 100m 内不允许有其他建筑物，列车发出的噪声巨大等，最重要的是由于维护成本比轮轨列车大，因此盈亏问题比轮轨列车要难处理得多。所以目前乃至未来相当长一段时间，它都无法进行商业运营，就更别说取代轮轨列车了。

高速磁浮作为一种新型尖端轨道交通技术，其优势已被越来越多的国家关注，德国、日本等发达国家沿用不同技术路线发展了多种磁浮交通运输方案。日本的超导磁浮技术实现 603 km/h 的试验速度，德国的磁浮技术最高试验速度达到 505 km/h，但时速 600 km 高速磁浮系统及工程化应用在我国尚属空白。为推动我国轨道交通装备持续健康发展，提高技术水平和核心竞争力，根据《增强制造业核心竞争力三年行动计划（2018—2020 年）》，制定轨道交通装备关键技术产业化实施方案。目前高速铁路的最高运营速度为 350 km/h，航空巡航经济速度为 800~1 000 km/h，600 km//h 高速磁浮交通系统可以填补高速铁路和航空运输之间的速度空白。高速磁浮既可用于长途运输，也可用于快捷通勤，尤其适用于三种交通运输模式，即经济规模大、同步性高、一体化强的"通勤化"交通，经济规模大、互补性强、协调性需求高的大型城市间的"同城化"交通和经济规模差异大、发展均衡性需求大的东西部中心城市间的"走廊化"交通。还对于丰富我国轨道交通体系结构，形成由航空运输网、高速轮轨网和高速磁浮网组成的高速运输网，具有重要而深远的意义。目前，研制新一代 600 km/h 高速磁悬浮列车，搭建悬浮导向、车载供电等关键技术研发试验调试平台，推进整车集成、车体、悬浮架、电磁铁、悬浮导向、车载诊断控制网、定位测速、车载供电等系统和部件的研制；试制高速磁悬浮样车，开展样车调试及试验，构建高速磁悬浮车体、悬浮架、列车总成工程化样车调试平台，悬浮导向、定位测速、车载供电、走行系统等关键技术试验平台；建设高速磁悬浮调试试验线，开展列车运行试验和考核。由行业龙头企业牵头、联合有关单位，突破高速磁悬浮列车及核心部件设计、制造技术，掌握调试、试验评估方法等方面都已摆到我国高铁下一步的研发的日程之中。

8.3 案例分析：超级高速铁路探析

1. 马斯克超级真空高速铁路

2013 年，特斯拉（Tesla）创始人、SpaceX 公司 CEO 马斯克提出了"超级高速铁路"的理念。超级高速铁路又被称为胶囊列车，它能够在一个完全真空的管道中以超音速的速度到达目的地，在行进过程中车舱会全程悬浮在管道中，其理想时速超过 1 200 km。超级高速铁路推进系统使用了与磁悬浮类似的原理，在一个真空的管道中，线圈通电产生磁场，让吊舱悬浮在管道里，从而将摩擦降至最低，以实现最大的推进速度。据称超级高速铁路在行驶中所受的空气阻力只有海平面空气阻力的 1/1 000，相当于在 4.5 万米高空飞行。超级高速铁路是一种以"真空管道运输"为理论基础，集成磁悬浮+低真空等成熟技术的现代交通工具，具有超高速、高安全、低能耗、噪声小、污染小等特点，概念新颖，发展潜力巨大，前景广阔。

随着 2015 年日本 603 km/h 的磁悬浮列车实验成功，以及美国超级高速铁路理念的推广，世界各国正面临一场新的高速铁路革命，最高运营速度不超过 400 km/h 的轮对技术，已不是各国研发的热点技术，运营速度 500 km/h 以上的磁悬浮列车成为时代新宠，特别是运营速度超过 1 000 km/h 超级高速铁路也成为各国研发热点技术。

"科技狂人"马斯克一直没有放弃自己的梦想，资本方面仿佛也非常青睐，数以亿计的资本进入了这个世纪项目。尽管 5 年来还没有实现这个狂热的梦想，但创新的步伐明显加快，2018 年已经出现几项关于其未来的重大声明。

高速列车随着速度的增加，空气阻力也越来越大，常规的高速铁路在速度的提高上将受到很大限制。例如，高速铁路时速超过 300 km 时，主要阻力就来自于空气，时速到 400 km 时来自空气的阻力就超过 90%。但是高速铁路速度和飞机相比，高速铁路遇到的空气阻力远远大于飞机遇到的阻力。飞机飞得越高，空气越稀薄，阻力就越小。在 4 000~6 000 m 高空时，只有 0.5 个大气压，支线飞机在此高空中的经济时速为 400~800 km；在 10 000 m 高空，也就是民航干线飞机的飞行高度，只有 0.2 个大气压，经济时速为 800~1 000 km；在 15 000 m 高空，就只有 0.05 个大气压了，这是超高速飞机的天下，经济时速可以达到 2 000 km。

真空管道运输有望成为未来交通的一个特别选项。2013 年美国电动汽车制造商特斯拉（Tesla）和商用火箭公司 SpaceX 的首席执行官伊隆·马斯克提出的"超级高速铁路（Hyperloop）"概念正在逐步成为现实。他们正在试验一个时速 1 000 km 的高速铁路，为真空状态管道飞行。真空管道高速交通就是建造一条与外部空气隔绝的管道，讲管内抽为真空并密封后，在其上运行磁悬浮列车，由于没有受空气摩擦的阻碍，列车运行可以至令人瞠目结舌的高速。对于陆地上的高速铁路来说，就是模拟一个高空环境，让高速铁路在这个模拟的环境中运行，这就是超级高速铁路。

超级高速铁路公司 Hyperloop One 成立于 2014 年，总部位于美国洛杉矶，是根据马斯克 2013 年提出的超级高速铁路构想而创立，计划建立在真空管道中运行的超级高速铁路，运送乘客和货物的速度接近音速。2016 年 5 月 11 日，在美国拉斯维加斯北部，该公司的超级高速铁路推进系统首次户外测试成功，3 m 长的实验"滑车"在铺设好的轨道上运行了 2 s，最终速度达到 400 英里/h 后（约合 640 km/h），撞击到 91 m 外的沙堆减速停车。2017 年 7 月 29 日，原型舱在内华达州的沙漠的实际测试中最高时速达到 320 km/h，最高时速达到了 355 km/h，而其目标是实现 1 200 km/h 以上的速度。显见，超速高速铁路运行需要统筹解决两个难点。

其一，建设一个管道。若将管道里面的空气排出去形成真空后，理论速度就可以达到时速 6 500 km。当然这样做难度太高，若模拟 0.1 个大气压，那至少也可以达到时速 1 000~2 000 km。所谓的真空并非真正的真空，只是将管道的大气压变为正常大气压的 1%。但在大尺度空间的空间中 1%大气压的真空系统实现起来也并非易事，最先需要解决的就是真空管道技术。因为国内外都没有实现过如此大型的真空系统，使用什么材料、采用什么结构、抽气的方法等技术皆为一片空白。

其二，难以跨越的鸿沟。要想飞机飞行达到 600~1 000 km/h，就需要更先进的推进技术。马斯克测试遇到了同样的困难，理论时速与实际时速相差甚远。这种推进技术更像是电子弹射技术，更重要的是这一速度不能以牺牲乘坐舒适性为代价。

高速铁路动车组通常采用复合制动。正常制动中，优先采用"再生制动"，即将电动机"反转"为发电机，把动车组动能转化为电能，通过接触网供应给相邻区间动车组使用。当动车组即将停站时，则改为与汽车制动盘工作原理一般的"机械制动"。高速铁路遭遇停电等故障，紧急制动也为"机械制动"模式。制约轮轨交通往更高速度发展的主要有轮轨阻力、空气阻力和噪声等三大因素。真空中的"超级高速铁路"，有望克服这些因素，由此倍受关注。尽管有消息称，最早的超级高速铁路有望2021年建成运行。不过，这一目标，还显"路漫漫兮"。譬如：超级高速铁路在技术上的长距离测试，特别是载人测试如何做；技术上如何确保高速运动下磁浮系统的动力学稳定性，如何解决"车厢内有空气，管道几乎真空，到站下车后乘客如何呼吸"、真空管道内紧急情况下如何安全停车等，至今未有建设性答案。

目前，欧洲首个超级高速铁路的测试跑道在法国图卢兹开始建设。项目建造商 HyperloopTT 表示，其测试轨道将分两个阶段进行建设：一个封闭的 320 m 系统将于 2018 年投入使用；一个 1 km 长的全尺寸系统，搭建在高达 5.8 m 的高架上，将于 2019 年完工。

2018 年 4 月，超级高速铁路公司 HyperloopTT 达成了在阿联酋建设首条商业性超级高速铁路的合同。Hyperloop TT 和 Aldar Properties 签订了"历史性协议"，将在阿布扎比和迪拜之间建设首条商业性超级高速铁路。根据计划，预计这条超级高速铁路将在 2020 年投入运营。

2018 年 7 月 19 日，贵州省铜仁市与美国超级高速铁路公司（HTT）在贵阳市举行"真空管道超级高速铁路研发产业园项目"签约仪式，标志着超级高速铁路项目落户贵州铜仁。与美国超级高速铁路公司合作建设真空管道超级高速铁路产业园项目，有利于推进铜仁市实体经济和交通旅游融合发展，提升铜仁知名度和影响力，促进铜仁经济社会加快发展。这是美国超级高速铁路公司与中国签署的第一份超级高速铁路建设协议。铜仁市政府与 HTT 公司将分别以 1∶1 的出资比例在铜仁市成立合资公司，共建"真空管道超级高速铁路研发产业园"项目。项目建设第一阶段，双方将共同建设一条不超过 10 km 的商业真空管道超级高速铁路线路；第二阶段，双方利用第一阶段成果，完成相关必要的规章和规定，在此基础上延长该线路，使长度适用于商业运营。而在该项目上产生有关真空管道超级高速铁路的设计、开发、建设、实施、运营、维护或其他开发或商业化过程中开发或创建的所有知识产权，归合资公司所有。如项目进展顺利，双方将共同努力在铜仁建设一个配套产业园。

2. 中国的"超级高速铁路"

马斯克提出的"超级高速铁路"计划勾勒出一个看似不可能的未来景象，就是乘客可以乘坐胶囊式的交通工具，在长达数千英里的管道中高速旅行。然而在飞跃发展的科技时代，这种不可能正逐步演化为一种现实。超环高速铁路利用了低真空管道和磁悬浮技术，速度将接近飞机的 1 000 km 时速。这种高速铁路不仅可以修筑在地表，也可以开挖地下隧道。在中国，这项实验也正在进行中。作为具有国际竞争力的中国高速铁路已经瞄准这一广阔前景，向智能出行纵向发力，为中国梦注入更多生动内涵。那么，中国能不能造出"超级高速铁路"呢？

西南交通大学搭建的全球首个真空管道超高速磁悬浮列车环形实验线平台，是国内第一个载人高温超导磁悬浮环形实验线。线路总长 45 m，设计载重 300 kg，最大载重可达 1 t，悬浮净高大于 20 mm，是目前国际上同等载重能力，截面最小、永磁材料用量最少的超导悬浮系统，可进行 0~50 km/h 的实际动态运行实验。别小看这些复杂的机器设备，在真空管道理想状态下，这项技术上的创新，可将列车理论时速提高到 1 000 km 以上的更高速度，换句话说，眼前的这堆实验设备，搭建的将是人类目前能触摸到的未来超级高速铁路的雏形。实际载重能力，能够悬浮 1 t 重。这个轨道的截面积，是现在全世界最小的，就是它的宽度只有 120 mm，厚度只有 25 mm，它用的永磁材料特别少。西南交大磁悬浮模型如图 8.6 所示。

图 8.6　西南交通大学牵引动力国家重点实验室磁浮试验模型

几十年来，西南交大、国内科研院所和众多制造企业的专家，不断地接力式研发实验，才诞生出今天的成果。中国从 20 世纪 80 年代中期开始追赶磁悬浮技术，但是想要追上 60 年的技术差距，无疑是一个巨大的难题。

高温超导磁悬浮中的超导指的是一种超导材料，具有零电阻效应，也就是说，电流流经导体时不发生热损耗，可以毫无阻力地在导线中形成强大电流，从而产生超强磁场。超导磁悬浮，就是利用超导体的抗磁性，实现磁悬浮。而所谓高温超导，是指零下 196 ℃ 的液氮环境中，超导所具有的特性；低温超导是指在零下 269 ℃ 的液氮环境中，超导所具有的特性。与低温超导和常温超导相比，高温超导有一个最大特点：它有自稳定性。换句话说，把高温超导体放在永磁轨道上后，既能悬浮又能悬挂，不管运动还是静止，都能悬浮；而且在永磁轨道上，高温超导体还提供稳定的导向力和悬浮力，像钉子一样牢牢地扎在永磁轨道上面。

高性能的永磁材料，国外已经研制生产多年，磁悬浮实验室在成都，中国人自己造的磁悬浮的材料，却在杭州一家企业默默地研发生产。研制高性能的永磁材料，尤其用于高温超导磁悬浮轨道上的永磁体，首先需要将十几种原料、包括多种稀土材料熔合、均匀分布。在对十几种原料进行精密排布后，就需要用电流给磁钢充磁，这也是危险性比较高的环节。如果充磁充不好，容易造成它性能不稳定，有些时候控制不住，磁钢容易飞到天花板上去。经过反复试验，高性能永磁材料研制成功，但接下来又一个难题出现了：那就是怎样把永磁体拼接在一起形成磁悬浮导轨？由于永磁体之间相排斥的磁力很大，一小块可产生 300 多千克的推力，一不小心就可能跑偏。要靠一系列设计的工装，通过机械的方式，一点一点把它固定好，一个磁钢固定好，再装下一个磁钢。西南交通大学牵引动力国家重点实验室前期做了很充分的一种设计，设计了夹具之后，然后现场又不断地摸索，不断地改进，最后找到了一种比较优的方式，最后 84 块永磁轨道，安装只花了一天的时间。永磁导轨材料的难题得到解决之后，团队开始面临第二道难题的考验，这就是世界制造磁悬浮列车最为核心的高温超导材料。超导材料就装在我们车子四个角，这块黑色的盖板里面。这个超导材料，它就替代了汽车的四个轮子。这个超导材料，在液氮低温的环境里面，就可以实现悬浮。

本世纪第一个 10 年，全球只有 3 家第二代高温超导材料供应商，2 家在美国，以昂贵的价格向全世界销售，另一家企业在日本，但禁止出口。若材料只能靠进口，我国发展高温超导产业就会被"卡脖子"。2011 年，上海超导科技公司正式成立并开始研发。遇到的第一个难关，就是怎样将不同的涂层和超导带材紧密连在一起。超导带材是由好几层不同原料加工涂抹在一起的，超导层位于中间核心层，外面主要分为机带、隔离层、缓冲层等七、八层，之所以加这么多层，主要起保护、缓冲作用，相当于给中间层的超导带材，穿了一套防护铠甲，让超导带材的性能保持稳定性和一致性。但这几层原料都不同、涂抹的厚度，需要非常薄、非常均匀。工艺难度极大。它是在一个 50 μm 厚的，不锈钢带材上，所镀着的超导薄膜，50 μm 厚的是一个什么概念？就是我们大概头发丝一样的厚度，但是它们中间所起到的，最重要的超导层厚度，仅为头发丝厚度的大概 1%。

但最艰难的是将超导带材连接在一起的技术，尽管现在超导带材长度已从最初的百米级做到现在千米级长度，但受限于现有技术，世界上还没有不做接头的超导带材。超导带材一有接头，就会有电阻，这也是世界各国企业面对的难题。经过 3 年多的努力，世界先进水平范围内的超导材料，终于在中国上海研制成功，与国际的一些同类产品进行比较，它的性能、载电流能力提高了 25%。

材料和轨道这两道难关通过了，西南交大实验室里开始面对最后的难题，磁悬浮的实验车。和其他材料研发的模式一样，磁悬浮实验车的研发工作，从成都转移到了中车唐山机车公司。怎么让车悬浮起来，还能保持磁悬浮车无论转弯，还是上下坡，都能安全、平稳运行、没有噪声呢？中车唐山机车公司的科研人员接过了研发的接力棒。2014 年，真空高温超导磁悬浮实验线，在西南交大的成都实验室里顺利搭建完成。

西南交通大学几代学者，通过不懈努力，在磁悬浮领域创下一个又一个研制奇迹。与此同时，他们在科研理论上的贡献，也获得了国际国内的巨大反响。2016 年，王家素、王素玉老师将自己毕生研究的心血，撰写《高温超导磁悬浮技术》，在德国出版发行。此时，距德国学者提出磁悬浮技术将近百年，这是中国学者在磁悬浮发源地德国，第一次用英文出版发行的超导专著。我国高温超导磁悬浮技术从领先到被追赶，到再次领先。目前中国、德国、日本、美国、巴西等国正加大力度推进超导磁悬浮车的实用化进程。

另外，作为中国工程院信息学部轨道交通信息工程及控制方向目前唯一的院士，北京交通大学宁滨院士一直在为我国轨道交通科技发展不断耕耘，也在为实现交通强国梦孜孜不倦地追求。在谈到自己下一步的研究工作时，宁滨院士介绍，他与研究团队正在与国内相关单位合作开展真空磁浮管道超级高速铁路的研究开发。第一步就是关于时速 1 000 km 的超级高速铁路运行控制系统试验的研究。"无论是高速轮轨列车还是磁悬浮列车，目前来看其速度都有一定的极限，而基于真空磁浮管道的超级高速铁路，在未来会有很好的发展前景。2027 年日本时速 660 km 的超导磁浮就要运行了，争取 2027 年前，中国的超级高速铁路研究将取得突破性的进展。"宁滨院士自信地表示。

中国铁路专家何华武院士在央视《对话》节目中表示：马斯克实际上在

全球融资，想把他的概念变成工程。但是只要我们努力就会走在他前面，中国磁浮现在也是领先水平。马斯克仅仅是一个概念，但中国的上海虹桥到杭州，这两个站预留了条件，上海虹桥到杭州，10年内有望建成超级高速铁路。高速铁路速度将又一次改写！中国高速铁路未来必将在国际舞台上占据领先的地位。

参考文献

[1] 曲思源. 高速铁路运营安全保障体系及应用[M]. 北京：中国铁道出版社，2018.

[2] 贾俊芳. 铁路旅客运输[M]. 北京：中国铁道出版社，2016.

[3] 曲思源. 铁路运输组织管理与优化[M]. 北京：中国铁道出版社，2016.

[4] 曲思源. 城际铁路运营组织与管理[M]. 北京：中国铁道出版社，2017.

[5] 佟立本. 高速铁路概论[M]. 5版. 北京：中国铁道出版社，2017.

[6] 彭其渊，文超. 高速铁路运输组织基础[M]. 2版. 成都：西南交通大学出版社，2014.

[7] 杨中平. 高速铁路技术概论[M]. 北京：清华大学出版社，2015.

[8] 傅志寰. 我国高速铁路发展历程与相关思考[J]. 中国铁路，2017（8）.

[9] 徐飞. 中国高速铁路的全球战略价值[J]. 新华文摘，2016（10）.

[10] 王麟，李政. 高铁的前世今世[M]. 北京：中国铁道出版社，2016.

[11] 刘建国. 高速铁路运输组织[M]. 北京：中国铁道出版社，2015.

[12] 王雄. 中国速度[M]. 北京：外文出版社，2016.

[13] 中国铁路总公司. 高速铁路客流组织[M]. 北京：中国铁道出版社，2014.

[14] 中国铁路总公司. 高速铁路售票组织及关键技术[M]. 北京：中国铁道出版社，2014.

[15] 王勇. 列车运行指挥工作问答[M]. 北京：中国铁道出版社，2017.

[16] 周苏，王文. 大数据与可视化[M]. 北京：中国铁道出版社，2016.

[17] 佟立本. 铁道概论[M]. 7版. 北京：中国铁道出版社，2016.

[18] 曲思源. 高速铁路电商列车开行策略分析和高速铁路快运货物列车现状及前景分析. 第15届（"互联网+货运改革"专题，重庆，2015.11）和第17届（"高速铁路与区域发展"研究专题，合肥，2017.11）中国物流学会学术年会分论坛的演讲.

[19] 高铁见闻. 大国速度中国高速铁路崛起之路[M]. 长沙：湖南科学技术出版社，2012.

[20] 京沪高速铁路股份有限公司. 漫游京沪高速铁路[M]. 北京：中国铁道出版社，2012.

附录　千里京沪一日还

一

古老中国的几大奇观，很多人都建议增加高速铁路一项，我想京沪高速铁路应成为我们国家科技发展的名片，与万里长城、秦始皇兵马俑等成为中华民族的骄傲。在我国众多的高速铁路线路中，京沪高速铁路工程是我国高速铁路最具有代表意义的一条高速铁路线路，具有技术先进、安全可靠、适用性强、绿色环保、性价比高等优势，已经成为中国铁路"走出去"的亮丽名片。

如今，高速铁路受到越来越多人的青睐，正在改变着中国人的出行方式，成为中国经济社会发展的强力引擎。截至2015年年底，我国高速铁路运营里程已经达到1.9万千米，已占世界高速铁路营业里程的60%左右，是世界上其他国家高速铁路运营里程总和的2倍还多。我国是世界上高速铁路发展速度最快、运营里程最长、在建规模最大的国家。不远的将来，我国的高速铁路将与其他铁路共同构成的快速客运网超过4万千米以上，基本覆盖中国省会及50万以上人口城市。

京沪高速铁路是连接我国最繁华的城市的铁路，在世界上都占有举足轻重的地位，这条铁路横跨京、津、冀、鲁、皖、苏、沪七省市，连接"环渤海"和"长三角"两大经济区，承担两大经济区域以及京沪通道内区域旅客出行的需要。它贯穿京津冀鲁皖苏沪沿线人口占全国人口总数的26.7%，是中国经济发展最活跃的区域之一。作为"高速铁路经济走廊"，从"长三角"到"环渤海"客流、物流、信息流、资金流，京沪高速铁路极大促进了区域经济社会发展和民生改善。

二

2011年6月30日15:00时，我有幸乘坐首列京沪高速铁路开通运营列车，始发站是上海虹桥，终点站是北京南站。这条世界瞩目并具有划时代意义的高速铁路线路正式开通运营。

比较后才有发言权，到目前为止，我们都会说，这条线路的质量很高。京沪高速铁路已经成为我国高速铁路质量最好的一条线路，是高速铁路线路示范线。京沪高速铁路是世界上一次建成线路最长、标准最高的高速铁路。本次首发 G2 列车沿途停靠南京南、济南西、天津南站三站,按时刻计划 20:03 最终到达北京南站。

我从单位乘坐中巴前往虹桥站,和我同乘观光的大多是京沪高速铁路的建设者,看得出来,大家都很兴奋和激动。40 多分钟的行程,我顾不上和同事们说话,脑子里一直往前穿越,修建京沪高速铁路的历史一下子在我脑中涌现出来。

从 1990 年启动京沪高速铁路可行性研究,到 2011 年 5 月 10 日开始试运行,21 年中的大部分时间京沪高速铁路是在论战中度过的,论战始终没有停止。就是这样一条看起来理所当然的高速铁路,上马却经历了常人难以想象的磨难,历经 18 年争论。这次长时间的大规模的论战不亚于"实践是真理的唯一标准"的大讨论,在铁路发展史上具有重要的一幕,是史无前例的高速铁路思想启蒙。

这条铁路经历了"建设派""反建派""轮轨派""磁悬浮派"的论战,而且几种派系交织在一起。

1990 年初期,高速铁路建设派最大的梦想就是在京沪之间建设一条时速达 250 km 的高速铁路,预定运行时间在 7 h 左右。在那个时代,这种标准已经让他们非常满足了,但现在回头看,这个速度值显然已经不够理想。反建派相应提出了反面意见,包括我国的经济状况实力还不足以及要学习美国摆式列车技术等。

1994 年 6 月,在北京,被称为中国高速铁路发展史上的"香山会议"上,四大派系集中一次大亮相。当时"轮轨派""磁悬浮"处于同一战线,共同呼吁京沪高速铁路及早上马。"反建派"的主要观点包括两个方面:第一个是既有京沪铁路技术改造潜力还很大,不需要新建铁路;第二是认为中国经济不发达,人均 GDP 远未达到 1 000 美元,消费水平低,老百姓坐不起。就这样,京沪高速铁路仍在建与不建中徘徊。

转折点出现在 1998 年 6 月,也就是中国科学院第九次院士大会、中国工程院第四次院士大会在京召开之际,"建设派"的声音成为主流。但"建设派"又分为两个派系,争论进入了一个崭新的阶段,两派也是争论不休。后来,专家建议在中国先建设磁悬浮试验线路。

2001 年 3 月 1 日,上海磁悬浮铁路项目正式动工,采用的德国的常导磁悬浮技术,到 2002 年 12 月 31 日全线试运行,2003 年 1 月 4 日正式开始商业运营,从上海浦东龙阳路到浦东机场,线路全长 29.863 km,运营时速 430 km,全程只需 8 min。磁悬浮运营的经验是:

第一，磁悬浮造价高，若是采用此技术修建京沪高速铁路，相当于轮轨技术造价的三倍还多。

第二，磁悬浮有四大核心技术：控制技术、车厢制造技术、驱动技术和土木轨道技术，而中国只拿到了土木轨道技术。2003年上海磁悬浮事故，电缆烧毁需要从德国空运过来，因为中国没有拿到相关技术。2003年到2006年间，磁悬浮又有几次事故，官方的意见是说磁悬浮故障与上海当地气候以及潮湿等环境有关，而德国没有出现过类似现象。得出结论，中国不能在技术上受制于人。

第三，与高速轮轨技术相比，磁悬浮技术在稳定性方面还有比较大的差距，这里不多言。再看德国国内，由于德国人口最多的北莱茵—西伐利亚也因造价太高而决定废除79 km的磁悬浮铁路计划。

1999—2003年期间，铁道部组织相关研究机构完成高速铁路科研项目353项，包括铁道建筑及设备、机车车辆及供电、通信信号、运输经济、新材料新工艺、综合技术等。2007年8月国务院正式批准京沪高速铁路可行性研究报告，这场漫长的争论才宣告结束。

三

我的思绪仍在飞腾，14:00左右我们到达了上海虹桥站。同去填乘体会的局机关的30多位同志很兴奋，纷纷拿着首列车票在拍照留念。无疑，首列车票具有纪念意义，而且票面上标有乘坐者的名字以及身份证号码。甚至还有些同事在琢磨着记者访问时所要说的话，好有机会露一下脸，这一辈子也值得。

因为我拿的相机又是NIKON，便临时当起摄影师，轮着给他们拍照。老者先拍，年纪相仿者其后，比我小的只能排在最后，不用组织，秩序井然，大家一团和气，和谐社会，表情也都很到位。

国内各大报纸记者蜂拥而来，摩拳擦掌，张罗着开通仪式；不用抬头，就能听到直升机在空中盘旋的声音，全球聚焦在上海虹桥站。当然，名主持人很多，反正我不认识几个。

如今，高速铁路列车员叫"高姐"，很多是从礼仪学校毕业优选出来的。很多人抓拍成功，把照片在互联网上发布，轰动效果如蝴蝶效应。

我看到了我的北京交通大学S同学，十多年来一直在钻研客票分配。这几个月，尤其是动车实名制，把他忙乎得瘦了一大圈。我俩见面无语，但会心一笑，握了一下手，合影留念。他在工作，查看虹桥站的客流情况，无缘乘车体验。相片中的合影，我是越来越发福。惭愧呀！我工作也很忙呀，怎么不瘦，营养过剩！

在站台上，高速铁路的建设者打着标语走来，胸前戴着军功章。他们是英雄的建设者，工期一直在缩短，而且 1 318 km 的线路是按照时速 380 km 建造，标准很高，困难重重，不过都克服了。我情不自禁给他们敬礼，他们也在与我打招呼，似乎是老朋友。

《中长期铁路发展规划》通过 2004 年规划和 2008 年两次调整，建设速度发展之快已经让世人惊讶，就东部铁路率先发展而言，上海铁路局管内每天投资有 1 亿元之多。

中铁某局一位认识我的朋友，曾读过我发表过的高速铁路运营方面的技术文章，向我回了礼，握着我的手，说："我国需要发展高速铁路，高速铁路是唯一以电力为能源动力的交通方式。它在低碳排放、节能环保方面的优势非常明显。根据媒体报道，京沪高速铁路每人百千米的能耗仅 3.64 度电，约为航空的 1/12。日本通产省统计：'一个人同等里程消耗，如果铁路是 1，那么航空是 4，汽车是 6；一个人的二氧化碳排放，铁路是 1，航空是 6，汽车是 10。'"

"我们仅是建设者，建设成功了，我们为之自豪。但接下来，你们搞高速铁路运营的要发挥才智，高速铁路运营管理需要你们，你们也是英雄。"话说得多好，多么大气，我品尝到了他的自豪感，但也深深知道，中国高速铁路靠大家，我们都是高速铁路人，缺一不可。

高速铁路建设成功了，接下来就要运营了，一点不错。京沪高速铁路发车频率最高，是我国最繁忙的高速铁路。我国高速铁路的运营组织经验还在起步阶段呀，需要我们去求实、摸索、创新、突破。

四

京沪高速铁路将对沿线经济社会发展起到积极作用，将中国经济发展最为活跃和最具潜力的环渤海和长三角两大经济圈串联起来。同时串起的京、津、冀、鲁、皖、苏、沪七省市，拥有全国 1/4 人口和占全国四成的 GDP，是中国经济最活跃和最具潜力的地区。据说，沿途停站的偏远城市，随着高速铁路的开通运营，高速铁路新城凸显，房价一直在飞涨。

京沪高速铁路真正的建设阶段只用了 3 年，从 2008 年 4 月 18 日开始，比原定工期提前了一年半，几处关键和限制地段例如南京大胜关大桥都已经提前修建，这条"中华人民共和国成立以来一次建设里程最长、投资最大、标准最高"的高速铁路，注定成为中国辉煌的高速铁路之路的一个象征。从中国当时的经济状况看：对于时速 350 km 以下，轮轨技术应当占优势；磁悬浮技术要达到时速 400 km 以上，成本是轮对技术的 3 倍还多，维修费用更是无底洞。

2013 年 2 月，京沪高速铁路工程项目通过了国家验收，认为"全线运营安全稳定，各项检测指标稳定地保持在相关规定指标的最优水平，实现了预期的建设目标"。京沪高速铁路线上的南京大胜关长江大桥更是创造了世界桥梁史体量最大、跨度最大、荷载最大、速度最快四项纪录，被授予国际桥梁界影响最大的乔治·理查德森大奖。

如今，全都变成了现实，这么多年来，我一直跟随着京沪铁路的论战和发展，一直在关注，也最终成全了我的学业，也促使我来到了南方这个大都市。可以说，没有高速铁路的发展，就没有我的今天。我对高速铁路有着特殊的感情，希望中国铁路高速发展。

用轮轨技术建设后的京沪高速铁路设立了北京、天津、济南、徐州、蚌埠、南京、无锡、苏州和上海等 21 个客运车站，票价只有目前全价机票价格的 55%，即六七百元左右，时速 300 km 二等座票价仅为 555 元。而如果采用磁悬浮技术，票价至少在 2 000 元以上，比飞机票还贵，有多少人愿意乘，有多少人坐得起，都是个问题。

铁道运输协会秘书长、北京交通大学交通运输学院的纪嘉伦教授与我讲，高速铁路与原铁路网兼容互通，可发挥网络优势而磁悬浮不能，高速铁路在国外已有多年成功运营经验，磁悬浮则没有，技术和经济风险太大。还有专家提议，磁悬浮若运营能达到 600 km/h，且技术成熟经济，可能有希望。未来，高速铁路的实力不仅体现在营业里程、机车车辆、运输能力、服务质量等方面，还应体现在将城市连接成网直至形成庞大的运营网络。

京沪高速铁路已经成为一个时代。资源的可持续发展将 380 km 降速到 300 km，这条在设计施工中时速从 300 km 不断升级到 350 km、380 km 的铁路，到了开通之时，又回到了起点。这是高速铁路回归理性的一种体现。

本世纪初，铁道部避开京沪高速铁路大讨论的框架，打出了客运专线的名牌，中国上下到处在开建客运专线，但对于京沪铁路来说，唯一的名词还是京沪高速铁路，没有动。因为，在世界上都是响当当的。如今，武广、郑西等客专现在都叫成了高速铁路。

先是合宁、合武为代表的客货混运有砟客运专线；再到京津、沪宁城际等无砟高速铁路；再到如今的京沪高速铁路，为第三个阶段，代表着国内最先进的技术。尽管，国外在批评我们高速铁路不安全，拔苗助长，然而，我已经体味到高速铁路技术是个整体，各成体系的技术需要匹配和融合。

五

　　动车组列车在飞驰，窗外风景如画。长江、淮河、黄河、阳澄湖、太湖、大明湖、汉墓、孔庙、泰山等等景点，让人随着列车的经过站点，不断遐想。通过高速铁路统统将这些景点距离拉近。而我感兴趣的是南京长江大胜关大桥，创造了世界造桥史四个第一姑且不谈，大桥上并排着 6 个车道，京沪高速铁路、沪汉蓉通道以及城轨通道顺序排列着，可见其壮观。至于我知道的高速铁路焊接技术，整个 1 318 km 的京沪高速铁路线路无缝钢轨线路就是被 N 条钢轨焊接起来，中间没有一天缝隙！焊接技术之高超，技术之完美，确实可称得上"天衣无缝"！

　　很多朋友问我关于列车速度的体验，宽敞明亮的车站，洁净舒适的车厢，急速飞驰的感受，体贴温馨的服务，方便快捷的换乘，这些都极大改善了旅客朋友的乘车出行体验。实际上在车厢，你几乎感觉不到列车速度之快，人们也就是在看着车厢显示监控器上的列车时速。有好事者能比较着车窗外并行高速公路上的宝马汽车，瞬间被甩在后面。我登乘过 350 km 时速的动车组司机室，往列车运行的前方看，速度体验完全不一样，尤其是列车过弯道，飞驰的列车如陆路上的飞机。

　　19:55，列车提前到达北京南站。一下车，北京闷热的天气，让我感到了与上海一样的感觉，炎热的夏天早已不再分南方和北方。而全国两大经济圈如今才通过高速铁路的发展近距离拉近，我也希望从此不再分彼此，这也将会在世界经济发展中独树一帜，体现大国的气派。

六

　　话说到现在，京沪高速铁路自开通运营后截至 2014 年年底，3 年间，日均客流量翻番，2014 年客流量过亿，客流量的不断增长使得该线目前能够提供的运输能力已经不相适应。自 2011 年 6 月 30 日开通运营以来，京沪高速铁路仅在当年的半年时间内运送旅客就达 2 415 万人次，2015 年运送旅客近 1.3 亿人次，2016 年上半年运送旅客 6 700 万人次。沿线车站运用"互联网+"理念打造综合的新媒体平台为旅客提供更多服务，让旅客出行更加方便、温馨。京沪高速铁路提供了快捷、安全、方便、舒适的旅客运输服务，节约了旅行时间，产生了巨大的时间价值，形成了沿线城市的"同城效应"，大大改善了我国东部地区投资环境，加快了沿线区域城镇化进程，创造了更多的就业机会，有力促进了经济社会发展和民生改善。

　　经过 5 年的运营实践，京沪高速铁路已形成了基础设施、移动装备、综合检测、防灾减灾、应急救援为一体的安全管理体系，建立了系统配套的高速铁路安全保障体系。铁路部门按照"安全管理规范化、现场作业标准化、检查整治常态化"的思路，加强安全风险管理，强化职工作业标准，确保了京沪高速铁路的安全有序运营。

从客流及上座率的情况进行分析，京沪高速铁路自开通运营以来上座率不断提高，年上座率增长率为15%~20%，现在基本保持在70%至73%之间，日收入平均达到5 000万元以上。自2011年下半年开通运营起，京沪高速铁路日均发送旅客13.2万人，围绕如何满足客运需求，铁路运营部门逐渐在摸索京沪高速铁路运营组织的规律。目前采取"高密度、小编组、公交化"的运输组织方式，有8、16节两种车辆编组方式，并建立起随季节和市场灵活变化调整的弹性机制，也就是根据季节、时间、上座率的高低推出不同的促销方法，实施日常（周一至周四）、周末（周五至周日）、高峰日（春运、暑运、黄金周和小长假）三种列车运行图。在日常和周末遇有突发客流时，可增开高速铁路列车。

京沪高速铁路工程项目是一个庞大的综合体系，涉及机械、土木、电子、电气、材料、信息、测量控制等多个学科领域，技术难度和复杂性、特殊性堪称"高速铁路技术博物馆"。可以说，从工程建设、装备研制到运营管理，铁路部门能够不断加强科研攻关和技术创新，构建了我国高速铁路技术体系，取得了一系列自主创新成果：突破了复杂工程环境下高速铁路基础设施建设技术；研制了新一代系列动车组；研发了成熟的列车运行控制系统；创新了高速铁路运行检测验证成套技术；构建了建设管理和安全保障体系，打造了技术先进、安全可靠、兼容性强、性价比高的中国高速铁路品牌。

七

如今，随着京沪高速铁路客流的猛增，目前京沪高速铁路能力已经紧张，部分区段已经呈现超饱和状态，我在2015年9月武汉举行的第十七届铁路枢纽与站场武汉会议上，针对这方面的想法做了发言，也引起了关注。直到现在，很多人都在讨论京沪高速铁路是否提速扩能的相关事宜。当然有很多方案，也有很多困难，唯一没有争论的便是技术没有问题，而更多讨论的焦点便是经济成本以及客运需求等方面问题。

当然，还有人建议在沿海地段修建一条新的京沪高速铁路通道，我相信都会有一个科学客观的方案。京沪东线又称为京沪新线，是近几年社会公众关注的一个热点，被认为现在京沪铁路的一个有效补充，并具有极强的社会、经济和国防效益，连接北京—潍坊—连云港—上海的沿海铁路线，全长 1 080 km，其直线运行与飞机航线相同，若列车时速为 200 km，5 h 左右可到达，时速 250 km，4 h 左右，时速 300 km，3 h 左右。应当指出，次方案京沪东线地理地形得天独厚，北京、天津、黄烨、连云港全部为平原直线较多，有利于提高速度。

我们拭目以待。可以说，是否提速和采取新线方案等，所有的方案都是在保证老百姓安全和需求的前提下进行。

多年来的专业素养也告诉我，我国综合交通体系正在形成，各种运输方式在竞争的基础上最终要走向统筹兼顾，这也是整体运输资源合理调配的开始，总体最终要达到平衡状态。

"师夷长技以制夷"这句话是魏源在其著作《海国图志》中提出的著名主张。希望我们国家的交通运输技术越来越好。

八

京沪高速铁路保持了连续 7 年运输安全的完美纪录，并在 2017 年 9 月 21 日，成功实现复兴号列车以 350 km 时速运营，再次创造了领先世界的中国速度的纪录。世界上最高标准的线路——京沪高速铁路上奔驰着世界上最先进的动车组——复兴号，中国铁路书写了一部高速铁路"绝代双骄"。

回眸中国高速铁路的发展历程，我国高速铁路之所以能在较短时间内实现发展目标、取得显著成就，我国高速铁路的建设发展指明了前进方向，得益于我国铁路的行业和专业技术管理优势，确保规划引领、一张蓝图干到底，形成了高速铁路创新发展和可持续发展的保障体系，得益于始终坚持以我为主、开放合作，学习借鉴国际先进理念、创新成果，加大技术进步和关键领域的攻关力度，努力把创新的主导权、发展的主动权掌握在自己手中。

当今，我国高速铁路正处在一个由"高速度增长"转向"高质量发展"的新时代，也处在一个由"国内发展"转向"放眼全球"的新时代。我的未来不是梦！愿中国高速铁路的明天会更好！

初稿：2011 年 7 月 1 日
修订：2016 年 6 月 30 日
辅修：2018 年 6 月 30 日